Peter Häberle · *Kleine Schriften*

Tübinger Schriften
zum Staats- und Verwaltungsrecht

Herausgegeben von

Wolfgang Graf Vitzthum

in Gemeinschaft mit

Martin Heckel, Karl-Hermann Kästner
Ferdinand Kirchhof, Hans von Mangoldt
Martin Nettesheim, Thomas Oppermann
Günter Püttner, Michael Ronellenfitsch

sämtlich in Tübingen

Band 65

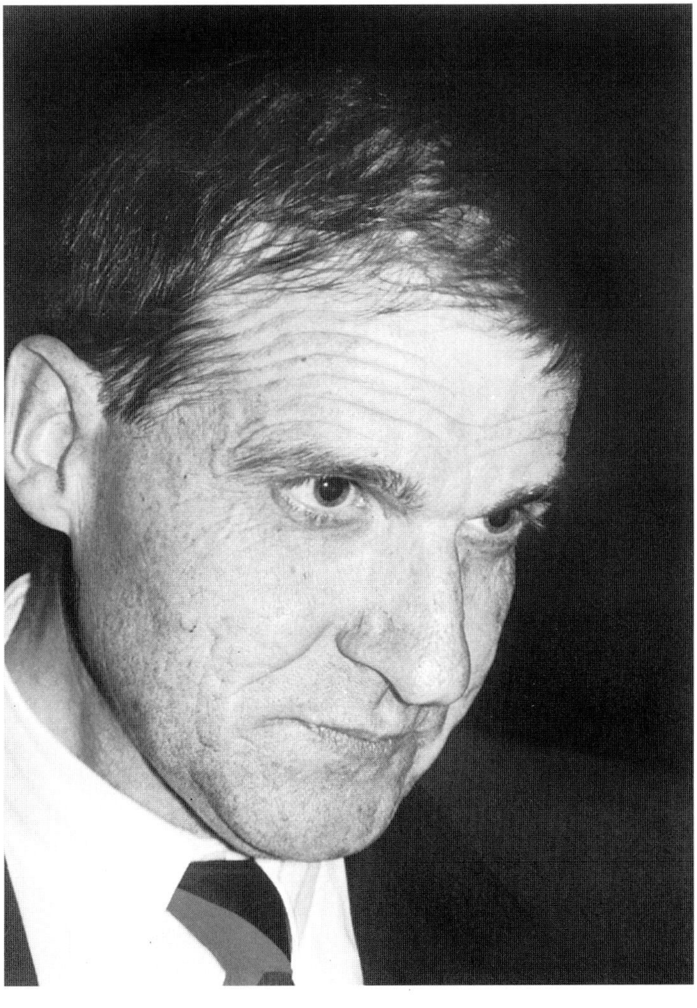

PETER HÄBERLE

Kleine Schriften

Beiträge zur Staatsrechtslehre und Verfassungskultur

Herausgegeben von

Wolfgang Graf Vitzthum

Duncker & Humblot · Berlin

Die Deutsche Bibliothek – CIP-Einheitsaufnahme

Häberle, Peter:
Kleine Schriften : Beiträge zur Staatsrechtslehre und Verfassungskultur / von Peter Häberle. Hrsg.: Wolfgang Graf Vitzthum. – Berlin: Duncker und Humblot, 2002
(Tübinger Schriften zum Staats- und Verwaltungsrecht ; Bd. 65)
ISBN 3-428-10679-2

Fremddatenübernahme: Klaus-Dieter Voigt, Berlin
Druck: Berliner Buchdruckerei Union GmbH, Berlin
Printed in Germany

ISSN 0935-6061
ISBN 3-428-10679-2

Gedruckt auf alterungsbeständigem (säurefreiem) Papier
entsprechend ISO 9706 ♾

Zum Geleit

Nach der im Jahr 1992 unter dem Titel „Rechtsvergleichung im Kraftfeld des Verfassungsstaates“[1] erschienenen Sammlung eigener Aufsätze von *Peter Häberle* wird nun eine weitere Sammlung solcher Schriften vorgelegt. In beiden Aufsatzsammlungen scheinen zwei für die Interessen und das Schaffen des Verfassers wichtige und ihn kennzeichnende Seiten auf. Zusammen ergeben sie ein Ganzes, wenn auch nicht den ganzen *Häberle*. Dessen Interessen sind noch breiter gefächert. Erinnert sei dabei nur an die, in den beiden vorstehend genannten Aufsatzsammlungen immer wieder am Rande aufscheinenden, jedoch dort nicht den Schwerpunkt bildenden Bereiche der „Verfassungslehre als einer Kulturwissenschaft“ und der „Feiertagsgarantien“.

In der Aufsatzsammlung von 1992 erscheint uns *Häberle* als der uns vertraute kenntnisreiche Beobachter und Analytiker ausländischer Verfassungen, der auch Verfassungen kleinerer Staaten, unter Einschluß helvetischer Kantonsverfassungen, im Blick hat, die ansonsten zu Unrecht, wie durch seine Darstellungen und Bezugnahmen deutlich wird, in der staatsrechtlichen Diskussion weniger Beachtung finden.

In der nun vorgelegten Aufsatzsammlung begegnen wir dem Verfasser als dem, uns in dieser Rolle ebenfalls bestens bekannten und vertrauten, Wissenschaftler, der sich kenntnisreich kritisch und stets nobel, sich selbst dabei zurücknehmend, mit dem Werk und der Persönlichkeit ihm gegenüber älterer Staatsrechtslehrer auseinandersetzt, zum Teil mit solchen, die seine Lehrer sind oder die er als seine Lehrer ansieht, aber auch mit anderen, deren Sicht der seinen eher fremd oder doch fernerliegend zu sein scheint. Enthielt die Sammlung von 1992 umfangreiche gelehrte Abhandlungen, so begegnen wir in der neuen Sammlung *Peter Häberle* als Meister auch der „kleinen Form“.

Für uns stellt diese weitere Sammlung eine Fortsetzung der zahlreichen Veröffentlichungen dar, die wir seit seiner ersten Schrift von 1978, „Verfassung als öffentlicher Prozeß. Materialien zu einer Verfassungstheorie der offenen Gesellschaft“[2], betreut haben. Alle Veröffentlichungen waren stets überaus anregend und originell und sie eröffneten neue Sichten. So fanden sie in der einschlägigen Öffentlichkeit große Aufmerksamkeit, was sich in einer Fülle von Rezensionen ebenso niederschlug, wie auch – dem von hohen Auflagen nicht verwöhnten wissenschaftlichen Verleger zur Freude – in relativ hohen Absatzzahlen.

---

1 Schriften zum Öffentlichen Recht (SÖR) 629, Berlin 1992.

2 SÖR 353, 1. Aufl. Berlin 1978, 2. Aufl. Berlin 1996, 3. Aufl. Berlin 1998.

Nahezu sämtliche der von ihm in seinen Schriften aufgegriffenen Themen waren mit der Veröffentlichung für ihn nicht abgeschlossene Kapitel. Sie beschäftigten ihn weiter. Er setzte sich damit auch fürderhin auseinander. Beispielhaft dafür ist seine Veröffentlichung „Verfassungslehre als Kulturwissenschaft“ [3]. Hatte die erste Auflage von 1982 – als, wie man als Referenz an den Pianisten *Peter Häberle*, womit eine weitere seiner Seiten angedeutet ist, wohl sagen darf, prélude – noch einen Umfang von nur 84 gehaltvollen Seiten, so war die Schrift in der Fassung der zweiten Auflage von 1998 auf gewaltige 1188 Seiten angewachsen.

Seine Themen lassen *Peter Häberle* nicht los und er läßt sie nicht los.

Aber nicht nur seine Themen läßt er nicht los. Dies gilt auch für seine Lehrer. Die hier vorgelegte Aufsatzsammlung legt davon beredt Zeugnis ab. Dieses Nichtloslassen gilt aber auch für seine Schüler. Eine junge Teilnehmerin an einem seiner Seminare in Bayreuth sagte einmal, eigentlich bliebe man, wenn man an einem seiner Seminare teilnehme, immer Teilnehmer seiner Seminare.

Peter Häberle fasziniert als Autor, als Lehrer, als Seminarleiter und als Referent. Nicht zuletzt fasziniert er aber auch als Diskutant. Jedem, der ihn einmal als Diskussionsredner erlebte, bleibt das Bild unvergeßlich, wie er seine schlanke, hohe Gestalt aus dem Sitz zu ihrer vollen Größe emporschraubt, das ihm gereichte Mikrophon dabei ein wenig mißachtend, dann in geschliffener Rede, aus dem Stegreif aus auch eher entlegeneren Schriften und weniger bekannten Verfassungen zitierend, gewisse Umwege nicht scheuend und alles mit feinsinniger Ironie würzend, seine These darstellt und hochkonzentriert jeden Satz dennoch genauso beendet, wie er ursprünglich angelegt war. Auch hier erweist er sich als „Meister der ‚kleinen Form‘“.

Alles in allem könnte man in Abwandlung eines bekannten, eigentlich auf einen Kriminalschriftsteller gemünzten Wortes sagen: „Es ist unmöglich, von *Peter Häberle* nicht gefesselt zu sein“. Lassen Sie sich also mit diesem Band erneut von *Peter Häberle* fesseln.

Dem Verfasser ist zu danken, daß er seine Schriften für diese Veröffentlichung zur Verfügung gestellt hat. Dank gilt dem Herausgeber, *Wolfgang Graf Vitzthum*, für die Anregung dieser Veröffentlichung und die mühevolle Arbeit der Sichtung, Auswahl und Kompilierung der zu veröffentlichenden Beiträge. Gedankt sei nicht zuletzt auch *Markus Kotzur*, dem langjährigen Assistenten von *Peter Häberle*, der schon an der Herstellung der ersten Aufsatzsammlung maßgeblich beteiligt war, für seine Mitwirkung am Gelingen auch dieses Sammelbandes.

Berlin, im April 2002

Norbert Simon
Verleger

---

[3] SÖR 436, 1. Aufl. Berlin 1982, 2. Aufl. Berlin 1998.

Vorwort

Die hier vorgelegte Sammlung „Kleiner Schriften" *Peter Häberles* vereint Beiträge aus den Jahren 1975 bis 2001. Der Herausgeber konnte aus einer Fülle eindrucksvoller, einflußreicher Arbeiten wählen. Die Publikation konzentriert sich auf engagierte Würdigungen deutscher Staatsrechtslehrer, ins Grundsätzliche zielende Rezensionsabhandlungen sowie Interviews, die ausländische Verfassungsrechtler mit dem Bayreuther/St. Gallener Gelehrten durchgeführt haben. In allen diesen Literaturgattungen erweist sich *Häberle* als Meister der kleinen Form: als kreativ und kraftvoll, die kulturwissenschaftlichen wie die europäischen Bezüge stets mitdenkend, als begrifflich so moderat wie selbstbehauptungsfreudig und, bei allem Theorie- und Problembewußtsein, als geortet und lösungsorientiert. Wir begegnen in *Häberle* einem modernen deutschen Intellektuellen, den eine frühe und ertragreiche Wendung zum Forschen über Personen und Prinzipien auszeichnet. Dem großen geistigen Schwung dieser kleinen Meisterwerke wird sich kein Leser entziehen können.

Durch den Ort seines Studienbeginns, durch die Wertschätzung für und durch *Günter Dürig* und *Josef Esser*, durch seine erste Lehrstuhlvertretung, durch seinen Vortrag vor der Juristenfakultät über „Feiertagsgarantien als kulturelle Identitätselemente des Verfassungsstaates" und, wenn man so sagen darf, durch sein Schwabentum – durch all dies ist *Peter Häberle* vielfach und glücklich mit Tübingen verbunden. Zur Entpflichtung des mittlerweile global rezipierten Württembergers erscheint dieses Buch deshalb naheliegenderweise in der einschlägigen Tübinger Schriftenreihe, verlegt durch *Norbert Simon*, in dessen Haus von *Häberles* Werken als erstes der Band „Verfassung als öffentlicher Prozeß" (1978, 3. Aufl. 1998) und zuletzt „Die Menschenwürde im Verfassungsstaat" (2. Aufl. 2001) erschienen ist. Viele Jüngere danken dem traditionsbewußten Neuerer für kontinuierliche Gespräche, Anregungen, Encouragements, für eine offensichtlich unversiegbare Kaskade von Ideen und für ein feinfühliges freundschaftliches Interesse. Mit *Häberle* verbindet den Herausgeber, wie im Nachwort skizziert, auch die Verehrung für ihren gemeinsamen Freiburger Lehrer *Werner von Simson*.

Für das Geleitwort ist dem Verleger zu danken, für die Abdruckgenehmigung den Verlagen der Erstveröffentlichung der hier gesammelt vorgelegten Beiträge und für die Erstellung der Register *Markus Kotzur*, dem letzten Habilitanden *Peter Häberles*.

Tübingen, im April 2002 — *Wolfgang Graf Vitzthum*

[illegible], DÖV 05, 269

Inhaltsverzeichnis

I. Würdigungen deutscher Staatsrechtslehrer: Elemente einer personalen Staatsrechtslehre

Lebende Verwaltung trotz überlebter Verfassung?

Zum wissenschaftlichen Werk von Ernst Forsthoff (1975)

1. Am 13. August 1974 starb *Ernst Forsthoff.* Damit ist ein Gelehrtenleben zu Ende gegangen, dem die deutsche Verwaltungs- und Verfassungsrechtslehre viel verdankt, durch das die deutsche Wissenschaft vom öffentlichen Recht über die Fachwelt hinaus und auch international hohes Ansehen für sich verbuchen durfte, ein Leben, das aber auch immer wieder Kritik provozierte und dessen Konturen „in der Parteien Streit" gerecht zu umreißen wohl erst in größerer zeitlicher Distanz voll möglich ist. Speziell diese Zeitschrift hatte Kontroversen mit *Ernst Forsthoff*[1]; das soll hier nicht verschwiegen werden; gleichwohl ist der Verfasser dieser Zeilen der Bitte der Redaktion und der Herausgeber um eine Würdigung des Verstorbenen, dessen Werk so lebendig ist wie eh und je, gerade in diesen Spalten gerne nachgekommen.

2. Persönlich gehaltene Würdigungen von Leben und Werk *Ernst Forsthoffs* finden sich in den drei ihm gewidmeten Festschriften[2] und anderwärts[3]. In der Laudatio von *H. Schneider* einerseits[4], in *Erich Kaufmanns* Beitrag: „Carl Schmitt und seine Schule: Offener Brief an Ernst Forsthoff" (1958)[5] andererseits kommt das ganze Spektrum unterschiedlicher Meinungen zum Ausdruck. Wie stark Loyalitätsbindungen gegenüber einem akademischen Lehrer sein dürfen, wie konsequent sich Mensch und wissenschaftliches Werk zusammenfügen können und müssen, mag hier offen bleiben. Eindrucksvoll war und ist der vorzeitige Rücktritt *Forsthoffs* von seinem Amt als Präsident des Zyprischen Verfassungsgerichtshofs aus Anlaß der

---

[1] *Schüle:* Eine Festschrift, JZ 1959, 729 ff.; s. auch *H. Hubers* Kritik an C. Schmitt, JZ 1958, 341 ff.

[2] Säkularisation und Utopie, Ebracher Studien, 1967; Festgabe für E. Forsthoff zum 65. Geburtstag, hrsg. von Doehring, 1967; Festschrift für Ernst Forsthoff zum 70. Geburtstag, hrsg. von R. Schnur, 1. Aufl. 1972, 2. Aufl. 1974.

[3] *Quaritsch,* Erinnerung an E. Forsthoff, NJW 1974, 2120; *K. Vogel,* in: Die Verwaltung 8 (1975), 1 ff.; *Doehring* AöR 99 (1974), 650 ff.; *H.-J. Becker* FamRZ 1974, 668; unveröff. Gedächtnisrede von *Herzog* im Rahmen der akademischen Gedächtnisfeier der Universität Heidelberg, im Mai 1975; *H. Schneider,* DÖV 1974, 596 f.

[4] Zum 70. Geburtstag, NJW 1972, 1654; s. auch *W. Weber* AöR 97 (1972), 420 ff.

[5] In: *E. Kaufmann,* Ges. Schriften Band III (1960), S. 375 ff.

Weigerung des Staatspräsidenten Erzbischof *Makarios,* ein Urteil zu Gunsten der türkischen Minderheit auszuführen (1963): *Forsthoff,* der gegenüber Status und Funktion des *deutschen* Bundesverfassungsgerichts so skeptisch blieb, hatte den ehrenvollen Auftrag eines – mit eminent integrierenden Aufgaben betrauten – Verfassungsorgans wie des Zyprischen Verfassungsgerichts übernommen und ihn dann mit Grund zurückgegeben, als er in seiner Eigenschaft als höchster Gerichtspräsident den rechtsstaatlichen Schutz der (schwächeren) demokratischen Minderheit nicht mehr sichern helfen konnte.

Forsthoffs stetig wachsender Kreis von Schülern freilich wird über diese Rückkehr auch erfreut gewesen sein; ihre Publikationen förderte er nicht nur in der angesehenen, von ihm herausgegebenen Reihe „Res publica" (seit 1959), er integrierte sie auch in seinen Seminaren in Heidelberg und Ebrach. *Forsthoff* setzte seine – durch die Tätigkeit in Zypern nur wenig unterbrochenen – Forschungen verstärkt fort, und davon legten jährlich seine Beiträge insbesondere in den von ihm mitherausgegebenen Zeitschriften wie „Die Öffentliche Verwaltung", „Der Staat", „Die Verwaltung" Zeugnis ab[6].

3. So umfassend das Werk *Forsthoffs* schon äußerlich war[7], so deutlich lassen sich bleibende *Schwerpunkte* seines Gesamtschaffens erkennen: sein Fasziniertsein durch Staat und Staatlichkeit im „Gewand" des liberalen Rechtsstaates als bloßer „Verfassungsform" und der Grundrechte als bloßer ausgrenzender Abwehrrechte (a), seine Sorge um die Jurisprudenz als Wissenschaft, artikuliert besonders in Gestalt des Festhaltens am „klassischen" Kanon der Auslegungsregeln auch für die Verfassungsinterpretation seit *Savigny* (b), und seine nicht nur methodisch, sondern auch in ihrer wissenschaftlichen Leistung zum Teil *M. Hauriou* gleichkommende „prätorische" Mitbegründung der Verwaltungsrechtswissenschaft in der Nachkriegszeit, die aus tiefer realistischer Einsicht in die „Sache Verwaltung" möglich war (c). Man wird hier unschwer gewisse Widersprüche erkennen, die als solche nicht selten „fruchtbar" sind: so etwa der Widerspruch, auf den *Dürig* hinwies, indem er *Forsthoffs* Leistung herausstrich, gerade das Verwaltungsrecht in hohem Maße werterfüllt gemacht zu haben, wogegen er im Verfassungsrecht so anders argumentierte[8].

---

[6] Auf der Salzburger Staatsrechtslehrertagung (1972) zeigte er sich zuletzt im großen Kreis der Kollegen, die sich den von *Konrad Hesse* als Vorstandsvorsitzenden in der Mitgliederversammlung formulierten Geburtstagswünschen eindrucksvoll anschlossen, jener Kreis, aus dessen Mitte er in Diskussionsbeiträgen zahlreiche Impulse gab.

[7] Bibliographie von *Blümel* und *H. Klein,* in: Festgabe für E. Forsthoff, 1967, S. 189 ff. sowie in FS für E. Forsthoff, 1972, S. 495 ff.

[8] *Dürig,* in: Maunz-Dürig-Herzog, Art. 20 RdNr. 73; vgl. auch *Hollerbach* AöR 85 (1960), S. 241 (246, 249). Eine – nicht voll überzeugende – Antwort bei

In der Tat arbeitete *Forsthoff* in der Verwaltungsrechtslehre methodisch und sachlich nicht durchweg „im gleichen Geist“ wie in seinen verfassungsrechtlichen Veröffentlichungen: so bewahrend, konservierend, skeptisch, ja resignierend, den – positiven – Entwicklungen gegenüber oft über die Maßen verschlossen und gelegentlich auch mit Aversionen, ja vielleicht auch in Ressentiments er im Bereich der *Verfassungs*rechtsdogmatik dachte und schrieb – trotz oder wegen seiner verfassungsgeschichtlichen Arbeiten[9]–, so wirklichkeitsnah, „realistisch“, entwicklungsoffen, feinfühlig im Gespür für „Trends“[10], elastisch und „kreativ“, ja „innovationsfreudig“ arbeitete er im *Verwaltungs*recht, wo er „soziologische Analyse und juristische Dogmatik“ zu verknüpfen wußte[11]. So kam es zu *Spannungen* in seinem Gesamtwerk, die dazu führten, daß sein Verwaltungsrecht (1. Aufl. 1950, 10. Aufl. 1973, Übersetzungen u.a. ins Spanische und Französische) gar nicht überschätzt werden konnte und von niemand unterschätzt wurde, während sich die Geister in bezug auf seine verfassungsrechtlichen Arbeiten bis heute scheiden[12].

Gemeinsam sind „beiden Seiten“ von und in *Ernst Forsthoff* die Brillanz der Sprache, Ausdruck großer literarischer Belesenheit, das starke Formgefühl, die Sensibilität für Entwicklungen, die er teils aufnahm, so z.B. für die Leistungsverwaltung, die Wandlungen der Gesetzesfunktion („Maßnahme-Gesetze“!), teils ablehnte, so auf der Ebene des Verfassungsrechts: den Sozialstaat, den er als „Leistungsträger“ ganz früh (1938) verwaltungs-

---

Forsthoff, Verwaltungsrecht, Allg. Teil. 10. Aufl. 1973, S. 87 Anm. 1; s. z.B.: Verwaltungsrecht, 9. Aufl. 1966, S. 83: „Rückgriff auf den Wert“; s. auch 10. Aufl., S. 87, 88. 3. Aufl. 1953, S. 72 f.: „Verwaltung als wertverwirklichende Gestaltung“; S. 73: „Der unmittelbare Rückgriff auf den Wert ist für das Verwaltungsrecht typisch.“

9 Z.B. Deutsche Verfassungsgeschichte der Neuzeit, 3. Aufl. 1967; Einleitung zu: Montesquieu, Vom Geist der Gesetze, 1951; Art. Absolutismus, Ev. Staatslexikon, 1966, Sp. 14–17.

10 Vgl. *Dürig,* in: Maunz-Dürig-Herzog, Art. 3 Abs. 1 RdNr. 300: „Einmalig scharfe juristische Röntgenaugen“ Forsthoffs.

11 Vgl. *Badura,* Die Daseinsvorsorge als Verwaltungszweck der Leistungsverwaltung und der soziale Rechtsstaat, DÖV 1966, 624 (626), für die „Daseinsvorsorge“.

12 Kritik bei *Hollerbach,* Auflösung der rechtsstaatlichen Verfassung?, AöR 85 (1960), 241 ff.; kräftige Kritik bei *Ehmke,* Wirtschaft und Verfassung, 1961, S. 45 ff., 66 f.; *meine* Kritik in: Die Wesensgehaltgarantie des Art. 19 Abs. 2 GG, 1962, S. 228 Anm. 552; *Hesse,* Grundzüge des Verfassungsrecht der BR Deutschland, 8. Aufl. 1975, S. 22; *Friesenhahn,* Der Wandel des Grundrechtsverständnisses, Festvortrag 50. Dt. Juristentag 1974, G 1975, 16 f. – Im Sinne Forsthoffs aber etwa *E.-W. Böckenförde,* VVDStRL 28 (1970), S. 33 (58 Anm. 77 f.); *H. H. Klein,* Die Grundrechte im demokratischen Staat, 1972, S. 33, 39 f., 68 (dazu *meine* Kritik in DÖV 1974, S. 343 ff.); wohl auch *Quaritsch,* in: Staat und Kirchen in der Bundesrepublik, 1967, S. 265 (294 f.); *Soell,* Das Ermessen der Eingriffsverwaltung, 1973, S. 143, 148.

wissenschaftlich thematisiert hatte. Die durchgehaltene stilistische Meisterschaft – er hat schon frühzeitig das Problem „Recht und Sprache" formuliert[13] – macht einen Teil seiner weit über die Jurisprudenz hinausreichenden Wirkung aus[14]; sie führte ihn aber auch zu manchen überzogenen Äußerungen, die wieder zurechtgerückt werden mußten. *Forsthoff* sind viele geradezu geflügelte (Juristen-)Worte geglückt: der „lästige Jurist" (1955), die „Verwaltung als Leistungsträger" (1938), die „Daseinsvorsorge"[15], die Maßnahmegesetze[16], das Wort von der „heilsamen Strenge des positiven Rechts", sein Bild von der „Osmose" von Staat und Gesellschaft, vom effektiven und beherrschten Lebensraum[17].

I. Zum Staats- und Verfassungsverständnis

Mit seiner Habilitationsschrift „Die öffentliche Körperschaft im Bundesstaat" (1931) war *Forsthoff* mit einem Schlage „da", noch mehr: hier lassen sich erste Weichenstellungen seines Staatsverständnisses erkennen[18]. In den Bann des „Zeitgeistes" war dann sein „totaler Staat" geraten (1. Aufl.

---

[13] 1. Aufl. 1940, Neudruck 1964. Aus der neueren Lit. dazu *Hatz,* Rechtssprache und juristischer Begriff, 1963, S. 13, 15 f., 18, 24, 28 f., 68, 71 f., 79, 87; *Suhr,* Bewußtseinsverfassung und Gesellschaftsverfassung, 1975, S. 278; *Soell,* a.a.O., S. 12, 18.

[14] Sie zeigt sich auch in vielen Veröffentlichungen in nichtjuristischen Zeitschriften, z.B. im „Merkur", „Christ und Welt".

[15] Die *Forsthoff* 1938 in *Jaspers'* „Geistige Situation der Zeit" von 1932 wiederfand, vgl. *Ipsen,* AöR 97 (1972), S. 375 (416).

[16] In: GS für *W. Jellinek,* 1955, S. 221 ff.; dazu *H. Schneider,* Über Einzelfallgesetze, in: FS für C. Schmitt, 1959, S. 159 ff.; *Menger/Wehrhahn,* Das Gesetz als Norm und Maßnahme, VVDStRL 15 (1957), S. 3 ff.; *Forsthoff* (Diskussion), ebd., S. 83 ff.; *Zeidler,* Maßnahmegesetz und „klassisches" Gesetz, 1961; *K. Huber,* Maßnahmegesetz und Rechtsgesetz 1963. – s. aber auch *BVerfGE* 25, 371 (LS 1) [= JZ 1969, 426], dazu *P. Häberle,* in: FS für Küchenhoff, 1972, S. 453 (457 f.). Zuletzt *BVerfGE* 36, 383 (400).

[17] Aus der Nachfolge-Lit. zu den zwei zuletzt genannten Thesen: z.B. *Bachof,* VVDStRL 30 (1972), S. 193 (212); *Schmitt Glaeser,* VVDStRL 31 (1973), S. 179 (200, 207); *Dürig,* in: Maunz-Dürig-Herzog, RdNr. 74 zu Art. 3 Abs. 1 GG; *P. Häberle,* VVDStRL 30 (1972), S. 43 (61).

[18] S. 17, a.a.O.: „Der Ordnungsbegriff, welcher der Scheidung des ‚Öffentlichen' und Privaten zugrunde liegt, kann also nur der staatliche, der Staat selbst sein. Das ausschließliche Kriterium ist die konkrete Entscheidung des Staats darüber, was öffentlich und was privat ist. Ein anderes gibt es nicht." – s. aber auch S. 15: „Die trotz der Trennung von Staat und Gesellschaft doch wieder zwischen ihnen obwaltende Verbindung zeigt sich darin, daß wichtige staatliche Vorgänge und Institutionen der Publizität bedürfen, wie die Repräsentation und der Parlamentarismus, und daß wesentliche Bestandteile des staatlichen Rechts wie die wichtigsten Grundrechte ... in diese öffentliche Sphäre hineingehören und nur in ihr sinnvoll sind.", s. aber noch S. 107.

1933, 2. Aufl. 1934). Demgegenüber ist seine vielleicht größte Aufbauleistung zum *sozialen* Rechtsstaat sein „Verwaltungsrecht" (Allgemeiner Teil) geworden!

Klassisch bleibt der große Disput zwischen ihm und *Bachof* um Begriff und Wesen des sozialen Rechtsstaats[19], so fragwürdig *Forsthoffs* Position zum Dualismus von Rechts- und Sozialstaat, zur Inkongruenz von Freiheit und Teilhabe erscheint. Die Kunst der (Über-)Pointierung ist das Salz wissenschaftlicher Diskussion. Das wird auch der dankbar anerkennen, der im Staats- und Verfassungsverständnis *Forsthoffs* das „Ende der konservativen Staatslehre" und die „Kontinuität eines obrigkeitsstaatlichen Denkens" sieht[20]. Sein Denken ist zu stark auf Souveränität und Autorität[21] fixiert. Er hat sich durch „Tugend", „Ethos" des Staats faszinieren lassen, wo schlicht der Bürger der freiheitlichen Verfassung gefordert ist. *Forsthoffs* Staats- und Verfassungsverständnis fand einen neuen – alten – Ausdruck und letzten Höhepunkt in seinem „Staat der Industriegesellschaft"[22]. Moderne Technik und Staat, Staat und Wirtschaft sind hier wie schon früher noch einmal in Gestalt und Rang eines Spätwerks thematisiert.

Dieses Staats- und Verfassungsverständnis hat sich auch auf *Forsthoffs* zweiten Arbeitsschwerpunkt ausgewirkt: auf sein Verständnis von „Verfassungsinterpretation", der juristischen Hermeneutik, der Jurisprudenz als eigenständiger Wissenschaft.

---

[19] VVDStRL 12 (1954), S. 8 ff. bzw. 37 ff. – Seine Position hat *Forsthoff* bekräftigt in: Vorwort zu: Rechtsstaat im Wandel, 1964, S. 9: „Er (sc. der moderne Sozialstaat) ist nicht das Ergebnis der praktizierten Sozialstaatsklausel (Art. 20, 28 GG), sondern das Werk von Gesetzgebung und Verwaltung unter der Verfassung und ohne die Verfassung". Leichte Modifikationen wohl im Verwaltungsrecht, 10. Aufl. 1973, S. 4 f., 191. – Zum Staatsrechtslehrerreferat etwa: *Suhr,* in: Der Staat 9 (1970), S. 67 ff.; *E.-W. Böckenförde,* in: FS für A. Arndt, 1969, S. 53 (68 f.); *Ipsen* AöR 97 (1972), S. 375 (392); Kritik bei *Habermas,* Strukturwandel der Öffentlichkeit, 3. Aufl. 1968, S. 245 f.; *H. Maier,* Politische Wissenschaft in Deutschland, 1969, S. 209; *Brohm,* VVDStRL 30 (1972), S. 245 (259 Anm. 40).

[20] So *Sontheimer,* in: FAZ vom 24. 8. 1971, S. 10 in seiner Bespr. des „Staates der Industriegesellschaft". S. auch die Kritik von *Denninger,* Staatsrecht 1, 1973, S. 51 f., 68 f., 135 f. sowie *ders.* in: Das Hochschulrahmengesetz – Kernstück einer Bildungsreform?, 1972, S. 19: „Konservative Nostalgie".

[21] Kritisch zu diesem Autoritäts-Denken z. B. *Smend,* in: FS für A. Arndt, 1969, S. 451 (460). Krit. zu Forsthoffs „formaler Rechtsstaatsdeutung": *Scheuner,* in: FS für Dt. Juristentag, Bd. II (1960), S. 229 (231, 259 f.).

[22] 1. Aufl. 1971, 2. Aufl. 1971. Im einzelnen Kritik bei *von Simson,* in: Der Staat 11 (1972), S. 51 ff.; *P. Häberle,* Retrospektive Staats(rechts)lehre oder realistische Gesellschaftslehre?, ZHR 136 (1972), S. 425 ff.; *Euchner* AöR 99 (1974), S. 179 ff.; *Hesse,* DÖV 1975, 437 ff.; s. aber auch *Dagtoglou,* Beamtenrechtsreform und parlamentarische Demokratie, 1973, S. 26 ff.

II. „Verfassungsinterpretation“

Dem starken Engagement *Forsthoffs* in methodologischen Problemen der Verfassungsinterpretation entsprangen eine Fülle großer Abhandlungen: von der „Umbildung des Verfassungsgesetzes“[23] über die „Problematik der Verfassungsauslegung“ (1961)[24] bis zum „Introvertierten Rechtsstaat und seiner Verortung“[25]. Diese Arbeiten waren stark retrospektiv geprägt, z.B. von dem von Weimar her bekannten Streit um die Souveränität, den „Justizstaat“[26], um Neutralität und Pluralismus sowie von sonstigen Kontroversen z.B. zwischen und über *C. Schmitt, R. Smend* und *E. Kaufmann.*

Erinnert sei an die umstrittensten Thesen wie: Der Rechtsstaat sei „ein System rechtstechnischer Kunstgriffe zur Gewährleistung gesetzlicher Freiheit“[27], an *Forsthoffs* Attacken gegen ein Verständnis der Grundrechte als „Wertsystem“, zuletzt gegen die zur „Rechtsstaatswissenschaft geschrumpfte Staatsrechtswissenschaft, die in normativen Gehäusen ihr Wesen treibt“[28]. *Forsthoff* ging es um eine Gesetzesauslegung als „Ermittlung der richtigen Subsumtion i.S. des syllogistischen Schlusses“, und er wandte sich gegen „Einbrüche der sozialstaatlichen Interpretation“; er übte Kritik an der „summarischen Verwerfung des Rechtspositivismus“[29], an der „geisteswissenschaftlich-werthierarchischen Methode“, die sich zur Polemik steigern konnte, und er sprach immer wieder von einer Gefährdung der Rechtssicherheit durch die Rechtsprechung.

All diese Thesen waren eine unverzichtbare Herausforderung im „process of trial and error“, zumal *Forsthoff* sein Staats- und Interpretationsverständnis[30] auch in seiner Grundrechtsdeutung durchgehalten hat bzw. stagnieren

---

23 In: FS für C. Schmitt, 1959, S. 35 ff.

24 Kritisch dazu *Ehmke,* VVDStRL 20 (1963), S. 53 (64): „Einen positiven hermeneutischen Ertrag vermag ich in ihnen (sc. Forsthoffs methodologischen Bemühungen auf dem Gebiet des Verfassungsrechts) nicht zu entdecken.“ S. noch *Dürigs* Kritik in: FG für Maunz, 1971, S. 41 (44 f.); *Esser,* Vorverständnis und Methodenwahl, 1970, S. 32 f., 82 f., 164 f., 199; *Lerche* DVBl. 1961, S. 690 ff. Zu einem stärker input-orientierten Interpretationsverständnis *mein* Beitrag in JZ 1975, 297 ff.

25 In: Der Staat 2 (1963), S. 385 ff., wieder abgedruckt in: Rechtsstaat im Wandel, S. 213 ff.

26 Wichtig aber der Diskussionsbeitrag in: VVDStRL 18 (1960), S. 202.

27 In: FS für C. Schmitt, S. 61; berechtigte Kritik bei *Hesse,* Grundzüge, S. 79; *Mallmann,* VVDStRL 19 (1961), S. 165 (184).

28 Staat der Industriegesellschaft, 1971, S. 46; dazu *Ipsen,* AöR 97 (1972), S. 375 (384).

29 Der moderne Staat und die Tugend, in: Rechtsstaat im Wandel, S. 16. Differenzierter aber noch in: Verwaltungsrecht, Allg. Teil 1. Aufl. 1950, S. 44 ff., 58 f., 128 ff.

30 s. auch „Staatsqualität mehr zur Geltung bringen“, in: Bayern-Kurier Nr. 24, 1969, S. 29 ff.

ließ[31]. Im übrigen kann der Verfasser dieser Zeilen auch nach erneuter Überprüfung und trotz größerer zeitlicher Distanz im wesentlichen nur die eigene Kritik aus dem Jahre 1972 wiederholen[32].

Auf der anderen Seite ist *Forsthoffs* Sorge um effektiven grundrechtlichen Freiheitsschutz, den Rechtsschutz überhaupt hervorzuheben[33]. Aus dem Gebiet des Verfassungsrechts verdienen noch drei Problembereiche Erwähnung: die immer wieder aufgenommenen Untersuchungen zur Pressefreiheit[34], zu den politischen Parteien[35] (mit der wichtigen Stellungnahme zur Chancengleichheit der politischen Parteien[36]), und zum Eigentum[37]. Bis heute finden in zahlreichen verfassungsrechtlichen Arbeiten jeweils breite Auseinandersetzungen mit *Forsthoff* statt[38]. Und das Problem der „Zeit" hat er schon sehr früh berührt[39]. Erinnert sei aber auch an „Reizworte" wie das

---

[31] Einzelheiten in *meinem* Beitrag in: ZHR 136 (1972), S. 425 (444 ff.). s. auch *Forsthoffs* (Verwaltungsrecht, 10. Aufl. 1973, S. 417 Anm. 1) Ablehnung der Numerus-clausus-Entscheidung des *BVerfG* (E 33, 303 ff. [= JZ 1972, 686 mit Anm. v. *Kimminich*]) mit ihrer Teilhabe-Grundrechtsdogmatik; dazu *P. Häberle* DÖV 1972, S. 729 ff.

[32] ZHR 136 (1972), S. 425 ff. – Kritik an dem Verständnis der Grundrechte als lediglich ausgrenzenden Rechten auch bei *Schlaich,* Neutralität als verfassungsrechtliches Prinzip, 1972, S. 244 f.

[33] Staat der Industriegesellschaft, S. 153 f., dazu *P. Häberle,* VVDStRL 30 (1972), S. 43 (67); *Forsthoff,* VVDStRL 18 (1960), S. 184, 191 f., 202 f. (Diskussion); VVDStRL 15 (1957), S. 85 (Diskussion); s. auch *Forsthoff,* Der Persönlichkeitsschutz im Verwaltungsrecht, in: FS für den 45. Dt. Juristentag, 1964, S. 41 ff.

[34] Neue Aspekte der Pressefreiheit, in: Der Staat 5 (1966), S. 1 ff.; Der Verfassungsschutz der Zeitungspresse, 1969; Tagespresse und Grundgesetz, DÖV 1963, S. 633 ff.; VVDStRL 22 (1965), S. 189 f. (Diskussion). s. auch *Dagtoglou,* Wesen und Grenzen der Pressefreiheit, 1963.

[35] Urteilsanmerkung AöR 76 (1950/51), S. 369 ff.; DRiZ 1950, S. 313 ff.

[36] Dazu aus der Lit.: *Lipphardt,* Die Gleichheit der politischen Parteien vor der öffentlichen Gewalt, 1975, S. 148 ff.

[37] *Forsthoff,* Zur Lage des verfassungsrechtlichen Eigentumsschutzes, in: FG für Maunz, 1971, S. 89 ff.; Anm. in: JZ 1952, S. 627 f. – Folgenreich war auch die Stellungnahme zur Kontroverse um den Schutz subjektiver öffentlicher Rechte durch Art. 14 GG: NJW 1955, S. 1249 ff. (vgl. *BSGE* 5, 40 (43, 45); *W. Weber* AöR 91 (1966), S. 382 (396 f.).

[38] Z.B. *Roellecke,* Der Begriff des positiven Gesetzes und das Grundgesetz, 1969, S. 210 ff.; *U. K. Preuss,* Zum staatsrechtlichen Begriff des Öffentlichen, 1969, S. 83 ff.; *Hartwich,* Sozialstaatspostulat und gesellschaftlicher Status quo, 1970, S. 283 ff., 314 ff., dazu *meine* Bespr. in: AöR 100 (1975), S. 333 ff.; *Rinken,* Das Öffentliche als verfassungstheoretisches Problem, 1971, S. 221 ff.; *Achterberg,* Probleme der Funktionenlehre, 1970, S. 46 ff.; *Scholler,* Person und Öffentlichkeit, 1967, S. 29 ff., 199 ff.; *H. Klein,* Die Teilnahme des Staates am wirtschaftlichen Wettbewerb, 1968, S. 16 ff., 116, 200.

[39] VVDStRL 18 (1960), S. 178 (Diskussion): Forderung nach einer „philosophischen Erfassung des Wesens der Zeit" (aus Anlaß des Planes). Zum Zeit-Problem jüngst: *P. Häberle,* AöR 98 (1973) S. 624 (635 Anm. 33); *ders.*, Zeit und Verfas-

von der „staatsideologischen Unterbilanz“ des Bonner Grundgesetzes[40]. *Forsthoffs* Kunst war das „Anreißen“ von Problemen; er entdeckte sie oft mit einer Art „Wünschelrute“, so etwa die Frage des Maßnahmegesetzes oder die berühmte „Lücke im Rechtsstaat“[41]; er liebte aber auch die Provokation.

Im Ganzen hat *Forsthoff* für die „eine Seite“ die prägnanten Beiträge im Methoden- und Richtungsstreit der 60er Jahre geleistet, mit Ausstrahlungen z.B. auch ins Staatskirchenrecht[42]. Seine Mahnungen haben die „andere(n) Seite(n)“ immer wieder gezwungen, sich selbst zu überprüfen[43], ein Höchstmaß an rechtsstaatlicher Normenklarheit, Methodengewißheit und Rechtssicherheit zu erreichen[44], und veranlaßt, das Formale nicht zu gering zu veranschlagen[45], die Symptome zu untersuchen, die *Forsthoffs* methodologische Kritik herausforderten[46]. Zustimmung fand auch seine Beobachtung, daß infolge der richterlichen Verfassungshandhabung ein verstärktes Element der Rechtsfortbildung zur Geltung kommt[47].

Forsthoff hat aber nicht verhindert, daß auf breiter Basis das Staats- und Verfassungsverständnis von *R. Smend* und *H. Heller,* nicht zuletzt im Grundrechtsbereich durch das *Bundesverfassungsgericht* methodisch abgesichert, fortgeführt wurde, des Gerichts, dessen Leistungen *Forsthoff* nicht voll ge-

---

sung, ZfP 21 (1974), S. 111 ff. (m. N.); *Kloepfer,* Verfassung und Zeit, in: Der Staat 13 (1974), S. 457 ff.; *Kirchhof,* Verwalten und Zeit, 1975; s. schon *Blümel,* in: FG f. Forsthoff, 1967, S. 133 ff.

40 Z.B. in: Verwaltungsrecht Allg. Teil, 10. Aufl. 1973, S. 79: „Die Rechtsprechung als der gegebene Nutznießer des staatsideologischen Substanzverlustes“. s. auch *Forsthoffs* Begrüßung von *H. Krügers* großer Allgemeiner Staatslehre in: DÖV 1964, S. 645: „Alles in allem: wir haben wieder eine Allgemeine Staatslehre“. Zu seiner Sorge um das Staatsbewußtsein etwa: VVDStRL 15 (1957), S. 85 (Diskussion). – Kritisch etwa *von Krockow,* Staatsideologie oder demokratisches Bewußtsein, PVS 6 (1965), S. 118 ff.

41 Verwaltungsrecht, 1. Aufl. 1950, S. 104; 10. Aufl. 1973, S. 130. Immer wieder formuliert er seine Sorge um den Rechtsschutz z.B. gegenüber der Tatsache, daß der Gesetzgeber in der Form der Gesetzgebung verwaltet (VVDStRL 15 [1957], S. 85) und seine Sorge, der Rechtsschutz komme meist zu spät (VVDStRL 18 [1960], S. 184, 191 f., 202 f., dazu *P. Häberle,* VVDStRL 30 [1972], S. 43 [67, 121 f.]). Wichtig auch *Forsthoffs* Kritik an individualistischen Rechtsschutztheorien: VerwR 1. Aufl. 1950, S. 387, 3. Aufl. 1953, S. 412.

42 *Quaritsch* NJW 1967, 764 ff. – Frühere staatskirchenrechtl. Äußerungen *Forsthoffs,* in: Die öff. Körperschaft, 1931, S. 7 f., 111 ff., 177 ff.

43 Vgl. *Hollerbach* AöR 85 (1960), S. 241 (269 f.).

44 Vgl. *F. Müller,* Juristische Methodik, 1971, S. 56.

45 Dazu *Forsthoff,* Vorwort zu: Rechtsstaat im Wandel, 1964, S. 8; *Hesse,* in: FS f. Smend, 1962, S. 71 (81).

46 *Ehmke,* VVDStRL 20 (1963), S. 53 (64).

47 *Scheuner,* in: FS Dt. Juristentag, Band II (1960), S. 229 (260).

recht wurde[48]. Seine „Realanalysen"[49] waren hier wie überhaupt nicht immer so realistisch, wie sie sich selbst verstanden: bestimmte staatsideologische Vorgaben wirkten überstark mit, besonders die Verfallideologie.

So wirksam der „Geist des Widerspruchs" in *Forsthoff* selbst war[50], so sehr kehrte er ihn auch nach außen: typisch dürfte die Äußerung sein[51], er sehe sich nicht genötigt, „seine wissenschaftliche Überzeugung der communis opinio" zu opfern. Wenn zur Wissenschaft *auch* gehört, ggf. gegen den Strom zu schwimmen[52], so hat *Forsthoff* auch diese Seite der Wissenschaft gepflegt: etwa im Festhalten an seiner Lehre vom Widerruf rechtswidriger begünstigender Verwaltungsakte[53], an der öffentlichrechtlichen Gefährdungshaftung[54], bei seiner Begründung der Verkehrssicherungspflicht bei öffentlichen Sachen im Gemeingebrauch[55] aus § 839 BGB i.V.m. Art. 34 GG und in seiner unorthodoxen Kritik an der Fünfprozent-Klausel im Wahlrecht[56]. Das Beziehen extremer Positionen hat ihn mitunter in eine (ihm gewiß nicht willkommene) Nähe zu extremen Positionen anderer gebracht[57].

III. Forsthoffs Mitbegründung des Verwaltungsrechts nach 1949

1. *Forsthoffs* geradezu „prätorisch" zu nennender Beitrag zum Aufbau und Ausbau der Verwaltungsrechtslehre, zur Begründung rechtsstaatlicher und sozialer Verwaltung nach 1949 wird mit Recht viel gerühmt[58]. Er hat zahlreiche Probleme der „zweiten Gewalt" juristisch „auf den Begriff" gebracht, Entwicklungen mit unnachahmlicher Schärfe diagnostiziert, Pate ge-

---

48 Zuletzt etwa in: FS für E. R. Huber, 1973, S. 4 ff. (bes. 8 ff.).

49 Z.B. in: Die Bundesrepublik Deutschland, in: Rechtsstaat im Wandel, S. 196 ff., 227 Anm. 21.

50 s. auch die noble Selbstkorrektur in: Staat der Industriegesellschaft, S. 53 f. an seinem „totalen Staat".

51 In: Vorwort zu: Verwaltungsrecht, Allg. Teil, 10. Aufl. 1973.

52 Charakteristisch der Titel der von *Forsthoff* und *R. Hörstel Arnold Gehlen* dargebrachten Festschrift „Standorte im Zeitstrom", 1974.

53 Verwaltungsrecht, Allg. Teil, 10. Aufl. 1973, S. 259 ff., 262 f.

54 Ebd., S. 359 ff.

55 Ebd., S. 398 ff.

56 Staat der Industriegesellschaft, S. 89 f., dazu *mein* Hinweis in: ZHR 136 (1972), S. 425 (431 f.).

57 Dazu *mein* Beitrag in: ZHR 136 (1972), S. 425 (439 f.).

58 Vgl. etwa *Quaritsch,* VVDStRL 30 (1972), S. 317 (Diskussion): „Allen anderen Gebieten unseres Rechts fehlt ein Lehrbuch von der Art des ‚Forsthoff', das die Institutionen in die Bedingtheiten des 19. und 20. Jahrhunderts hineinstellt und durch sie erklärt." – Freilich gibt es auch in anderen Gebieten Lehrbücher vom Rang eines *Forsthoff!*

standen zu einzelnen verwaltungsrechtlichen Instituten und die Verwaltungsjudikatur ungewöhnlich stark beeinflußt, sein „Verwaltungsrecht" genoß fast kanonischen Rang – insofern in vielem *M. Hauriou* und *Laferrière* vergleichbar[59]. Seine Untersuchungen markieren jeweils ein Stück Geschichte der Verwaltungs(rechts)wissenschaft in Deutschland: von der „Verwaltung als Leistungsträger" (1938) über die „Daseinsvorsorge und die Kommunen" (1958) sowie die „Rechtsfragen der leistenden Verwaltung" (1959) zum „Staat als Auftraggeber" (1963). Erinnert sei auch an seine Theorie zur öffentlichrechtlichen Gefährdungshaftung[60] und zur in sich konsequenten Begründung der Verkehrsversicherungspflicht bei öffentlichen Sachen im Gemeingebrauch[61]. Diese Arbeiten gaben die Stichworte für vielfältige heutige und zukünftige Nachfolgeliteratur; auszubauen wären etwa Fragen wie die nach dem „Vorbehalt der Verwaltung"[62].

So schwer oder widerwillig *Forsthoff* im Bereich des Verfassungsrechts der Wirklichkeit „Einlaß" gewährte, so wirklichkeitsnah argumentierte er – wie schon erwähnt – im Kraftfeld der öffentlichen Verwaltung und ihres Rechts[63]. Gerade das dürfte ein Grund für seinen Erfolg gewesen sein. Das Verwaltungsrecht konzipierte er im besten Sinne des Wortes als „law in action"[64]; auch das Plädoyer für Verwaltungslehre gehört hierher[65]; ebenso

---

[59] Belege für seine Kennerschaft auch in bezug auf das französische Verwaltungsrecht finden sich allenthalben, z.B. VerwR Allg. Teil, 10. Aufl. 1973, S. 97 f., 246, 360 f., 369.

[60] Dazu *Jaenicke* und *Leisner,* VVDStRL 20 (1963), S. 135 ff. bzw. 185 ff.

[61] Bedeutsam war auch *Forsthoffs* reiche Gutachtertätigkeit, z.B.: Stellung und Aufgaben der TÜV insbes. in ihrem Verhältnis zum Staat, 2. Aufl. 1952; Die Verfassungswidrigkeit des Investitionshilfegesetzes, 1953; Gutachten in: Kampf um den Wehrbeitrag, 1952, 1. Halbband, 2. Band (1952), S. 354 ff.

[62] Ein kurzer Hinweis bei *Forsthoff,* in: Bespr. von *Küster,* Probleme der Leistungsverwaltung 1965, NJW 1966, S. 874; s. dazu meine Nachw. aus Rechtsprechungs- und Verwaltungswirklichkeit zum („stillen") Vorbehalt der Verwaltung, in: Öffentliches Interesse als juristisches Problem, 1970, S. 244, 333, 397, 469, 663, 692 f.; jetzt vermitteln *Scholz* und *Schmidt-Assmann* über den Begriff „Verwaltungsverantwortung" der Verwaltung einen Vorbehalt: VVDStRL 34 (1976), i.E.

[63] Beispiele im Diskussionsbeitrag VVDStRL 18 (1960), S. 178: Der Plan sei in der modernen Staatswirklichkeit ein Phänomen von besonderer Stoßkraft. – Beispiele für die Anerkennung *dogmatischer* und *normativer Relevanz* der Wirklichkeit in *Forsthoffs* Verwaltungsrecht: 10. Aufl. 1973: S. 53, 140, 160 f., 164, 166, 360, 409, 425, 439, 449, 511; 1. Aufl. 1950: S. 47, 387; 3. Aufl. 1953: S. 50, 109, 140 f., 390 f.

[64] Vgl. Verwaltungsrecht, 10. Aufl. 1973, S. 101: „So wandelt sich auch das Normverständnis, die wissenschaftliche und praktische Auslegung des Gesetzes ständig"; ebd., S. 254: „Es ist nur zweckmäßig und billig, die Rechtsordnung so zu interpretieren, daß den Anliegen der Verwaltung wie des Betroffenen im Rahmen des Möglichen und Vernünftigen Genüge geschieht."

[65] Verwaltungsrecht, 10. Aufl., 1973, S. 47 f. – Einige Sätze zum Partizipationsproblem ebd., S. 303 Anm. 2.

seine Konzeption der „vornehmsten Aufgabe“ des modernen Staates: „umfassender Gedanke der sozialen Gerechtigkeit“[66]. Im Verwaltungsrecht bediente sich *Forsthoff* auch seltener der fragwürdigen Logik-Argumentation, die mitunter jede weitere Diskussion vorzeitig beendete und die jeweilige „Sache“ verdeckte[67].

Gute Lehrbücher *altern* zwar, sie *„veralten“* aber nicht: insofern ihre exemplarische Art, neue Probleme zu verarbeiten, auch dann noch sichtbar bleibt, wenn sie sich nicht mehr allen Problemen stellen. *Forsthoffs* Verwaltungsrecht ist auch in der 10. Auflage nicht veraltet; nur da und dort lassen sich „Vernachlässigungen“ neuester Entwicklungen beobachten, die freilich auch sehr bewußt erfolgt sein könnten[68].

2. Trotz dieses beispiellosen Erfolges blieb *Grundsatz-* und *Detailkritik* an *Forsthoff* nicht aus: etwa von seiten *Luhmanns*[69], der den „Einbau von empirisch unzureichend abgesicherten sozialwissenschaftlichen Aussagen in das Verwaltungsrecht“ typisch für das Lehrbuch *Forsthoffs* hält[70], von seiten *Bachofs,* der die Widersprüchlichkeit von *Forsthoffs* Aussagen zur Systembildung in der Verwaltungsrechtswissenschaft angesichts des Nebeneinander von Eingriffs- und Leistungsverwaltung moniert[71]. Kritik übt auch *Hennis*[72], der in *Forsthoffs* Theorie der Verwaltung das „Konkrete“ oder auch Existentielle hypostasiert sieht, wobei die eigentlich entscheidenden qualitativen Fragen als sekundär oder gar ideologisch abgewertet werden: die Faszination durch die Fakten sei die Kehrseite einer geistigen Desillusionierung[73].

---

66 Verwaltungsrecht, 1. Aufl. 1950, S. 128.

67 Z.B. Verwaltungsrecht, 1. Aufl. 1950, S. 70; 10. Aufl. 1973, S. 154, 341, 433.

68 So wird *BVerfGE* 33, 1 ff. [= JZ 1972, 357] über die Einschränkbarkeit der Grundrechte im Strafvollzug nur in einer Fußnote berücksichtigt (S. 130 Anm. 3), s. auch die Kritik von *H.-J. Becker,* FamRZ 1974, 668; die Rspr. des *BVerwG* zur Abwägung der Interessen des Art. 6 und 7 (z.B. E 21, 289) fehlt; ebenso das Förderstufenurteil des *BVerfGE* 34, 165. Die großen Staatsrechtslehrerreferate von *Bachof* und *Brohm* (VVDStRL 30 [1972], S. 193 ff.) sind nicht mehr verarbeitet. Problematisch ist auch die Behandlung der Ermessensfragen, S. 81 ff., z.B. S. 92: „Ermessensbetätigung und auslegende Rechtsanwendung sind verschiedene logische Operationen, die nicht ohne weiteres vertauscht werden können.“ Zu einer funktionellrechtlichen an der arbeitsteiligen Kooperation von Gesetzgebung, Verwaltung und Rechtsprechung anzusetzenden *Ermessenslehre: P. Häberle,* Öffentliches Interesse, S. 559 bis 691 sowie 691 f.; zur jüngsten Diskussion statt aller: *W. Schmidt,* NJW 1975, 1753 ff. – Der Haushaltsplan wird nur als „formelles Gesetz“ behandelt *(Forsthoff,* VerwR 10. Aufl., S. 9, 125); die Problematik von *BVerfGE* 20, 56 (LS 1), (dazu *P. Häberle,* JuS 1967, S. 64) bleibt ausgespart.

69 Theorie der Verwaltungswissenschaft, 1966, S. 22 Anm. 20.

70 Dagegen mit Recht *Bachof,* VVDStRL 30 (1972), S. 193 (217 f.).

71 Ebd., S. 223 f.

72 Politik und praktische Philosophie, 1963, S. 67 ff., 69.

73 Kritisch auch *Bäumlin,* Staat Recht Geschichte, 1961, S. 33 im Blick auf die Lehre von einem Dualismus von Verwaltung als Rechtsanwendung *und* Eigenstän-

Kompliment und Kritik verbindet *Badura*[74], wenn er meint, die Erwartung, daß *Forsthoff* auf der Grundlage der „Daseinsvorsorge“ und des Staates als Leistungsträger ein neues System der Verwaltungsrechtswissenschaft des sozialen Rechtsstaates entwerfen wird, sei enttäuscht worden. Der Begriff „Daseinsvorsorge“, insbesondere seine Natur als rechtlicher, soziologischer oder heuristischer Begriff, wurde immer wieder diskutiert[75]. Viel erörtert wurde auch *Forsthoffs* Einordnung der Verwaltungsvorschriften[76].

3. In einer späteren Phase von *Forsthoffs* Schaffen kam ein kritischer Zug über die weitere Entwicklung der Wissenschaft und Wirklichkeit der zweiten Gewalt stärker zum Vorschein: zuletzt formuliert in den „Bemerkungen zur Situation der Verwaltung“[77]. Hier artikuliert *Forsthoff* seine große Sorge um die Verwaltung: er stellt ihr die Diagnose der Verunsicherung“ als Folge der „Verunklärung der Legalität“, spricht von ihrer „prekären“ Situation und übt Kritik an der Infragestellung ihrer Eigenständigkeit, die darin liege, daß die Verwaltung zur bloßen Gesetzesvollziehung degradiert werde[78]. Damit wird auch die Sorge um die Sicherung des Berufsbeamtentums artikuliert[79], das für ihn das stärkste noch vorhandene Hindernis auf dem Weg zum „Gewerkschaftsstaat“ ist[80]. So findet sich denn auch hier wieder die typische Gleichsetzung der „Staatlichkeit“ mit der Verwaltung[81], und viel Skepsis!

Dieser knappe Gesamtüberblick mag vielleicht verdeutlichen, wie sehr in einer wissenschaftsdogmatischen und -geschichtlichen Bilanz *Ernst Forsthoff* ein herausragendes Kapitel geschrieben hat. Hätte er die von ihm er-

---

digkeit der Verwaltung als „Arbeitsvorgang“, der von der Wirklichkeit her verstanden wird. – Zur dualistischen Struktur der Verwaltung: *Forsthoff,* Verwaltungsrecht, 1. Aufl. 1950, S. 63.

74 DÖV 1966, S. 624 (631).

75 Vgl. *Fischerhof,* DÖV 1957, 305 ff.; 1960, S. 41 ff.; *Mallmann,* VVDStRL 19 (1961), S. 165 (168); *Bachof,* VVDStRL 30 (1972), S. 193 (227).

76 s. etwa *Ossenbühl,* Verwaltungsvorschriften und Grundgesetz, 1968, S. 125 ff.: *Forsthoff* als Vertreter einer „konservativ-modifizierenden“ Auffassung; *Hansen,* Fachliche Weisung und materielles Gesetz, 1971, S. 118 ff.

77 In: FS für Gehlen, 1974, S. 41 (49, 51).

78 Ebd., S. 46, im Anschluß an seine Kritik an *BVerfGE* 33,1 ff. – s. schon die Kritik am Prozeß „ständiger Rechtsentleerung“, den sich die Verwaltung gefallen lassen müsse: VVDStRL 14 (1956), S. 188 und an der „Subalternisierung“ der Verwaltung, ebd.

79 s. auch die Kritik am 131er-Urteil des *BVerfG,* in: VVDStRL 13 (1955), S. 161 f. (Diskussion).

80 In: FS für Gehlen, S. 41 (42).

81 S. 46 ebd.: „Die gegenwärtige Situation der Verwaltung und damit (!) der Staatlichkeit.“ – S. 47 ebd.: Rechtsstaatliche Struktur der Verfassung: „als das Gewand, in das die Staatsgewalt gekleidet ist, wo sie dem Staatsbürger begegnet“. Kritisch zu dieser Sicht *mein* Beitrag in: ZHR 136 (1972), S. 425 (429, 435 ff.).

faßte Daseinsvorsorge methodisch und sachlich zum integrierenden Bestandteil rechts- und sozialstaatlicher Verfassung entwickelt, Verwaltung i.S. des von ihm immer wieder herangezogenen *Lorenz von Stein* als „tätig werdende Verfassung" konzipiert, Verwaltungsrecht als „konkretisiertes Verfassungsrecht" *(F. Werner)* – statt verfassungsunabhängig – gesehen, so wären manche Antinomien in seinem Gesamtwerk vermieden worden. Doch sind es oft gerade die Antinomien, die als dauernde Herausforderung für die weitere Entwicklung der Wissenschaft wirken. *Ernst Forsthoffs* großer Beitrag zur lebenden Verwaltung und ihrem Recht ist jedenfalls ein bleibender Beleg für die Richtigkeit einer rechts- und sozialstaatlichen Verfassungsinterpretation.

Staatsrechtslehre als universale Jurisprudenz

Zum Tode von Ulrich Scheuner am 25. Februar 1981 (1981)

I. Ulrich Scheuner als Staatsrechtslehrer im Verfassungsleben: Tätigkeitsfelder und Wirkungsebenen, Produktion und Rezeption

1. *Ulrich Scheuner* ist am 25. Februar 1981 in Bonn gestorben. Die Deutsche Rechtswissenschaft hat damit einen Staatsrechtslehrer verloren, der wie nur wenige lebende noch universal gebildet war und universal geschrieben und gewirkt hat. Die Deutsche Staatsrechtslehre verlor einen Mentor ihrer „Zunft", ein Vorbild für ihren Nachwuchs, das politische Gemeinwesen einen „Monarchen in der Gelehrtenrepublik", ein Wort, das der Verfasser dieser Zeilen dem Verstorbenen schon zu dessen 70. Geburtstag zugedacht hat[1].

Dieses Gedenkblatt versucht weniger die höchstpersönliche Biographie *Ulrich Scheuners* nachzuzeichnen, eine für ihre Zeitläufe „deutsche Biographie"; sie sucht eher Aspekte der Werk- und Wirkgeschichte eines Gelehrten zu vergegenwärtigen, der wie nur wenige die deutsche Staatsrechtslehre unter dem Grundgesetz geprägt hat. Das Lebenswerk *Ulrich Scheuners* ist im politischen Gemeinwesen der Bundesrepublik Deutschland so lebendig wie Staatsrechtslehrer eine „offene Gesellschaft der Verfassungsinterpreten" überhaupt mitgestalten können: nur selten im direkten Zugriff[2] – etwa als Gutachter in „hochpolitischen Fragen"[3] bzw. als Plädierender vor dem

---

[1] JZ 1973, 799, und das im Bonner Raum aufgegriffen wurde: Bonner Generalanzeiger vom 24./25. 12. 1973; vgl. auch die mündliche Ansprache des Rektors (auf der Bonner Staatsrechtslehrertagung, am 4. 10. 1978) Magnifizenz *Aloys Heupel,* einer Tagung, für die in VVDStRL Heft 37, 1979, S. 6, vermerkt ist: „In beiden Kultstätten (sc. Schwarzrheindorf und Altenberger Dom) war unser Kollege *Ulrich Scheuner* ein ebenso kunstverständiger wie geschichtskundiger Führer".

[2] In vielfältiger Hinsicht dürfte *Scheuners* Satz (VVDStRL Heft 31, 1973, S. 7 [11]): „Wissenschaftliche Tiefe bedeutet auch eine gewisse Distanz" sein *credo* gewesen sein: Distanz im Umgang mit anderen Persönlichkeiten, aber auch mit der staatlichen und gesellschaftlichen Praxis.

[3] Z.B. für die baden-württembergische Landesregierung in Sachen *H. Küng* (1980); ferner das Rechtsgutachten zum Kampf um den Südweststaat (1951/52), Nr. 75 der Gesamtbibliographie, in: *Scheuner,* Staatstheorie und Staatsrecht, 1978, S. 817; das Gutachten zum Streit um den hessischen Sozialisierungsartikel (1952), vgl. Nr. 80 ebd. (S. 818); s.a. das Gutachten zum „Lumpensammlerfall" in

BVerfG –, aber indirekt um so wirkungsvoller: als Autor von grundlegenden Aufsätzen[4], Monographien und weichenstellenden Lexikonartikeln[5], als Kritiker großer Entscheidungen des BVerfG und insofern Mitgestalter „Kommentierter Verfassungsrechtsprechung“[6], als Rezensent öffentlich-rechtlichen Schrifttums aller publizistischen Teilbereiche und Literaturgattungen[7] und insofern Beteiligter der „Kommentierten Verfassungsrechtswissenschaft“, als (Mit-)Herausgeber von großen Sammelwerken[8] und als Lehrer für den akademischen Nachwuchs: im engeren Verbund seiner Schü-

---

BVerfGE 24, 236 (241), abgedruckt in: *Scheuner,* Schriften zum Staatskirchenrecht, 1973, S. 55 ff.

[4] Zu den reifsten Spätwerken gehört der Beitrag „Konsens und Pluralismus als verfassungsrechtliches Problem“, in: G. Jakobs (Hrsg.), Rechtsgeltung und Konsens, 1976, S. 33 ff. Zum Moment des *Konsenses* schon früh: *Scheuner,* VVDStRL Heft 13, 1955, S. 68 (Diskussion); s. aus der letzten Zeit den Beitrag: Die Funktion der Verfassung für den Bestand der politischen Ordnung, in: W. Hennis u. a. (Hrsg.), Regierbarkeit, Studien zu ihrer Problematisierung, Bd. II, 1979, S. 102 ff. Als Beispiel für eine Monographie: *Scheuner,* Das Mehrheitsprinzip, 1973; *ders.*, Das Amt des Bundespräsidenten, 1966.

[5] Z.B. Art. „Verfassung“, in: Staatslexikon, 8. Bd., 1963^6, Sp. 117 ff.; Art. „Gesetz und Gesetzgebung“, in: Evangelisches Soziallexikon, 1963^4, Sp. 498 ff.; ebd.: Art. „Glaubens- und Gewissensfreiheit“, Sp. 522 ff.; Art. „Geschichte des Staatsdenkens“, Sp. 1180 ff.; Art. „Staat, Staatsformen der Gegenwart“, ebd., Sp. 1184 ff.; Art. „Verfassung“, Sp. 1286 ff.; Art. „Menschenrechte“, Sp. 865 f.; Art. „Staat“, in: HDSW, Bd. XII, 1965, S. 653 ff.; Art. „Recht III. Rechtsphilosophie“, in: EKL, Bd. III, 1959, Sp. 465 ff.; Art. „Völkerrecht“, in: HDSW, Bd. XI, 1961, S. 328 ff.; Art. „von Pufendorf“, in: HDSW, Bd. VIII, 1964, S. 658 f.; Art. „Staatskirchenrecht“, in: RGG^3, Bd. 6, 1962, Sp. 314 ff.

[6] Vgl. etwa die Stellungnahme zum „Solange-Beschluß“ des BVerfG, AöR 100 (1975) S. 30 ff.; Anm. zum Urteil des BVerwG vom 6. 7. 1973, NJW 1973, 2315; zum Urteil des BGH vom 18. 2. 1954, ZevKR 3 (1953/54) S. 352 ff.; s. noch DÖV 1959, 264 ff. (zum BVerwG, Urteil vom 3. 10. 1958), AfP 1977, 367 ff. (zum BayVerfGH).

[7] Die historischen und biographischen Arbeiten dürften sich in den letzten Jahren verstärkt haben: vielleicht eine Konsequenz der eigenen sich vollendenden Biographie des Juristen *Scheuner?* Vgl. etwa *Scheuner,* Der Rechtsstaat und die soziale Verantwortung des Staates, Das wissenschaftliche Lebenswerk von Robert von Mohl, Der Staat 18 (1979) S. 1–30. Siehe auch seine „Geschichte“ der VVDStRL, AöR 97 (1972) S. 349 ff. – Es lohnte sich, einmal grundsätzlich der Frage nachzugehen, inwiefern den einzelnen Lebensaltern des öffentlich-rechtlichen Forschers bestimmte Themenbereiche und Literaturformen besonders entsprechen!

[8] Z.B. Handbuch des Staatskirchenrechts der Bundesrepublik Deutschland (zus. mit *E. Friesenhahn*), Bd. I, 1974; Bd. II, 1975. Die staatlichen Einwirkungen auf die Wirtschaft, 1971. – *Scheuner* beteiligte sich gern an „*Gesprächskreisen*“; vgl. aus der späten Zeit etwa den Beitrag: „Die Bundesrepublik als Kulturstaat“, in: Bitburger Gespräche, Jahrbuch 1977/78, S. 113 ff.; aus den mittleren Jahren: Das Referat zu: Der Staat und die Verbände, Gespräch – veranstaltet vom BDI, 1957 (hrsg. von W. Beutler); s. a. das Gespräch über Kirche und Staat in Arnoldsheim, 1961, Nr. 234 der Gesamtbibliographie.

ler[9], aber auch im weiteren Kreise der Adepten des öffentlichen Rechts in Deutschland, die er durch Beantwortung fast *jeden* Sonderdrucks ermutigte und allenfalls sanft tadelte: unnachahmlich im inneren ductus und Gehalt, aber auch in der äußeren Form, nicht zuletzt durch seine berühmte, gelegentlich versagende (höchst individuelle) Schreibmaschine.

Auf diese Weise war jeder, der sich um das öffentliche Recht in Deutschland (be)mühte, in welcher Position auch immer, „korrespondierendes" Mitglied der *„Scheunerschen Wissenschaftlergemeinschaft"*, weit über die Vereinigung der Deutschen Staatsrechtslehrer (ja die nationalstaatlichen Grenzen) hinaus: Sie freilich blieb ein Zentrum von *Ulrich Scheuners* Aktivität, nicht nur als zweimaliger Referent mit Berichten[10], die bis heute in der Diskussion sind, nicht nur als ihr Vorstandsvorsitzender (1960/61), sondern auch und vor allem als Debattenredner, der in der Aussprache Weichen stellte, das Grundsätzliche in wenigen Worten herausarbeitete und vielfach den „Ton" angab, d.h. einen Standard praktizierte, der die Diskussion fortan bestimmte. So war der jeweilige Vorstand gut beraten, wenn er *Ulrich Scheuner* mitunter um die Eröffnung der Aussprache bat (vgl. z.B. VVDStRL Heft 30, 1972, S. 142–145; Heft 34, 1976, S. 95–99).

Blieben diese Tätigkeiten als Mitglied der deutschen Staatsrechtslehrervereinigung[11] relativ „exklusiv", weil gemäß der Tradition der Zunft in nichtöffentlicher Sitzung[12], so hatte *Ulrich Scheuner* als Diskussionsleiter auf den *„Essener Gesprächen"* (seit 1967) ein breites Forum, eine komplexere (auch „interdisziplinäre") Öffentlichkeit. Die Ausstrahlung dieser Art „wissenschaftlicher Öffentlichkeitsarbeit" in Problemen des Staatskirchen- und Kirchenrechts war und ist groß: nicht zuletzt dank des ökumenischen Zuschnitts in Essen. Auf der anderen Seite arbeitete *Ulrich Scheuner* führend auf den *Heidelberger* Mitarbeitertagungen der „Zeitschrift für evangelisches Kirchenrecht": in Gestalt von Referaten und Voten für diese Tagungen[13], aber auch in Form von sonstigen Publikationen in dieser Zeitschrift[14]. Personell und institutionell repräsentiert *Ulrich Scheuner* etwas vom „Gemeinen Recht" in doppelter Beziehung: „Gemeines Recht zwi-

---

[9] Vgl. die Herausgeber der Festschrift von 1973: H. Ehmke, J. H. Kaiser, W. A. Kewenig, K. M. Meessen, W. Rüfner; besprochen z.B. von *M. Heckel,* in: ZRG 94 (1977), Kan. Abt. 63, S. 434 ff. – Es fällt auf, daß *Scheuner* zwar großes Gewicht auf die Förderung seiner zur *Habilitation* geführten Schüler legte, daß aber die Doktorarbeit bzw. die Doktoranden nicht dieselbe Aufmerksamkeit erfahren haben: Die Zahl der bei ihm geschriebenen Spitzendissertationen ist *relativ* gering.

[10] VVDStRL Heft 11, 1954, S. 1 ff., bzw. Heft 22, 1965, S. 1 ff.

[11] Zu *Scheuner* als ihr „Chronist" (neben *H. P. Ipsen*) vgl. AöR 97 (1972) S. 349 ff.

[12] Kritisch *F. K. Fromme,* FAZ vom Oktober 1978.

[13] Vgl. ZevKR 7 (1959/60) S. 225 ff.

[14] Vgl. vor allem ZevKR 6 (1957/58) S. 337 ff., sowie 10 (1963/64) S. 46 ff.

schen Staat und Kirche"[15], „gemeinrechtlich" aber auch hinsichtlich von Gemeinsamkeiten des Rechts zwischen den beiden Kirchen. Hier liegt ein Vermächtnis von ihm, das erst noch zu erfüllen ist.

2. *Rezeptionsforschung* in bezug auf das sich schrittweise entfaltende Lebenswerk eines großen Gelehrten ist ein Desiderat der Rechtswissenschaft, nicht nur als geschichtlicher Wissenschaft. Sie besäße in gewisser Weise ein sachbezogenes Gegenstück in der neuen „Implementationsforschung" in bezug auf Gesetze und in der rezeptionsästhetischen Literaturwissenschaft eines *H.-R. Jauß*[16]. Die Fragen lauten: Wie wird in der offenen Gesellschaft das wissenschaftliche Werk eines juristischen Autors rezipiert und d.h. auch modifiziert, welche Instanzen und Faktoren sind daran beteiligt, auf welchen Foren geschieht dies konkret? Was wird an „Staatsrechtslehre als Literatur" beachtet? Wie *wird* wissenschaftliche Autorität eines Mannes wie *Ulrich Scheuner,* wie ist sie seit den 50er Jahren geworden? Welche Rückwirkungen ergeben sich auf sein eigenes Werk, das später entsteht bzw. sich fortentwickelt?

Speziell der Staatsrechtslehrer bedarf der Rezeption durch die rechtliche und politische Praxis[17]: durch Beachtung in der Rechtsprechung vor allem des BVerfG[18], aber auch im politischen Bereich etwa der Regierung, der Gutachten einholenden Verbände, der Enquete-Kommissionen und Ausschüsse des Deutschen Bundestages etc. Auf der Ebene der Theorie steht naturgemäß die wissenschaftliche Fachwelt im Vordergrund: über Foren wie Rezensionen, Gegenschriften und -aufsätze, Bücher etc.[19] Im Verlauf von

---

[15] Zum Problem *Häberle,* Gemeinrechtliche Gemeinsamkeiten der Rechtsprechung staatlicher und kirchlicher Gerichte?, JZ 1966, 384 ff.; jetzt in: *ders.,* Kommentierte Verfassungsrechtsprechung, 1979, S. 363 ff.

[16] Vgl. dazu *H.-R. Jauß,* Ästhetische Erfahrung und literarische Hermeneutik, 1977; zur Implementationsforschung vgl. R. Mayntz (Hrsg.), Implementation politischer Programme, 1980; H. Wollmann (Hrsg.), Politik im Dickicht der Bürokratie, 1980.

[17] s. das Küng-Gutachten *Scheuners,* 1980: Die Rechtsfolgen der konkordatsrechtlichen Beanstandung ..., dazu *A. v. Campenhausen,* ZevKR 25 (1980) S. 444 ff.

[18] Vgl. für *Scheuner* etwa BVerfGE 24, 236 (241); s. noch bei und in Anm. 68.

[19] Die Rezeption *Scheuners* müßte je nach Literatur*gattung* gesondert untersucht werden: Er ist ein beherrschender Autor in wichtigen *Dissertationen* und *Habilitations*schriften der 60er und 70er Jahre (nicht nur quantitativ in den Literaturverzeichnissen erkennbar!); *Dissertationen:* z.B. *W. Knies,* Schranken der Kunstfreiheit als verfassungsrechtliches Problem, 1967, S. 316 f.; *G. F. Schuppert,* Die verfassungsgerichtliche Kontrolle der auswärtigen Gewalt, 1973, S. 231; *H. Schulze-Fielitz,* Sozialplanung im Städtebaurecht, 1979, S. 434; *R. Pfaff,* Planungsrechtsprechung und ihre Funktionen, 1980, S. 235 f.; *Habilitationsschriften: D. Göldner,* Integration und Pluralismus im demokratischen Staat, 1977, S. 96; *M. Schröder,* Grundlagen und Anwendungsbereich des Parlamentsrechts, 1979, S. 573 f.; *K. Schlaich,* Neutralität als verfassungsrechtliches Prinzip, 1972, S. 280; *G. Kisker,* Kooperation im Bundesstaat, 1971, S. 356; *W. Martens,* Öffentlich als Rechtsbe-

Rezeptionen kann es dann auch zum „feed back" und zu Metamorphosen kommen. Wie im Bereich der Kunst lassen sich „*Werk- und Wirkbereich*" (vgl. BVerfGE 30, 173 [189]) auch in der Wissenschaft unterscheiden. Meist kommt es zu Phasenverzögerungen zwischen Werk und Wirken, Wegen der Praxisnähe juristischen Denkens ist der Zeitunterschied zwischen theoretischer Produktion und praktischer Rezeption indes nicht so groß wie etwa in manchen Bereichen der Kunst. Andererseits darf sich das Werk der großen Staatsrechtslehrer nicht zu rasch „verbrauchen". Der größte „Zeitsprung" zwischen Werk*entstehung* und Werk*wirkung* dürfte in der deutschen Staatsrechtslehre bei *H. Heller* vorliegen[20], die am stärksten „kurzatmige" Wirkung, d.h. das besonders rasche Vergehen und Vergessenwerden, wohl bei *H. Nawiasky* (dies ist auch ein Beitrag zu dem Thema: „Staatsrechtslehrer und Zeit"!)[21].

Nicht nur bei *Scheuner* wäre auch die umgekehrte Problemstellung aufschlußreich: die Frage, aus welchen „Quellen" *er* fachlich lebte. Denn wie bei kaum einem anderen Staatsrechtslehrer ist die Vielzahl der von ihm benutzten juristischen und außerjuristischen Literatur besonders groß. Selbst das Schrifttum des Auslands war ihm geistig stets präsent, und das bildete einen Teil seiner Universalität.

Im Rahmen der Rezeptionsforschung der beschriebenen Art ist also zweifach anzusetzen. Produktion und Rezeption zwischen Staatsrechtslehre und „offener Gesellschaft der Verfassungsinterpreten"[22] ist ein komplexer Vorgang. Er verläuft in doppelter Richtung: Aktiv von der Seite des Staatsrechtslehrers aus gedacht heißt dies: Er „rezipiert" bzw. verarbeitet Objektivationen und Vorgänge der offenen Gesellschaft; aktiv von dieser aus gese-

---

griff, 1969, S. 277; *H. P. Bull,* Die Staatsaufgaben nach dem Grundgesetz, 1973, S. 406 f.; *W. Schmitt Glaeser,* Mißbrauch und Verwirkung von Grundrechten, 1969, S. 333 f.; zuletzt: *G. Schmid,* Politische Parteien, Verfassung und Gesetz, 1981, S. XXV.

[20] Eine Würdigung *H. Hellers* bei *Scheuner,* AöR 97 (1972) S. 349 (364 f.).

[21] Die Zeit tut auch *biographisch* ihr Werk: So ist es vielleicht charakteristisch, daß *Scheuner* in den späten Jahren mehrere „repräsentative" Werke zum Öffentlichen Recht in Deutschland mit historischen Grundsatzbeiträgen einleitete: so die Festgabe zum 25jährigen Bestehen des BVerfG, 1976, Bd. I, S. 1 ff.: „Die Überlieferung der deutschen Staatsgerichtsbarkeit im 19. und 20. Jahrhundert" oder (stark aus der Geschichte konzipiert) der Beitrag in HdbStKirchR, Bd. I, 1974, S. 5 ff.: „Das System der Beziehungen von Staat und Kirchen im Grundgesetz. Zur Entwicklung des Staatskirchenrechts".

[22] Die Tatsache, daß *Scheuner* selbst kein systematisches Staatsrecht geschrieben hat, bedeutet nicht, daß er auf diese Literaturgattung bei anderen Autoren nicht einflußreich gewesen wäre. Im Gegenteil. So greift *K. Hesse* in seinen „Grundzügen" allenthalben auf *Scheuner* zurück, vgl. etwa in der 12. Aufl., 1980: beim Verständnis von Verfassungsinterpretation (S. 28), bei den Grundrechten (S. 119, 127), bei der „Vorformung" des politischen Willens (S. 61) etc.

hen: Sie rezipiert[23] Werk und Wirken des Staatsrechtslehrers bzw. seiner Wissenschaftlergemeinschaft.

Diese Vorgänge können weit über den Nationalstaat und die eigene Disziplin hinauswirken. Die *internationale* Ausstrahlung *Scheuners* zeigt sich vielfältig: etwa in Arbeiten, die an prominenter Stelle im Ausland veröffentlicht[24] bzw. in fremde Sprachen übersetzt wurden[25], sowie in seiner Teilnahme an Tagungen im Ausland (z.B. in Spanien: zur Vorbereitung der neuen Verfassung von 1978)[26].

Scheuner war aber auch schon sehr früh Beobachter des ausländischen Rechts[27]. Seine fachübergreifende Autorität dokumentiert sich schließlich in seinen Beiträgen für Festschriften zu Ehren von Gelehrten anderer Disziplinen[28, 29]. Wie kaum ein anderer verarbeitete er ausländische Literatur jeder Art (oft mitgeschleppt in zwei berühmten Aktentaschen).

II. Der Staatsrechtslehrer im (Rück)Blick und (Rück)Spiegel von Nachrufen und Gedächtnisartikeln

1. Würdigungen des wissenschaftlichen Werkes großer Gelehrter unmittelbar aus Anlaß ihres Todes haben zwei Seiten: Der großen Betroffenheit, die das Hinscheiden des *Menschen* verursacht, bzw. dem persönlichen, sehr subjektiven, emotionalen Engagement dessen, der ein Gedenkblatt verfaßt,

---

23 Ein Ausweis der breiten Rezeption des Werkes von *Scheuner* ist nicht zuletzt der Wiederabdruck zahlreicher Arbeiten in späteren Sammelbänden, z.B. in: H. Rausch (Hrsg.), Zur Theorie und Geschichte der Repräsentation und Repräsentativverfassung, 1968, S. 386 ff.; in: E. Forsthoff (Hrsg.), Rechtsstaatlichkeit und Sozialstaatlichkeit, 1968, S. 461 ff.; in: Häberle (Hrsg.), Verfassungsgerichtsbarkeit, 1976, S. 194 ff.; in: M. Friedrich (Hrsg.), Verfassung, 1977, S. 329 ff.; in: Quaritsch/Weber (Hrsg.), Staat und Kirche, 1967, S. 156 ff.; in: G. Ziebura (Hrsg.), Beiträge zur allgemeinen Parteienlehre, 1969, S. 107 ff.; in: H. Lutz (Hrsg.), Zur Geschichte der Toleranz und Religionsfreiheit, 1977, S. 373 ff.

24 Vgl. etwa sein Gedenken an *Robert von Mohl,* in: NZZ Nr. 284 vom 6./7.12.1975, S. 61; ferner: Die internationale Ordnung und die menschliche Zukunft, NZZ Nr. 44 vom 22. 2. 1977, S. 12.

25 Etwa Nr. 441, 442, 465 der Gesamtbibliographie, in: Staatstheorie und Staatsrecht, 1978, S. 852 bzw. S. 855.

26 Vgl. das Symposion in Salamanca, 1978, Nr. 465 der Gesamtbibliographie, a.a.O., S. 855.

27 Vgl. etwa für *Frankreich:* JöR 19 (1931) S. 137 ff.; DÖV 1963, 714 ff.; für *Österreich:* ZAöRV 2 (1931) S. 226 ff.

28 z.B. in: FS Schieder, 1978, S. 485 ff.; FS Kunst, 1977, S. 249 ff.; FS Brüning, 1967, S. 249 f.; FS Eschenburg, 1971, S. 9 ff.

29 Freilich: Der NS-Zeit hat auch er literarisch seinen Tribut gezollt: vgl. die Jahre 1933 bis 1944 im Spiegel seiner Gesamtbibliographie, a.a.O., S. 812–815, sowie *meine* Teilbibliographie.

steht die (noch) fehlende sog. *„Distanz“ zum Werk* gegenüber[30]. Personales Wirken und Sehen und objektives Werk gehen (noch) intensiv ineinander über. Das verleiht dem Unterfangen einer Würdigung seinen Charakter, zieht aber auch Grenzen. So mag der Redner auf einer akademischen Gedächtnisfeier in späteren Jahren die Umrisse der Lebensleistung und -wirkung deutlicher erkennen als der Verfasser einer Würdigung unmittelbar aus Anlaß des Todes. Das braucht kein Nachteil zu sein. Es handelt sich um zwei Seiten derselben Sache: Die Zeit beeinflußt Werk und Wirken des Staatsrechtslehrers zu Lebzeiten und nach seinem Tod. Der *in seiner* Zeit und *für seine* Zeit schaffende Staatsrechtslehrer hat ebenso Rang und eigene Würde wie das Werk des Staatsrechtslehrers, das – man denke an *Hermann Heller* – erst nach dem Tod von der Fachwissenschaft voll beachtet und rezipiert wurde. *Ulrich Scheuner* brauchte auf seine Rezeptionsgeschichte nicht zu „warten“. Er hat sie fast in allen seinen Arbeiten mit nur geringer Phasenverzögerung selbst erleben, gelegentlich korrigieren können[31]. Er stand im „Strom der Zeit“, regulierte und steuerte aber auch.

Es lohnte, *grundsätzlich* zu untersuchen, welche Varianten der Würdigung von verstorbenen Staatsrechtslehrern oder Rechtslehrern überhaupt in Deutschland entfaltet worden sind und welchen wissenschaftssoziologischen und verfassungstheoretischen Stellenwert sie haben. Seit dem Bismarckreich und Weimar besteht hier eine große Tradition[32].

Aber auch unter dem Grundgesetz finden sich zahlreiche Versuche, einen verstorbenen Staatsrechtslehrer zu ehren. Versuche von Rang können, ja sollten hier vorbildstiftend wirken[33]. An dieser Stelle kann weder eine (an sich gewiß ergiebige) empirische Untersuchung der eigenwüchsigen „Literaturgattung“ von Nachrufen vorgelegt werden, noch sollen normative, berufsethische Postulate an solche Studien über einen verstorbenen Staats-

---

30 In Glückwünschen und Nachrufen für andere Wissenschaftler liegt aber (bewußt oder unbewußt) auch immer ein Stück Selbstaussage: einmal schon in der Wahl der Person, sodann inhaltlich.

31 Ein Beispiel für die Modifizierung eines eigenen früheren Ansatzes bei *Scheuner:* vgl. *ders.,* in: FS Smend, 1962, S. 225 (260) in bezug auf *dens.,* in: FS Smend, 1952, S. 268 ff. (für den Begriff der „Politik“). Eine weitere Belegstelle bei *H. Ehmke,* Grenzen der Verfassungsänderung, 1953, S. 84 f. Anm. 1.

32 Vgl. etwa zu *A. Haenel,* Drei Akademische Reden zu seinem Gedächtnis von den Professoren der Universität Kiel *Otto Baumgarten, Moritz Liepmann, Walter Jellinek,* Kiel 1919.

33 Vgl. etwa *E. Forsthoff* zu *G. Anschütz,* in: Der Staat 6 (1967) S. 139 ff.; *G. Leibholz,* In memoriam R. Smend, 1976, S. 15 ff.; *P. Badura,* Staat, Recht und Verfassung in der Integrationslehre, Zum Tode von Rudolf Smend (15. Januar 1882 – 5. Juli 1975), Der Staat 16 (1977) S. 305 ff. – Im AöR besteht eine eigene Tradition (z. B. zuletzt der Versuch von *Häberle* über *W. Hamel,* AöR 104 (1979) S. 500 f.; s. a. die Nachrufe in der DÖV (z. B. *Zwirner* zu *Smend,* DÖV 1978, 48) und JZ (z. B. *P. Schneider* zu *Sasse:* JZ 1979, 414 f.).

rechtslehrer entwickelt werden: *Daß* Nachrufe u. ä. aus der Wissenschaft vom öffentlichen Recht nicht hinweggedacht werden können, ein Stück Gegenwart und Geschichte dieser Wissenschaft und *eine* Ausdrucksform der offenen Gesellschaft der Verfassungsinterpreten sind, dürfte aber außer Zweifel stehen[34].

Bei all dem sollten Glückwünsche für den *lebenden* Staatsrechtslehrer nicht vergessen werden: sei es in Form von Grußadressen[35], sei es in Gestalt von Beiträgen für eine Festschrift[36].

Verständnis und Selbstverständnis der Staatsrechtslehrer kommen jedenfalls nicht nur in Lehrbüchern, Monographien und Aufsätzen, Gutachten und Plädoyers, Rezensionen und Diskussionsbeiträgen zum Vorschein. Sie finden auch in Würdigungen der Lebensleistungen lebender und verstorbener Repräsentanten ihren Ausdruck: gewiß, vielleicht mittelbarer, „moderierter", aber auch das ist auf eine Weise „repräsentativ", im guten wie (selten genug) im weniger guten Sinne.

Einige Varianten von Nachrufen bzw. Würdigungen u. ä. sollen im folgenden skizziert werden. Denkbar und üblich sind teils stärker biographi-

---

[34] Vorbildlich etwa die Würdigung des Werkes von *O. Mayer* durch *Erich Kaufmann,* VerwArch 30 (1925), S. 377 ff., wiederabgedruckt in *E. Kaufmann,* Gesammelte Schriften, Bd. I, 1960, S. 388 ff.; s. dazu etwa *O. Bachof,* VVDStRL Heft 30, 1972, S. 193 (204 f.).

[35] Beispiele von *Scheuner* selbst: Zum 70. Geburtstag von *E. Jacobi,* in: AöR 79 (1953/54) S. 369 ff.; Zum 80. Geburtstag von *Richard Thoma,* JZ 1954, 766 f.; *Friedrich Heyer,* 80 Jahre, JZ 1958, 517; *Rudolf Smend,* Zum 80. Geburtstag, JZ 1962, 183 ff.; zu dessen 85. Geburtstag: DÖV 1967, 47; zu *Forsthoffs* 65. Geburtstag: DÖV 1967, 623 f.; zu *H. P. Ipsen,* DÖV 1977, 852; zu *H. Dombois,* ZevKR 23 (1978) S. 1 ff. Weitere Beispiele für andere Autoren: Glückwunsch für *H. J. Wolff* von *C. F. Menger,* AöR 93 (1968), S. 590 ff.; *Kewenig* für *Scheuner,* AöR 98 (1975) S. 620 ff.; für *Scheuner* ferner in: Die Welt vom 23. 3. 1978, S. 15, und *Listl,* in: DÖV 1978, 916.

[36] *Scheuner* entzog sich solchen Ehrenpflichten selten: vgl. etwa seine Beiträge Gesetz und Einzelanordnung, in: FS Hübner, 1935, S. 190 ff.; FS Thoma, 1950, S. 199 ff.; FS Nawiasky, 1956, S. 9 ff.; FS W. Weber, 1974, S. 396 ff.; Der Bereich der Regierung, in: FS Smend, 1952, S. 253 ff.; Die Gemeinverträglichkeit ..., FS Gieseke, 1958, S. 73 ff.; Das repräsentative Prinzip, FS Huber, 1961, S. 222 ff.; Kirchenverträge in ihrem Verhältnis zur staatlichen Gerichtsbarkeit, in: FS Ruppel, 1968, S. 312 ff.; s. a. den Beitrag in der zur Gedächtnisschrift gewordenen Ehrung für *W. Jellinek:* Grundfragen der Staatshaftung für schädigende Eingriffe, 1955, S. 331 ff.; Fragen des Internationalen Verkehrs in der Europäischen Gemeinschaft, in: FS Jahrreiß, 1974, S. 209 ff., und vor allem: Das Wesen des Staates und der Begriff des Politischen in der neueren Staatslehre, in: FS Smend, 1962, S. 225 ff., sowie Staatszielbestimmungen, in: FS Forsthoff, 1972, S. 325 ff.; zu normativen Gewährleistungen, in: FS Scupin, 1973, S. 323 ff. Zuletzt zum Mehrheitsprinzip, in: FS Kägi, 1979, S. 301 ff.; s. a. in: FS H. Huber, 1981, S. 127 ff.; FS Geb. Müller, 1970, S. 51 ff.; FS Stödter, 1979, S. 287 ff.; FS Verosta, 1980, S. 163 ff.; FS Schlochauer, 1981, i. E.

sche, teils stärker werk- und wirkgeschichtliche Würdigungen[37]. Viele, ja die meisten Nachrufe geschehen in der unmittelbaren Folge des Todes[38]. Das Mischungsverhältnis zwischen „Personalem" und „Sachlichem" mag variieren. Bei den in größerer zeitlicher Distanz geschriebenen Würdigungen tritt naturgemäß das Geschichtliche stärker in den Vordergrund, manchmal erst aus der Distanz von Jahren oder gar Jahrzehnten; die Arbeit in Archiven kommt hinzu[39]. Der wertende Verfassungsrechtsdogmatiker und der Verfassungsgeschichtler reichen sich bei ad-hoc-Nachrufen „die Hand". In der größeren historischen Distanz tritt dann die Darstellung der Dogmatik als gegenwartsbezogener „aktueller" Leistung zurück[40]; stattdessen gewinnt die Wirkungs- und Rezeptionsgeschichte an Bedeutung. Ist sie gering(er), so kann das kein Verdikt über das Lebenswerk des Verstorbenen bedeuten. Denn Staatsrechtslehre ist zunächst einmal Dienst am und im *Heute,* ihre Möglichkeiten und Leistungen für die (fernere) Zukunft sind relativ gering bzw. sie werden anonym. Niemand sollte sich hier Selbsttäuschungen hingeben. Das bedeutet keinen Grund zur Resignation. Die Gegenwart gibt Arbeit genug!

So sehr der politische (Vor-)Denker den großen „Entwurf" liefern kann, so sehr Elemente „konkreter Utopie" in seinem Werk enthalten sein müssen, man nehme die Elemente des „Verfassungsstaates", die etwa ein *John Locke* entwarf, so „bescheiden" und gegenwartsverhaftet bleibt das dem „positiven" Staatsrechtslehrer abverlangte Werk: Es ist freilich noch schwer und verantwortungsvoll genug und kann Momente „wissenschaftlicher Vorratspolitik" und „Möglichkeitsdenken" bescheidenen Ausmaßes in sich bergen, da Steuerungen unentbehrlich sind[41]. Der Wissenschaftscharakter

---

37 Von *Scheuner* selbst: Wolfgang Friedmann (Nachruf, FAZ Nr. 227 vom 30.9.1972, S. 8; *ders.,* Zum Gedächtnis von R. Thoma, NJW 1957, 1309; *ders.,* Nachruf für H. Peters, NJW 1966, 440 f.; *Scheuner* (zusammen mit *H. C. Nipperdey*), Franz L. Neumann, JZ 1955, 61 f.; Karl Rauch, JZ 1953, 580; ferner: *Doehring,* Nachruf auf Forsthoff, AöR 99 (1974) S. 650 ff.

38 Z.B. *R. Herzog,* Heidelberger Gedächtnisfeier für E. Forsthoff, 1975. s.a. *Ernst Forsthoff* zu *Gerhard Anschütz,* in: Der Staat 6 (1967) S. 139 ff.; ferner *Spendel,* G. Radbruch, Jurist in einer Zeitwende, 1979; *A. Hollerbach* zu *Erik Wolf,* MS 1978; *Häberle,* JZ 1975, 685 ff. für Forsthoff.

39 So bei *A. Hollerbach* für H. Triepel, AöR 91 (1966) S. 417 ff. mit Bibliographie.

40 Unterschiedlich sind die *Foren,* auf denen der Rechtslehrer gedacht wird. Ein *Ulrich Scheuner* wird über die Fachzeitschriften hinaus auch von allgemeinen rechtswissenschaftlichen Publikationsorganen, ja von Tageszeitungen gewürdigt. (Anderer Juristen wird nur von „ihren" Zeitschriften gedacht.) Nicht nur äußerlich ist es, wenn Zeitungen wie die FAZ oder NZZ den Tod von *Ulrich Scheuner* registrieren (vgl. FAZ vom 27. 2. 1981, S. 4; *D. Schindler,* in: NZZ vom 3. 3. 1981, S. 31). – *Geburtstagsadressen* für den lebenden *U. Scheuner* z.B. *Häberle,* JZ 1973, 799; zuletzt noch *F. K. Fromme,* in: FAZ vom 23. 12. 1978, S. 4.

der Staatsrechtslehre zieht hier indes inhaltliche und methodische Grenzen. Sie mögen individuell, auch biographisch variieren, sind aber sachlich notwendig. Dessen hat man sich bei der Würdigung der „Großen" des Fachs eingedenk zu sein.

2. *Ulrich Scheuner* war und ist einer dieser Großen. Das soll im folgenden in viererlei Hinsicht illustriert werden: durch Verdeutlichung einmal seines „universalen Ansatzes" und Arbeitsgebietes, zum anderen seines Wirkens auf dem Forum der Vereinigung der deutschen Staatsrechtslehrer sowie als Rezensent des Schrifttums, schließlich durch die Skizzierung seines Dienstes am deutschen Staatskirchenrecht; sie legt auch die Tatsache nahe, daß dieses Gedenkblatt für die ZevKR geschrieben ist.

III. Aspekte von Werk und Wirken Ulrich Scheuners

1. Die sachliche und methodische Universalität im Werk Ulrich Scheuners

a) Das Gesamtwerk *Ulrich Scheuners* wird in großen Teilen (wenn auch nicht gänzlich) erfaßt in den beiden Sammelbänden „Staatstheorie und Staatsrecht" (1978) bzw. „Schriften zum Staatskirchenrecht" (1973)[42]. Die von ihm gepflegte Rezensionskultur und seine Tagungsvoten sind in diesen Bänden leider weder sachlich noch bibliographisch enthalten[43]. Gleichwohl vereinigen sich die beiden Bände – von treuen Schülern herausgegeben – zu einem Panorama *Scheuner*scher Universalität. Diese Universalität besteht in *sachlicher* und *methodischer* Hinsicht: *sachlich* insofern, als *Scheuner* noch einmal auf allen Gebieten des öffentlichen Rechts gearbeitet hat: vom Staatsrecht und der Staatslehre (als Zentrum) über die Verfassungsgeschichte, das Staatskirchen- und Kirchenrecht bis zum Verwaltungs-, Europa- und Völkerrecht; methodisch insofern, als *Scheuner* dogmatische staatsrechtliche Fragen *auch* historisch aufgriff und kein Rechtsgebiet nur „für sich" sah[44]. Auf diese Weise konnte er Zusammenhänge aufdecken, die nur *er* zu entdecken vermochte. Vor allem aber hatte er ein Gespür für „große Themen" und ihren Wandel.

---

41 Zur „wissenschaftlichen Vorratspolitik": *Häberle,* in: Verfassung als öffentlicher Prozeß, 1978, S. 567, 658; ebd., zum „Möglichkeitsdenken", S. 17 ff.

42 Rezensionen zu *Scheuners* Sammelband „Staatstheorie und Staatsrecht" (1978) etwa: *E. Friesenhahn,* DÖV 1979, 378; *K. Kröger,* JZ 1980, 207 f.; *D. Grimm,* in: Die Zeit vom 7. 12. 1979, S. 15.

43 Auch das *Völkerrecht* ist leider noch nicht durch einen Sammelband erschlossen.

44 Es ist ja oft gerade der auf *Teil*disziplinen gerichtete *enge* Blick, der Analoges zwischen ihnen oder gemeinsame Vorfragen des öffentlichen Rechts nicht mehr erkennt. Die Breite und Weite, Tiefe und Höhe von *Scheuners* Forschen bleiben hier richtungweisend.

Dieses Sensorium *Scheuners* für „Wandlungen und Entwicklungen" offenbarte sich schon äußerlich in den von ihm gewählten Themen*bezeichnungen*[45]. Gleichwohl ging ihm das Wissen um *durchhaltende* Fragestellungen und Themenbereiche nicht verloren. Er kehrte – oft nach Jahren – zu „seinen" Themen zurück –, die immer Grundsatzthemen des Fachs waren –, ohne sich zu wiederholen. Inwiefern und wodurch er dann seine Meinung revidierte, lohnte eine eigene Untersuchung[46].

b) An *durchhaltenden* dogmatischen Fragestellungen und Themenbereichen *Scheuners* lassen sich im *Verfassungsrecht* insbesondere folgende Felder nennen: die Grundrechte im allgemeinen bzw. die institutionellen Garantien[47], die speziellen Freiheiten der Art. 4 GG[48] und Art. 12 GG[49], Meinungs- und Pressefreiheit[50], sodann die Parteien[51], auch die Verbände[52], Bundesstaatsprobleme[53], Fragen der Verfassungsgerichtsbarkeit[54], des Parlamentarismus[55] oder schließlich betont „staatliche" Themen wie „Staat"[56] oder „Staatszielbestimmungen"[57], die Staatslehre[58], die Regierung[59] bzw. den Rechtsstaat[60], aber auch die Verfassung[61].

---

45 Etwa „Zur Entwicklung des parlamentarischen Verfahrens im Deutschen Bundestag", in; FS Eschenburg, 1971, S. 9 ff.; „Wandlungen und Entwicklungen in der Satzung der Vereinten Nationen", 1960, vgl. Nr. 188 der Gesamtbibliographie, a. a. O.; „Probleme der gegenwärtigen Entwicklung des Völkerrechts", 1965, vgl. Nr. 305 ebd.; ferner „Kirche und Staat in der neueren Entwicklung", ZevKR 7 (1959/60) S. 225 ff.; „Die neuere Entwicklung des Deutschen Staatskirchenrechts", Juristen-Jahrbuch 1 (1960) S. 120 ff.; „Das Grundgesetz in der Entwicklung zweier Jahrzehnte", AöR 95 (1970) S. 353 ff., und „Wandlungen im Föderalismus der Bundesrepublik", DÖV 1966, 513 ff.; „Kooperation und Konflikt. Das Verhältnis von Bund und Ländern im Wandel", DÖV 1972, 585 ff.

46 Themenkontinuität *und* -diskontinuität im Schaffen eines Staatsrechtslehrers sind so notwendig wie die Identität und Offenheit seines Forschens!

47 DÖV 1971, 505 ff., bzw. in: Recht, Staat und Wirtschaft, Bd. IV, 1953, S. 341 ff.

48 DÖV 1951, 57 ff.; DÖV 1967, 585 ff.; DÖV 1961, 201 ff.; ZevKR 15 (1970) S. 242 ff.

49 DVBl. 1958, 845 ff.; DÖV 1956, 65 ff.

50 VVDStRL Heft 22, 1965, S. 1 ff.; auch AfP 1977, 367 ff.

51 DÖV 1958, 641 ff.; DÖV 1967, 343 ff.; DÖV 1968, 88 ff.

52 ZEE 1 (1957) S. 30 ff.

53 DÖV 1962, 641 ff.; DÖV 1966, 513 ff.; DÖV 1972, 585 ff.

54 DÖV 1954, 641 ff.; Einleitungsbeitrag in: Festgabe 25 Jahre BVerfG, Bd. I, 1976, S. 1 ff.; DÖV 1980, 432 ff.; DVBl. 1952, 293 ff.

55 Vgl. den „Erstling" in AöR NF 13 (1927) S. 209 ff., 337 ff.; sodann DÖV 1965, 577 ff.; FS A. Arndt, 1969, S. 389 ff.; DÖV 1974, 433 ff.

56 Art. „Staat", in: HDSW, Bd. XII, 1965, S. 653 ff.

57 In: FS Forsthoff, 1972, S. 325 ff.

58 Doppelrezension in: Der Staat 13 (1974) S. 527 ff.

59 FS Smend, 1952, S. 253 ff.; Art. „Regierung", in: HDSW, Bd. VIII, 1964, S. 781 ff.

Nicht selten dürfte er eine „Themenkarriere“ ausgelöst oder doch wesentlich beeinflußt haben. Seine im besten Sinne des Wortes „anregende“ Forschertätigkeit müßte einmal im ganzen Umfeld der offenen Gesellschaft der Verfassungsinterpreten nachgezeichnet werden[62].

Auch dem *Verwaltungs*recht hat sich *Scheuner* immer wieder zugewendet: vor allem in der frühen, heute wieder aktuellen Arbeit über das Ermessen[63], ferner dem Kommunalrecht[64]. Des heute so „modern“ gewordenen „Preußen-Themas“ hat er sich längst vor dessen Renaissance in unseren Tagen angenommen[65]. *Scheuner* entdeckte aber auch *neue* Themen bzw. er wandte sich neuen Rechtsgebieten zu, so etwa dem *Europarecht*[66].

c) *Scheuner* wurde gelegentlich als „konservativ“ eingestuft. Das sagt freilich wenig aus. Gegenüber einem Wissenschaftler (auch des Verfassungsrechts) kann dies nur eine vage Wertung sein: Was „konservativ“ bzw. „progressiv“ ist, bestimmt sich nämlich immer aus der linken bzw. rechten Sicht *mit*. Es gibt keine „linke“ oder „rechte“ Position *an sich*. Angesichts der Offenheit *Scheuners* für *Wandel* in Staat und Gesellschaft und für moderne Entwicklungen versagen derartige grobe Einordnungen vollends. Nur in jenen eher irrationalen Bereichen, die der Staatsrechtslehrer möglichst zu rationalisieren und offenzulegen hat und die er durch vielfältige Selbstkontrollen mediatisieren, ggf. aber aus anthropologischen Grün-

---

60 Z. B. Begriff und Entwicklung des Rechtsstaates, in: Macht und Recht, hrsg. von H. Dombois, 1956, S. 76 ff.; Die neuere Entwicklung des Rechtsstaates in Deutschland, FS zum hundertjährigen Bestehen des DJT 1860–1960, Bd. II, 1960, S. 229 ff.

61 Art. „Verfassung“, in: Staatslexikon, 6. Aufl., Bd. 8, Sp. 117 ff. Sein Sammelband lautet wohl bewußt: „Staatstheorie und Staatsrecht“, 1978.

62 Er selbst wurde seinerseits, gelegentlich erkennbar, durch Gutachtenaufträge angeregt (vgl. etwa den auf das Südweststaats-Gutachten folgenden Aufsatz in DVBl. 1952, 356 ff.).

63 VerwArch 33 (1928) S. 68 ff., ein Aufsatz, den nicht zuletzt *H. Ehmke* („Ermessen“ und „unbestimmter Rechtsbegriff“ im Verwaltungsrecht, 1960) aufgegriffen hat. – Zu Aspekten der Verwaltungsgeschichte: GS H. Conrad, 1979, S. 467 ff.; *ders.*, DÖV 1963, 714 ff.

64 So im weichenstellenden Aufsatz „Zur Neubestimmung der kommunalen Selbstverwaltung“, AfK 12 (1973) S. 1 ff.; dazu aus der Anschlußliteratur etwa *W. Blümel* bzw. *R. Grawert*, VVDStRL Heft 36, 1978, S. 171 (176, 188, 227) bzw. 277 (290); *R. Pfaff*, Planungsrechtsprechung und ihre Funktionen, 1980, S. 169, 183 f.; früher bereits *Scheuner*, in: AfK 1 (1962) S. 149 ff.; zuletzt FS Ipsen, 1977, S. 143 ff.

65 Der Staatsgedanke Preußens, 1965.

66 Vgl. den Besprechungsaufsatz zum „Solange-Beschluß“ des BVerfG, AöR 100 (1975) S. 30 ff., oder „Gemeinschaftsrecht und europäische Menschenrechtskonvention“, 1969 (zit. nach Gesamtbibliographie, a. a. O., Nr. 345, S. 842).

den respektieren muß, mögen gefühlsmäßige Bindungen an eine eher „konservative" Richtung bei *Scheuner* nachweisbar sein.

Parteipolitische Festlegungen jedenfalls dürften *Scheuner* zuwider gewesen sein. Und wenn er für die Bundes*regierung* in den 50er und 60er Jahren im Wehrstreit, im Fernseh-[67] und Volksbefragungsprozeß (wegen der Atombewaffnung, BVerfGE 8, 108), im Streit um das Reichskonkordat (E 6, 309) und den preußischen Kulturbesitz (E 10, 20) tätig war, so wohl eher im institutionellen, amtsmäßigen Sinne. „Parteiisch" war er nach Maßgabe des auch vor dem BVerfG erlaubten *Advokatorischen,* nicht i. S. des Parteipolitischen. Dem entsprach es, daß *Scheuner* in den 70er Jahren im Verfahren zur Rechtsstellung der Abgeordneten in Bund und Ländern den Deutschen *Bundestag* vertrat (BVerfGE 40, 296).

Scheuners Werk beeinflußte das BVerfG auch dort, wo es ihn nicht namentlich zitierte. So ist der Begriff „Vorformung des politischen Willens" (aus ZEE 1 [1974] S. 34 ff.) vom BVerfG in E 8, 104 (113), E 20, 56 (98) aufgegriffen worden. Heute ist er communis opinio[68].

Vor allem war und ist *Scheuner* eine „Brücke" zu Weimar: personell (eine der wenigen, die noch geblieben sind) und sachlich: in seiner Persönlichkeit insofern, als *H. Triepel* und *R. Smend* ihn als seine Lehrer prägten, in der Sache insoweit, als er allenthalben an die großen Weichen anknüpfte, die in der Weimarer Zeit und unter anderem durch sie gestellt worden sind: in Themenwahl und Methode. Er hat sich auch ausdrücklich dazu bekannt: etwa in seinem Beitrag aus Anlaß des 50jährigen Bestehens der VDStRL[69]. Hier weist er mehrfach darauf hin, wie intensiv die Weimarer Zeit der Staatsrechtslehre im GG methodisch und sachlich vorgearbeitet habe, wie stark die Verbindungslinien von damals zum Heute seien[70].

---

[67] Vgl. *Scheuner,* in: *G. Zehner,* Der Fernsehstreit vor dem BVerfG, 1964, Bd. I, S. 314 ff. bzw. Der Kampf um den Wehrbeitrag, 2. Hlbbd. 1953, S. 94 ff., Ergbd. 1958, S. 330 ff.

[68] s. a. *H. R. Lipphardt,* Die Gleichheit der politischen Parteien vor der öffentlichen Gewalt, 1975, S. 557 f. Anm. 365; s. a. *K. Hesse,* Grundzüge, a. a. O., S. 61 f., 70, 208; *Herb. Krüger,* VVDStRL Heft 17, 1959, S. 109 f. *Scheuner*-Zitate auch in BVerfGE 2, 79 (89); 52, 223 (254 f.); 53, 366 (393).

[69] Vgl. AöR 97 (1972) S. 349 ff.

[70] A. a. O., S. 362 ff., 367 ff., 373 f. Zu diesen Nachwirkungen („grundsätzlicher, theoretischer und methodischer Probleme") Weimars: *R. Smend,* in: FS Scheuner, 1973, S. 575 (576). – Erst aus der Distanz vieler Jahrzehnte verfassungsstaatlicher Entwicklung wird es möglich sein zu sagen, wo die Staatsrechtslehre nach 1945 im Grundlagendenken lediglich Weimar rezipiert hat und wo sie zu Neuem aufbrach, wo sie „restauriert" oder „reformiert" hat. Die Staatsrechtslehre wird immer Momente der Kontinuität wie der Diskontinuität brauchen, sei es in der Gemeinschaft ihrer Vertreter, sei es in einzelnen von ihnen; sie wird aber auch den „Paradigmawechsel" (i. S. *Kuhns*) benötigen – ungeachtet aller „klassischen" Elemente des Verfassungsstaates. Daß die deutsche Staatsrechtslehre seit 1949 in vielem Grundsätz-

Wenn die Verfassungsrechtslehre unter dem GG so stark von Weimar lebt, wenn aber zuvor im „Zwischenspiel“ der NS-Zeit gemäß deren Staats- und Rechtsverständnis manche Staatsrechtslehrer in die innere und äußere Emigration gingen, einige verstummten, andere sich auf weniger aktuelle Gebiete wie die Verfassungsgeschichte zurückzogen, nicht wenige aber sich aktiv an der „Neugestaltung“ i. S. des sog. „Dritten Reiches“ beteiligten, so drängt sich eine Grundsatzfrage auf: die Frage nach dem Grad der „natürlichen“ Abhängigkeit der Staatsrechtslehre und ihrer Repräsentanten vom jeweiligen politischen System bzw. seinem „positiven Staatsrecht“. Diese Abhängigkeit ist groß – die NS-Zeit belegt dies schmerzlich –, und doch sollte auch in demokratischen Verfassungsstaaten so viel Distanz bleiben, daß *Kritik* möglich ist. Die Verfassungsrechtslehre wird hier immer bewußt oder unbewußt ein Stück Legitimation der jeweils geltenden Verfassung leisten, und sie soll dies tun. In (rechts- oder links-)totalitären Staaten bedeutet aber wohl jede Beschäftigung mit dem Staatsrecht ohne die Garantie von Wissenschaftsfreiheit wesentlich *Affirmation.* Darum ist der Weg des Verstummens, der Beschäftigung mit anderen Gegenständen oder die Emigration vorgezeichnet; es sei denn, es gibt versteckte Formen der Kritik, die dem „Idealtypus“ des Verfassungsstaates längerfristig dann doch dienen[71].

Wie dem auch sei: Die Staatsrechtslehre und ihre Vertreter gehören zu den tragenden, besser „belebenden“ Kräften einer Verfassung auch dort, wo sie Kritik äußern. Art. 5 III GG wirkt insofern als eine institutionelle Garantie des Verfassungsstaates. Die „Wissenschaft“ von der Verfassung ist zugleich ein Stück Gestaltung dieser Verfassung.

Daraus ergibt sich große Verantwortung. Sie trifft die Staatsrechtslehre als Institution oder modern gesprochen als „Subsystem“, aber auch jeden einzelnen Vertreter dieser Disziplin. Wo und insofern *Ulrich Scheuner* gegenüber dem Verfassungsstaat in seinen jungen Jahren in der NS-Zeit je gefehlt haben sollte, hat er dies durch seine wissenschaftliche Lebensleistung im Dienste der Republik des GG mehr als ausgeglichen[72].

---

lichen das Bild einer „ideal vorgestellten Ordnung für die Zukunft“ (ein Wort *Scheuners* für die Verfassung: VVDStRL Heft 10, 1952, S. 47) in der Vergangenheit Weimars suchte und fand, braucht man ihr nicht zum Vorwurf zu machen: um so weniger, als die wissenschaftliche Grundsatzdiskussion zur Verfassung Weimars seinerzeit deren Wirklichkeit weit voraus war und die Wirklichkeit sie vielleicht erst unter dem GG „eingeholt“ hat.

71 Die Frage, ob es wenigstens in verkümmerter Form Literaturgattungen der Staatsrechtslehre in Weimar gab, die in diesem Sinne eine *kritische* Funktion erfüllten, wäre ein eigenes Forschungsprogramm: auch Nachrufe gehörten dazu.

72 *Scheuner* wirkte im Koordinatensystem des Verfassungsstaates westlicher Prägung. Es ist darum nur konsequent, wenn er allenthalben mit dessen Klassikern (wie *Montesquieu, von Mohl,* auch *G. Jellinek*) arbeitete, wie schon ein oberfläch-

Scheuner lebte und wirkte, dachte und schrieb aus der „*Mitte*“, so sehr diese auch im wissenschaftlichen Prozeß von den Rändern und Extremen, durch Eigenwilligkeiten und überscharfe Positionen, durch (kreative) Übertreibungen und Provokationen, durch Kühnheiten und Gewagtes mitbestimmt wird. Er arbeitete weniger „am Anfang“ der Prozesse von „trial and error“ als an ihrem je vorläufigen „Ende“. Aus dieser Mitte wußte er anzuregen und zu beflügeln, zusammenzufassen und weiterzuführen; Normativität und Normalität gehörten bei ihm zusammen. Nicht die Zuspitzung, sondern im guten Sinne die *Harmonisierung* war sein Element, nicht die Antithese, sondern die *Synthese* seine Leistung. Dank dieser und in dieser Mitte blieb er in seiner ganzen wissenschaftlichen Entwicklung vor allem auch unter dem GG immer unterwegs: i. S. eines „bewegten Gleichgewichts“. Verfassungsrechtslehre als Wissenschaft und Literatur braucht aber wohl *beides:* die kantige These und die „weiche“ Einschmelzung der Theorieelemente in die „Bindungen der Praxis“, die kühne Dogmatik und die theorienahe Pragmatik, die konstruktive Systematik und das wirklichkeitsnahe Problematisieren, den „Eigensinn“ und den „Gemeinsinn“.

Erst im Zusammenwirken dieser verschiedenen Momente, die immer auch in unterschiedlichen wissenschaftlichen Temperamenten der Staatsrechtslehrer als Menschen begründet sind, entsteht das ganze – pluralistische – Panorama der Verfassungsrechtswissenschaft. *Scheuner* hat hier seinen unersetzlichen Platz, aber eben im *Mit-* und *Gegen*einander mit anderen Publizisten, die stärker provozierten, schärfer konturierten – und sich entsprechend mehr irrten! Darum war *er* der „Monarch in der Gelehrtenrepublik“.

So sehr *Scheuner* zum Meister nahezu aller Literaturgattungen, Sprach- und Sprechformen des öffentlichen Rechts wurde – nur die große Monographie oder das Lehrbuch, auch die Juristentagsfestrede fehlen –, und so vielfältig diese Ausdrucksformen in ihrer Eigengesetzlichkeit je für sich sind und von *Scheuner* beherrscht wurden: Jenseits aller Unterschiede in der Form zeigt sich in der Sache *ein und dieselbe Persönlichkeit,* offenbart sich *ein und dasselbe Denken.* Es hat sich in den verschiedenen Werk- und Wirkperioden *Scheuners* gewiß entwickelt, aber es blieb doch in seiner Identität unverkennbar: geprägt durch seine stets „präsente Universalität“, durch Virtuosität, die nie Selbstzweck wurde, durch seinen Dienst an der „Sache“ der Wissenschaft vom öffentlichen Recht. Universales Wissen statt enzyklopädischem Anhäufen, das Bestreben, auch in Detailfragen grundsätzlich werden zu können und sich nicht in sie zu verlieren, charakterisierten ihn: selbst noch in der „Miniaturform“, etwa einer Buchbesprechung.

---

licher Blick in das Personenregister seiner Gesammelten Schriften zeigt. Zum Problem: *Häberle,* Klassikertexte im Verfassungsleben, 1981.

Stets sah er die „Spannung“ der Verfassung zur politischen Realität, aber auch die Möglichkeit, ja Notwendigkeit „ergänzender Ausgestaltung“ durch die Verfassungsentwicklung[73]. Staatsrecht wollte er weit über den Parlamentarismus hinaus als „Wissenschaft eines Lebenden“ betrieben wissen[74]. Die Öffnung der Verfassung zur Wirklichkeit[75] und Zukunft hat bei ihm ihre Entsprechung im Gebot der „Harmonisierung“[76]. Dieses *„Denken in Zusammenhängen“* und nicht in Schubfächern oder unversöhnlichen Antinomien verfolgte er in allen Sachgebieten und Problembereichen. Es bewährte sich auch in seiner unermüdlichen Aufdeckung von *geschichtlichen* Zusammenhängen. Solches „Denken in Zusammenhängen“ erst gibt den Blick frei für Differenzierungen innerhalb der Kultur- und Rechtsgemeinschaft eines gewordenen und immer neu werdenden Volkes und seiner Verfassung.

Und solches Denken prägt auch seinen Ansatz im Staatskirchenrecht.

2. Scheuner als Rezensent

Dieselbe Universalität in Gegenstand und Methoden zeichnet das Lebenswerk von *Ulrich Scheuner* als *Rezensent wissenschaftlicher Literatur* aus. „Rechtswissenschaft aus Rezensionen“ hat er kontinuierlich praktiziert[77]. Diese Form des Forschens und Schreibens ist eine unerläßliche „Vorstufe“ für die Entstehung von „Recht aus Rezensionen“[78]. Der Quantität nach hat *Ulrich Scheuner* mehr Bücher- als Entscheidungsrezensionen geschrieben; doch gehört beides in seinem Lebenswerk, wie überhaupt, zum Ganzen des Rechtsbildungs- und -fortbildungsprozesses der res publica.

a) Im einzelnen: *Ulrich Scheuner* hat, vor allem in der DÖV, die „Staatsrechtslehre als Literatur“ begleitet und kommentiert; er hat sie rezensiert ohne zu „zensieren“. Für die DÖV war er über Jahre hinaus so etwas

---

[73] Vgl. *Scheuner,* VVDStRL Heft 10, 1952, S. 46 f. (Diskussion).

[74] Vgl. *Scheuner,* VVDStRL Heft 16, 1958, S. 122 (Diskussion).

[75] *R. Smend* (in: FS *Scheuner,* 1973, S. 575 [589]) spricht von *Scheuner* als einem „sorgfältigen Beobachter auch des laufenden Verfassungswandels“.

[76] *Scheuner,* VVDStRL Heft 20, 1963, S. 125 (Diskussion).

[77] So haben die großen Aufsätze „*Scheuner*scher“ Themen z.B. zu den politischen Parteien ihre Entsprechung in *Rezensionen Scheuners* über Bücher dieses Gebietes (vgl. etwa: AöR 77 [1952/53] S. 113–115; AöR 77 [1952/53] S. 255 f.). S.a. die Besprechungen grundlegender Bücher zum Staatskirchenrecht und Kirchenrecht: zu *W. Weber,* Die politische Klausel in den Konkordaten, 1939: *Scheuner,* ZgesStW 101 (1941) S. 199–205; zu *H. Wehrhahn,* Kirchenrecht und Kirchengewalt, 1956: *Scheuner,* DÖV 1957, 410 f.; ferner die Bespr. von *Frederic Spotts,* The Churches and Politics in Germany, 1973, in: ZevKR 19 (1974) S. 418–420.

[78] Dazu mein gleichnamiger Beitrag in: Kommentierte Verfassungsrechtsprechung, 1979, S. 1 ff.; s.a. in: *Häberle,* Verfassungsgerichtsbarkeit zwischen Politik und Rechtswissenschaft, 1980, S. 1 ff.

wie ein „Hausrezensent“[79]. In dieser Rolle ist es ihm geglückt, tatsächlich viele der wichtigsten Veröffentlichungen vor allem auf dem Gebiet des Verfassungsrechts zu besprechen. Jede Literaturgattung hat er hier – wie auch sonst – beobachtet: so das Lehrbuch (von *K. Hesse*[80]), die Monographie[81], die Dissertation des „Anfängers“ (vgl. etwa die positive Besprechung von *H. Ehmkes* – seines späteren Habilitanten – „Erstling“: „Grenzen der Verfassungsänderung“, 1953[82]), aber auch die Staatsrechtslehrertagung[83].

Dieser kursorische Überblick über die rezensierte Literaturform bedarf der Ergänzung von der Aktivseite her, d.h. von der vom Rezensenten gewählten *Besprechungsform:* Hier steht die kürzere Besprechung im Vordergrund[84], gelegentlich finden sich aber auch Besprechungs*aufsätze*[85]. In der Form gibt es hier kleine Kabinettstücke und „Miniaturen“ im besten Sinne des Wortes. In der Sache wußte *Scheuner* Licht und Schatten stets ausgewogen zu verteilen; eine gänzliche Entmutigung hatte der Besprochene kaum je zu fürchten[86].

Er variiert auch das Rezensions*forum:* neben der DÖV finden sich Besprechungen von ihm etwa im „Staat“, im DVBl., in der JZ, der ZevKR, mitunter auch in ferneren Zeitschriften (wie dem AfK und dem AfP).

Er nutzte den Pluralismus der Rezensionsforen durchaus – was vom Boden einer *normativen Rezensionstheorie* her jedem Rezensenten nur zur Nachahmung empfohlen werden darf.

Das feine Gespür *Ulrich Scheuners* für Entwicklungen und Wandlungen[87], sein Sinn für das Geschichtliche, mag aber vielleicht eine Ursache

---

[79] Allgemein zu diesem Problem: *Häberle,* Rezensierte Verfassungsrechtswissenschaft, 1981.

[80] Unten Anm. 96.

[81] Etwa die Habilitationsschrift von so manchem jungen Öffentlichrechtler (z.B. *Häberle,* Öffentliches Interesse als juristisches Problem, 1970, bespr. in DÖV 1972, 142).

[82] DÖV 1954, 255 f.

[83] Vgl. den beispielhaften „Nach“-Bericht zu VVDStRL Heft 28, 1970, S. 1 ff., in: ZevKR 15 (1970) S. 242 ff., der weit über den konkreten Anlaß hinausführt. In Weimar: *Scheuner,* Die achte Tagung der Vereinigung der deutschen Staatsrechtslehrer in Halle, Reichsverwaltungsblatt 1931, 934 ff.

[84] Vgl. zuletzt etwa die Besprechung von *H. F. Zacher,* Sozialpolitik und Verfassung im ersten Jahrzehnt der BR Deutschland 1980, DÖV 1980, 536; von *T. Würtenberger,* Staatsrechtliche Probleme politischer Planung, 1979, DÖV 1980, 540; von *Häberle,* Kulturpolitik in der Stadt – ein Verfassungsauftrag, 1979, DVBl. 1980, 244.

[85] Z.B. die Doppelrezensionen „Zwei Darstellungen der Allgemeinen Staatslehre“ (zu *Ermacora* und *Herbert Krüger*), in: Der Staat 13 (1974) S. 527 ff.

[86] Sehr kritisch wohl nur die Besprechung des Buches von *H. D. Jarass:* Politik und Bürokratie als Elemente der Gewaltenteilung, 1975, DÖV 1978, 533.

dafür sein, daß er das allseits von ihm erwartete *systematische* Gesamtwerk (vgl. etwa *H. Ehmke,* Geburtstagsrede, in: FS *Scheuner,* 1973, S. 18) nicht hinterlassen hat. Vielleicht schließen sich heute (wie früher) im öffentlichen Recht große dogmatisch-systematische Leistungen und universales Wissen um geschichtliche Entwicklungen aus: weil Systematik notwendig ein Stück Vergröberung bedeutet und mitunter sogar ein Gran (schöpferische) „Naivität" in geschichtlicher Hinsicht verlangt, weil die dogmatische „Konstruktion" vom Wandel der Wirklichkeit und vom Historisch-Individuellen bis zu einem gewissen Grad abstrahieren muß. Wie dem auch sei, der weichenstellende Aufsatz und das Tagungsvotum waren wohl die *Ulrich Scheuner* bzw. seinem Charakter und Temperament am meisten adäquaten Literatur- bzw. Sprachformen[88].

In der Sache selbst verfolgte *Ulrich Scheuner* in Form von Rezensionen *alle* Gebiete des Öffentlichen Rechts mit Einschluß des Völkerrechts, Europarechts und Kirchenrechts. Er legte sich keineswegs auf *eine* Richtung fest, sondern beobachtete selbst ihm ferner stehende Tendenzen im Schrifttum aus einer Haltung der Fairneß.

Eine Sammlung seiner Rezensionen in nuce wäre so etwas wie ein Spiegelbild der Entwicklung (der Geschichte) der deutschen Staatsrechtslehre(r) unter dem GG. Sie lohnte hier wie bei anderen großen Rezensenten.

Ulrich Scheuner hatte ein untrügliches Gefühl für Aktualität und Qualität, für Entwicklungen und Wandlungen. Das mag ihn dazu veranlaßt haben, gerade über regelmäßige Rezensionen „am Ball" zu bleiben: bis in seine letzten Jahre. Der Zwang, ein Buch gründlich zu lesen, ist nirgends so groß wie beim – potentiellen – Rezensenten!

b) *Scheuner* begleitete als Rezensent die Grundlagendiskussion zum GG, indem er deren wichtige Monographien kommentierte: so etwa *O. Bachofs* „Verfassungswidrige Verfassungsnormen?" (1952)[89], *K. Hesses* „Normative Kraft der Verfassung" (1959)[90], *K. Hespes* Göttinger Dissertation „Zur Entwicklung der Staatszwecklehre in der deutschen Staatsrechtswissenschaft des 19. Jahrhunderts" (1964)[91] oder *Bäumlins* „Recht, Staat und Ge-

---

[87] Vgl. etwa den Aufsatz (in DÖV 1971, 505 ff.) über die Grundrechte an der Schwelle zur Regensburger Staatsrechtslehrertagung von 1971 (VVDStRL Heft 30, 1972, S. 7 ff. bzw. 43 ff.).

[88] Vgl. etwa zur Frage der Diskontinuität im Parlamentsrecht: *Scheuner,* DÖV 1965, 541 ff. (zu *K. Müller,* DÖV 1965, 505 ff.) oder *Scheuner,* Das Gesetz als Auftrag der Verwaltung, DÖV 1969, 585 ff., ein Aufsatz, der ihm lt. mündlicher Aussage besonders wichtig war.

[89] DÖV 1953, 126 f.

[90] Besprechung in DÖV 1960, 79.

[91] Besprechung in DÖV 1965, 643 f.

schichte“ (1961)[92], aber auch *K. Larenz*’ „Methodenlehre der Rechtswissenschaft“ (1969²)[93].

Er praktizierte unter dem inhaltlichen Gesichtspunkt der Aktualität und Qualität sowohl die Sammel-[94] wie die Einzelbesprechung[95]. Er kommentierte das bahnbrechende Lehrbuch[96] und die Habilitationsschrift von Format[97] oder das Regensburger Staatsrechtslehrerheft (30, 1972)[98], das große Lehr- und Handbuch[99] sowie den staatskirchenrechtlichen[100] oder den verfassungsrechtlichen Sammelband[101] eines *W. Weber* bzw. *A. Arndt,* auch die gute Dissertation[102].

Selbst das ausländische Schrifttum verfolgte er in Rezensionsform[103], ebenso die verfassungsgeschichtliche Monographie[104], sogar zu abgelegenen Gebieten[105]. Auf „sein“ Thema des Parlamentarismus kommt er auch in der Rezensionsform zurück[106]. Mitunter behandelt er denselben brisanten Gegenstand in Gestalt von zwei Rezensionen[107].

---

92 Besprechung in AöR 88 (1963) S. 114–116.

93 DÖV 1972, 214.

94 Von *H. Ridder, Berra* u. *W. R. Beyer,* in: DÖV 1966, 769 f.

95 Auch von zwei Werken desselben Autors in bezug auf *K. H. Friaufs* Arbeiten zum Recht der beruflichen Bildung, DÖV 1976, 179.

96 Von *K. Hesse,* Grundzüge, 1966¹, in: DÖV 1967, 283 f.; zur 6. Aufl.: DÖV 1973, 429 f.; zur 8. Aufl.: DÖV 1975, 649 f.; zur 9. Aufl.: DÖV 1977, 257 f.

97 Z.B. von *H. Quaritsch,* Staat und Souveränität, Bd. 1, 1970, in: DÖV 1973, 430 f.; *von Arnim,* Gemeinwohl und Gruppeninteressen, 1977, in: DÖV 1978, 531.

98 DÖV 1975, 503 f.

99 *K. Stern,* Staatsrecht, Bd. I, 1977, in: DÖV 1978, 339 f.

100 *W. Weber,* Staat und Kirche in der Gegenwart, 1978, in: DÖV 1979, 379 f.

101 *A. Arndt,* Gesammelte juristische Schriften, 1976, in: JZ 1978, 620; s.a. die Besprechung von *Häberle,* Verfassung als öffentlicher Prozeß, 1978, in: DÖV 1979, 916 f.

102 Von *C. Degenhart,* Systemgerechtigkeit und Selbstbindung des Gesetzgebers als Verfassungspostulat, 1978, S. 532; *H. D. Jarass,* Politik und Bürokratie als Elemente der Gewaltenteilung, 1975, in: DÖV 1978, 533 (trotz kritischer Strenge, vgl. Fn. 86).

103 Besprechung von *G. Braunthal,* The Federation of German Industry in Politics, 1965, DÖV 1966, 250; Besprechung von *F. Ermacora,* Handbuch der Grundrechte und der Menschenrechte, 1963, DÖV 1966, 434; Besprechung von *D. H. Scheuing,* Les aides financières publiques, 1974, in: DÖV 1975, 400.

104 z.B. von *K. Streifthau,* Die Souveränität des Parlaments, 1963, in: DÖV 1967, 320.

105 Vgl. Besprechung von *G. Greitemann,* Die Verwaltung der Staatskassenmittel im Schnittpunkt Finanzrecht, Bankrecht und Recht der Währungspolitik, 1969, in: DÖV 1972, 178 f.; Besprechung von *A. Stappert,* Die Organisation der britischen Zentralverwaltung seit dem Ende der 50er Jahre ... 1975, in: DÖV 1977, 146.

106 Z.B. Besprechung von *G. Loewenberg,* Modern Parliaments, Change or Decline?, in: DÖV 1973, 465 f.; *H. Steiger,* Organisatorische Grundlagen des parlamentarischen Regierungssystems, 1973, in: DÖV 1976, 830.

3. Scheuner als Diskussionsredner

a) *Ulrich Scheuners* Wirken auf dem Forum der Tagungen der *Vereinigung der Staatsrechtslehrer* (vor, vielleicht aber auch hinter den „Kulissen") dürfte einzigartig sein[108]. In seinen Tagungsvoten spiegelt sich viel von seinem ausgeglichenen, maßvollen Temperament und von seiner Beschlagenheit wider. Hier bewährte sich seine Kunst, sofort, sozusagen „aus dem Stand" grundsätzlich werden zu können, hier zeigte sich seine Universalität, bestachen Prägnanz und Eleganz seines juristischen Denkens. So „zeremoniell" dem Außenstehenden manches an der Art der Voten vor diesem Gremium überhaupt erscheinen mag, so sehr zwingt die äußere Form, zur Sache zu kommen. Jedenfalls gelang dies *Ulrich Scheuner* in besonderem Maße. Die Dichte und Weite seiner Diskussionsbeiträge, die er stets frei hielt, die Fülle der Anregungen, die sie brachten – all das teilt sich selbst dem (späteren) Leser der gedruckten Debatten mit, noch nach vielen Jahren. Vor Ort, d.h. unmittelbar während der Aussprache, „packte" sie jeden, der zuhören durfte.

b) Einige Beispiele mögen das Gesagte verdeutlichen: Dabei ist es (noch) nicht möglich, den Folgewirkungen der Staatsrechtslehrervoten *Ulrich Scheuners* nachzuspüren. Sie waren und sind groß; ihre Darstellung hätte Teil eines eigenen Forschungsprogramms zu sein[109].

Formal lassen sich diese Voten[110] unterscheiden nach *Grundsatzvoten* am Anfang der Aussprache[111] – sie beeinflußten dann die weitere Diskussion über bloß formale Bezugnahmen hinaus[112] – und *„Ad-hoc-Voten"*, die im

---

[107] Vgl. seine Rechtsprechungsrezension zum Grundlagenvertrag, in: DÖV 1973, 581, und die Besprechung der Dokumentation dieses Urteils, hrsg. von Cieslar u.a., 1973, in: DÖV 1974, 214.

[108] Ähnliches ist von seinen Voten auf den Tagungen der Gesellschaft für *Völkerrecht* zu sagen: auch hier das Eröffnungsvotum als „Einstieg" von hoher Qualität, vgl. Berichte der Deutschen Gesellschaft für Völkerrecht, Heft 14 (1974) S. 57–61; ebd. das Aufgreifen des *Scheuner*schen Votums durch *Frowein* (S. 84 f.) und das kritische Eingreifen *Scheuners* im Verlauf der Diskussion, Berichte, ebd., Heft 11 (1973) S. 96–98 (Bezugnahme auf *Scheuner,* ebd., S. 112 f.).

[109] Allgemein dazu *Häberle,* in: Verfassung als öffentlicher Prozeß, 1978, S. 128 Anm. 38. In diesen Rahmen gehört es, daß *Ulrich Scheuner* in Zeitschriften oft vorbereitende Grundsatzartikel zu den Themen der Staatsrechtslehrertagung verfaßte: etwa zur Regensburger Tagung (VVDStRL Heft 30, 1972, in: DÖV 1971, 505 ff.); zuletzt zur Innsbrucker Tagung: VVDStRL Heft 39, 1981, in: DÖV 1980, 437 ff. – Zu *Scheuner* noch *H. P. Ipsens* „Statistik", in: AöR 90 (1965) S. 503 ff.

[110] Eine Auswertung der (39) Bände der VVDStRL liegt um so näher, als *Scheuner* einmal gesagt hat, sie spiegelten sehr wesentlich die Entwicklung unserer Wissenschaft (VVDStRL Heft 31, 1973, S. 7 [11]) wider.

[111] Z.B. VVDStRL Heft 10, 1952, S. 46–49; 15, 1957, S. 69–76; 30, 1972, S. 142–145; 33, 1975, S. 121–123; 34, 1976, S. 95–99.

späteren Verlauf die Diskussion wieder auf das Wesentliche zurücklenkten[113] und dann schon im Verlauf der Tagung weiterwirkten[114]. Inhaltlich spiegelt sich die umrissene Universalität *Scheuners* auch in der Breite der von ihm (mit-)diskutierten Themen wider, vom Staatsrecht[115] und Verwaltungsrecht[116] über die Staatslehre[117] zur Verfassungsgeschichte[118], zum Staatskirchenrecht[119], Europa- und Völkerrecht[120], ausländischen öffentlichen Recht und Völkerrecht[121]. Dabei fehlt es nicht an plastischer Ausdrucksweise[122].

Ausdrücklichen Widerspruch leistete und provozierte *Scheuner* mitunter ebenso[123] wie er viel Konsens durch mittlere Wege und Lösungen zu stiften wußte[124]. Insofern besaß er eine stark integrierende Wirkung innerhalb der Vereinigung[125]. M. a. W.: Er *praktizierte* hier das, was er als Auslegungsprinzip der „Harmonisierung" *theoretisch* für die Verfassungsinterpretation gefordert hat[126]. Und kaum etwas offenbarte deutlicher die Universalität

---

112 Vgl. etwa in VVDStRL Heft 30, 1972, S. 151 f. *(Zacher)*; 33, 1975, S. 126 f. *(Stern)*, S. 134–136 *(Häberle)*, S. 150 *(Oppermann)*; 34, 1976, S. 108 f. *(Oppermann)*, S. 115 f. *(Steiger)*, S. 128 *(Kaiser)*.

113 Vgl. z.B. VVDStRL Heft 35, 1977, S. 311–313; 19, 1960, S. 245 f.; 26, 1968, S. 278–280; 21, 1964, S. 122–124; 20, 1963, S. 261–266.

114 Vgl. etwa VVDStRL Heft 35, 1977, S. 313, 325; 26, 1968, S. 290; 21, 1964, S. 128; 20, 1963, S. 272; 19, 1960, S. 246.

115 Vgl. VVDStRL Heft 21, 1964, S. 122–124, 124 f.

116 VVDStRL Heft 29, 1971, S. 248 f.; 35, 1977, S. 311–313; 17, 1959, S. 237 f., 238 f.; 14, 1956, S. 181–187 (fast ein Korreferat!); 28, 1970, S. 230–233.

117 Vgl. VVDStRL Heft 13, 1959, S. 67 f.; 23, 1966, S. 109, 311–313.

118 Vgl. VVDStRL Heft 26, 1968, S. 108–110; 20, 1963, S. 261 f.

119 Vgl. VVDStRL Heft 11, 1954, S. 225–229; 26, 1968, S. 108–110, 131 f.

120 Vgl. VVDStRL Heft 21, 1964, S. 135; 23, 1966, S. 106–109; 10, 1952, S. 168 f.

121 Z.B. *Frankreich:* VVDStRL Heft 17, 1959, S. 111; *Belgien:* VVDStRL Heft 15, 1957 , S. 74 f.; *Schweiz:* VVDStRL Heft 33, 1975, S. 122.

122 Vgl. etwa die „geheime und tiefe Brücke" in VVDStRL Heft 28, 1970, S. 272, dazu *Henke,* ebd., S. 274; das „stille Begräbnis" auf der Heidelberger Tagung: VVDStRL Heft 35, 1977, S. 311.

123 Vgl. etwa VVDStRL Heft 34, 1976, S. 108 f. *(Oppermann)*; 35, 1977, S. 325 *(Vogel)*; 26, 1968, S. 133 *(Pirson)*; – zu Methodenfragen: *Scheuner,* VVDStRL Heft 16, 1958, S. 122 f.

124 Z.B. VVDStRL Heft 10, 1952, S. 153–156.

125 s. auch seine Jubiläumsansprache: VVDStRL Heft 31, 1973, S. 7 ff., sowie die Würdigung in AöR 97 (1972) S. 349 ff.

126 Vgl. *Scheuner,* VVDStRL Heft 20, 1963, S. 125 (Diskussion); *ders.,* VVDStRL Heft 22, 1965, S. 1 (53); dazu auch *K. Hesse,* Grundzüge des Verfassungsrechts der Bundesrepublik Deutschland, 1980[12], S. 28.

Charakteristisch ist das Wort *Scheuners* von Grundrechten (wie Art. 6 GG) als „Konsenseinigungen", z.T. Kompromißeinigungen im Augenblick der Verfassungseines stets verfügbaren Wissens zu allen Fragen des öffentlichen Rechts als die Gesamtheit seiner Interventionen auf dem Forum der Vereinigung[127]. Selbst das Amt der Diskussionsleitung hat ihn nicht gehindert, seinerseits grundsätzliche Beiträge zu leisten[128], ohne die Diskussion „beherrschen" zu wollen.

Daß er schon ganz früh, d.h. 1951 die *Aufgabe der Staatsrechtslehre* in einer Weise theoretisch skizziert hat[129], wie er sie innerhalb und außerhalb der Vereinigung bis 1981 praktizieren sollte, mag als geglücktes Beispiel der Konkordanz von Anspruch und Wirklichkeit erwähnt werden[130].

4. Scheuner und das deutsche Staatskirchenrecht

a) Das vielleicht Persönlichste im Werk von *Ulrich Scheuner* dürften seine Beiträge zum *Staatskirchenrecht in Deutschland* sein: äußerlich jetzt dokumentiert in seinen Schriften zum Staatskirchenrecht (1973)[131], aber auch in einer Vielzahl von Rezensionen und Gutachten für Staat und Kirchen sowie in mannigfachen sonstigen Aktivitäten[132].

In seiner Person verkörperte *Ulrich Scheuner* das *Juristisch-Gemeinsame* zwischen Staat und Kirche und zwischen den (Groß-)Kirchen! Dies nicht

---

gebung, in: Essener Gespräche, Bd. 14, 1980, S. 47; ebd.: Die Auslegung des Begriffs Familie liegt vermutlich in einer „Mittelzone".

127 Es belegt den großen Einfluß von *Scheuner* auf die Tagungen, wenn seine vorbereitenden Abhandlungen in der Diskussion aufgegriffen wurden (vgl. VVDStRL Heft 21, 1964, S. 133, durch *E.-W. Fuss*) oder wenn er sich erlauben konnte, Themen anzuregen (VVDStRL Heft 19, 1962, S. 251).

128 Vgl. VVDStRL Heft 19, 1962, S. 147, 152; 20, 1963, S. 125 f.

129 Zur Aufgabe der Staatsrechtslehre: *Scheuner,* VVDStRL Heft 10, 1952, S. 48: „... die Verfassungsordnung lebendig und wirksam zu erhalten und es nicht dahin kommen zu lassen, daß der Bestand des Ganzen infolge einer starren Interpretation ... durch Abweisung jeder Anpassung an die Fortentwicklung der politischen Kräfte gefährdet wird".

130 Ein ähnlicher Leitungs- und Diskussionsstil zeichnete *Scheuners* Auftreten bei den „Essener Gesprächen" aus: die Eröffnung und das Grundsatzvotum zu Beginn (Bd. 1, 1969, S. 68–70), etwa die Erarbeitung politisch aktueller oder historischer Zusammenhänge (z.B. Bd. 1, 1969, S. 71, 79; Bd. 3, 1969, S. 141 f.; 6, 1972, S. 46; 9, 1975, S. 151) oder Widerspruch (Bd. 2, 1969, S. 150; 5, 1971, S. 97 f.; 8, 1964, S. 32; 10, 1976, S. 165; 11, 1977, S. 120 (121); 14, 1980, S. 99 f., 106 f., 109 f.), die Weichenstellung (z.B. Bd. 1, 1969, S. 83; 15, 1981, S. 133) sowie die personale und soziale Integrierung (Bd. 9, 1975, S. 105; 11, 1977, S. 73 f.; 14, 1980, S. 47 f.).

131 Dazu etwa *K. Schlaich,* in: ZRG 96 (1979), Kan. Abt. 66, S. 431 ff.; *M. Heckel,* in: DÖV 1975, 39 ff.

132 Vgl. auch die Widmung, die *von Campenhausen* seinem Staatskirchenrecht (1973) voranschickte: „*Ulrich Scheuner* zum 70. Geburtstag, 24. Dezember 1973." In BVerfGE 30, 112 vertrat *Scheuner* eine Verfassungsbeschwerde. Eine Stellungnahme auch in BVerfGE 52, 223 (234).

nur in formaler Hinsicht (insofern er für beide [„Staats"-]Kirchen Gutachten schrieb oder bei den „Essener Gesprächen" und den Heidelberger ZevKR-Mitarbeitertagungen mitwirkte); auch in der Sache.

Das einflußreiche Wirken *Scheuners* im Feld des Staatskirchenrechts gibt Anlaß, grundsätzlicher nach den Möglichkeiten und Grenzen des Wirkens der Verfassungsrechtswissenschaft auf diesem Gebiet zu fragen: „Staatsrechtslehrer und Staatskirchenrecht" ist ein eigenes Thema. Veranschaulicht wird es durch wissenschaftliche Grundlegungen, die wie etwa dank *R. Smends* die politische und Rechtspraxis zum Partnerschaftsverhältnis beider „Seiten", d.h. von Staat und Kirchen via „Öffentlichkeitsauftrag" vor allem in den 50er Jahren geprägt haben[133] oder die *K. Hesse* dank seines Stichworts „Freie Kirche im demokratischen Gemeinwesen" in den 60er Jahren gelungen sind[134]. *Scheuner* hat hier auf seine Weise gewirkt: durch Fortführung, aber auch Milderungen und Differenzierungen[135].

Die Möglichkeiten des „Staatsrechtslehrers im Staatskirchenrecht" sind unter dem GG groß: nicht zuletzt über die Anerkennung der „Relevanz des kirchlichen Selbstverständnisses"[136]. Denn auch wissenschaftliche Arbeit ist eine Weise der „Erfüllung" dieses Selbstverständnisses, wie überhaupt zu fragen wäre, ob nicht den *protestantischen* Staatsrechtslehrer im und zum Staatskirchenrecht auch ein Stück typisch deutscher „Wissenschaftsgläubigkeit" treibt: als Dienst am „deus absconditus". Es gibt aber auch *Grenzen,* und zwar in zweierlei Hinsicht: im Blick auf die anderen Kirchen und Religionsgemeinschaften und im Blick auf das politische Gemeinwesen. Das Staatskirchenrecht ist das ihnen *gemeinsame* Recht, und der Verfassungsrechtslehrer hat – als Staatskirchenrechtslehrer – ihm als solchem zu dienen.

Festzuhalten ist, daß der deutsche Staatsrechtslehrer im ja sehr „deutschen" Staatskirchenrecht einen besonderen Rang besitzt. Seine Einflußmöglichkeiten scheinen hier direkter und größer zu sein als in anderen Bereichen des Verfassungsrechts. Angesichts der Status-quo-Garantien in Art. 140 GG hören die politischen Kräfte vielleicht – noch – mehr auf das Wort der Wissenschaft als anderwärts. Um so größer wird die Verantwortung – *Scheuner* hat sie im Fall *Küng* beispielhaft vermittelnd wahrgenom-

---

133 Vgl. *R. Smend,* ZevKR 1 (1951) S. 4 (9).

134 *K. Hesse,* ZevKR 11 (1964/65) S. 337 ff.

135 Vgl. sein anhaltendes „Gespräch" mit *K. Hesse* in HdbStKirchR, Bd. I, 1974, S. 5 (50); zuletzt in: Essener Gespräche, Bd. 15, 1981, S. 135 (136, 142, Diskussion); vgl. auch *Scheuners* „Ringen" mit *W. Weber,* VVDStRL Heft 11, 1954, S. 225–228; s. noch *Scheuner,* in: ZevKR 2 (1952/53) S. 382 ff., und *ders.,* in: DÖV 1980, 513 ff. (zu *E.-W. Böckenförde*).

136 Vgl. BVerfGE 18, 385 (386 f.); 24, 236 (248); dazu *Häberle,* DÖV 1969, 385 (388), jetzt in: *ders.,* Kommentierte Verfassungsrechtsprechung 1979, S. 125 (132 f.).

men. Wenn die katholische Seite, nicht zuletzt auf dem Forum der Essener Gespräche in den letzten Jahren deutlich „aufholt", so im Grunde im Dienst an der gemeinsamen Sache „Staatskirchenrecht". Ihr war kaum einer in jener „Parität" verpflichtet wie *Ulrich Scheuner:* in Essen und Heidelberg, aber auch in Bonn.

b) Im folgenden sollen weniger rückblickend die Wege und Wegmarken *Scheuners* in der Entwicklung des Staatskirchenrechts und seiner Wissenschaft unter dem GG nachgezeichnet werden, weniger auch seine Wirkung[137], als vielmehr jene seiner methodischen und sachlichen Erkenntnisse herausgearbeitet werden, die auch in Zukunft grundlegend bleiben:

aa) Der Hinweis auf das *Proprium* der Kirche, auf ihre Unvergleichlichkeit mit (anderen) „Verbänden" war *Scheuner* ein Anliegen[138]. Dies bleibt auch in der pluralistischen Demokratie unverlierbar.

bb) Der *historische Ansatz* im staatskirchenrechtlichen Denken *Scheuners* ist im guten Sinne „repräsentativ"[139] – ohne daß er der alleinige wäre[140]: Er ist nur die *eine* Seite seines entwicklungsoffenen Denkens.

Hatte der hohe Standard der Weimarer Grundsatzdiskussion im Verfassungsrecht die beschriebene große „Nachwirkung" auf die Staatsrechtslehre unter dem GG, so sah sich die Wissenschaft vom Staatskirchenrecht schon textlich durch dieses GG auf *Weimar* zurückverwiesen: durch Art. 140 GG und seine „Brückenfunktion". Diese Rezeption des „alten" Verfassungs*textes* bedeutete zunächst auch Rezeption der zugehörigen *Wissenschaft*. Doch liegt es vom *Scheuner*schen Grundsatzdenken, d.h. der behutsamen Öffnung für Entwicklung und Wandel und von seiner „harmonisierenden" Verfassungsinterpretation aus nahe[141], daß er bei der bloßen Rezeption nicht

---

[137] Auch im Staatskirchenrecht finden sich Wiederabdrucke *Scheuner*scher Arbeiten: vgl. *Scheuner,* in: P. Mikat (Hrsg.), Kirche und Staat in der neueren Entwicklung, 1980, S. 267 ff. (Der Bestand staatlicher und kommunaler Leistungspflichten an die Kirchen – Art. 138 Abs. 2 WRV, aus: Festgabe für H. Flatten, 1973, S. 381 ff.); *ders.,* in: Quaritsch/Weber (Hrsg.), Staat und Kirchen in der Bundesrepublik, 1967, S. 156 ff. (Kirche und Staat in der neueren deutschen Entwicklung, 1960).

[138] Vgl. *Scheuner,* VVDStRL Heft 11, 1954, S. 225 (227 f.) – Diskussion; *ders.,* Essener Gespräche, Bd. 6, 1972, S. 39: „Die Kirche kann sich nicht als Gruppe unter Gruppen verstehen". – Zum kirchlichen Selbstverständnis *Scheuner,* in: Essener Gespräche, Bd. 10, 1976, S. 101 (Diskussion); Bd. 15, 1981, S. 125 (Diskussion).

[139] Vgl. *Scheuner,* HdbStKirchR, Bd. I, 1974, S. 5 (43): „ ... daß ein so eminent geschichtlich bestimmtes Gebiet wie das Staatskirchenrecht des erklärenden und sinngebenden Ausblicks auf die historische Entstehung immer wieder bedarf".

[140] Vgl. *Scheuner,* VVDStRL Heft 26, 1968, S. 109 (Diskussion): „eine neue, der Gegenwart entsprechende Konzeption".

[141] Vgl. *Scheuner,* HdbStKirchR, Bd. I, 1974, S. 5 (39 f.).

stehen blieb, sondern sich und das Staatskirchenrecht neuen Impulsen öffnete. Gerade das Staatskirchenrecht ist eine „dynamische Materie, die immer wieder den Bewegungen der Zeit mit Empfindlichkeit folgt“[142].

cc) Die *interpretative Verklammerung der Art. 4 und 140 GG,* des Individuellen und Institutionellen ist Konsequenz dieses Ansatzes. *Scheuner* hat sie immer wieder gefordert[143]. Und sie ist bleibender Ausdruck der *einen* „Sache Religion“, Ausdruck aber auch der *vielen* „Seiten“ der Religionsfreiheit[144].

dd) Vor allem ist mit der *korporativen* Seite des Art. 4 GG ernst zu machen[145]. Sie liegt schon „an der Wurzel“ dieser ebenso „alten“ wie neuen grundrechtlichen Freiheit. Kirchen und Religions*gemeinschaften* sind eine ihrer Ausdrucksformen[146].

Alle vier Aspekte gehören zusammen: im Lebenswerk *Scheuners* wie im deutschen Staatskirchenrecht, das wissenschaftlich auch in Zukunft *mit ihm* leben wird[147].

---

142 Vgl. *Scheuner,* HdbStKirchR, Bd. I, 1974, S. 5 (14).

143 *Scheuner,* VVDStRL Heft 26, 1968, S. 110 (Diskussion); *ders.,* in: Essener Gespräche, Bd. 3, 1969, S. 141 f. (Diskussion); *ders.,* Die Religionsfreiheit im Grundgesetz, DÖV 1967, 585 ff., jetzt in: *ders.,* Schriften zum Staatskirchenrecht, 1973, S. 33 (39); s.a. *Häberle,* Besprechung von *Listl,* in: ZevKR 19 (1974) S. 206 ff.; *Scheuner,* in: HdbStKirchR, Bd. I, 1974, S. 5 (41 f.).

144 Dazu Häberle, Staatskirchenrecht als Religionsrecht der verfaßten Gesellschaft, DÖV 1976, 73 (76 f.), auch in: P. Mikat (Hrsg.), Kirche und Staat in der neueren Entwicklung, 1980, S. 452 ff.

145 Vgl. schon *Scheuner,* DÖV 1967, 585 ff., jetzt in: *ders.,* Schriften zum Staatskirchenrecht, 1973, S. 33 (42 f., 50 ff.). *Scheuner,* VVDStRL Heft 26, 1968, S. 110 (Diskussion): „Die Religionsfreiheit der Gläubigen findet erst in der Gemeinschaft ihre Erfüllung“. *Ders.,* in: Essener Gespräche, Bd. 3, 1969, S. 134 f.: „Art. 4 als ein in Gemeinschaft zu übendes Recht“, S. 141: „stärker korporative Bedeutung des Art. 4 GG“; s.a. ebd. Bd. 6, 1972, S. 46 f.; *Häberle,* VVDStRL Heft 28, 1970, S. 110, 111 f., 116 f. (Diskussion); dazu auch *Scheuner,* ZevKR 15 (1970) S. 242 ff., jetzt in: *ders.,* Schriften zum Staatskirchenrecht, 1973, S. 65 (79).

146 Zum korporativen Ansatz in der Grundrechtstheorie s. *meinen* Besprechungsaufsatz in ZHR 1981 (i.E.).

147 Zum Tode *Scheuners* vgl. jetzt: *J. Listl,* DÖV 1981, 293 f.; *W. Rüfner,* DVBl. 1981, 444 f.; *K. Schlaich,* NJW 1981, 1427; die Herausgeber des AfK, in: AfK 20 (1981) S. 1–3.

Abhandlungen und Entwicklungen von Horst Ehmke (1981)

1. Die hier wieder veröffentlichten Beiträge von *Horst Ehmke* werden ohne besonderen Anlaß, etwa ein Jubiläum oder einen „großen" Geburtstag, vorgelegt: Ihr Neudruck rechtfertigt sich allein aus ihrer nach wie vor hohen Aktualität in der wissenschaftlichen Diskussion zum Grundgesetz. Die Zweiteilung in „Beiträge zur Verfassungstheorie" und „Beiträge zur Verfassungspolitik" kann nur Schwerpunkte akzentuieren, nicht mehr: Denn nach objektivem Inhalt, Form und Selbstverständnis sind auch die verfassungs*theoretischen* Studien *Ehmkes* ein Stück Verfassungs*politik;* umgekehrt gilt dasselbe. So deutlich in *Ehmkes* persönlicher Entwicklung der Weg von der Wissenschaft zur Politik führte, so klar waren beide Komponenten, waren Theorie *und* Praxis sachlich von vornherein in seinem wissenschaftlichen Werk angelegt. Auch heute dürfte und sollte die Ethik des *Wissenschaftlers Horst Ehmke* in *Ehmke* als „Politiker der praktischen Vernunft" und Repräsentant einer großen politischen Partei wirksam bleiben (*Ehmke* ist seit 1977 stellvertretender Fraktionsvorsitzender der SPD im Deutschen Bundestag).

Einige der hier wieder abgedruckten Arbeiten finden sich schon in den beiden älteren Sammelbänden *Horst Ehmkes:* in „Politik der praktischen Vernunft", 1969 – dort freilich *ohne* wissenschaftlichen Anmerkungsapparat – bzw. in „Politik als Herausforderung", 1974. In der Sache ergeben sich aber kaum Überschneidungen: Denn die beiden früheren Bücher stehen unter anderen Leitthemen, sie sind entsprechend anders strukturiert. Der hier vorgelegte wissenschaftliche Band bringt auch bislang nicht wieder abgedruckte Schriften, er ist bewußt unter dem Motto „Verfassungstheorie und Verfassungspolitik" konzipiert und faßt die einschlägigen *wissenschaftlichen* Arbeiten *Horst Ehmkes* zusammen. So formal die chronologische Reihenfolge innerhalb der Zweiteilung zunächst erscheinen mag: sie gibt die *Entwicklung* eines Wissenschaftlers in zeitlicher Hinsicht wieder und sagt insoweit auch etwas zur Sache.

2. Es kann nicht Aufgabe dieses Vorworts sein, eine Gesamtwürdigung[1] des wissenschaftlichen Werkes von *Horst Ehmke* zu versuchen. So sehr ei-

[1] Ein Indiz für den Rang der Schriften von *Ehmke* mag auch darin gesehen werden, daß in der repräsentativen Reihe „Wege der Forschung", die die Wissenschaftliche Buchgesellschaft (Darmstadt) verlegt, drei Bände Wiederabdrucke von

gentlich bei ihm alles in der ersten Hälfte der 60er Jahre bis zum Zeitpunkt seiner „Entscheidung für Bonn“, d.h. bis Herbst 1966 bei der Begründung der „Großen Koalition“, auf einen Entwurf als systematisches *Gesamtwerk* aus seiner Feder hinzudeuten schien, und so bedauerlich es für die deutsche Staatsrechtslehre ist, daß sich *Ehmke* anders, d.h. auf Dauer für die praktische Politik entschieden hat: bestimmte wissenschaftliche Themenkreise und Grundsatzfragen strukturieren seine Arbeiten der frühen Jahre an den Universitäten Göttingen, Bonn und Freiburg/Br. einerseits und seine spätere Tätigkeit in Bonn (seit Herbst 1966) andererseits. Solche Schwerpunkte sind: die Verfassung, ihre „Theorie“[2], ihre Funktion, ihre Auslegung und Fortentwicklung, sind „Staat und Gesellschaft“, sind Parlamentarismus und Demokratie[3].

---

seinen Arbeiten enthalten: der Band „Staat und Gesellschaft“ (hrsg. von E.-W. Böckenförde, 1976, S. 241 ff.), der Band „Verfassung“ (hrsg. von M. Friedrich, 1977, S. 399 ff.), und der von *P. Häberle* verantwortete Band: „Verfassungsgerichtsbarkeit“ (1976), mit einem Auszug aus dem Freiburger Staatsrechtslehrermitbericht (S. 305 ff.). – *Ein weiterer Maßstab* für den Rang eines öffentlich-rechtlichen Autors dürfte es sein, inwieweit die übrigen nichtjuristischen Disziplinen seine Werke beachten (so naheliegend es ist, daß hier persönliche Kontakte eine Rolle spielen). In dieser Hinsicht hat *Ehmke* über die Jurisprudenz hinaus viel Anerkennung erfahren: s. z.B. *H. H. Hartwich,* Sozialstaatspostulat und gesellschaftlicher status quo, 1970, S. 277 ff., 327 ff.; *N. Luhmann,* Grundrechte als Institution, 2. Aufl. 1974, S. 11 f., 27, 116; *H. Hofmann,* Legitimität gegen Legalität, 1964, S. 12, 14 f., 233; *H. Laufer,* Verfassungsgerichtsbarkeit und politischer Prozeß, 1968, S. 24, 34, 143 ff., 354; *H. Grebing,* Konservative gegen die Demokratie, 1971, S. 116 ff. 205, 371 u.ö.; *W. Rosenbaum,* Naturrecht und positives Recht, 1972, S. 32, 41, 55 f., 58, 60 (i.V.m. Fn. 33, 62, 104, 113, 121) u.ö.; vgl. auch *B. Blanke/U. Jürgens/H. Kastendiek,* Kritik der Politischen Wissenschaft, 1975, S. 127; ferner: *R. Vierhaus,* Hist. Zeitschr. 201 (1965), S. 497; *W. Real,* Hist. Jb. 1966, S. 222; *U. Bermbach,* PVS 1967, S. 514; *E. Angermann,* NPL 1968, S. 220 (223 f.); *K. D. Bracher,* PVS 1968, S. 2 (5, 26); *W. Piepenstock,* PVS 1971, S. 252 (254); *M. Friedrich,* PVS 1972, S. 582 (583); *B. Rudolph,* PVS-Literatur 1979, S. 14 (15 f.); vgl. auch *R. Hickel/G. Schmieg,* Leviathan 1975, S. 170 (177). – Bei all dem ist freilich zu bedenken, daß die (juristische) Zitierpraxis auch ein Generationenproblem ist.

[2] Ein in der „Badischen Zeitung“ im Wintersemester 1961/62 mit Bild veröffentlichtes Interview (zur Vorstellung von *Ehmke* als neuem Professor in Freiburg/Br.) trug das Zitat „Am liebsten Verfassungstheorie“ als Überschrift.

[3] Grundsätzlicher lohnte sich die Untersuchung der folgenden Fragen: Inwieweit, in welcher Gestalt und in welcher zeitlichen Phasenverschiebung wirkt juristische „primäre“ Forschungsliteratur auf die übrigen Arten der „Rechtswissenschaft als Literatur“, also etwa auf die Kommentar- und die Lehrbuchliteratur, spätere Monographien etc.? Einbezogen werden müßte die Wirkung auf Staatsrechtslehrerreferate und das BVerfG, einschließlich seiner Sondervoten. Gibt es hier „Vorlieben“, etwa besonders geschätzte Kommentare oder Autoren? – *Ehmkes* wichtigste Arbeiten sind in der vollen Breite und Tiefe *aller* Literaturgattungen aufgegriffen worden: vom *Lehrbuch* (z.B. *K. Hesse,* Grundzüge des Verfassungsrechts der BR Deutschland, 12. Aufl. 1980, S. 5, 9, 29; s. auch *K. Doehring,* Staatsrecht der Bundesrepu-

Die Dissertation „Grenzen der Verfassungsänderung" (1953, hier I, 1.), 1952 bei *Rudolf Smend* in Göttingen gefertigt und in unnachahmlicher Weise dem „Göttinger Smend-Seminar" gewidmet, setzte den ersten Akzent. *Ulrich Scheuner* begrüßte sie mit den Worten: Sie „enthält mehr, als der Titel besagt: ein wirklicher Beitrag zu einer modernen Theorie des demokratischen Staates"[4]. Sie behandelt Fragestellungen wie den Verfassungsbegriff, die auch in den späteren Arbeiten Ehmkes immer wiederkehren und in der wissenschaftlichen Diskussion seit 1953 fortwirken[5]. Rückblickend dürfte die Dissertation von 1953 zu den wenigen bleibenden verfassungstheoretischen Arbeiten der 50er Jahre gehören. Sie hat bis heute

blik Deutschland, 2. Aufl. 1980, S. 22; *Ekk. Stein,* Staatsrecht, 6. Aufl. 1978, S. 186) über den *Kommentar* (z.B. *von Mangoldt/Klein,* Das Bonner Grundgesetz, Bd. III, 1974 [zu Art. 79, z.B. S. 1865, 1877]; *Maunz/Dürig/Herzog/Scholz,* z.B. Art. 79/ Rdn. 2 ff.; von Münch [Hrsg.], Bd. 2, 1976, z.B. zu Art. 79 GG [Rdn. 5, 14, 24 f.]) bis zu *Monographien* und *Aufsätzen:* s. etwa *H. H. Rupp,* Grundfragen der heutigen Verwaltungsrechtslehre, 1965, S. 196, 200, 208, ferner S. 136, 220, 236 u.ö.; *J. Isensee,* Subsidiaritätsprinzip und Verfassungsrecht, 1968, S. 149 ff.; *U. K. Preuß,* Zum staatsrechtlichen Begriff des Öffentlichen, 1969, S. 153 ff., ferner S. 29, 83, 111, 137, 140, 145 u.ö.; *O. Kimminich,* Deutsche Verfassungsgeschichte, 1970, S. 327; *N. Wimmer,* Materiales Verfassungsverständnis, 1971, S. 63 f.; ferner S. 29, 55, 77, 79, 103; *W. Henke,* Das Recht der politischen Parteien, 2. Aufl. 1972, S. 1 ff. (3); *H. Willke,* Stand und Kritik der neueren Grundrechtstheorie, 1975, S. 42, 104 f., ferner S. 32, 71, 188 u.ö.; *H. Trautmann,* Innerparteiliche Demokratie im Parteienstaat, 1975, S. 14 f., 24, 36, 94, 185 u.ö.; *H. Rittstieg,* Eigentum als Verfassungsproblem, 2. Aufl. 1976, vgl. S. 108 ff., 119 ff., 149 ff., 161, 169 ff.; *E.-W. Böckenförde,* Staat, Gesellschaft, Freiheit, 1976, S. 176 i.V.m. Anm. 24, 193; *E. Tosch,* Die Bindung des verfassungsändernden Gesetzgebers an den Willen des historischen Verfassungsgebers, 1979, S. 33 f., 46, 54, 61, 108; *D. G. Bodenheim,* Der Zweck der Steuer, 1979, S. 189; *G. F. Schuppert,* Funktionell-rechtliche Grenzen der Verfassungsinterpretation, 1980, S. 5, 8 f. – Die Verarbeitung von *Ehmkes* Veröffentlichungen in der „Sekundär-" und „Tertiär-Literatur" (die nicht nur in Dissertationsform erscheint!) kann hier naturgemäß nicht im einzelnen verfolgt werden, auch nicht der Einfluß auf die juristische Praxis, besonders die Gerichte. Erinnert sei nur an das von *Ehmke* in Weiterentwicklung von BVerfGE 4, 7 (13, 15) vertretene positive Verständnis der Kompetenznormen des Grundgesetzes als materieller Staatszielbestimmungen (vgl. *H. E.,* Wirtschaft und Verfassung, 1961, S. 25 f., 29 ff., 111, 157, 194 f., 421; vgl. auch VVDStRL 20, 89 ff.), das sich in der Sache auch in der Rechtsprechung des BVerfG niedergeschlagen hat (vgl. aus jüngster Zeit z.B. E 48, 127 [159 f., 161]).

4 *U. Scheuner,* Besprechung, DÖV 1954, S. 255.

5 *K. Hesse,* Grundzüge, a.a.O., S. 5; *A. Hollerbach,* Verträge zwischen Staat und Kirche, 1965, S. 162; vgl. auch *ders.,* Ideologie und Verfassung, in: W. Maihofer (Hrsg.), Ideologie und Recht, S. 37 (45 ff.); *K. Stern,* Das Staatsrecht der BR Deutschland, Bd. I, 1977, S. 134 f.; *U. Scheuner,* Staatstheorie und Staatsrecht, 1978, S. 69, 180. Ferner *P. v. Oertzen,* Die soziale Funktion des staatsrechtlichen Positivismus, 1974, S. 17 f.; *D. Göldner,* Integration und Pluralismus im demokratischen Rechtsstaat, 1977, S. 12; *F. Ermacora,* Allgemeine Staatslehre, Bd. 2, 1970, S. 1113.

eine beträchtliche Wirkung entfaltet[6] und den Namen des jungen Verfassers mit einem Schlag bekannt gemacht. Der Aufsatz über „Verfassungsänderung und Verfassungsdurchbrechung" von 1954/55 (hier I, 2.)[7] war ein – höchst aktuell gewordenes – Seitenstück dieses großen Themas (vgl. Art. 79 Abs. 1 S. 2 GG)[8].

Methodisch und sachlich lebt die Göttinger Doktorarbeit von einem „materialen Verfassungsverständnis", das *Ehmke* in den folgenden Jahren Stück für Stück ausgebaut hat: zunächst in seiner Bonner Habilitationsschrift „Wirtschaft und Verfassung" (1961)[9]. Dieses Werk enthält in nuce eine Verfassungstheorie, mehr oder weniger deutlich in die Analyse der Rechtsprechung des US-Supreme-Court zur Wirtschaftsregulierung „verpackt". Es ist mitunter in bewußt „aggressivem" Stil geschrieben (z.B. gegen *Forsthoff* und *C. Schmitt,* vgl. unten S. 250 ff., 267 ff.) und löste eine bis heute anhaltende Diskussion aus[10]. Sein großer Umfang verbietet einen vollständigen Abdruck an dieser Stelle; möglich war nur der Abdruck des ersten verfassungstheoretischen Teiles (unter I, 4.), der eine Art verfassungstheoretischer „Sprengsatz" mit dem verfassungsvergleichenden Teil als „Trägerrakete" sein will und auch ist. Er muß beim Studium des hier wieder veröffentlichten Werkes „mitgelesen" werden.

---

[6] Z.B. *G. Dürig/H.-U. Evers,* Zur verfassungsändernden Beschränkung des Post-, Telefon- und Fernmeldegeheimnisses, 1969, S. 19 bzw. S. 46, 48; *P. Häberle,* Die Abhörentscheidung des BVerfG vom 15.12.1970, JZ 1971, S. 145 ff. (auch in: *ders.,* Kommentierte Verfassungsrechtsprechung, 1979, S. 91 ff.). Aus der „Nachfolgeliteratur" vgl. *D. Murswiek,* Die verfassunggebende Gewalt nach dem Grundgesetz, 1978, S. 163 Anm. 2, 223 Anm. 211, 240 Anm. 280; *U. Steiner,* Verfassunggebung und verfassunggebende Gewalt, 1966, S. 21, 48, 52, 84, 164, 169 u.ö.; *R. Bäumlin,* Staat, Recht und Geschichte, S. 18 (mit Anm. 6), 38 (mit Anm. 79), 46 f.

[7] s. auch *H. Ehmke,* Noch einmal: Die Verfassungsnovelle vom 26. März 1954, DÖV 1956, S. 449 ff.

[8] Aus der „Nachfolgeliteratur" z.B. *W. Martens,* in: FS Reimers, 1979, S. 303 (318 Anm. 62).

[9] Dazu vor allem *E.-J. Mestmäcker,* Wirtschaft und Verfassung, DÖV 1964, S. 606 ff. (612: „bedeutendste monographische Behandlung der Frage von Wirtschaft und Verfassung in der Nachkriegszeit"); vgl. auch *Reuss,* VerwArch 53 (1962), S. 189 ff.

[10] Vgl. etwa *U. Scheuner,* Staatstheorie und Staatsrecht, 1978, S. 731, 739 ff.; *O. Bachof,* Der Verfassungsrichter zwischen Recht und Politik (1963), jetzt in: *ders.,* Wege zum Rechtsstaat, 1979, S. 263 (270); *R. Schmidt,* Wirtschaftspolitik und Verfassung, 1971, S. 97, 103; *H. H. Rupp,* Grundgesetz und „Wirtschaftsverfassung", 1974, S. 7 f.; *P. Badura,* JuS 1976, S. 205 ff.; *M. Schmidt-Preuß,* Verfassungsrechtliche Zentralfragen staatlicher Lohn- und Preisdirigismen, 1977, S. 84 ff.; *P. Saladin/H. J. Papier,* VVDStRL 35 (1977), S. 7 (10 f.) bzw. 55 (56). – s. zur Auseinandersetzung um *C. Schmitt* noch *H. Ehmke,* Besprechung des Buches von *P. Schneider,* Ausnahmezustand und Norm (1957), ZgStW 115 (1959), S. 187 ff.

Einen zentralen Platz nimmt die Bonner Antrittsvorlesung „,Staat' und ,Gesellschaft' als verfassungstheoretisches Problem" (1962, hier unter I, 6.) ein. Sie hat die einschlägige Diskussion weit über die Jurisprudenz hinaus ungemein befruchtet, wie sich z. B. in dem Sammelband „Staat und ,Gesellschaft'"[11] allenthalben zeigt. Der Entwurf – und „Wurf" – ist aus der heutigen Grundsatzdiskussion nicht wegzudenken und hat auch bei den Gegnern die gebotene Anerkennung gefunden.

Nicht weniger gilt dies von dem „Mitbericht" auf der Freiburger Staatsrechtslehrertagung von 1961: „Prinzipien der Verfassungsinterpretation". Dieser Vortrag (hier I, 8.) darf – ohne Übertreibung – schon heute als ein „Klassiker" seines Gegenstandes gelten. So vorsichtig, z. T. auch recht kritisch, die ersten Diskussionsäußerungen auf der Freiburger Tagung 1961 selbst noch waren, vor[12] und hinter den Kulissen[13]: heute hat sich das Referat weithin durchgesetzt. Die Kritik ist fast verstummt, und die wichtigsten Thesen sind in Inhalt und Sprache nahezu eine Art „communis opinio" geworden[14].

Auch der Herausgeber knüpft vielfach an dieses Grundlagenreferat an[15]. Der Begriff „Vorverständnis" und die für das Verfassungsrecht fortentwikkelte Vokabel „Konsens aller ,Vernünftig- und Gerecht Denkenden'" sind fast geflügelte Worte geworden[16]. In der Sache jedenfalls haben sie ihrerseits viel Konsens gestiftet[17]. Die Rezeptionsgeschichte gerade dieses Vor-

---

[11] Hrsg. von E.-W. Böckenförde, 1976. Vgl. etwa noch *R. Herzog,* Allgemeine Staatslehre, 1971, S. 39; *K. Schlaich,* Neutralität als verfassungsrechtliches Prinzip, 1972, S. 20, 57, 247 ff.; *G. Leibholz,* Strukturprobleme der modernen Demokratie, 1974, S. 327; *W. Schmidt,* AöR 101 (1976), S. 24 (27, 32); *K. Meyer-Teschendorf,* Staat und Kirche im pluralistischen Gemeinwesen, 1979, S. 41 ff.

[12] Vgl. VVDStRL 20 (1963), S. 106 ff.

[13] Vgl. das erste Echo von *H. J. Wolff,* zitiert in: *P. Häberle,* Kommentierte Verfassungsrechtsprechung, 1979, S. 37 Anm. 116; s. auch die unschöne Kritik hinsichtlich des Trierer Parallelreferats durch *W. Lewald,* NJW 1961, S. 1712 (1713).

[14] Vgl. *K. Hesse,* Grundzüge, a. a. O., S. 20 ff.; *F. Müller,* Normstruktur und Normativität, 1966, S. 41 ff., 55; *K. Stern,* a. a. O., S. 114; *M. Kriele,* Theorie der Rechtsgewinnung, 2. Aufl. 1976, S. 28 f., 32, 114 f., u. a.; *K. Larenz,* Methodenlehre der Rechtswissenschaft, 4. Aufl. 1979, S. 149 Anm. 75. – Vgl. auch *D. Simon,* Die Unabhängigkeit des Richters, 1975, S. 99 ff. zu den „bahnbrechenden" Referaten; ähnlich *R. Dreier,* Zur Problematik und Situation der Verfassungsinterpretation, in: R. Dreier/F. Schwegmann (Hrsg.), Probleme der Verfassungsinterpretation, 1976, S. 13 (46). – Zur Kontroverse noch *E.-W. Böckenförde,* NJW 1976, S. 2089 ff.; *F. Ossenbühl,* NJW 1976, S. 2100 ff. s. ferner die Würdigung des Freiburger Referats bei *H. P. Ipsen,* AöR 97 (1977), S. 349 (390). Den Versuch einer zusammenhängenden Darstellung unternimmt *R. Schlothauer,* Zur Krise der Verfassungsgerichtsbarkeit, 1979, S. 127 ff.; s. aber auch *F. Hase/K. H. Ladeur,* Verfassungsgerichtsbarkeit und Politisches System, 1980, S. 302.

[15] Besonders in: Die offene Gesellschaft der Verfassungsinterpreten, JZ 1975, S. 297 ff., jetzt in: *ders.,* Verfassung als öffentlicher Prozeß, 1978, S. 155 ff.

trags zeigt aber auch, wie schwer es wissenschaftliche Pionierleistungen junger Dozenten zunächst haben, wenn sie sich gegen eingefahrene Dogmatiken durchsetzen müssen: Geschenkt wird ihnen nichts[18]!

Das Freiburger Staatsrechtslehrerreferat kann, so theoretisch es *auch* ist, ohne die praktischen Fallanalysen und den stetigen Blick auf das amerikanische Verfassungsrecht bzw. die US-Supreme-Court-Judikatur nicht gedacht werden. Es ist insofern ein Beispiel für ein noch zu schreibendes Kapitel über den großen Einfluß dieses nordamerikanischen Gerichts und der Diskussion um seine „Doktrinen" auf die deutsche Staatsrechtslehre seit 1949 unter dem GG[19]. Vieles am Werk von *Horst Ehmke* gehört in dieses Kapitel[20,21].

---

16 s. auch *J. Essers* „Vorverständnis und Methodenwahl" (1970, z.B. S. 158), an dessen vorangegangene Arbeiten (vor allem: Grundsatz und Norm in der richterlichen Fortbildung des Privatrechts, 1956) *Ehmke* allenthalben anknüpft (VVDStRL 20 [1963], S. 53 [54 ff., 76, 99] [in diesem Band S. 329 ff., 349, 368]).

17 s. die Sammelbände R. Dreier/F. Schwegmann (Hrsg.), Probleme der Verfassungsinterpretation, 1976, S. 164 ff.; H. J. Koch (Hrsg.), Seminar: Die juristische Methode im Staatsrecht, 1977, S. 485 ff. s. auch *H. H. Hartwich,* Sozialstaatspostulat und gesellschaftlicher status quo, 1970, S. 277 ff., 327 ff.; *G. Roellecke,* in: Festgabe BVerfG, Bd. II, 1976, S. 22 (34, 36); *U. Scheuner,* Staatstheorie und Staatsrecht, 1978, S. 235: Wechselbeziehung von Sachkompetenzen und Grundrechten; *C. Starck,* VVDStRL 34 (1976), S. 43 (74 f.).

18 Insofern liegt die – wenn auch entfernte – Parallele zu *H. Hellers* Mitbericht, VVDStRL 4 (1928), S. 98 ff. nahe.

19 s. z.B. den Streit um die Übernahme der „political question doctrine" auf der Freiburger Tagung selbst: Vorbehalte bei *E. Friesenhahn,* VVDStRL 20 (1963), S. 121; *G. Leibholz,* ebd., S. 117 ff.; s. aber später *F. W. Scharpf,* Grenzen der richterlichen Verantwortung, 1965; *W. Haller,* Supreme Court und Politik in den USA, 1972, S. 180 ff., 353 ff. (dazu *meine* Bespr. in DVBl. 1973, S. 388 f.); *F. C. Zeitler,* Verfassungsgericht und völkerrechtlicher Vertrag, 1974, S. 103 ff., ferner S. 138 f., 251, 266 f., 282 f., 285 f.; *R. Dolzer,* Die staatsrechtliche und staatstheoretische Stellung des BVerfG, 1972, S. 100 ff.; *D. Göldner,* Verfassungsprinzip und Privatrechtsnorm ..., 1969, S. 149 ff. (allg.), S. 188. – Repräsentative Werke, die aus dem Verfassungsrecht der USA für Deutschland „schöpften": z.B. *H. Steinberger,* Konzeption und Grenzen freiheitlicher Demokratie, 1974; *R. Steinberg,* Politik und Verwaltungsorganisation, 1979. Politikwissenschaftlich herausragend ist das Lebenswerk von *E. Fraenkel,* dazu z.B. *H. Kremendahl,* Pluralismustheorie in Deutschland, 1977, S. 186 ff. (vgl. *meine* Bespr. in FAZ vom 7.7.1978, S. 6).

20 Aus der öffentlich-rechtlichen Habilitations- bzw. Dissertationsliteratur, die in für das deutsche Verfassungsrecht relevanter Weise (und nicht nur ornamental) rechtsvergleichend im Blick auf die *USA* arbeitet: z.B. *J. Pietzcker,* Der Staatsauftrag als Instrument des Verwaltungshandelns, 1978, S. 9 ff.; *E. Moeser,* Die Beteiligung des Bundestages an der staatlichen Haushaltsgewalt, 1978, S. 194 ff.; s. auch *H. Klein,* Koalitionsfreiheit im pluralistischen Sozialstaat, 1979, S. 22 ff. und die Studie von *J. Scherer,* Verwaltung und Öffentlichkeit, 1978, S. 41 ff.

21 Der Einfluß der neueren *französischen* Staatsrechtslehre und Praxis aus der ersten Hälfte des 20. Jahrhunderts auf die deutsche Diskussion ist demgegenüber

Mit diesem Referat hat sich *Ehmke* in den Staatsrechtslehrertagungen ein Forum geschaffen, auf dem er und von dem aus er in seinen späteren „rein wissenschaftlichen" (Freiburger) Jahren wirkte: teils als „streitbarer" Debatten*redner* (wichtig z. B. das Votum zu „Staat und Verbände", VVDStRL 24 [1966], S. 94–97, zu Gesetzgeber und Verwaltung (ebd. S. 230–232), Verwaltung und Schule (VVDStRL 23 [1966], S. 257–259, 276 f.), zum Staatsoberhaupt bzw. Bundespräsidenten mit der Gretchenfrage seiner Abschaffung (VVDStRL 25 [1967], S. 239), teils als umsichtiger, temperamentvoller, witziger und souveräner Diskussions*leiter* (VVDStRL 26 [1968], S. 261, 275, 284, 292 f., 296, 303 f., 307 sowie 25 [1967], S. 401, 408, 411 ff.). Freilich konnte er nicht die umstrittenen Äußerungen von Bundesverfassungsrichter *Leibholz*[22] zur staatlichen Parteienfinanzierung verhindern.

Die Anstöße, die von diesem Forum der Staatsrechtslehrer ausgingen und noch ausgehen, wären gesondert zu würdigen[23]. Hier sei nur festgehalten, daß das auf Staatsrechtslehrertagungen *gesprochene* Wort *Ehmkes*[24] und

---

trotz mancher *Hauriou*-Rezeptionen unter dem GG seit 1962 (dazu *meine* Bespr. von *M. Hauriou,* Die Theorie der Institution und zwei andere Aufsätze, hrsg. von R. Schnur (1965), DVBl. 1966, S. 120 f.) deutlich schwächer. Deutsche öffentlich-rechtliche Dissertationsliteratur mit französischen Themen ist z. T. nachgewiesen in *meiner* Besprechung von *H. J. Hoenisch,* AöR 101 (1976), S. 484. s. noch *P. Häberle,* Die Wesensgehaltgarantie des Art. 19 Abs. 2 GG, 1. Aufl. 1962 (2. Aufl. 1972), bes. S. 73 ff. (zu *Hauriou*). Zu *Duguit: D. Grimm,* Solidarität als Rechtsprinzip, 1973, S. 27 ff. – Bemerkenswert *D. H. Scheuing,* Les aides financières publiques, 1974. – Ein gutes Beispiel für deutsche Dissertationen über *englisches* Recht: *K. U. Meyn,* Die Verfassungskonventionalregeln im Verfassungssystem Großbritanniens, 1975.

22 Zu den „Folgen" vgl. BVerfGE 20, 1, 9, 26; dazu *H.-R. Lipphardt,* Die Gleichheit der politischen Parteien vor der öffentlichen Gewalt, 1975, S. 463 Anm. 27; *H. Zwirner,* AöR 93 (1968), S. 81 (84 ff., 132 ff.).

23 Vgl. für *G. Dürig:* mein Geburtstagsblatt, Staatsrechtslehre im Verfassungsleben, jetzt in: *P. Häberle,* Die Verfassung des Pluralismus, 1980, S. 110 (113 f.) (folgend unter I 4, S. 53 ff.); allgemein zur VDStRL: *H. P. Ipsen,* AöR 97 (1972), S. 375 ff.; *U. Scheuner,* ebd., S. 349 ff. (für Weimar); s. auch *Scheuner,* VVDStRL 31 (1973), S. 7 ff. – Ein Forschungsprogramm bei *P. Häberle,* in: *ders.,* Verfassung als öffentlicher Prozeß, 1978, S. 128 Anm. 38.

24 *Ehmke* hat sich gern auf seine hanseatische Heimatstadt Danzig berufen (vgl. VVDStRL 24 [1966], S. 230 f., s. auch die Replik von *K. Vogel,* ebd., S. 232). *G. Grass* seinerseits hat *Ehmke* literarisch „unsterblich" gemacht: vgl. *G. Grass,* Tagebuch einer Schnecke, 1972, S. 58, 59, 62, 68 f.: „Sobald Sontheimer, Baring, Gaus, Jäckel d. Ä. und ich auf Ehmke und Eppler (die beide Minister sind) stoßen, beginnen sich schon oder bald Vierzigjährige mit Worten einzureißen, wobei jeder im anderen seinen eigenen, klapprig gewordenen Pragmatismus erkennt und verschrotten möchte: wir mögen uns nur teilweise ... Nichts, das Ehmke nicht besser wüßte ... Da wir zu allererst uns mißtrauen – sogar Ehmke tut das, sobald er sich Pausen einräumen muß – sehen wir keinen Grund, anderen weniger zu mißtrauen. Trickspieler, die nicht müde werden, sich beim Schummeln zu ertappen. Wir sind unheilbar fleißig. (...) – Beim Landsmann Ehmke kaschubische Heiterkeit. Er guckt

sein „agonales“ Verständnis von Wissenschaft für ihn ebenso kennzeichnend waren wie sie bis heute wirkungsvoll geworden und geblieben sind.

Nur auf den ersten Blick nimmt der Bonner Probevortrag „,Ermessen‘ und ‚unbestimmter Rechtsbegriff‘ im Verwaltungsrecht“ (1960)[25] (hier Nr. I, 3.) einen Nebenplatz ein: Bei näherem Zusehen zeigt sich, daß im nur vordergründig „technischen“ Verwaltungsrecht allenthalben verfassungstheoretisches Grundsatz- und Tiefendenken am Werke ist (bei *Ehmke* z.B. unten S. 198 ff., 206 f.). Und gerade diese Arbeit offenbart bei heutiger Lektüre eine (für *Ehmke* auch stilistisch ja typische) große „Frische“. In dem Augenblick, als die Praxis der Gerichte, begleitet, ja „angeleitet“ von der Wissenschaft, die richterliche Kontrolle unter dem Banner des Art. 19 Abs. 4 GG weit, ja zu weit in den Verwaltungsbereich vorangetrieben hatte, schrieb *Ehmke* diese Arbeit sozusagen antizyklisch – als ein Plädoyer für den Handlungsspielraum der Verwaltung. Damals war er mit wenigen Streitgenossen fast allein: Heute markiert dieser Vortrag rückblickend den Beginn eines Prozesses des Umdenkens, der in der Rechtsprechung sich dann schlagartig etwa in den berühmten Entscheidungen des BVerwG zu § 131 AO[26] und des Gemeinsamen Senates[27] zeigte. Im Verlauf der „Wellenbewegungen“ in der Lehre vom Ermessen und unbestimmten Rechtsbegriff[28] war *Ehmke* sehr früh eine – salopp formuliert – neue „Welle“. Auch in der weiteren Diskussion bleibt diese „verwaltungsrechtliche“ Arbeit wirkkräftig[29].

---

sich gefräßig Fotos an, findet sich überall prima drauf („Mänsch Hotten!“). (…) Mal sehen, ob das geht: … Aufbau von Wählerinitiativen während der Vorwahlkampfzeit in fünfzig Wahlreisen; … Ehmke tut so, als habe er uns erfunden …“

[25] Die Probevorlesung ist zugleich ein Beispiel für den Typus einer juristischen Fakultät als Forschergemeinschaft: Fast alle damaligen Bonner Professoren und Dozenten sind „angesprochen“ (*Flume* ebenso wie *Stratenwerth, Scheuner* wie *Friesenhahn*).

[26] BVerwGE 39, 197 ff.; vgl. dazu *O. Bachof,* JZ 1972, S. 208 ff.; *F. Ossenbühl,* DÖV 1972, S. 401 ff.

[27] GemSOBG NJW 1972, S. 1411 ff.; vgl. dazu *O. Bachof,* JZ 1972, S. 641 ff.; *H. Kellner,* DÖV 1972, S. 801 ff.

[28] Dazu *Bachof, Ule,* VVDStRL 34 (1976), S. 276, 310 f. (Diskussion).

[29] Vgl. *P. Häberle,* Öffentliches Interesse als juristisches Problem, Freiburger Habilitationsschrift, 1970, S. 595 ff., bes. 627 f., 631, 633, 646, 653, 656 ff., 685, 691 ff. – Allgemein ferner *H. Soell,* Das Ermessen der Eingriffsverwaltung, 1973 (dazu *meine* Bespr. in: JZ 1976, S. 191 f.); *H. H. Lohmann,* Die Zweckmäßigkeit der Ermessensausübung als verwaltungsrechtliches Rechtsprinzip, 1972, S. 42, 81, 87, 91 u.ö.; *R. Scholz/E. Schmidt-Aßmann,* VVDStRL 34 (1976), S. 145 (164, 166) bzw. S. 220 (252); *H. Schulze-Fielitz,* Sozialplanung im Städtebaurecht, 1979, S. 302 ff.; *R. Pfaff,* Planungsrechtsprechung und ihre Funktionen, 1980, S. 98 Fn. 100, 119 Fn. 89; s. auch *K. Larenz,* Methodenlehre der Rechtswissenschaft, 4. Aufl. 1979, S. 281 f. (Anm. 23); *K. Engisch,* Einführung in das juristische Denken, 7. Aufl. 1977, S. 111 ff. i.V.m. Anm. 123, 126, 129, 132, 139d.

3. *Personenbezogenes* wissenschaftliches Arbeiten war *Ehmke* nicht fremd. Das zeigt sich nicht nur „äußerlich" in persönlichen Widmungen (z. B. seiner Dissertation: „Dem Göttinger *Smend-Seminar*", 1953, der Habilitationsschrift: „Meinem Lehrer *Rudolf Smend*", der Rotteck-Studie an *Arnold Bergstraesser,* des Bandes „Politik der praktischen Vernunft" an *Adolf Arndt* – den „realen Humanisten", 1969[30]), in seiner (Mit-)Herausgebertätigkeit (für *Adolf Arndt* hinsichtlich dessen Festschrift, 1969, und dessen Politische Reden und Schriften, 1976; ebenfalls bei der Festschrift für *Carlo Schmid,* 1972) oder in Geburtstagsansprachen (für *Ulrich Scheuner* in der von ihm mit herausgegebenen FS Scheuner, 1973, S. 11 ff.: unnachahmlich in ihrer Mischung von Verehrung und Kritik, Anerkennung und „Mahnung" für den Habilitationsvater!). Es zeigt sich in dem hier (unter Nr. I, 9.) wieder abgedruckten Nachruf auf *O. Kirchheimer* aus dem Jahre 1966, und es zeigt sich – noch mehr „gefiltert" – in der hier wieder veröffentlichten Besprechung des großen Buches von *E. Fraenkel:* „Das amerikanische Regierungssystem" aus dem Jahre 1962 (unter I, 7.). In all diesen Äußerungen wird spürbar, wie sehr auch für *Ehmke* hinter Sachlich-Wissenschaftlichem immer etwas Persönlich-Menschliches durchschimmert. Im Bekenntnis zu seinen Lehrern *Rudolf Smend, Adolf Arndt* und *Ulrich Scheuner* ist immer auch die Sache – sind ihre „Sachen" – mitgemeint und umgekehrt.

Wissenschaftliche Entwicklung läßt sich gerade in einer offenen Gesellschaft von bestimmten Persönlichkeiten und Vorbildern nicht trennen. Auch und besonders die Wissenschaft verlangt „Erziehung": zum Handwerklichen, zur Unbestechlichkeit, zur Fairness, zum Ernstnehmen des „Gegners", zur Bereitschaft, den eigenen Standpunkt (offen!) zu modifizieren, so schmerzlich dies sein mag. Erst die Sachlichkeit schafft wissenschaftliche Freiheit. Es gibt keinen „Meister" ohne Lehrjahre und Vorbilder, jedenfalls nicht in der Verfassungsrechtswissenschaft.

Die Freiburger Antrittsvorlesung über *Carl v. Rotteck* (1964, hier Nr. II, 2.) war, so paradox es klingen mag, ein Stück Freiburger „Abschiedsvorlesung"; jedenfalls rückblickend mag es so erscheinen: als „self-fullfilling prophecy". Denn der Vortrag trägt den Zusatz: „Der politische Professor". *Ehmke* hat sich zwar wohl immer mehr oder weniger als solcher verstanden. Sein (materialgesättigter) Ausflug in die verfassungsgeschichtliche Biographie *(Carl von Rottecks)* war aber wohl zugleich eine Art vorweggenommene Erkundung der eigenen Möglichkeiten, Hoffnungen und Wünsche. „Der politische Professor": Das war damals nicht nur in Freiburg/Br. (auch im Hörsaal und Seminar, in der Fakultät und ihrer „Ambiance")

---

[30] *Ehmke* war wissenschaftlicher Assistent bei *A. Arndt* im Deutschen Bundestag (1952–1956).

etwas Neues. Denn Professorentum und Politik, das blieben auch bei einem (deutschen) Rechts- oder Staatsrechtslehrer herkömmlich „zwei Welten". Sie hat Ehmke in seiner Freiburger Antrittsvorlesung wissenschaftlich zusammengedacht[31]: Er hat sie in den späteren Jahren noch energischer zusammen*gelebt,* vielleicht zu sehr.

4. Das führt zu den *politischen Implikationen* bzw. „Vorgaben" in der Sache, aber auch zu den politischen Antriebskräften bei *Horst Ehmke* persönlich. Sie sollen hier nur kurz skizziert werden, sofern und soweit sie sich in seinem wissenschaftlichen Werk objektiviert haben. Das politische Moment „im kleinen" steckte gewiß auch schon in seinem erwähnten Plädoyer für das „Ermessen" der Verwaltung; es zeigt sich aber auch vor allem schon in Passagen der Göttinger Dissertation (S. 123: „immer neue Katharsis" des politischen Gemeinwesens), und es tritt in den späteren Schriften immer stärker zu Tage: im Plädoyer für die „Political Question Doctrine", in der Arbeit für den deutschen Juristentag über die parlamentarischen Untersuchungsausschüsse (1964, hier Nr. II, 3.), naturgemäß sich ständig intensivierend[32] dann in den „verfassungspolitischen" Arbeiten der Bonner Zeit (zunächst als Staatssekretär unter Bundesjustizminister *G. Heinemann,* s. dessen ebenso bekannte wie treffende Charakterisierung *Ehmkes* mit den Worten: „fröhliche Unbekümmertheit"): beginnend mit dem Beitrag (1969) in der FS für A. Arndt über „Verfassungsrechtliche Fragen einer Reform des Pressewesens" (hier Nr. II, 5.). Das Rechts- und Verfassungspolitische prägt primär die hier unter Nr. II, 4., 6., 7., 9. abgedruckten Arbeiten. Das Engagement vor dem BVerfG im Jahre 1974 im Verfassungsstreit zu § 218 StGB (hier Nr. II, 8.)[33] schließlich kehrt in manchem wieder zu früheren Äußerungen, z.B. zur Verfassungsinterpretation, zurück (z.B. S. 558)[34].

---

31 In Gestalt der Tätigkeit als geschäftsführender Mitherausgeber des AöR (seit 1964) neben *O. Bachof* und *W. Mallmann* nahm er auch auf die Ausrichtung einer führenden öffentlich-rechtlichen Zeitschrift Einfluß: Die konsequenten Rechtsprechungsberichte haben in jener Zeit begonnen (vgl. AöR 90 [1965], S. 205 ff. [*A. Köttgen*], 341 ff. [*P. Lerche*], 452 ff. [*W. Weber*]). Aktive „Redaktionspolitik", für den Wissenschaftsprozeß unverzichtbar, war *Ehmke* bis zuletzt ein großes Anliegen.

32 Vgl. auch *H. Ehmke,* Parlamentarische Untersuchungsausschüsse und Verfassungsschutzämter, DÖV 1956, S. 417 ff.; dazu zuletzt wieder *H.-P. Schneider,* NJW 1978, S. 1601 (1605); *C. Gusy,* DÖV 1980, S. 431 (436). – Erwähnt sei auch *Ehmkes* Prozeßvertretung im „Spiegel-Prozeß" (vgl. BVerfGE 20, 162 ff.). – Die gemeinsam mit dem Bonner *Friesenhahn*-Seminar im Frühjahr 1962 unternommene Israelreise (vgl. dazu: Bericht über eine Studienreise junger deutscher Juristen aus Bonn und Freiburg nach Israel (4. März bis 5. April 1962), hrsg. von E. Friesenhahn und H. Ehmke, Basel 1963) hatte fachlich-juristische und im weiteren Sinne politische Zwecke und Themen.

33 Auch gesondert erschienen: *H. Ehmke,* Die Fristenregelung und der Gesetzgeber, 1975.

Es wäre reizvoll zu untersuchen, ob und inwiefern die konkrete Verantwortung in der Bonner (Partei-)Politik und die „Bindungen der Praxis" (auch als Kanzleramtsminister unter Bundeskanzler *W. Brandt*) Auswirkungen auf das wissenschaftliche Denken und Schreiben *Ehmkes* gezeitigt haben (und umgekehrt)[35], ob sich Akzentverlagerungen etwa beim Verfassungsbegriff, bei der Einordnung der Aufgabe des politischen Prozesses, auch der Opposition (!) nachweisen lassen. Das kann und will dieses Vorwort indes nicht leisten.

---

[34] Vgl. auch den Beitrag *Ehmkes* in den zwei von J. Habermas herausgegebenen Bänden: Stichworte zur „geistigen Situation der Zeit" (1979), Bd. I, S. 51 ff.: „Was ist des Deutschen Vaterland?". Abgesehen von *Ehmke* vertritt kein Autor in diesem Band die Vereinigung der Deutschen Staatsrechtslehrer. Zwar schreibt *J. Seifert* über das Thema: „Haus oder Forum: Wertsystem oder offene Verfassung", Bd. II, S. 321 ff.; er greift auch manche Gedanken der aktuellen verfassungsrechtlichen Diskussion auf, wenn auch nicht immer mit Nachweisen. Doch hätten ihm trotz „informierter Willkür" Autoren zur Seite gestellt werden müssen – wenn der Band „repräsentativ" auch für das Spektrum der verfassungsrechtlichen und -politischen Diskussion zum Grundgesetz sein wollte. Bei manchen Beiträgen dieses Bandes fällt auf, wie wenig „kritische Sympathie" (*W. Scheel*) mit unserem politischen Gemeinwesen und seinem Grundgesetz seit 1949 festzustellen ist. Allgemein zum Problem „Die BR Deutschland in der Literatur" *H. Koopmann,* in dem Sammelband: J. Becker (Hrsg.), 30 Jahre Bundesrepublik Deutschland, Tradition und Wandel, 1979, S. 123 ff. Das gibt auch zu *selbstkritischen* Fragen Anlaß, ob die deutsche Staatsrechtslehre nach 1949 immer alles getan hat, um sich über die Fachkreise hinaus, z. B. in Politischer Wissenschaft, Soziologie, aber auch und vor allem in der „Schönen Literatur" einer breiteren Öffentlichkeit verständlich zu machen und Gehör zu finden. Erfreulich ist immerhin, daß in führenden Tageszeitungen wie der FAZ (z. B. *C. Starck,* FAZ vom 9. 2. 1980; *K. Kröger,* FAZ vom 28. 12. 1979) oder der FR (z. B. *H.-P. Schneider,* FR vom 8. 8. 1978; *I. Staff,* FR vom 11. 11. 1978; *K. Lange,* FR vom 8. 2. 1979) Staatsrechtslehrer gelegentlich zu Wort kommen. Auch „Der Spiegel" bringt gelegentlich Staatsrechtslehrerzitate, z. B. in Sachen Verfassungsgerichtsbarkeit (vgl. die Serie von 1978). In der *Schweiz* besteht hier eine größere und bessere Tradition: vgl. etwa für die NZZ die Aufsätze von *W. Kägi* (zitiert nach der Bibliographie der ihm gewidmeten Festschrift, 1979, S. 443 ff.) oder von *Hans Huber* (Nachweise in dessen: Ausgewählte Aufsätze, 1971, S. 623 ff.).

[35] *Ehmkes* starkes Engagement für Planung im Kanzleramt unter Bundeskanzler *W. Brandt* (vgl. z. B. *H. E.,* Planung im Regierungsbereich, in: Bulletin des Presse- und Informationsamtes der Bundesregierung vom 16. 12. 1971, S. 2026 ff.) dürfte nicht zuletzt die praktische Umsetzung eines „Freiburger Themas" sein: vgl. die seit 1965 von J. H. Kaiser herausgegebenen Bände: Planung I ff. In diesen Kontext gehört die praktische und theoretische Arbeit von *R. Jochimsen,* vgl. z. B. seine Aufsätze in: Bulletin des Presse- und Informationsamtes der Bundesregierung vom 16. 7. 1970, S. 949 ff., vom 23. 7. 1971, S. 1236 ff. sowie vom 9. 6. 1972, S. 1179 ff., ferner *R. Jochimsen/P. Treuner,* Staatliche Planung in der BR Deutschland, Beilage zur Wochenzeitung Das Parlament B 9/1974, S. 29 ff. Zum ganzen auch: *J. H. Kaiser,* VVDStRL 29 (1971), S. 116 (117); *U. Scheuner,* Staatstheorie und Staatsrecht, 1978, S. 374, 409 f.

Wenn der Unterzeichnete als Herausgeber fungiert und dieses Vorwort schreibt, so nicht nur aus Hochachtung vor dem wissenschaftlichen Werk von *Horst Ehmke,* sondern auch aus persönlicher Dankbarkeit: Er war von Ende 1961 bis Herbst 1966 als *Ehmkes* wissenschaftlicher Assistent in Freiburg/Br. tätig und blickt gerne auf diese harten, aber fruchtbaren Lehrjahre zurück. Die beiden Freiburger verfassungsrechtlichen Seminare von *K. Hesse* (seit 1956) und *H. Ehmke*[36] (1961–1966) ergänzten sich fast ideal – sie strahlten damals[37], sie strahlen bis heute weit über den Süden der Republik hinaus.

---

36 Folgende von *Ehmke* als Erstreferent angeregte bzw. betreute Freiburger juristische Doktorarbeiten sind als gedruckte Bücher erschienen und beachtet worden (z.T. mit *K. Hesse* bzw. *W. v. Simson* betreut): *F. W. Scharpf* (Anm. 19); *E. Wienholtz,* Normative Verfassung und Gesetzgebung, 1968; *H. H. Klumpp,* Landesrecht vor Bundesgerichten im Bundesstaat des Grundgesetzes, 1969; *M. Quilisch,* Die demokratische Versammlung, 1970; *H. Ehringhaus,* Der kooperative Föderalismus in den Vereinigten Staaten von Amerika, 1971; *St. Pelny,* Die legislative Finanzkontrolle in der BR Deutschland und in den Vereinigten Staaten von Amerika, 1972; *J. Glückert,* Die Arbeitskampfschutzklausel des Art. 9 Abs. 3 S. 3 GG, 1973; *U. Bopp,* Der Gewissenstäter und das Grundrecht der Gewissensfreiheit, 1974. – Weitere „Freiburger" Arbeiten aus jener Zeit, die mit *Ehmkes* Freiburger Wirken in Zusammenhang stehen, vgl. *M. Schmitz,* Die Freund-Feind-Theorie Carl Schmitts, 1965; *W. Billing,* Das Problem der Richterwahl zum Bundesverfassungsgericht, 1969.

37 Für *Ehmkes* Freiburger Zeit wäre es ebenso reizvoll wie ergiebig, Querverbindungen, Anregungen, Wahlverwandtschaften nachzuweisen zu Forschern wie *Hans Maier* (vgl. aus dessen Oeuvre: Die ältere deutsche Staats- und Verwaltungslehre, 1966; *ders.,* Katholische Sozial- und Staatslehre und die neuere deutsche Staatsrechtslehre, AöR 93 (1968), S. 1 ff.) oder *R. Bäumlin* (Staat, Recht und Geschichte, 1961).

Staatsrechtslehre im Verfassungsleben – am Beispiel Günter Dürigs (1980)

I. Einleitung, Sache und Person

Wie prägend Juristen als Einzelpersönlichkeiten für Wissenschaft und Praxis des öffentlichen Rechts, vor allem des Verfassungsrechts, auch heute noch sein können, zeigt sich exemplarisch im Wirken *Günter Dürigs*, der am 25. Januar 1980 60 Jahre alt wird. Das – persönlich bedingte – Geheimnis seiner Ausstrahlung läßt sich gewiß nur zum Teil umschreiben. Das ist auch gut so. Auf diesem Geburtstagsblatt soll mehr die sachliche und funktionelle Seite nachgezeichnet werden, so eng bei einem so engagierten Forscher und Lehrer wie *Dürig* die Sache mit der Person zusammenhängt. „Werkbereich“ und „Wirkbereich“ (vgl. BVerfGE 30, 173 [189]), nicht nur für den Künstler, sondern auch für den Wissenschaftler unterscheidbar, sind hier letztlich eins.

Die nachstehenden Überlegungen wollen das *Exemplarische* an *Günter Dürig* in seiner Wirkung als Staatsrechtslehrer für das deutsche Verfassungsleben seit 1949 skizzieren. Beispielhaft ist seine Beteiligung am Aufbau und Ausbau der verfassungsrechtlichen Dogmatik zum Grundgesetz nach 1949. Sie geschah und geschieht in mehreren „Rollen“ – *insofern* ist *Dürig* „Pluralist in einer Person“: ein Staatsrechtslehrer kann Beiträge zum Verfassungsleben auf vielen Ebenen leisten und diese Aufgaben (zum Teil gleichzeitig, zum Teil nacheinander) wahrnehmen. Durch seinen Beruf ist er – ein Glücksfall – in der Lage, in verschiedenen und doch ineinander verschränkten „Funktionen“ gleichzeitig und sich gegenseitig verstärkend die „offene Gesellschaft der Verfassungsinterpreten“ spezifisch mitzugestalten. *Dürig* hat praktisch vorgeführt, welche Aufgaben und Möglichkeiten, aber auch Verpflichtungen und Lasten in der Freiheit des „Amtes“ eines Staatsrechtslehrers angelegt sind. Er hat mitgeholfen, dem Beruf, ja der Berufung zu diesem „Amt“ eine neue Glaubwürdigkeit zu verschaffen, eine Glaubwürdigkeit, die nach 1945 erst wieder neu begründet werden mußte.

Das Thema „Staatsrechtslehrer und Verfassung“ wurde bereits von *Ernst Friesenhahn* vor 30 Jahren[1] unter einem für die damalige Zeit typischen und notwendigen Blickwinkel repräsentativ behandelt: dem der Bindung.

---

[1] *E. Friesenhahn,* Staatsrechtslehrer und Verfassung, 1950.

In diesem Geburtstagsblatt geht es um die Skizzierung des *Beispiels*, das ein *einzelner* deutscher Staatsrechtslehrer kraft seiner Persönlichkeit dafür gegeben hat, wie vielfältig und intensiv, mittel- und langfristig anregend und verarbeitend Staatsrechtslehrer im Verfassungsleben überhaupt wirken können. Damit wird zugleich Art. 5 Abs. 3 GG von einer spezifischen Seite her ausgeleuchtet: vom Biographischen und vom Werk- und Wirkgeschichtlichen her, vom Personalen wie vom Sachlich-Funktionellen aus. Neben die in diesen Monaten viel bedachte Institutionengeschichte „30 Jahre Bundesrepublik Deutschland" tritt ein Stück persönliche Geschichte.

II. Die einzelnen Aufgabenkreise des Staatsrechtslehrers im Verfassungsleben

1. Selten wird es einer einzelnen Persönlichkeit gelingen, „alle" *möglichen* Aufgabenkreise, die eine offene Gesellschaft gerade ihm als „zunftmäßigen" Verfassungsinterpreten bietet, auch *tatsächlich* wahrzunehmen. Folgende Tätigkeitsbereiche stehen im Vordergrund: die Rolle des *Kommentators* (zur Verfassung), des *wissenschaftlichen Autors* (von Aufsätzen, Monographien, Lexikonartikeln), des *Rechtsprechungsrezensenten*, des *Gutachters* in verfassungsgerichtlichen Prozessen oder des *Beraters* von politischen Gremien, Parteiführern oder (und) Amtsträgern, von Parteien, Verbänden und Religionsgesellschaften, die Rolle des *„Plädierenden"* vor Gerichten oder Parlamentsausschüssen[2], des *Rezensenten wissenschaftlicher Arbeiten Dritter*, des *Debattenredners* (auf Tagungen) und nicht zuletzt des *Lehrers* im Hörsaal und im Seminar, des *Doktor- und Habilitationsvaters*, schließlich die Aufgabe des *Verfassungsgeschichtlers und Verfassungsvergleichers*, im Zeichen des „kooperativen Verfassungsstaates" auch des *Europa-* und *Völkerrechtlers* (zum Teil in Überschneidung mit den schon erwähnten Aufgaben)[3]. Diese Aufzählung ist gewiß nicht erschöpfend. Ausgelassen ist etwa der „politische Professor", der zum Staatssekretär oder gar zum (Justiz-, Kanzleramts- oder Kultus-)Minister wird; und er ist auch (noch) nicht typisch für den Weg des deutschen Staatsrechtslehrers. Doch dürften im groben die wichtigsten und üblichen Teil-Berufsbilder innerhalb des Spektrums eines Staatsrechtslehrerlebens umrissen sein.

---

[2] Vgl. allgemein *M. Kriele*, VVDStRL 29 (1971), S. 46 (53).

[3] Der Staatsrechtslehrer als „Verfassungsrichter auf Zeit" (Bundesverfassungsrichter: derzeit *K. Hesse* und *H. Steinberger*) oder im Nebenamt (Landesverfassungsrichter: z.B. *O. Bachof* am Bad.-Württ. StGH; *J. P. Müller* am Schweizer Bundesgericht) bleibt hier ausgeklammert. *Dürig* ist bad.-württ. VGH-Richter im Nebenamt.

Diese rasterartige Aufgliederung in verschiedene Wirkungsebenen und „Rollen“ , die in der Wissenschaft freilich *personal* geprägt sind, ist mehr als nur formaler Natur: Der Staatsrechtslehrer „als“ Kommentator, „als“ Rezensent, „als“ Gutachter, „als“ Doktorvater usw. wird letztlich immer – auch er als Person – derselbe sein. (Zwei und mehr Seelen in seiner Brust wird freilich auch er haben!) Dennoch muß er sich dem jeweiligen Aufgabenkreis bzw. „Medium“ auch handwerklich optimal anzupassen suchen, so sehr er es seinerseits prägen kann. Vor allem seine Sprache und „Technik“ wird je nach Wirkungsebene und -aufgabe differieren: Der Gutachter darf ein Gran „parteiischer“ sein als der Rezensent; die Sprache des Lehrbuchautors darf, ja soll griffiger sein als die des wissenschaftlichen Schriftstellers etwa im Rahmen von Festschriftenbeiträgen; der forensisch Plädierende darf „politischer“ agieren als der Rezensent oder Festredner bei einer akademischen Versammlung (z. B. einer Rektoratsübergabe)[4]; der „Doktorvater“ muß toleranter sein als der Prüfer. Aber letztlich ist es unbeschadet der jeweiligen, von der speziellen Rolle geforderten Unterschiede in Sprache und Temperament ein und dieselbe Persönlichkeit, die „ihre“ Sache im Verfassungsleben vertritt[5].

Es dürfte sinnvoll sein, wenn sich ein Staatsrechtslehrer *nicht nur* auf eine „Sparte“ spezialisiert, so sehr er seines Zeit- und Kräftehaushalts wegen Akzente setzen muß: Wer z. B. *nur* ad hoc gutachtet, könnte vielleicht auf lange Sicht die Distanz zum Verfassungsgericht und zur Sache so sehr verlieren, daß er kaum mehr „unbefangen“ eine Urteilsrezension oder eine wissenschaftliche Abhandlung zu schreiben vermag. Mit anderen Worten: Es dient der Sache, wenn der Rezensent auch einmal (wieder) monographisch arbeitet, wenn der Gutachter auch einmal rezensiert, der leidenschaftliche Lehrer im Hörsaal und Seminar auch einmal im Gerichtssaal plädiert. Der Auftrag des Staatsrechtslehrers sollte nicht zu eng verstanden werden. Alle einzelnen Wirkweisen stehen ja auch funktionell nicht einfach nebeneinander: Sie fügen sich zu einem Ganzen, zum „Staatsrechtslehrer im Verfassungsleben“.

In Gestaltung und Wirkung zeigen sich, zeitlich betrachtet, Unterschiede: Der „erste Zugriff“, den ein Rezensent vom Fach im Sinne der „kommentierten Verfassungsrechtsprechung“ im Blick auf eine „brandneue“ Entscheidung leisten darf, wird den Charakter seines Kommentars prägen: Der mit-

---

4 Beispiele in *meiner* Besprechung der Mannheimer Antrittsvorlesung von *R. Weber-Fas:* DVBl. 1977, S. 836.

5 Kritisch kann geprüft werden, ob der Staatsrechtslehrer sich jeweils auf die „Rolle“, in der er tätig ist, voll eingestellt hat. So mag man kritisieren, daß *Dürigs* große Kommentierung des Art. 3 GG eigentlich in eine Monographie hineingewachsen ist und insoweit den Rahmen einer Kommentierung sprengt. *Im Sinne Dürigs* aber mit guten Gründen: *H. P. Ipsen,* in: Der Staat 13 (1974), S. 555 (556).

telfristig arbeitende „Großkommentator“ hat mehr Zeit; er muß aber auch die bisherige wissenschaftliche und sonstige Wirkungsgeschichte eines Urteils verarbeiten, in die der „Tagesrezensent“ noch nicht eingebunden ist. Insgesamt fügt sich der breite Fächer unterschiedlicher Wirkungsweisen bzw. „Medien“ eines Staatsrechtslehrers im Verfassungsleben zu einem Ganzen, wenn man will: zu einem „Konzert“ – das freilich auch von Dissonanzen der (und mit) Kollegen, der Rechtsprechung, der Gesetzgebung und der politischen Kräfte insgesamt lebt. Verfassungsinterpreten im engeren und weiteren Sinne[6] arbeiten in „trial and error“, in „challenge and response“ im Gesamtrahmen einer freiheitlichen Demokratie. Ihr Beitrag zum Verfassungsleben darf sicher nicht überschätzt, er sollte (mittel- und langfristig) aber auch nicht unterschätzt werden. Daß letzteres nicht geschieht, dafür sorgt gerade auch das bisherige Lebenswerk *Dürigs* auf repräsentative Weise.

2. *Dürig* hat viele der möglichen Aufgaben auch *tatsächlich* praktiziert. Relativ selten ist eigentlich nur die Rezension von richterlichen Entscheidungen[7] und von wissenschaftlichen Werken Dritter (als „Kommentierte Verfassungsrechts*wissenschaft*“) geblieben[8]. Die Medien, über die er – sehr unmittelbar – gewirkt hat und wirkt, die Foren, von denen aus er sein juristisches Werk entfaltet hat und noch entfaltet, sind vielgestaltig. An ihrer Spitze steht:

a) Der *Kommentator* zum Grundgesetz (seit der 1. Auflage des Kommentars, 1958, mit *Maunz,* derzeit *Maunz, Herzog* und *Scholz*) – besonders hinsichtlich der Fundierung des Grundgesetzes von den Grundrechten (vor allem von Art. 1, 2 sowie Art. 3 GG) her.

b) Der *wissenschaftliche Autor,* vor allem des monographischen Aufsatzes (z.B. in Festschrift für Nawiasky, 1956, S. 157 ff.; Festschrift für Apelt, 1958, S. 13 ff.; Festschrift für Kern, 1968, S. 65 ff.; s. auch den Artikel „Staatsformen“, HDSW 9 [1956], S. 742 ff.).

c) Der „Plädierende“ vor dem BVerfG (im Abhörstreit: E 30, 1 bzw. 33 ff. – mit großem Echo in der Presse)[9].

---

[6] Dazu *meine* Unterscheidung in: „Die offene Gesellschaft der Verfassungsinterpreten“ (1975), jetzt in: Verfassung als öffentlicher Prozeß, 1978, S. 155 ff.

[7] – bedingt wohl durch den „Großkommentar“ – vgl. JZ 1957, S. 169; JZ 1958, S. 22; DÖV 1958, S. 194; JZ 1961, S. 166.

[8] AöR 79 (1953/54), S. 254 (zu *Menger*); JZ 1954, S. 206 (zu *Hamann*); AöR 89 (1956), S. 496 (FS *Giacometti*). – Unter die Rubrik *„Sonstiges“* fallen die Glossen: Der „Grotius-Tag“ (JZ 1952, S. 571); „Wo er recht hat, hat er recht“ (JZ 1959, S. 69) und Berichte über Staatsrechtslehrertagungen (zusammen mit *P. Schneider,* JZ 1958, S. 99 ff.; mit *W. Mallmann,* JZ 1959, S. 291 ff.) sowie über den deutschen Notartag 1952, JZ 1952, S. 505 ff.

d) Der *Gutachter* (z.B. in Sachen Bremen: Die Rechtsstellung der katholischen Privatschulen im Lande Bremen, 1964; für Hessen im Abhörstreit: *Dürig/Evers,* Zur verfassungsändernden Beschränkung des Post-, Telefon- und Fernmeldegeheimnisses, 1969; im Wahlrecht: Festschrift für Kern, 1968, S. 65 ff.).

e) Der *Diskussionsredner* (und -leiter) – nicht ohne Ironie[10] – vor allem auf den Tagungen der Deutschen Staatsrechtslehrer, welches Forum nicht zuletzt dank *Dürigs* Interventionen weithin ausstrahlt[11]. Seine Fähigkeit, prägnant sogleich zum Grundsätzlichen zu sprechen, ist bekannt; ebenso der polemische Glanz und „pädagogische Eros“ seiner Voten.

Damit dürften fast alle wesentlichen Möglichkeiten und Ausdrucksformen umrissen sein[12], aufgrund derer ein stark personal geprägtes „engagiertes“ juristisches Werk heute überhaupt wirken kann. Nicht zu vergessen ist der Staatsrechtslehrer als *Lehrer* im Hörsaal[13] und als *Kollege* in der Fakultät[14].

Es ist charakteristisch, daß dem *Lehrer Dürigs, Willibald Apelt* (vgl. AöR 82 [1975], S. 157), die ganze Wärme seines eigenen Dankens und Gedenkens gilt[15]. Das schließt aber nicht aus, daß er sogar gegen seinen Lehrer einmal „auf Gegenkurs“ geht (vgl. *Dürigs* Kommentierung des Art. 3 Abs. 1 GG, Rdnr. 427 Fn. 1).

---

9 Vgl. die Nachweise beim Abdruck seines Plädoyers im „Abhörstreit“ in: FS für Maunz, 1971, S. 41 Fn. 1; sonstige Nachweise in *meiner* Kommentierten Verfassungsrechtsprechung, 1979, S. 91 (92).

10 Z.B. in bezug auf *Marcic:* vgl. VVDStRL 24 (1966), S. 87. Beispiele für *Dürigs* „Präsenz“ als Diskussionsleiter: ebd., S. 88, 89, 90, 96, 100, 103, 106, 111 f.

11 Vgl. etwa *Dürig,* VVDStRL 24 (1966), S. 106 für das Thema „Sachverstand und Politik“; dazu *P. Häberle,* Verfassung als öffentlicher Prozeß, 1978, S. 128 f. Fn. 38.

12 Erwähnt sei noch *Dürig* als *Herausgeber* von Gesetzessammlungen: Gesetze des Landes Baden-Württemberg, 4. Aufl. 1958, 8. Aufl. 1978; s. auch *Dürig/Rudolf,* Texte zur Verfassungsgeschichte, 1. Aufl. 1967, 2. Aufl. 1979, sowie das engagierte, auch den Nichtjuristen motivierende Vorwort der Textausgabe zum Grundgesetz, dtv-Beck-Texte, 4. Aufl. 1967, 19. Aufl. 1977, 21. Aufl. 1979.

13 Charakteristisch für *Dürigs* Hochschullehrertätigkeit in Tübingen ist etwa das von ihm ausgegebene Formular „Vorlesungskritik allgemeine Staatslehre (Dürig)“, vom Verfasser nicht als Student, sondern als Privatdozent in Tübingen (im SS 1969) „ergattert“. Hier finden sich Fragen wie: „Ist die Stoffauswahl brauchbar?, Kennzeichne ich deutlich genug, wenn es sich um meine subjektive Meinung handelt?, Fühlen Sie sich durch solche stark persönlichen Meditationen und Reflektionen überfahren?, Wird deutlich genug, wenn ich ‚passen muß‘ und ratlos bin?“

14 s. etwa die freundschaftlichen Glückwünsche für *Otto Bachof:* DÖV 1979, S. 128.

15 Vgl. auch AöR 90 (1965), S. 378 f.; s. schon *Dürig,* VVDStRL 13 (1955), S. 83 (Schlußwort).

Die skizzierten Wirkkreise ergänzen sich bei *Dürig* in seltener Intensität: Als Gutachter – nicht nur für „eine" und immer dieselbe Seite – hat er sich niemals von seinem wissenschaftlichen Ethos und Credo entfernt: Es gibt keinen Dissens zwischen *Dürig* als *Wissenschaftler* und *Dürig* als *Gutachter*. Das Gutachten diente nur als gesteigert wirksame Form, sich und der Sache treu zu bleiben (besonders deutlich im Abhörstreit)[16]. Als Debattenredner auf den Staatsrechtslehrertagungen wirkt sein gesprochenes Wort so sachlich und zugleich „gesprochen" wie seine Formulierungen im Kontext einer GG-Artikel-Kommentierung. Als Verfasser von Aufsätzen ist seine Argumentation so engagiert wie die eines Redners. Kurz: alle Äußerungsformen seines juristischen Denkens (und Handelns) bilden den Ausdruck einer *einzigen* „juristischen Persönlichkeit".

Die Prägekraft seines Denkens und seine Fähigkeit zur Umsetzung in plastische, oft suggestive Bilder dürften ein Grund dafür sein, weshalb manche seiner Formulierungen weit über Fachkreise hinaus heute so etwas wie geflügelte Worte sind: Erinnert sei an den Satz von der Gefahr: „Wenn Staat und Gesellschaft deckungsgleich werden, gehen wieder einmal die Lichter aus" (VVDStRL 29 [1971], S. 127), an „Eigentum als geronnene Freiheit" (z.B. K., Art. 3 Abs. 1 GG, Rdnr. 141) oder an sein „Zurück zum klassischen Enteignungsbegriff!" (JZ 1954, S. 4 ff.).

3. *Dürigs* Wirken als *Diskussionsredner* auf Staatsrechtslehrertagungen (VVDStRL) soll etwas ausführlicher nachgezeichnet werden[17]. Grundsätzlichkeit und Spontanität, Unmittelbarkeit und (gelegentlich) Schärfe, Prägnanz und Kürze zeichnen den Jubilar in seinen Voten auf diesen Tagungen aus (mit denen er auch die interne Diskussion immer wieder „flott machen" will)[18]: Sie strahlen weit über die deutsche Staatsrechtslehrertagung und ihre Kreise hinaus, trotz oder gerade wegen des oft improvisierten Stils[19]. Die Vielfalt der Gegenstände der *Dürig*schen Voten übertrifft die Vielfalt der VVDStRL-Tagungsthemen. Die Impulse, die von ihm als Diskutant auf diesem Forum ausgehen, die Vor- und Nachwirkungen sind beträchtlich[20].

---

[16] Zu seinem Verzicht auf eine Kommentierung der Abhörentscheidung und zur Übernahme von Passagen *Erichsens* als Beispiel für „academical self restraint" (*Dürig*, K., Art. 10 Rdnr. 38) vgl. *meine* Kommentierte Verfassungsrechtsprechung, 1979, S. 52 Fn. 191.

[17] Ein Forschungsprogramm zur Untersuchung der Wirkung von VVDStRL-Beiträgen bei *P. Häberle*, Verfassung als öffentlicher Prozeß, 1978, S. 128 Fn. 38.

[18] Vgl. z.B. VVDStRL 37 (1979), S. 296.

[19] z.B. *Dürig*, VVDStRL 32 (1974), S. 247–249. – s. auch die „Statistik" von *H. P. Ipsen*, AöR 90 (1965), S. 503 ff.; dazu *Dürig*, VVDStRL 37 (1979), S. 296.

[20] s. z.B. die „Vorwegnahme" der Fragestellung von BVerfGE 42, 103 in *Dürig*, VVDStRL 19 (1961), S. 140: Kann ein Staatsvertrag eine nichtverfassungsrechtliche Streitigkeit begründen?

Im einzelnen: *Dürig* äußert sich nicht selten zu Vor- und Methodenfragen[21], er verweist nachdrücklich auf die Notwendigkeit einer bestimmten Anthropologie[22]. Sein Engagement für Grundsatzfragen ist groß: so für den Föderalismus[23], für den Pluralismus der Gesellschaft[24], für die (Wiederholung der) Objektthese zu Art. 1 Abs. 1 GG[25], die Betonung des Personellen, Natürlichen und Menschlichen[26].

Dabei fehlt es nicht am ebenso originellen wie souveränen Umgang mit dem Plenum der Diskutanten[27]. *Dürig* ringt immer um Verständlichkeit[28]; insofern praktiziert er *als Wissenschaftler* „Bürgernähe".

Dürigs Engagement für Lehr- und Forschungsfreiheit als „subjektives Individualrecht des einzelnen, einsamen Gehirns", ein „Privileg zur individuellen Wahrheitssuche"[29], ist auch hier glaubhaft gelebt. Sichtbar wird sein Engagement für rechtspolitische Empfehlungen[30] oder die Sorge um den Bekanntheitsgrad von Rechtsnormen (wie § 539 RVO)[31]. Unter dem Gesichtspunkt des „Paradigmenwechsels" bemerkenswert ist die Artikulierung thematisch gegenläufiger Tendenzen[32] – in der Tat können solche „Umkehrungen" in Kunst und Wissenschaft oft besonders schöpferisch

---

21 VVDStRL 13 (1955), S. 83: Idee als „Teil des soziologischen Wirklichkeitsstoffs"; VVDStRL 20 (1963), S. 115: „Changieren" in der Methode der Verfassungsinterpretation. – Frage nach der Normalität, die es zu normieren gilt: VVDStRL 32 (1974), S. 115; VVDStRL 21 (1964), S. 252 f.: Argumentation vom Lebenssachverhalt her; VVDStRL 26 (1968), S. 138 f.: Arbeiten mit Begriffen der Soziologie; VVDStRL 33 (1975), S. 290 f.: Frage nach einer „Realanalyse", nach dem „Verwaltungsstoff".

22 VVDStRL 29 (1970), S. 126; VVDStRL 34 (1975), S.132: anthropologisch, subjektiv-rechtlich, grundrechtliche Begründetheit dessen, was der Richter macht.

23 VVDStRL 21 (1964), S. 115; 23 (1966), S. 127 f.

24 VVDStRL 23 (1966), S. 262–264.

25 Z.B. VVDStRL 32 (1974), S. 249.

26 Beim „Gemeingebrauch": VVDStRL 21 (1964), S. 253.

27 Vgl. etwa *Soells* „Übermittlungsdienste" (für den abgereisten *Dürig*) in VVDStRL 36 (1978), S. 377.

28 Warnung vor Verständnislosigkeit der Rechtsgemeinschaft gegenüber bestimmten juristischen Lösungen, Frage nach einer „Gegenprobe aus der Sicht der Bevölkerung": VVDStRL 32 (1974), S. 248 f. – s. die bildlich starke Sprache z.B. in: VVDStRL 25 (1967), S. 223 f., 234 f.

29 VVDStRL 27 (1969), S. 241. – s. noch VVDStRL 20 (1963), S. 115: „gleichzeitig als Professor und Richter"; s. auch VVDStRL 30 (1972), S. 154. – Zur Betonung des Richteramtes: VVDStRL 34 (1975), S. 131 f.

30 VVDStRL 26 (1968), S. 307.

31 VVDStRL 28 (1970), S. 271 f.

32 Z.B. VVDStRL 29 (1971), S. 266: „Private *gerieren* sich als Erfüllungsgehilfen des Staates." – „*Zurück* zum klassischen Enteignungsbegriff" (JZ 1954, S. 4 ff.). – VVDStRL 32 (1974), S. 249: *Gegen* gesetzliche Rückwirkungen (Hervorhbg. vom Verf.).

sein: so sein Einsatz für „individuelle, ja egoistische Freiheitsrechte" (gegen die objektive Dimension)[33], die Sorge um den Staat[34], sein Plädoyer für die *Staats*form der Demokratie[35] und gegen das Recht auf Arbeit[36].

In *Dürigs* Diskussionsbeiträgen kommt schließlich auch das *Verwaltungsrecht* gebührend zu seinem Recht[37].

III. Die Breitenwirkung und Tiefenwirkung des wissenschaftlichen Werkes von Günter Dürig – Beispiele

1. Staatsrechtslehrer können in die Breite, sie können in die Tiefe wirken. Für das wissenschaftliche Werk *Dürigs* ist beides nachweisbar. Er erreicht auch beide juristische Primäradressaten eines wissenschaftlichen Oeuvres: die Staatsrechtslehre *und* die – vor allem gerichtliche – Rechtspraxis. Ja, sein Einfluß auf Wissenschaft und Verfassungsgerichtsbarkeit steigert sich wechselseitig. Auch derjenige, der wissenschaftstheoretische Vorbehalte gegen den wertphilosophischen Ansatz *Dürigs* geltend macht, muß sich der Tatsache stellen, daß das BVerfG wesentliche Aufbauleistungen der „ersten Stunde" gerade mit Hilfe des Grundrechtsdenkens von *Dürig* vollbracht hat[38] und zunächst auch nur so vollbringen konnte.

2. Die *deutsche Staatsrechtslehre* hat die Thesen *Dürigs* von Anfang an in ihrem Grundsatzcharakter erkannt und entsprechend diskutiert. Frühe Weichenstellungen der ersten Jahre nach 1949 sind mit seinem Namen verbunden: die Auslegung des Art. 1 Abs. 1 GG (Menschenwürde)[39], die Lehre

[33] VVDStRL 30 (1972), S. 155. – VVDStRL 20 (1963), S. 115: das BVerfG solle „seinen Weg zur Aufstellung seines positiven Wertkatechismus ruhig fortsetzen"; VVDStRL 22 (1965), S. 195 f.: Verteidigung des geschlossenen Wert- und Anspruchssystems (gegen *Scheuner*).

[34] VVDStRL 28 (1970), S. 98: diese den Staat möglicherweise „atomisierende" Grenzüberschreitung; VVDStRL 33 (1975), S. 291: Zuflucht zum rechtlich strukturierten Staat, zu seinen zuständigen Organen.

[35] VVDStRL 29 (1971), S. 128, zugleich in Kritik am „Demokratisierungsrausch" (S. 127).

[36] VVDStRL 28 (1970), S. 252.

[37] VVDStRL 17 (1959), S. 228; VVDStRL 19 (1961), S. 152: „gemeines deutsches Wasserrecht"; VVDStRL 21 (1964), S. 243; 25 (1967), S. 416 f.; 28 (1970), S. 243; 34 (1975), S. 286, 328; 37 (1979), S. 296, 301, 302. – Aus seinen Arbeiten noch: Die Geltung der Grundrechte für den Staatsfiskus und sonstige Fiskalate, BayVBl. 1959, S. 201 ff.

[38] Vgl. *K. Hesse*, Grundzüge des Verfassungsrechts der Bundesrepublik Deutschland, 11. Aufl. 1978, S. 128: „Wenn das Bundesverfassungsgericht – offenbar unter dem Einfluß *G. Dürigs* – über diesen begrenzten systematischen Aspekt hinaus die Bedeutung der Grundrechte darin erblickt, daß sie ein ‚Wertsystem' aufrichten ..."

[39] *Dürig*, Der Grundrechtssatz von der Menschenwürde, AöR 81 (1956), S. 117 ff. Zuvor schon *ders.:* Die Menschenauffassung des GG, JR 1952, S. 259 ff.

von der mittelbaren Drittwirkung der Grundrechte (vgl. BVerfGE 7, 198 [206])[40], das Eigentumsverständnis, vor allem auch im Blick auf die Frage öffentlich-rechtlicher Rechtspositionen[41], die Auslegung des Grundrechts auf Freizügigkeit (Art. 11 GG)[42], die Verwirkung von Grundrechten (Art. 18 GG)[43], die Interpretation des Art. 103 GG und zuletzt vor allem die Diskussion des Gleichheitssatzes[44]. Insgesamt ist die Fundierung des Grundgesetzes durch die *Grundrechte* von der Basis des Art. 1 Abs. 1 GG her auf Dauer mit *Dürigs* Namen verknüpft.

Gewiß, *Dürig* hat den „Staat" keineswegs ausgeklammert[45]. Doch dürfte der Schwerpunkt seiner schöpferischen Leistungen mit Dauerwirkung in den Beiträgen zur Grundrechtstheorie und -praxis liegen: Jedes Werk der juristischen Primär- und Sekundärliteratur, erst recht der „Tertiärliteratur"[46] setzt sich bis heute mit der *Dürig*schen Grundkonzeption auseinander. Es dürfte freilich am wenigsten seinen Intentionen entsprechen, wenn sie ihn lediglich unkritisch rezipierte.

3. Der Einfluß auf die *Gerichte*, vor allem das BVerfG, war und ist beträchtlich. Über *Dürig* fand und findet eine der oft beschriebenen und ideal-

---

40 Zustimmend *Hesse* (Fn. 38) S. 160. – Kritisch *Schwabe*, Die sogenannte Drittwirkung der Grundrechte, 1971; dazu die scharfe, aber berechtigte Replik von *Dürig,* in: Maunz/Dürig/Herzog/Scholz, Art. 3 Abs. 1 GG, Rdnr. 506.

41 Dazu *Dürig*, in: FS für Apelt, 1958, S. 13 ff. (s. auch *ders.,* Das Eigentum als Menschenrecht, ZgesStW 109 [1953], S. 326 ff.; Grundfragen des öffentlich-rechtlichen Entschädigungssystems, JZ 1955, S. 522 ff.); dazu etwa *Hesse* (Fn. 38), S. 182; *P. Badura,* in: FS BSG 1979, S. 673 (675, 684, 687).

42 Vgl. den Beitrag „Freizügigkeit", in: Neumann/Nipperdey/Scheuner (Hrsg.), Handbuch der Grundrechte, Bd. II (1954), S. 507 ff.; aus der „Nachfolge"-Literatur etwa: *D. D. Hartmann,* JöR (n. F.) 17 (1968), S. 437 (440).

43 Die Verwirkung von Grundrechten nach Art. 18 GG, JZ 1952, S. 513 ff.; die Kommentierung des Art. 18 GG in: Maunz/Dürig (1964). Dazu *W. Schmitt Glaeser,* Mißbrauch und Verwirkung von Grundrechten im politischen Meinungskampf, 1968.

44 Maunz/Dürig/Herzog/Scholz, Kommentierung des Art. 3 durch *Dürig* (1973); dazu: *H. P. Ipsen,* Der Staat 13 (1974), S. 555 ff.; *Kimminich,* DÖV 1974, S. 303 ff.; *R. Rhinow,* Rechtsetzung und Methodik, 1979, S. 229 f.

45 Vgl. etwa Artikel „Staatsformen", in: HDSW 9 (1956), S. 742 ff.; *Dürig,* VVDStRL 13 (1955), S. 27 ff.; s. auch einzelne Passagen seiner Grundrechtekommentierung und die Arbeiten zum *staatsorganisatorischen Teil* der Verfassung: neben Art. 45a, 45b z.B. 65a, 87a und b, etwa: „Die Bundeswehrverwaltung in verfassungsrechtlicher Sicht", BayVBl. 1963, S. 129 ff.; Aktuelle institutionelle Sorgen zur Spitzengliederung im Oberbefehl, in: Stellvertretung im Oberbefehl, München 1966, S. 19 ff. – Ferner: *Dürig,* El Estado alemán de 1933 a 1967, in: Perspectivas del derecho público en la segunda mitad del siglo XX. Homenaje a Enrique Sayagués-Laso (Hrsg. v. Leon Cortinas-Pelaez, Madrid 1969, S. 253–270).

46 Vgl. zu „Dürigs Objektthese" im Spiegelbild von Dissertationen: *Dürig* selbst, (Fn. 44), Art. 3 Abs. 1, Rdnr. 21, Fn. 3.

typisch geforderten Wechselwirkungen zwischen Staatsrechtswissenschaft und Verfassungsgerichtsbarkeit statt. So gesehen kann der Staatsrechtslehrer „von außen" her fast so viel bewirken wie der Verfassungsrichter im Innern des Gerichts.

Dürigs Einfluß auf „Karlsruhe" geschieht teils erklärtermaßen, teils versteckt. Das BVerfG hat oft auch dort von *Dürig* gelebt, wo es ihn nicht ausdrücklich zitiert hat[47], ein Schicksal, das bekanntlich nicht nur ihm zuteil wurde und im Schrifttum entsprechend kritisiert wird[48]. Gelegentlich kennzeichnet das BVerfG seine Entscheidungen an wesentlichen Stellen mit dem Namen *„Dürig"*, so daß dessen Ideen mitunter ein Stück der „tragenden Begründung" im weiteren Sinne werden: Das gilt z. B. für das Lüth-Urteil (E 7, 198 [206]), für die Zeugen-Jehovas-Entscheidung zu Art. 103 Abs. 3 GG (E 23, 181 [204]) sowie für den Gnadenbeschluß in E 25, 352 (362)[49]. Es gilt aber auch für manches andere Judikat, in dem *Dürig* nicht als Autor von Beiträgen und Aufsätzen, sondern als Kommentator (in *Maunz/Dürig/Herzog/Scholz*) zitiert ist[50].

Reizvoll wäre eine Untersuchung der Frage, wann ein Staatsrechtslehrer seine Meinung unter dem Eindruck der (ständigen) Judikatur des BVerfG wie entwickelt, modifiziert[51] oder sogar aufgegeben hat oder doch aufgeben sollte[52]. Die *Rückwirkungen* der Rechtsprechung des Gerichts auf den wissenschaftlichen Autor gehören jedenfalls mit zu den Rechtsbildungs- und Interpretationsprozessen, die für eine pluralistische Gesellschaft charakteristisch und notwendig sind[53].

---

47 Vgl. etwa BVerfGE 21, 362 (369 ff.). – Dieser Einfluß *Dürigs* auf das BVerfG ist um so gewichtiger als er – sichtbar – vor allem in den „Gründerjahren" des BVerfG erfolgte, d. h. in den Bänden 1 bis etwa 25. (Insofern wurde *Dürigs* „Juristenrecht" ein Stück Richterrecht, Verfassungsrechtsprechung, „Verfassungsschöpfung".) Vieles deutet darauf hin, daß *danach* meist „nur" Verfeinerungen und Fortentwicklungen des schon klassischen „Richterrechts" der Jahre bis Bd. 25 erfolgten, sieht man einmal etwa vom 1. NC-Urteil (E 33, 303), der Facharzt-(E 33, 125) und Kalkar-E (E 49, 89), vielleicht auch dem Wahlwerbungsurteil (E 44, 125) und dem „2000-DM-Beschluß" (E 42, 64) ab.

48 Dazu *H. H. Rupp,* DÖV 1976, S. 691 ff.

49 Zu *Dürigs* Einfluß auf das SV im Abhörstreit: BVerfGE 30, 33 (45, 46).

50 Vgl. etwa BVerfGE 24, 33 (51) zu Art. 19 Abs. 4 GG, zum Satz „nulla poena sine culpa": E 20, 323 (331), zum allgemeinen Persönlichkeitsrecht: E 34, 269 (282); zu Art. 1 Abs. 1 GG: BVerfGE 27, 1 (6). – In E 21, 378 (390) und E 21, 391 (402) wird auf *Dürig* berichtend Bezug genommen.

51 Dies könnte etwa beim Elfes-Urteil naheliegen. BVerfGE 6, 32 (40 f.), vgl. *Dürig*, JZ 1957, S. 169 ff.; *ders.,* Kommentierung zu Art. 2 Abs. 1 GG, Rdnr. 18.

52 Ein umgekehrtes Beispiel bei *Dürig*, K., Art. 3 Abs. 1 GG, Rdnr. 293, Fn. 3: „Entgegenkommen in Richtung *Dürig* durch BVerfGE 30, 103"! s. noch seine Kritik an der Auslegung des Art. 19 Abs. 4 GG durch das BVerfG: VVDStRL 28 (1970), S. 98.

4. Der Einfluß *Dürigs* auf den *politischen Prozeß* ist bei ihm, wie wohl bei jedem (seinem „Leisten" treu bleibenden) Staatsrechtslehrer, nicht unmittelbar „meßbar": So eng der Austausch zwischen der wissenschaftlichen und nichtwissenschaftlichen Öffentlichkeit in einer freiheitlichen Demokratie und so „osmotisch" ihr Verhältnis ist und sein sollte: Direkte Belege werden sich hier weder „geistes"- noch „sozialwissenschaftlich" ohne weiteres auffinden lassen. Das Verfassungsleben kennt insofern weniger Namen als subtile und komplexe (Wechsel-)Wirkungen und Verschränkungen von Ideen und Interessen, von Objektivem und Subjektivem. Immerhin gibt es historisch Momente, in denen einzelne Staatsrechtslehrer eine öffentliche Diskussion direkt mehr oder weniger spektakulär mit ihrem Namen beeinflussen. Bei *Dürig* wird hierfür die Vorgeschichte des „Abhörstreites" repräsentativ sein, wie sie unter dem Stichwort „Ein Orwellsches Experiment" geläufig geworden ist[54]. Auch sein Engagement in der Wahlrechtskontroverse[55] dürfte den politischen Prozeß im Sinne einer Beibehaltung des Verhältniswahlrechts beeinflußt haben.

Die mittelbaren und langfristigen Wirkungen *Dürigs* (und anderer Grundrechtsdogmatiker) auf die „nichtwissenschaftliche" politische Öffentlichkeit sind fast so nachhaltig wie die Grundrechte, soweit sie das politische Leben unter dem Grundgesetz stark prägen. Und sie tun dies bekanntlich in hohem Maße, auch wenn jetzt die politische „Grundrechtskultur" verstärkt „nachwachsen" muß[56]. Erwähnt sei schließlich die Äußerung *Dürigs* zum Streit um die hessische Sozialisierung[57].

---

[53] Zur Frage „Juristenrecht" und Richterrecht des BVerfG: *P. Badura* sowie *P. Häberle,* Diskussionsbeiträge in: K. Vogel (Hrsg.), Grundrechtsverständnis und Normenkontrolle, Kolloquium zum 70. Geburtstag von H. Spanner, 1979, S. 56 ff. bzw. 6.

[54] ZRP 1968, S. 11; *Dürig*, Man hielt es nicht für möglich! Erwiderung zu *Jürgen Glückert:* Orwell und die deutsche Staatsrechtslehre, in: ZRP 1969, S. 176 ff.

[55] Vgl. den Beitrag „Die Übereinstimung der Wahlsysteme in Bund und Ländern" in der FS für Kern, 1968, S. 65 ff. – Ferner: „Dürig sieht Verfassungshindernisse für Mehrheitswahlrecht. Die Bedenken des Tübinger Staatsrechtslehrers", in: FAZ vorn 18. 12. 1967, Nr. 293, S. 6.

[56] Zu diesem Postulat *meine* Kommentierte Verfassungsrechtsprechung, 1979, S. 88 ff.

[57] *Dürig,* Zum hessischen Sozialisierungsproblem, DÖV 1954, S. 129 ff.; weitere Äußerungen dazu aus der Lit.: *C. Schmitt,* Rechtsstaatlicher Verfassungsvollzug (1952), in: Verfassungsrechtliche Aufsätze, 1958, S. 452 ff.; Nachweise zu den sonstigen Gutachten bei *Dürig,* ebd., S. 129, Fn. 3.

IV. Inhalte und Schwerpunkte

In inhaltlicher Hinsicht ist schon in den bisherigen Ausführungen vieles vom wissenschaftlichen Werk *Dürigs* sichtbar geworden. In folgenden Sach- und Problembereichen dürfte er besonders wirkkräftig geworden sein:

An erster Stelle in Richtung auf

- die Grundrechte, vor allem in ihrer allgemeinen Fundierung vom personalen „Wertsystem" her[58], aber auch für Einzelgrundrechte wie Art. 1, Art. 2 Abs. 1[59], Art. 14 GG, für Art. 3 GG[60], für Art. 19 Abs. 3 GG[61] sowie Art. 103 GG[62];
- den Wohlfahrts- bzw. Sozialstaat[63];
- das Wahlrecht[64];
- das Polizeirecht, vor allem das Verständnis der polizeilichen Generalklausel[65];
- den Begriff des „öffentlichen Interesses"[66].

---

58 Zur Kritik etwa *Scheuner,* VVDStRL 22 (1965), S. 1 (37 f. Fn. 110); *Ehmke,* VVDStRL 20 (1963), S. 53 (82); *K. Hesse,* Grundzüge, 11. Aufl. 1978, S. 128 ff.; *Goerlich,* Wertordnung und Grundgesetz, 1973; die wohl beste Gesamtdarstellung bei *Willke,* Stand und Kritik der neueren Grundrechtstheorie, 1975; dazu *P. Häberle,* JZ 1978, S. 79.

59 s. noch: *Dürig,* Grundrechtsverwirklichung auf Kosten von Grundrechten, in: summum ius summa iniuria, 1963, S. 80 ff.; *ders.,* Nochmals zur Problematik von Art. 2 Abs. 1 GG, NJW 1954, S. 1394.

60 Dazu schon Artikel „Gleichheit", in: Staatslexikon, Bd. 3, Sp. 983 ff., 6. Aufl. 1959.

61 Dazu (kritisch) *von Mutius,* Bonner Kommentar, Zweitbearbeitung (1974), Art. 19 Abs. 3 GG, Rdnr. 29 ff.: s. auch *Bleckmann,* Allgemeine Grundrechtslehren, 1979, S. 72 f.

62 Vgl. *Dürig,* Art. 103 Abs. 3 GG und die „Zeugen Jehovas", JZ 1967, S. 426 ff.; *ders.,* Anm. zum Urt. des BSG AP Art. 103 GG Nr. 2.

63 Verfassung und Verwaltung im Wohlfahrtsstaat: JZ 1953, S. 193 ff. (auch in: Scheuner [Hrsg.], Die staatliche Einwirkung auf die Wirtschaft, 1971, S. 161 ff.).

64 Vgl. den Beitrag in der FS für Kern, 1968, S. 65 ff.

65 Vgl. *Dürig,* Art. 2 des GG und die Generalermächtigung zu allgemein-polizeirechtlichen Maßnahmen, AöR 79 (1953/54), S. 57 ff.; Kommentierung des Art. 2 Abs. 1 GG, in: Maunz/Dürig/Herzog/Scholz, Rdnr. 81 ff. – Aus der Lit.: *W. Martens,* in: Drews/Wacke/Vogel/Martens, Gefahrenabwehr, Bd. II, 8. Aufl. 1977, S. 35, 150.

66 Vgl. die – leider ungedruckte – (in der Münchner Staatsbibliothek bereits im Zustand des Verfalls befindliche) Dissertation „Die konstanten Voraussetzungen des Begriffs öffentliches Interesse", Diss. jur. München 1949 (s. auch *Dürig,* „Bedürfnis" und „öffentliches Interesse" als Rechtsbegriff, JZ 1953, S. 535 ff.). Der Verfasser hat in seiner eigenen Arbeit über das „Öffentliche Interesse als juristisches Problem", 1970, S. 654, Fn. 136, daran anknüpfen können.

Auf eine Reihe weiterer Arbeiten, vor allem das Staatsrechtslehrerreferat von 1954 über den „Deutschen Staat im Jahre 1945 und seither" (VVDStRL 13 [1955], S. 27 ff.; dazu jetzt *R. Bernhardt,* in: VVDStRL 38 [1980], S. 9 ff.) und die Zeit-Thematik (in der Tübinger Festschrift 1977, S. 21 ff.) sei verwiesen.

Auffällig ist, daß *Dürig* schon sehr bald „seine" Themen gefunden hat, deren Behandlung er im Laufe der Jahrzehnte nie ganz aufgab[67]: So hat er sich für das *Eigentum* schon frühzeitig engagiert[68]. Gleiches gilt für die große Sache der *Menschenwürde*[69] und für die *Gleichheit*[70]. Später ist an neuen Themen die *„Zeit"* hinzugekommen[71]. Von Anfang bis heute verfolgt *Dürig* immer wieder die *Grundrechte* in ihren vielerlei Aspekten: von der Freizügigkeit[72] und Art. 2 Abs. 1 GG[73] bis zu Art. 103 Abs. 3 GG[74] und Art. 104 (Kommentar, 1958).

Im einzelnen: Den ersten Platz darf *Dürigs Grundrechtsdogmatik* beanspruchen. Sie ist mehr als eine bloß „juristische Dogmatik" geworden: Sie begründet bis heute ein wesentliches Stück politischer Kultur der Bundesrepublik Deutschland auf der Tabula rasa der Zeit nach 1945. Daß diese Aufbauleistung mit weiter Ausstrahlung[75] gelingen konnte, ist einer der großen Glücksfälle im ersten Jahrzehnt unserer Republik. Der Einfluß *Dürigs* auf die frühe, weichenstellende Judikatur des BVerfG wurde bereits erwähnt.

Diese Leistung kann durch Kritik am „Wertsystemdenken" nicht geschmälert werden[76]. Wissenschaftstheoretische Einwände lassen sich *nach* einer – auch politischen – Aufbauleistung leicht(er) formulieren, sie sind

---

67 Zeitlich gesehen drängen sich ungemein viele grundlegende Arbeiten in atemberaubender Folge in den 50er Jahren, während ein „einsamer" Gipfel dann wieder in Gestalt der Kommentierung des Art. 3 GG (im Jahre 1973) erreicht wird – die „Inkubationszeit" der späten 60er und frühen 70er Jahre erweist sich als eine solche im Hinblick auf diesen Art. 3 GG!

68 Erstmals wohl in ZgesStW 109 (1953), S. 326 ff., sodann in DÖV 1954, S. 129 ff., JZ 1954, S. 4 ff., JZ 1955, S. 522 ff.; später in FS für Apelt, 1958, S. 13 ff.; Artikel „Verfassungsrechtliche Eigentumsgarantien", in: Staatslexikon, Bd. 2, Sp. 1079, 6. Aufl. 1959.

69 AöR 81 (1956), S. 117 ff. sowie dann im GG-Kommentar: Art. 1 (1958).

70 Artikel „Gleichheit" in: Staatslexikon, Bd. III, Sp. 983 ff., 6. Aufl. 1959; Art. 3 Abs. 2 GG – vom verfassungsrechtlichen Standpunkt gesehen, FamRZ 1954, S. 2 ff.

71 Der Verkündungszeitpunkt von Gesetzen, in: FS für K. G. Kiesinger, 1964, S. 297 ff.; Zeit und Rechtsgleichheit, in: Gernhuber (Hrsg.), Tradition und Fortschritt im Recht, Tübinger Jubiläumsschrift, 1977, S. 21 ff.

72 In: Neumann/Nipperdey/Scheuner, Bd. II (1954), S. 507 ff.

73 NJW 1954, S. 1394 ff.

74 JZ 1967, S. 426 ff.

75 Vgl. etwa *Hans F. Zacher,* VVDStRL 30 (1972), S. 151 (152), Diskussion. Zu *Dürig* als Argument im § 218-Streit: *Lerche,* in: Arndt/Erhard/Funcke (Hrsg.). Der § 218 StGB vor dem BVerfG, 1979, S. 16, 18, 20.

später sogar notwendig und können weiterhelfen. Aber den Rang der Aufbauleistung als solcher vermögen sie nicht zu schmälern. Der Versuch, sich aus der Alternative „Naturrecht oder Rechtspositivismus“ dadurch zu lösen, daß zunächst einmal das positive „Wertsystem“ der Verfassung als solcher, das Grundgesetz, zugrunde gelegt wurde, kann gar nicht hoch genug veranschlagt werden. *Dürig* lebte hier wohl in einer Art „Wahlverwandtschaft“ zu dem (bayerischen) Präsidenten des BVerfG, *Josef M. Wintrich*[77]. Welche und wie viele naturrechtliche Momente und Einflüsse der katholischen Soziallehre letztlich „hinter“ diesem Ansatz stehen, wäre gesondert zu untersuchen und führte zum Thema „Katholische Sozial- und Staatslehre und neuere deutsche Staatslehre“[78].

Eine Kennzeichnung des wissenschaftlichen Gesamtwerkes von *Günter Dürig* von den Anfängen bis heute ist schwer und hier nicht beabsichtigt. Sie muß Aufgabe einer Verfassungs- und Wissenschaftsgeschichte des Grundgesetzes sein. Eine gewisse Orientierung mag das Plakat „liberal-konservativ“ geben – so vordergründig solche pauschalen Etikettierungen sind und so wenig sie den Differenzierungen im einzelnen gerecht werden können. Immerhin legt die so einflußreiche personale Grundrechtssicht ihren Schwerpunkt auf die Freiheit, nicht auf die Gleichheit („Präponderanz der Freiheit“)[79]. Insofern mag man „konservative“ Züge entdecken: „konservativ“ aber eben auch im Blick auf die Erhaltung der herkömmlichen Substanz der Verfassung (vgl. die Passagen zu Art. 79 Abs. 3 GG im Gutachten und Plädoyer zum Abhörstreit!); „konservativ“ freilich auch im Blick auf die Abwehr des Andrängens und der Einbeziehung sozialwissenschaftlicher Methoden und Entwürfe[80]. In diesen Kontext gehört die immer wieder bezeugte Achtung vor dem Eigentum[81].

---

76 Vgl. *meine* Besprechung von *Goerlich,* in: JR 1974, S. 487 f.; s. noch *Dürigs* bekenntnishafte Fußnote in seiner Kommentierung des Art. 3 Abs. 1, Rdnr. 199 Fn. 2.

77 *Wintrich,* Zur Problematik der Grundrechte, 1957; vgl. BVerfGE 20, 323 (331); 27, 1 (6); ferner die Beiträge *Wintrichs* in der FS für Nawiasky, 1956, S. 191 (bes. S. 205 f.), in der FS für Laforet, 1952, S. 227 ff. sowie in der FS für Apelt, 1958, S. 1 ff.

78 Vgl. *H. Maiers* gleichnamigen Aufsatz in AöR 93 (1968), S. 1 ff. (mit Kritik an *Dürig:* S. 36 Fn. 158). s. *Dürigs* eigene Bezugnahme auf die christliche Soziallehre: Kommentierung des Art. 3 Abs. 1 GG, Rdnr. 156 Fn. 4.

79 Maunz/Dürig/Herzog/Scholz, Kommentierung des Art. 3 Abs. 1 durch *Dürig,* Rdnr. 135; s. noch *Dürigs* Diskussionsbeitrag in VVDStRL 30 (1972), S. 154 f.; s. auch *ders.,* in: VVDStRL 23 (1966), S. 262: „Präponderanz“ der Freiheit und in: VVDStRL 30 (1972), S. 154–156. Zum ganzen vgl. *Willke* (Fn. 58), S. 24 ff., 226 f.

80 Vgl. *Dürig,* VVDStRL 31 (1975), S. 290 f. (Diskussion), zu *Habermas.* Zu dessen Rang der beachtliche Leserbrief zweier Staatsrechtslehrer (*Staff* und *Denninger*) in: FAZ vom 24. 10. 1979, S. 8.

Mancher mag kritisieren, daß gelegentlich *Er*kenntnisse mit *Be*kenntnissen in untrennbarer Einheit verbunden erscheinen, daß der Stil mitunter höchst subjektiv und (daher) plastisch[82], weil betont für didaktische Lehrzwecke gedacht und auch geschrieben ist. Dies ist aber nötig, wenn Person und Rolle des Staatsrechtslehrers bis zu einem gewissen Grade eins sein sollen: *Dürig* ist ein leidenschaftlicher Lehrer und sein Einfluß auf die juristische Nachkriegsgeneration (in Tübingen) dürfte groß sein. Freilich: Das persönliche Engagement kann mitunter zu einem Schwarz-Weiß verleiten, wo Zwischentöne der Situation gerechter zu werden vermögen.

Dürigs allgemeines politisches Engagement zeigt sich nicht nur in den erwähnten Wahlrechtsfragen, in dem Plädoyer vor dem BVerfG im „Abhörstreit", in dem Beitrag zum „Orwellschen Experiment"; es prägt auch die verfassungsrechtliche Einführung in das Grundgesetz in *Jürgen Baumanns* originellem Traktat „Zu den Worten des Vorsitzenden Mao Tse Tung", 1971, S 103–140. „Staatsbürgerliche Edukation" ist bei *Dürig* in Form und Inhalt, in Wort[83] und Schrift ernst gemeint (siehe das insoweit charakteristische Vorwort im dtv-GG-Text). Insofern ist Verfassungsrechtswissenschaft auch ein Stück Pädagogik des Staatsrechtslehrers, ist das Grundgesetz ein „Erziehungsziel" für den Bürger.

V. Ausblick

Schon heute darf aus Anlaß des „großen" Geburtstages gesagt werden, daß *Günter Dürig* wie nur wenige andere nahezu alle Möglichkeiten seines Berufes erkundet, auch erlitten und die Weite seines „Amtes" als Staatsrechtslehrer zugleich in die Tiefe erprobt hat. Sein wissenschaftliches Werk steht für eine Grundlagenposition[84], die weder aus der Geschichte der deutschen Staatsrechtslehrer seit 1949, noch aus unserer Gegenwart nach 30 Jahren Bundesrepublik Deutschland hinwegzudenken ist. So „fest", auf eine Weise „geschlossen" die *Dürig*sche Position ist, so sehr hat sie Anteil daran, daß das Grundgesetz nicht nur juristisch, sondern auch politisch eine *freiheitliche* Ordnung werden und sich als solche bis heute bewähren konnte.

---

[81] Vgl. dazu *Dürig,* Der Staat und die vermögenswerten öffentlich-rechtlichen Berechtigungen seiner Bürger, in: FS für Apelt, 1958, S. 13 ff.; dieser Beitrag ist in Fragestellung und Ergebnissen längst ein Klassiker (vgl. etwa BVerfGE 40, 65 [82 f.]). Zuvor: *Dürig,* Das Eigentum als Menschenrecht, ZgesStW 109 (1953), S. 326 ff.; Zum hessischen Sozialisierungsproblem, DÖV 1954, S. 129 ff.; Zurück zum klassischen Enteignungsbegriff!, JZ 1954, S. 4 ff.

[82] Dazu *meine* Rezension der Tübinger Festschrift (1977), in: BayVBl. 1978, S. 577 f.

[83] Vgl. z.B. *Dürig,* VVDStRL 37 (1979), S. 321.

[84] Vgl. auch die Würdigung durch *H. P. Ipsen,* in: Der Staat 13 (1974), S. 554 ff. (bes. 572).

„Staatsrechtslehrer im Verfassungsleben“, das umreißt vielgestaltige Möglichkeiten. *Dürig* hat sie in *einem* Falle, in *seinem* Falle zur Wirklichkeit werden lassen: so sehr, daß dieses Grundsatzthema ohne eine Würdigung seiner Person gar nicht behandelt werden kann. Diese Aussage umschließt auch Glückwünsche für die Zukunft!

Ansprache zu Ehren von Herbert Krüger (1985)

I.

Wenn ich heute zu Ihnen, verehrter Herr *Krüger*, spreche, um Ihnen zu Ihrem großen Geburtstag zu gratulieren, den vor Ihnen aus dem Kreise der Staatsrechtslehrer wohl nur ein *Ernst Friesenhahn* und *Gerhard Leibholz*, ein *Hans Huber*, *Theodor Maunz* und *E. R. Huber*, aus der Generation davor, also Weimar, ein *Rudolf Smend* sowie *Hans Kelsen* einerseits, *C. Schmitt* andererseits erreicht haben, so in der Eigenschaft als noch amtierender stellvertretender Vorsitzender der Vereinigung der deutschen Staatsrechtslehrer. Das Grußwort des sie repräsentierenden Vorstandes, zugleich im Namen von *H. H. Rupp* und *H.-U. Erichsen* und in Abstimmung mit dem von Mitte Januar 1986 ab amtierenden neuen Vorstandsvorsitzenden *H. F. Zacher* gesprochen (auf dessen bayerischen Charme Sie also leider jetzt verzichten müssen), gilt einem Mann, dessen Verdienste um die Vereinigung ihr „Chronist", *Hans Peter Ipsen,* zum Symposion aus Anlaß des 70. Geburtstages von *Herbert Krüger* in Kassel (Finis Germaniae?, 1977, S. 165–168) in unnachahmlicher Weise gewürdigt hat. Ich kann nur versuchen, in diesen „Spuren" einige Ergänzungen vorzunehmen, um dadurch erneut zum Ausdruck zu bringen, wie sehr sich die Vereinigung auch gerade heute Ihnen, sehr verehrter Herr *Krüger,* verpflichtet weiß.

II.

Zu den Kriterien für den Rang eines Staatsrechtslehrers gehören in eher formaler Betrachtung m.E. *drei* Aspekte: 1. Vielfalt der behandelten Themenbereiche und der in ihnen bewährten Schöpferkraft, 2. Vielzahl der von ihm beherrschten und weiterentwickelten Literaturgattungen und 3. die Wirkungs- bzw. Rezeptionsgeschichte des wissenschaftlichen Oeuvres. Dazu einige skizzenhafte Überlegungen:

1. Zur *Vielfalt der Themenbereiche* und der in ihnen bewährten Schöpferkraft. Schon ein erster Blick belehrt uns, daß Sie, verehrter Herr *Krüger,* als einer der letzten unserer „Zunft" nahezu *alle* Bereiche bedachten: von der Geschichte der deutschen Rechts- und Staatstheorie über die Allgemeine Staatslehre und das Völkerrecht, auch das Staatskirchen- und Kirchenrecht bis zum Verfassungsrecht, allgemeinen und besonderen Verwal-

tungsrecht (etwa dem Wasserrecht und dem Beamtenrecht [zuletzt: ZBR 1981, S. 139 ff.]). Mit dem Programm „Verfassung und Recht in Übersee" (VRÜ 1968, S. 3 ff.) und Ihrer „Überseeischen Verfassungsvergleichung" (JuS 1976, S. 213 ff.) haben Sie sogar ein ganz neues Terrain entdeckt und zu vermessen begonnen, das Ihnen – eine Seltenheit – auch *nach* Ihrer Emeritierung einen weiteren Schülerkreis in der zweiten, ja dritten Generation eröffnet hat – damit wagten Sie mit Erfolg einen sonst nur Völker- und Europarechtlern möglichen „Ausbruch" aus der bei uns in der Themen- wie Literaturwahl so verbreiteten „Grundgesetzintrovertiertheit".

2. Die von Ihnen beherrschten und weiterentwickelten *Literaturgattungen* sind Legion. Auch hier zeigt sich eine Universalität, die in allen Literaturformen des Staatsrechtslehrers zu Hause ist: einerseits, indem er sich ihren Eigen-Strukturen unterwirft, andererseits, indem er sie auf einer höheren Ebene zusammenführt – so geschehen in Ihrer Allgemeinen Staatslehre (1964, 2. Aufl. 1966). Literaturgattungen sind ja Formen und Foren im Dienste einer Sache, der Staatsrechtswissenschaft, und dieser Zusammenhang kann sich selbst in einer so zweckbezogenen und kurzatmig erscheinenden Gestalt wie dem Rechtsgutachten erproben. So finden wir in Ihren Publikationen neben zahlreichen Gutachten die klassische Monographie (z.B. Grundgesetz und Kartellgesetzgebung, 1950), das große Lehrbuch (die Allgemeine Staatslehre, 1964), den Zeitschriftenaufsatz (z.B. zum Wesensgehalt der Grundrechte, DÖV 1955, S. 597 ff.) oder zum „Verbot mit Erlaubnisvorbehalt" (DÖV 1958, S. 673 ff.), den Lexikonartikel (z.B. zur Souveränität in HDSW 9 (1956, S. 969 ff.), den Besprechungsaufsatz (Die Neuordnung des Internationalen Seerechts, in: VRÜ 1976, S. 377 ff.; der Sache nach auch zu *K. Hesse*, in: ZevKR 6 [1957/58], S. 72 ff.), die Besprechung (z.B. von *C. Tomuschat,* Verfassungsgewohnheitsrecht?, Der Staat 13 [1974], S. 285 ff.), die Glosse (1971), ferner die Gedächtnisrede (für *Dahm*, 1964), das Juristentagsgutachten (1969) und Staatsrechtslehrerreferat (VVDStRL 15 [1957], S. 109 ff.), das rechtsvergleichende Landesreferat (1962), den Vortrag in einem Tagungsband (Von der Staatspflege überhaupt, in: H. Quaritsch [Hrsg.], Die Selbstdarstellung des Staates, 1977, S. 21 ff.) sowie – horribile dictu – den Festschriftenbeitrag – ihn sogar gleich elf mal, wenn ich richtig zähle, obwohl Sie selbst für *sich* jede Festschrift – bislang mit Erfolg – abgelehnt haben! Über diese Inkonsequenz mag jeder Festschriften*herausgeber* glücklich sein; wir sind mit Ihrer „Festschriftenphobie" höchst zufrieden; weil dieses heutige zweite *Krüger*-Colloquium uns Gelegenheit zu einem einzigartigen persönlichen Zusammensein gibt.

Die Vielfalt der beherrschten Literaturgattungen scheint mir auch deshalb so wichtig zu sein, weil jede ihre eigene Funktion im ganzen der Wissenschaftlergemeinschaft und in der Persönlichkeitsstruktur jedes einzelnen

Wissenschaftlers besitzt: Der lange Atem, der zu einer Monographie oder einer klassischen Allgemeinen Staatslehre wie der Ihrigen notwendig ist, bleibt ebenso unentbehrlich wie der kurze, aber kräftige Atem, der zu einem Gelegenheitsgutachten als Chance zur Bewährung in der Praxis führen mag. Da jede Literaturgattung ein eigenes Forum und verschiedene Adressaten hat, der Staatsrechtslehrer aber letztlich *eine* Persönlichkeit ist, jedenfalls als Wissenschaftler und Gutachter sein soll, ist die Vielfalt der von Ihnen gepflegten Literaturgattungen ein Vehikel zur Erhöhung der Wirkung Ihrer Gedanken. Das führt zum dritten Kriterium, vom „Werk-" zum „Wirkbereich" des Staatsrechtslehrers, um eine Wendung der Diskussion zum verfassungsrechtlichen Kunstbegriff aufzunehmen: Wissenschaft und Kunst gehören ja letztlich eng zusammen.

3. *Die Wirkungs- bzw. Rezeptionsgeschichte*: Das bisherige wissenschaftliche Lebenswerk von *Herbert Krüger* ist lebendig geblieben. Gewiß, hier gibt es – rezeptionswissenschaftlich nachweisbar – Phasenverzögerungen und -beschleunigungen, ein partielles Vergessen und ein ebensolches „Wiederentdecken", oft in der übernächsten Generation. Diese allgemeinen Erfahrungen mit aller staatsrechtlichen Literatur von Rang bestätigen sich auch bei einem Autor wie unserem verehrten Jubilar. Sein „Wirkbereich" ist weitgespannt, er läßt sich in allen wichtigen Literaturgattungen und in der Praxis verfolgen: So setzen sich *Habilitationsschriften* – sie bilden nach wie vor *den* wissenschaftlichen Gradmesser! – (z.B. *H. Ehmke*, Wirtschaft und Verfassung, 1961, S. 43 ff.; *D. Göldner,* Integration und Pluralismus im demokratischen Rechtsstaat, 1977, S. 14, 37 f., 40; *B.-O. Bryde,* Verfassungsentwicklung, 1982, z.B. S. 44, 57, 59, 109, 331; *W. Loschelder,* Vom besonderen Gewaltverhältnis zur öffentlich-rechtlichen Sonderbindung, 1982, S. 234 ff., 246 f., 252 f.; *G. Haverkate*, Rechtsfragen des Leistungsstaates, 1983, S. 167) bis heute ebenso mit *Herbert Krüger* auseinander wie gute *Dissertationen* (z.B. *K. G. Meyer-Teschendorf,* Staat und Kirche im pluralistischen Gemeinwesen, 1979, S. 162 ff.; A. *Roßnagel,* Die Änderungen des Grundgesetzes, 1981, S. 52 ff.; s. von den früheren Auseinandersetzungen aus allen Richtungen: *J. Isensee,* Subsidiaritätsprinzip und Verfassungsrecht, 1968, S. 179, 183 ff.; *U. K. Preuß,* Zum staatsrechtlichen Begriff des Öffentlichen, 1969, S. 101 f.; *A. Rinken,* Das Öffentliche als verfassungstheoretisches Problem, 1971, S. 206 ff.; *J. Gotthold,* Wirtschaftliche Entwicklung und Verfassungsrecht, 1975, S. 82 f.).

Die *Lehrbuchliteratur* (z.B. *K. Doehring,* Staatsrecht der BR Deutschland, 3. Aufl., 1984, S. 364; *K. Stern,* Das Staatsrecht der BR Deutschland, Bd. I, 2. Aufl. 1984, S. 73, 103 u.ö.; *K. Hesse,* Grundzüge des Verfassungsrechts der BR Deutschland, 15. Aufl. 1985, S. 11, 138) arbeitet ebenso mit *Herbert Krüger* wie die Kommentarliteratur (z.B. *Maunz* in: *Maunz/Dürig,* Art. 19 Abs. 2 GG Rdnr. 9; *U. K. Preuß,* in: AK-GG, 1984, Art. 4 Abs. 1,

2/Rdnr. 11; mittelbar auch *U. Hemmrich,* in: I. v. Münch [Hrsg.], GGK, Bd. 3, 2. Aufl. 1983, Art. 140/Rdnr. 5).

Der Wiederabdruck in *Sammelbänden* z.B. der Wissenschaftlichen Buchgesellschaft ist ein weiterer Gradmesser für „Klassikernähe" (z.B. *Herbert Krüger,* in: H. Quaritsch/Weber [Hrsg.], Staat und Kirchen in der Bundesrepublik, 1967, S. 139 ff. bzw. 230 ff.; *ders.*, in: P. Häberle [Hrsg.], Verfassungsgerichtsbarkeit, 1976, S. 344 ff.; *ders.,* in: P. Häberle [Hrsg.], Kulturstaatlichkeit und Kulturverfassungsrecht, 1982, S. 214 ff.; *ders.,* in: R. Steinberg [Hrsg.], Staat und Verbände, 1985, S. 118 ff.).

Die Wirkung auf die *Praxis* läßt sich an Krügerschen Stichworten zur „Auflage" (z.B. *Wolff/Bachof,* Verwaltungsrecht I, 9. Aufl. 1974, § 49 „Nebenbestimmungen zu Verwaltungsakten", S. 412; s. auch *H.-U. Erichsen/W. Martens,* in: diess. [Hrsg.], Allgemeines Verwaltungsrecht, 7. Aufl. 1986, S. 212) oder zum Verbot mit Erlaubnisvorbehalt (vgl. z.B. *R. Mußgnug,* Der Dispens von gesetzlichen Vorschriften, 1964, S. 88) ebenso verdeutlichen wie zum Prinzip „Nichtidentifikation" im weltanschaulich-konfessionell neutralen Staat (z.B. i.S. der Judikatur des BVerfG, *Herbert Krüger,* Allgemeine Staatslehre, 2. Aufl. 1966, S. 178 ff.), das zum geflügelten Wort und ungeschriebenen Verfassungsprinzip wurde (s. dazu *A. Hollerbach,* in: W. Maihofer [Hrsg.], Ideologie und Recht, 1969, S. 37 [52 ff.]; *K. Schlaich,* Neutralität als verfassungsrechtliches Prinzip, 1972, S. 109 ff., 236 ff.).

III.

Ein letztes Wort gelte Ihrem Wirken auf den deutschen *Staatsrechtslehrertagungen:* nicht als Referent des folgenreichen Berichts über das „Besondere Gewaltverhältnis" (VVDStRL 15 [1957], S. 109 ff.; aus der Folgeliteratur vgl. z.B. den Band „Das besondere Gewaltverhältnis", hrsg. von D. Merten, 1985, S. 9, 20, 25), sondern als Diskussionsleiter und als Votant.

Zweimal waren Sie *Moderator:* beim Föderalismus-Thema (VVDStRL 21 [1964], S. 105 ff.) und bei der Pressefreiheit (VVDStRL 22 [1965], S. 160 ff.). Dabei wirkten Sie nicht selten zugleich als Ihr bester (Haupt- und Neben-)Intervenient (z.B. VVDStRL 22 [1965], S. 167, 168 und 21 [1964], S. 114), mit Ironie gegenüber einem *Wilhelm Merk* (VVDStRL 21 [1964], S. 118), immer die Sache vorantreibend (VVDStRL 22 [1965], S. 193: Hinweis auf den „Langwellengang der Diskussion"), auch zu einem *Jean Paul*-Zitat greifend (VVDStRL 21 [1964], S. 105 f.), und bald sichtbar, bald als „invisible hand" lenkend und einordnend (zu *W. Mallmann:* VVDStRL 22, S. 132).

Ihre *Voten* lassen sich hier nicht im einzelnen nachzeichnen: sie waren inhaltlich so vielfältig wie die Tagungsthemen und Ihr eigenes Werk. Sie greifen gern zu Bildern (z.B. aus dem Forstwesen: VVDStRL 15 [1957], S. 221, 225 [Aussprache], aus der Autotechnik [ebd. S. 226]: „Lenkung des Motors"), aus der Fechtkunst (VVDStRL 19 [1961], S. 260: „prozessuale Florettstöße" von *Herrn Bettermann)*, aus der Musik (VVDStRL 25 [1967], S. 235: „Tenor", „Präludium") und aus der Medizin bzw. ihr naher Tätigkeiten (ebd. S. 237: „Hebammenkunst" bzw. „Kupplerdienst"). Sie berufen sich auf *R. Pound* (VVDStRL 11 [1954], S. 137) oder *Saint Simon* (VVDStRL 12 [1954], S. 110). Sie zitieren aus Memoiren (von *Hull:* VVDStRL 14 [1956], S. 89). Das südliche *Wien* inspirierte Sie zu nicht weniger als fünf Interventionen (VVDStRL 17 [1958], S. 106, 109, 221, 226, 233), das norddeutsche *Kiel* „nur" zu vier (VVDStRL 19 [1961], S. 145 f., 137, 206, 266), Bielefeld provozierte Sie zu unvergeßlichen Pointen (VVDStRL 33 [1975], S. 145).

Etwas von in all dem zum Ausdruck kommenden Geist und Humor möge auch im heutigen festlichen Zusammensein in Hamburg präsentiert werden, ein Zusammensein, das „im Kleinen" so etwas ist wie unsere Vereinigung im Großen, die Ihnen in der Sache und als Persönlichkeit so viel verdankt.

Laudatio auf Konrad Hesse (1989)

I. Einleitung: Die Person, die Sache, die Dimensionen

Konrad Hesse angemessen zu würdigen, ist leicht und schwer zugleich: leicht, insofern seine Persönlichkeit eindeutig, konsequent und protestantisch fest gegründet vor unserem geistigen, heute, in Hinterzarten, am 70. Geburtstag, auch physischen Auge steht; schwer, insofern *Konrad Hesse* immer die *Sache* ist, derer er sich annimmt. Das schafft eine gewisse Distanz, die der in den letzten Jahren eher stärker gewordene Humor kleiner, eine leichte Ironie eher größer werden läßt, eine Distanz, die wohl nur im engeren Kreis schwindet (im Rahmen der dank der Enkelkinder immer größer werdenden Familie, beim gemeinsamen Spazierengehen, Reisen oder Musikhören). Wenden wir uns daher den Sachen zu, die für *Konrad Hesse* stehen, mit denen er sich identifiziert, die er in der Tiefe vorangebracht hat und die seine weit über unsere Republik hinausreichende große Ausstrahlung begründen – die „Grundzüge" sind ein Klassikertext in Ostasien (vor allem in Japan und Südkorea) wie in Europa (etwa Spanien), nicht nur die vielen Übersetzungen bezeugen das[1], auch die Verleihung der Ehrendoktorwürde durch die Universität Zürich (1983)! In diesem Sinne ist die heutige laudatio nur eine „Abrundung", denn die gestrigen Referate und Diskussionen bilden die *eigentliche* laudatio auf den Jubilar. Der Nach- und Ausklang (nach unserem Konzert) heute sei in folgende Dimensionen erstreckt:

Konrad Hesse – als wissenschaftlicher Autor (II.),
– als akademischer Lehrer (III.),
– als Bundesverfassungsrichter (IV.).

Was in dieser Trias seine zeitliche, biographische Reihenfolge hat – Forscher, Lehrer, Richter – wächst im Rückblick zu einer einzigartigen Ganzheit zusammen: Der Verfassungsrichter scheint bereits in der 1. Aufl. der „Grundzüge" angelegt zu sein (etwa in der Kunst der Selbstbeschränkung), der optimistische Lehrer bleibt auch in gewissen Passagen des Mitbestimmungsurteils (E 50, 290 [329 f.]) lebendig, der Autor mußte im BVerfG wohl keine „faulen" Kompromisse eingehen, er beförderte als Richter „praktische Konkordanz".

---

[1] Einzelheiten in *meinem* Beitrag über und für *K. Hesse,* in: AöR 114 (1989), S. 1 ff.

Gewiß, wichtige Schichten von Werk und Wirken bleiben hier ausgeklammert: *K. Hesse* als Haupt seiner Familie, was wesentlich *Frau* Hesse mitdenkt; *K. Hesse* als Mitherausgeber des Archivs des öffentlichen Rechts (seit 1967 geschäftsführend mit *P. Lerche* und *P. Badura)*; *K. Hesse* als jahrelanger Rechtsberater des Rektors der Universität Freiburg/Br. (1965–1975, eine entbehrungsvolle Arbeit); *K. Hesse* als konzentrierter Autofahrer (z.B. 1967/69 in Paris bzw. Burgund) und Skiläufer (beides ist mir gänzlich fremd, umso mehr darf ich es bewundern!).

II. Konrad Hesse als wissenschaftlicher Autor

1. Im Zentrum von Werk und Wirken *K. Hesses* stehen gewiß die „Grundzüge", so sehr sich auch die „Ausgewählten Schriften" (1984)[2] zu einem Ganzen zu fügen scheinen. Sie bilden seine „Summe", wenngleich man nicht vergessen sollte, daß zwei andere Schaffensbereiche von Rang hinzukommen: neben der *Wissenschaftsgeschichte*[3] das *Staatskirchenrecht,* dem ja die Göttinger Habilitationsschrift „Der Rechtsschutz durch staatliche Gerichte im kirchlichen Bereich" (1956)[4] galt – der Heidelberger Vortrag „Freie Kirche im demokratischen Gemeinwesen" (ZevKR 11 [1964/65, S. 337 ff.]) (ich durfte seine „Uraufführung" in Gegenwart von *Rudolf Smend* miterleben: 1964) hat sogar eine Art Umschwung in der sog. „herrschenden Meinung"[5] gebracht. (Übrigens lohnte sich einmal, die „h.M." verfassungstheoretisch zu untersuchen: Ist sie die vielzitierte „Meinung der Herrschenden"? Bedarf es ihrer wegen der Rechtssicherheit? Ist sie Aus-

---

[2] Aus der Rezensionsliteratur: *K. Stern,* DÖV 1984, S. 687; *H. Schneider,* BaWüVBl. 1984, S. 430; *H. P. Ipsen,* DVBl. 1984, S. 1088 f.; *H.-J. Becker,* ZBR 1985, S. 94 f.; *P. Franke,* MDR 1984, S. 965; *A. von Campenhausen,* ZevKR 29 (1984), S. 656 f.; *H. Lisken,* DRiZ 1984, S. 486 f.; *G. Roellecke,* Der Staat 26 (1987), S. 95 ff.

[3] Wissenschaftsgeschichte ist neben dem Staatskirchenrecht der zweite „Neben"-Bereich des Schaffens von *Konrad Hesse.* Man denke an den AöR-Aufsatz zum 50-jährigen Bestehen der VDStRL (AöR 97 [1972], S. 345 ff.) und an manche andere Äußerung (z.B. zum 100. Band des AöR, in AöR 100 [1975], S. 1 ff., zusammen mit *P. Badura* und *P. Lerche).*

[4] Zum „Rechtsschutz": Rezensionen u.a. von: *W. Thieme,* AöR 81 (1956), S. 510 ff.; *W. Tietgen,* VerwArch 1957, S. 275 ff.; *H.-J. Becker,* FamRZ 1957, S. 63; *Herb. Krüger,* ZevKR 6 (1957/58), S. 72 ff.; *H. Liermann,* JZ 1958, S. 261 f.; *O. Bachof,* DÖV 1958, S. 557 f. – s. auch den Beitrag von *K. Hesse,* Die Entwicklung des Staatskirchenrechts seit 1945, in: JöR n.F. 10 (1961), S. 3 ff.

[5] Dazu *J. Schröder,* „Communis opinio" als Argument in der Rechtstheorie des 17. und 18. Jahrhunderts, in: Wege europäischer Rechtsgeschichte, FS Kroeschel, 1987, S. 404 ff.; *R. Schnur,* Der Begriff der „herrschenden Meinung" in der Rechtsdogmatik, in: Festgabe für E. Forsthoff, 1967, S. 43 ff.; *R. Zimmermann,* Die Relevanz einer herrschenden Meinung für Anwendung, Fortbildung und wissenschaftliche Erforschung des Rechts, 1983.

druck oder Stiftung von Konsens? Beruht sie auf Autorität oder Erkenntnis, welche „erkenntnisleitenden Interessen“ stehen dahinter? Wie stellt man sie fest – durch Addition, also quantifizierend oder durch Qualifikation, indem man wie Art. 38 Abs. 1 d IGH-Statut auf führende Köpfe bzw. „fähige Völkerrechtslehrer“ abstellt? Das BVerfG bedient sich ja in Gestalt des Verweises auf seine „ständige Rechtsprechung“ (z.B. E 65, 1 [44]; E 69, 248 [254]; E 70, 180 [189]) einer Neben- oder Vorform der „herrschenden Meinung“!).

Wie dem auch sei: Im Falle der „Grundzüge“ als dem bis heute *ersten* Lehrbuch seiner Gattung bzw. dem die 70er und 80er Jahre unseres Fachs beherrschenden Werk (Gesamtauflage etwa 100 000) kommt vieles zusammen: Es ist Autorität und Erkenntnisquelle, Konsens-Stifter, aber auch Dissens-Anreger und alles andere als ein „Brockhaus des Staatsrechts“ (dessen es freilich auch bedarf). Sie muten dem Leser das *Selbst*-Denken zu. Was macht das Geheimnis ihrer großen Ausstrahlung aus? Zunächst die Fähigkeit der (Selbst)Beschränkung auf das Grundsätzliche – hier gibt es kein „Fabulieren“, kein Wort zuviel, keine spielerische Freude an der Formulierung, keine äußere Rhetorik und Brillanz, vielmehr Strenge der Gedankenführung und Selbstzucht, Sachlichkeit und Grundsatztreue, gewiß auch die Fähigkeit, ganz i.S. der „praktischen Konkordanz“ (vgl. BVerfGE 41, 29 [51], 88 [108] und E 52, 223 [246]) (sie ist mittlerweile ein geflügeltes Juristenwort, glücklich ergänzt durch *P. Lerches* „schonendsten Ausgleich“ (vgl. BVerfGE 39, 1 [41]))[6] zu ausgewogenen Lösungen zu kommen. Das schließt das Festhalten an Minderheitspositionen oder gewisse Eigenwilligkeiten nicht aus, etwa beim Verständnis des Art. 2 Abs. 1 GG (Grundzüge, 16. Aufl. 1988, S. 165 f.). Auch bleibt es in einzelnen Zusammenhängen bei alter oder neuer Kritik am BVerfG (etwa in Sachen „Soraya“, S. 76 oder bei der Zwangsmitgliedschaft in juristischen Personen des öffentlichen Rechts, a.a.O., S. 160 f.). Die „Grundzüge“ sind wohl das einzige Buch, das in quantitativer Hinsicht im Zuge von Neuauflagen nicht zu-, sondern abnimmt. Das war und ist vielleicht *Konrad Hesses* wohl einzige bewußte „Koketterie“! Und er blieb dabei streng genug, sogar das Staatskirchenrecht zunächst auszuklammern (1. Aufl. 1967), später dann doch recht „schlank“ zu Wort kommen zu lassen (16. Aufl. 1988, S. 181–183). Ein weiterer Grund für die Ausstrahlungswirkung der „Grundzüge“ liegt darin, daß sie für Theorie *und* Praxis ergiebig sind. Man mag allenfalls kritisieren, daß sie pädagogisch erst für *höhere* Jura-Semester „ansprechend“, ja faszinierend werden, daß sie sich wie *R. Smend* zu sehr am 19. Jahrhundert und zu wenig am 18. Jahrhundert orientieren.

---

6 Selbst bei „Untergerichten“ vgl. etwa VG Wiesbaden, DVBl. 1981, S. 790 (793) oder in der Diskussion der VVDStRL (30 [1972], S. 167: *T. Oppermann*).

Wenn je ein wissenschaftliches Werk mit innerer und äußerer Konsequenz in vielen „Jahresringen“ entwickelt wurde, so dasjenige von *Konrad Hesse.* Denn nicht nur im Rückblick erweisen sich die früheren Publikationen, insbesondere Monographien und Aufsätze als „Vorstudien“ zu den „Grundzügen“. *Hesse* erarbeitete sich systematisch einzelne Kapitel seines späteren Lehrbuchs. Das gilt für die Veröffentlichungen zum Rechtsstaatsprinzip (in FS Smend, 1962), zum Bundesstaat („Der unitarische Bundesstaat“, 1962), vor allem für die programmatische Freiburger Antrittsvorlesung („Die normative Kraft der Verfassung“, 1959)[7]. An grundlegend gewordenen Arbeiten seien erwähnt: das Parteienrechtsreferat (VVDStRL 17 [1959], S. 11 ff.) und die Aufsätze zum Ausnahmezustand (DÖV 1955, S. 741 ff., JZ 1960, S. 105 ff.). Die Essenz dieser Studien, die mitunter durch weitere Konkretisierungen ergänzt wurden[8], gedieh zum integrierenden Bestandteil der „Grundzüge“, mehr noch: sie wurde zu ihrem Fundament.

Das gilt nicht nur in *formaler* Hinsicht, es gilt auch inhaltlich. *Hesses* Denken richtet sich zentral auf das „positive“ Verfassungsrecht, nicht etwa auf eine Allgemeine Staats- oder Verfassungslehre. So sehr es Grundlagendenken ist, so sehr ringt es um das „positive Grundgesetz“[9]. Und rückblikkend darf man sagen, daß die „Grundzüge“ die „Geltungsbedingungen“ des GG seit 1967 wesentlich verstärkt haben, sofern dies einem *wissenschaftlichen* Werk überhaupt möglich ist. *K. Hesse* betont immer wieder, daß es ihm nicht um irgendeinen Staat und seine Verfassung geht, sondern konkret um das GG: so etwa bei der Behandlung des Gewaltenteilungsprinzips[10]. Fragen der Allgemeinen Staatslehre werden ebenso peripher behandelt (z.B. 16. Aufl., S. 6 ff.) wie verfassungsgeschichtliche Bezüge eher punktuell herausgearbeitet sind (z.B. S. 6, 8, 84, 86, 221, 229 f.) und vergleichende meist fehlen. Das ist angesichts der Zielsetzung des Buches konsequent. Hätte *Hesse* „allgemeiner“ werden wollen, wäre sein Buch zu einer Verfassungslehre (nicht: Staatslehre!)[11] geworden.

---

[7] Vgl. die Rezensionsliteratur zu „Die normative Kraft der Verfassung“: *U Scheuner,* DÖV 1960, S. 79; *F. Werner,* DVBl. 1960, S. 150; *R. Schnur,* DVBl. 1960, S. 123 ff.; *E.-W. Böckenförde,* ZgStW 118 (1962), S. 172 ff.

[8] Gleichheit und Freiheit als Grundprinzipien heutiger staatlicher Ordnung, in: Individuum und Kollektiv, Freiburger Dies Universitatis, Bd. 9 (1961/62), S. 79 ff.; Das neue Notstandsrecht der BR Deutschland, 1968.

[9] *A. Hollerbach* hat dies auf seiner Rede zum 65. Geburtstag vor 5 Jahren am 4. 2. 1984 in Freiburg treffend so formuliert: Die Gesammelten Schriften als „Spiegel eines ganz auf die Sache des modernen Verfassungsrechts konzentrierten Autors, der nicht geistreichen Einfällen vertraut und nur interessanten Einzelaspekten nachgeht, sondern für den nur Tiefenbohrung zählt, streng analytische und zugleich synthetisch-konstruktive Arbeit“.

[10] Grundzüge, 1. Aufl. 1967, S. 178 ff. einerseits, 16. Aufl. 1988, S. 185 ff. andererseits.

Diese „formellen" Überlegungen bedürften der Ergänzung um materielle Aspekte: für den methodischen Ansatz (etwa bei der Verfassungsinterpretation), das Verfassungs- und Grundrechtsverständnis, die Ausführungen *Hesses* zu „Staat und Gesellschaft", zum Sozialstaatsprinzip und zur Verfassungsgerichtsbarkeit sowie zum „Sonderstatus". Hierzu liegen spezifische „Original"beiträge von ihm vor: primär Forschungsliteratur, die grundlegend geworden und bis heute geblieben ist[12].

2. Der Jubilar hat wohl wie wenige Autoren sonst fast *alle Literaturgattungen* bedacht: vom *Lehrbuch* (Grundzüge, 1. Aufl. 1967, 16. Aufl. 1988) über das *Staatsrechtslehrerreferat* (VVDStRL 17 [1959], S. 11 ff.), die *Monographie* (z.B. Der unitarische Bundesstaat, 1962)[13], den Grundlagen*aufsatz* (z.B. zum Ausnahmezustand, JZ 1960, S. 105 ff.), den *Vortrag* (über „Bestand und Bedeutung der Grundrechte" bei der Konferenz der europäischen Verfassungsgerichte (EuGRZ 5 [1978], S. 427 ff.), soeben „Verfassungsrecht und Privatrecht", 1988), den *Lexikon*artikel (z.B. Art. Grundrechte, StL, 7. Aufl., Bd. 2, 1986, Sp. 1111 ff., auf „sanften Druck" von Herrn *Hollerbach* zugunsten des Görres-Staatslexikons), die *Rechtsprechungsrezension* (z.B. ZevKR 3 [1953/4], S. 188 ff., Zur „schematischen Parität der Religionsgesellschaften"), die *Literatur*besprechung (z.B. *R. Bäumlin,* JZ 1963, S. 485 ff.), den *Handbuch*artikel (HdBVerfR 1983, S. 3 ff. und in HdbStKi 1974, I, S. 409 ff.), den *Festschriften*aufsatz, diesen stets gezielt und überlegt nur bei höchstpersönlicher Motivation (z.B. FS Smend, 1962, S. 71 ff.; W. Weber, 1974, S. 447 ff.; H. Huber, 1981, S. 261 ff.) bis zum – horribile dictu – *Gutachten* (z.B. Bundesstaatsreform und Grenzen der Verfassungsänderung, AöR 98 [1973], S. 1 ff.; Zur Frage einer Vereinbarkeit eines Schulgebets an öffentlichen Volksschulen mit Art. 4 I und II GG, in: ZevKR 25 [1980], S. 239 ff.)[14].

Wenn ich recht sehe, fehlt nur der *Kommentar* als Literaturgattung. Ist dies Zufall?

Zwar sollte jeder Staatsrechtslehrer *die* Literaturgattungen suchen, in denen gerade *er* sein Bestes geben kann[15], doch müssen es deren wohl mehrere sein, die Einzahl der Form könnte zu seiner Verarmung in der

---

[11] Zu dieser Frage: *P. Häberle,* Allgemeine Staatslehre, demokratische Verfassungslehre oder Staatsrechtslehre?, AöR 98 (1973), S. 119 ff.

[12] Der ungedruckte, nur im MS vorliegende *Marburger* Vortrag, den *K. Hesse* auf Einladung des Verf. im WS 1969/70 dort gehalten hat, gilt den „Verfassungsproblemen im technischen Zeitalter". Hier sind u.a. die Rechtsfragen genannt, „die sich bei der Gewinnung und Verwendung von Atomenergie ergeben"(!).

[13] Vgl. die Rezensionen von: *U. Scheuner,* DÖV 1963, S. 197 f.; *H. Schäfer,* DVBl. 1963, S. 269 f.; *W. Rudolf,* Der Staat 5 (1966), S. 127 ff.

[14] Vorbehalte gegenüber der Gutachtentätigkeit bei *P. Häberle,* Rezensierte Verfassungsrechtswissenschaft, 1982, S. 30 ff.

Sache führen! Doch sei dem Jubilar das Fehlen des Kommentars verziehen: Es gibt deren genug. Freilich hätten wir uns einen *„Anschütz"* für das GG aus *Hesses* Hand gut vorstellen können!

3. Insbesondere: Die Wirkungsgeschichte der „Grundzüge" (1967–1988) – das Tableau der Ausstrahlung eines großen Lehrbuchs – der „rezeptionstypologische" Ansatz.

a) Das Problem: Es wäre reizvoll, das ganze *Tableau* der Wirkgeschichte eines Verfassungsrechts-Lehrbuchs wie der „Grundzüge" *typologisch* zu strukturieren und im einzelnen auszuführen. Man hätte die Vorgänge der (kulturellen) Produktion und Rezeption bzw. die Ausstrahlungswirkungen der „Grundzüge" in und auf der vollen Breite und Tiefe des Ensembles der Literaturgattungen in einer offenen Gesellschaft und ihrer Wissenschaftler-Gemeinschaft nachzuzeichnen, aber auch in der Rechtsprechung und sonstiger (z. B. Verwaltungs-)Praxis bis hin zum politischen Prozeß. Aus Zeitgründen kann hier allein der *Umriß* dieses Tableaus entworfen werden. Im einzelnen sei nur das (zeitlich) *erste* „Rezeptionsmedium", die *Rezension* der „Grundzüge" genauer dargestellt, in den anderen Feldern müssen Stichworte genügen.

Die Ausstrahlungswirkung eines Lehrbuchs wie der „Grundzüge" auf andere Literaturgattungen beginnt mit der *Rezension,* sie setzt sich fort über *Aufsatz-* (und Vortrags-)Literatur und *Monographien*, um schließlich zur Rezeption – oder Kritik – in *andere Lehrbücher* zu gelangen. *Handbuch-* und *Lexikonartikel* stellen in der Zeitdimension wohl die „letzte" und besonders dauerhafte Rezeptionsphase dar. Ein weiteres Schema der „Verarbeitung" eines großen Lehrbuchs hätte sich der Praxis und ihrer Ausdrucksformen anzunehmen. Das beginnt (oder endet?) bei der Gutachtenliteratur und endet (vorläufig) in der Rechtsprechung aller Arten, insonderheit der obersten Gerichtshöfe des Bundes und des BVerfG (einschließlich seiner abweichenden Meinungen) sowie im politischen Prozeß. Einige Kernthesen und Begriffe der „Grundzüge" (wie „praktische Konkordanz", „Grundrechtsschutz durch Organisation und Verfahren", „funktionellrechtliche Grenzen der Verfassungsinterpretation") haben mittlerweile wohl alle Literaturgattungen bis hin zum Lexikonartikel „durchwandert"[16], und die Praxis nicht weniger Gerichte hat auch Formeln wie „praktische Konkordanz" rezipiert. Ungemein ergiebig wäre das Bild der Wirkungsgeschichte der „Grundzüge" im Blick auf die Form, vor allem ihre Systematik, aber auch im Blick auf

[15] Zu den Literaturgattungen jetzt *mein* Beitrag Verfassungslehre im Kraftfeld der rechtswissenschaftlichen Literaturgattungen: zehn Arbeitsthesen, in: St. Galler FS Kaufmann, 1989, S. 15.

[16] Z. B. *P. Badura,* Art. Verfassung, EvSTL Bd. 2, 3. Aufl. 1987, Sp. 3737 (3748, 3751, 3757).

Methodenfragen und Inhalte. So gibt es viel Nachfolgeliteratur im Lehrbuchbereich, etwa in der systematischen Strukturierung des GG nach „Demokratie“, „sozialer Rechtsstaat“, „Bundesstaat“. Der „Hesse“ war zeitlich ja das zweite Lehrbuch zum GG nach *T. Maunz* und vor *Ekh. Stein* sowie *K. Doehring*. Bald finden wir ausdrückliche Verweise auf die „Grundzüge“ in der Nachfolgeliteratur, bald liegen sie der Sache nach auf der Hand. Vor allem die Aufsatzliteratur und Monographien von den Dissertationen bis zu Habilitationsschriften führen „den Hesse“ in ihrem „Repertoire“, er fehlt in kaum einem Literaturverzeichnis und ist sogleich als *primäre* Forschungsliteratur zu erkennen. Demgegenüber sind viele andere *Lehrbücher* vom *wissenschaftlichen* Ertrag her gesehen im besten Falle „Sekundär“-Literatur, sie werden kaum zitiert; ihre *pädagogische* Leistung und Unverzichtbarkeit sei damit aber nicht in Frage gestellt[17].

b) Die „Grundzüge“ im Spiegel der Rezensionskultur: Im folgenden seien die „Grundzüge“ im Spiegel der *Rezensionen* nachgezeichnet. Ihre 16 Auflagen haben im Rückblick ein Stück Verfassungsgeschichte der Bundesrepublik Deutschland (mit)geschrieben, nicht nur beschrieben, sondern auch mitgestaltet, ohne daß damit die Wirkung von noch so guter wissenschaftlicher Literatur im politischen Prozeß im ganzen überschätzt werden soll. Die „Grundzüge“ entfalten gleichwohl ein Stück „normative Kraft“ *als Literatur!* Ein erstes Echo und früher „Gradmesser“ sind *Rezensionen* allemal[18]. Im einzelnen stellen sich folgende Fragen: Wandelte sich das Echo, auch die Kritik im Verlauf der fast beispiellosen Erfolgsgeschichte des Buches seit 1967, kam es zum Verstummen oder zur Teilrücknahme kritischer Einwände im Laufe der Zeit, entfaltete der Erfolg eine Art „normative Kraft“? Kommt es zu *Rückwirkungen* der Rezensionen auf die Neubearbeitungen durch *K. Hesse* selbst? Gibt es Themen und Thesen, die *dank K. Hesse* Gemeingut bzw. im guten Sinne „Gemeinplatz“ geworden sind, bei denen ihr Schöpfer schließlich ganz hinter der Sache zurücktritt? Aber auch das „Gegenstück“: Finden sich Bereiche und Vorgänge, in denen ein Lehrbuch teilweise „überholt“ worden ist, etwa durch neue Monographien, programmatische Antrittsvorlesungen, neue Judikatur? Gibt es überhaupt ganz allgemein so etwas wie ein „Altern“ von Lehrbüchern (etwa nach 20 Jahren – eine „Art Halbwertzeit“)? und zeichnet sich bei den großen

---

[17] Das ist keine pauschale Abwertung der „Sekundärliteratur“ (allenfalls der „Tertiärliteratur“!): sie hat ihre positiven Funktionen, etwa in der wiederholenden *Aktualisierung* der Primärforschung in die verschiedenen Teilbereiche hinein, in der *Konkretisierung* des Grundsätzlichen im Detail. Doch besteht in der BR Deutschland und ihrer juristischen Literatur derzeit die Gefahr eines *Zuviel* an Sekundärliteratur; sie droht das Primäre wie „Torfmoos“ *(E. Nordhofen)* zu überwuchern.

[18] Allgemein dazu *P. Häberle,* Rezensierte Verfassungsrechtswissenschaft, 1982, S. 34 ff.

Werken ihrer Gattung, etwa einem „*Forsthoff*“[19], hier der Übergang zum (nicht fortführbaren) „Klassikertext“ ab[20]?

Einige *Beispiele* seien zur Sprache gebracht, ohne daß hier eine komplette Auswertung der Rezensionen im ganzen gewagt werden könnte. Eine derartige „Rezension der Rezensionen“ wäre ein Desiderat der Forschung und sollte einmal an anderen „Objekten“ bzw. „Literaturgattungen“ unternommen werden. Die „Grundzüge“ wurden von vielen Zeitschriften bereits in ihrer ersten Auflage rezensiert und zwar durch namhafte Autoren wie *U. Scheuner* (DÖV 1967, S. 283 f.), *Hans Spanner* (DVBl. 1967, S. 497) und *Hans Huber* (AöR 92 [1967], S. 550 ff.). *U. Scheuner* (DÖV 1967, S. 283 f.) spendete höchstes Lob in Worten wie „grundlegender Beitrag zur Verfassungstheorie, wie er in dieser Breite und Kraft seit den Auseinandersetzungen der 20er Jahre nicht mehr geleistet worden ist“[21]. Er bleibt zugleich einer der treuesten Rezensenten über viele Auflagen hin. *H. Spanne*r war zuerst zurückhaltender[22], doch über viele Neuauflagen als „Hausrezensent“ des DVBl. auf eine Weise treu. *H. Huber* formuliert (AöR 92 [1967], S. 550 ff.): „Der Titel dieses Werkes ist eigentlich bescheiden und zu eng …“, „von einer hohen Warte aus das wirklich Grundlegende und Problemreiche“. *J. A. Frowein* begrüßt die 10. Aufl. (1977, in DÖV 1978, S. 530) mit dem Satz: „Dieses Buch … ist schon lange vor der 10 Jahre später erschienenen 10. Auflage zum Klassiker geworden“[23]. Auch die sog. *Ausbildungszeitschriften* beachteten die „Grundzüge“ sogleich. *H. Weber* (JuS 1967, S. 428 ff.) gibt *K. Hesse* im Vergleich mit *T. Maunz* gute Noten („ernsthafte Konkurrenz“, „Grundlagen einer eigenständigen Verfassungstheorie“, aber auch: Auswahl weiterführender Literatur „mitunter etwas zufällig“[24]), und sogar *Tages-* und *Wochenzeitungen* wie die FAZ und „Die Zeit“ nehmen das Buch früh lobend zur Kenntnis[25]. *Ausländische* Zeitschriften kommen hinzu[26]. Und die fast jährlich erscheinenden Neu-Aufla-

---

[19] *E. Forsthoff*, Lehrbuch des Verwaltungsrechts, Bd. I, Allgemeiner Teil, 10. Aufl. 1973; dazu *mein* Beitrag in: JZ 1975, S. 685 ff. (= oben S. 3 ff.).

[20] Dazu *P. Häberle*, Klassikertexte im Verfassungsleben, 1981.

[21] DÖV 1973, S. 429 f.; DÖV 1975, S. 649 f.; DÖV 1977, S. 257 f.

[22] Zunehmend freundlicher werden seine späteren Besprechungen: DVBl. 1968, S. 280 f.; DVBl. 1969, S. 601; DVBl. 1971, S. 157; DVBl. 1972, S. 553 f.; DVBl. 1977, S. 225; DVBl. 1978, S. 224.

[23] Weitere Besprechungen der *1.* Auflage von 1967 finden sich in MDR 1967, S. 529 *(Weimar)*; HStAnz 1967, S. 387 *(Lenz)*; SaarJBl. 1967, S. 75 *(Schöne)*; BaWüVBl. 1967, S. 128 *(Schlenker)*; Recht in Ost und West, 1968, S. 186 *(Mampel)*; Das Argument 1968, S. 404 ff. *(Blankenhorn)*.

[24] s. noch *H.-U. Erichsen*, JURA 1979, S. 520; *R. Herzog*, JA 1970, S. 217 (705); *ders.*, JA 1972, S. 119.

[25] *M. Kirn*, Einigung statt Befehl, in: FAZ vom 5. 10. 1968, Nr. 232, S. 9; *W. Euchner*, Integration zur Einheit, Die Zeit vom 23. 6. 1967, S. 15. s. auch NPL 1969, S. 547 f.; Das Parlament vom 15. 2. 1969.

gen erfahren eine immer freundlichere Würdigung im Schrifttum bis hin zu Aussagen wie „Standardwerk des Verfassungsrechts der BR Deutschland“[27], „Klassiker der Verfassungslehre“[28].

Eigene Erwähnung verdient die überaus faire Rezension des „Lehrbuch-Konkurrenten“ *T. Maunz*[29]. Freilich werden die sich jagenden Auflagen zahlenmäßig später oft etwas weniger ausführlich und seltener besprochen als in der stürmischen Anfangszeit[30], sieht man von den großen Sammelbesprechungen durch *W. Mallmann* (JZ 1976, S. 213 ff.) und *H. P. Ipsen* (AöR 106 [1981]), S. 161 ff.) ab. Bemerkenswert ist, daß im Laufe der Zeit *Nachbar*zeitschriften, etwa des Strafrechts[31], zuvor schon häufig „Recht in Ost und West“[32] oder des Arbeitsrechts[33] Rezensionen veröffentlichten, so

---

26 In *Griechenland*: Revue des öffentlichen Rechts und des Verfassungsrechts 1970, S. 432 f.; in *Frankreich*: RDP Bd. 89 (1973), S. 307 f. *(Fromont)*: „c'est une véritable théorie du droit constitutionnel allemand“; für die angloamerikanische Welt: Modern Law and Society 1968, Nr. 1, S. 17 f. *(F. Müller)*; in der *Schweiz:* Schweizerische Juristen-Zeitung 1978, S. 81 f. *(H. Maurer)*.

27 So *H. Spanner,* zur 8. Aufl. 1975, in: DVBl. 1975, S. 929 f.

28 *J. Jekewitz,* in Goltdammer's Archiv 1979, S. 38.

29 BayVBl. 1978, S. 414 f.: „Ein seit langem bestens eingeführtes Werk“, „... erscheint es sinnvoll, daß es Lehrbücher gibt, die auf unterschiedlichen Gesichtspunkten aufgebaut sind“.

30 Ohne Anspruch auf Vollständigkeit seien folgende Rezensionen der verschiedenen Auflagen genannt: Für die *2. Aufl:* MDR 1968, S. 532 *(Weimar)*; DVBl. 1968, S. 280 f. *(Spanner)*; GMBl. 1968, S. 128 *(Jellinek)*; Der Städtetag 1969, S. 99 (Krä.). – Für die *3. Aufl., 1969:* DVBl., S. 601 *(Spanner)*; MDR 1969, S. 519 *(Weimar)*; GMBl. 1969, S. 174 *(Jellinek)*; BaWüVBl. 1969, S. 160. – Für die *4. Aufl., 1970*: HStAnz. 1970, S. 2119 *(Gross)*; MDR 1971, S. 167 *(Weimar);* JR 1971, S. 131 *(Gielen)*; DVBl. 1971, S. 157 *(Spanner)*; NJW 1971, S. 1398 *(Redeker)*; BaWüVBl. 1971, S. 31 *(Schlenker)*; JuS 1973, S. 328 *(Weber)*. – Für die *5. Aufl., 1972:* HStAnz. 1972, S. 119 *(Metzner)*; GMBl. 1972, S. 503 *(Jellinek)*; JR 1972, S. 441 *(Gielen)*; DVBl. 1972, S. 554 f. *(Spanner)*; JuS 1973, S. 328 *(H. Weber)*; Der Städtetag 1975, S. 392 *(Wie)*; Recht in Ost und West 1973, S. 198 f. *(Mampel)*. – Für die *6. Aufl., 1973:* DÖV 1973, S. 429 f. *(Scheuner)*; – Für die *8. Aufl., 1975:* DÖV 1975, S. 649 f. *(Scheuner)*; DVBl. 1975, S. 929 f. *(Spanner)*; NJW 1975, S. 1875 *(H.-J. Becker)*; JZ 1976, S. 219 ff. *(Mallmann)*; JuS 1976, S. 835 ff. *(Ruland)*; DRiZ 1976, S. 95. – Für die *9. Aufl., 1976:* DÖV 1977, S. 257 f. *(Scheuner)*; DVBl. 1977, S. 225 *(Spanner)*; DRiZ 1977, S. 32; PersV 1977/2. – Für die *10. Aufl., 1977:* DÖV 1978, S. 530 *(Frowein)*; DVBl. 1978, S. 224 f. *(Spanner);* BayVBl. 1978, S. 414 f. *(Maunz)*; DRiZ 1978, S. 96; RiA 1978, H. 1, II. – Für die *11. Aufl., 1978:* DVBl. 1979, S. 165 *(Spanner)*. – Für die *12. Aufl., 1980:* DVBl. 1981, S. 417 *(Spanner)*; NJW 1981, S. 30 *(Geck)*; JuS 1981, S. 932 ff. *(Ruland)*; DRiZ 1980, S. 320. – *Für die 13. Aufl., 1982:* DVBl. 1982, S. 909 *(Spanner)*. – *14. Aufl., 1984:* DVBl. 1984, S. 736 *(Spanner)*; SGb 1984, S. 264 *(Friederichs)*. – *16. Aufl., 1988*: DVBl. 1988, S. 978 f. *(H. P. Ipsen)*; Die Verwaltung 21 (1988), S. 410 *(W. Schmitt Glaeser)*.

31 Goltdammer's Archiv 1979, S. 38.

32 Vgl. *S. Mampel* in ROW 1973, S. 198 f. m.w.N.

groß ist die Ausstrahlung der „Grundzüge" in das gesamte Gebiet des Rechts und seine es darstellenden Teildisziplinen und Spezialzeitschriften geworden[34].

Drei Fragen in Sachen „Grundzüge" seien vertieft:

(1) Die Rezeptions- bzw. Wirkungsgeschichte „unter", besser zusammen mit dem GG. Sie wäre auf den verschiedenen Ebenen zu verfolgen, zunächst im ersten Zugriff auf der der *Rezensionen,* sodann auf den Ebenen und in den Medien der übrigen „offenen Gesellschaft der Verfassungsinterpreten". Das Echo in der Wissenschaft könnte differenziert nach Literaturgattungen untersucht werden (vom „konkurrierenden" Lehrbuch über den Aufsatz bis in die übrigen Literaturformen hinein), auch in der „Praxis", vor allem im Blick auf das BVerfG.

(2) Die etappenweise Fortschreibung und Entwicklung durch den Autor selbst – in Gestalt der drei Neubearbeitungen (1970, 1975, 1980) und der „Ergänzungen" (zuletzt 1988).

(3) *Inkurs:* Entwicklungsformen und Hintergründe der Rezeption – die „Schule als Rezipientengemeinschaft".

Zu (1): Einen frühen Akzent setzt der Berner Staatsrechtslehrer *H. Huber*, der die Besprechung der 1. Auflage der „Grundzüge" von 1967 mit der Fanfare begrüßt[35]: „Der Titel dieses Werkes ist eigentlich bescheiden und zu eng". *Huber* rühmte den Abschnitt über die (Verfassungs)Interpretation und er nennt als Verdienst, daß Staat und Recht trotz belastender methodischer und materieller Unsicherheiten nicht vom Leben isoliert werden[36]. *U. Scheuner*[37], von dem selbst einmal ein Lehrbuch zu erwarten war, begrüßte die „Grundzüge" sofort und besonders nobel[38] in den Worten: Buch „aus einem Guß", das eine „Fülle eingehender neuer Gedanken und Einsichten" vermittelt; er spricht von „einer der bedeutendsten Erscheinungen der letzten Jahre", sogar von einem „wesentlichen Schritt vorwärts auch in der Verfassungslehre". *H. Weber*[39] meint 1967, dem Fortge-

---

33 RdA 1969, S. 367 f. *(Hild. Krüger).*

34 Vgl. für die *2. Aufl., 1968:* Städtetag 1969, S. 99; für die 4. Aufl., 1970: JR 1971, S. 131 *(Gielen)*; für die *5. Aufl., 1972:* JR 1972, S. 441 *(Gielen)*; für die *9. Aufl., 1976:* PersV 1977/2; für die *10. Aufl., 1977:* RiA 1978, Heft 1.

35 AöR 92 (1967), S. 550 ff.

36 *Jellinek*, GMBl. 1968, S. 128 sagte ebenfalls: „Das Buch von Hesse geht weit über das hinaus, was man im herkömmlichen Sinne von ‚Grundzügen' des Verfassungsrechts erwartet".

37 Zu *U. Scheuner mein* (auch rezeptionswissenschaftlicher) Beitrag in: ZevKR 26 (1981), S. 105 ff. (= oben S. 16 ff.).

38 DÖV 1967, S. 283 f.

39 JuS 1967, S. 428 (430).

schrittenen werde erstmals die Chance geboten, „in einem knapp und präzise gefaßten Lehrbuch Zugang zu den eigentlichen Problemen heutigen Verfassungsrechts und heutiger Verfassungstheorie zu finden". *Hans Spanner*[40] spricht 1975 vom „Standardwerk des Verfassungsrechts der Bundesrepublik Deutschland", und im gleichen Jahr 1975 stellt *H.-J. Becker* fest[41], die langjährige Monopolstellung des *Maunz*'schen Buches werde zunehmend durch *Hesses* „Grundzüge" erschüttert. *J. A. Frowein* vergibt 1978 das Prädikat vom zur Zeit „führenden" Lehrbuch[42], und *F. Ruland*[43] formuliert 1981: „Das Werk von Hesse ... bietet verfassungstheoretisch nach wie vor am meisten. Es hat hier Grundlagen erarbeitet, die in vielem nahezu Gemeingut geworden sind." *H. Maurer*[44] erklärt den Erfolg der „Grundzüge" auch damit, „daß das Buch im Kontext zur Rechtsprechung des Bundesverfassungsgerichts steht".

Die Rezensenten weisen in den Jahren nach 1976 immer wieder auf das Miteinander von Rechtsprechung bzw. Verfassungsrichteramt und Wissenschaft in der einen Person von *K. Hesse* hin. Im Chor der Rezensenten ist schließlich das Wort von *Hesses* Buch als „Klassiker der Verfassungslehre" zu hören[45].

Es mag hier das letzte Wort sein.

Kritik sei nicht verschwiegen: So fragt *W. K. Geck*[46], ob die Entstehung des GG, das Deutschlandproblem und die deutsche Staatsangehörigkeit nicht vernachlässigt seien, für *W. Mallmann*[47] kommen die Fragen der Wirtschafts- und Sozialordnung, auch der kommunalen Selbstverwaltung zu kurz, vor allem fehlt ihm die „Auseinandersetzung mit anderen Lehrmeinungen"[48]. *F. Ruland*[49] meint, der hohe Abstraktionsgrad überfordere den Anfänger, auch vermißt er bei allem Lob die historischen Bezüge einer Verfassung. Freilich wertet *H. P. Ipsen*[50] den großen Erfolg des „Hesse" – in 22 Jahren 16 Auflagen – auch als Kompliment für die Jura-Studenten.

---

40 DVBl. 1975, S. 929 f.

41 NJW 1975, S. 1875.

42 DÖV 1978, S. 530.

43 JuS 1981, S. 932 ff.

44 Schweizerische Juristenzeitung 1978, S. 81 f.

45 *J. Jekewitz*, in Goltdammer's Archiv 1979, S. 38.

46 NJW 1981, S. 30.

47 JZ 1976, S. 219 (221).

48 *Hesse* hat denn auch in der 4., neubearbeiteten Auflage von 1970 vermehrte Hinweise auf weiterführende Literatur – namentlich auch solche abweichender Auffassung – vorgenommen (Vorwort, ebd., S. V). Auch die 12. neubearbeitete Auflage 1975 (Vorwort S. V) hebt den Hinweis auf abweichende Auffassungen hervor.

49 JuS 1981, S. 932 (933).

50 DVBl. 1988, S. 978 f.

Eher kritisch – bei sonst vielem Lob – ist wohl die Äußerung *H. P. Ipsens* zu verstehen[51], im Hesse-Lehrbuch spiegele sich eine staatsrechtswissenschaftliche Grundkonzeption, die anstelle des der Verfassung immanenten Gehalts einer „Spannungsordnung“ auf Verfassungs-Harmonik abstelle und ihr durch Verfassungsinterpretation und staatstheoretische Sinnerwartung eine in sich geschlossene Vorstellung gebe. *Ipsen* spricht auch von „juristischer Puritát“[52], wegen des Verzichts auf vergleichende Blickwendung, geistesgeschichtliche Bezüge, auch sozial- und wirtschaftswissenschaftliche[53].

Zu (2): Die „Wachstumsstufen“ oder „Jahresringe“ der „Grundzüge“ im einzelnen nachzuzeichnen, ist hier nicht möglich. Auch ihre „Ursachen“ können nur stichwortartig bezeichnet werden: GG-Änderungen[54], Wandlungen der „Verfassungswirklichkeit“, Entwicklungen in Wissenschaft (in Gestalt der verschiedenen Literaturgattungen) sowie Verfassungsrechtsprechung, (bei *Hesse* begrenzt) wohl auch und all dies vermittelnd die Rezensionsliteratur (der „Grundzüge“).

Doch sei die stärkere Öffnung der 4. Aufl. von 1970 gegenüber Fragestellungen der „68er-Bewegung“ etwa in Sachen Demokratie vermerkt (S. 55 f.), auch die Veränderung des Verfassungsbegriffs (4. Aufl. 1970, S. 14 ff.)[55], die Einfügung eines Abschnitts über die Rechtsstellung der Kirchen und Religionsgemeinschaften (4. Aufl. 1970, S. 188 ff.), die ausdrückliche Ablehnung originärer Teilhabe-Grundrechte (8. Aufl. 1975, S. 123 f.) oder die Behandlung des Themas „Grundrechtsverwirklichung und -sicherung durch Organisation und Verfahren“, das damit „kanonisiert“ wurde (so neu in der 12. Aufl. 1980, S. 151 ff.). Nicht unterschlagen sei die ständige „Fortschreibung“ der Entwicklung der Rechtsprechung des BVerfG (z. B. im Blick auf BVerfGE 58, 300, vgl. *Hesse,* 14. Aufl. 1984, S. 175 f.) sowie die Berücksichtigung neuer, pluralistisch ausgewählter Literatur. Technisches sei nicht vergessen (etwa die Einfügung von Randziffern: seit 13. Aufl., 1982).

Im übrigen wird mit der „Offenheit der Verfassung“ auch thematisch ernst gemacht. *Hesse* geht auf tiefere Problemveränderungen sensibel, wenngleich oft nur kurz ein, etwa im Rahmen der Fragen zur Parlamentsreform (4. Aufl. 1970, S. 229 f.) und der Regierungsreform („Reformerwä-

---

51 AöR 106 (1981), S. 161 (181).

52 A. a. O., S. 184.

53 Der Verf. wagt den Zusatz des Bedauerns über den Verzicht *Hesses* auf *kulturverfassungsrechtliche* Bezüge (vgl. nur 16. Aufl. 1988, S. 193).

54 Vgl. für die Notstandsverfassung von 1968: 3. Aufl. 1969, Vorwort S. V und S. 266 ff.

55 *Hesse* selbst spricht ebd. S. V. von „Korrektur des Verfasssungsbegriffs“. In den Vorauflagen hatte *Hesse* zwischen „normativer“ und „wirklicher“ Verfasssung unterschieden (1. Aufl. 1967, S. 14 ff.).

gungen": 8. Aufl. 1975, S. 257) oder zur Reform des öffentlichen Dienstrechts (8. Aufl. 1975, S. 219 f.) sowie auf die Lehre von den Schutzpflichten des Staates in Sachen Grundrechte (12. Aufl. 1980, S. 147; s. auch 16. Aufl. 1988, S. 139 f.). Daß die „Fortentwicklung" oder neue „Akzentuierungen" auch in bloß „ergänzten" Auflagen nicht immer beachtet worden sind, macht *K. Hesse* selbst in seiner 16. Auflage, 1988 (Vorwort S. V) mit Recht „aktenkundig"!

Zu (3): *Die Rezeptionsgeschichte des Lehrbuchs* (in 1. Aufl. von 1967, in 16. von 1988) besitzt einen formalen und einen materialen Aspekt. Zum formalen gehört die Frage, welche Verfassungsinterpreten der offenen Gesellschaft das Werk *Hesses* diskutierten, rezipierten oder z.T. verwarfen – die Staatsrechtswissenschaft[56], die Praxis, insbesondere das Bundesverfassungsgericht, aber auch andere Wissenschaften wie die Zivilrechtslehre, die Politikwissenschaft oder Sozialwissenschaft[57].

Innerhalb des Bereichs der Staatsrechtswissenschaft müßte unterschieden werden zwischen den *einzelnen Literaturgattungen:* Stilbildend wirkten die „Grundzüge" vor allem in systematischer Hinsicht. Spätere Lehrbücher berufen sich in ihren Klassifizierungen oft ausdrücklich oder der Sache nach auf „den Hesse". Das gilt darüber hinaus für Monographien, d.h. hauptsächlich Habilitationsschriften und Dissertationen. In der Aufsatzliteratur dürften *Hesses* „Grundzüge" ebenfalls zu den meist zitierten Werken des Verfassungsrechts gehören[58].

Inhaltlich hat die Tatsache, daß *K. Hesse* meist ausgewogene und mittlere Lösungen entwickelte, die Rezeption seines Buches erleichtert. „Prak-

---

56 Im übrigen *deutschsprachigen* Bereich, d.h. in der Schweiz und in Österreich ist die Wirkung *K. Hesses* nachweisbar stark; vgl. nur im Blick auf die Literaturgattung Lehrbuch und Handbuch: *J. P. Müller,* Elemente einer schweizerischen Grundrechtstheorie, 1982, S. 5, 13, 18, *U. Häfelin/W. Haller,* Schweizerisches Bundesstaatsrecht, 2. Aufl. 1988, S. 25; *P. Pernthaler/F. Esterbauer,* Der Föderalismus, in: H. Schambeck (Hrsg.), Das österreichische Bundes-Verfassungsgesetz und seine Entwicklung, 1980, S. 325 (334).

57 s. etwa (nicht nur auf die „Grundzüge" bezogene) Zitate bei *J. Esser*, Vorverständnis und Methodenwahl, 1972, S. 35, 47, 100 f. und *N. Luhmann,* Politische Verfassungen im Kontext des Gesellschaftssystems, in: Der Staat 12 (1973), S. 1 (2 f.); s. ferner *R. Schlothauer,* Zur Krise der Verfassungsgerichtsbarkeit, 1979, S. 141 ff.; *H.-H. von Hartwich*, Sozialstaatspostulat und gesellschaftlicher status quo, 1979, S. 346 ff.

58 Vgl. etwa den Erfolg von *Hesses* Gliederungsschema: Demokratie, Rechtsstaat, Sozialstaat und die Erarbeitung des Verfassungsbezugs der Partizipation, bei *W. Schmitt Glaeser,* VVDStRL 31 (1973), S. 179 (198 ff., 209 ff., 240 ff., 249 ff.). – Ein Indiz der Ausstrahlung des Oeuvres von *Hesse* ist der häufige Wiederabdruck seiner Arbeiten; vgl. etwa Nr. 2a, 3a, 6a, 6b, 14a, 15a, 21a, 22a und b, 30a der von *P. Häberle* und *A. Hollerbach* 1979 herausgegebenen Bibliographie; fortgeführt in den Ausgewählten Schriften, 1984, S. 585 ff.

tische Konkordanz" hat er sich zu allererst *selbst* zum Ziel gesetzt, lange bevor die Formel vom BVerfG[59] übernommen wurde. Daß diese „magische Formel" so viel Erfolg hatte, ist ein guter Ausweis für die Integrationskraft des politischen Gemeinwesens des GG: die Juristen jedenfalls bemühen sich um „praktische Konkordanz", sie bleibt nicht bloß Lippenbekenntnis. Nur gelegentlich hat *K. Hesse* durch Zuspitzung (wohl bewußt?) eine Kontroverse provoziert. Das dürfte etwa für das Heidelberger Referat „Freie Kirche im demokratischen Gemeinwesen" gelten (1965). Im übrigen bewährte sich sein wohl auch durch das persönliche „Temperament" bedingtes Prinzip „praktischer Konkordanz" besonders und nicht zuletzt im Staatskirchenrecht[60].

Zur *Rezipientengemeinschaft* eines Staatsrechtslehrers gehört die *eigene „Schule"*[61]. So sehr die Zusammengehörigkeit der Schüler *Konrad Hesses* wohl eher im Persönlichen als im Sachlichen liegt, so groß ist doch die Wirkung des Lehrers in den Arbeiten seiner Schüler, insbesondere Habilitanden. Das zeigt sich nicht etwa bloß äußerlich in den Literaturverzeichnissen oder in den Fußnoten. Es manifestiert sich in der Sache. Freilich darf auch das Umgekehrte dankbar vermerkt werden: *K. Hesse* hat in einzelnen Partien seiner „Grundzüge" Arbeitsergebnisse seiner Schüler aufgegriffen: das gilt für das Verfassungsverständnis in bezug auf *A. Hollerbach*[62], für die Methodendiskussion in bezug auf *F. Müller*[63], für die Grundrechtssicht in bezug auf *P. Häberle*[64]. *Hesse* ist vor allem einzelnen (Mit)Schülern von *R. Smend* und diesem selbst[65] verbunden: er knüpft an *H. Ehmke* ebenso an wie an *R. Bäumlin* oder *H. Zwirner*[66].

---

59 Dazu oben Anm. 6.

60 Vgl. etwa den Aufsatz „Das Selbstbestimmungsrecht der Kirchen und Religionsgemeinschaften", in: HdbStKirchR, Bd. I (1974), S. 409 (430 ff.) zu den Schranken der für alle geltenden Gesetze: „Die Schrankenformel als Zuordnungsregelung".

61 Spezifische Rezeptionsvorgänge *Konrad Hesses* spielen sich auch in bezug auf seine „wissenschaftlichen *Enkel*" ab, d.h. auf die habilitierten Schüler seiner eigenen Schüler, vgl. etwa *G. Robbers:* H. Heller, Staat und Kultur, 1983, Sicherheit als Menschenrecht, 1987 (vermittelt über dessen „Habilitationsvater" *A. Hollerbach*), *B. Pieroth,* Rückwirkung und Übergangsrecht, 1981 (vermittelt über *F. Müller*) sowie *R. Stettner,* Grundfragen einer Kompetenzlehre, 1983, *A. Blankenagel,* Tradition und Verfassung, 1987, *H. Schulze-Fielitz,* Theorie und Praxis parlamentarischer Gesetzgebung, 1988 (diese drei vermittelt durch den Verf.) – *F. Hufen* wurde von *K. Hesse* promoviert (Gleichheitssatz und Bildungsplanung, 1975), von *H.-P. Schneider* habilitiert (Die Freiheit der Kunst in staatlichen Institutionen, 1982).

62 s. in bezug auf den Aufsatz „Ideologie und Verfassung", in: Ideologie und Recht, 1968, S. 37 ff., dazu *K. Hesse,* Grundzüge, 16. Aufl. 1988, S. 10; im Felde des Staatskirchenrechts vgl. *K. Hesse,* in: HdbStKirchR Bd. I (1974), S. 409, 434 f., 438.

63 Vgl. Grundzüge, 16. Aufl. 1988, S. 18, 26.

64 Grundzüge, S. 122 f., 134, 144; s. auch *K. Hesse,* Bestand und Bedeutung der Grundrechte in der BR Deutschland, in: EuGRZ 1978, S. 427 (434 f.).

Fragt man nach den Ursachen des großen Erfolges der „Grundzüge“, so ist zwischen den formellen und materiellen Gründen zu unterscheiden. In formeller Hinsicht besticht die Prägnanz, Sachlichkeit und Sparsamkeit der Ausführungen, aber auch die systematische Kraft der Gestaltung. Der Abstraktionsgrad ist hoch, was mitunter auf Kosten der pädagogischen Eignung für Jurastudenten in den *frühen* Semestern gehen kann. Das Buch führt stets zum Grundsätzlichen hin und es verliert sich nie in Einzelheiten. Gewiß, man mag manches vermissen, etwa die wirtschafts- oder die kulturverfassungsrechtliche Seite, die Entstehungsgeschichte des GG, auch Aspekte des Landesverfassungsrechts. Rezensenten haben dies z. T. moniert.

Die enge Verbindung von verfassungstheoretischer Grundsatzarbeit und Orientierung an der Praxis des BVerfG bildet einen weiteren Grund für die Rezeption des Buches. Es ist im besten Sinn „dogmatisch“ gearbeitet, ohne irgendwann „doktrinär“ zu werden. Vor allem hat *K. Hesse* wohl als erster ein systematisches *Gesamt*konzept der GG-Wissenschaft vorgelegt. Dank des Fehlens extremer Positionen ist das Buch in besonderem Maße für einen breiteren wissenschaftlichen Konsens prädestiniert. Es baut weder Freund/Feindpositionen[67] auf, noch bleibt es ohne sachliches Engagement. Das dürfte seiner ebenso breiten wie tiefen Rezeption in der Bundesrepublik Deutschland ebenfalls gedient haben. Seine integrierende Wirkung ist Folge eines integrierenden Denkstils. Dieser ist freilich auch kritisiert worden[68].

Nicht nur Kodifikationen „altern“, auch Lehrbücher können – müssen – „altern“ – so wie das GG seine „Interpretationsgeschichte“ hat. *K. Hesse* tat viel, um ein vorzeitiges Altern seiner „Grundzüge“ zu vermeiden. Zunächst dienten diesem Ziel (neben den „Ergänzungen“) die Neubearbeitungen, die regelmäßig erfolgten: in der 4., 8. und 12. Auflage. Ganz wird ein „Altern“ indes nicht zu vermeiden sein: Z. B. kann neue Literatur in Lehrbüchern nur mehr oder weniger summarisch nachgetragen werden, soll keine grundsätzliche Umarbeitung erfolgen. Sodann: So groß die Offenheit und Aufnahmebereitschaft eines einzelnen Staatsrechtslehrers für neue Entwicklun-

---

[65] Das Parteien-Referat ist besonders geprägt durch *R. Smends* Begriff des „Öffentlichen“ (VVDStRL 17 [1959], S. 11 [41 f.]); *Smend*-Zitate in: Grundzüge, S. 4, 202.

[66] Grundzüge, S. 8, 11, 31 *(Ehmke);* S. 10 f., 12 f. *(Bäumlin)* bzw. 131 *(Zwirner).* Zu *Ehmkes* Wirken von Freiburg: *Mein* Vorwort in: *H. Ehmke,* Beiträge zur Verfassungstheorie und Verfassungspolitik, 1981, S. 7 ff. (= oben S. 41 ff.).

[67] Charakteristisch für *K. Hesses* integriertes Denken ist sein Beitrag zur Diskussion um das Verhältnis von Staat und Gesellschaft (DÖV 1975, S. 437 ff.).

[68] Vgl. etwa *D. Göldner,* Integration und Pluralismus im demokratischen Rechtsstaat, 1977.

gen ist, die Literaturgattung des Lehrbuchs und das Generationenproblem ziehen hier „natürliche" Grenzen[69]. Der Autor eines juristischen Lehrbuchs vermag sich nicht auf gänzlich neue Paradigmen seiner Wissenschaft einzulassen – soweit es zu solchen kommen sollte. Das kann eher in begleitenden Aufsätzen geschehen. So hat sich *Hesse* verstärkt mit der verfahrensrechtlichen Seite der Grundrechte (seit der 12. Aufl., S. 151 ff.) befaßt, nachdem er den Aufsatz in der EuGRZ vorausgeschickt hatte (1978, S. 427 ff.).

K. Hesses „Grundzüge" sind fast so etwas wie Bestandteil der „politischen Kultur" der Bundesrepublik Deutschland geworden. Als *Lehrbuch* hat es das Staatsrecht von *T. Maunz* herausgefordert, viele spätere Lehrbücher hat es positiv oder als Kontrast „negativ" bzw. „alternativ"[70] geprägt. Darüber hinaus haben die „Grundzüge" im politischen Prozeß der Form oder der Sache nach große Wirkungen gezeitigt: die sog. „Verfassungsdebatte" des Deutschen Bundestages von 1974[71] hat auf Formulierungen zurückgegriffen, die direkt oder indirekt *Konrad Hesse* zu verdanken sind.

---

[69] *K. Hesse* hat Themen seines Lehrbuches später auch weiterhin in Aufsätzen ausgebaut: etwa den „kooperativen Föderalismus" (in der FS Gebhard Müller, 1970, S. 141 ff.), die „Verfassungswandlung" (in FS U. Scheuner, 1973, S. 123 ff.), die Grundrechtsdogmatik (EuGRZ 1978, S. 427 ff.).

[70] s. den Literaturvergleich von *H. P. Ipsen* in: AöR 106 (1981), S. 161 ff., von *W. Mallmann* in: JZ 1976, S. 219 ff.; i.S. von „alternativ" vgl. das stark *pädagogisch* gearbeitete Lehrbuch von *Ekh. Stein,* Staatsrecht, 1. Aufl. 1968, 10. Aufl. 1986 oder das intensiv auf das *Völkerrecht* und die Entstehung des GG sowie die Deutschlandfrage eingehende Staatsrecht der BR Deutschland von *K. Doehring,* 1. Aufl. 1975, 3. Aufl. 1984.

[71] In der sog. *„Verfassungsdebatte" des Deutschen Bundestages* vom 14. 2. 1974 (7. Wahlperiode, 79. Sitzung, Verh. Bd. 86, S. 5001 ff.) wird *K. Hesse* wörtlich zitiert durch den Abg. *Dürr* (SPD) mit dem Satz (a.a.O., S. 5068 [A]): „Der Staat des Grundgesetzes ist planender, lenkender, leistender, verteilender, individuelles wie soziales Leben erst ermöglichender Staat, und dies ist ihm durch die Formel vom *sozialen Rechtsstaat* von Verfassungs wegen als Aufgabe gestellt." *Dürr* fügt, ebd., hinzu: „Das stammt gar nicht von einem Sozialdemokraten, sondern von dem Staatsrechtslehrer Konrad Hesse". (Man hätte als Fundstelle zu ergänzen: Grundzüge, 6. Aufl. 1973, S. 86.) – Im übrigen verwandten mehrere Redner Begriffe, die der „Freiburger Schule" nahestehen: Vgl. etwa Abg. *Hirsch* (FDP), ebd. S. 5028 (A): „Wer das Grundgesetz als ein statisches Korsett begreifen will, wird es der Zerstörung preisgeben". – Abg. *Genscher* (FDP), ebd. S. 5053 (C und D): „Sie (sc. die Dynamik unserer Verfassung) liegt darin begründet, daß sie das Freiheitsproblem von zwei Seiten angeht. Sie bietet ein wohlsortiertes Instrument für die *Bewahrung und Verteidigung der Freiheit;* sie setzt aber zugleich weitausholende Ziele für die materielle und das heißt wohl auch für die soziale *Ausfüllung der Freiheit* … In zahlreichen Urteilen hat das Verfassungsgericht auf den Charakter des Grundgesetzes als einer *Verfassung der offenen Wege* hingewiesen." – Abg. *Vogel,* Ennepetal (CDU/CSU), ebd. S. 5072 (A): „Insofern ist dieses Grundgesetz sicherlich nicht nur staatliches Organisationsstatut. Es ist ebensowenig eine säkularisierte Heilsordnung, sondern *prinzipiell offen für alternative politische Programme*". –

Was wünschen wir uns für die „Grundzüge“? Daß sie noch oft, in stetigem Rhythmus neubearbeitet, fortgeführt werden: vielleicht auf einer Ebene, auf der auch Kritik an Einzelregelungen des *GG* geübt werden kann, um so der Verfassungspolitik Raum zu geben, so wenig „die Wirklichkeit gegen das GG spricht“!

4. Andere Formen und Form der Wirksamkeit des Staatsrechtslehrers: Würdigungen großer Gelehrter durch ebensolche enthalten oft – vielfach unbewußt – auch eine Aussage des Autors über sich selbst (zu studieren z.B. im Verhältnis *R. Smend/G. Leibholz* – Göttinger Gedächtnis-Rede 1976). Da *K. Hesse* seine Person stets hinter der Sache sein läßt, kann man ihm vielleicht dadurch ein wenig „auf die Spur“ kommen, daß man sich seine Äußerungen über *R. Smend* (AöR 87 [1962], S. 110 ff.; 97 [1972], S. 146 f.) und *W. von Simson* (AöR 103 [1978], S. 73 f.) vergegenwärtigt. Hier finden sich in der Tat Tendenzen, die etwas über ihn selbst „verraten“. Ich denke an *R. Smend* gewidmete Sätze (AöR 97 [1972], S. 146 f., mit „AöR“ gekennzeichnet, aber aus der Feder von *K. Hesse* stammend) wie: „in welchem Sinne der Jubilar durch Beispiel und behutsame Anleitung seine Schüler zu bilden suchte“; ich denke an die *W. von Simson* zugedachten Worte (AöR 103 [1978], S. 73 f.): „Er – *von Simson* – vermittelt ihnen (sc. seinen Schülern und Hörern) Beispiel und Vorbild, mehr als fachliche Kenntnisse, nämlich hohen Anspruch, geistige Offenheit und zugleich gesicherten Grund, ohne die es nicht möglich ist, den Aufgaben des Juristen in einer Zeit raschen Wandels gerecht zu werden“. Ich zitiere aus dem Nachruf auf *R. Smend* (ZevKR 20 [1975], S. 337): „Auch derjenige, der ihm nähergestanden hat, vermochte das Ganze seiner Person, das Innerste und Einzigartige seines Wesens nicht voll zu erfassen, umso weniger, als *R. Smend* nicht zu denen gehörte, die über sich selbst zu sprechen pflegen“. Und (ebd. S. 347): „Das Seltene, wenn nicht Einmalige liegt indessen in der Einzigartigkeit der Verbindung von Werk, Mensch und Leben, die die eigentliche Leistung dieses Lebens begründet und ihr neben dem wissenschaftlichen ihren menschlichen Rang gibt“.

Ein Feld des Wirkens von *K. Hesse* bedarf besonderer Betrachtung: die *deutsche Staatsrechtslehrervereinigung*. Ich meine nicht die Präsenz in den Fußnoten der Berichte – die „Grundzüge“ dürften hier der Form und der Sache nach zu den am meisten zitierten Büchern gehören, und hier harrt

---

Abg. *Gross* (FDP), S. 5077 (A): „Ein seiner selbst sicheres offenes System ... diese offene Ordnung ...“. – Staatsminister Prof. Dr. *Hans Maier* (CSU) ebd., S. 5090 f.: „Die Verfassung ist die rechtliche Grundordnung eines Staates ... Jeder weiß, daß Verfassungen sich entwickeln ... Aber in aller Entwicklung, die stets offen ist und die offengehalten werden muß, müssen Grundmaße unverrückt bleiben ... Ich räume ein: es gibt sicher Politiker, die zu lernen haben, daß eine Verfassung ein offenes System ist und daß man sie weiterentwickeln muß.“

ein weites Feld der wissenschaftlichen Nachbereitung[72]. Ich denke an das *persönliche* bzw. *mündliche* Wirken des Jubilars. *K. Hesse* amtierte von 1971–1973 (zusammen mit *P. Lerche* und *H. H. Rupp*) als Vorstand unserer Vereinigung und er war für einen großen Zeit-Abschnitt neben *U. Scheuner* und *H. P. Ipsen* ihr Chronist (AöR 97 [1972], S. 345 ff.; 99 [1974], S. 312 f.). In den Diskussionen hielt er sich gerne eher zurück. *Wenn* er aber sprach, dann kurz und bündig, gezielt und präzis – abschließend. Beispiele sind das Schlußwort auf der Wiener Tagung über die verfassungsrechtliche Stellung der politischen Parteien (VVDStRL 17 [1959], S. 115–117) oder das Votum zu „Die Kirchen unter dem GG" (VVDStRL 26 [1968], S. 137), gewiß nicht zuletzt dem Zweitberichterstatter *A. Hollerbach* zuliebe geäußert. Diese Wortmeldung ist vom Selbstverständnis her insofern ein „echter Hesse", als er „eigene frühere Arbeiten" von der Kritik nicht ausnimmt[73]. In Bern (VVDStRL 28 [1970], S. 132) hält *K. Hesse* dem Mit-Berichterstatter die Frage entgegen, wie dieser denn die *staats*theoretischen Grenzen der Gewissensfreiheit begründe, wenn nicht von der *Verfassung* her. Manche Adressaten dieser Kritik haben diese wohl bis heute nicht recht verstanden[74]! Dankbar war nicht nur ich als Mitberichterstatter für die Intervention in Regensburg (1971). *K. Hesse* (VVDStRL 30 [1972], S. 145) stellt hier manche Übereinstimmung zwischen den beiden Referenten fest (der andere war der so früh verstorbene *W. Martens*)[75] und er sprach von „beweglicher Vorwärtsverteidigung" in favorem des Zweitreferenten. Mag das vielleicht an Taktik und Strategie des Truppenführers des 2. Weltkriegs erinnern – es traf m. E. die Sache (freilich bin ich „befangen"). Ein vorläufig letztes Votum – präzise vor den Schlußworten der Referenten – findet sich in VVDStRL 39 (1981), S. 208. Gewiß hat nicht nur der Schülerkreis beim Thema „Verfassungsgerichtsbarkeit" (1980) darauf gewartet[76] – ein Referent war *J. P. Müller –, Hesse* warnt vor einer Über-

---

72 Zu den Zitiergewohnheiten etwa die Arbeiten von *R. Voigt/W. Luthardt*, Von Dissidenten und Klassikern, in: E. V. Heyen (Hrsg.), Historische Soziologie der Rechtswissenschaft, 1986, S. 135 ff.; *P. Häberle/A. Blankenagel,* Fußnoten als Instrumente der Rechtswissenschaft, Rechtstheorie 19 (1988), S. 116 ff.

73 Ein weiteres Beispiel etwa in Sachen „Koalitionsvereinbarung": Grundzüge, 16. Aufl., S. 70 Anm. 54.

74 Vielleicht aber erst und doch nach vielen Jahren in der Abweichenden Meinung *Mahrenholz/Böckenförde,* BVerfGE 69, 57, die freilich das „positive Kompetenzverständnis" von *H. Ehmke,* Wirtschaft und Verfassung, 1961, S. 111 nicht berücksichtigt (dies zu S. 60 ff. der Abw. Meinung).

75 Dazu *H.-U. Erichsen,* Wolfgang Martens zum Gedächtnis, in: GS für W. Martens, 1987, S. 5 (12 ff.).

76 Erwähnt sei auch das Votum in: C. Link (Hrsg.), Der Gleichheitssatz im modernen Verfassungsstaat, Symposion zum 80. Geburtstag von G. Leibholz, 1982, S. 75 bis 78. Denn es galt einem anderen großen Verfassungsrichter: *G. Leibholz;* es fand in einem Kreise statt, der fast einer „kleinen Staatsrechtslehrertagung" glich,

schätzung abstrakter Methodendiskussionen, er verweist sachlich auf den „guten Juristen". Ich erinnere mich noch, wie man damals in Innsbruck das Fallen einer Stecknadel hätte hören können: so gespannt war die Aufmerksamkeit im Blick auf das Votum des Meisters *und* Bundesverfassungsrichters! Freilich: Was macht den „guten Juristen" aus? Sicher der gute Jurist als Vorbild!

Damit komme ich zum *Lehrer K. Hesse.*

III. Konrad Hesse als akademischer Lehrer

Zum Kernbereich des Wirkens und Selbstverständnisses des Jubilars gehört sein für manche schon legendäres *Freiburger „Hesse-Seminar".* Es begann im Wintersemester 1956/57; zur „ersten Garde" jenes Jahres gehörte z.B. *Konrad Huber*[77]. Unvergessen sind die seinerzeitigen Kämpfe, an denen der damals erst „werdende Meister" seine kaum verhohlene Freude hatte, die Skiwochenenden auf dem Schauinsland bildeten weitere Höhepunkte, auch eine Fahrt zum BVerfG (1966) – ich erlebte damals den großen *A. Arndt* in Sachen Parteienfinanzierung, vgl. BVerfGE 20, 56[78, 79]. Was war das Unnachahmliche dieses sich in großer Kontinuität entwickelnden Seminars, das allenfalls im „Göttinger Smend-Seminar" ein gewisses Vorbild besaß? An erster Stelle gewiß die straffe Planung und Leitung durch *Konrad Hesse,* sodann dessen berühmte „Zusammenfassungen", die stets ins Grundsätzliche gehende Themenwahl, die Offenlegung der Denkvoraussetzungen und Methoden. Von den Teilnehmern her: eine Vielzahl eigenwilliger Köpfe, die auch (partei)politisch sehr unterschiedlich dachten und sich gegenseitig fast nichts „schenkten". Kurz: „das Seminar"[80] war eine Institution – eigentlich ohne Konkurrenz, Basis der von *R. Herzog*

---

so viele Kollegen waren gekommen, und es hatte die typische Struktur eines ad hoc-Diskussionsbeitrags (d.h. spontan, unmittelbar zur Sache und konzentriert i.S. *Hesses*). Zum Göttinger Symposion für G. Leibholz auch *mein* Beitrag in: AöR 107 (1982), S. 1 ff.

[77] Vgl. *K. Huber,* Maßnahmegesetz und Rechtsgesetz, 1963.

[78] Ein „Nachhall" in *meiner* Entscheidungsrezension: Unmittelbare staatliche Parteienfinanzierung unter dem GG, JuS 1967, S. 64 ff. (auch in: Kommentierte Verfassungsrechtsprechung, 1979, S. 173 ff.).

[79] Eingehend dazu *H.-R. Lipphardt,* Die Gleichheit der politischen Parteien vor der öffentlichen Gewalt, 1975.

[80] Die aus dem Freiburger *Hesse*-Seminar heraus entstandenen *Dissertationen* sind verzeichnet in *Bibliographie Konrad Hesse,* hrsg. von P. Häberle und A. Hollerbach, als Manuskript gedruckt bei C. F. Müller, Heidelberg/Karlsruhe, 1979, S. 25 bis 30. Zu ergänzen sind (seit 1979): *R. Wellbrock,* Persönlichkeitsschutz und Kommunikationsfreiheit, 1982; *M. Kleine-Cosack,* Berufsständische Autonomie und Grundgesetz, 1986; *G. Hermes,* Das Grundrecht auf Schutz von Leben und Gesundheit. Schutzpflicht und Schutzanspruch aus Art. 2 Abs. 2 Satz 1 GG, 1987; *W. Kau,*

zum Ärger nur weniger sogenannten „Freiburger Schule" (Allgemeine Staatslehre, 1971, S. 222). Es behielt seine unverwechselbaren Konturen auch in der Zeit, da *H. Ehmke* (seit 1961/62) ebenfalls ein erstklassiges Seminar aufbaute – *K. Hesse* war ihm freundschaftlich verbunden wie später *Werner von Simson,* zuvor dem so früh verstorbenen *Karl Zeidler* (vgl. dazu den Nachruf in: JZ 1962, S. 779 f.), heute *Ernst Benda.*

Ein Wort zum Menschen *K. Hesse,* vielleicht darf man mit *U. Scheuner* sagen, es fehle ihm, wo nötig, nicht an „sanfter Unnachgiebigkeit"; auch ließe sich von fast „abgründiger Bescheidenheit" sprechen.

Um von den *Schülern* her zu fragen: Was beeindruckt uns an *K. Hesse* besonders? Ihr Wirken, verehrter Herr *Hesse,* ist persönlich wie fachlich von schlichter Sachlichkeit geprägt; sie hat ihre eigene Würde (und Sittlichkeit) – was selten genug ist in unserer so extrovertierten und ökonomisierten Zeit. Diese Sachlichkeit ist eine „Vokabel der Freiheit"[81], von der wir alle leben. Maß und Selbstbescheidung sind weitere Elemente Ihrer Persönlichkeit wie sie auf uns als Vorbild ausstrahlt. Vor allem aber ist es Ihre Unbestechlichkeit in jeder Hinsicht, die uns leitete, gelegentlich disziplinierte und überforderte, aber bis heute fasziniert. Es gibt viele offene und verdeckte Gefährdungen der Autonomie der Wissenschaften bis hin zu unbewußten Formen von Korruption auch und gerade der Staatsrechtslehre: von der Vielzahl wechselnder (*un*veröffentlichter) Auftragsgutachten über die nicht pluralistische Berufungspolitik bis zum „Fernseh-" und „Parteitags-Professor". Keiner sind Sie erlegen. (Man denke an Ihre Mitwirkung bei der Berufung des *Forsthoff*-Schülers *K. Zeidler* aus Heidelberg und später auch anderer aus derselben „Himmels-Richtung".)

Was haben wir von Ihnen im Seminar gelernt, was könnten wir bis heute lernen? Vor allem die Fairness in der Auseinandersetzung mit Gegenmeinungen, die rigorose Frage nach den Denkvoraussetzungen bei sich selbst und anderen, die Beherrschung der Emotionen, die Bereitschaft, sich auf neue Entwicklungen einzustellen. Die Unabgeschlossenheit des eigenen Standpunktes vor Augen zu haben, gehört ebenfalls dazu! In der Tiefe aber der „spezifisch verfassungsrechtliche" Ansatz. Der sorgsame Umgang mit dem Verfassungstext, die Interpretation und das Gewissen als Instanz, beides ein protestantisches Element, wissenschaftstheoretisch wie -praktisch, so gefiltert, sublimiert, vielleicht auch „gebrochen" es sein mag ...

Die Staatsrechtslehre als Wissenschaft ist für Sie kein „Fach", kein Forum für changierende Ideen und Paradigmen, sondern höchstpersönliche Herausforderung. Darum Ihre Pflicht zur rigoros gehandhabten Selbstdiszi-

---

Vom Persönlichkeitsschutz zum Funktionsschutz, (1987), i.E.; *T. Heidel,* Verfassungsfragen der Finanzierung von Privatfunk durch Werbung, 1988.

[81] I.S. von *H. Domin,* Das Gedicht als Augenblick von Freiheit, 1988, S. 52.

plin, darum Ihre systematisierende Kraft, darum die unerbittliche Wahrheitssuche. Zur heutigen Feier haben Sie sich eher drängen lassen[82], obwohl doch Ihr Lieblingsdichter *Thomas Mann* zu seinem 50. Geburtstag sagte: „Es gibt verschiedene Arten, sich an Jubiläumstagen zu verhalten. Man hört von Jubilaren, die an solchen Tagen sozusagen in die Wüste gehen, um sich „den Ehrungen zu entziehen", und das wird wohl als Zeichen der Bescheidenheit und Abneigung gegen äußeren Tand gewürdigt. Ich habe es nicht so gemacht, und zwar nicht aus einem unüberwindlichen Verlangen, mich feiern zu lassen, sondern weil ich finde, daß man dem Leben gehorsam sein und darin seinen Mann stehen und auch die Feste feiern soll, wie sie fallen".

IV. Konrad Hesse als Bundesverfassungsrichter

„Konrad Hesse als Bundesverfassungsrichter in Karlsruhe"[83] bezeichnet ein vielschichtiges Thema, das wohl erst viel später angemessen gewürdigt werden kann[84]. Dem heutigen Betrachter dieser großen Zeit von 1975 bis 1987 stellen sich folgende Fragen:

1. Wie wirkte *Konrad Hesse* in „seinem", dem Ersten Senat, sei es als Berichterstatter, sei es als „einfaches" Mitglied des Gremiums?

Ein Karlsruher Mitarbeiter des Jubilars, Herr *Harald Klein,* übrigens mein Augsburger Doktorand[85], hat zum 65. Geburtstag (1984) in einem

---

[82] Vgl. immerhin den Lexikon-Artikel: *K. Hesse,* Feste, Feiern (rechtlich), in: RGG, Bd. II, 3. Aufl. 1958, Sp. 923 f.

[83] Die FAZ vom 6. 9. 1975, S. 2 bzw. *F. K. Fromme* schrieben u. a.: „Der neutrale Kandidat der anderen (sc. der SPD/FDP-)Seite ist der Verfassungsrechts-Professor Konrad Hesse aus Freiburg, 56 Jahre alt, ein im Fach hoch angesehener Gelehrter, Verfasser unter anderem des Buches ‚Grundzüge des Verfassungsrechts'." Sie meldet am 20. 9. 1975 die Wahl *Hesses* seitens des Bundesrates (S. 1 und 2). *Hesse* wurde Nachfolger von *T. Ritterspach.* – Die *Badische Zeitung* vom 20./21. 9. 1975 schreibt einen Bericht unter dem Titel „Vom Verfassungsprofessor zum Verfassungsrichter". In ihm heißt es u. a.: „Die Freiheit der Diskussion und die geistige Weite, auch die glückliche Zusammensetzung der Schüler, die aus allen Gegenden der Bundesrepublik stammen, werden von Hesse bescheiden gelobt, aber der Lehrer selbst ist bekannt dafür, daß er mit seiner ihm so charakteristischen Sachlichkeit und Duldsamkeit, auch mit großer Strenge in Qualitätsfragen, das günstige Klima schafft." Und: „Die Fakultät wird das Arbeitspferd Hesse noch vermissen. Bundesminister Maihofer vor allem hat diese Kandidatur betrieben" ... „Das Gericht kann von Hesses abwägender fairer Art nur profitieren."

[84] Eine Würdigung von *K. Hesse* aus Anlaß seines 60. Geburtstags findet sich in FAZ vom 29. 1. 1979, S. 4 aus der Feder von *F. K. Fromme:* der ihm „praktizierte Unabhängigkeit" bescheinigt, auch „dezidierten Willen", aber auch Skrupel beim „Finden des Richtigen". – Die *Badische Zeitung* vom 28./29. Januar 1984 vermerkt: „Er (sc. *K. Hesse*) hat das Profil der Judikatur dieses (Ersten) Senats unter seinem jetzt aus dem Amt geschiedenen Präsidenten Benda unverkennbar mitgeprägt."

schon damals dicken Band die Entscheidungen zusammengestellt, die *Konrad Hesse* als Berichterstatter zu verantworten hatte[86]. Bereits die Zahl der Grundsatzjudikate ist groß und eindrucksvoll. Bekannt und in jeder Hinsicht ins Auge springend sind etwa das Mitbestimmungsurteil (E 50, 297 ff.), Entscheidungen zur Meinungs- und Pressefreiheit (E 54, 148 [Eppler/CDU]; 54, 208 [Böll/Walden]) sowie die sog. „Fernsehurteile" (E 57, 295; 73, 118; 74, 297), von denen einige im Schrifttum freilich unter massiven Beschuß gerieten[87]. Aber auch viele weniger spektakuläre, indes für den Alltag wichtige sonstige Entscheidungen finden sich: z.B. E 55, 32 (Kirchenaustritt); E 59, 231 und 64, 256 (Freie Rundfunkmitarbeiter); E 68, 193 und 70, 1 (Kostendämpfung). Allesamt wirken sie knapp, präzise, sachlich, nüchtern, ohne großes Dekor. Die von Vizepräsident *E. G. Mahrenholz* jüngst geforderte „gerade strikte Linie der Begründung"[88] war jeden-

---

[85] *Harald Klein,* Koalitionsfreiheit im pluralistischen Sozialstaat, 1979.

[86] BVerfGE 42, 42 (Privatrundfunk Saarland); 42, 143 (DGB); 42, 163 (Echternach); 43, 27 (§ 184 Abs. 1 Nr. 7 StGB [I]); 43, 126 (Selbstablehnung [Zwischenentscheidung]); 43, 130 (Politisches Flugblatt); 44, 37 (pr. Kirchenaustrittsgesetz); 44, 59 (hess. Kirchensteuergesetz); 46, 120 (Direktrufverordnung); 46, 246 (Halbfettmargarine); 46, 315 (Rechtl. Gehör [Öltank]); E vom 7.12.1977, unveröffentlicht (Mietrecht [§ 93a Abs. 4 BVerfGG]); E 47, 109 (§ 184 Abs. 1 Nr. 7 StGB [II]); 48, 394 (Rechtl. Gehör [Schriftsatzfrist]); 49, 217 (Mitbestimmung [Zwischenentscheidung]); 50, 290 (Mitbestimmung); E vom 3. 4. 1979, unveröffentlicht (Erdölbevorratung [Prozeßentscheidung]); E 51, 146 (Wiedereinsetzung); 51, 166 (Benzinqualitätsangabenverordnung); 51, 188 (Art. 103 Abs. 1 GG); 51, 295 (Zweitschuldnerhaftung); 52, 283 (Tendenzschutz); 53, 115 (Wiedergutmachung); 53, 135 (Kakao-Puffreis [UWG]); 54, 129 (Kunstkritik); 54, 148 (Eppler ./. CDU); 54, 208 (Böll ./. Walden); 55, 32 (Kirchenaustritt [Übergangsfrist]); 57, 295 (Privatrundfunk im Saarland); E v. 14.7.1981, unveröffentlicht (Mieterhöhungsverlangen); E 59, 231 (Freie Rundfunkmitarbeiter); 60, 234 (Kredithaie); 61, 1 („CSU ist NPD von Europa"); 61, 126 (Erzwingungshaft); 62, 230 (Boykottaufforderung); 63, 131 (Gegendarstellung); 64, 108 (Zeugnisverweigerung); 64, 203 (Rechtliches Gehör); 64, 256 (Freie Rundfunkmitarbeiter II); 65, 248 (Preisangabenverordnung); 65, 297 (HOA I); 66, 116 (Springer ./. Wallraff); 68, 193 (Kostendämpfungs-Ergänzungsgesetz [Zahntechniker]); 68, 334 (Preisangabenverordnung [Nichtannahme durch Senat]); 70, 1 (Kostendämpfungs-Ergänzungsgesetz II); 70, 93 (Grenzabstand bei Pflanzungen); 70, 115 (Vertragsdauer von Versicherungsverträgen); 70, 126 (Zahlungspflicht trotz Kündigung des Versicherungsvertrags); 71, 108 (Politische Plakette); 71, 206 (§ 353d StGB); 71, 350 (Frühmagazin in „Radio Stuttgart" [e.A.]); unveröffentlichte E vom 25. 2. 1986 (Rechtl. Gehör [Nichtannahme durch Senat]); E 73, 330 (Richterablehnung Dr. Simon); 73, 118 (Nds. Landesrundfunkgesetz); 74, 69 (Rechnungshofkontrolle beim SDR); 74, 297 (Landesmediengesetz Baden-Württemberg).

[87] Z.B. *W. Schmitt Glaeser,* DVBl. 1987, S. 14 ff.; *ders.,* DÖV 1987, S. 837 ff.; s. auch *R. Scholz,* JZ 1981, S. 561 ff.; *K. Seemann,* DÖV 1987, S. 844 ff.; differenziert soeben *H. Goerlich/B. Radeck,* JZ 1989, S. 53 ff.

[88] Zit. aus einem Sonntagsgespräch mit dem Deutschlandfunk, zit. nach FAZ vom 12.12.1988, S. 6.

falls immer die Linie von *K. Hesse.* Ein Problem steckt in der Frage, warum der Jubilar selbst *kein Sondervotum* verfaßt hat. Konnte er sich dank seiner sachlichen Argumentation im Senat im Prinzipiellen meist „durchsetzen"? War er kompromißbereit? Widersprach es seinem Verständnis vom richterlichen Amt, durch Sondervoten aus dem Kreis der Mitrichter herauszutreten? Wir Schüler bzw. Freunde hätten uns – aus „kollektiver Eitelkeit" – vielleicht über eine gelegentliche „Abweichende Meinung" gefreut, zumal es ja gute Gründe *für* diese Einrichtung gibt – jedenfalls wenn man Verfassung als öffentlichen Prozeß begreift, in dem das Sondervotum ganz spezifische Funktionen erfüllt[89] –, man denke nur an die großen Sondervoten von Frau *Rupp-von Brünneck* und *H. Simon,* mit beiden verbindet *K. Hesse* mehr als bloße Kollegialität! Es ist freilich auch denkbar, daß das individuelle Bedürfnis eines Verfassungsrichters, der als Wissenschaftler die „Grundzüge" (und nicht nur sie) geschrieben hat, Sondervoten abzusetzen, ganz schlicht geringer ist[90].

Über die Willensbildungsvorgänge *in* den Senaten des BVerfG wird viel spekuliert[91]. Um uns kurz darauf einzulassen: In den gewiß auch vorkommenden „einstimmenden" allgemeinen, vermutlich mitunter rechtspolitischen Diskussionen in den Plenarsitzungen wird sich *K. Hesse* eher zurückgehalten haben: um sich dann sofort und intensiv dort zu engagieren, wo es

---

[89] Dazu *P. Häberle,* Kommentierte Verfassungsrechtsprechung, 1979, S. 24 ff. Aus der weiteren Literatur: *K.-G. Zierlein,* Erfahrungen mit dem Sondervotum beim BVerfG, DÖV 1981, S. 83 ff. – Eher kritisch: *T. Ritterspach,* Gedanken zum Sondervotum, FS W. Zeidler, Bd. 1, 1987, S. 1979 ff. – Soweit ersichtlich gibt es nur *ein* Sondervotum zu einer von *K. Hesse* als Berichterstatter verantworteten Entscheidung: SV *Heußner,* E 59, 273 f.

[90] Gewiß wird sich der Staatsrechtslehrer *als Autor nicht* in jedem Falle eines „Unterliegens" als Verfassungsrichter zu einem Sondervotum oder einer neu oder wieder zu formulierenden literarischen Meinung gedrängt sehen. Eine wissenschaftliche Erforschung der *gruppendynamischen* Prozesse innerhalb des Senats oder auch des BVerfG im ganzen ist nicht möglich. Zu fragen wäre indes, ob der Autor eines Standard-Lehrbuches mit seinen wissenschaftlichen Meinungen im Senat besonderes Gewicht hat. Speziell bei *K. Hesse* wäre auch zu erörtern, ob und inwieweit seine richterliche Tätigkeit Rückwirkungen hat auf seine wissenschaftlichen Publikationen: sei es in der Fortschreibung des Lehrbuches, sei es in Themenwahl und -ausführung von Aufsätzen (z.B. in FS H. Huber, 1981, S. 261 ff.; in EuGRZ 1978, S. 427 ff.). Ferner: darf oder soll das Gericht den tatsächlichen Einfluß des Staatsrechtslehrers auch nach außen dokumentieren, d.h. in Zitaten zum Ausdruck bringen (wie relativ häufig bei *G. Leibholz* [z.B. E 1, 208 [225, 249]; 8, 51 [64]), sehr häufig bei *H. C. Nipperdey* für das BAG, bei *E. Friesenhahn* z.B. BVerfGE 22, 49 [76, 80]; 24, 33 [51]; 33, 23 [27]; auch 37, 363 [380 f., 382]; 47, 327 [368]; 53, 366 [394]; 54, 100 [110]; 55, 274 [327]).

[91] Die wissenschaftliche Erforschung hat es insofern nicht leicht, als die Beratungen des BVerfG bekanntlich *geheim* sind (anders das Schweizer Bundesgericht, dazu *J. P. Müller,* VVDStRL 39 (1981), S. 53 (82) und ebd. S. 210 (Diskussion); aus der Diskussion dazu *P. Häberle,* ebd. S. 203).

konkret wurde und um die „juristische Sache" ging. Man mag rätseln, auf welcher Seite der Mutlangen- (mit Verlaub schwer verständlichen) 4:4-Entscheidung er wohl stand (E 73, 206)[92], auf der das Urteil „nicht tragenden" etwa wegen des Bestimmtheitserfordernisses (bzw. des Analogieverbots [vgl. ebd., S. 244])?

Man mag sich fragen, ob *Hesse* die Aufgabe der „Sphärentheorie" in Sachen Privatheitsschutz im Volkszählungsurteil (E 65, 1) für richtig hielt, ob er im Brokdorf-Beschluß (E 69, 315)[93] tendenziell eher zur Einschränkung der obiter dicta riet, wie überhaupt zu erörtern wäre, was hier in den ausführlichen Gründen doch *nicht* steht (!) (z.B. die Lehre vom „zivilen Ungehorsam")[94]. Solche Mutmaßungen über *K. Hesse* seien hier abgebrochen. Greifbar ist nur, daß seit dem allgemeinen „Revirement" in Karlsruhe (1987) wohl eine leichte Akzentverschiebung des „Kurses" des BVerfG eingetreten ist: nicht Arbeits*beschaffung*, sondern Arbeits*erleichterung* könnte der Titel einer AöR- oder JZ-Glosse sein – mehr als eine „Glosse" dürfte man um der eigenen Seriosität willen auch gar nicht wagen! Manches scheint man durch „liegen lassen" oder vom Prozessualen her „lösen" zu wollen. Es gibt keine „Gerichtstage" der „Benda-Zeit" mehr, weniger Senatssitzungen, mehr Kammerbeschlüsse. Herr *Grimm* erklärt dies mit der Zeit, die jeder neue Richter für die Einarbeitung brauche.

2. Welche direkte, in *Zitaten* belegbare Ausstrahlungswirkung läßt sich in den Entscheidungen (vor allem auch des Zweiten Senats) nachweisen?

Da das BVerfG zum Ärger nicht weniger Kollegen[95] in seiner Zitierweise eigenwillig, punktuell, mitunter fast zufällig (?) vorgeht und vieles *ohne* Zitat übernimmt, was die Wissenschaftlergemeinschaft erarbeitet hat (m.E. darf es dies, und wir sollten nicht gekränkt sein, wenn der eigene Name „unter den Tisch" fällt), seien nur die Entscheidungen genannt, in denen das BVerfG selbst ausdrücklich auf den Jubilar *K. Hesse* verweist. Das ist recht häufig geschehen[96, 97].

---

[92] Vgl. die Kritik von *C. Starck,* JZ 1987, S. 145 ff.

[93] Dazu *H. Schneider,* DÖV 1985, S. 783 ff; *V. Götz,* DVBl. 1985, S. 1347 ff.

[94] Dazu obiter dicta in E 73, 206 (250 ff.).

[95] Vgl. *H. H. Rupp,* Zum „Mephisto-Beschluß" des BVerfG, DVBl. 1972, S. 66 (67).

[96] Vgl. oben Anm. 6 sowie E 20, 56 (101 f.); 37, 363 (381, 383); 42, 312 (322); E 52, 223 (242); 53, 366 (401); SV Simon/Heußner E 53, 69 (71); SV Rottmann E 53, 408 (410).

[97] Es lohnte einmal, die Zitiergewohnheiten des Gerichts eigens zu untersuchen. Zwei Fragen stellen sich: wie zitiert das Gericht *tatsächlich* und wie *sollte* es zitieren? Die Bestandsaufnahme ergibt, daß das BVerfG nicht selten ganze Namensketten und Fundstellen-Agglomerate zusammenstellt (z.B. E 73, 206 [232 f.]), manchmal bleibt es ganz enthaltsam, zuweilen setzt es Kontroversen einfach voraus. So wurden weichenstellende Passagen fremder Autoren *ohne* Literaturhinweise schlicht

Im übrigen ist das Verhältnis von Staatsrechtslehre und Bundesverfassungsgericht komplex. Es wäre auch in seinen prekären Aspekten zu diskutieren, etwa in Gestalt der Frage, ob für die Staatsrechtslehrer und ihr „Juristenrecht" angesichts der Vorherrschaft des Richterrechts des BVerfG überhaupt noch Platz bleibe[98].

Als Richtschnur sei die These vom Verhältnis eines wechselseitigen Gebens und Nehmens formuliert. Vor allem hat die *Wissenschaft* dem Gericht gegenüber „Vorarbeit" zu leisten[99]. „Kommentierte Verfassungsrechtsprechung"[100] („Nacharbeit") ist ein weiteres Stichwort zur Kennzeichnung dieses Prozesses. So viel über das Verhältnis zwischen Verfassungsgerichtsbarkeit und *politischem* Prozeß bisher nachgedacht wurde[101], so sehr bedarf das Verhältnis zwischen der Verfassungsgerichtsbarkeit und dem *wissenschaftlichen* Prozeß noch der Klärung.

Im heutigen Rückblick darf die in Personalunion bei *K. Hesse* geglückte Synthese von Staatsrechtslehre und Verfassungsrichterschaft als Glücksfall gewertet werden (wie zuvor bei *E. Friesenhahn* und *G. Leibholz*). Es konnte der Wirkung und dem Ansehen der deutschen Staatsrechtslehre nur zugute kommen, wenn einer ihrer maßvollen und selbstdisziplinierten Repräsentanten Mitglied des Bundesverfassungsgerichts wurde. Umgekehrt dürfte das BVerfG seinerseits von der Mitgliedschaft des Staatsrechtslehrers *K. Hesse* viel Nutzen gezogen haben: das zeigt sich in den von ihm als

---

übernommen, z. B. für die Bundestreue *(R. Smend)* in E 6, 309 (361 f.) – erst später wird sein Name nachgetragen (E 12, 205 [254]) –, z. B. so für *F. Müllers* Unterscheidung zwischen „Werk"- und „Wirkbereich" der Kunstfreiheit (E 30, 173 [189]), „wiedergutgemacht" in E 67, 213 (225, 226 f.) oder für den Satz aus *P. Häberle,* VVDStRL 30 (1972), S. 43 (96), das Freiheitsrecht wäre ohne die tatsächlichen Voraussetzungen, es in Anspruch nehmen zu können, wertlos (E 33, 303 [331]), bzw. den Möglichkeitsvorbehalt (E 33, 303 [333] bzw. VVDStRL 30 [1972] S. 115 und LS 39). – Zum Problem normativer Anforderungen an die Zitierweise: In Fragen, die dicht an Kontroversen der sog. „Fachgerichte" anknüpfen, tut das BVerfG wohl gut daran, die einschlägige Literatur genauer zu benennen, das empfiehlt sich aus funktionell-rechtlichen Gründen (dazu allgemein *K. Hesse,* Grundzüge, S. 30 ff.). Zu unterscheiden ist auch zwischen Verweisen auf Äußerungen der Wissenschaft oder Entscheidungen anderer Gerichte (z. B. E 69, 315 [354]).

98 Dazu etwa *P. Badura,* in: Grundrechtsverständnis und Normenkontrolle. Kolloquium für H. Spanner, hrsg. von K. Vogel, 1979, S. 56 ff.; *P. Häberle,* Kommentierung statt Verfassunggebung?, DVBl. 1988, S. 262 (264 f. Anm. 21).

99 Dazu *P. Häberle,* VVDStRL 39 (1981), S. 202 f. – Diskussion.

100 I. S. *meines* gleichnamigen Buches von 1979.

101 Vgl. aus der Literatur etwa *K. Stern,* Verfassungsgerichtsbarkeit des Bundes und der Länder, 1978; *Ch. Starck,* Das Bundesverfassungsgericht im politischen Prozeß der Bundesrepublik, 1976; *G. F. Schuppert,* Funktionell-rechtliche Grenzen der Verfassungsinterpretation, 1980. – Eine breite Rezeption der These von *K. Hesse* zuletzt in: *G. F. Schuppert,* Self-Restraints der Rechtsprechung, DVBl. 1988, S. 1191 ff.

Berichterstatter betreuten „großen" Entscheidungen, aber auch in der täglichen Kleinarbeit bis in die „Dreier-Ausschüsse" hinein. Implizite ist so manche Entscheidung des BVerfG ein „Kommentar" zur Staatsrechtslehre – so wie umgekehrt die Verfassungsgerichtsbarkeit von der Kommentierung durch die Wissenschaft lebt.

Die offene Gesellschaft der Verfassungsinterpreten lebt von (und in) vielen Arten von „Kommentierungen" und von vielen Personen als Interpreten. Verbindet sich in einer einzigen Juristenpersönlichkeit das wissenschaftliche Lehrbuch (und Lebenswerk) mit dem Amt des Verfassungsrichters, so ist dies eine Chance für die ganze Interpreten-Gemeinschaft: *K. Hesse* hat sie optimal wahrgenommen, wir alle haben Gewinn davon.

V. Schluß: Dank und Wünsche

Zuletzt ein Wort des *Dankes* und die Formulierung unserer *Wünsche:* Der Dank gilt dem gastgebenden Ehepaar *Ilse* und *Konrad Hesse* (auch Tochter *Regine* und Sohn *Albrecht,* samt ihren Familien): *Dank* für diesen Tag, Dank der Schüler für Bildung und Ausbildung, Treue und Geduld, Toleranz und Strenge; Dank gewiß aller hier versammelten Freunde und Kollegen von auswärts. – Die *Wünsche:* sie beziehen sich auf Gesundheit, Glück und Schaffenskraft im nächsten Jahrzehnt. Möge jetzt vieles an Erfahrung aus der Zeit *im* BVerfG als „Ernte" in die Kammern der Wissenschaft, Ihrer Wissenschaft, verehrter Herr *Hesse,* eingebracht werden. Die „Grundzüge", Teil der politischen Kultur des GG, mögen weiter wachsen: teils „parallel" zu unserem bald 40-jährigen GG, teils gemeinsam mit ihm oder ihm voraus: in jenem Verbund, der schon die letzten 22 Jahre kennzeichnet. Große Literatur kann ein „Wachstumsring" und „Wachstumsferment" lebender Verfassungen sein. Das „Altern" ist weder unserem Jubilar ein menschliches Problem, noch seinen „Grundzügen" ein wissenschaftliches. Auch dafür Dank![102]

---

[102] Nachtrag: Zum 70. Geburtstag von *K. Hesse* erschienen folgende Würdigungen: *F. K. Fromme,* FAZ vom 28. 1. 1989, S. 4; *P. Lerche,* NJW 1989, S. 281; *E. Benda,* DÖV 1989, S. 119; Bad. Ztg. vom 28. 1. 1989; Badische Neueste Nachrichten vom 28. 1. 1989; *P. Häberle,* AöR 114 (1989), S. 1–6. – *K. Hesse* erhielt am Verfassungstag (23. Mai 1989) den *Dr. jur. h. c.* der Juristischen Fakultät der Julius-Maximilians-Universität Würzburg.

Begegnungen von Staatsrechslehre und Literatur*

Peter Schneider zum 70. Geburtstag (1990)

1. Das Verhältnis von Literatur und Recht, von Literaten und Juristen, von Dichtung und Rechtswissenschaft hat längst seine „Klassiker“: etwa in Gestalt von *H. Fehr,* Das Recht in der Dichtung (1931) und Die Dichtung im Recht (1936), *Erik Wolf,* Das Wesen des Rechts in deutscher Dichtung (1946) sowie *E. Wohlhaupters* „Dichterjuristen“ (1953-57). Kein Geringerer als *G. Jellinek* hat schon 1882 ein Werk der „schönen Literatur“ angezeigt (Grünhuts Zeitschrift, IX, 1882, S. 438), *J. Kohler* schrieb bereits im Bismarck-Reich über „Shakespeare vor dem Forum der Jurisprudenz“ (Neudruck der 2. Aufl. 1919, Neudruck 1980), und der Rechtsphilosoph *E. Fechner* befaßte sich 1952 mit *Stifters* „Witiko“ als „Bilderbuch der Rechts- und Staatsphilosophie“. Wohl kein Jurist hat Klassikertexte der Dichter aber so in sein eigenes Werk *integriert* wie *G. Radbruch* (Rechtsphilosophie, 5. Aufl. 1956; Kleines Rechtsbrevier, 1954).

Nach diesen Pionierarbeiten eroberte sich das Thema viele Literaturgattungen und Foren. Erinnert sei aus jüngerer Zeit an *H. Sendlers* Berliner Vortrag vor der dortigen juristischen Gesellschaft: „Über Michael Kohlhaas – damals und heute“, 1985, an *A. Kaufmanns* Studie „Beziehungen zwischen Recht und Novellistik“ (1987), an den von *M. Kilian* 1987 herausgegebenen Sammelband „Jurisprudenz zwischen Techne und Kunst“ oder an des Rezensenten Büchlein „Das Grundgesetz der Literaten“, 1983 (dazu z.B. *H. Rosendorfer,* JZ 1985, S. 176 f.). In einem Werk über *H. Broch* (hrsg. von P. M. Lützeler, 1986, S. 289 ff.) findet sich der Beitrag eines Staatsrechtslehrers über *Brochs* demokratie- und völkerbundstheoretische Schriften (von *W. Graf Vitzthum*)[1]; ein Politikwissenschaftler, *T. Stammen,* schreibt über *H. v. Kleist* als politischen Denker (Freiburger Universitätsblätter, Heft 91, 1986, S. 59 ff.), und ein Festschriftenbeitrag (von *H. Müller-Dietz,* in FS H. Leferenz, 1983, S. 353 ff.) befaßt sich mit „Strafrecht und Psychiatrie im Werk *Robert Musils*“, ein anderer (von *E. E. Wieser*) mit dem „Ring des Nibelungen im Lichte des Zivilrechts“ (in: FS Erw. Stein, 1983, S. 383 ff.), und in

---

* Zugleich Besprechung von: *Peter Schneider:* „... ein einzig Volk von Brüdern“. Recht und Staat in der Literatur. Frankfurt a. Main: Athenäum-Verlag, 1987. 390 Seiten. DM 48,–.

[1] s. auch *P. Pernthaler,* Das Bild des Rechts in drei Werken von *Franz Kafka,* in: Ged.-Schrift für Marcic, 1. Bd. 1974, S. 259 ff.

der „Zeitschrift für Deutsche Philologie" (1983, S. 161 ff.) stößt man unversehens auf eine Abhandlung (von *A. Wierlacher)* über „*Goethes* Iphigenie auf Tauris als Drama des Völkerrechts". Schließlich findet sich in der Zeitschrift für Rechtspolitik ein „Dank an *Kurt Tucholsky"* (von *H. Wrobel,* ebd. 1985, S. 313 ff., mit Erwiderung von *F. K. Fromme,* ZRP 1986, S. 60 ff.), im Kleist-Jahrbuch 1988/89 eine Studie von *J. Rückert* über „‚Kohlhaas' als moral- und rechtsphilosophische Stellungnahme".

Diese bunte Auswahl will nur verdeutlichen, daß das Thema „Literatur und Recht" heute alle Literaturgattungen erreicht hat, daß an ihm Vertreter aller juristischen Teildisziplinen arbeiten – von der Rechtsphilosophie über die Staatsrechtslehre und Rechtsgeschichte bis zur Zivil- und Strafrechtslehre (dazu umfassend *H. Müller-Dietz,* Literatur und Kriminalität, JZ 1984, S. 699 ff.) und daß umgekehrt die Germanistik bzw. Literaturwissenschaft Rechts-Themen der Dichter mit den Mitteln ihrer Wissenschaft erarbeiten (vgl. etwa *H. H. Hiebel,* Das Zeichen des Gesetzes, Recht und Macht bei *Franz Kafka,* 1983). Wenn die zahlenmäßig am meisten verbreitete Fachzeitschrift „NJW" seit Jahren „Themenhefte" „Literatur und Recht" publiziert[2], so bringt dies auch äußerlich zum Ausdruck, daß Dichtung und Literatur bzw. Recht und Rechtswissenschaft in ihrer Zusammengehörigkeit sich heute als eigenes Forschungsfeld etabliert haben[3]. Daß darin ein Indiz für die *kulturelle Dimension* der Rechtswissenschaften liegt, sei hier nur angemerkt.

2. *P. Schneider* umkreist sein „Lebensthema" seit den 40er Jahren. Schon 1943 behandelt er „*Gottfried Kellers* Staatsauffassung" (Privatdruck), 1947 schreibt er über den „Rechtsgedanken *Adalbert Stifters"* (Neue Schweizer Rundschau, 1947) und Teile des hier anzuzeigenden Buches, das gleichsam in „Jahresringen" entstand, sind anderwärts bereits veröffentlicht worden (z.B. Die Staatstheorie in *Friedrich Schillers* Wilhelm Tell, Festschrift für Werner Kägi, 1979, S. 351 ff.). Parallel dazu, aber auch in Berührung und Teilüberschneidung damit sind seine im engeren Sinne rechtswissenschaftlichen Arbeiten entstanden: Über das Verhältnis von Recht und Macht, Festschrift für G. Leibholz, Bd. I, 1966, S. 573 ff.; Widerstandsrecht und Rechtsstaat, AöR 89 (1964), S. 1 ff.; Die Grenzen des Naturrechts, FS G. Müller, 1970, S. 435 ff. Diese Studien sind – ebenso wie das be-

---

2 Erstmals 12/1982 und 21/1983, später 19/1984, u.a. mit *P. Schneiders* Beitrag „Balzac und das Jahrhundert der Advokaten", ebd. S. 1057 ff.; s. ferner NJW 28/1985, 19/1986, 23/1987, 6/1988, 6/1989.

3 Auch die DRiZ hat – ebenso wie die JZ – eine verglichen mit anderen Fachzeitschriften gesteigerte Sensibilität für „das" Thema, vgl. z.B. *M. Kilian,* Literatur und Jurisprudenz, DRiZ 1985, S. 18 ff.; *R. Stettner,* Gedanken zu Recht und Gnade in Shakespeares Komödien „Maß für Maß" und „Der Kaufmann von Venedig", DRiZ 1985, S. 457 ff.

kannte Staatsrechtslehrerreferat „Prinzipien der Verfassungsinterpretation" (VVDStRL 20 [1963], S. 1 ff.) – in seinem Sammelband „Recht und Macht, Gedanken zum modernen Verfassungsstaat" (1970) wiederveröffentlicht worden. (Schon in dessen Vorwort findet sich ein Zitat von *A. Camus,* ebd. S. 15 f.) Einzelne Begriffsprägungen wie „In dubio pro libertate" (in: Hundert Jahre deutsches Rechtsleben, Bd. II, 1960, S. 263 ff.) werden im öffentlichen Bewußtsein weit über Juristenkreise unmittelbar mit dem Namen *Peter Schneider* verknüpft, ebenso der Paulskirchenvortrag von 1974: „Mit der Freiheit des anderen auskommen".

Foren und Faktoren, die ein Lebenswerk wie das vorliegende von *P. Schneider* über „Recht und Staat in der Literatur" begünstigen, sind gewiß auch Ämter und Aufgaben wie Vorsitzender der Deutschen Lesegesellschaft, Stellvertretender Vorsitzender der Deutsch-Französischen Juristenvereinigung und (vielleicht auch) Rektor und Präsident der Universität Mainz (1969–1980) – fast wäre *P. Schneider* hier vom „gekorenen" zum „geborenen" Präsidenten geworden! (Die Mainzer Gabe: „Person und Amt, *Peter Schneider* zum 60. Geburtstag, dem Präsidenten zum Abschied", 1980, gibt davon Zeugnis.) Der auf eine Einladung von *P. Schneider* zurückgehende „Monstervortrag über Gerechtigkeit und Recht" *F. Dürrenmatts* (1969), in Mainz gehalten, hat ja mehr als nur Fakultäts- und Universitätsgeschichte: er hat ein Stück Literatur- und Rechtsgeschichte geschrieben! Das Büchlein „Mainz Peking '73" mit Zeichnungen von *P. Schneider* ist ein „Unikat".

Die heutige – schnellebige – Zeit scheint über Jahrzehnte hin währenden Reifeprozessen wissenschaftlicher Werke nicht günstig zu sein. Und speziell die Staatsrechtslehre unserer Tage kennt wenige Beispiele für *Gesamt*werke, zu denen sich der Autor über mehr als ein Jahrzehnt „Zeit läßt". Dem Rezensenten sind als gute Beispiele etwa *Herbert Krügers* „Allgemeine Staatslehre" (1964), das „Europarecht" von *H. P. Ipsen* (1970), das Lehrbuch „Gesetzgebung" von *Hans Schneider* (1982), die Lehrbücher von *K. Hesse* (Grundzüge des Verfassungsrechts der BR Deutschland (1966 bzw. 1988)) und von *K. Stern* (Staatsrecht, seit 1977) und jüngst das Werk *W. Henkes,* „Recht und Staat. Grundlagen der Jurisprudenz" (1988) bekannt. *Peter Schneider,* Schweizer von Geburt und Lebensart, zugleich Schüler von *E. Friesenhahn* und von diesem mit der grundlegenden Arbeit über *C. Schmitt* (Ausnahmezustand und Norm, 1957) in Bonn habilitiert, in der Bundesrepublik im Rahmen des „Spiegel"-Prozesses (BVerfGE 20, 162) Seite an Seite mit *H. Ehmke* aktiv (vgl. *P. Schneider,* Pressefreiheit und Staatssicherheit, 1968), legt in seinem hier anzuzeigenden Band ein *Ganzes* vor, auch wenn dieses in Einzelstudien gegliedert ist.

3. Das Werk entfaltet sich nach „Vorüberlegungen" (zum Interesse der Jurisprudenz an der Literatur, zur juristischen und literaturwissenschaft-

lichen Interpretation, zu Stoffauswahl und Stoffdisposition) in zwei Teilen. Der *Erste Teil* „Historische Perspektiven, Progression und Restauration" befaßt sich mit dem „unheiligen Reich des Reineke Fuchs", und dem „Richter von Zalamea" unter dem Stichwort „Das Heilige Recht und die Behauptung der Menschenwürde", mit „Wilhelm Tell: Der Bürgerstaat" und mit „Agnes Bernauer: Die Restauration des Väter-Staates". Der *Zweite Teil* behandelt „Zeitgenössische Perspektiven, Regressionen und Regenerationen". In ihm finden sich folgende Kapitel: „Das Urteil und die Willkür des Vaters, Kafkas Erzählung", „Der Geheimstaat der ‚Geheimen' oder Gerechtigkeit im Kriminalroman" (mit Abschnitten über „Jerry Cotton: Der Moralist", „James Bond: Der Spieler" sowie einem „Epilog und Exkurs über Balzac"), sodann „Flucht nach Utopia" – mit „Utopien der Hoffnung" (mit Abschnitten über *Ernst Jünger, Carl Schmitt* und *Anna Seghers*) einerseits, „Utopien des Schreckens" (zu *W. Jens* und *G. Orwell*) andererseits, schließlich als letztes Kapitel „Bürger, Spiel und Paar" mit Abschnitten über *F. Dürrenmatt* und *A. Camus. Peter Schneiders* „Nachüberlegungen" gelten „Kategorien der Staatstheorie" und „Literarischen Kategorien".

Im einzelnen: Schon im Vorwort legt *P. Schneider* ein Bekenntnis ab: Das Thema Recht und Staat in der Literatur ist für ihn keine „Freizeitbeschäftigung", sondern „Gegenstand der Jurisprudenz" (S. 9). Ein literarisch unerfahrener, ein unbelesener Jurist sei ein „Sicherheitsrisiko, da ihm eine Hauptquelle der menschlichen Erfahrung verschlossen ist" (S. 10) – eine These, die zum „Klassikertext" werden könnte und jedenfalls sowohl von wissenschaftlichem als auch von „pädagogischem Eros" des Verf. zeugt. Seine „Vorüberlegungen" schlüsseln das rechtswissenschaftliche Interesse an nicht rechtswissenschaftlicher, „schöner" oder trivialer Literatur in dreifacher Richtung auf: als rechtshistorisches, institutionen- und ideengeschichtliches Interesse, als rechtspsychologisches und rechtspädagogisches Interesse (S. 20). Juristische und literaturwissenschaftliche Interpretation sieht *Schneider* „stark übereinstimmen", was er an der sog. Rezeptionsforschung illustriert. Den *einen* bleibenden Gegensatz verwischt er freilich nicht: den Gegensatz zwischen rechtsverbindlichen Texten und solchen, welche mit „Rechtskraft" nicht ausgestattet sind (S. 25).

Die Interpretationen beginnen mit dem „unheiligen Reich des Reineke Fuchs" *Goethes* (S. 35 ff.). Mit vielen Direktzitaten wird in den „Stoff" eingeführt, ehe eine Vergegenwärtigung der „Rechtslage" (S. 42 ff.) und eine Zuordnung der zur Interpretation erforderlichen rechts- und staatsphilosophischen Begriffe erfolgt (vgl. etwa S. 69 f.: „Fuchs und Löwe und der absolute Staat", um ein Zitat von *Machiavellis* „Fürst" ergänzt). Seiner Interpretation des Richters von Zalamea von *Calderón* gibt *P. Schneider* das Motto: „Das Heilige Recht und die Behauptung der Menschenwürde" (S. 81 ff.). Seine Interpretation stellt er unter drei Leitsätze bzw. Zitate: „Wer den

Hauptpunkt richtig trifft, darf in kleinen Dingen irren" (S. 82 ff.), „Gibt es einen, der nicht weiß, daß ich zwar von reinem Stamme, doch ein Bauer bin?" (S. 88 ff.) sowie „... allein die Ehre ist das Erbgut meiner Seele, und der Seele Herr ist Gott" (S. 97 ff.). Die Redewendung „Leib der Justiz" gibt *Schneider* Anlaß zu Äußerungen über die romantische Staatstheorie, aber auch den Ständestaat (S. 97). Das „Haupt" sei nicht allmächtig, mit der Seele beginne der Herrschaftsbereich Gottes; Bauer, General und König stehen dafür, daß Gerechtigkeit ihren Grund in der Würde des Menschen, in seiner Ehre besitze (S. 98). Die Teilhabe der Bauerngerichte an der unteilbaren Justiz gelte auch dann, wenn sich ein Ritter und Hauptmann in ihrer örtlichen Zuständigkeit eines gemeinen Verbrechens schuldig gemacht haben sollte (S. 98 f.). – *F. Schillers* „Wilhelm Tell" steht für den „Bürgerstaat". Ihm widmet *P. Schneider* eine besonders weit- und tiefgreifende Interpretation (S. 102–137). Eine Pointe liegt darin, daß er als Schweizer darauf verweisen muß, daß ausgerechnet *M. Frisch Schillers* Drama zu einer „unglücklichen und dummen Geschichte" trivialisiert und *F. Dürrenmatt* im „Besuch der alten Dame" die Lands- und Bürgergemeinde in eine Heuchler- und Mördergemeinde pervertiert. *Schneider* will *Schillers* „Tell" lesen, um „Kontur und Gehalt seiner Aussagen zu begreifen, die sich auf das Gemeinwesen der Eidgenossen, auf den Widerstand gegen die Vögte beziehen und den Konflikt zwischen Recht und Unrecht betreffen" (S. 103). Dementsprechend werden den Texten des Dramas entlang folgende Stichworte behandelt: „Tyrannis und Tyrannen", „Der kollektive Widerstand", „Das Prinzip der Besonnenheit", „Alter oder neuer Bund?", „Der individuelle Widerstand und der Tyrannenmord". In seinem Gesamtbild (S. 118 ff.) kommt *Schneider* zu dem Ergebnis, *Schiller* habe die Zusammenführung der „Privatsache" und der „öffentlichen Sache" angestrebt und umgesetzt (S. 119), er habe mit bewundernswerter Zielsicherheit das Bild vom genossenschaftlichen Mehrvölker- oder Bundesstaat im Gegensatz zum Obrigkeits- und Einheitsstaat entworfen (S. 120). Schließlich will er das ganze Stück von dem „unsentimentalen Mitmenschlichkeitswort" im 5. Aufzug her interpretieren (S. 132): „Was Ihr auch Gräßliches verübt – Ihr seid ein Mensch – Ich bin es auch –". – Mit einem kurzen Kapitel über *Agnes Bernauer:* Die Restauration des Väterstaates (S. 138–151) beschließt *Schneider* seinen Ersten Teil, wobei er in drei „Entwicklungszügen" den Bürgerstaat herausgeformt sieht: der erste sprenge das Sacrum imperium und schaffe den modernen, auf ratio und voluntas gegründeten Machtstaat, der zweite betreffe den Eigenstand und die Würde des einzelnen Menschen und deren Absicherung in der Gerichtsverfassung einer sakralen Monarchie, im dritten vollziehe sich die Umwandlung des Staates von oben in den auf Menschen- und Bürgerrechte gegründeten Bürgerstaat. *Schiller* entwerfe den „klassischen Grundriß", der unsere Vorstellungskraft und unseren Herstellungswillen nach wie vor bestimme (S. 155).

Von diesem Grundriß als „Diskussionsgrundlage“ aus will *Schneider* „Perspektiven“ von heute an Stoffen zeitgenössischer Literatur herausarbeiten, in denen irrationale Angst- und Hoffnungsträume sichtbar werden. So wird in *F. Kafkas* Erzählung „Das Urteil“ die Absurdität des väterlichen Omnipotenzanspruchs freigelegt (S. 156 ff.). Unter dem Stichwort „Der Geheimstaat der ‚Geheimen‘ oder Gerechtigkeit im Kriminalroman“ wird Literatur interpretiert, die die res publica, den Staat als öffentliche Angelegenheit zum „Geheimstaat“ pervertiert, der als Träger eines „geheimen und totalen Krieges zwischen den Gerechten und Ungerechten, zwischen Chaos und Ordnung die Berufung auf Menschen- und Bürgerrechte ausschließt“ (S. 155): *J. Cotton,* „Der Moralist“, wird unter den Stichworten „Staat oder Räuberbande?“, „Die konfliktäre Gesellschaft“, „Polizei als Hüter der Verfassung“ behandelt (S. 174 ff.). *James Bond,* „Der Spieler“ (S. 182 ff.) wird auch im Blick auf seine „Völkerrechtskonzeption“ untersucht (sie entspricht der klassischen eines *de Vattel,* S. 196), und der Exkurs über *H. Balzac* wird unter Kategorien wie „Öffentlich und geheim“, „Légalité und Nécessité“ gestaltet (S. 214 ff.).

Im dritten Kapitel „Flucht nach Utopia“ wird die „Bedrohung des bürgerlichen Rechtsstaates durch Krieg und Revolution, durch die Utopien der Herrschaft und Genossenschaft sowie durch Dystopien des harten und des sanften Terrors“ beschrieben (S. 155, 228 ff.): *Schneider* behandelt einerseits *Ernst Jünger* und *A. Seghers* im Kontrast-Schema „Utopie und Herrschaft“ bzw. „Utopie und Genossenschaft“, andererseits „Utopien des Schreckens“ von *W. Jens* und *G. Orwell.* Das einschlägige Werk *E. Jüngers* erläutert er an den Worten „Krieg“ („Kultur und Krieg werden in ein notwendiges Ergänzungsverhältnis gedacht“, S. 236), „der Waldgang“ („Wahlen in Diktaturen und plebiszitären Demokratien sind unecht“, S. 241), „Heliopolis“ („Demos ist die atomisierte Masse, Volk die wohlgegliederte Einheit“, S. 246), „Der Weltstaat“ („Nur zwei Staaten sind Weltstaaten, d. h. absolut souveräne Staaten, die über den Einsatz von beliebigen Machtmitteln frei entscheiden können“, „Der Weltstaat sichert den Frieden viel besser als eine internationale Organisation“, S. 252 f.), „Friede als Utopie“ (S. 253 ff.) – *Schneiders* eigenes Urteil lautet: „Jünger fehlt das Sensorium und die Sensibilität für die Normallagen und ihre Trivialität“, „Jüngers Utopie ist nicht nur zu allgemein, es handelt sich um eine retrospektive Utopik“ (S. 255). – *Anna Seghers’* Werk bereitet *Schneider* unter den Stichworten „Amt und Gewissen“, „Gesetzesbefehl und Gewissen“, „Widerstand, Wiedergutmachung, Wiederherstellung“ auf (S. 275 ff.) – ihre Friedensmission ist mit dem Gedanken verbunden, „daß herrschaftsfreie Genossenschaft die Stelle des Staates als Herrschaftsverband einnehmen werde“, ihr Genossenschaftskonzept zielt auf „offene Konsensbildung in Produktions- und Erziehungsbereich, in der Kommune wie in der Familie“ (S. 303).

Das vierte Kapitel trägt die Überschrift „Bürger, Spiel und Paar“ (S. 326 ff.). Es gilt drei Werken von *F. Dürrenmatt* (dem erwähnten „Monstervortrag“, dem „Besuch der alten Dame“ und dem Kriminalroman „Der Richter und sein Henker“) und vieren von *A. Camus,* dem „Pascal ohne Transzendenz“ (S. 355). Aussagen zu *Dürrenmatt* lauten: „Die bürgerliche Welt ist die Welt des Wolfsspiels“ (S. 330), die „Menschen haben unter dem Gesichtspunkt der Selbsterhaltung Spielregeln nötig“ (S. 350) und: „Jurisprudentia meint nichts anderes als die Geschicklichkeit der Juristen, den Mächtigen zu ihrem Recht zu verhelfen“ (S. 351).

P. Schneiders „Nachüberlegungen“ (S. 379 ff.) kreisen um drei *„Hauptkategorien der Staatstheorie“*. In sie ordneten die Literaten, „die nicht phantasiereicher als die Staatstheoretiker“ seien, ihr Staatsbild ein: zum einen „den Staat von unten“, den „Volksstaat“ (*Schillers* patriarchalischen Volksstaat, *Seghers'* revolutionären Befreiungsstaat) bzw. den „Staat von oben“, den „Obrigkeitsstaat“ (*Hebbels* patriarchalischen Obrigkeitsstaat, *Jüngers* „Staat der Edeltrefflichen“); zum anderen der Gegensatz zwischen Rechts- und Unrechtsstaat (*Calderóns* Ansätze zur Rechtsstaatlichkeit, *Schillers* Grund- und Menschenrechte bzw. das Fehlen der Machtbegrenzung durch Kontrolle in den Utopien); schließlich – als dritte Hauptkategorie: der Gegensatz zwischen sakralem und säkularem Staatsverständnis (das böse Reich des Reineke Fuchs als säkularer Staat, der aber die „sakralen Kulissen“ wahrt bzw. *Schillers* genossenschaftliche Demokratie als „Menschenwerk, das seine Legitimation auf Natur und Vernunft gründet und vor Gott und den Menschen gerechtfertigt wird“). Als *„literarische Kategorien“* nennt *Schneider* das „Sinnbild des Spieles und des Paares“ (S. 381 ff.), wobei er Brücken zum Demokratieprinzip schlägt (Spielregeln, Bedeutung von Konsens und Freiwilligkeit bzw. Gleichordnung von Mann und Frau, S. 388).

4. Eine Besprechung kann nur punktuell vorgehen. Im Rahmen der Rezeptionsgeschichte eines wissenschaftlichen Werkes bilden die Rezensionen ja nur eine erste Phase und nur eine mögliche Literaturgattung. So sehr sie die Aufnahme eines Buches in der Wissenschaftler-Gemeinschaft beschleunigen oder verzögern können, letztlich entscheidet sich weit allgemeiner und quer durch viele Literaturgattungen erst mittelfristig, wie intensiv es aufgegriffen, verarbeitet und weiterentwickelt wird. *P. Schneider* kann sich über mangelndes Echo der Rezensentengesellschaft des „ersten Zugriffs“ nicht beklagen[4], und so vorsichtig ein Rezensent mit Prognosen sein muß, so sehr dürfen ihm Hoffnungen und Wünsche erlaubt sein:

---

[4] Vgl. etwa *H. Sendler,* NJW 1988, S. 320; *P. C. Mayer-Tasch,* Ein Jurist sichtet Goethe, Schiller, Jerry Cotton, Süddeutsche Zeitung vom 28. 4. 1988; *H. Müller-Dietz,* ARSP, 1989, S. 283 ff.; ohne Verständnis: *I. Carmartin,* Gegenzüge des Juristen, NZZ vom 8./9. 7. 1989.

M.E. sollte das Buch von *P. Schneider* auf Dauer eine Beachtung finden, die den zitierten Veröffentlichungen von *H. Fehr* und *Erik Wolf* gleichkommt: es verarbeitet die Literatur im Kraftfeld des Verfassungsstaates und einzelner seiner Elemente (wie Menschenwürde und Rechtsstaat, Demokratie und Gerechtigkeit, Öffentlichkeit, Instrumente der Machtkontrolle) in exemplarischer Weise. *Schneider* arbeitet vom Boden des „Bürgerstaats" aus (vgl. S. 155, 387 f.), das zeigt sich u.a. am Titel des Buches, dem Rütli-Schwur *F. Schillers,* und er kann so die „Gegenbilder" konturieren, etwa das „unheilige Reich des Reineke Fuchs", den Väterstaat *Hebbels,* den „Geheimstaat" *J. Cottons,* den feudal-humanen Obrigkeitsstaat in *E. Jüngers* „Heliopolis" oder den Machtstaat *G. Orwells* oder *A. Huxleys.* Wieder einmal erweist sich, wie fruchtbar die Arbeit mit und an „Gegenklassikern" und ihren „Gegenthesen" (z.B. S. 215) ist, um die eigene Position zu umreißen.

Einige kritische Fragen stellen sich gleichwohl. *Schneider* warnt selbst vor der „Versuchung, die Geschichten ins Prokrustesbett eines staatstheoretischen Begriffssystems einzuspannen" (S. 379). In der Tat muß sich der Jurist hüten, vorschnell mit *seinen* Kategorien in der Literatur zu arbeiten. Und doch bleibt die Vorfrage nach dem die Literatur mit der Staatstheorie *Verbindenden.* Es sind m. E. letztlich nur *kulturwissenschaftlich faßbare Paradigmen:* sie sind sowohl in den „kulturellen Genen" der Staatstheoretiker wie der Literaten eingewurzelt und lebendig. Man denke an den „vorrechtlichen Gesellschaftsvertrag" (S. 331), den „Bund" (S. 111 ff.), an das „Wolfsspiel" (S. 330), an Menschen- und Staats-„Bilder" bzw. Metaphern und Gleichnisse (z.B. S. 312 f.: „Der homo artificialis, der nach *T. Hobbes* von den bösen, aber klugen Menschen konstruiert wird, ist eine Friedensmaschine. Staatsverwaltung ist für Friedrich den Großen ein Uhrwerk. Für den Demokraten Rousseau ist die Gesetzgebung eine Maschine im Dienste des Gemeinwohls"), die Frage nach dem „Glück aller" und den Staatszwekken (Versorgungs-, Sicherheits-, Erziehungszweck, S. 308 f., 312), das Problem der Wiedergutmachung (S. 287 ff.), die Kategorien von Amt und Gewissen (S. 275 ff.), Idealwerte, wie Gerechtigkeit (S. 173 ff., 337, 355, 370 f.), aber auch Gegensatzpaare wie öffentlich und privat (S. 118 f.), öffentlich und geheim (S. 155, 214 f.: das „Wesen des Staates im vorrechtsstaatlichen und vorrechtsdemokratischen Sinn als *Arkanstaat*"), wie „Recht und Macht" (S. 82, 357, 366), Herrschaft und Genossenschaft (S. 122, 155, 233 ff., 303 f.), Obrigkeitsstaat und Demokratie (S. 120), Natur und Kultur (S. 236), „auctoritas und veritas" (S. 141), aber auch das Verfahren des „Prozesses" (z.B. S. 67, 87, 96, 106, 118, 124), Rechtsgrundsätze wie „pacta sunt servanda" (S. 68, 383), „die Gleichheit der Menschennatur" (S. 146) sowie die Freiheit (S. 104, 106, 118, 124) und das Ziel des „ewigen Friedens" (S. 229, s. auch S. 253 ff.), Prinzipien wie Brüderlichkeit, Mitmenschlichkeit (S. 132, 292, 350) und Menschenwürde (S. 81 ff.).

Das *kulturelle Ganze* von Paradigmen, Wahrnehmungsmustern, Erklärungsmodellen, in denen Erfahrungen und Hoffnungen, Wirklichkeit und Möglichkeiten gespeichert sind, bzw. in denen sich Klassiker und Gegenklassiker neu begegnen, Produktionen und Rezeptionen stattfinden, hat nicht nur in der Literatur seine Ausdrucksformen und Entwicklungsstufen: einzubeziehen und damit für die Jurisprudenz relevant sind auch andere *„Künste"*, etwa die bildende Kunst. Das zeigt anschaulich der von *W. Pleister* und *W. Schild* 1988 herausgegebene Band „Recht und Gerechtigkeit im Spiegel der europäischen Kunst" mit suggestivem Bildmaterial zu „Seelenwägung und gerechtem Gericht" (S. 33 ff.), zu den „Gerechtigkeitsbildern" (S. 86 ff.), zu „Menschenrecht, Tierfabel und Tierphysiognomik" (S. 172 ff.) sowie zur „Relativierung von Recht und Gerechtigkeit" (S. 195 ff., z.B. „Gesetz und Gnade")[5]; *O. R. Kissels,* Die Justitia (1984) enthält Reflexionen über das Symbol der Waage und seine Darstellung in der bildenden Kunst. *P. Schneiders* „Summa" müßte in Brückenschlägen zu diesem Werk über die Malerei und bildende Kunst fortgeführt werden, wobei auch die *Musik* und ihre Entstehungs- und Wirkungsgeschichte mit einzubeziehen wäre, etwa in *Mozarts* „Figaro", *Beethovens* „Eroica" im Blick auf *Napoleon I.* sowie seiner Bühnenmusik zu *Goethes* „Egmont" oder an „Nationalhymnen und -opern" (z.B. *Verdis* „Nabucco") greifbar[6].

Die die einzelnen *Künste* überschreitenden Wechselwirkungen und die ihnen wie einzelnen *Wissenschaften* in These und Antithese gemeinsamen kulturellen Wahrnehmungs- und Erklärungsmuster im Blick auf „Recht und Staat" werden jedenfalls zum Teil in *P. Schneiders* bedeutendem Werk erfaßbar. Freilich bleiben selbst in seinem immer wieder als „klassischen Grundriß" (vgl. S. 155, 380, 387 f.) genommenen „Bürgerstaat" (mit den Elementen Rechtsstaat und Demokratie, Menschen- und Bürgerrechten) *Antinomien: R. von Weizsäcker* hat sie in seiner Rede zum 60jährigen Bestehen des Internationalen PEN-Clubs (FR vom 24. 6. 1986) auf die Formel gebracht, „eine Spannung" zwischen Politik und Literatur bleibt „unaufhebbar", der Nobelpreisträger für Literatur *J. Brodsky* hat sie in der These zugespitzt: „Der Staat ist von gestern, die Literatur ist von morgen" (Die Zeit vom 22. 4. 1988, S. 51), auch *H. Böll* in seinem Wort: „Jede Literatur

---

[5] Zu „Grenzüberschreitungen" der Mechanik bzw. zur Versinnlichung naturwissenschaftlicher Erkenntnisse und der Übertragung dieses Bilds auf den Staat, vgl. K. Maurice (Hrsg.), Die Welt als Uhr, 1980; *O. Mayr,* Uhrwerk und Waage, 1987.

[6] Die Musikwissenschaft behandelt eigens die „Oper der französischen Revolution" mit Einteilungen wie „Schreckens-" oder „Rettungsoper" *(Cherubini, Méhul, Paër, Ludwig van Beethoven),* vgl. *W. Oehlmann,* Oper in vier Jahrhunderten, 1984, S. 324 ff.; s. *ebd.* speziell zu *D. F. E. Auber* und im Blick auf 1830 S. 486. Zu *Beethovens* „Eroica" s. jetzt: *M. Geck/P. Schleuning,* „Geschrieben auf Bonaparte", 1989. *H. Pfitzners* Oper „Palestrina" ist fast eine mittelalterliche Konzilversammlung in Musik.

ist Kritik", und selbst gerade die *Schweiz, das* Beispiel eines Verfassungsstaates, zieht besonders viele „Aspekte der Verweigerung in der neueren Literatur aus der Schweiz" auf sich (s. das gleichnamige Sigriswiler Kolloquium der Schweizerischen Akademie der Geisteswissenschaften, hrsg. von P. Grotzer, 1988).

Darum hat die von *P. Schneider* mit Recht so stark berücksichtigte Literaturform der *Utopie* (S. 228 ff.) ihren „Platz". Sie bildet eine unverzichtbare Literaturgattung des „Verfassungsstaates"[7]. Denn der Verfassungsstaat ist als Rahmen und immer wieder zu erneuerndes „Zwischenergebnis" offener Gesellschaften auf „utopische Entwürfe" als Kritikpotential angewiesen – er war zur Zeit eines *J. Locke* und *I. Kant* selbst noch weithin eine Utopie[8]. Dabei mag es hier auf sich beruhen, daß *Schneider* in der Regel mit den Kategorien der (allgemeinen) Staatslehre arbeitet (z.B. S. 20, 307 f., 381) und selten mit der des „Verfassungsstaates" (S. 177), schleppt doch die deutsche Rechtswissenschaft nach wie vor jene mit sich, ohne begrifflich wie sprachlich ernst zu machen mit der Einsicht, daß heute, in freiheitlichen Demokratien, alle Staatlichkeit nur *von vornherein* von der *Verfassung* konstituiert ist. Im übrigen ist man auch an dieser Stelle dankbar für *P. Schneiders* klare, belegte Worte gegen *C. Schmitt* (in Sachen NS-Zeit, S. 270 f.).

Viele beiläufige Äußerungen des Verf. können hier nur noch vermerkt werden, etwa die Einsicht, daß die neuere Staatslehre den Bezug zwischen *Staat und Familie* ignoriere (S. 381)[9], oder seine rezeptionstheoretischen Überlegungen (S. 25, 270), die freilich im Gespräch mit den jüngsten literaturwissenschaftlichen Arbeiten von *K. H. Stierle* und dessen Hinwendung zur Kategorie des *Werks* (Theorem vom „Text als Handlung" und das „Werk als Handlungsvollzug") fortzuführen wären.

P. Schneider warnt zu Recht vor „Machtästhetizismus" (S. 268 ff.). Es ist kein bloßes Wortspiel, wenn ihm, dem Kenner „zweier Welten", der Literatur und des Rechts, bescheinigt wird, daß ihm in seinem Buch Ansätze zu einer maßvollen „Ästhetik des Bürgerstaates" gelungen sind, die den Verfassungsstaat „rechtspädagogisch" tiefer gründen als dies die herkömmliche „nur juristisch" arbeitende Staatsrechtslehre tun kann[10].

---

[7] Dazu gleichnamig der Beitrag des Rezensenten, in Ged.-Schrift für W. Martens, 1987, S. 73 ff.

[8] So ist z.B. das *A. Huxley* zu verdankende „Recht auf Unglück" (S. 320, 386) ein wichtiger Merkposten im Verfassungsstaat, erweist es doch seinen „Sinn angesichts totalitärer Volksbeglückungs- und -verdummungsversuche", S. 386.

[9] s. aber die Nachweise in *P. Häberle,* Verfassungsschutz der Familie, 1984, S. 9 ff.

[10] s. jetzt die Diskussion in den USA: *J. B. White,* What can a lawyer learn from literature?, Harvard Law Review Vol. 102 (1989), 2014 ff.

Laudatio auf H. H. Rupp – im Mai 1991 (1991)

I.

Es gibt viele Foren, auf denen, und Weisen, in denen ein prominenter Staatsrechtslehrer wie *Hans Heinrich Rupp* gewürdigt werden kann: die (freilich vor allem in der Schweiz und Österreich schon zum 65. Geburtstag übliche) Festschrift, die dem Jubilar von seinen Schülern und Freunden gewidmete Abhandlung oder das große, repräsentativ zusammengesetzte Kolloquium. Eine sehr persönliche Variante hierzu bildet das „kleine" Symposion, eine Form, die dankenswerter Weise Herr *Trzaskalik* für heute angeregt hat: als sog. „Tübinger Lösung". Das Treffen und der kleine Kreis mit Referenten aus der Tübinger Zeit symbolisieren einen bestimmten, für den Jubilar besonders wichtigen Lebensabschnitt: *H. H. Rupps* Tübinger (Aufbruchs-)Zeit. Nicht das ganze Werden und Wirken sollen sich hier und heute widerspiegeln, vielmehr soll ein Teil, ein wohl konstituierender Teil repräsentiert sein: in Themen und Personen. Der Teil mag dann für ein Ganzes stehen, und so muß und will auch der folgende Beitrag nur Teile dessen zur Sprache bringen, was uns für *H. H. Rupp* heute und im Rückblick als charakteristisch erscheint: für ihn als Forscher und wissenschaftlichen Autor. Damit werden andere, wichtige Schichten seines Staatsrechtslehrerlebens ausgeblendet: *H. H. Rupp* als die Studenten packender Pädagoge, wie er noch in meiner Zeit im Jahre 1969 in Marburg, nach seinem Weggang nach Mainz, legendär lebendig war, Herr *Rupp* als Plädierender vor dem BVerfG (z. B. am 5. 12. 1972 in Sachen hochschulische Mitbestimmung, abgedruckt in: FS von der Heydte, 1977, S. 1167 ff.), Herr *Rupp* als Mitherausgeber einer wissenschaftlichen Zeitschrift („WissR") und Herr *Rupp* als Diskussionsredner auf deutschen Staatsrechtslehrertagungen[1] – dazu habe ich in Mainz vor 5 Jahren, zum 60. Geburtstag „Gesammeltes" und „Gemischtes" vorgetragen, ich will es jetzt nicht wiederholen ... Hier und heute soll der wissenschaftliche

---

[1] Vgl. die Voten in VVDStRL 23 (1966), S. 274 f., 276; 27 (1969), S. 87; 30 (1972), S. 180 f.; ebd., S. 339 f.; 34 (1976), S. 286 ff., 289 f.; 50 (1991), S. 149 f., 292–294, 337 f. – Als Moderator fungierte *H. H. Rupp* in VVDStRL 31 (1973), S. 266, 304, 312 und in VVDStRL 32 (1974), S. 228 ff. – Als Vorstandsvorsitzender nahm er in VVDStRL 43 (1985), S. 258 und 44 (1986), S. 307 das (Schluß-) Wort. Mit einem Tagungsbericht begann er in AöR 89 (1964), S. 242 ff.; ein „Begleitaufsatz" findet sich in DVBl. 1971, S. 669 ff.

Autor *H. H. Rupp* im Spiegel seiner Schriften zur Sprache kommen, was freilich nur stichwortartig geschehen kann.

II.

H. H. Rupp als wissenschaftlicher Autor: Hier sind *drei* Dimensionen zu unterscheiden: der *Verwaltungs*rechtler, der *Verfassungs*rechtler und der *Europa*rechtler. Gewiß gehören sie alle zusammen, in dem Maße, wie heute das Verwaltungsrecht „konkretisiertes Verfassungsrecht" i. S. von *F. Werner* ist, wie heute ein „gemein-europäisches Verwaltungsrecht" im Werden ist und wie jeder Verfassungsrechtler auch europarechtlich denken muß im Blick auf gemeineuropäisches Verfassungsrecht. Dennoch lassen sich diese drei Arbeitsbereiche unterscheiden, bei Herrn *Rupp* bezeichnen sie überdies biographische Abschnitte: Denn in seinen jungen Jahren, d. h. in Tübingen, war er mit Akzent Verwaltungsrechtler; das Verfassungs- und Europarecht wuchsen erst später hinzu, er wuchs mit ihnen und sie wuchsen mit ihm!

1. Herr *Rupp* als Verwaltungsrechtler meint vor allem die im Buchhandel längst vergriffene (in jeder Bibliothek abgegriffene) Tübinger Habilitationsschrift „Grundfragen der heutigen Verwaltungsrechtslehre" (1965), die heute füglich als junger Klassikertext seiner Gattung und seines Themas bezeichnet werden darf (2. Aufl. 1991!). In den verschiedenen Rezeptionsphasen, die jedes bedeutende wissenschaftliche Werk im Laufe der Zeit „durchsetzen" – von den ersten Rezensionen bis zu den vielerlei Literaturgattungen (von den Zeitschriftenaufsätzen über Monographien bis zu den Handbuch- und Lexikon-Artikeln als letzten „Medien" bzw. „Stadien" einer wissenschaftlichen Rezeption) –, hat das Werk alle durchlaufen und sich bis heute gehalten – eben das macht einen „Klassiker" zu einem solchen. Auch das Ausland hat in frühen Rezensionen das Werk sogleich gewürdigt: in Französisch der Genfer Gelehrte *A. R. de Clery* (in: Erasmus, Bd. 18, S. 141 ff.), der sogleich große Bögen von *G. Jellinek* zu *H. Kelsen,* von *Z. Giacometti* zu *A. Merkl* und dann eben zu *Rupps* Werk spannt, auf italienisch Prof. *G. Meloni* (in: Nuova Rassegna di legislazione dottrina e Giurisprudenzia 15/1966), von den deutschen Besprechungen erst gar nicht zu reden[2]. Das *D. Jesch* zugeeignete Buch – und damit wird ein Tübinger bzw. Marburger in Ehren gehalten – ist „Grundlagenliteratur" und zwar hat es – auch im nachhinein – dem GG selbst eine Grundlage vermittelt – soweit dies wissenschaftliche Literatur gegenüber einer „positiven" Verfassung überhaupt leisten kann. Nach *Rupps* eigenem Bekenntnis (a. a. O.

---

[2] *H. H. Rupp,* Grundfragen der heutigen Verwaltungsrechtslehre; Verwaltungsnorm und Verwaltungsrechtsverhältnis, 1965; bespr. von *H. Spanner,* VerwArch 57 (1966), S. 192 f.; *F. Haueisen,* NJW 1966, S. 1256 f.; *F. Mayer,* DÖV 1966, S. 733 f.; *F. Werner,* JZ 1966, S. 813 f.; *Lehne,* Saar JBl. 1966, S. 200.

S. 273) ist die Arbeit „von dem Bemühen getragen, Grundzüge eines freiheitlich-rechtsstaatlichen Verwaltungsrechts der Demokratie zu entwickeln". Dabei stellt er sich der Methodenfrage in voller Schärfe, und der *eine* große Bogen, in den das sog. besondere Gewaltverhältnis und das Verwaltungsermessen, der Gesetzesvorbehalt und das subjektive öffentliche Recht, der Begriff des Verwaltungsaktes und das Problem des verwaltungsgerichtlichen Rechtschutzes eingeordnet wird, konstituiert einen Zusammenhang, der von vielen Habilitationsschriften der Folgezeit so kaum wieder gespannt wurde, neigt man doch heute zu viel Pointillismus und GG-Provinzialismus. Erst *O. Bachof* hat auf der Regensburger Staatsrechtslehrertagung von 1971 (VVDStRL 30 [1972], S. 193 ff.) in fruchtbarem Streitgespräch auch mit seinem ehemaligen Habilitanden *Rupp* (ebd., S. 194 f.) diesen Bogen wieder aufgenommen, und vor allem *Rupps* Ansatz am „Rechtsverhältnis" und seine Überlegungen zum „Vorbehalt des Gesetzes" haben allgemein Pionierwirkungen gezeitigt. Dieses Grundsätzliche geht dann tief ins Konkrete des verwaltungsrechtlichen Problemstoffs: greifbar in der Dogmatik der „Abwehr- und Beseitigungsrechte", des Reaktionsanspruchs und seiner Abgrenzung zum Schadenersatz (ein letzter Teil der Habilitationsschrift wurde bisher leider nicht veröffentlicht, s. aber jetzt Anhang 2. Aufl. 1991). Vermutlich kam dem Jubilar hier der große Erfahrungsschatz seiner Praktikertätigkeit als Richter zugute – auch dies teilt er ja mit seinem Lehrer *O. Bachof*. Diesem – grundsätzlich gesehenen – Verwaltungsrecht blieb *H. H. Rupp* auch in der Folgezeit durchgängig treu, mögen sich seine Interessengebiete auch erweitert haben: Ich erinnere an spätere Arbeiten wie die „Bemerkungen zum verfahrensfehlerhaften Verwaltungsakt" (FS Bachof, 1984, S. 151 ff.), „Ermessensspielraum und Rechtsstaatlichkeit" (NJW 1969, S. 1273 ff.), „Die Bindung des Richters an das Gesetz" (NJW 1969, S. 1273 ff.), „Partizipation an Verwaltungsentscheidungen" (NJW 1972, S. 1573 ff.), „Die Verwaltungsvorschriften im grundrechtlichen Normensystem" (JuS 1975, S. 609 ff.), „Formfreiheit der Verwaltung und Rechtsschutz" (FS 25 Jahre BVerwG, 1978, S. 539 ff.); ich erinnere an die frühe Abhandlung „Zur neuen Verwaltungsgerichtsordnung – gelöste und ungelöste Probleme" (AöR 85 [1960], S. 149 ff., 180 ff.) oder an den Speyrer Vortrag „Wohl der Allgemeinheit und öffentliche Interessen, Bedeutung der Begriffe im Verwaltungsrecht" (in: Wohl der Allgemeinheit und öffentliche Interessen, 1968, S. 116 ff.). Der Beitrag „Verwaltungsrecht – Allgemeine Lehren" (in: Weber-Fas [Hrsg.], Jurisprudenz 1978, S. 589 ff.) zieht eine Zwischensumme.

2. Herr *Rupp* als Verfassungsrechtler: Diese Komponente des wissenschaftlichen Werkes wurde in Marburg, dann (seit 1968) in Mainz kräftig ausgezogen, und aus der Fülle der Stichworte kann nur weniges erwähnt werden. Der Habilitationsvortrag „Privateigentum an Staatsfunktionen?" (1963) markierte eine frühe Wendung zur „Grenzüberschreitung", die zu

Blickerweiterungen der Staatsrechtslehre zur *Wirtschaft* hin geführt hat: „Grundgesetz und Wirtschaftsverfassung“ (1974) ist hier eine Zwischenstation; weitere sind „Verfassungsrecht und Kartelle“ (1968), „Fusionskontrolle als Verfassungsauftrag“ (1973), „Konzertierte Aktion“ (in: *E. Hoppmann,* Konzertierte Aktion, 1971, S. 1 ff.), „Verfassungsrechtliche Probleme allgemeiner Geschäftsbedingungen“ (FS Bärmann, 1985, S. 787 ff.). Was heute als „Wirtschaftsverfassung“ selbstverständlich ist – freilich neu aufzugreifen wäre im Blick auf den Zusammenhang von Markt und offener Gesellschaft –, hat *H. H. Rupp* von der Staatsrechtslehre her früh in den Blick genommen. Seine Mitwirkung an der ORDO-Festgabe für F. A. von Hayek (1979, S. 96 ff.) ist konsequent. Kann der Markt „ökonomische Demokratie“ sein? Was ist er verfassungstheoretisch?

Ein zweiter Themenkreis betrifft die *Grundrechte:* Das Bochumer Staatsrechtslehrerreferat („Die Stellung der Studenten in der Universität“: VVDStRL 27 [1969], S. 113 ff.; s. auch „Die Universität zwischen Wissenschaftsfreiheit und Demokratisierung“, JZ 1970, S. 165 ff.) mußte sich dem Zeitgeist der 68er Jahre stellen. Hier finden sich tiefe Einsichten wie das schöne Wort vom „Lebensrhythmus wissenschaftlichen Forschens und Lehrens“, den die Universität im Auge behalten müsse (ebd., S. 119), wie der Appell an die Studenten, die „Faszination auf sich wirken zu lassen, die von einer freiheitlich-rechtsstaatlichen Demokratie ausgeht“ (a.a.O., S. 139) – der Typus Verfassungsstaat hat heute weltweit eben diese Kraft! Ins Grundsätzliche reicht später die große Abhandlung „Vom Wandel der Grundrechte“ (in: AöR 101 [1976], S. 161 ff.; s. auch Art. Grundrechte, in: HDWW III, 1981, S. 70 ff.).

Kleinere Grundrechts-Arbeiten, etwa zu Art. 18 GG (FS Küchenhoff, 1972, S. 653 ff.), zur nachträglichen Promotion oder Habilitation eines Hochschulprofessors (FS Doehring, 1989, S. 873 ff.), die frühe Anmerkung zum SammlungsG bzw. zum Mephisto-Urteil des BVerfG (NJW 1966, S. 2737 bzw. DVBl. 1972, S. 66 ff.), der Rechtsprechungsbericht über Art. 12 GG (AöR 92 [1967], S. 212 ff.) seien in Erinnerung gerufen (s. auch Grundrechtlicher Freiheitsstatus und ungesetzlicher Zwang, DÖV 1974, S. 193 ff.); praxisnahe Themen wie die Zulässigkeit bundeseigener wissenschaftlicher Hochschulen (FS H. Kaufmann, 1972, S. 327 ff.) oder Bundesstaats-Themen wie die „Bemerkungen zur Bundeseigenverwaltung nach Art. 87 Abs. 3 S. 1 GG“ (FS Dürig, 1989, S. 387 ff.) ebenfalls. Eigenen Rang hat das Gutachten für den 46. DJT (Bd. I 3 A, S. 165 ff.), auch der Beitrag zu Art. 3 GG (in BVerfG und GG, II, 1976, S. 364 ff.) sowie zu „Gewissenskonflikten im Arbeitsverhältnis“ (zus. mit *Konzen,* 1990).

Ein dritter Themenkreis betrifft *staatstheoretische Grundfragen,* vor allem den Handbuch-Artikel in: HdbStR Bd. I 1987, S. 1187 ff., über die „Unterscheidung von Staat und Gesellschaft“. Hier faszinieren Stichworte wie „Grundrechte als autonome Individualimpulse", „Komplexes System verfaßter Freiheit"; hier finden sich aber auch resignative Töne wie „Parteienstaatliche Verkrustung politischer Pfründenwirtschaft". Übrigens muß sich auch die Staatsrechtslehre selbst, nicht nur „der Staat" fragen lassen, wie stark sie – meist unbewußt – in die Abhängigkeit parteipolitischer Formationen gerät. Das Auftragsgutachten ist hier m.E. die „Teufelsprobe"! – jedenfalls dann, wenn die „Himmelsrichtung" des Auftraggebers immer dieselbe bleibt (was beim Jubilar – trotz der räumlichen ZDF-Nähe – nie drohte).

Ebenfalls in großer Höhen- oder Tiefenlage ist *H. H. Rupps* Beitrag in der FS für K. Carstens (Bd. II, 1984, S. 773 ff.) gearbeitet („Kritische Bemerkungen zum heutigen Verhältnis von Verfassungsrecht und Verfassungswirklichkeit"), und nicht nur im Rückblick kündigte sich das in dem Aufsatz „Zur Problematik öffentlichrechtlicher Machtpotenzierung durch Funktionenkombination" (NJW 1968, S. 1569 ff.) an (wiederabgedruckt in: U. Scheuner (Hrsg.), Die staatliche Einwirkung auf die Wirtschaft, 1971, S. 617 ff.). Von hier aus ist es nur konsequent, daß unser Jubilar für rechtspolitische Fragen besonders sensibel ist. Er ist sogleich zur Stelle, wenn solche ins Grundsätzliche reichen, etwa in Sachen „Ergänzung des GG um eine Vorschrift des Umweltschutzes?" (DVBl. 1985, S. 990 ff.) – lange vor der „Umwelt-Konjunktur" entdeckte *H. H. Rupp* das Thema („Die verfassungsrechtliche Seite des Umweltschutzes", JZ 1971, S. 401 ff.; zur Popularklage: ZRP 1972, S. 32). Entsprechendes gilt für das Thema „Wahlrecht für Ausländer?" (ZRP 1989, S. 363 ff.) und jetzt die „Ethikkommissionen" (UTR Bd. 12, 1990, S. 23 ff.).

Im ganzen darf man fragen, ob sich in *H. H. Rupps* Themenwahl und -wandel insgesamt nicht der klassische Prozeß einer Wissenschaftler-Biographie zeigt: das Sich-Vor-Arbeiten von der Rechtsprechungsanmerkung über die Dogmatik bis hin zu theoretischen Grundsatzfragen, die sich auch in der Form von Verfassungspolitik engagiert. Gefährlich wäre m.E. der umgekehrte Weg: ein früher „Start" mit Fragen der Rechtspolitik übersähe die „Unentbehrlichkeit des juristischen Handwerkzeugs" (*J. Esser),* das man zuerst im Gespräch mit der Judikatur lernt und in harter Alltagsdogmatik zubereiten muß.

3. Herr *Rupp* als Europarechtler: Hier hat der Jubilar viele fruchtbare Kontroversen ausgelöst, mit keinem geringeren als dem „Europa-Papst" *H. P. Ipsen* ... Er hat früh zur Schar derer gehört, die das Europarecht ernst nahmen[3]. Zu entscheiden, wer die besseren Argumente hatte, steht mir

---

[3] Vgl. Die Grundrechte und das Europäische Gemeinschaftsrecht, NJW 1970, S. 353 ff.; Zur bundesverfassungsgerichtlichen Kontrolle des Gemeinschaftsrechts am Maßstab der Grundrechte, NJW 1974, S. 2153 ff.; Nationaler Grundrechtsschutz

nicht zu. Es kommt in der Wissenschaft auch gar nicht darauf an, wer sich letztlich durchgesetzt hat. Denn zum einen gibt es im Diskurs, „im Prinzip des besonnenen Dialogs“ *(P. Schneider)* kein „letztlich“, zum anderen ist der „Erfolg“ in der Wissenschaftlergemeinschaft ein sehr relativer und vorläufiger Maßstab. Mir scheint, daß hohes Verdienst immer dem zukommt, der wirkliche Probleme früh sieht und zur Diskussion stellt – ohne Furcht vor „herrschenden Meinungen“ und der Bequemlichkeit, sich von ihnen „tragen“ zu lassen. So hat uns *P. Schneider* in seiner schönen Würdigung in der Mainzer Zeitung vor fünf Jahren *H. H. Rupp* wie folgt zitiert: „Gegen was hier allein angekämpft wird, ist der Irrtum, das Ergebnis jeder wie nur immer gearteten Methode sei „absolut“, „objektiv“ und mit der Wahrheit identisch“[4]. Unser Jubilar ist ein Meister an Unerschrockenheit. Mag der Kompromiß ein Markenzeichen guter Politik sein, in der Wissenschaft ist es ganz anders: sie verlangt nach dem Kompromißlosen.

Von der Weite und Größe Europas ein Blick auf das Nahe und vermeintlich Kleine: *H. H. Rupp* hat die Literaturgattung *„Rheinland-Pfälzische* Nebenstunden“ in vielen Varianten gepflegt. Seine wissenschaftliche „Geburtsstunde“, die Dissertation über die ärztlichen Berufskörperschaften trägt den Vermerk „Neustadt/Weinstraße, 1953“; später handelte er von der „hochschulpolitischen Situation in Mainz“ (1973, im Jahrbuch der Freunde und Förderer), von der „Kunstförderung als Staatsaufgabe“ (in: Lebendiges Rheinland-Pfalz, 1978, S. 150 ff.) oder mit mehr Ewigkeitsanspruch von „Rheinland-Pfalz“ überhaupt (Staatslexikon, Bd. 4, 1988). Den Weg nach Bitburg ging er früh (Freiheit und Partizipation, Bitburger Gespräche – Jahrbuch 1972/73, S. 25 ff.), den nach Cappenberg später (Verfassungsgerichtsbarkeit, Gesetzgebung und politische Führung, in: Ein Cappenberger Gespräch, 1980, S. 58 ff.).

---

in den Europäischen Gemeinschaften, in: Die Grundrechte in der Europäischen Gemeinschaft, 1978, S. 9 ff. Jüngst etwa: Materielles Prüfungsrecht bei Erteilung der europäischen Vollstreckungsklauseln?, NJW 1986, S. 640 ff.; EG-Rundfunkrecht und Gerichtskontrolle des BVerfG, in: Eine Rundfunkordnung für Europa, 1990, S. 75 ff.

[4] Diese Maxime pflegt *H. H. Rupp* auch in den sensiblen „Innenverhältnissen“ zu den Schülern: Ein schönes Dokument dazu ist das Vorwort seines Habilitanden *H. von Olshausen* (Landesverfassungsbeschwerde und Bundesrecht, 1980, S. 11): „Mein erster Dank gilt Prof. Dr. *H. H. Rupp,* ... bei dem ich erfahren konnte, wie stimulierend die Faszination eines Wissenschaftlers sein kann, der die Jurisprudenz so umfassend, konsequent praktiziert, wie er die gegensätzliche Haltung seines ‚Schülers‘ akzeptiert“.

III.

Blicken wir – dankbar – zurück und voraus! Der Tübinger Kreis – der heute gar nicht mehr in Tübingen selbst wirkt (außer *O. Bachof* und *G. Dürig)* – oder soll man lieber von „Tübinger Mafia“ sprechen? – ist gewiß nicht geschlossen und homogen, keine eigentliche „Schule“, entgegen der etwa von *N. Achterberg* gern gebrauchten Formel, doch umschreibt er ein Kraftfeld der 60er Jahre, das bis heute in der deutschen Staatsrechtslehre große Ausstrahlung entfaltet. *H. H. Rupp* ist einer der Repräsentanten. Er hat in vielen Literaturgattungen Bestes gegeben[5]. Wenn ich recht sehe, hat er sich nur nicht in der Form des Lehrbuchs und Kommentars versucht. Das ist kein Zufall: beides bringt jeden Autor in Schwierigkeiten mit der eigenen *freien* Entwicklung, mit der *Offenheit* des wissenschaftlichen Prozesses! Jeder Forscher muß herausfinden, in welchen Literaturformen gerade *er* sein Bestes zu geben vermag. *H. H. Rupp* hat *das* Beste und *sein* Bestes in dem ihm Angemessenen geleistet. Dabei achtete er stets auf Distanz zu den politischen Parteien, was nicht ausschließt, ihn als „Liberal-Konservativen“ zu bezeichnen. In der Tat: „Wissenschaft wird immer von Menschen betrieben“ (so der Jubilar in VVDStRL 27 (1969), S. 113 (129)), darum auch seine häufige Beteiligung in Festschriften für Autoren, die ihm nahestehen (z.B. FS Armbruster, 1976, FS Mühl, 1981, FS Menger, 1985, FS Zeidler, 1987, FS P. Schneider, 1980 und 1991). Dieses Credo ist Lebensmaxime, die Anspruch und Bescheidenheit *verbindet.* Darin ist *H. H. Rupp* Vorbild weit über den Tübinger Kreis hinaus, der sich auch dank der Liebenswürdigkeit von *Frau Rupp* hier versammelt hat. Ich selbst danke für langjährige freundliche Teilnahme an eigenen wissenschaftlichen Versuchen und besonders für das freundschaftliche Vertrauen im Rahmen und seit der gemeinsamen Vorstandszeit bei der Vereinigung der deutschen Staatsrechtslehrer (1984 bis 86).

---

[5] Vgl. auch die Fülle der Urteilsanmerkungen, z.B. DVBl. 1972, S. 232; NJW 1978, S. 337 ff.; JZ 1979, S. 28 f.; NJW 1966, S. 2037 ff.; JZ 1987, S. 241; 1988, S. 194; 1990, S. 88; NJW 1985, S. 2321 und den Aufsatz „Die Nichtigkeit eines verfassungswidrigen Gesetzes und die Entscheidungsfunktion des BVerfG“, JuS 1963, S. 469 ff. – Als Beispiele für weitgestreute *Rezensionen:* AöR 112 (1987), S. 673 f.; DVBl. 1960, S. 571 *(H. P. Ipsen);* Der Staat 1 (1963), S. 118 *(Eichenberger);* JZ 1965, S. 781 *(K. Stern);* DVBl. 1969, S. 221 *(W. Henke);* WissR 23 (1990), S. 98 *(T. Köstlin).*

Werner von Simsons „Stimme“ im Konzert der Staats- und Verfassungslehre (1993)

I.

Einen deutschen, auch englischen und zugleich europäischen Staatsrechtslehrer wie *Werner von Simson* aus Anlaß seines 85. Geburtstages im Jahre 1993 zu würdigen, ist leicht und schwer zugleich: leicht, weil man den Jubilar jenseits der Weisheits- und Altersgrenze eines *Goethe* weiß, weil man ihn wiederum im Gegensatz zu *Goethe,* inmitten aller seiner Familienmitglieder und Freunde sieht und schließlich weil man ihn hier und heute – und dies ist die Übereinstimmung mit *Goethe* – weil man ihn in seinem „Herbst des Mittelalters“ rastlos tätig, schaffenskräftig und hoffnungsvoll erleben darf: in all der Ausstrahlung, die den geistigen Menschen mit künstlerischen Gaben auszeichnet. Weitere Gemeinsamkeiten im Blick auf den Weimarer Klassiker *Goethe* darf ich nicht suchen: Denn *Goethes* Juristenkunst ist umstritten, die unseres Jubilars nicht, und überdies: *Werner von Simson* ist gewiß auf eine Weise durch „Weimar“ vielfältig geprägt worden, aber seine schöpferischen, juristischen Wachstumsphasen und Wirkungen sind mit dem Bonner Grundgesetz verbunden, das nun dank des Geschenks der deutschen Vereinigung 1990 mindestens in der Hauptstadtfrage eine *Berliner* Komponente gewonnen hat: sie aber prägte den Jubilar von Jugend an tief. So mag sich ein Kreis schließen und zugleich öffnen.

Die Würdigung ist indes schwer – um die Eingangsfrage aufzunehmen –, weil sich *Werner von Simson* mit den Grundsatzproblemen der Staats- und Verfassungslehre beschäftigt hat und stetig weiter befaßt: zuletzt etwa in dem großen, mit seinem nach Freiburg zurückgekehrten Schüler und Freund *Jürgen Schwarze* veröffentlichten Beitrag im Handbuch des Verfassungsrechts (2. Aufl. 1992). Die Laudatio ist schwer, weil *von Simson* wie nur wenige deutsche Staatsrechtslehrer in sich die drei Zweige unserer Disziplin im „Dreiklang“ vereinigt: das Staats- und Verfassungsrecht, das Völkerrecht sowie das Europarecht – dieses zusätzlich von der Praxis her, seine beiden Schüler *W. Graf Vitzthum* und *Jürgen Schwarze* werden die beiden letztgenannten Bereiche aus ihrer Sicht sogleich würdigen. Und meine „laudatio“ ist auch deshalb schwer, aber reizvoll, weil sie eher das Gespräch sucht, einerseits von „innen bittend“, andererseits gelegentlich „von außen fragend“: Denn in Sachen Staat darf ich ja – auch heute noch – mitunter etwas anders denken als der Jubilar. Endlich wage ich die Metapher der „Stimme“ und des „Konzerts“. Inspiriert bin ich zu diesem Bild gewiß durch unseres Jubilars Gesamtpersönlichkeit: die musische, die musikalische Seite ist mit konstituierend für ihn, nicht nur als Orgelspieler, sondern auch als Bewunderer von *Bachs* „Kreuzstab-Kantate“, von *Mozarts* unvollendeter c-moll-Messe und – es sei trotz Bayreuths geklagt – sogar von manchem Werkstück *Richard Wagners*. Aber: Darf mein Versuch über *Werner von Simson* als Staatsrechtslehrer wirklich das Bild vom „Konzert“ gebrauchen? Ist unsere Wissenschaft einem „Konzert“ – freilich ohne wirkliche Dirigenten – vergleichbar? Wenn ja, welche, wessen Partitur spielen wir? Oder gibt es vielleicht eine solche in der Wissenschaft ganz allgemein und in der Staatsrechtslehre im besonderen gar nicht? Spielen wir seit langem immer die gleichen Sätze (je nach Temperament verschieden rasch) oder wird eher improvisiert, i. S. des „free jazz“? Ergibt sich vielleicht allenfalls im Rückblick, daß jeder von uns eine unverwechselbare Stimme hat, die dann gemeinsam mit anderen einen gesamten Klang schafft? Und: Sind Dissonanzen nicht ebenso wichtig wie Konsonanzen? Hat die Staatslehre seit den Klassikern mehr als bloßes „Notenmaterial“, wenn man will eine „Grammatik“, aus der die Sache Staat gedanklich und real je neu zu konstituieren ist? Gleicht alles eher einer endlosen „Probe“ zu einem Stück, das erst im Himmel aufgeführt wird, wo es aber weder Staat noch Recht gibt?

Genug der Anspielung auf die Musik als vielleicht unmittelbarster der Künste. Es gilt, an der Hand von *Werner von Simson* einige Grundsatzprobleme unserer Zunft zu erfragen, um so zu erkennen, was sein höchstpersönlicher Beitrag zum Denken über Staat und Verfassung, Recht und Souveränität ist und wie er sie ganz unverwechselbar schon im Ansatz mit dem Völker- und Europarecht als den spätestens heute zwei anderen Seiten derselben Sache verknüpft. Dabei ist alles folgende von der Überzeugung getragen, daß Staatsrechtslehre „als Literatur“ den Staat mitkonstituiert, besonders in der „Welt-Zeit“ unseres heutigen Verfassungsstaates. Das steigert die Verantwortung eines jeden, der sich literarisch äußert, oder etwa wie *W. von Simson* auch in großen Gerichtsverfahren (z. B. vor dem EuGH) mit Schriftsätzen auftritt. Es erhöht aber auch die Verantwortung von jedem, der wie ich heute „auf den Schultern“ eines Jubilars wie *W. von Simson* arbeitet, sekundär kommentierend und doch auch in primärer Mitverantwortung für das, was uns anvertraut ist: Menschenwürde und Freiheit, Gerechtigkeit und Gemeinwohl, Europa, seine „Vater“- oder „Mutterländer“ und die Weltbürgergemeinschaft.

II.

Zunächst zur äußeren Form des Werkes: *Werner von Simson* hat – bis auf den Kommentar – in wohl allen Literaturgattungen geschaffen, er schrieb Monographien bzw. Bücher,[1] Aufsätze[2] – zuletzt besonders die tiefe Abhandlung „Carl Schmitt und der Staat unserer Tage".[3] Er hielt ein Staatsrechtslehrerreferat, d.h. in seinen eigenen Worten, er fühlte sich wie ein „Dorfkaplan", der beauftragt worden ist, vor dem Vatikanischen Konzil einen einstündigen Vortrag zu halten über das Thema: Die Bibel[4] – auf diesem gefährlichen Forum wagte er schon zuvor und „danach" so manchen Diskussionsbeitrag.[5] Er hielt nicht wenige Vorträge sonstiger Art[6], er publizierte in vielen Festschriften,[7] sogar in seiner eigenen.[8] Er beteiligte

---

1 Die Souveränität im rechtlichen Verständnis der Gegenwart, 1965; Die Verteidigung des Friedens, 1975; Kritik der politischen Vernunft, 1983.

2 Z.B. Demokratie und Diktatur in ihren völkerrechtlichen Beziehungen, in: Friedenswarte, 53. Jg., 1955/56, S. 201 ff.; 330 ff.; Kartelle und Zusammenschlüsse in der Montanunion, WuW 1955, S. 401 ff. Zur Kritik am Rechtsschutz in den Europäischen Gemeinschaften, DVBl. 1966, S. 653 ff.; Verfassungskonforme Demonstrantenbestrafung, ZRP 1968, S. 10 ff.; Das Common law als Verfassungsrecht – Lord Scarman's „English Law – The New Dimension", in: Der Staat 16 (1977), S. 75 ff.; Internationaler Gerichtshof für Menschenrechte?, in: „liberal" Heft 5/ 1977, S. 370 ff.; Anforderungen an die Rechtmäßigkeit des Verwaltungshandelns der EG-Behörden, in: J. Schwarze (Hrsg.), Europäisches Verwaltungsrecht im Werden, 1982, S. 23 ff.; Was heißt in einer europäischen Verfassung „Das Volk"?, EuR 1991, S. 1 ff.

3 In: AöR 114 (1989), S. 185 ff.; s. auch zusammen mit *J. Schwarze:* Völkerrechtliche Verfügungsbeschränkungen gegen Mißbrauch von Rohstoffen, Archiv des Völkerrechts 30 (1992), S. 153 ff.

4 Das demokratische Prinzip im Grundgesetz, VVDStRL 29 (1971), S. 3 ff.

5 Vgl. VVDStRL 25 (1967), S. 430; 27 (1969), S. 82 f.; 29 (1971), S. 106, 132–134; 31 (1973), S. 129–131; 40 (1982), S. 102 f.

6 Z.B. Kriterien einer politischen Vernunft, 1985.

7 Der politische Wille als Gegenstand der europäischen Gemeinschaftsverträge, in: FS *O. Riese,* 1964, S. 83 ff.; Der Gerichtshof und unbestimmte Rechtsbegriffe, in: Zehn Jahre Rechtsprechung des Gerichtshof der Europäischen Gemeinschaften, 1965, S. 396 ff.; Verfassungszweifel in England, in: FS *K. Carstens* Bd. 2, 1984, S. 853 ff.; Zwei Bilder der Freiheit im Recht, in: FS *Erik Wolf,* 1972, S. 22 ff.; Die Bedingtheit der Menschenrechte, in: FS *B. C. H. Aubin,* 1979, S. 217 ff.; Das Eigentum jenseits von Martin Wolff, in: FS *E. v. Caemmerer,* 1978, S. 241 ff.; Wachstumsprobleme einer europäischen Verfassung, in: FS *H. Kutscher,* 1981, S. 481 ff.; Das House of Lords als Hüter der kanadischen Verfassung, in: FS *Zeidler,* 1987, S. 363 ff.; Zur Theorie der Legitimität, in: FS für *Karl Loewenstein,* 1971, S. 459 ff.; „Das Recht" in der Europäischen Gemeinschaft, in: FS *H. von der Groeben,* 1987, S. 391 ff.; Überstaatliche Menschenrechte, in: FS *K. J. Partsch,* 1989, S. 47 ff.; Die brauchbare Wahrheit, in: FS *W. Marx,* 1975, S. 412 ff.; Glaube und Politik in heutiger Zeit, in: FS *D. Sternberger,* 1977, S. 370 ff.; Einmischung oder nicht? Zur Durchlässigkeit der europäischen Staatsgrenzen, in: FS zum 125jährigen

sich an „Ringvorlesungen“[9] oder großen Tagungsbänden.[10] Er engagierte sich (zusammen mit *J. Schwarze*) in Handbüchern,[11] Rezensionsabhandlungen,[12] Buchbesprechungen,[13] und er „komponierte“ – so darf man sagen –

Bestehen der Juristischen Gesellschaft zu Berlin, 1984, S. 775 ff.; Die Reichweite rechtlicher Regelungen als Voraussetzung ihrer Wirksamkeit, in: FS *F. Rittner,* 1991, S. 659 ff.

[8] *W. von Simson,* Towards a Bill of Rights in Great Britain, in: J. Schwarze/W. Graf Vitzthum (Hrsg.), Grundrechtsschutz im nationalen und internationalen Recht, *W. von Simson* zum 75. Geb., 1983, S. 177 ff.

[9] Die Marktwirtschaft als Verfassungsprinzip in den Europäischen Gemeinschaften, in: Zur Einheit der Rechts- und Staatswissenschaften, Bd. 27, 1967, S. 55 ff.

[10] Z.B.: Voraussetzungen einer europäischen Verwaltung, in: J. Schwarze/R. Bieber (Hrsg.), Eine Verfassung für Europa, 1984, S. 91 ff.; Rechtsetzungsaufträge in der Europäischen Gemeinschaft, in: J. Schwarze (Hrsg.), Gesetzgebung in der Europäischen Gemeinschaft, 1985, S. 55 ff.; Anforderungen an die Rechtmäßigkeit des Verwaltungshandelns der EG-Behörden, in: J. Schwarze (Hrsg.), Europäisches Verwaltungsrecht im Werden, 1982, S. 23 ff.; Nutzen und Kosten des Rechtsschutzes in der Europäischen Gemeinschaft, in: J. Schwarze (Hrsg.), Fortentwicklung des Rechtsschutzes in der Europäischen Gemeinschaft, 1987, S. 23 ff.; Reflections on Jean Monnet's Skillful-Handling of Member States and People during the First Years of the Community, in: Jean Monnet et l'Europe d'aujourd'hui, 1989, S. 29 ff.; The concept of Competition in the European Community, in: J. Schwarze/H. G. Schermers (Hrsg.), Structure and Dimensions of European Community Policy, 1988, S. 139 ff.

[11] Europäische Integration und Grundgesetz, 1992, erweiterte Fassung des Beitrags in: Handbuch des Verfassungsrechts, hrsg. von E. Benda, W. Maihofer und H.-J. Vogel, 2. Aufl. 1993, zuvor Verfassungsmäßige Ordnung und Europäische Integration, in: HdBVerfR ebd. 1. Aufl., 1983, S. 59 ff.

[12] Zur rechtlichen Gestalt der europäischen Integration, in: Zeitschrift für das ges. Handelsrecht und Wirtschaftsrecht, Bd. 130, 1968, S. 63–81; *W. von Simson.* Zu *F. A. von Hayeks* verfassungsrechtlichen Ideen, in: Der Staat 18 (1979), S. 403 ff.; Die Deutschen und ihr Rechtsstaat, in: Der Staat 21 (1982), S. 97 ff. (zur gleichnamigen Schrift von *Michaelis*).

[13] Besprechung der Zeitschrift „Europarecht“, Erster Jahrgang, München 1966, Heft 1–4, in: DÖV 1967, S. 321; *Manfred Zuleeg,* Das Recht der Europäischen Gemeinschaften im innerstaatlichen Bereich, in: Europarecht 1970, S. 185 ff.; *Fritz Scharpf,* Demokratietheorie zwischen Utopie und Anpassung, Konstanzer Universitätsreden, Bd. 25, 1970, in: AöR 96 (1971), S. 450–452; *Ernst Forsthoff,* Der Staat der Industriegesellschaft, in: Der Staat 11 (1972), S. 51 ff.; *Helmut Quaritsch,* Staat und Souveränität, Bd. 1, 1970, in: AöR 99 (1974), S. 654–661; *Clarence J. Mann,* The Function of Judicial Decision in European Economic Integration, 1972, in: The American Journal of Comparative Law 23 (1975), S. 769 ff.; *Helmut Quaritsch,* Probleme der Selbstdarstellung des Staates, Recht und Staat, Heft 478/479, 1977, in: AöR 104 (1979), S. 635–638; *Peter Häberle,* Das Grundgesetz der Literaten, Der Verfassungsstaat im (Zerr?)Spiegel der Schönen Literatur, 1983, in: AöR 109 (1984), S. 458–460; Buchanzeige von: *Helmut Coing,* Von Bologna bis Brüssel, Europäische Gemeinsamkeiten in Vergangenheit, Gegenwart und Zukunft, 1989, in: AöR 115 (1990), S. 341 f.; Buchanzeige von: *Wilhelm Grewe,* Machtprojektionen und Rechtsschranken, 1991, in: AöR 117 (1992/Heft 3, Sept. 92), S. 484 f.

einen Glückwunsch für *H. P. Ipsen*[14] und einen Nachruf wie den auf *E. R. Huber* 1991[15] – auch dies in unnachahmlicher Art und Weise.[16]

Ein Sammelband wie „Der Staat und die Staatengemeinschaft" (1978) zieht eine, wie wir im Rückblick sagen dürfen, vorläufige „Zwischensumme"; denn was seitdem in Sachen Staat, Staatslehre, Völker- und Europarecht folgte, verdient eine eigene, neue Betrachtung. Gleiches gilt für die Selbstdarstellung: „Der Staat als Erlebnis"[17] bzw. die autobiographische Skizze in den Freiburger Universitätsblättern.[18] Wie vielfältig die Literaturgattungen auch sein mögen: In eigentlich allen schimmern die den Jubilar bewegenden Grundsatzfragen der allgemeinen Staatslehre durch – selbst in dem bewegenden Nachruf auf *E. R. Huber* wird dies greifbar, etwa in dem Satz:[19] „Daß nur in der Vieldeutigkeit der Ansichten das Grundgefüge des Staates gesichert werden kann, und daß seine einzige Wahrheit darin besteht, viele Wahrheiten gelten zu lassen."

III.

Im folgenden seien *drei* Schritte unternommen: Erstens möchte ich *W. von Simson* in seinen eigenen Gedanken und Worten sprechen lassen: die Methode der Direktzitate als Vorform möglicher „Klassikertexte im Verfassungsleben". Zweitens seien die Wirkungsgeschichte seiner Arbeiten über den Kreis seiner hier so eindrucksvoll versammelten Doktoranden hinaus skizziert – auf der Folie der Einsicht, daß die Rezeptionsprozesse aller geistigen Werke, sei es eines literarischen oder musikalischen oder sonst künstlerischen „Textes", das Werk jeweils „vollenden" und innerlich dazugehören – Ihnen allen ist die Konstanzer Literaturtheorie eines *H.-R. Jauß* bekannt (sie greift in den USA heute sogar auf die Deutung von Werken der bildenden Kunst über). Drittens wage ich da und dort einige kritische Fragen – Vergleiche mit *„Eckermann"* wären zufällig!

1. Die Grundsatzarbeiten zu Themen der Staats- und Verfassungslehre führen von der Freiburger Habilitationsschrift „Die Souveränität im rechtlichen Verständnis der Gegenwart" (1965),[20] über Festschriftenbeiträge, das Speyerer Staatsrechtslehrerreferat über Demokratie (1970), zu Abhandlun-

[14] *H. P. Ipsen* zum 70. Geburtstag, AöR 103 (1978), S. 70 ff.

[15] *Ernst Rudolf Huber* (NJW 1991, S. 893 f.).

[16] Eine Urteilsanmerkung: Wehrdienstverweigerung in USA und Vietnamkrieg, U.S. District Court, District of Mass., in: ZaöRV Bd. 30, 1970, S. 99–112.

[17] JöR 32 (1983), S. 31 ff.

[18] Der Rechtswissenschaftler *Werner von Simson,* Dez. 1991, S. 23–36.

[19] NJW 1991, S. 893.

[20] Dazu aus der Rezensionsliteratur: *P. Badura,* in: EuR 1967, S. 179 ff.; *P. Häberle,* AöR 92 (1967), S. 259 ff.

gen wie vor allem die noble Auseinandersetzung mit *C. Schmitt* in dem AöR-Aufsatz AöR 114 (1989) S. 185 ff.: „Carl Schmitt und der Staat unserer Tage" – wie wenige andere ist gerade *W. von Simson* dazu berufen. Einbezogen sei sein Beitrag zu der Rubrik „Staatsrechtslehre in Selbstdarstellungen" im Jahrbuch des öffentlichen Rechts, der die von mir gewagte Reihe so glanzvoll eröffnet hat (JöR 32 [1983], S. 31 ff.). Man mag streiten, ob Staatsrechtslehrer sich „authentisch" interpretieren können – sie vermögen dies wohl ebensowenig wie das BVerfG dies tun kann. Im Sinne einer widerlegbaren Vermutung sollten sie aber zum Verständnis des Werkes herangezogen werden – so spannungsreich die Anspielung auf „Dichtung und Wahrheit" bzw. „Wissenschaft und Wahrheit" wäre!

Mag es im Gange der Verfassungs- und juristischen Wissenschaftsgeschichte kaum zu „Fortschritten" kommen, sie gleichen bei der Entwicklung des Verfassungsstaates allenfalls der „Echternacher Springprozession": In der Biographie von einzelnen Staatsrechtslehrern gibt es indes ein „Fortschreiten", ein Sich-Fortbilden, eine fruchtbare Entwicklung – jedenfalls, wenn diese nicht Moden folgen, sondern ihrer inneren Stimme, die auch nach außen hört. Dieses Fort-Schreiten ist bei *W. von Simson* mit Händen zu greifen. Erwähnt sei aus dem Jahrbuch-Beitrag „Der Staat als Erlebnis" (JöR 32 [1983], S. 31 [32 f.]) die Wendung, Luxemburg habe es ihm eröffnet „sich mit den neu aufscheinenden Möglichkeiten eines geänderten Staatsverständnisses vertraut zu machen". Die sanfte, aber doch entschiedene Kritik an einer Allgemeinen Staatslehre wie der von *Herb. Krüger,* die europäische Einigung oder die EMRK werde nicht als „nicht fortzudenkende Lebensbedingung und wesensprägende Eigenschaft des Staates" aufgefaßt bis hin zu dem Satz (JöR 32 [1983], S. 31 [52]): „So verstehe ich den Staat der Jetztzeit als eine politische Einheit innerhalb einer Stufenfolge von Entscheidungs- und Handlungsebenen, von denen er die größte ist, die noch das Irrationale, Geliebte und nicht nur Gedachte in Gemeinsamkeit aufnehmen kann."

Eigenen Rang haben die prägnanten Staatsrechtslehrervoten auf der VDStRL-Tagung. Ich habe sie vor fünf Jahren hier in Freiburg eingehend zitiert.

2. Ein Wort zum Echo auf „*von Simsons* Arbeiten, zu seiner Wirkungs- oder Rezeptionsgeschichte": An dieser Stelle werden die so glücklich anwesenden *Doktoranden* ihre Ohren spitzen, die Nennung von „Roß und Reitern" erwarten, ihre Themen und ihre Namen hören wollen. Ich muß sie aber enttäuschen. Die Heraushebung einzelner Dissertationen wäre ungerecht, denn alle zeigen die Spuren des Doktorvaters, schon Themen wie „Willensverschränkung als staatsrechtliches Problem" (*A. Matthias,* JöR 29 [1980], S. 85 [86 ff.]) bezeugen dies, *von Simson* half jedem auf seine unnachahmliche Weise, er prägte sie alle, bis hin zu *Jürgen Schwarze* (z.B. in

Gestalt von dessen Schrift: „Die Befugnis zur Abstraktion im europäischen Gemeinschaftsrecht“ [1976]).

Nach den vom „klassischen“ deutschen Professor spezifisch betreuten Doktorarbeiten sind neben den Rezensionen andere Literaturformen, wie *Monographien* und *Abhandlungen* ein weiteres Rezeptionsforum oder „Rezeptionsmedium“. Sie können hier nur abstrakt vermerkt, nicht aber im einzelnen nachgewiesen werden.

Nicht zuletzt aber seien *laudationes* von ihrerseits wissenschaftlichem Rang erwähnt. *Konrad Hesse* hat hier besonders treffende Worte gefunden, die man eigentlich nur in extenso statt meiner Rede hätte wiederholen brauchen – sie decken lediglich die letzten 15 Jahre des Jubilars nicht ab!

Ich zitiere aus dem AöR 103 (1978), S. 73 f.: „Ihnen (sc. den Schülern und Hörern) vermittelt er mehr als fachliche Kenntnisse, nämlich hohen Anspruch, geistige Offenheit und zugleich gesicherten Grund, ohne die es nicht möglich ist, den Aufgaben des Juristen in einer Zeit raschen und tiefgehenden Wandels gerecht zu werden.“

Die Festschrift für unseren Jubilar (1983) verdiente eine besondere Würdigung, weil sie nämlich eine wirkliche „Festschrift der Schüler und Freunde“ ist und nicht – wie so oft heute – ein mehr oder weniger zufälliges Konglomerat von in der Schublade liegengebliebenen Aufsätzen oder Gelegenheitsarbeiten (wie Gutachten i.S. des korruptionsgefährdenden „Recht für Geld“!), die man trotz des massenhaften Zeitschriftenwesens sonst nicht „unterbringt“. Die Themen zeigen, wie intensiv und vielfältig die Festschriftenbeiträge des Jahres 1983[21] gearbeitet sind: zum Beispiel: „Das Grundrecht auf Asyl“ *(A. Jannasch),* „EG-Grundrechtsschutz durch Vorlage zur Vorabentscheidung?“ *(M. H. Carl),* „Die Dauer von Gerichtsverfahren im Lichte der EMRK und des GG“ *(R. Priebe),* „Teilhabe am Gemeinsamen Menschheitserbe und internationales Sozialgemeinschaftsprinzip“ *(M. Ruge),* „Zum internationalen Enteignungsrecht“ *(M. Vigener).*

3. Drittens zu den angekündigten, zum Teil auch kritischen Fragen an *Werner von Simson.* Seine Habilitationsschrift über das Thema Souveränität hat sich stückweise „bewahrheitet“ ...

Vor allem die Erkenntnis der „überstaatlichen Bedingtheit“ des modernen Staates.

Etwas unsicherer bin ich mir in Sachen *Staat/Verfassung.* Da es im Sinne einer bekannten These nur so viel Staat gibt, wie die Verfassung konstituiert, scheint mir heute eine *Verfassungs*lehre vonnöten, für eine *Staats*lehre besteht eigentlich kaum mehr Raum. Gerade die 1989 eingeläutete „Welt-

---

[21] Dazu die Besprechung von *H. F. Zacher* (DÖV 1984, S. 599 f.).

stunde des Verfassungsstaates" deutet darauf hin: Alle Staatlichkeit ist nur ein Teilaspekt im ganzen Mikrokosmos einer nationalen Verfassung. Die weltweite Faszinationskraft geschriebener Verfassungstexte – als Texte kulturwissenschaftlich vielleicht auf die Idee der drei Buchreligionen zurückführend – deutet ebenfalls auf das Primat der Verfassung hin. Hier gebührt indes freilich dem Jubilar das nächste Wort und vielleicht gibt es auch hier kein „letztes Wort"! Die Konstitutionalisierung Europas freilich, die Europäisierung der nationalen Staatsrechtslehren, das „europäische Verwaltungsrecht" *(J. Schwarze)* und das „gemeineuropäische Verfassungsrecht"[22] deuten eher in die Richtung von *Werner von Simson* als Europarechtler denn als „Staats"lehrer der alten Tradition. Doch das fällt auch in die Kompetenz der nächsten Redner, sie haben das „letzte Wort", nicht nur weil sie jünger sind!

Das nicht nur in seinen eigenen Doktoranden und Habilitanden fortwirkende Denken[23] *W. von Simsons* sei in drei Feldern auf seine Relevanz für uns alle befragt:

(1) im *Methodischen* in bezug auf das angelsächsische Denken;

(2) im *Inhaltlichen* in bezug auf das Staats- und Verfassungsverständnis angesichts der *Integration Europas;*

(3) schließlich in bezug auf die „allgemeine Staatslehre" nach dem Wendejahr 1989, die entgegen dem Jubilar jetzt vielleicht doch ihre Kompetenz an die universal gearbeitete Verfassungslehre verliert (Menschenrechte, Demokratie, soziale Marktwirtschaft) – bei aller nationalstaatlichen und regionalen Vielfalt, bei aller verstärkten „Wiederkehr des Nationalen". Nur hier wage ich einen kritischen Akzent, der dem Jubilar persönlich gewiß recht ist, wenngleich er ihn wohl sachlich nicht teilen mag.

Zu (1): Ein Wort zum *Methodischen:* Nicht erst in seiner gerade von ihm besonders glaubwürdig zu leistenden Auseinandersetzung mit *C. Schmitt* findet sich der diesen im Kern treffende Satz:[24] „Wer in unserer Staatstheo-

---

[22] Dazu *mein* gleichnamiger Beitrag in EuGRZ 1991, S. 261 ff. sowie als Fortführung die Arbeit: Theorieelemente eines allgemeinen juristischen Rezeptionsmodells, JZ 1992, S. 1033 ff.

[23] Vgl. etwa die von ihm betreute Freiburger Habilitationsschrift von *J. Schwarze,* Die Befugnis zur Abstraktion im europäischen Gemeinschaftsrecht, 1976; *W. Graf Vitzthum,* Parlament und Planung, 1978. – Aus der Dissertationsliteratur: *M. Bernhardt*, Die rechtliche Bedeutung der Erklärung einer „Policy" in der englischen Verwaltungspraxis, 1975; *J. Preussner,* Staatliche Konjunkturpolitik und Tarifautonomie, 1973; *A. Matthias,* Integrationsprobleme innerhalb des Europäischen Gemeinschaftsrechtes, JöR 29 (1980), S. 85 ff.; *M. K. Ruge,* Der Beitrag von UNCTAD zur Herausbildung des Entwicklungsvölkerrechts, 1976.

rie mit englischen Vorstellungen arbeitet, der sieht sich ratlos um in der Schmitt'schen Begriffskathedrale. Ihm fehlt das Hochgefühl ein für allemal erkannter Wahrheiten", sowie: „Im angelsächsischen Denken ist die Idee des rettenden Gehorsams einem ausgedachten Dogma oder einer erleuchteten Person gegenüber etwas Fremdes."

von Simson kritisiert auch zu Recht, daß *Schmitt* die „Federalist Papers", für uns der Klassikertext nicht nur zur Bundesstaatlichkeit, kaum zur Kenntnis nimmt bzw. negativ abwertet.[25] Für die heutige Lehre vom Verfassungsstaat ist aber das „Eindringen föderalistischer und pluralistischer Baugesetze „in den Begriff des Staates" eine geglückte Entwicklungsstufe seines Typus. Die frühe Betonung des „Rechts auf Irrtum"[26] meint eine Weisheit der englischen Demokratie.[27] Die Erwähnung der Regeln der „Wahrheitsfindung" und die Formulierung von der „Wahrheit für eine bestimmte Zeit" bis der Wähler entscheidet, „ob eine Alternative an die Macht kommen soll" – dieser zutiefst angelsächsische Erfahrungsschatz ist nicht nur eine bleibende Einsicht für die Verfassungslehre, sondern für die Wissenschaft überhaupt. Noch steht freilich eine Verfassungslehre aus, die diesen Ansatz mit *V. Havels* Nachdenken über die Wahrheit bei dessen Frankfurter Buchpreisrede verbindet (1989). Wie dem auch sei: *von Simsons* Thematisierung des Wahrheitsproblems, das mit seiner Idee vom „Gerüst des Unbezweifelten"[28] nicht im Widerspruch steht, auch nicht mit seiner These vom „Glaubensinhalt der Demokratie", in dem die Voraussetzungen des Zusammenlebens „zugleich als irrationaler Besitz empfunden werden",[29] diese Sicht des Wahrheitsproblems verdankt sich wohl dem bescheidenen, pragmatischen angelsächsischen Denken, das übrigens in der Schweiz überzeugende, gelebte Parallelen besitzt.[30] Es ist dem kritischen

---

24 Carl Schmitt und der Staat unserer Tage, AöR 114 (1989); S. 185 (193 und S. 203); dazu jetzt *H. Hofmann,* Legitimität gegen Legalität, 2. Aufl. 1992 (Vorbemerkung S. II, XXII).

25 A.a.O., S. 211.

26 *W. von Simson,* Das demokratische Prinzip im Grundgesetz, VVDStRL 29 (1971), S. 3 (10).

27 s. auch *W. von Simson,* Kriterien einer politischen Vernunft, 1985, S. 12: „der große Schritt, den demgegenüber die Demokratie der angelsächsischen Länder tat, kann nicht genug bewundert werden. Es ist der Schritt von der aufgezwungenen Wahrheit zur freiwillig akzeptierten Konvention".

28 Die Souveränität im rechtlichen Verständnis der Gegenwart, 1965, S. 264.

29 *W. von Simson,* in: Freiburger Universitätsblätter Dez. 1991, S. 23 (26).

30 Vgl. auch den geschichtsphilosophischen, erfahrungswissenschaftlichen Pragmatismus *W. von Simsons* (in NJW 1991, S. 893 [894]): „Aber selbst wo der Historiker zweifeln könnte, ist es doch erlaubt, der Geschichte nachträglich einen Sinn zu unterstellen und so das Vergangene als Fundament des Zukünftigen aufzufassen. Damit erfährt ein Begriff der Demokratie eine rückblickende Verankerung im Bewußtsein aufeinander folgender Generationen ..." Und *ders.,* die Souveränität im

Rationalismus eines *Popper* nahe und sollte noch viel gezielter in die bundesdeutsche Diskussion eingebracht werden; auch dem Vorgang des schrittweisen Verfassens von Europa darf es empfohlen werden.

Zu (2): Damit sind wir bei der Relevanz des *Simsonschen Staatsverständnisses* angesichts der *Integration Europas*. Wie wenige hat er die Grundsatzfrage der allgemeinen Staatslehre *vom Anfang* des europäischen Integrationsprozesses an durchdacht. Mag heute die „Europäisierung der nationalen Staatsrechtslehren" auf der Tagesordnung stehen: *von Simson* hat sehr früh Modellelemente bereitgelegt, die diesen Prozeß vorantreiben. Die Relativierung der Staatlichkeit ist ihm auf einer hohen Abstraktionsebene geglückt, was sich – ein scheinbarer Widerspruch – vielleicht gerade seiner jahrelangen Anschauung der Praxis in Luxemburg verdankt. Hier einige Stichworte, die ich Ihnen nur in Erinnerung zu rufen brauche: „Der Weg zur überstaatlichen Bedingtheit des Staates", das „Ende der Selbstgerechtigkeit des Staates", „Der Rechtsbesitz des Westens als Prinzip der gemeinsamen Entsprechung".[31] Diese Gedankengänge kann er in unserer heutigen Kontroverse über „Maastricht" bruchlos einbringen, (zusammen mit *J. Schwarze*) in den Worten von 1992:[32] „Vieles von den Rechten und Aufgaben, die er (sc. der Staat) überträgt, kann nur noch von den gruppenmäßig zusammengefaßten Gemeinschaften wahrgenommen werden." Die Dialektik dieses Prozesses, der die (Mitglied)Staaten nicht „aufsaugen" dürfe, ist in der Formel „überstaatliche Zwangsläufigkeiten und nationale Verfassungsansprüche" eingefangen.[33] In *W. von Simsons* derzeit letztem „jugendlichen Alterswerk" – jugendlich darf es genannt werden, weil es sich den Fragen der Einigung Europas in Freiburg als Vortrag im Sommer 1992 stellt, „Alterswerk" jedenfalls insofern, als es *ohne* Fußnoten gearbeitet ist, was man sich in Deutschland erst ab 60 Jahren leisten darf – ich freue mich schon darauf! –, in diesem Werk wird nun versucht, dem freiheitlichen Staat das Seine zu geben bzw. zu lassen, ich zitiere aus dem Vortrag: „Die künftige Rolle des Staates in der EG": „Die Bewahrung eigener Staatlichkeit (ist) nicht nur ein Anspruch der einzelnen Mitgliedstaaten, sondern ... ihr Weiterbestehen (zählt) auch zu den haltgebenden Voraussetzungen der Gemeinschaft als solcher ..." Staatstheoretisch neu ist die Einführung der *Generationen*perspektive *in diesem* Zusammenhang, die wir ja in den letzten Jahren vor allem beim Umweltschutz

---

rechtlichen Verständnis der Gegenwart, 1965, S. 263: „... so wird die prinzipielle Falsifizierbarkeit des Staates im Lichte höherer Vernunftwirklichkeit zur Metaphysik des Staates ..."

[31] Alle Zitate aus: Die Souveränität im rechtlichen Verständnis der Gegenwart, 1965, S. 186 ff., 226 ff., 262 ff.

[32] *W. von Simson/J. Schwarze,* Europäische Integration und Grundgesetz, 1992, S. 1 (1 f.).

[33] Ebd. S. 8.

und der Staatsverschuldung[34] bemüht haben: *von Simson* gibt zu bedenken, „daß es vielleicht gar nicht im Können einer einzelnen Generation steht, in das permanente Selbstverständnis der nach und nach aufeinanderfolgenden Generationen einzugreifen und diesen damit einen wesentlichen Teil ihrer Persönlichkeitsgefühle vorzuenthalten". Im übrigen nennt *W. von Simson* hier Mosaiksteine eines – vielleicht „vierten" Staatselementes – sollte man sich überhaupt noch auf die Staatselementelehre einlassen – nämlich „Bestand des unausgesprochenen Einverständnisses", hoher Bestand an unbeantworteten, vielfältigen Ansichten zugänglichen Fragen, duldsames Offenbleiben umstrittener Fragen mit „Einheitssinn im Prinzipiellen, im geschichtlichen Selbstverständnis, in landschaftlicher Anhänglichkeit, in der Sprache und ihrer Kultur" – all dies als Schatz und Schutz gegen den „entnationalisierten Überstaat". Immer wieder plädiert *von Simson* für eine „Unentbehrlichkeit der Einzelstaatlichkeit", so schwer diese zu umschreiben ist, wobei er zu Recht sogar den „im Grunde noch vernünftigen" Mythos einbezieht, greifbar im *„Wilhelm Tell"* für die Schweiz, in der *Jungfrau von Orleans* für Frankreich: „Diese letzte Substanz des Volkes als Gesamtpersönlichkeit läßt sich jedenfalls einstweilen über den Staat nicht ausdehnen." Man darf es vielleicht – den Jubilar von 1965 umkehrend bzw. fortführend als „*staatliche* Bedingheit des Überstaatlichen in Europa" umschreiben! Wir sehen hier die Elemente einer aktuellen Staatslehre.

Zu (3) und letztens: Der Versuch einer kritischen Frage an den Jubilar in Sachen „Allgemeine Staatslehre". Er hat immer wieder die Allgemeinheit des Staates so weit und abstrakt verstanden, daß darunter alle möglichen Beispiele fallen.[35] Auch in seiner Abhandlung „Carl Schmitt und der Staat unserer Tage"[36] wendet er sich damit *gegen* „Postulate nach einer Sinngebung und Aufgegebenheit des Staates" i. S. eines *R. Smend, H. Ehmke* und *U. Scheuner*. Diese Lehre sei „keine allgemeine Staatslehre, sondern die Lehre von einer bestimmten Art von Staat, der allein dieses Namens würdig sei".

[34] Dazu *P. Häberle,* Zeit und Verfassungskultur, in: Die Zeit, 3. Aufl. 1992, S. 289 ff.; jetzt auch in: Rechtsvergleichung im Kraftfeld des Verfassungsstaates, 1992, S. 627 ff.

[35] Vgl. seine Feststellung der Unhaltbarkeit prinzipieller Qualifikationen des Staatsbegriffs, in: Die Souveränität im rechtlichen Verständnis der Gegenwart, 1965, S. 155 ff., den Abschnitt „Die Verwirklichung der Wahrheit in östlicher und westlicher Hinsicht", ebd. S. 133 ff.; s. auch die Gegenüberstellung der demokratischen Philosophie eines *W. Wilson* hier, des Marxismus-Leninismus dort als „Welterlösungslehren" *(W. von Simson,* Kriterien einer politischen Vernunft, 1985, S. 15 f.), ebd.: „Ergibt sich, daß es mit der politischen Brauchbarkeit von Weltlehre ein für allemal ein Ende hat." Ebd. S. 21: „So stehen beide Gruppierungen (sc. westliche Demokratien und kommunistische Lebensform) vor dem Problem, einer nicht weiter auszudehnenden Maximalgröße, bestimmt ... durch den Umstand, daß die gegenüberstehende Macht mit keinen einsetzbaren Mitteln mehr zu überwinden ist."

[36] AöR 114 (1989), S. 185 (197).

Spätestens seit 1989 aber stellt sich doch die Frage, ob die „allgemeine Staatslehre", die sich *auch* auf nicht-freiheitliche Staaten bezieht, überhaupt noch fortleben kann. Nachdem alle Staaten, auch z. B. die Entwicklungsländer,[37] besonders aber die jungen bzw. Nachfolgestaaten der ehemals marxistisch-leninistischen Gegen-Welt tendenziell Verfassungsstaaten sein bzw. werden wollen mit den Strukturelementen von Grundrechten, Demokratie und sozialer Marktwirtschaft, ist nur noch eine „Verfassungslehre" notwendig und möglich; in ihr bildet die durch *v. Simson* zuletzt im Freiburger Vortrag 1992 so plastisch geschilderte Staatlichkeit nur *einen* Aspekt. Er spricht jetzt auch betont vom „freiheitlichen Staat" mit so schönen Wendungen wie „duldsames Offenbleiben umstrittener Fragen". Gewiß, die Weltgeschichte ist nicht etwa an ihr Ende angelangt, weil die „geschlossene Gesellschaft" gescheitert ist, die Geschichte hat auch theoretisch ihre Offenheit wieder erlangt, die ihr der Marxismus zu nehmen suchte. Gewiß, der Typus „Verfassungsstaat" hat noch genug ständige Reformprobleme, Umweltfragen zugleich globaler Art, Nord-Süd-Probleme und jüngst Probleme aus den vielleicht weltweiten Migrationsfragen, Bürgerkriegen und Hungersnöten. Er muß seine Reformfähigkeit beweisen, Notwendigkeit und Grenzen des fast übermächtig „wiederkehrenden" Nationalstaates neu definieren. Dennoch: die genannten materiellen Verfassungselemente sollten jetzt vielleicht deutlicher schon in die Begriffsbildung hineingenommen werden, auch vom Völkerrecht her, man denke an die Forderungen nach effektivem Minderheitenschutz. Der Verfassungsstaat hat heute nicht nur „weltbürgerliche Absicht", sondern vielleicht wie nie zuvor auch „(um)weltbürgerliche Chance". Er ist „universal" geworden, ohne auf die beispielhafte Besonderheit des je Nationalen bzw. Regionalen verzichten zu können und zu wollen. Freilich: Ist unsere Wissenschaft indes nicht durch neue und alte „Fundamentalismen" gefordert? Brauchen wir nicht doch *von Simsons* „Allgemeinheit" zur „Verteidigung des Friedens"? Der Jubilar läßt unser Problem anklingen in den Schlußworten seines Freiburger Vortrags von 1992: „Womöglich ist es das weltpolitische Problem des Islam, seinen Mythos auf den Stufen einer gemeinsamen Vernunft zu halten." Ob Staats- oder Verfassungslehre, Rechts- oder Umweltwissenschaft, Völkerrecht oder Landesrechte: Vermutlich haben alle Wissenschaften an dieser „gemeinsamen Vernunft" zu arbeiten, und insoweit behält unser Jubilar so oder so – wie sich dies gehört – das erste *und* das letzte Wort!

---

[37] Zu ihren eindrucksvollen Verfassungsdokumenten *mein* Beitrag: Die Entwicklungsländer im Prozeß der Textstufendifferenzierung des Verfassungsstaates, VRÜ 23 (1990), S. 225 ff.

IV.

Ein Ausblick zum Schluß: Zeitgenossen, besonders Freunde bzw. Schüler[38] einer schöpferischen Persönlichkeit wie *Werner von Simson* können seinem Werk eigentlich nur unter Vorbehalt gerecht werden: ihnen fehlt die Distanz, weil menschliche Verbundenheit und Dankbarkeit die letztlich allein lebenswerten Brücken zum Jubilar schlagen. Doch frage ich mich auch: Gibt es nicht zwei Arten von Größe, die beide legitim sind und gerade uns Juristen vertraut sein müssen: die Größe des zeitlosen Klassikers von *Aristoteles* bis *Montesquieu* und die Größe des ihnen und seiner eigenen Zeit beharrlich dienenden großen Gelehrten, der auf eine Weise ebenso wichtig ist für Menschenwürde und Freiheit, Gemeinwohl und Gerechtigkeit, Europa und die Weltgesellschaft? Als junger Mensch glaubt man, man müsse und könne „für alle Zeiten" schaffen, als älterer wird man bescheiden. Dazu besteht für uns Juristen viel Anlaß, müssen wir uns doch maßgeblich im Alltag, in der Normalität, allzu oft auch Banalität der „Fälle" bewähren. Das schafft Aufgaben genug. Werden sie im Ethos eines *W. von Simson* in der Vielfalt einer wahren Persönlichkeit wie der seinigen und in der Tiefe, Weite und Bildung seiner Ideen ergriffen, so hören wir eine „Stimme im Konzert der Staats- und Verfassungslehre". Das hier skizzierte Wirken seiner Gedanken und die heutige Präsenz seiner Familie, seines Schüler- und Freundeskreises bezeugen, wie unentbehrlich er in seiner universalen Intention ist. Möge er hoffentlich auch in den nächsten Jahren ebenso jung wie bisher, ebenso neugierig, offen, tolerant und menschlich weiter präsent sein. Es gibt offenbar späte Jahre, die manche Persönlichkeiten auf eine Weise wieder jung machen: *W. von Simson* gehört zu diesem privilegierten Kreis. Wir alle dürfen dieses Glück mit ihm teilen, und jeder von uns ist auf seine besondere Weise gerade ihm dankbar verbunden.

W. von Simson strahlt eine Jugendlichkeit aus, die das über die Zeit hinauswachsende Alter adelt. *I. Kant* wurde bei seinem 50. Geburtstag von

---

[38] *H. F. Zacher* hat in seiner Besprechung der Festschrift zum 75. Geburtstag die schöne Wendung gefunden: „Der Band ist das Protokoll eines geistigen Familienfestes" (DÖV 1984, S. 599 f.), und *J. Schwarze* sowie *W. Graf Vitzthum* als „geistige Söhne" tituliert, was sie auch sind – der Jubilar hat aber noch andere Söhne und natürlich: Töchter – in der erwähnten Festschrift haben sie sich literarisch, heute haben sie sich persönlich versammelt. Die FAZ (d.h. *F. K. Fromme*) schrieb am 20. Februar 1988 (FAZ vom 20. Februar 1988, S. 4): „Sein Lebensweg war bestimmt von den schwierigen Zeitläuften dieses sich dem Ende zuneigenden Jahrhunderts. Der Gewinn daraus war Vielfältigkeit", und *F. Rittner* formulierte damals in der Badischen Zeitung: „Es ist eine einzigartige Verbindung von Praxis und Wissenschaft, die *Werner von Simson* verkörpert" (s. auch die Rede des damaligen Baden-Württembergischen Wissenschaftsministers *H. Engler* aus Anlaß der auf eine Anregung des Bundespräsidenten *R. von Weizsäcker* zurückgehenden Auszeichnung mit dem Großen Verdienstkreuz: Bad. Zeitg. vom 16./17. Juli 1988).

Rektor und Senat der Universität Königsberg als „Honorabilis senex" gefeiert – wir haben heute nur die Kompetenz, *Werner von Simson* als „vir honorabilis" zu apostrophieren. Und wenn wir ihn so vor uns sehen, kommt einem *F. Hölderlins* Sentenz in den Sinn:

> „In jüngeren Tagen war ich des morgens froh,
> des Abends weint' ich; jetzt, da ich älter bin,
> beginn ich zweifelnd meinen Tag, doch
> heilig und heiter ist mir sein Ende."[39]

---

[39] Und eingeschlossen ist in diese Zeilen Frau *Kathleen von Simson,* über die die Badische Zeitung am 28. Januar 1988 unter der Überschrift „Die Öffentlichkeit aufrütteln": Hilfe für verfolgte Autoren, Kathleen von Simson als „Corresponding Secretary" des „Writers in Prison Comittee" sagte: „Klein, zierlich, mit schmalen Schultern und etwas wirrem, braunem Haar, aber beileibe nicht zerbrechlich".

Alexander Hollerbach – 65 Jahre (1996)

Bereits im vorangegangenen Heft unserer Zeitschrift „Kirche und Recht" haben wir eine kurze Würdigung anläßlich des 65. Geburtstages von *Professor Hollerbach* veröffentlicht. Nachfolgend erlauben wir uns, die von *Professor Häberle* im Rahmen eines Festaktes zu Ehren des Jubilars gehaltene Laudatio abzudrucken.

Lieber Alex, liebe Frau Margrit, verehrte Mitfeiernde!

Die kleine „Laudatio" soll dem Wissenschaftler und Hochschullehrer *Alexander Hollerbach* gewidmet sein; sie kann und will aber auch nicht ganz auf den Menschen und Freund verzichten, dies um so weniger, als ich seit 1981 die Ehre hatte, zu allen großen Geburtstagen unseres Jubilars zu sprechen. Da ich darum mehrere gehaltene Reden ungelesen bei den Akten lassen muß, auch weil (Zitat:) „derjenige, der sich selbst zitiert, unter sein Niveau geht" – wie oft verstoßen wir alle gegen diese Mahnung! –, muß meine heutige Laudatio neu ansetzen. Das kann gelingen, weil der Jubilar selbst mindestens zwei Mal neu ansetzte – als Mitredakteur des „Staatslexikons" (1980–1993), als „Moderator" und Berater der „Essener Gespräche" und als Pionier des Themas „Europa und das Staatskirchenrecht". All dies sollte eigentlich mit dem Persönlich-Familiären von Frau *Margrit* bis zum vorletzten Enkelkind verschränkt werden, was allenfalls einem Künstler gelingen könnte. Doch eile ich den Dingen zeitlich voraus. Sie müssen „von vorn" gewürdigt werden:

I. Alexander Hollerbach und die Erik Wolf-Tradition in Freiburg

Den Jubilar kenne ich aus dem und seit dem Freiburg der 50er Jahre. Er war – in gewisser, diskreter Konkurrenz mit *W. Maihofer* – der „Lieblingsschüler" von *Erik Wolf,* sichtbar herausgehoben vor uns allen in dessen Vorlesungen, in dessen unvergeßlichen Rechtsphilosophie- und Kirchenrechtsseminaren. Er wurde für uns schon damals ein Vorbild in Liebenswürdigkeit und Pflichtgefühl, wissenschaftlichem Eifer und fachüberschreitender Bildung, aber auch in treuer Schülerschaft zu seinem Meister. Diese Bindung übertrug er in den 80er Jahren auch auf *Erik Wolfs* Witwe im Kaiserstuhl, Frau *Olga* – auch hierin ein Vorbild –, bis hin zur umsichtigen Besorgung des Nachlasses von *Erik Wolf* in den letzten Jahren (so wie er dessen Gesammelte Schriften [1972] und zwei Festschriften [1962/72] ediert hatte). In diesen frühen 50er Jahren war von Frau *Margrit* und allen denkbaren Folgen – und Folgen-Folgen – noch nichts zu ahnen. Zunächst ging es nur um die Wissenschaft, um nichts anderes als die Wissenschaft! Und hier war zunächst der „Erstling“ zur Welt zu bringen, die Freiburger Dissertation über den Rechtsgedanken bei *Schelling* (1957). Damit war eine erste Spur gelegt, die der Jubilar nie mehr ganz verlassen sollte: die wissenschaftlich-biographische Erforschung fremden Denkens, mag dies in den späten Jahren auch in eher kleineren Arbeiten zum Ausdruck kommen: etwa zu Leben und Werk *Erik Wolfs* selbst (in: Studien zur Geschichte des Rechtsdenkens, 1982, S. 235 ff.), wobei er auch den „Schatten des Jahres 1933 – Erik Wolf und Martin Heidegger“ (Freiburger Universitätsblätter 1986, S. 33 ff., s. auch den Vortrag Juristische Lehre und Forschung in der Zeit des Nationalsozialismus, in: E. John u. a., Die Freiburger Universität, 1991, S. 91 ff.) nicht aussparte. Der Jubilar selbst hat in seiner Antrittsrede zur Heidelberger Akademie der Wissenschaften 1978 von seinem Interesse an der Geschichte der Rechtswissenschaft gesprochen, von seiner „Neugier“ in bezug auf Disziplin- und Fakultätsgeschichte, wobei er die „Einseitigkeit einer Gelehrten- und Literargeschichte“ zu überwinden sucht (s. aber das reiche Gedächtnisblatt für H. Triepel, AöR 91 [1966], 417 ff.) und auch „Lehr- und Ausbildungsgeschichte zu ihrem Recht kommen“ lassen möchte (Heidelberger Akademie der Wissenschaften 1978, S. 103 [105]). In dieses Interessenfeld lassen sich manche Publikationen einordnen: etwa die Studie über „Die Entwicklung des Verwaltungsrechts als akademische Disziplin und Prüfungsfach in Freiburg“ (in: E. V. Heyen [Hrsg.], Wissenschaft und Recht der Verwaltung seit dem Ancien Régime, 1984, S. 285 ff.). Daß er bei all dem auch einmal auf *Schelling* zurückkommt, und sei es auch nur in Gestalt der Aufarbeitung eines Prozesses wegen Nachdrucks von dessen Berliner Vorlesungen (in: Ufita 106 [1987], S. 189 ff.) – mir sogleich mit dem Vermerk „der Vollständigkeit halber“ zugesandt –, versteht sich. Auch die engere und weitere Heimat „Baden-Württemberg“ ist thematisch nicht vergessen (z. B. Verfassungsgeschichtlicher Hintergrund und Entstehung des Landes Baden-Württemberg, in: H. Maurer/R. Hendler [Hrsg.], Baden-Württembergisches Staats- und Verwaltungsrecht, 1990, S. 1 ff.).

Übrigens ist der Jubilar ein Meister in der Wahl von Literaturgattungen. Ausgerechnet das wahrlich große Thema „Globale Perspektiven der Rechts- und Staatsentwicklung“ „versteckt“ er in den kleinen Freiburger Universitätsblättern (1991, H. 11, S. 33 ff., Nachdruck in: Staatslexikon Bd. 6 [1992], S. 38 ff.), auch ist manches „Juwel“ in Festschriften „vergraben“ (z. B. über das Verhältnis von Recht und Religion, in: Kolloquium-Band für Ryffel, 1984, S. 173 ff., oder zum Treueid der Bischöfe in der FS Obermayer, 1986, S. 193 ff.), manche Buchbesprechung harrt der Ausbeutung (z. B. von A. von Campenhausen, „Staatskirchenrecht“ [1973], ZevKR 19 [1974], 420 ff., zuletzt von der G. Radbruch-Gesamtausgabe, JR 1995, 526 f., vgl. schon JR 1988, 130 f.); doch wählt er seit längerem klug die Literaturgattung mit der garantiert höchsten Langzeitwirkung: den Lexikon-Artikel und den Handbuch-Artikel. Gegenüber den flüchtigen Loseblatt- und Beck-Zeitschriften-Autoren mit ihrer schon papiermäßig bedingt raschen Verfallszeit sichert er sich selbst so seine wissenschaftliche „Lebenszeit" auf mindestens eine zusätzliche Generation, was in unserer schnellebigen Zeit viel ist. So finden wir in der ersten und zweiten Auflage des Handbuchs des Staatskirchenrechts grundlegende Arbeiten von ihm (z.B. Die vertragsrechtlichen Grundlagen des Staatskirchenrechts, 2. Aufl. 1994, S. 253 ff.); so lesen wir viele Preciosa natürlich in „seinem" Staatslexikon (z.B. zum Sachwort „Recht" (7. Auflage Bd. 6 [1992])), so den Aufsatz „Erziehungsrecht" in Lexikon für Theologie und Kirche (3. Aufl. Bd. III, 1995, Sp. 855 f.), und so kann er sich als einer unter wenigen mit mehreren Arbeiten im voluminösen oder (wie Rezensenten sagen) „monumentalen" Handbuch des Staatsrechts der Bundesrepublik Deutschland „schmücken" (Bd. VI [1989] mit den Themen „Grundlagen des Staatskirchenrechts", S. 471 ff., „Der verfassungsrechtliche Schutz kirchlicher Organisationen", ebd. S. 557 ff. sowie „Freiheit kirchlichen Wirkens", ebd. S. 595 ff.). Damit hat unser Jubilar fast den einschlägigen Gesamtbereich „besetzt" – und das kommt ihm auch zu. Nur auf der Basis dieser „haltbaren" Literatur kann er sich das andere leisten: So liebt der Jubilar mitunter, vor allem in den 70er Jahren, den Kurzauftritt im Fernsehen, die Kolumne zum „Fall Küng" im „Rheinischen Merkur" vom 11. 1. 1980, (m.E. leider) auch den Leserbrief (z.B. FAZ vom 12. Sept. 1992, S. 9), und jüngst geht er sogar zu der Äußerungsform über, die aus meiner Sicht nur der älter werdenden Prominenz im Fach erlaubt ist: dem Interview, das Zeitungsgespräch mit der Herder Korrespondenz (HK 1995, 536 ff.) über den unseligen Kruzifix-Beschluß des BVerfG, in dem er seine tiefe Einsicht in die Schlagzeile zusammenfaßt: „Der Staat ist kein Neutrum"! Darf man bald ein Interview zum „Kirchenvolksbegehren" erwarten? (im „Spiegel"; oder im „Osservatore Romano"?)

II. Alexander Hollerbach als Mitvertreter der „Freiburger Schule" von Konrad Hesse

Längst sind wir inhaltlich bei diesem Thema angelangt. Stichworte können genügen. Das Wesentliche steht uns allen vor Augen. Beginnen wir mit dem Persönlichen. 1958 gesellte sich der Jubilar zu dem seit dem Sommersemester 1956 aufblühenden Seminar von *Konrad Hesse:* Der „Wolfianer" war einem Seminar beigetreten, zu dem als erste Teilnehmer *Konrad Huber* und ich erschienen waren und in dem erste „Schlachten" geschlagen wurden. Das „Freiburger Hesse-Seminar", leider vor 2 Jahren jäh beendet, ist mittlerweile zur Legende geworden; später stießen etwa Herr *F. Müller* und Herr *A. Rinken* dazu. Der damals junge Meister *K. Hesse* hat an diese Freiburger Zeit z.B. auf meinem Geburtstagskolloquium in der Schweiz 1994 erinnert (in: Fleiner-Gerster [Hrsg.], Die multikulturelle und multiethnische Gesellschaft, 1995, S. 215 ff.). Den ersten – und vermutlich letzten – Klassiker dieser oft beneideten Seminar-Gemeinschaft hat unser Jubilar von heute geschrieben. Ich meine Hollerbachs „Antrittsreferat" bzw. die Forsthoff-Kritik: „Auflösung der rechtsstaatlichen Verfassung?" (AöR 85 [1960], 241 ff.) – „klassisch" ist es auch in der Rezeptionsgeschichte geworden. Denn es erlebte einen vierfachen „reprint" (in: Dreier/Schwegmann [Hrsg.], Probleme der Verfassungsinterpretation, 1976; M. Tohidipur [Hrsg.], Der Bürgerliche Rechtsstaat, 1. Bd. 1978, S. 206 ff.; H. J. Koch [Hrsg.], Seminar: Die juristische Methode im Staatsrecht, 1977, S. 455 ff.; M. Friedrich [Hrsg.], Verfassung, 1978, S. 153 ff.). Dieser frühe „Wurf" hat eine Entwicklung eröffnet, die der Jubilar dann in einem Beitrag „Ideologie und Recht" (hrsg. von W. Maihofer, 1968, S. 37 ff.) fortsetzte. Man darf vielleicht noch manchen späteren Lexikon-Artikel, etwa zum Thema „Gemeinwohl" (in: Staatslexikon 2. Bd., 7. Aufl. [1986], Sp. 862 ff.), zu „Naturrecht" (ebd. Bd. 3 [1987], Sp. 1315 ff.), „Pflicht im Recht" (ebd. Bd. 4 [1988], Sp. 376 ff.), „Rechtsethik" (Bd. 4 [1988], Sp. 692 ff.), „Rechtsnorm" (Bd. 4 [1988], Sp. 67 ff.), „Menschenrechte" (ebd. Bd. 3 [1987], Sp. 1104 f.), „Rechtsphilosophie" (Katholisches Soziallexikon, 2. Aufl. 1980, Sp. 2358 ff.) in diese Sphäre einordnen; auch den Fribourger Vortrag „Grundwerte und Grundrechte in der Gesellschaft und im Staat" (in: Akten des IV. Internationalen Kongresses für Kirchenrecht, 1981, S. 811, hrsg. von E. Corecco u.a.). Im übrigen floß dieses Denken – konkretisiert – in die staatskirchenrechtlichen Grundlagen-Arbeiten ein, die den Jubilar heute dauerhaft in die erste Reihe seiner Mitstreiter geführt haben und die mit der Habilitationsschrift von 1965: „Verträge zwischen Staat und Kirche" eröffnet worden war.

III. Alexander Hollerbach als führender Staatskirchenrechtler im altbundesrepublikanischen und wiedervereinten Deutschland

So wie der Erik Wolf-Kreis in der Zeitachse verlängert hier und heute, 1996, auch personell präsent ist, so wie einige Hesse-Seminaristen am heutigen Geburtstagsfest teilnehmen (etwa Herr *Rinken*), so seien auch Wirken und Werk *A. Hollerbachs* als Staatskirchenrechtler gewürdigt. Das erfordert die Sache, die vielleicht doch persönlichste Sache unseres Jubilars. In drei Lebensstufen oder Lebenskreisen hat sich hier eine Lebensleistung entwickelt, die ihresgleichen sucht.

1. Vom Frankfurter Staatsrechtslehrerreferat der Mannheimer Jahre bis zu den Handbücher-Artikeln

Die Mannheimer Jahre (1966–69) waren zunächst wohl ein Aufbruch; eine schwere Krankheit, der frühe Tod der Mutter und die Studentenrevolte setzten indes auch Gegenakzente; vor allem die Geburt von weiteren Kindern (z.B. *Dorothee* und *Barbara*) brachte aber Glück. So gelang das Frankfurter Staatsrechtslehrerkoreferat „Die Kirchen unter dem Grundgesetz" (VVDStRL 26 [1968], 57 ff.), und dann gelang auch der sog. „Rückruf" nach Freiburg, gewiß ein Glücksfall für alle Beteiligten, besonders auch für die beiden Lehrer *Erik Wolf* und *Konrad Hesse* – ein später Ruf nach Wien (1979) blieb (trotz Frau *I. Gampl*) eine Fußnote. Schritt für Schritt entfalteten sich – trotz Dekanat, zuletzt auch eifrig wahrgenommenem Prorektorat! (1989–91) – viele Grundlagenarbeiten zum Staatskirchenrecht. Neben den Artikeln in der 1. Auflage des Handbuchs des Staatskirchenrechts (Band I, 1974, S. 215 ff.) und einer Vielzahl von verläßlichen Rechtsprechungsrezensionen (z.B. AöR 92 [1967], 99 ff., s. auch JZ 1966, 270 ff.) und Rechtsprechungsberichten (AöR 106 [1981], 218 ff.) seien hier nur die Beiträge im Handbuch des Staatsrechts erwähnt, vor allem aber das Referat „Entwicklungen im Verhältnis von Staat und Kirche" auf dem wissenschaftlichen Kolloquium zu Ehren von *K. Hesse* (in: Verfassungsrecht zwischen Wissenschaft und Richterkunst, 1990, S. 73 ff.). Auch später wurden an den verschiedensten Orten Aspekte dieses Themas ausgestreut, so in dem Band „40 Jahre Baden-Württemberg" (P. Feuchte [Hrsg.], Verfassung des Landes Baden-Württemberg, 1987, zu Art. 1 bis 10 sowie Art. 87) und anderwärts (z.B. „Exkurs: Kirchensteuer, Kirchenbeitrag", in: Grundriß des nachkonziliaren Kirchenrechts, 1980, S. 720 ff.; Kunst- und Denkmalpflege, ebd. S. 764 ff.) oder „Zur Problematik staatskirchenrechtlicher Grundsatzaussagen in verfassungsgeschichtlicher Perspektive" (FS Morsey, 1992, S. 97 ff.). All dies ist fast zur herrschenden Meinung geronnen, und schon deshalb ist jeder Widerspruch ungehörig! Ich wage und wiederhole nur einen einzigen, aus der sicheren „Deckung" der heutigen Rolle als „laudator". Nach wie vor erscheint mir der Begriff „Staatskirchenrecht" als verfassungswidrig! In Art. 137 Abs. 1 WRV i.V.m. Art. 140 GG heißt es klar: „Es besteht keine Staatskirche". M.E. kann es also auch kein „Staatskirchenrecht" geben. Vielmehr geht es im Verfassungsstaat um Religionsverfassungsrecht (z.B. JöR 39 [1990], S. 319 [340 ff.]; 43 [1995], S. 105 [154 ff.]). Der Jubilar ist früher auf diesen Einwand gnädig-ironisch eingegangen (so etwa beim Hesse-Kolloquium 1989). Zu meiner großen Freude hat er dann aber in der Festschrift für *Heribert Schmitz* (Juri Canonico Promovendo, 1994, S. 869 ff.) etwas grundsätzlicher ausgeholt.

Daß er bei aller Grundlagenarbeit auch das Kirchenrecht bearbeitet hat (Originalton Bad. Zeitung vom 23.1.1996: „A. Hollerbach 65 – Autorität des Kirchenrechts") sei im übrigen nicht vergessen (z.B. Neuere Entwicklungen des katholischen Kirchenrechts, 1974; Bemerkungen zum kanonischen Taufrecht, ZevKR 29 [1984], S. 145 ff., Festheft für G. Wendt). Allenfalls die Abhandlung „Patronatspfarreien der Freiburger Universität" (FS Thieme, 1986, S. 377 ff., Edition eines Rechtsgutachtens von *U. Stutz*) ist an „Spezialität" kaum zu übertreffen – der Jubilar liebt übrigens die Kategorie der „Miszelle" (z.B. über den heiligen Ivo, in: Der christliche Sonntag vom 20. Mai 1962, S. 160). Demgegenüber habe ich vor der Miniatur „Die Juridica in der Historischen Bibliothek der Stadt Rastatt" (1992, S. 11 ff.) als Bibliophile viel Respekt. Zu „seinem" großen Thema „Verträge zwischen Staat und Kirche" kehrte der Jubilar immer wieder in wechselnden Kontexten zurück (z.B. in einem Vortrag in Rom auf Einladung der Görres-Gesellschaft 1979: Lateranverträge im Rahmen der neueren Konkordatgeschichte, Römische Quartalschrift Bd. 75 [1980], S. 51 ff. oder in dem Artikel „Konkordat", im Handwörterbuch zur deutschen Rechtsgeschichte, Bd. 11, 1975, Sp. 1070 ff.).

2. Alexander Hollerbach als „Moderator und Berater" („Regisseur") der „Essener Gespräche"

Diese „Erfolgsgeschichte" des Jubilars beginnt mit dem großen Referat unter der Regie des unvergessenen *Ernst Friesenhahn:* „Die Theologischen Fakultäten und ihr Lehrpersonal im Beziehungsgefüge von Staat und Kirche" (Essener Gespräche Bd. 16 [1982], S. 69 ff.) – zuvor war im „Gründer-Band" 1 (1969, S. 47 ff.) schon der Beitrag „Die Kirche als Körperschaft des öffentlichen Rechts" vorausgegangen. Sie setzt sich in der Übernahme der wissenschaftlichen Gesprächsleitung 1985 fort und steigert sich im Kontinuum der Themenwahl und Referentenauswahl sowie der Diskussionsleitung. Hier wird später einmal eine wissenschaftsgeschichtliche Aufarbeitung *„à la Hollerbach"* ergiebig sein. Heute nur einige Stichworte: Im Grunde hat unser Jubilar in Essen eine eigene „kleine Staatsrechtslehrertagung" weiter entwickelt. Gewiß, auf der „großen" hat er z.B. in Berlin „Deutschland nach 30 Jahren Grundgesetz" ganz am Schluß unter zustimmendem Kopfnicken von *E. Friesenhahn* das Staatskirchenrecht als „Stabilitäts- und Kontinuitätsfaktor ganz besonderer Art" gekennzeichnet (VVDStRL 38 [1980], S. 162), und auf der jüngsten Tagung in Wien (1995) intervenierte er gegen einen unkritischen Gebrauch des Begriffs „Fundamentalismus" durch *D. Merten* (VVDStRL 55 [1996], S. 144 f.). Unsere VDStRL-Tagungen sind im ganzen jedoch längst zu groß, auf alte und neue Weise „unübersichtlich", darum formieren sich ja immer mehr kleinere Kreise, etwa um *E. Schmidt-Aßmann* und *W. Hoffmann-Riem* oder um *P. Henseler, H. Dreier* und *H. Schulze-Fielitz.* Die „Essener Gespräche" zeichnen sich durch ihre disziplinübergreifende, in die Politikwissenschaft eines (Freiburger Freundes) *H. Maier* (z. B. Bd. 25 [1991]), in die Theologie hinüberführende (z. B. Bd. 21 [1989], Bd. 25 [1991]) Dimension aus. „Bei Bedarf" finden sich „ostrechtliche" (z. B. Bd. 29 [1995]) und rechtsvergleichende Beiträge, auch europarechtliche (Bd. 27 [1993]) oder religionswissenschaftliche (Bd. 20 [1986]). Je nach Thema werden Arbeitsrechtler (Bd. 24 [1990]) oder Repräsentanten anderer juristischer Teildisziplinen, z. B. des Sozialrechts (Bd. 21 [1987]) oder des Arztrechts (Bd. 22 [1988]) als Referenten eingeladen.

Das Essener Forum sucht seinesgleichen. Zusammen mit den Bischöfen *F. Hengsbach* und *H. Luthe* sowie mit dem impulsgebenden *H. Marré* ist es unserem Jubilar seit Band 19 (1985) geglückt, Aktualität mit wissenschaftlicher Tiefe zu verbinden, Offenheit mit Grundsätzlichkeit. Vor allem ist das Forum trotz der kirchlichen „Anbindung" im guten Sinne „pluralistisch". Sehr unterschiedliche Richtungen, Schulen und Methoden kommen zu Wort. Auch die politischen Parteien sind bei Bedarf paritätisch vertreten (vgl. etwa Staatsminister *H. J. Meyer,* Dresden, einerseits (Bd. 26 [1992]), Staatsminister *W. Clement,* Düsseldorf, andererseits (Bd. 28 [1994])) – noch fehlen freilich die „Grünen"! Während in unserer Zunft unselige Vermachtungsprozesse den offenen Wissenschaftsprozeß wachsend gefährden, dasselbe gilt leider auch für Italien und Spanien, gelingt in Essen eine Offenheit und Toleranz, die beispielgebend ist. In der Diskussion wirkt die sonst „invisible hand" unseres Jubilars sehr sichtbar, gelegentlich streng, aber stets gesprächsfördernd und ermutigend. Die außerordentliche Machtposition, die unserem Jubilar hier zugefallen ist, übt er stets mit größter Selbstkontrolle aus. Ich habe dies immer sehr bewundert.

3. Alexander Hollerbach als Pionier des Themas „Europa und das Staatskirchenrecht"

Diese vorläufig letzte Stufe verdient unseren besonderen Respekt: Zum einen thematisch: Denn damit hat der Jubilar die allgemeine Europäisierung der Teildisziplinen nationaler Rechtswissenschaften für „sein" Staatskirchenrecht eingefangen und (1990) auf den Punkt gebracht (ZevKR 35 [1990], 250 ff.), also im Jahre der Deutschen Einheit, die ja nur im europäischen Rahmen möglich war und den Weg ins „europäische Deutschland" *(T. Mann)* eröffnete – der Jubilar hat dann auch konsequent im gleichen Jahr das Thema „Das Verhältnis von Staat und Kirche in den mitteldeutschen Landesverfassungen" beleuchtet (in FS Franz Kardinal Hengsbach, 1990, S. 741 ff.; s. auch später: „Vertragsstaatskirchenrecht als Instrument im Prozeß der deutschen Wiedervereinigung", KuR 1/1995, 1 ff. = 120, S. 1 ff.; Religions- und Kirchenfreiheit im KSZE-Prozeß, FS Benda, 1995, S. 117 ff.). Zum anderen dürfen wir unseren Respekt in persönlicher Hinsicht bezeugen. Denn dem Jubilar ist es geglückt, jenseits der magischen 50 Jahre-Grenze noch etwas Neues zu wagen: eine Seltenheit in der Staatsrechts- bzw. Staatskirchenrechtslehrerzunft, in der man ja schon ab „40" Gefahr läuft, sein eigener Postglossator zu werden (die Ausnahmen sind natürlich hier und heute versammelt!).

Dieser disziplin- und themenbegründende „Startschuß" aus der Reife des „Herbstes des Mittelalters" hat viele Folgeliteratur hervorgebracht, auch und gerade von Herrn *Robbers,* was den Jubilar besonders freuen dürfte (*G. Robbers*, Europarecht und Kirche in der EU, in: ders. [Hrsg.], Staat und Kirche in der EU, 1995, S. 351 ff.; s. auch *L. Turowski,* Staatskirchenrecht der Europäischen Union?, KuR 1/1995, 13 ff. = 140, S. 1 ff. und KuR 3/1995, 13 ff. = 140, S. 13 ff.; dokumentiert auch in den Essener Gesprächen „Die Einigung Europas und die Staats-Kirche-Ordnung", Bd. 27 [1995]). Die Parallele zur Pionierleistung von *J. Schwarze* (Europäisches Verwaltungsrecht [1986]) drängt sich auf. So ist es kein Zufall, daß nun dem Jubilar auch Rechtsvergleichendes-Praktisches ins Blickfeld gelangt: etwa in Gestalt des Fribourger Vortrags „Trennung von Staat und Kirche": Internationale Aspekte und deutsche Erfahrungen (in: L. Carlen [Hrsg.], Trennung von Kirche und Staat, 1994, S. 21 ff.). Daß mancher Aufsatz des Jubilars ins Spanische oder Französische übersetzt wurde, ist nur konsequent (z.B. 1987 und 1995). 1991 hat übrigens *A. Hollerbach* sogar in der FAZ einmal Schlagzeilen gemacht. Auf dem 15. „Weltkongreß der Rechtsphilosophen" in Göttingen (FAZ vom 29. August 1991) hatte ein Referent *(L. Vallauri)* die Hölle, deren Strafen vor jeder Verhältnismäßigkeitsprüfung versagten, als „verfassungswidrig" eingestuft. Zu Recht konnte hierin unser Jubilar nur „Hohn auf Verfassungen und irdische Gerechtigkeitskalküle" erkennen.

Nach diesem Crescendo des Lebenswerkes unseres Jubilars komme ich zum Schluß, der zugleich in die Zukunft weisen mag. Unser Jubilar mag seinen Lehrstuhl in Freiburg – vorzeitig freiwillig – auf eine Weise „verlieren", unverlierbar bleibt aber sein Werk und sein Wirken im Familien- und Freundeskreis. Er, der wie wenige in der Zunft mit Frau *Margrit* fünf (!), in Worten: fünf, Kindern zur Welt verhalf – eine Parallele zu Herrn *Zacher* sowie Herrn *K. Vogel!* – und dessen souveränes „Familienmanagement" von mir stets besonders bewundert wurde, wird in meiner Rede freilich viel vermissen: die gebührende Würdigung von Frau *Margrits* großem mittel- und unmittelbarem Beitrag, den Hinweis auf den von mir bei ihm mitunter beobachteten „kurialen Stil" ... Zusatz: Wenn man einmal bei *Hollerbachs* in den letzten Jahren Gast war, pflegt, scheinbar unerwartet, ein eilender Bote des Päpstlichen Nuntius in Bonn ein Geheimdossier abzugeben, was ich als Protestant nur vom ökumenischen Aspekt her ertragen konnte – die Verleihung des Komturkreuzes des päpstlichen Gregoriusordens 1994 war aus der Sicht der Kurie gewiß verdient! Zu würdigen wäre auch das denkbar glückliche Verhältnis zu allen fünf Kindern und ihren Ehegatten, an der Spitze natürlich *Friedericke,* deren Kinderwagen ich 1964 ein einziges Mal schieben durfte. Auch anderes – Positives – mag man vermissen. Erwähnt sei z. B. die zielstrebige, letztlich immer erfolgreiche Förderung seiner Schüler, von *A. Rinken* bis *G. Robbers* und zuletzt auch der scheinbar „fachfremden", weil strafrechtlichen: *J. Bohnert* und *U. Kindhäuser;* die Förderung kommt sogar einmal in einer gemeinsamen Publikation zum Ausdruck (zusammen mit *G. Gramm:* Staatliche Ersatzleistungen für den evangelischen Religionsunterricht, ZevKR 36 [1991], S. 17 ff.).

Eines aber brauche ich nicht auszusprechen, weil es sich in dem hochansehnlichen Colloquium hier und heute von selbst versteht: der hohe Respekt vor dem gesamten Lebenswerk unseres Jubilars; jene unnachahmliche Mischung *Hollerbach'scher* wissenschaftlicher Arbeiten: persönliche Unbestechlichkeit, fachliche Wahrhaftigkeit, geschichtliche Bildung und sicherer dogmatischer Zugriff, Sorgfalt in der Sprache, all dies in der „Dreieinigkeit" der Fächer: Rechtsphilosophie, Staatskirchen- und Kirchenrecht sowie Verfassungsrecht. Dafür danken wir, der Freundes- und Schülerkreis im engen und weiteren Sinne. Ad multos annos!

Ein „Zwischenruf" zum Diskussionsstand in der deutschen Staatsrechtslehre

Geburtstagsblatt für Hans Maier (1996)

I. Hans Maier – mehr als ein „teilnehmender Beobachter"

Wohl kaum ein anderer Politikwissenschaftler in Deutschland hat thematisch, methodisch, auf den unterschiedlichsten Foren und in persönlichen Kontakten seit Jahrzehnten so viel Berührungspunkte mit der „Zunft" der deutschen Staatsrechtslehrer entwickelt wie *Hans Maier.* Das dokumentiert sich in der Freiburger Antrittsvorlesung „Hegels Schrift über die Reichsverfassung" (1963), steigert sich zur Habilitationsschrift „Die ältere deutsche Staats- und Verwaltungslehre" (1966, 2. Aufl. 1986) und setzt sich in Themen wie „Religionsfreiheit in den staatlichen Verfassungen" (1966), „Katholische Sozial- und Staatslehre und die neuere deutsche Staatsrechtslehre" (AöR 93 [1968], S. 1 ff.), „Die Grundrechte des Menschen im modernen Staat" (1973, 2. Aufl. 1974), „Sozialer Rechtsstaat" (1976), „Grundwerte in Staat und Erziehung" (1977) fort, um zur „inhaltlichen Gestaltung der Schule aus der Sicht von Politik und Verwaltung" (Essener Gespräche zum Thema Staat und Kirche 12, 1977), zu „Anstößen, Beiträge zur Kultur- und Verfassungspolitik" (1978) zu führen. Weitere Stichworte lauten: „Politik und Staatswissenschaft an den deutschen Universitäten" (1985), „Aspekte des Föderalismus in Deutschland und Frankreich" (JöR 35 [1986]) sowie „40 Jahre Grundgesetz" (1989), „Dritte Gewalt und Grundgesetz" (1989) und „Der Föderalismus – Ursprünge und Wandlungen" (AöR 115 [1990]). Dieselben Themen hätten auch von einem „zünftigen" Staatsrechtslehrer behandelt werden können, wäre er nur dem von *H. Heller* gewiesenen Weg, „Staatslehre als Teil der politischen Wissenschaften" zu begreifen (Staatslehre, 1934, S. 3 ff.), gefolgt.

Waren diese thematischen und methodischen Begegnungen von *Hans Maier* mit den Aufgaben der (deutschen) Staatsrechtslehre auch persönlich bedingt – die in den 60er und 70er Jahren geführten Gespräche mit den Repräsentanten der damaligen „Freiburger Schule", personifiziert in den Professoren *K. Hesse* und *H. Ehmke,* auch *A. Hollerbach,* sind bekannt –, so greift die Wirkungsgeschichte von *H. Maiers* Schriften indes weit über diese Gesprächskreise hinaus: *Hans Maier* ist bei allen Staatsrechtslehrern und auf vielen ihrer Foren ein oft zitierter Autor, wenn sie sich mit

„seinen“ Themen befassen, und er führt nicht selten auch dort zusammen, wo sich Fronten finden und Gräben auftun.

Das folgende Geburtstagsblatt will für einen Moment mit *Hans Maiers* denkbar vorurteilsfreien, aber doch urteilsfesten Augen sehen – lesen –, um dank dieses fiktiven Rollenaustausches der Zunft der Staatsrechtslehrer zu helfen, sich scheinbar „von außen“ zu betrachten und sich doch ihrer eigenen „geistigen Situation“ zu versichern. Das kann nur ansatzweise und (schon wegen der Raumbegrenzung) nur höchst fragmentarisch gelingen. Vieles muß Andeutung bleiben. Der Klassikertext, den es fortzuschreiben gälte, stammt von *H. Heller* („Bemerkungen zur staats- und rechtstheoretischen Problematik der Gegenwart“, AöR 55 [1929], S. 321 ff.) und *G. Holstein* („Von Aufgaben und Zielen heutiger Staatsrechtswissenschaft“, AöR 50 [1926], S. 1 ff.). Der klassische „Chronist“ der Zunft der Staatsrechtslehrer heute ist – neben *U. Scheuner* (vgl. VVDStRL 31 [1973], S. 7 ff. sowie AöR 97 [1972], S. 349 ff.) – *H. P. Ipsen* (vgl. jetzt zusammenfassend von ihm: Staatsrechtslehrer unter dem Grundgesetz, 1993)[1].

Zu all dem kann die folgende Skizze höchstens „Fußnoten“ beitragen. Auch die eindringliche Darstellung der „Staatslehre in der Schweiz“ *(D. Schindler,* JöR 25 (1976), S. 255 ff.) bleibt ein unerreichbares Vorbild. Die „geistige Situation“ der gesamten Disziplin Staatsrechtslehre in Deutschland im ganzen darzustellen, hätte den Rang eines großen Forschungsprogramms, das hier nicht einmal skizziert werden kann[2]. (Vgl. den darüberhinaus angelegten Versuch von *J. Habermas* [Hrsg.], Stichworte zur „Geistigen Situation der Zeit“, 2 Bände, 1979.)

---

[1] Dabei verdienten Tagungen und Publikationen der „kleinen Staatsrechtslehrertagung“ i.S. eines kulturellen Generationenvertrages frühzeitige Beachtung, dazu *H. Schulze-Fielitz,* 25 Jahre Assistententagung, JöR 34 (1985), S. 35 ff.; s. *H. P. Ipsen,* a.a.O., S. 88 f.; *D. Heckmann,* JöR 44 (1996), i.E.

[2] Ein eigenes Thema wäre die Auffächerung der Teilgebiete der Staatsrechtslehre und die Benennung neuer Pionierleistungen, so in der vergleichenden Steuerrechtslehre dank *K. Vogel* (vgl. *ders.,* Der offene Finanz- und Steuerstaat, 1991), in der durch „Europa“ herausgeforderten Lehre vom „Staatskirchenrecht“ durch *A. Hollerbach* (vgl. *ders.,* Europa und das Staatskirchenrecht, ZevKR 35 (1990), S. 250 ff.). Auch die Behandlung ganz neuer Themenfelder wie des vergleichenden Sozialrechts durch *H. F. Zacher* (vgl. *ders.,* Abhandlungen zum Sozialrecht, 1993, bes. S. 329 ff.) gehört hierher. Gleiches gilt für *M. Heckels* Werk über „Staat, Kirche, Recht, Geschichte“ (Gesammelte Schriften, 2 Bde., 1989, hrsg. von K. Schlaich) oder das neue Arbeitsfeld „Technik und Recht“ (dazu *H. Hofmann,* Technik und Umwelt, HdBVerfR, 2. Aufl. 1994, S. 1005 ff.). Die Völkerrechtswissenschaft (schon wegen der „offenen Staatlichkeit“ [K. Vogel] Teil der Staatsrechtslehre) sowie das „Ostrecht“ (G. Brunner, A. Blankenagel, O. Luchterhandt) seien nicht nur als „Merkposten“ erwähnt; die nicht nur „platonischen Brückenschläge“ zur schönen Literatur (z.B. *W. Graf Vitzthum,* in: M. Kilian [Hrsg.], Dichter, Denker und Staat, 1993; *P. Häberle,* Das Grundgesetz der Literaten, 1983) ebenfalls.

II. Fragmente einer Bestandsaufnahme: Themen, Methoden, Foren, Literaturgattungen und Persönlichkeiten

1. Themen und Methoden im Grundsatzstreit

Die wachsende Themenvielfalt spiegelt sich zwar zum Teil in den Referaten und Diskussionen der Staatsrechtslehrervereinigung, die niemand treffender aufgelistet hat als *H. P. Ipsen* (a.a.O., S. 47 ff., 90 ff.); indes wären alle Literaturgattungen vom Handbuch über die Lehrlings- bzw. Gesellenarbeit (Dissertation bzw. Habilitationsschrift) bis hin zur reifen Monographie, zum Lehrbuch und Lexikon-Artikel, Zeitschriftenaufsatz sowie Festschriftenbeitrag (auch die etwa allgemeine Thematik einer Festschrift) zu untersuchen[3]. Dabei würde sich nicht selten zeigen, wie sehr die Sekundär-, ja „Tertiär"-Literatur dank verlegerischer Marktüberlegungen im explodierenden Zeitschriftenwesen überhand nimmt. Doch darf vielleicht die Aussage gewagt werden, daß die von *H. P. Ipsen* noch 1982 rückblickend für die VVDStRL mit Recht gemachte „Fehlanzeige" in *Grundsatz- und Methodenfragen* (a.a.O., S. 47, 50 ff.) dank mehrerer Entwicklungen für das „Fach" im allgemeinen seitdem z.T. korrigiert wurde[4].

a) Der Glücksfall der *deutschen Vereinigung* hat zu Grundsatz- und Methodenfragen geführt, besonders greifbar im heftigen Streit um den „richtigen" Weg zur deutschen Einheit. 1990 gab es Unterschriftensammlungen

---

[3] Insofern müßte *H. P. Ipsens* „Spiegelungsaufsatz" (Deutsche Staatsrechtswissenschaft im Spiegel der Lehrbücher, AöR 106 [1981], S. 161 ff.) in bezug auf alle Literaturgattungen fortgeschrieben werden (ein Anfang war *P. Häberle,* Festschriften im Kraftfeld ihrer Adressaten, AöR 105 [1980], S. 625 ff.).

[4] Zum „Methodenstreit" *H. P. Ipsen,* a.a.O., S. 31, 50 f., 57 f., 81 m.w.N. (Klassikertext bleibt *R. Smend,* Die Vereinigung der Deutschen Staatsrechtslehrer und der Richtungsstreit, FS Scheuner, 1973, S. 575 ff.); *ders.,* in: FS Arndt, 1969, S. 451 ff. Er ist immer auch ein Streit um die Sache – und um das Selbstverständnis der Aufgabe des Staatsrechtslehrers. Allen, die die Wirklichkeit des Verfassungsstaates nach „einer" einzig richtigen Methodenfrage begreifen wollen, seien an *H. Hellers* „methodensynkretischen" Ansatz erinnert (Bemerkungen zur staats- und rechtstheoretischen Problematik der Gegenwart, AöR 55 [1929], S. 321 [354].); (nur?) gegen den „anarchisch anmutenden Methodenpluralismus" aber *E.-W. Bökkenförde,* Die Eigenart des Staatsrechts und der Staatsrechtswissenschaft, FS Scupin, 1983, S. 317 (331). Kontinuität und Diskontinuität des Heute mit Weimar in Sachen „Grundlagenstreit" wären einmal übergreifend darzustellen (Materialien bei *H.-D. Rath,* Verfassungsbegriff und politischer Prozeß, JöR 33 (1984), S. 131 ff.; *K. Rennert,* Die „geisteswissenschaftliche Richtung" in der Staatsrechtslehre der Weimarer Republik, 1987; *M. Friedrich,* Die Grundlagendiskussion in der Weimarer Staatsrechtslehre, PVS 13 (1972), S. 582 ff.; *P. von Oertzen,* Die soziale Funktion des staatsrechtlichen Positivismus, 1974; *B. Schlink,* Zum Stand der Methodendiskussion in der Verfassungsrechtswissenschaft, Der Staat 19 (1980), S. 73 ff.). Ein Votum wie das von *G. Holstein* (VVDStRL 3 [1927], S. 55 ff.) ist m.E. bislang auf den VDStRL-Tagungen seit 1949 nicht geleistet worden.

einer Professoren-Gruppe, die sich für den „Königsweg" des Art. 23 GG a.F. aussprach, einen anderen Kreis, der den Weg über Art. 146 a.F. GG suchte; „Einzelgänger" wie *D. Grimm* und der Verfasser dieses Blattes votierten für einen „dritten" (kombinierten) Weg (vgl. VVDStRL 40 [1990] S. 154 f., dazu auch *meine* Abhandlung: Die Staatsrechtslehre im Prozeß der deutschen Einigung, in BayVBl. 1991, S. 385 ff., sowie *B. Schlink:* Deutsch-Deutsche Verfassungsentwicklungen im Jahre 1990 (Der Staat 30 [1991], S. 163 ff.). Die Gießener VDStRL-Tagung über die „rechtsstaatliche Aufarbeitung der vor-rechtsstaatlichen Vergangenheit" (51 [1992], dazu *H. P. Ipsen,* a.a.O., S. 92) hatte Folgeprobleme ins Grundsätzliche zu führen.

Ein Feld, in dem sich die Unterschiedlichkeit der Grundsatzpositionen der deutschen Staatsrechtslehre besonders deutlich (z.T. mit praktischen Folgen) dokumentiert, ist die (anschließende) Debatte um die *Reform des Grundgesetzes.* Nicht zuletzt die Anhörungen der Gemeinsamen Verfassungskommission von Bundestag und Bundesrat (Bericht von 1993) zeigen dies, wenngleich die mageren Ergebnisse eher den (Selbst-)Blockaden im politischen Prozeß zuzurechnen sein dürften[5]. Die Meinungen reichen vom „Minimalprogramm" einer GG-Reform bis zu Versuchen, das GG auch im Prinzipiellen zu reformieren bzw. „fortzuschreiben" oder „nachzuführen", etwa im Bereich der Ergänzung des GG um Elemente unmittelbarer Demokratie sowie auf dem Felde der Staatsziele (Umweltschutz, soziale Staatsziele). Die Kontroverse um den ausdrücklichen Minderheitsschutz (Bericht, a.a.O., S. 140 ff.) führt ebenso in Tiefenregionen wie der (ältere) Streit um eine Kulturstaatsklausel auf GG-Ebene[6]. An den zahlreichen Alternativvorschlägen *innerhalb* der (im Vergleich zur Enquete-Kommission Verfassungsreform der 70er Jahre) weit fruchtbareren „Staatszielekommission" von 1983 ist der (inhaltliche und methodische) Pluralismus in der deutschen Staatsrechtslehre ebenso abzulesen wie im Streit um die „richtige" Auslegung von Art. 146 GG n.F. (dazu *K. Hesse,* Grundzüge des Verfassungsrechts der BR Deutschland, 20. Aufl. 1995, S. 41 f., 295). Denjenigen, denen es bei der GG-Reform um ein Optimalprogramm ging[7], ist freilich

---

5 Aus der Lit.: *R. Scholz,* Neue Verfassung oder Reform des Grundgesetzes?, ZfA 1991, S. 683 ff.; *P. Kirchhof,* Brauchen wir ein erneuertes Grundgesetz?, 2. Aufl. 1993; *J. Isensee,* Mit blauem Auge davongekommen – das Grundgesetz, NJW 1993, S. 2583 ff.; *R. Scholz,* Aufgaben und Grenzen einer Reform des Grundgesetzes, FS Lerche, 1993, S. 65 ff.; *P. Badura,* Die Verfassung des Bundesstaates Deutschland in Europa, 1993; *K. Stern* (Hrsg.), Deutsche Wiedervereinigung Bd. IV. Zur Reform des Grundgesetzes, 1993; *B. Guggenberger/A. Maier* (Hrsg.), Der Souverän auf der Nebenbühne, 1994.

6 Dazu schon 1980 meine Forderung: Kulturverfassungsrecht im Bundesstaat, 1980, S. 59; Staatszielekommission, 1983, S. 169 ff.; *T. Oppermann,* Ergänzung des GG um eine Kultur(Staats)Klausel?, FS Bachof, 1984, S. 3 ff.

eine kleine Genugtuung widerfahren: Die fünf Verfassungen der neuen Bundesländer wagen auf dem Felde der unmittelbaren Demokratie, der Staatsziele, des konstitutionellen Parlamentrechts eben das, was wohl mehrheitlich auf der Ebene des GG abgelehnt wurde[8]. Wieder einmal bewährte sich der Föderalismus als große Experimentierbühne, die vielen Reformvorstellungen und abweichenden Meinungen eine Chance gibt. Insofern ist der Bundesstaat auch ein großes Glück für die Ausbildung der Vielfalt einer nationalen Staatsrechtslehrergemeinschaft: in den Grundsatzfragen wie in den Details. Im übrigen lag es nahe, daß man die Bürger, die 1989 in der friedlichen Oktoberrevolution im Zeichen von „Wir sind das (bzw. ein) Volk" von Osten her die Wiedervereinigung geschafft haben, nicht danach von aller unmittelbarer Mitbestimmung ausschloß und „nach Hause" schickte, d.h. kühl auf die mittelbare Demokratie als „eigentliche" Demokratie-Form verwies (*E.-W. Böckenförde,* FS Eichenberger 1982).

Insgesamt ist das Engagement von Staatsrechtslehrern in Kommissionen zur Verfassungsreform in Bund und Ländern im Dienste der „Verfassungsentwicklung" *(B.-O. Bryde)* eine besondere Bewährungschance ihres Grundsatz- und Detaildenkens. Erinnert sei an das Engagement einzelner an der Arbeit des Zentralen „Runden Tisches" in Ostberlin 1989/90 (dazu JöR 39 [1990], S. 319 [324]), an die Beratertätigkeit von C. *Starck, H. von Mangoldt, A. von Mutius, H.-P. Schneider* und anderen in den werdenden neuen Bundesländern sowie an die Mitwirkung mancher Gelehrter bei der Verfassungsreform in Rheinland-Pfalz[9] sowie in Hamburg[10].

b) Die Grundlagenkontroverse ist virulent in den Herausforderungen, denen sich die deutschen Staatsrechtslehrer in Gestalt der *europäischen Einigung* zu stellen haben: Hier schwelt ein tiefer Dissens, der von der einen Seite fast „bewaffnet" mit allen traditionellen Staatlichkeitselementen geführt wird und in der „Maastricht"-Entscheidung des BVerfG (E 89, 155) einen vorläufigen „Sieg" errungen hat, während die andere Seite (nicht nur

---

[7] Aus der Lit.: *P. Häberle,* Die Kontroverse um die Reform des deutschen Grundgesetzes (1991/92), ZfP 1992, S. 233 ff.

[8] Dazu die seit 1990 begleitende Dokumentation und Kommentierung in JöR 39 (1990), S. 319 ff., zuletzt 43 (1995), S. 355 ff.; s. auch *C. Starck,* Die Verfassungen der neuen deutschen Länder, 1994; *H. P. Bull* Die Verfassungen der neuen Länder – zwischen östlicher Selbstbestimmung und westlichen Vorgaben, FS W. Thieme, 1993, S. 305 ff. – Es bleibt abzuwarten, ob und wie die als westdeutsche Privatdozenten an die ostdeutschen Jura-Fakultäten berufenen Staatsrechtslehrer den innovativen Bestand der Verfassungen der neuen Bundesländer in das gesamtdeutsche Bundesstaatsgefüge ausstrahlen lassen.

[9] Dazu *C. Gusy/A. Maier,* Verfassungsreform in Rheinland-Pfalz, DÖV 1995, S. 257 ff.

[10] Vgl. *W. Hoffmann-Riem* (Hrsg.), Bericht der Enquete-Kommission „Parlamentsreform", 1993.

wohl die meisten „Europarechtler") im Zeichen einer tieferen „Europäisierung" der nationalen Staatsrechtslehren und Verfassungsgerichte scharfe Kritik am BVerfG üben[11]. Fast stellt sich die Frage, ob der alte Streit um Art. 23 a.F. GG („Beitritt") als „Königsweg" sich auf eine neue Weise in der Kontroverse um „Maastricht" fortsetzt. In Wahrheit sollte das Art. 23 a.F. GG ersetzende neue „nationale Europaverfassungsrecht" im jetzigen Art. 23 Abs. 1 GG gerade den Weg nach *Europa* weisen, auch mit Hilfe der Staatsrechtslehre!

c) Ein drittes Feld, auf dem sich das Ringen um grundsätzliche Sach- und Methodenfragen beobachten läßt, ist in der unterschiedlichen Konzeption der beiden „Handbücher" auszumachen. Das achtbändige „Handbuch des Staatsrechts", hrsg. von *J. Isensee/P. Kirchhof,* von manchem gar als „Monument" begrüßt[12], steht in anregender Konkurrenz zum einbändigen „Handbuch des Verfassungsrechts"[13]. Wenn dieses von „Verfassungsrecht", jenes von „Staatsrecht" spricht, so ist dies kein Zufall. Eine auf *R. Smend* und *A. Arndt* zurückgehende Richtung wählt die *Verfassung* zum Ausgangspunkt des Denkens auch über den Staat und das Staatsrecht („Es gibt nur so viel Staat, wie die Verfassung konstituiert"), die Gegenrichtung hält am Staat, gelegentlich sogar vordemokratisch in einer Weise fest, die schon *A. Merkl* (1920) als „monarchische Befangenheit der deutschen Staatsrechtslehre" kritisiert hat. (Spätestens heute ist m.E. die Alternative „Allgemeine Staatslehre oder vergleichende Verfassungslehre?" zugunsten von dieser zu beantworten.) Es spricht für das „Handbuch des Staatsrechts", daß es sich aber auch Autoren eingeworben hat, die dieser Auffassung gerade fern stehen. Insoweit ringt es ebenfalls um Pluralismus[14]. Der „teilnehmende Beobachter" mochte fürchten, daß beide Handbücher zusammen vieles „verstopfen" bzw. absorbieren; doch lehrt ein Blick in die mehr und mehr überbordende Studienbuch- und Zeitschriftenliteratur, daß dem keineswegs so ist. Bewundernswert entwickelt sich freilich das große Lehrbuch von *K. Stern* (Staatsrecht Bd I, 1. Aufl. 1977, 2. Aufl. 1984), und klassisch sind *K. Hesses* „Grundzüge" (1. Aufl. 1966, 20. Aufl. 1995). Beide Werke bleiben für ausländische Gelehrte, die sich ein Bild vom Stand der deut-

---

[11] Vgl. nur *J. Schwarze,* Europapolitik unter deutschem Verfassungsrichtervorbehalt, NJ 1994, S. 1 ff.; *H. P. Ipsen,* Zehn Glossen zum Maastricht-Urteil, EuR 1994, S. 1 ff.; *J. A. Frowein,* Das Maastricht-Urteil und die Grenzen der Verfassungsgerichtsbarkeit, ZaöRV 54 (1994), S. 1 ff.; *C. Tomuschat,* Die Europäische Union unter der Aufsicht des BVerfG, EuGRZ 1993, S. 489 ff.

[12] Vgl. *J. Listl,* Ein Monument deutscher Staatsrechtslehre, DÖV 1988, S. 782 ff.; s. aber auch die differenzierte Kritik von *K. A. Schachtschneider,* Die deutsche Staatsrechtslehre in der Wende, JöR 42 (1994), S. 149 ff.

[13] Hrsg. von E. Benda/W. Maihofer/H.-J. Vogel, 1. Aufl. 1983; 2. Aufl. 1994.

[14] Vgl. zum HdbVerf (1. Aufl.): *M. Kloepfer,* Durch pluralistische Verfassungsrechtswissenschaft zum einseitigen Medienrechtskonzept, AfP 1983, S. 447 ff.

schen Staatsrechtslehre machen wollen, gerade in ihrer fruchtbaren Ergänzung unentbehrlich (sie sind entsprechend oft übersetzt worden). Gleiches dürfte auch für Politologen gelten, sofern sie sich – zusammen mit *H. Maier* (und W. *Hennis)* – überhaupt auf die (deutsche) Staatsrechtslehre „einlassen“[15].

d) Die (tiefen) Unterschiede in Grundsatzfragen[16] brechen immer wieder auf. Besonders greifbar wird dies, wenn dies im Kontrastprogramm zweier Staatsrechtslehrerreferate gelingt: Hierher gehört die klassische Kontroverse zwischen *E. Forsthoff* und *O. Bachof* um den „sozialen Rechtsstaat“ (VVDStRL 12 [1954]), zwischen *U. Scheuner* und *R. Schnur* in Sachen „Pressefreiheit“ (VVDStRL 22 [1965]), vielleicht auch die Regensburger Tagung über „Grundrechte im Leistungsstaat“ (VVDStRL 30 [1972], s. auch die Diskussion, bes. S. 142 ff.), und nicht zuletzt die Kölner Tagung zum Thema „Kulturauftrag im staatlichen Gemeinwesen“ (VVDStRL 42, [1984]: *U. Steiner* und *D. Grimm,* dazu auch *H. P. Ipsen,* a.a.O., S. 107). Ein „Kontrastprogramm“ findet sich z.T. auch in „Deutschlands aktuelle Verfassungslage“: VVDStRL 49 (1990): Referate von *J. A. Frowein, J. Isensee, C. Tomuschat* sowie die Aussprache, S. 125 ff.

Mitunter sind *Sammelbände* geglückt, weil so „konstruiert“, daß die gegensätzlichen Positionen konturenscharf werden: gelungen ist dies etwa in *R. Dreier/F. Schwegmann,* Probleme der Verfassungsinterpretation (1976) oder in dem von *M. Friedrich* herausgegebenen Band „Verfassung“ (1978).

Im übrigen scheint der deutsche Grundsatzstreit die verschiedenen Literaturgattungen zu „durchwandern“. So werden bei *P. Badura* (Art. Verfassung, Ev. Staatslexikon, 3. Aufl., Bd. 2, 1987, Sp. 3738 ff.) die verschiedenen Verfassungs- und Staatsverständnisse in ihrer Kontrapunktik ebenso sichtbar (vgl. seine Distanz zum kulturwissenschaftlichen Ansatz des Verf., ebd. Sp. 3757), wie in den 60er Jahren *A. Hollerbach* seine Feder in Gestalt eines Aufsatzes gegen die Methoden der Verfassungsinterpretation von *E. Forst-*

---

[15] Vgl. etwa *H.-H. Hartwich,* Sozialstaatsgebot und gesellschaftlicher status quo, 1970; *W. Abendroth/T. Blanke* u.a., Der Kampf um das Grundgesetz, 1988; *W. Abendroth/T. Blanke* u.a., Ordnungsmacht?, 1981. – Dankbar ist zu erwähnen, daß sich einige Politikwissenschaftler intensiv um die Reform des GG bemüht haben, vgl. den Band *B. Guggenberger* u.a., Verfassung für Deutschland, Kuratorium für einen demokratisch verfaßten Bund deutscher Länder, 1991.

[16] Ein solches Grundlagenthema ist etwa die Frage nach den Staatszwecken bzw. Staatsaufgaben (dazu: *H.-C. Link/G. Ress,* Staatszwecke im Verfassungsstaat – nach 40 Jahren Grundgesetz, VVDStRL 48 [1990], S. 7 ff. bzw. 56 ff.; *J. Isensee,* Gemeinwohl und Staatsaufgaben im Verfassungsstaat, HdBStR Bd. III [1988], S. 3 ff.; *P. Häberle,* Verfassungsstaatliche Staatsaufgabenlehre, AöR 111 [1986], S. 595 ff.) oder die Frage nach dem Verhältnis von Staat und Gesellschaft (dazu *E.-W. Böckenförde* [Hrsg.], Staat und Gesellschaft, 1976; *H. H. Rupp,* Die Unterscheidung von Staat und Gesellschaft, HdBStR Bd. I [1987], S. 1187 ff.).

hoff zu richten gewagt hat (Auflösung der rechtsstaatlichen Verfassung?, AöR 85 [1960], S. 241 ff.).

Unterschiedliche Grundsatzpositionen werden auch in Sachen Verfassungsgerichtsbarkeit greifbar[17] und sie kehren immer wieder. Heute dürfte der Streit um die „Schutzpflichten" eine Fortführung der Kontroverse um das „richtige" Grundrechtsverständnis sein[18]. Hellhörig muß immer das nicht seltene „Zurück zum Klassischen" (z. B. Grundrechtsverständnis, mit oder ohne Fragezeichen) machen.

Daß manche Staatsrechtslehrer ihre Position (gewiß unbewußt) dadurch verstärken können, daß sie sich und ihre „Richtung" in ihren Voten als Bundesverfassungsrichter zitieren (*K. Hesse* hat „Eigenzitate" dieser Art in Karlsruhe immer abgelehnt!), ist nicht ganz ausgeschlossen. Im übrigen gehört es aber zur Haben-Seite einer Wissenschaftsdisziplin, daß einzelne ihrer Vertreter als höchste Richter wirken können (sei es in Den Haag wie *H. Mosler,* sei es als Verfassungsrichter in Bund und Ländern oder als EuGH-Richter (wie *M. Zuleeg*) oder EGMR-Richter *(R. Bernhardt)* bzw. Kommissionsmitglied *(J. A. Frowein);* das Erklimmen des Platzes des „Staats*ober*hauptes" ist insofern natürlich die „Krönung" (z. B.: *K. Carstens*) – sofern man nicht der respektlosen Frage *H. Ehmkes* nachsinnt, ob dieses Amt nicht eigentlich entbehrlich sei (VVDStRL 25 [1967], S. 239). Mitunter schlägt sich das für die Lebendigkeit einer nationalen Wissenschaftlergemeinschaft unverzichtbare „Alternativen-Denken" auch ausdrücklich in den Literaturgattungen nieder. So bezeichnet sich ein großer GG-Kommentar als „Alternativ-Kommentar"[19], eher verdeckt versteht sich das „Handbuch des Staatsrechts" (1. Bd. 1987) als Alternative zum „Handbuch des Verfassungsrechts" (1. Aufl. 1983)[20]; auch „Der Staat" (seit 1962) war eine bewußte „Alternative" zum ehrwürdigen AöR[21].

---

[17] Dazu *H. Maier,* Dritte Gewalt und Grundgesetz, DRiZ 1990, S. 4 ff.; *P. Häberle* (Hrsg.), Verfassungsgerichtsbarkeit, 1976; *K. Hesse,* Verfassungsrechtsprechung im geschichtlichen Wandel, JZ 1995, S. 265 ff.

[18] Dazu *J. Isensee,* Das Grundrecht als Abwehrrecht und als Schutzpflicht, HdBStR Bd. V (1992), S. 143 ff. Ferner *E.-W. Böckenförde,* Grundrechte als Grundsatznormen, Der Staat 29 (1990), S. 1 ff.; *J. P. Müller,* zur sog. Subjektiv- und objektivrechtlichen Bedeutung der Grundrechte, ebd. S. 33 ff.; *K. Hesse,* Die verfassungsgerichtliche Kontrolle der Wahrnehmung grundrechtlicher Schutzpflichten des Gesetzgebers, FS Mahrenholz, 1994, S. 541 ff.

[19] Dazu *meine* Besprechung der 2. Aufl. 1989 in AöR 115 (1990), S. 664 ff.; eher kritisch *W. Graf Vitzthum,* Die Alternative des Alternativkommentars, DÖV 1984, S. 918 ff. Ebenfalls prinzipiell ist die Rezensionsabhandlung zu HdbVerfR (1. Aufl.) durch *G. Lübbe-Wolff,* Auf der Suche nach dem Grundkonsens, Der Staat 23 (1984), S. 577 ff.

[20] So mag es auch der Öffnung für „Alternativen-Denken" in Grundsatzfragen dienen, wenn neue Gelehrte (z. B. aus Bremen: *U. K. Preuss,* Revolution, Fortschritt

Die Grundsatzkontroversen gibt es auch heute, wenngleich sie eher „unterirdisch“ ausgetragen und „Roß und Reiter“ nicht immer beim Namen genannt werden[22]. Sie kreisen um das Staats- und Verfassungsverständnis, die „Grundrechtstheorien“ und „Verfassungsinterpretation“, um die Frage „wie viel Demokratie?“, um den „Kulturstaat“ (bzw. weitergreifend einen kulturwissenschaftlichen Ansatz), um Verfassungsgerichtsbarkeit, um Umwelt- und Medienrecht („mehr Markt oder mehr Staat?“), heute weniger um das Staatskirchenrecht (anders insofern die 60er Jahre)[23]. (Vgl. auch den Streit um die [Güter]Abwägung, in dem es dank *P. Lerches* „schonendstem Ausgleich“ und *K. Hesses* „praktischer Konkordanz“ vielleicht zu einem „Waffenstillstand“ gekommen ist.) Solche Grundlagen-Kontroversen sind das Lebenselixier einer nationalen Staatsrechtslehre. Man sollte sie nicht unterdrücken, freilich auch nicht polemisch zuspitzen und personalisieren, damit stets die *Sache* im Vordergrund bleibt: der arbeitsteilige Dienst am „europäischen Verfassungsstaat Deutschland“[24]. Vor allem aber muß man bereit bleiben, zuzuhören – und (wie *Hans Maier)* viel zu lesen; auch das beliebte (von *P. Lerche* immer wieder kritisierte) „Kästchendenken“ ist zu meiden – es kann allenfalls pädagogischen Sinn für Studenten im *ersten* Jura-Semester haben[25].

---

und Verfassung, 1994; *ders.* [Hrsg.], Zum Begriff der Verfassung, 1994) in die VDStRL aufgenommen werden (1995).

21 Vgl. zu diesem: *C. Doerfert,* Das Archiv des öffentlichen Rechts 1885–1918, 1993. Diese Untersuchung sollte bis zur Schwelle der Gegenwart fortgeführt und für den „Staat“ bald begonnen werden.

22 Mehr oder weniger offen kann sich ein „Richtungsstreit“ auch in Rezensionsabhandlungen zu Gesammelten Schriften einzelner Autoren abzeichnen, z.B.: *G. Roellecke* in bezug auf K. Hesse und G. Dürig, in: Der Staat 26 (1987), S. 95 ff.; *W. Henke* bzw. *B. Pieroth* in bezug auf den Verf., in: Der Staat 20 (1981), S. 580 ff. bzw. 22 (1983), S. 394 ff. Ins Grundsätzliche führt auch der Besprechungsaufsatz zu Dreier/Schwegmann, a.a.O.: *B. Schlink,* Bemerkungen zum Stand der Methodendiskussion in der Verfassungsrechtswissenschaft, Der Staat 19 (1980), S. 73 ff. Vgl. zuletzt als Stimme aus der Schweiz: *K. Eichenberger,* Zum Stand des Verfassungsrechts im Lichte des Reformbegehrens und der Lage der Staatsrechtswissenschaft, Der Staat 25 (1986), S. 1 ff.

23 Vgl. die von *R. Smend* begründete Richtung einerseits (U. Scheuner, K. Hesse, A. Hollerbach, K. Schlaich und A. von Campenhausen) und die von *H. Quaritsch* angeführte andererseits (z.T. dokumentiert in *H. Quaritsch/H. Weber* [Hrsg.], Staat und Kirche in der BR Deutschland, 1967).

24 Dabei müßte auch das Verhältnis von Verwaltungsrechtslehre und Verfassungsrechtslehre neu geklärt werden. Hier gibt es trotz des „Vorrangs der Verfassung“ keine „Hierarchien“ (von „wechselseitiger Abhängigkeit und Verschränkung von Staatsrechts- und Verwaltungsrechtswissenschaft“ spricht *H. P. Ipsen,* a.a.O., S. 2). In jüngster Zeit mehren sich die Zeichen eines neuen Entwicklungsschubs der Verwaltungsrechtslehre: vgl. *W. Hoffmann-Riem/E. Schmidt-Aßmann/G. F. Schuppert* (Hrsg.), Reformation des Allgemeinen Teils des Verwaltungsrechts, 1993.

2. Rechtsvergleichung als europäische Zukunftswissenschaft

Die – zunehmende – *Rechtsvergleichung* auf dem Felde des öffentlichen Rechts (die Zivilrechtslehre ist hier traditionell weiter) dürfte ein markantes Kennzeichen des heutigen Entwicklungszustandes der deutschen Staatsrechtslehre sein. Nach frühen Pionierarbeiten wenden sich immer mehr Staatsrechtslehrer auf den unterschiedlichen Foren (auch) der Rechtsvergleichung zu (vgl. auch *C. Starcks* Engagement auf dem Feld der internationalen Verfassungsvergleichung).

Einen zusätzlichen Schub verdankt diese Entwicklung wohl der „Europäisierung", auf der Basis von *H. P. Ipsens* „Europäisches Gemeinschaftsrecht" (1972), beginnend mit der Pionierleistung von *J. Schwarze* (Europäisches Verwaltungsrecht, 2 Bde. 1988; s. jetzt *T. Oppermann,* Europarecht, 1991). Sie spiegelt sich in Tagungsthemen (z.B. Zürich: VVDStRL 50 [1991]: „Der Verfassungsstaat als Glied einer europäischen Gemeinschaft") ebenso wie in einzelnen Pionierarbeiten (für das Verwaltungsrecht: *E. Schmidt-Aßmann:* FS P. Lerche, 1993, S. 513 ff.) oder in dem Versuch von 1989, die Rechtsvergleichung als „fünfte" Auslegungsmethode zu inthronisieren – nach den 4 canones von *F. C. von Savigny* (1840)[26] sowie im (der Zivilrechtslehre entlehnten) Programm des „Gemeineuropäischen Verfassungsrechts" (EuGRZ 1991, S. 261 ff.). Sie formt sich auch kräftig aus in den Jubiläumsveranstaltungen „40 Jahre Grundgesetz"[27]. Rechtsvergleichendes Arbeiten, mindestens aber die Integrierung des Rechts der anderen europäischen Verfassungsstaaten beginnt viele Literaturgattungen zu ergreifen, vereinzelt auch schon den Kommentar, und sie findet sich zu Recht punktuell auch in Sondervoten des BVerfG[28].

Diese Überwindung nationaler „Introvertiertheit" und der oft verdeckt geführte Streit um Grund und Grenzen dieses Vorgangs dürften ein Stichwort für die Umschreibung der „Lage im Fach" sein. Nationale Staatsrechtslehre muß zur europäischen Verfassungslehre reifen, nicht zuletzt mit Hilfe der

---

[25] Auch das wissenschaftstheoretische Verhältnis zum Privatrecht (vgl. *K. Hesse,* Verfassungsrecht und Privatrecht, 1988) und zum Strafrecht ist klärungsbedürftig. Das Zürcher Tagungsthema „Verwaltungsrecht als Vorgabe für Zivil- und Strafrecht", VVDStRL 50 (1991), S. 196 ff., wurde zu wenig für einen Brückenschlag in der Tiefe genutzt. Geglückte Sammelbände wie die Tübinger Ringvorlesung („40 Jahre Bundesrepublik Deutschland, 40 Jahre Rechtsentwicklung", 1990) sind hierfür kein Ersatz.

[26] Vgl. *P. Häberle,* Grundrechtsgeltung und Grundrechtsinterpretation im Verfassungsstaat, JZ 1989, S. 913 ff.

[27] Vgl. etwa *C. Starck* (Hrsg.), Grundgesetz und deutsche Verfassungsrechtsprechung im Spiegel ausländischer Verfassungsentwicklung, 1990; *K. Stern* (Hrsg.), 40 Jahre Grundgesetz, 1993; *U. Battis/E. G. Mahrenholz/D. Tsatos* (Hrsg.), Das Grundgesetz im internationalen Wirkungszusammenhang der Verfassungen, 1990.

[28] Vgl. E 39, 68 (70 f., 73 f., 80, 94).

professionellen „Europarechtler", denen dieser Vorgang freilich gerade nicht allein überlassen werden sollte! „Europa" ist bzw. „lebt" „im" GG. Die neue (mehrfach belegbare) wissenschaftliche Kategorie des „nationalen Europaverfassungsrechts"[29] zeigt die Verschränkungen. Der „europäische Jurist" ist gefragt.

3. Das Gespräch mit „Nachbardisziplinen"

Das entschlossene Ausgreifen der Staatsrechtslehre zu *Nachbardisziplinen* hin, jedenfalls in der Person einzelner Repräsentanten, ist ein weiteres Kennzeichen der „Lage des Fachs". Stellvertretend sei hier das Werk von *H. Hofmann* zur Philosophie hin genannt (Recht, Politik, Verfassung, 1986), auch *R. Alexy* (Theorie der Grundrechte, 1985; s. früh *D. Grimm* [Hrsg.], Rechtswissenschaft und Nachbarwissenschaften, Bd. 1, 1973)[30].

Das vielseitige Wirken von *M. Stolleis* baut Brücken zur *Geschichtswissenschaft* und *Zeitgeschichte* (Geschichte des öffentlichen Rechts in Deutschland, 2 Bde., 1988 und 1992; *ders.,* Recht im Unrecht, 1994), und die *Wissenschaftsgeschichte* wird durch *E. V. Heyen* in tiefgängiger Weise in die Staatsrechtslehre integriert[31]. In solchen Arbeiten wird sichtbar, ob und wie die Staatsrechtslehre ein Stück der „Geistigen Situation der Zeit" darstellt, wie autonom sie lebt und wohl auch leben muß, und wie sie doch viele Entwicklungen, auch Moden und Irrtümer des Zeitgeistes mitmacht. Im übrigen können neue interdisziplinär angelegte Zeitschriften (wie „Staatswissenschaften und Staatspraxis" oder das „Jahrbuch zur Staats- und Verwaltungswissenschaft" sowie die „KritV") ein gelungenes Zeichen neuer Interdisziplinarität sein[32].

4. Verfassungsentwicklungen durch Staatsrechtslehrer in Europa und Übersee

„Wissenschaftliche Entwicklungshilfe" in neuen Verfassungsstaaten seien in diesem Geburtstagsblatt als letztes Charakteristikum der Staatsrechtslehre

---

[29] Dazu *mein* gleichnamiger Beitrag in FS Everling, 1995, S. 355 ff.

[30] Sowie *ders.,* Die Zukunft der Verfassung, 1991; s. auch *E. Denninger,* Der gebändigte Leviathan, 1990, und *R. Zippelius,* Recht und Gerechtigkeit in der offenen Gesellschaft, 1994.

[31] Vgl. sein Jahrbuch für Europäische Verwaltungsgeschichte, z.B. Bd. 6 (1994): Bilder der Verwaltung; zuvor *ders.* (Hrsg.), Historische Soziologie der Rechtswissenschaft, 1986; *ders.* (Hrsg.), Wissenschaft und Recht der Verwaltung seit dem Ancien Régime, 1984.

[32] Gelegentlich suchen Sammelbände mehrere Wissenschaftsdisziplinen zu verbinden, z.B. *A. Klönne* u.a., Lebendige Verfassung – das Grundgesetz in Perspektive, 1981, oder *D. Simon* (Hrsg.), Rechtswissenschaft in der Bonner Republik, 1994.

im vereinten Deutschland skizziert. Konnte schon *vor* dem annus mirabilis 1989 beobachtet werden, daß das GG in einzelnen Normenensembles wie dem Grundrechtsteil, dem Parteien-Artikel, der Verfassungsgerichtsbarkeit, dem Staatskirchenrecht (besser „Religionsverfassungsrecht") vorbildhaft auf andere Länder ausstrahlte (etwa auf Griechenland, 1975, auf Portugal, 1976, auf Spanien, 1978)[33], so setzt mit dem Jahr 1989 eine neue Phase ein. Wie wohl nie zuvor wurden einige deutsche Staatsrechtslehrer in fremde Länder gerufen, um wissenschaftliche Beraterdienste in den dortigen Prozessen pluralistischer Verfassunggebung zu leisten. So wirkte ein *H. Steinberger* im Rahmen der „European Commission for Democracy through Law" des Europarates in Ungarn, ein *U. Karpen* und *H. H. Klein* halfen für die K.-Adenauer-Stiftung, ein *H.-P. Schneider* arbeitete namens des Hannoveraner Föderalismus-Instituts in Südafrika, und der Verfasser dieser Zeilen diente als Berater in Estland bzw. Polen (1991 bzw. 1994, vgl. JöR 43 [1995], S. 134 ff. bzw. S. 170 ff.), um nur einige Beispiele zu nennen. Diese Entwicklungsdienste sind der personale Ausdruck weitgreifender Rezeptions- und Produktionsprozesse, die letztlich das Gespräch mit vielen nationalen Staatsrechtslehren eröffnen und den Beteiligten große Verantwortung auferlegen. Es ist zu hoffen, daß auch die Politikwissenschaft auf diesen Feldern Verantwortung übernimmt.

Die sich erst entwickelnde „Transformationswissenschaft"[34] ist sowohl interdisziplinärer Natur als auch ein Aspekt rechtsvergleichend abgestützter „Verfassungsentwicklung" von Reformstaaten in Osteuropa und Übersee[35].

---

[33] Ein Glücksfall ist es, daß die deutsche Staatsrechtslehre mit der deutschsprachigen in Österreich und der Schweiz z.T. institutionell verknüpft ist (über die VDStRL), zum Teil darüber hinaus in fruchtbarem Austausch steht. Während die Dominanz von *H. Kelsen* in Österreich nach wie vor gewisse Hindernisse für einen beidseits vorurteilsfreien Austausch aufbaut (zu *Kelsen* vgl. *H. Dreier,* Rechtslehre, Staatssoziologie und Demokratietheorie bei Hans Kelsen, 2. Aufl. 1990), ist das Verhältnis zur Schweiz dank des frühen Einsatzes von Gelehrten wie *H. Huber* und *K. Eichenberger* sowie *U. Häfelin* und *D. Schindler* problemlos; auch die Brücken nach Griechenland *(P. Dagtoglou, D. Tsatsos, W. Skouris)* und Frankreich *(M. Fromont, C. Autexier)* „tragen".

[34] *K. König,* Die Transformation der öffentlichen Verwaltung: ein neues Kapitel der Verwaltungswissenschaft, VerwArch 1993, S. 311 ff.; *P. Häberle,* Perspektiven einer kulturwissenschaftlichen Transformationsforschung – Übergangs- und Rezeptionsprobleme auf dem Weg des (post-)kommunistischen Osteuropa zum gemeineuropäischen Verfassungsstaat, in: FS Mahrenholz, 1994, S. 133–153, jetzt auch in: *ders.,* Europäische Rechtskultur, 1994, S. 149 ff.

[35] Vgl. die von *H. Krüger* früh begründete Zeitschrift „Verfassung und Recht in Übersee", 1. Bd. 1968; zuletzt VRÜ 28. Bd. 1995: „Konkurrenz" für das JöR von *G. Leibholz* (1951–1982).

5. Defizite? Fehlanzeigen? – Weimars „Riesen" – „Diener" des BVerfG?

Defizitfelder seien nicht verschwiegen. Die intensive *Gutachtentätigkeit* vieler Staatsrechtslehrer mag im Blick auf die Praxiserfahrung und -bewährung nützlich sein, sie schafft m. E. auch viele Gefahrenzonen. Das gilt vor allem hinsichtlich der oft allzu großen Nähe zu den (immer gleichen) politischen Parteien. Die *staatsferne Autonomie* des Staatsrechtslehrers als Wissenschaftler ist eine besondere Errungenschaft des deutschen Verfassungsstaates. Hoch bezahlte Gutachtentätigkeit gefährdet sie (dazu schon – folgenlos – meine Vorbehalte in: Rezensierte Verfassungsrechtswissenschaft, 1982, S. 30 ff.).

Zu bedenken ist die Mahnung von *K. Hesse,* weniger darauf bedacht zu sein, „weitere Monographien über den Rechtsstaat zu schreiben oder die Dogmatik der Grundrechte zu noch größerer Perfektion auszufeilen"[36], sondern „Konzepte und Alternativen zu erarbeiten, die auch in Zukunft ein Leben in Freiheit und menschlicher Würde ermöglichen". Damit ist gewiß auch *Grundlagenforschung* angemahnt, deren es im (immer gefährdeten) Verfassungsstaat nie genug geben kann[37].

Nicht selten wird auch in der deutschen Staatsrechtslehre das *Rechts/Links-Schema* „gepflegt". (Die Berufungspraxis ist hierfür besonders anfällig, die Integrierung der 68er Generation liefert neues Anschauungsmaterial!) „Links" steht, grob gesprochen, etwa für „mehr (unmittelbare) Demokratie" und Öffentlichkeit, für Minderheitenschutz, für ein Maximum an sozialen Staatszielen, für eine Relativierung der (nationalen) Staatlichkeit und für eine Öffnung zu den Sozialwissenschaften hin. Trägt das Schema heute aber wirklich noch? Schon in der Frage des *Umweltschutzes* (vgl. jetzt Art. 20a GG) stellen sich Zweifel ein. Er ist doch gerade ein „konservatives" Anliegen (müßte es jedenfalls sein) und wird nicht zufällig engagiert auch von Autoren vorangetrieben, die in anderen Fragen keineswegs im Verdacht stehen, „alternatives Staatsrecht", in welcher Literaturgattung auch immer, zu betreiben[38].

Die Frage, ob sich die deutsche Staatsrechtslehre „unter dem GG" ihrer „Väter" aus der *Weimarer Zeit* als würdig erweist, sei nur gestellt. Erst im Rückblick und nur von anderen läßt sich beurteilen, ob die GG-Wissenschaftler den Klassikern Weimars[39] Vergleichbares zur Seite stellen können

---

[36] *K. Hesse,* Schlußwort, in: Verfassungsrecht zwischen Wissenschaft und Richterkunst, hrsg. von H.-P. Schneider und R. Steinberg, 1990, S. 106.

[37] Weiterführend: *E. Schmidt-Aßmann,* Zur Situation der rechtswissenschaftlichen Forschung, JZ 1995, S. 2 ff.

[38] Vgl. etwa *M. Kloepfer* (Hrsg.), Umweltstaat, 1989.

[39] Zum verfassungs- und wissenschaftstheoretischen Hintergrund *meine* Schrift Klassikertexte im Verfassungsleben, 1981; s. auch *ders.,* Verfassungslehre im Kraft-

oder ob sie nur, wenn überhaupt, Gipfelgespräche „auf den Schultern von Riesen" führen[40]. Die Kontroversen um *C. Schmitt,* an dessen „Renaissance" sich *Hans Maier* nie beteiligt hat, halten an; die Rezeption von *R. Smend* und *H. Heller* gewinnt vor allem bei diesem an Boden[41]. Insgesamt wirkt die Weimarer Staatsrechtslehre (fast) übermächtig auf die Bonner Nachfolgegenerationen seit 1949: auf weiten Strecken befruchtend, so sehr die neue Phase der *Europäisierung* Fragestellungen „Weimars" relativieren müßte und neue Paradigmen verlangt.

Damit hängt auch zusammen, daß die Staatsrechtslehre heute zu wenig *juristenrechtliches Selbstbewußtsein* gegenüber dem (oft materielle Verfassunggebung leistenden) BVerfG entfaltet[42]. „Kommentierte Verfassungsrechtsprechung" kann nur *ein* Segment ihrer Arbeit sein, andere sind „wissenschaftliche Vorratspolitik", produktive Kritik am BVerfG, weder „voraus-" noch „nacheilender Gehorsam", sondern „alternative" Wissenschaft, die da und dort ja auch in der „Alternativjudikatur" von Sondervoten Erfolge zeitigen kann. Mit *H. Hellers* Einsicht, „Staats- und Rechtstheorie sind also immer produktiv und normativ" (Bemerkungen ..., a. a. O., AöR 55 [1929], S. 321 [353]), ist Selbststand wieder zu gewinnen. Ob die Kritik am Maastricht-Urteil des BVerfG insoweit eine Wende ankündigt?

---

feld der rechtswissenschaftlichen Literaturgattungen (1989), jetzt in: Rechtsvergleichung im Kraftfeld des Verfassungsstaates, 1992, S. 122 ff.

40 Von „Vorarbeiten" der Weimarer Zeit im Blick auf die Gegenwart spricht *U. Scheuner,* 50 Jahre ..., AöR 97 (1972), S. 349 (368 ff.); der Sache nach meint er wohl mehr.

41 Zu *C. Schmitt* vor allem *H. Hofmann,* Legitimität gegen Legalität, 2. Aufl. 1992, Vorbemerkungen S. 1 ff.; *H. Quaritsch* (Hrsg.), Complexio Oppositorum, 1988; *W. von Simson,* Carl Schmitt und der Staat unserer Tage, AöR 114 (1990), S. 185 ff. Seiner Rezeption in Italien geht *I. Staff* nach (Staatsdenken im Italien des 20. Jahrhunderts – Ein Beitrag zur Carl Schmitt-Rezeption, 1991). – *H. Hellers* Staatslehre wurde ins Spanische übersetzt (besorgt von *A. López-Pina:* Escritos politicos, 1985), seine weltweite Rezeption dokumentieren *C. Müller/I. Staff* (Hrsg.), Der soziale Rechtsstaat, 1984; *G. Robbers,* Hermann Heller: Staat und Kultur, 1983; *W. Fiedler,* Das Bild H. Hellers ..., 1994. – *R. Smend* wurde ins Italienische übersetzt (hrsg. von G. Zagrebelsky, 1988: Costituzione e Diritto Costituzionale). Die nachhaltige Wirkung der Weimarer Staatsrechtslehre in Italien zeigen: *F. Lanchester,* Momenti e Figure nel Diritto costituzionale in Italia e in Germania, 1994; s. schon *P. Ridola,* in: U. Battis/E. G. Mahrenholz/D. Tsatsos, a. a. O., S. 81 ff.; vgl. zuletzt: *I. Pernice,* Carl Schmitt, Rudolf Smend und die europäische Integration, AöR 120 (1995), S. 100 ff. – Zu *E. Kaufmann: M. Friedrich,* in: Der Staat 26 (1987), S. 231 ff.

42 Vgl. *B. Schlink,* Die Entthronung der Staatsrechtswissenschaft durch die Verfassungsgerichtsbarkeit, in: Der Staat 28 (1989), S. 161 ff.

III: Ausblick: Hans Maiers „Netzwerk“

Hans Maier ist ein allseits ausgewiesener Kenner der Gegenwartssituation und Geschichte der deutschen Staatsrechtslehre als Wissenschaftsdisziplin. Dieses Blatt möchte ihn nur ermutigen, sein wohlwollend-kritisches Auge auch weiterhin auf sie zu werfen. Die vorliegende Festschrift dokumentiert in Themen und Beteiligtenkreis, wie viel Wahlverwandtschaften und persönliche Verbindungen es zwischen ihm und den deutschen Staatsrechtlern oft schon seit Jahrzehnten gibt[43]. Die relevanten „Zwischenrufe“ wird er auch in Zukunft im Blick auf die *eine* res publica über den unbegreiflich tiefen Graben zwischen beiden Disziplinen hinweg machen. Es ist zu hoffen, daß sie – wie bisher – gehört werden. Das eigentliche, hier nur angedeutete Forschungsprogramm bleibt Desiderat: einen umfassenden Bericht über die „geistige Lage“ einer nationalen Disziplin im *europäisch* werdenden Deutschland zu schreiben, die – zusammen mit dem BVerfG und seinen „Richtern der ersten Stunde“ *E. Friesenhahn* und *G. Leibholz* – gerade auch im Ausland eine unverwechselbare und gerne gehörte Stimme geworden ist[44]. Das könnte eine Vorstufe sein für eine *mit* der Politikwissenschaft Hand in Hand arbeitenden Vergleichende Verfassungslehre „in weltbürgerlicher Absicht“. Der Jubilar hat hier seit langem, nicht zuletzt als bayerischer Kultusminister, in wohl unwiederholbarer europäischer Ausstrahlung gewirkt.

---

[43] Zuletzt sichtbar z.B. in seinem Beitrag in FS Lerche, 1993, S. 43 ff.; vgl. auch den Art. „Die politischen und gesellschaftlichen Grundlagen des Staat-Kirche-Verhältnisses“, in: HdBStKiR 1. Bd. 1974, S. 87 ff.; jetzt in der 2. Aufl. Bd. 1 von 1994, S. 85 ff. – Zur „Freiburger Schule“ jetzt: *H. Schmitt*, Politik-Wissenschaft ..., 1995.

[44] Ein Spiegelbild für „Netzwerk“ sind auch wahrhaft „internationale“ Festschriften, ein frühes Beispiel liefert die FS für G. Leibholz, 2 Bde 1966; an österreichischen Festschriften beteiligen sich nicht selten auch deutsche und schweizerische Autoren (z.B. FS L. Adamovich, 1992, FS H. Schambeck, 1994). Ein „Netzwerk“ im guten Sinne des Wortes spiegelt sich in der FS für P. Lerche von 1993 (Einbeziehung vieler Praktiker) sowie in der Festschrift für W. Zeidler von 1987 (Mitarbeit in- und ausländischer Verfassungsrichter). Eine fruchtbare Austausch-Form können auch internationale Colloquien sein, z.B. für K. Eichenberger (1993), für K. Stern (1993), für den Verf. (dazu *H. Schulze-Fielitz*, DVBl. 1994, S. 991 ff.).

Geburtstagsblatt für Hans-Peter Schneider (2001)

Unseren Jubilar zu würdigen – präzise seit einem gemeinsamen Besuch in Madrid bei *Don Antonio López Pina* (1988) nenne ich ihn „Juan Pedro" – ist leicht und schwer zugleich:

I.

Es ist *leicht*, weil er in seiner, von mir immer wieder bewunderten, Harmonie ausstrahlenden Heiterkeit auf eine Weise sicher, „rund" vor uns steht; weil er, der letzte und jüngste Lieblingsschüler von *Erik Wolf*, mir seit gemeinsamen Freiburger Tagen, etwa seit 1961 vor Augen ist; weil ich unvergeßliche Erlebnisse mit ihm teilen darf: so etwa seine Begegnung mit keinem geringeren als *Martin Heidegger*, dem er sich in Freiburg im kirchenrechtlichen Seminar 1966 keck vorstellte mit den selbstbewußten Worten: Ich bin *Hans-Peter Schneider*, also weder „Peter noch Hans Schneider" – als ob *Heidegger* den Unterschied erkennen könnte, wollte oder müßte ...?; unvergeßlich ist auch unsere Bank in Heidelberg, als wir zu dritt nach der Staatsrechtslehrertagung (1976) gegen Mitternacht in sehr teuren, d. h. unschwäbischen (Staatsrechtslehrer-)Gewändern saßen und ein braver Heidelberger Bürger uns ansprach mit den Worten: „Was für Nachtgespenster!"; die Rolle von HPS als „Torhüter" in einem Fußballspiel des *Ehmke*-Seminars in Freiburg – mit wenig „fortune" – ist nicht allein mir durchaus gegenwärtig (1964); *leicht* ist die laudatio, weil es in Sachen Karriere immer wieder zu positiven Veränderungen bzw. verdienten Steigerungen kam: das beginnt mit dem frühen Ruf nach Hannover (1973), hier wartete als Mentor kein geringerer als der so früh verstorbene *H. Zwirner*, dessen Doktor-Schrift HPS später dankbar herausgab (1987); danach folgten viele Gutachtenaufträge, meist für die SPD (?); später gründete HPS sein Föderalismus-Institut (1992), dabei tatkräftig von *Thomas Fleiner* (Fribourg), auch *P. Pernthaler* als „Hebamme" – freilich auch von *Gerhard Schröder* – unterstützt, und den größten Coup landete der Jubilar in Gestalt der höchst erfolgreichen Beratungstätigkeit in Südafrika – *H. Ehmke* sagte mir am 14. Februar 1997 um 16.30 Uhr am Telefon, HPS sei ein „Weltverfassunggeber", in meinem provinziellen Dasein schwindelt mir es bei diesen Horizonten gelegentlich, zumal wenn ich dann von HPS' Flugreisen nach USA, Australien und immer wieder Südafrika höre: was kann ich dem entgegensetzen mit „Bayreuth/St. Gallen"? So ist HPS unter den *Hesse-*

Schülern – neben Herrn *Fiedler* – vielleicht der „weltläufigste"; ich sage das ohne Neid, zumal wir ja schon oft ideal zusammengearbeitet haben: so z.B. bei der Konzeption der seit 1991 mittlerweile 4 Vigoni-Tagungen in Oberitalien oder seinem Versuch, Bremer Fachkollegen in die deutsche Staatsrechtslehrervereinigung zu bringen (1995).

Nur ein einziges Mal ist ihm nachweisbar etwas Organisatorisches mißlungen: ich meine die Pressekonferenz in Bonn Mai 1993 über unsere „Deklaration von Vigoni": wir (d.h. auch Baron *M. von Marschall*) sprachen vor leeren Bänken. Nur 2 Doktoranden von mir, jetzt in dortigen Ministerien tätig, waren pflichtbewußt erschienen. Im übrigen ist HPS wohl ein (insofern) *Erik Wolf*-fernes „Organisationsgenie".

Es gibt aber auch Aspekte, die *schwer* zu beurteilen sind – ich werde dabei vom Biographischen ausgehen und zum ungemein facettenreichen wissenschaftlichen Werk fortschreiten.

II.

Schwer ist schon, die „Frühzeit" in Freiburg einzuordnen: Wie konnte HPS problemlos vom frommen *Erik Wolf*-Schüler zum vigilanten, gegenwartsoffenen *K. Hesse*-Schüler werden – vielleicht weil er den Spuren von *A. Hollerbach* folgte? – *Hesse* hat er zum 70. Geburtstagskolloquium ein schönes Referat gewidmet (Verfassungsinterpretation aus theoretischer Sicht, in: HPS/R. Steinberg (Hrsg.), Verfassungsrecht zwischen Wissenschaft und Richterkunst, 1990, S. 39 ff.). Wie konnte er einerseits enge Kontakte mit den Bundespräsidenten *K. Carstens* und *R. von Weizsäcker* pflegen und zugleich der SPD dienen? Wie konnte er groß mit *Leibniz* als Dissertationsthema beginnen (1967) und meisterhafter Mitherausgeber eines bemerkenswerten bundesdeutschen Parlamentsrechts (1989) sein?, übrigens warten wir alle – mit Verlaub – auf Band II des Grundlagenwerkes über die „Opposition" von 1974! Um fragend fortzufahren: Wie schafft er es, Mozambique auf den richtigen konstitutionellen Weg zu führen, die Zimmerfluchten seines hannoverischen Rieseninstitutes samt Insassen und Computern zu steuern und gleichzeitig in Niedersachsen und Sachsen Verfassungsrichter zu sein? Nur oberflächlich wäre die Antwort: Weil HPS zu jeder Stunde beliebig *schlafen* kann (wie *Hans Maier*, *Bismarck*, *Eisenhower* und *Napoleon*), auch darum beneide ich ihn. – Ich fahre fort: Warum und wie kann HPS Doktorandengespräche mit einem „Handy" von Italien aus nach Hannover führen (so am 4. April 1997, 9.30, in Menaggio)? Wo und warum hat HPS es gelernt, während einer laufenden Fachdiskussion den wesentlichen Inhalt auf prägnante Stichworte zu bringen, die dann in kürzester Zeit zu „Leitsätzen" umgegossen werden können – das gelang ihm einzigartig etwa auf unserer Tagung in Vigoni mit der „Deklaration von

Vigoni" (1993) und jüngst ebenda mit 7 Leitsätzen zum Thema „Kultur und Europa", auch rühmt der Laudator gerne die Sprachkunst des Jubilars, Fragestellungen einprägsam zuzuspitzen: etwa „sibyllinisch oder salomonisch?" (NJW 1983, S. 1529 f.) oder „Opposition und Information" (AöR 99 (1974), S. 628 ff.) bis hin zum provozierenden Wortspiel: „Das Grundgesetz – auf Grund gesetzt" (NJW 1994, S. 558 ff.). Damit bin ich schon bei vorbehaltlos positiven Themen im Kontext unseres Jubilars. Jetzt arbeite ich nicht mehr in subtiler Frageform, sondern in klaren Feststellungen, denen niemand widersprechen kann und darf:

III.

1. Kaum einer von uns verbindet wie HPS die *Kunst des raschen Zugriffs auf Aktuelles* so sehr mit verfassungsrechtlichem *Grundlagendenken*; Beispiele finden sich jüngst etwa in Sachen Bundes- und Landesverfassungsgerichtsbarkeit (NJW 1996, S. 1517 f., S. 2630 ff.) oder bei Bundesstaatsproblemen (NJW 1991, S. 2448 ff.).

2. Wohl niemand aus dem Freiburger „Hesse-Stall" streut die Palette seiner Themen so weit wie HPS: Er arbeitet auf den Feldern der Rechtsphilosophie – nachhaltig z.B. zu *Leibniz* (ZevKR 13 (1967/68), S. 18 ff.), ebenso wie auf dem des Staatskirchenrechts (vgl. Rezension ZevKR 19 (1974), S. 387 ff.) und der Juristenausbildung – hier wie wir alle freilich *ohne* jeden Erfolg (vgl. nur: Einstufige Juristenausbildung in Deutschland, Loccumer Protokolle 25 (1981), S. 35 ff., oder Die Reform der Juristenausbildung in Hannover, FS 150 Jahre Rechtsanwaltverein Hannover, 1981, S. 211 ff.).

Er beschickt fast alle *Literaturgattungen*: von der Monographie (Richterrecht, Gesetzesrecht und Verfassungsrecht, 1969) über den Beitrag über Grundrechte in Taschenbuchform (in: Perels (Hrsg.), 1979) bis zur Urteilsanmerkung (JZ 1985, S. 839 f.), das Staatsrechtslehrerreferat (VVDStRL 43 (1985) S. 7 ff.), den – langlebigen – Lexikonartikel (z.B.: „Opposition", in: Ergänzbares Lexikon des Rechts, Bd. 5, S. 1 ff.), die Rezension (z.B. JZ 1985, S. 839 f.; NJW 1969, S. 1342 f.).

Eindrucksvoll ist auch die Präsenz in vielen Festschriften: von *E. G. Mahrenholz* (1993) bis *K. Stern* (1997), von *H. Simon* (1987) bis *W. Holtfort* (1990); und in Handbuch-Beiträgen und zwar hier ebenfalls „spagathaft": er gehört zu den wenigen, die wie auch *E. Denninger* gleichzeitig im „Handbuch des Verfassungsrechts" schreiben (dies ist wesentlich inspiriert von unserem Lehrer *K. Hesse*) über das Thema „Das parlamentarische System" (2. Aufl. 1994, S. 537 ff.) und die zugleich im „Konkurrenzunternehmen" „Handbuch des Staatsrechts" (Bd. VII, 1993, S. 3 ff.) über die verfassunggebende Gewalt schreiben (können).

Es fehlt nur noch der *Sammelband*, ich meine das selten erreichte „*Ideal*" des Sammelbandes, d.h. eine Bündelung der wichtigsten Beiträge, die zusammengefaßt einen „*Mehr*wert" erbringen, also *mehr* als die Summe der Einzelbeiträge sind, weil sie eine durchgehaltene Fragestellung haben bzw. einen „roten Faden" erkennen lassen. HPS könnte dies eigentlich leicht fallen: Um die großen Themen: Bundesstaat, Parlament, politische Parteien, Opposition, Verfassungsgerichtsbarkeit, Verfassungsreform kreist sein Lebenswerk. Dabei könnte ihm auch sein enormes rechtsphilosophisches Grundsatzwissen etwa zu *Rousseau* und *G. Radbruch*, die er beide so erfolgreich ediert und kommentiert hat, helfen. Darf ich darum „von innen" bitten?

3. HPS verbindet wie wenig andere *Verfassungstheorie und Staatspraxis* in der Tiefe, das zeigt sich im hohen Niveau seiner Gutachtentätigkeit (etwa in Sachen staatlicher Parteifinanzierung oder in Sachen Mitarbeit an der Schaffung der neuen Landesverfassung in Sachsen-Anhalt), aber auch in seiner verfassungsberatenden Tätigkeit in ganz Afrika. Das führt bis ins Persönliche. Zu gerne hätte ich gewußt, was er mit seiner platonischen Internatsfreundin, der spanischen Königin *Reina Sofia*, in Madrid 1978 privat gesprochen hat. Hat er ihr einen verfassungstheoretischen Sinn gegeben, da sie positivrechtlich in der spanischen Verfassung von 1978 ja gar nicht vorkommt und dies wohl mit ihrer schmerzvoll-edlen Emigration in die „Vertikale", in die Kulturpolitik, kompensiert? Wir werden es nie erfahren: – (übrigens liebte der Jubilar schon früh den Umgang mit Monarchien: so aus Anlaß seines m.E. bis heute gültigen großen Entwurfs über „Verfassung" im Beiheft 1 des AöR 1974 (S. 64 ff.); damals tagten so manche Spitzenjuristen allzu gerne im üppigen Festzelt des Schahs von Persien (1973)...). Im übrigen: mehr denn je sind heute Rechts- und Verfassungspolitiker des Zuschnitts von HPS vonnöten. Finden wir sie dereinst bei seinen eigenen Schülern?

4. HPS ist aus dem Freiburger Kreis der am meisten *medial ubiquitär präsente*: Das beginnt in „Spiegel-Gesprächen", führt zur FR (jüngst schrieb er dort einen fesselnden Bericht über Südafrika: 31. Okt. 1996, S. 16) und sogar bis zur FAZ, in der er schon schreiben durfte und in der ihn *F. K. Fromme* vereinzelt erstaunlich freundlich erwähnte. Es fehlt nur noch ein Interview im „Focus" oder ein Auftritt in „Arte" – um letzteres nur würde ich ihn beneiden!

5. Eindrucksvoll kehrt „HPS" immer wieder aus der „großen Welt" ins Kleine zurück. So schreibt er eben auch über das Niedersächsische Staats- und Verwaltungsrecht (1985, S. 44 ff.) oder er beteiligt sich am Schlußbe-

richt der Enquetekommission Verfassungs- und Parlamentsreform in Schleswig-Holstein (1989, S. 24 ff.) – wie er überhaupt sich immer wieder den alten und neuen deutschen Ländern zuwendet. Andererseits sahen wir ihn auf Tagungen von „Weltjuristen“ (so in Teheran, im Festzelt des Schahs von Persien (1973), immerhin über die „Verfassung“ (in: AöR Beiheft 1 (1974), S. 64 ff.) oder in Caracas (XI. Kongreß für Rechtsvergleichung, 1982)). Und sozusagen „dazwischen“ gilt sein großes Engagement dem Grundgesetz bzw. dessen „Reform“ (Resümé freilich in NJW 1994, S. 558 ff.: „Die Deutschen haben wenig Talent zur Verfassungsreform“). Daß manche seiner wichtigsten Arbeiten ins Italienische und Spanische übersetzt worden sind (z. B. 1996 bzw. 1977, 1991), ehrt unsere Zunft. Daß er als einziger der *Hesse*-Schüler auch ins Steuerrecht und Sozialrecht ausgreift (z. B. NJW 1975, S. 1956 ff.), ehrt den *K. Hesse*-Kreis. Daß er im Kleist-Jahrbuch (1988/89, S. 309 ff.) über den „Zerbrochenen Krug“ schreibt, rückt unseren Jubilar in das Themenfeld „law and literature“. Daß er auch im „Herbst des Mittelalters“, der heute begonnen hat, sich noch an seine „alten Themen“ in Rechtsphilosophie und Staatskirchenrecht bzw. Kirchenrecht „erinnert“ (z. B. Leibniz in Berlin, 1990, oder die Rezension einer Dokumentation zum Bremer Verfassungsstreit, ZevKR 1981, S. 100 ff.), zeigt seine Anhänglichkeit, übrigens auch an seinen ersten Lehrer *Erik Wolf* (vgl. ZevKR 23 (1978), S. 337 ff.). Auf den erfolgreichen Herausgeber (z. B. von Bibliographien oder der Entstehungsgeschichte des GG) sei verwiesen.

6. Unnachahmlich ist es, wie HPS „Alternatives“ mit „Etabliertem“ verbindet: So kennen wir einerseits seine hochkarätige Mitarbeit am „Alternativentwurf“ einheitlicher Polizeigesetze (1978), am „Alternativkommentar“ zum GG (Bd. 2, 1984), auch die verdienstvolle Edition der Sondervoten von Frau *Rupp-von Brünneck* (1983) sowie seine Mitwirkung im Handbuch des Verfassungsrechts (2. Aufl. 1994, S. 537 ff: „Das parlamentarische System“), zuletzt ein Beitrag zum 4. Alternativen Juristinnentag, 1996, S. 55 ff., andererseits seinen Grundlagenbeitrag über die verfassunggebende Gewalt im Handbuch des Staatsrechts (Bd. VII, 1993, S. 3 ff.), und genau „in der Mitte“ ist er plaziert, wenn er beim bzw. für den jeweiligen Bundespräsidenten arbeitet: so zweimal in der Sachverständigenkommission in Sachen Parteienfinanzierung (1982/83 bzw. 1992/93). Von da aus war der Schritt nicht weit zur Bundestagspräsidentin (Sachverständigenkommission zur Abgeordnetenentschädigung, 1990).

7. Auch fast alle repräsentativen Foren unserer Zunft haben „HPS“ gesehen: vom Staatsrechtslehrerkreis (VVDStRL 43 (1985), S. 7 ff.: Art. 12 GG) bis zum 57. Deutschen Juristentag, 1988 (in Sachen „Untersuchungsausschüsse“), sogar die Bitburger Gespräche (1993). Auch die Beteiligung an Festschriften ist pluralistisch austariert (Klammerzusatz: davor habe ich

besonderen Respekt): So finden wir Beiträge von ihm in der FS *Klug*, 1983, über Gefangenenbetreuungen, in der FS *W. Zeidler* über das BVerfG, 1987 (S. 293 ff.), in der FS *H.-J. Vogel* (1996) über den „Staat der Zivilgesellschaft“ (S. 47 ff.), zuletzt in der FS *Stern* (1997, S. 903 ff.) über den „Willen des Verfassunggebers“. Wenig anfangen kann ich als laudator freilich mit einem Beitrag „Börsenzugang und Berufsfreiheit“, FS Zweihundert Jahre Geld und Brief, 1987, S. 257 ff., dies muß irgendwie mit „Hannover“ zusammenhängen! Versöhnt stimmt mich demgegenüber seine schöne Würdigung des „Sachsenspiegels“ (Wolfenbüttel, 1994).

8. Wie ein „roter Faden“ oder vielleicht auch „wie an einem unsichtbaren roten Faden“ schichten sich eindrucksvolle Karrierestationen auf, die die Wissenschaft von „H. P. S.“, wie er von seinen Verehrer(innen) genannt werden will, aufs engste und vorbildlich mit der tätigen *Praxis* verbindet: 1979–1991 stellvertretendes Mitglied des StGH der Freien Hansestadt Bremen, 1981/83 Mitglied der Sachverständigenkommission „Alterssicherungssystem“ der Bundesregierung; 1990–93 Beratendes Mitglied der Verfassungsausschüsse der Landtage von Sachsen, Sachsen-Anhalt und Thüringen, seit 1987 Mitglied des Niedersächsischen Gerichtshofs in Bückeburg und seit 1993 Mitglied des Verfassungsgerichtshofs des Freistaates Sachsen – rechtliche Inkompatibilitätsprobleme gab es offenbar niemals! – die zeitlichen und physischen kennt unser Jubilar offenkundig nicht. Besonders ehrenvoll sind die Verfassungsberatungen im *Ausland*, bei denen sich wieder einmal zeigt, welche segensreichen Tätigkeiten die deutschen parteinahen Stiftungen entfalten (neben den Goethe-Instituten in aller Welt, dem DAAD und der A. von Humboldt-Stiftung sind sie wohl das Beste, was Deutschland heute im Ausland leistet). So finden wir *Hans-Peter S.* 1986/87 plötzlich auf den Philippinen (seit 9 Jahren schuldet er mir dazu einen JöR-Aufsatz!), 1996/97 wirkt er, gelegentlich auf den Flugplätzen umsteigend, fast gleichzeitig in Südafrika, Mozambique und Georgien: ein „Franziskus“ aus Hannover.

9. Ein eigenes Forschungsprogramm wert wären die Interventionen von HPS auf den deutschen *Staatsrechtslehrertagungen*. Sie, das bekanntlich gefährlichste Forum, ist zwar schon klassisch ganz allgemein durch *H. P. Ipsen* gewürdigt worden (*H. P. Ipsen*, Staatsrechtslehrer unter dem Grundgesetz, 1993), indessen fehlt es bislang an einer auf unseren Jubilar bezogenen speziellen Dissertation in dieser Sache. Sie sei hiermit angeregt, in etwa mit folgenden Informationen: In Bd. 31, d.h. 1972 (Mannheim), war HPS aufgenommen worden; indes wagte er noch kein einziges Wort. Doch schon in Bd. 33 (Bielefeld) riskierte er nicht nur einen Beitrag zu einem seiner großen Lebensthemen (Parlament und Opposition, ebd. S. 157 bis 159), er wagte es sogar, das Schlußwort von *Hans Meyer* (Frankfurt/M.) einfach zu unterbrechen mit dem Ruf „Das Parlament“ (ebd. S. 177), was

wiederum keinen geringeren als *H. F. Zacher* provozierte (ebd. S. 177). Bereits in Heidelberg (VVDStRL 35 (1977), S. 156 f.) wandte er sich ohne Umschweife an den ca. 20 Minuten vor ihm diskutierenden *H. P. Ipsen*, was ihm inhaltliche Zustimmung bei *H. Meyer* einbrachte (S. 156). In Basel steuerte er im Blick auf die Veränderungen der Kommunen den guten Begriff „kooperativen Verwaltungsstaat" bei (VVDStRL 36 (1978), S. 377 f.) und in Bonn prägte er den schönen Begriff des „favor constitutionis" (VVDStRL 37 (1979), S. 138). Während der Jubilar auf der Berliner Tagung („Deutschland nach 30 Jahren GG") leider nicht das Wort ergriff (VVDStRL 38 (1980)), kam er schon 1980 in Innsbruck zu der seltenen Ehre, die Diskussion – ideal strukturierend – zu eröffnen – es ging um sein Lebensthema „Verfassungsgerichtsbarkeit", was ihn nicht hinderte, am Schluß einen Wiener Kabarettisten zu zitieren (VVDStRL 39 (1981), S. 149); er setzte dann sogar zu einem zweiten Votum an, was eigentlich nur wenigen erlaubt ist (ebd. S. 191 f.). Auf der Trierer Tagung will er den Begriff des Experimentiergesetzes „verabschieden", obwohl doch die Hannoversche Juristenausbildung darauf beruht (VVDStRL 40 (1982), S. 118).

Später wird HPS immer kühner. So legt er sich auf der Konstanzer Tagung einfach mit Herrn *Badura* an (VVDStRL 41 (1983), S. 244), später sogar noch mit Herrn *Rauschning* (ebd. S. 284). Auf der Kölner Tagung äußert er sich leider nicht zu „meinem" Thema Kultur, er vermißt am 2. Tag bei der Steuerung des Verwaltungshandelns aber den Begriff der Regierung (VVDStRL 42 (1984), S. 281). Bei seinem eigenen Thema über Art. 12 GG wehrte er sich tapfer (VVDStRL 43 (1985), S. 101 ff., 106 f.), was er eigentlich gar nicht nötig hatte, auch gegen Frau *Staff*. Auf der von mir moderierten Tagung in Fribourg meldete er sich – nicht überraschend – zu „seinem" Thema Parteienfinanzierung zu Wort (VVDStRL 44 (1986), S. 149 ff.); er spricht engagiert zugunsten des sog. „Chancenausgleichs" (vgl. aber BVerfGE 85, 264). Auf der Tübinger Tagung zum Gleichheitssatz ist HPS dann so etabliert, daß er ungemein elegant auf die Vorredner vor ihm und gewiß auch manche „Nachredner" souverän eingeht (VVDStRL 47 (1989), S. 106 f.); überdies nimmt er Herrn *Hufen*, seinen eigenen Habilitanden, „in Schutz" (ebd. S. 248). Auf der Hannoverschen Tagung hat er dann die traditionsreiche, hierarchische Reihenfolge der Redner bereits so „verinnerlicht", daß er problemlos zuerst Herrn *Badura*, dann Herrn *Leisner* und Herrn *Zacher* das Wort gibt (VVDStRL 48 (1990), S. 265 ff.). Mich läßt er sehr spät zusammen mit Herrn *Thieme* (S. 284 ff.) zu, bedenkt mich aber mit einer sehr freundlichen „Zwischenbemerkung" zur „weltbürgerlichen Absicht".

Tief ins Europarecht dringt das Votum auf der Züricher Tagung ein (VVDStRL 50 (1991), S. 146 f.), wobei er am 2. Tag sogar Widerspruch gegen Herrn *Bullinger* riskiert (ebd. S. 297). Auf der Bayreuther Tagung zeigt sich einmal mehr seine Kunst der plastischen Wortschöpfung: „nationales Gesamtbudget“ (VVDStRL 52 (1993), S. 173 f.). Auf der Hallenser Tagung moderiert er als „Kassier“ des Vorstandes, wie er selbst kokett zu sagen pflegte, mit dem ganzen Charme seiner Persönlichkeit („Erziehungsziel Nächstenliebe“: VVDStRL 54 (1995), S. 105). Dasselbe gilt für die Wiener Tagung über „Bürgerverantwortung“, wo er zu Recht als ersten *J. P. Müller* ins – noch offene – Rennen schickte (VVDStRL 55 (1996), S. 128). In Dresden, nun wieder nur einfaches Mitglied, wagt er die gewiß berechtigte Prognose, wir seien mit der „Parlamentarisierung der Außenpolitik noch lange nicht am Ende“ (VVDStRL 56 (1997), S. 150 f.).

Ich könnte gewiß in vielen weiteren Ziffern positiv fortfahren, komme aber zum *Schluß*:

IV.

HPS hat auf eine Weise viel „Glück“ gehabt, so durfte er die Hannoversche Staatsrechtslehrertagung 1989 – damals noch gar nicht im Vorstand – nur deshalb leiten, weil ein eigentlich dazu berufenes Vorstandsmitglied verreist war (vgl. VVDStRL 48 (1990), S. 265); er tat dies mit Umsicht, Freundlichkeit und viel Sinn für Harmonien; viele Kollegen kamen bis heute nie zu solchen Ehren. Leicht ließen sich weitere Beispiele solcher „Fortune“ anführen. Kurz: HPS ist unter einem „guten Stern“ (in Bremen) geboren; er weiß dies dank seiner vielen inhaltlichen Talente auch optimal zu nutzen; er verfügt über die kostbare Gabe, Menschen zu gewinnen und Freundschaften durchzuhalten. Darum sind wir ja auch heute hier versammelt. Dafür Dank. Und: „ad multos annos“ solcher Art.

Dimitris Th. Tsatsos – ein europäischer Staatsrechtslehrer* (1995)

Lieber Herr *Tsatsos,* verehrte Familie *Tsatsos,* hochansehnliche Festversammlung: Die Gesamtpersönlichkeit von *D. Th. Tsatsos,* dem Preisträger, ist von den Vorrednern in vielen Facetten gewürdigt worden; *eine* Dimension sei ergänzt: die des *europäischen Staatsrechtslehrers.*

D. Th. Tsatsos hat als nationaler, d.h. griechischer *und* zugleich deutscher Staatsrechtslehrer mit seinen beiden Habilitationen 1968 begonnen, aber ihm sind in den letzten sechs Jahren jene Wachstumsringe seiner Wissenschaft geglückt, die ihn als Repräsentanten der europäischen Gelehrtenrepublik ausweisen! Deren Umrisse sind zwar erst im Entstehen, Herr *Tsatsos* gehört aber zu ihren Pionieren.

Im einzelnen: Wie wenig andere steht *D. Th. Tsatsos* von vornherein buchstäblich auf „zwei Beinen", d.h. auf *zwei* nationalen Rechtsordnungen. Erstaunlich ist, daß er zahlreiche, auch rezeptionsgeschichtlich erfolgreiche Beiträge zur deutschen Staatsrechtslehre geleistet hat, und dies in fast allen Literaturgattungen, außer in der des m.E. ohnehin meist fragwürdigen, weil fast immer parteilichen Auftragsgutachtens (!). So verdanken wir ihm früh eine auch pädagogisch gute Einführung in das deutsche Grundgesetz (1976), nachdem er zehn Jahre zuvor die Leitentscheidung des BVerfG zur Zulässigkeit staatlicher Parteifinanzierung (E 20, 56) in einer großen Rezensionsabhandlung kommentiert hat (ZaöRV 1966) und 1965 in der DÖV einen Erstling über die Inkompatibilität zwischen dem „Bundespräsidentenamt und dem parlamentarischen Mandat" geschrieben hatte (zuvor „Inkompatibilität und Richteramt": DRiZ 1964) – fast als ob er sich vor zu vielen Ämtern in der Zukunft schützen wollte! Wir verdanken ihm einen tiefgründigen Beitrag im „Handbuch des Parlamentsrechts" (1989) und früh eine Monographie zum „verwaltungsgerichtlichen Organstreit" (1969). Das nationale und heute europäische Parteienrecht hat er sodann in Festschriften (für *Mosler,* 1983: „Ein Recht auf innerparteiliche Opposition?") und in einem bis heute führenden Lehrbuch (zusammen mit *M. Morlok,* 1982) bearbeitet und Stichworte formuliert, die die deutsche Staatsrechtslehre nachhaltig beschäftigen (zuletzt etwa in der FS *Mahrenholz* zur „Krisendiskussion": 1994, und soeben in der FS *Bernhardt,* 1995). Damit ist er der füh-

* Rede aus Anlaß der Verleihung des Kulturpreises-Europa im September 1995.

rende Parteienrechtsjurist in Deutschland geworden, einer der, maßvoll, beide Extreme meidet: die so populäre einseitige Parteien*schelte* ebenso wie die unkritische *Überhöhung* der politischen Parteien. Aus meiner Sicht verdient indes die Monographie von 1987 besondere Beachtung. Ihr Titel „Von der Würde des Staates zur Glaubwürdigkeit der Politik" – der durch die Person eines *V. Havel* beglaubigten tschechischen Wahrheitsphilosophie denkbar nahe –, führt in die Tiefen und Untiefen, Höhen und Niederungen der deutschen Staatstheorie. Hier ist methodisch eine Synthese von Staatsrechtslehre und Rechtsphilosophie geglückt; inhaltlich ist der unselige Begriff der „Würde des Staates" in Frage gestellt, wie dies vielleicht nur einem *griechisch*-deutschen Staatsrechtslehrer glücken kann.

Was ließ *D. Th. Tsatsos* aber in wenigen Jahren zu einem *europäischen* Staatsrechtslehrer heranreifen? Zunächst die originär ihm zu verdankende Hagener Tagung: „Das Grundgesetz im internationalen Wirkungszusammenhang der Verfassungen" (1990), „im Vormärz des annus mirabilis" 1989 durchgeführt – die Teilnehmer erinnern sich noch an die beglückende Vorahnung der Grenzöffnung, die die Beiträge des ungarischen Juristen *Csalótzky* im Blick auf den Verfassungsumbruch in Ungarn auszeichneten, und an *D. Th. Tsatsos* bewegende Schilderung, daß sein Vater als Justizminister der griechischen Exilregierung 1944 in Kairo sich auf Deutsch zur *„Sprache Goethes"* bekannte (S. 265, a. a. O.). Damit war eine Phase eingeleitet, die *Tsatsos-Sohn* auf die Wege der europäischen Rechtswissenschaft führte. Etappen sind der frühe Aufsatz „Zu einer gemeinsamen europäischen Parteienrechtskultur?" (DÖV 1988) und die gleichzeitige Gründung eines Instituts für „Deutsches und Europäisches Parteienrecht" (1988). In rascher Folge erscheinen hier Sammelbände zum Parteienrecht – rechtsvergleichend und europarechtlich und vor allem: unter Einbeziehung von Mittel- und Osteuropa (zusammen mit *Kedzia,* 1994). So schritt *D. Th. Tsatsos* wohl als erster das neue Parteienrecht in Art. 138a EGV (EuGRZ 1994) aus, und so kam es in diesen Tagen zu dem Höhepunkt des Aufsatzes (EuGRZ 1995): „Die europäische Unionsgrundordnung – Anregungen im Blick auf die Regierungskonferenz 1996". Dieser Beitrag weist alle Kennzeichen eines „Spätwerkes" aus, wäre es für diesen Begriff nicht zu früh: Ins Grundsätzliche führend, sprachlich elegant, fortiter in re suaviter in modo, umreißt er den europäischen Verfassungsstaat, der beliebte Kategorien wie „Bundesstaat" oder „Staatenbund" souverän beiseite schiebt. Wenn er für die griechische Verfassung jüngst einen all dem kongenialen neuen Europa-Artikel im Entwurf mitformuliert hat, so handelt es sich um zwei Seiten derselben Sache: nämlich das konstituierte Europa im „interkulturellen Dialog". Stichworte wie „Gleichwertigkeit der nationalen Verfassungskulturen" gehören in dieses zukunftsoffene Gesamtbild. So auch sein Satz: „Mit der europäischen Bürgerschaft endet das Zeitalter der herkömmlichen Geographie Europas" oder in dem plastischen Wort vom „acquis culturel européen".

Das Leitbild des *„europäischen Juristen“* hat in *D. Th. Tsatsos* einen ihrer besten Vertreter gefunden: von den klassischen Stationen Athen/Rom/Bologna/Straßburg und Brüssel hat er nur Rom und Bologna ausgelassen! Theoretisch wie praktisch arbeitet er am Europarecht im weiteren (d.h. die EU transzendierenden) und tieferen (d.h. kulturell bezogenen) Sinne (sind doch Wirtschaft und Markt nur Mittel zum Zweck!), er kommt von zwei nationalen Rechtsordnungen her, die seine Heimat bleiben, und er integriert sie in das vielstimmige Europa der Rechtskulturen – dies alles als eine Persönlichkeit, die *nicht nur* Jurist ist – m.E. das größte Kompliment, das man einem „europäischen Juristen“ machen kann. Auch diese Preisverleihung heute schafft ein Stück jener Öffentlichkeit Europas, an der noch so viel zu arbeiten ist und der der Preisträger gedient hat und täglich neu dient. Auch ich gratuliere *D. Th. Tsatsos* herzlich und danke Ihnen!

II. Rezensionen, Literaturgattungen, Grenzüberschreitungen

Zum Staatsdenken Ernst Forsthoffs[1] (1976)

I.

Ernst Forsthoffs wissenschaftliches Lebenswerk bleibt in der Diskussion. Das zeigt sich am Wiederabdruck seines Aufsatzes „Die Umbildung des Verfassungsgesetzes" in der von *Dreier/Schwegmann* vorgelegten Dokumentation[2] und in der Einleitung *Dreiers*[3], es zeigt sich aber auch an Beiträgen in der Festgabe aus Anlaß des 25jährigen Bestehens des Deutschen Bundesverfassungsgerichts „Bundesverfassungsgericht und Grundgesetz"[4]. Der durch *Ernst Forsthoff* von letzter Hand vorbereitete Sammelband „Rechtsstaat im Wandel", mit einem einfühlsamen Vorwort von *Frey* versehen, bildet zusammen mit dem „Staat der Industriegesellschaft"[5] einerseits, der 10. Auflage des Verwaltungsrechts I (1973) andererseits eine Trias, die das Gesamtwerk dieses „großen konservativen Staatsrechtslehrers"[6] – bei allen Spannungen im einzelnen[7] – erkennen läßt. Die weitere Entwicklung muß zeigen, was von diesem Werk zu bewahren ist und was sich in Frage stellen lassen muß. Den wissenschaftlichen und politischen Prozessen der Bewährung darf und kann sich keine Staats- bzw. Verfassungslehre entziehen[8]; die hier vorgelegte Sammlung wichtiger Arbeiten ist in ihrer äußeren Präsentation eine denkbar gute Voraussetzung für diese Diskussion.

---

1 Zugleich eine Besprechung von *Ernst Forsthoff,* Rechtsstaat im Wandel – Verfassungsrechtliche Abhandlungen 1954–1973, 2. Aufl., vom Verfasser überarbeitet und nach seinem Tode herausgegeben von *Klaus Frey.* München 1976 (C. H. Beck), 258 S.

2 Probleme der Verfassungsinterpretation, Baden-Baden 1976, S. 51 ff.

3 Ebd., bes. S. 13 ff.

4 1976; z.B. *Roellecke,* Bd. II, S. 22 (26, 49), *Badura,* Bd. II, S. 1 (8, 12), *Kirchhof,* Bd. II, S. 50 (60, 62), *H. Schneider,* Bd. II, S. 390 (395).

5 2. Aufl. 1971.

6 *Frey,* S. XV.

7 Dazu *P. Häberle,* Lebende Verwaltung trotz überlebter Verfassung?, JZ 1975, S. 685 ff. (s.o. S. 3 ff.).

8 Vgl. *Forsthoffs* eigenen Hinweis auf Kritiker wie *H. P. Ipsen,* S. 175 Anm. 1, und *U. Scheuner,* S. 203 Anm. 4.

II.

Die Reihenfolge der (nur z. T. wieder abgedruckten, z. T. neuen) Aufsätze bzw. Vorträge wurde gegenüber der ersten Auflage von 1964 durch Zwischenüberschriften neu geordnet, wobei die Strukturierung im Blick auf eine geschlossene Staatslehre unverkennbar ist (ihr Hauptmotto: Bewahrung des Rechtsstaats, S. XVII, Sorge um die Staatlichkeit). Auf I „Die Bundesrepublik Deutschland" folgt II „Rechtsstaat mit staatsideologischer Unterbilanz" mit den Arbeiten „Das politische Problem der Autorität", „Verfassung und Verfassungswirklichkeit der Bundesrepublik" und (neu, d. h. aus dem Jahre 1973) „Wer garantiert das Gemeinwohl?". Daran schließt sich an: III „Das Spannungsverhältnis von Rechtsstaatlichkeit und Sozialstaatlichkeit". Erst dann folgt als IV „Der Verfassungsgrundsatz der Demokratie" mit den bekannten „Strukturwandlungen" (1964). Unter dem Stichwort „methodische und institutionelle Wandlungen des Rechtsstaates" finden sich die jeweils unterschiedlich berühmt und wirksam gewordenen Aufsätze wie „Über Maßnahmegesetze", „Die Bindung an Gesetz und Recht", „Die Umbildung des Verfassungsgesetzes"[9], „Der introvertierte Rechtsstaat", „Von der Staatsrechtswissenschaft zur Rechtsstaatswissenschaft" und „Zur heutigen Situation einer Verfassungslehre". Abgeschlossen wird der Band durch den Abschnitt „Aufgabe und Anrecht des heutigen Juristen", in dem der „lästige Jurist", der „Jurist in der industriellen Gesellschaft" und „Rechtsstaat oder Richterstaat" zusammengefaßt sind – ein glücklicher Abschluß, dessen Bedeutung durch die Diskussion auf der Deutschen Staatsrechtslehrertagung von 1975 in Augsburg unter dem Stichwort „personales Substanzproblem" bestätigt wurde[10].

III.

Eine Wiedergabe der wesentlichen – weithin bekannten – Thesen *Forsthoffs* ist nicht erforderlich; im folgenden sollen einige Schwerpunkte herausgegriffen werden, im Sinne einer Fortführung der Diskussion, wie sie *Forsthoff* selbst gewünscht hat; dies wird an der Aktualisierung der Fußnoten bei „Wahrung der textlichen Integrität"[11] deutlich[12]. Die Frage des Verhältnisses von „Rechtsstaat im Wandel" zum „Staat der Industriegesellschaft"[13] kann hier nur gestellt, nicht beantwortet werden. Manches deutet darauf hin, daß der „Staat der Industriegesellschaft" Rückwirkungen auf das

---

[9] Teilabdruck jetzt in *P. Häberle* (Hrsg.), Verfassungsgerichtsbarkeit, Darmstadt 1976, S. 272 ff.

[10] Vgl. *Zacher,* VVDStRL 34, 1975, S. 284.

[11] Vorwort, S. IX.

[12] Vgl. S. 72 Anm. 24, 183 Anm. 36, 179 Anm. 20, 185 Anm. 43, 191 Anm. 15.

Konzept der 2. Auflage des „Rechtsstaates im Wandel“ hatte – er ist mehrfach in die Fußnoten eingearbeitet[14] –, so wie umgekehrt die 1. Auflage des „Rechtsstaates“ vorbereitend war für den „Staat der Industriegesellschaft“[15]. Anhand des folgenden Problemkatalogs ist nachweisbar, wie aktuell *Forsthoff* für die Grundsatzfragen einer Verfassungslehre auch dann ist, wenn man ihm nicht folgt. Der Problemkatalog soll zugleich die Aufmerksamkeit auf Bereiche lenken, die bisher nicht immer in der gebotenen grundsätzlichen Weise diskutiert worden sind.

1. Wissenschaftlicher Pessimismus oder wissenschaftlicher Optimismus? Diese Frage der Grundeinstellung einer Verfassungslehre ist aus der Tradition der Staatslehre bekannt, herkömmlich etwa im Gewand des pessimistischen bzw. optimistischen Menschenbildes bei *Hobbes* und *Locke*[16]. Heute präsentiert sie sich in Methodenfragen. Deutlich neigt *Forsthoff* einer „pessimistischen Dimension“ zu[17]. Sie zeigt sich zum Beispiel immer dann, wenn *Forsthoff* seiner Sorge Ausdruck verleiht[18] oder glaubt, bloße beschreibende, analysierende Feststellungen (ohne naheliegende negative Bewertungen) treffen zu können[19]. Dabei gerät er leicht in den Bann von Verfalltheorien[20]. Hier zeigt sich Wahlverwandtschaft zu *Schelskys* wissenschaftlichem Pessimismus[21], in dem *Forsthoff* laut Fußnoten mehrfach einen neuen Gewährsmann sieht[22]. Heutige Verfassungslehre muß sich des Problems „Pessimismus oder Optimismus“ bewußt sein und sich dazu erklären, wo und wie auch immer sie sich entscheidet[23]: beim Verständnis der Verfassung, der Grundrechte, des Staates, der Gewaltenteilung oder des Ge-

---

13 Kritisch dazu *P. Häberle,* Retrospektive Staatsrechtslehre oder realistische Gesellschaftslehre?, ZHR 136, 1972, S. 425 ff.

14 Z.B. S. 25 Anm. 5, S. 198 Anm. 33, S. 200 Anm. 45.

15 Vgl. z.B. die Passagen zu BVerfG und Verfassungsinterpretation. Staat der Industriegesellschaft, S. 134 ff., 148 ff., und jetzt Rechtsstaat, S. 158 ff., 171 ff.: ferner S. 4 ebd.: Bundesrepublik als Staat ist eine Funktion der Gesellschaft geworden; s. auch S. 210.

16 Dazu *M. Kriele,* Einführung in die Staatslehre, Reinbek b. Hamburg 1975, S. 133 ff., 202 f.

17 *Frey,* Vorwort, S. XV.

18 Vgl. S. 162, ferner S. 49 in bezug auf das Gemeinwohl; S. 37: „Es sieht nicht gut aus mit der Zukunft der Freiheit“, S. 201: „Der Stern der kodifizierten Verfassung ist im Sinken“, S. 226: Zerstörung der Verfassung als logisches System; S. 211: „kein Anlaß, allzu optimistisch zu sein“.

19 Z.B. S. 13, 127, 167, 187; s. auch S. 10: „Beschreibung dessen, was ist“, sowie S. 166.

20 s. S. 251 für den „Rang“ der Verfassung.

21 Dazu kritisch *P. Häberle,* AöR 100, 1975, S. 645 (650).

22 Z.B. S. 30, 32, 93, 200.

23 Kritik am anthropologischen Optimismus: *P. Saladin,* Grundrechte im Wandel, 2. Aufl. Bern 1975, S. 429.

meinwohls[24]. Die höchstpersönliche Haltung des jeweiligen Autors fließt dabei verstärkend (oder gegenläufig) in sein wissenschaftliches Werk mit ein. Von der Art und Weise, wie es der Verfassungslehre gelingt, das „Prinzip Hoffnung" – ohne Euphorie – wissenschaftlich und praktisch so festzumachen, daß *Poppers* (Reform-)Prozeß von „trial and error" in Gang bleibt, dürfte in Zukunft viel abhängen[25].

2. Staatsrechtslehre zwischen Konservativismus und sozial-liberaler Fortschrittlichkeit – ihre Verarbeitung der Wirklichkeit: Die Frage „konservativ oder fortschrittlich" – so fragwürdig beide als Kürzel sind – hängt mit der ersten zusammen. *Forsthoff* selbst hat – als Skeptiker – bemerkenswerterweise verlangt, die Verfassungsauslegung müsse einem „vorsichtigen Konservativismus" huldigen (S. 162). Damit ist sein Vorverständnis von Verfassungsinterpretation offengelegt und zwar ebenso ehrlich wie treffend. Damit ist aber auch gesagt, daß solche Vorverständnisse die Auslegung steuern (können) und daß eine über *Savignys* Methodenkanon[26] hinausweisende Auslegung einer vorsichtigen Fortschrittsidee (besser: Entwicklungsgedanken) folgen könnte. In der Verbannung des Sozialen und sozialer Gehalte aus Verfassung und Verfassungsinterpretation – exemplarisch bei *Forsthoffs* Sozialstaatsverständnis[27], in der Beharrung auf dem „liberalen" Grundrechtsverständnis[28], liberal freilich eher in der Sicht eines *C. Schmitt* und seines sog. Verteilungsprinzips[29] als im heutigen Selbstverständnis der Liberalen, etwa des Freiburger Programms der FDP –, zeigt sich *Forsthoff* in der Tat als Konservativer. Die Staatsrechtslehre bleibt aufgerufen, sich zu fragen, ob sie „konservativ" und das Gegenstück („sozial-liberal"?) näher definieren und deutlicher rationalisieren kann. Denn immer mehr zeigt sich, daß nicht nur im politischen Raum, sondern auch in der wissenschaftlichen Diskussion[30] dies ein Kriterium zur (Unter-)Scheidung der „Geister" wird. Da das Wort „liberal" heute von allen Seiten in Anspruch genommen wird, ist die Aufgabe freilich schwer.

Die Schwierigkeiten wachsen, wenn man sieht, daß *Forsthoff* in manchem neuerdings in *H. Ridder* einen Mitstreiter gefunden hat[31], der schwer-

---

[24] Zum „Gemeinwohl-Optimismus" vgl. meine Besprechung von *M. Stolleis,* Gemeinwohlformeln im nationalsozialistischem Recht, 1974, in AöR 101, 1976, S. 292 (295 ff.).

[25] s. auch die nicht weiter hinterfragten Begriffe wie „Logik des Systems" usw.: S. 13, 170; S. 199: „Logik des Grundgesetzes", S. 255: „Logik der Werte".

[26] Dazu S. 131, 173.

[27] Z.B. S. 70, 75, 77 ff., 79 f., 204, 209.

[28] Z.B. S. 196, 209 f.

[29] Dazu S. 203 ff.

[30] Vgl. z.B. die Staatsrechtslehrer-Diskussion in VVDStRL 30 (1972) S. 142 ff.; 33 (1975) S. 272 ff.; 35 (1977) (zum Verhältnis Staat/Wirtschaft).

lich als Konservativer gelten kann: *Ridder*[32] spricht, wie *Forsthoff* (S. 125), vom Einbruch des Irrationalen in das Recht, er ist auf die geschichtliche Ausgangslage des GG (zum Nachteil der Verfassungswirklichkeit) ebenso fixiert wie *Forsthoff* und er deutet die Formel „Gesetz und Recht" parallel; schließlich wendet er sich ebenso wie *Forsthoff*[33] gegen das „verunsichernde" deutsche Bundesverfassungsgericht und dessen Interpretation. Sind solche Übereinstimmungen zwischen bewußt zugespitzten Positionen auf beiden Seiten des „Hauses mit vielen Wohnungen", der Wissenschaft, Zufall oder mehr? Sind sie Ermutigung für die „mittlere" Lösung, weiter wirklichkeitsnah, entwicklungsoffen zu arbeiten, mehr an der Bewährung als an der Bewahrung orientiert? *Forsthoff* verabsolutiert den Rechtsstaat und ignoriert seine soziale Struktur, *Ridder* geht in umgekehrter Richtung, beide berufen sich auf die Geschichte. Die Art, wie Wirklichkeit „unter" der Verfassung, neben oder außerhalb von ihr verarbeitet wird, ihre normative Relevanz oder (vermeintliche) Irrelevanz wird zu einem wichtigen Unterscheidungskriterium für heutige Staatsrechtslehren (z.B. für die Frage, wie es um grundrechtliche Freiheit „wirklich" steht). Das läßt sich an *Forsthoff* immer wieder belegen[34]. Er ringt um „realistische Wirklichkeitsanalyse"[35], ohne doch die Konsequenz für die Verfassung zu ziehen.

3. Staatsrechtslehre auf dem Weg von der „staatsideologischen Unterbilanz" zur Verfassungsethik? Forsthoffs schon sprichwörtliche Formel von der „staatsideologischen Unterbilanz"[36] des GG verweist auf ein Problem heutiger Verfassungslehre, wenn auch an unrichtiger Stelle. Vorab dieses: es geht weniger um eine „Staatsideologie" als um eine „Staatsidee"[37]. Aber es geht nicht so sehr um die Verortung von für den Bürger attraktiven, ihn engagierenden Ideen beim *Staat,* als vielmehr beim *politischen Gemeinwesen* im Ganzen, von dem der Staat nur ein Teil ist (Verfassungsbewußtsein statt Staatsideologie). Mit andern Worten: den Verfassungen sind ethische Gehalte abzugewinnen, sie können sich dann auch dem Staat vermitteln.

---

[31] Die soziale Ordnung des Grundgesetzes, Opladen 1975, dazu mein Besprechungsaufsatz in DÖV 1977, Heft 4.

[32] A.a.O. S. 11, 18 f., 41, 144 ff.

[33] S. 147 ff., 151, 191 f., 206.

[34] Vgl. S. XVIII: Sozialstaat ist das „Werk von Gesetzgebung und Verwaltung unter der Verfassung und ohne die Verfassung".

[35] Z.B. S. 166. – Vgl. auch S. 181: wirklichkeitsbezogene Staatsrechtslehre, S. 222: Bedauernder Hinweis auf den „Realitätsverlust" der Verfassung; s. aber auch S. 66: „Alle Offenheit der Auslegung gegenüber der Wirklichkeit hat ihre Schranke an der Struktur der Verfassung".

[36] Z.B. S. 5 ff., 20, 91, 99, 153 ff., 167 f., 184, 240.

[37] Zu diesem Unterschied zwischen Ideologie und Idee: *A. Hollerbach,* in *W. Maihofer* (Hrsg.), Ideologie und Recht, Frankfurt a.M. 1969, S. 37 ff.

Auch die offene Gesellschaft, einschließlich der Wirtschaft, ist auf solche Gehalte hin auszurichten: auf dem Wege der Verfassung[38].

Sozialstaat – als Staat „sozialer Gerechtigkeit" – ist doch der Versuch, dem Staat eine neue ethische Qualität zu vermitteln. Die Sozialstaatsklausel gehört zur Substanz der Verfassung[39]. Die Möglichkeit der Selbstidentifikation des Bürgers mit dem Gemeinwesen – eine anthropologische Notwendigkeit – wird heute wesentlich auf diese Weise geschaffen. Im übrigen wäre den verschiedenen Schichten der Bedeutung von Verfassungsnormen in sorgfältiger Einzelauslegung die Dimension des Verfassungsethischen zu entnehmen. In diesen Zusammenhang gehört auch das Problem, ob nicht weniger mit *Forsthoff* nach einer „Rechtskultur" (S. 242) und ihrem etwaigen Verfall zu fragen wäre, als vielmehr nach „Verfassungskultur".

4. Freiheit durch „redlichen Etatismus" oder durch die Verfassung von Staat und Gesellschaft? Forsthoffs Staatsbegriff bleibt gekennzeichnet durch Sätze wie „Die Staatsgewalt als solche ist in allen Verfassungen gleich"[40] und „Rechtsstaatlichkeit und Sozialstaatlichkeit begegnen sich im Eingriff" (S. 177). Er beklagt die „Ausklammerung des Staatsbegriffs aus dem Grundrechtsverständnis" (S. 182) und bedauert, daß der Staat heute der individuellen Freiheit nicht mehr als „geistig-politische Potenz mit anerkannter Autorität" gegenübertrete[41]. Er kritisiert einerseits, daß der Freiheitsraum der Grundrechte nicht im Vorfeld der Staatlichkeit belassen werde, Freiheit höre auf, eine vorstaatliche zu sein (S. 208), andererseits betont er die „eminente Bedeutung des Staates" für die Ermöglichung individueller Freiheit (S. 35). Zwar konstituiert die Freiheit „nichts" (S. 178), doch bejaht er gleichzeitig eine „integrierende Wirkung" der Abwehrfunktion der Grundrechte (S. 178). Die Vermutung, die „Stunde des Staates" habe geschlagen (S. 35), steht neben der These, die rechtsstaatliche Verfassung habe einen zweifachen Aspekt, den herrschaftlich-staatspolitischen und den rechtsstaatlichen[42]. Die Ungereimtheiten liegen auf der Hand. Fixiert auf einen „staatlichen" Staat, fasziniert von seiner herkömmlichen spätabsolutistischen Herrschaftlichkeit, wird der Weg des GG nicht nachvollzo-

---

38 Dies ist ein Aspekt der Heidelberger Diskussion über „Grundpflichten" der Unternehmer im Sinne *Saladins* (VVDStRL 35, 1977), mit denen deshalb nur wenige etwas anzufangen wußten, weil einerseits die Prozesse der notwendigen Konkretisierung solcher Pflichten von der Gesetzgebung bis zur Verwaltungstätigkeit unbeachtet blieben (s. aber *D. Suhr,* ebd.), andererseits die *verfassungsethische* Dimension („staatsbürgerlicher Unterricht") nicht gesehen wurde.

39 Anders *Forsthoff,* S. 27, 65, 71, 166 mit Note 36; S. 33. Abbau der Staatlichkeit „in dem Maße, in dem sie sich in Sozialstaatlichkeit verwandelt".

40 S. 50; dazu meine Kritik in ZHR 136, 1972, S. 425 (426 ff.).

41 S. 191. s. auch S. 239: Staat ist „nicht mehr Herr, sondern Funktion der Gesellschaft".

42 S. 176. Von Pluralismus ist wenig die Rede, vgl. etwa S. 32, 103.

gen: das *demokratische* Gemeinwesen, das grundrechtliche Freiheit *vom* Staat, *durch* den Staat und *gegen* den Staat will[43], Herrschaft, wo nötig, für den Staat anerkennt, vor allem aber eine *Verfassung* der Freiheit schafft. Staatlichkeit ist nach dem GG nur als *verfaßte* Staatlichkeit anerkannt. Aufspaltungen in Staatlichkeit und Rechtsstaatlichkeit[44], Sozialstaatlichkeit und Rechtsstaat gehen daran vorbei. Der schrittweise sich vollziehende Vorgang des Verfassens der Gesellschaft als Teil des politischen Gemeinwesens gehört von vornherein in das Gesamtbild dieser verfaßten Staatlichkeit: als konstitutionelle Gesellschaft[45]. Die Freiheit konstituiert nicht nur nicht „nichts"[46], sie konstituiert im politischen Gemeinwesen *alles,* jedenfalls in einer offenen *Bürgerdemokratie.* Damit erhalten aber auch die Grundrechte den ihnen gebührenden Platz, ohne daß der Staat und *seine* freiheitssichernde Funktion vergessen würde.

5. Gespaltene Verfassungsauslegung? Forsthoff lenkt auf seine Weise die Aufmerksamkeit auf die Frage, ob und wie die Verfassungsauslegung in bezug auf die Grundrechte einerseits, den organisatorischen Teil andererseits gleich bzw. einheitlich sein kann. In seiner Kritik an der Lehre von den Grundrechten als „Wertsystem" oder „Kultursystem" (S. 159) fragt er, warum die übrigen Teile der Verfassung wie Parlament, Regierung, die Zuständigkeitsnormen, der rechtsstaatliche Gesetzesbegriff usw. von diesem Wertsystem ausgeschlossen bleiben sollen[47]. Dem ist zu antworten: In der Tat darf die „Einheit der Verfassung" nicht durch grundsätzlich unterschiedliche Methoden zerrissen werden. Die ungleichgewichtige wissenschaftliche Behandlung der beiden Teile des GG mag den Eindruck erwecken, hier werde unterschiedlich ausgelegt. In Wahrheit ist die „spezifisch verfassungsrechtliche" Auslegung des GG – und nur um sie geht es – nicht auf die Grundrechte beschränkt worden. Man denke an *Smends* Erarbeitung der „Bundestreue" oder an das sog. positive Kompetenzverständnis[48]. Der Gesetzesbegriff erweitert sich um die „leistungsrechtliche Dimension"[49]. Die

---

[43] Insofern bleibt den Grundrechten der Reservatcharakter (dazu S. 211) als *Teil*aspekt.

[44] Vgl. z.B. S. 180: Verhältnis von Staatlichkeit (als „präsente und ausgeübte Herrschaft") und Rechtsstaatlichkeit.

[45] Dieser Vorgang mußte *Forsthoff* wegen seines stereotypen Hinweises auf den „Gesetzescharakter" der Verfassung verschlossen bleiben.

[46] s. aber S. 178.

[47] S. 159, 183. – s. auch seine Kritik an dem „ethisch aufgeladenen" modernen Grundrechtsverständnis (S. 211).

[48] Dazu *H. Ehmke,* Wirtschaft und Verfassung, Karlsruhe 1961, S. III, 421; *P. Häberle,* öffentliches Interesse als juristisches Problem, Homburg v.d.H. 1970, S. 396 ff., 468 ff.

[49] Dazu mein Beitrag in: „Recht und Staat", Festschrift für Küchenhoff, Berlin 1972, S. 453 ff.

„gewandelte Sozialordnung" kann (entgegen *Forsthoff*, S. 205) gerade auch in den organisatorischen Teil der Verfassung „hineingeholt" werden. Das GG öffnet sich diesem Vorgang sogar besonders, das zeigen – z.T. durch Verfassungsänderung eingeführte – Begriffe wie „wirtschaftliche Sicherung der Krankenhäuser" (Art. 74 Ziffer 19a), „Mißbrauch wirtschaftlicher Machtstellung" (ebd. Ziffer 16), „Ausbildungsbeihilfen" (ebd. Ziffer 13) sowie die „Gemeinschaftsaufgaben" (Art. 91a). Das schließt „Spannungslagen" und Differenzierungen nicht aus. So kommt der „Staatspraxis" bzw. den sie prägenden „Verfassungsorganen" als Verfassungsinterpreten im weiteren Sinne im Kompetenzteil besondere Bedeutung zu. Gewohnheitsrechtsbildung kann hier in anderen Zeiteinheiten erfolgen als sonst, „formales" Verständnis stärker geboten sein als bei den Grundrechten. Bei all dem soll nicht bestritten werden, daß in der „spezifisch verfassungsrechtlichen" Auslegung *aller* organisatorischen Bestimmungen noch viel zu leisten ist.

6. Staat und Wirtschaft, Staat und Verbände: Forsthoff hat sie zwar nicht in einem eigenen Abschnitt, der Sache nach aber als Grundproblem behandelt. Er findet jetzt in *Ridder*[50] sein Gegenstück, so unterschiedlich die Positionen sind. Freilich, nach *Forsthoff* ist die heutige Wirtschaft als Gefüge nicht eine staatliche Schöpfung, sondern primär eine Hervorbringung der in der Wirtschaft tätigen Kräfte selbst (S. 3). Doch spricht er in dem ihm eigenen Realismus von Staat und Wirtschaft als „Funktionseinheiten"[51]: Staat, Wirtschaft, Soziales, Kultur wüchsen in einer „heute noch nicht benennbaren Einheit" zusammen (S. 29). Nimmt man das von ihm beobachtete Zusammenwirken von Staat und Verbänden hinzu (S. 241, 215), so stellt sich die Frage, ob hier nicht neue *„Verfassungsstrukturen"* heranwachsen[52]. Dies um so mehr, als in Verfassungstexten und anderen Normen der Wirtschaft ausdrücklich Aufgaben zugeschrieben werden, wie überhaupt das GG (und das EG-Recht) auf wirtschaftsverfassungsrechtlich relevante Normen hin zu untersuchen ist (von Art. 74 Ziffer 16 bis Art. 109 Abs. 1, 91a Abs. 1 GG). Die von *Forsthoff* nicht benannte „Einheit" ist die des „politischen Gemeinwesens".

In dieser Einheit wird „der Staat" nicht mehr das Podest des Absoluten haben, doch nimmt er – wenn auch bescheidener – teil an der Legitimität der Gesamtordnung als solcher. Aufgaben und Formen, Pflichten und Grenzen der Wirtschaft sind ihrerseits nur ein Teilaspekt, aber ein solcher, der seinerseits – z.B. durch den Gedanken der Gewaltenteilung – strukturiert ist.

---

50 A.a.O., S. 94 ff.

51 S. 29; s. auch S. 194.

52 Insofern kommt es in der Tat zu einer (neuen) „Politisierung" der Gesellschaft (S. 222), die aber auch im 19. Jahrhundert nicht entpolitisiert war!

7. Staat und Gemeinwohl: Den Vortrag aus dem Jahre 1973 „Wer garantiert das Gemeinwohl?“ hat *Forsthoff* im Abschnitt „Rechtsstaat mit staatsideologischer Unterbilanz“ plaziert (S. 39 ff.). In seiner Sicht ist das konsequent. Denn seine Hauptthesen lauten: der Begriff des Gemeinwohls ist an den Staat gebunden (S. 41), der Staat ist kein bloßer Zweckverband auf der Basis des Interesses (S. 42), das Gemeinwohl läßt sich nicht von der ethisch-sittlichen Legitimation des Staates ablösen (S. 42), es ist nicht gut bestellt um das Gemeinwohl (S. 49). Dieses „staatliche“ Gemeinwohlverständnis[53] läßt *Forsthoff* zwar nach Art. 1 (Menschenwürde) und Art. 2 Abs. 1 GG blicken, doch dann stellt er fest, der Weg der Verfassungsinterpretation führe nicht weiter[54, 55]. Indes ist die Verfassung noch sehr viel ergiebiger für materielle und prozessuale Gemeinwohlgehalte[56]. Einen sachbezogenen juristischen Ansatz wählt *Forsthoff,* indem er auf § 2 BRaumordG verweist (S. 47). So groß das verfassungstheoretische und -praktische Gemeinwohldefizit erscheint, *Forsthoffs* folgendem Umschreibungsversuch wird man zustimmen können (S. 48): „Gemeinwohl ist kein bloßer Pauschalbegriff, sondern gliedert sich auf in eine große Skala sehr unterschiedlicher Anforderungen, die von ethisch-sittlichen Regionen bis in pragmatische Verhältnisse“ (Raumplanung) hinabreichen. Nur muß das Gemeinwohl unter *Einbeziehung* der Industriegesellschaft, nicht „außerhalb“ von ihr (so aber: S. 49) konzipiert werden. Der Staat kann ebensowenig „über“ den gesellschaftlichen Interessen plaziert werden (s. aber S. 45), wie er von der Gesellschaft getrennt ist; er kann aber auch nicht mit den gesellschaftlichen Interessen identifiziert werden, weil er nicht mit der Gesellschaft „zusammenfällt“. Demgemäß ist das Gemeinwohl weder nur staatlich, noch nur gesellschaftlich. Es ist verfassungsrechtlich strukturiert und entsprechend differenziert zu ermitteln: aus den Teilordnungen und Verfahren der Verfassung und unter der Verfassung.

8. Aufgabe und Anrecht des Juristen: Forsthoff ist durch die Thematisierung der „Aufgabe des Juristen“ im Rahmen seiner Staatsrechtslehre wegweisend: Die Verfassungslehre hat sich den Fragen zu stellen, wer ist „Jurist“, welche Aufgaben hat er, wie ist er auszubilden und wer ist in welcher Funktion – Verfassungsinterpret[57]. Dieser *personale* Aspekt ist nicht gebührend beachtet worden, obwohl es konkrete Menschen sind, die nach

---

[53] Kritik in meiner Studie „Öffentliches Interesse“ (zit. oben Anm. 47), S. 23, 143 f., 710.

[54] S. 43. – Richtig aber die Einbeziehung des Art. 38 GG (S. 46).

[55] s. auch seine Kritik an der Auslegungsmethode, der die „disziplinierte Ausstrahlung der Staatlichkeit“ (S. 225) fehle.

[56] Dazu mein Bericht in AöR 95, 1970, S. 86 ff., 260 ff.

[57] Dazu *P. Häberle,* Die offene Gesellschaft der Verfassungsinterpreten, JZ 1975, S. 297 ff.

Verfassungsrecht leben, es gestalten, interpretieren oder ändern. Weiter gedacht wären auch die Persönlichkeiten einzubeziehen, die in der Staats- bzw. Verfassungslehre Geschichte (oder/und „Staat“) gemacht haben. Man würde hier auf „Entdeckungen“ stoßen: etwa im Blick auf die Renaissance der Staatslehre *Hellers*. Mit andern Worten: Staats- und Verfassungslehre hat auch sich selbst, einschließlich der personalen Seite, zu thematisieren: weil sie einerseits im Rahmen einer konkreten Verfassung arbeitet, von ihren kulturstaatlichen Freiheitsgarantien lebt, weil andererseits „Wissenschaft als Prozeß“ sich gerade in und über eine offene Verfassungslehre entfaltet[58]. Art. 5 Abs. 3 GG erweist sich so gesehen als institutionelle Garantie der Verfassungslehre. Sache und Person sind im Feld der Staatslehre besonders eng verwoben. Die Vorverständnis-Diskussion sollte das klargestellt haben.

„Aufgabe und Anrecht des Verfassungslehrers“ und Aufgabe der Sache „Verfassungslehre“ müßten also das Anfangs- und Schlußkapitel von Gesamtentwürfen dieser Disziplin sein. Spätestens die Diskussion um den „Neuen Juristen“[59] belegt dies. Nicht nur das Recht wird in seinem Verhältnis zu Staat und Gesellschaft überdacht, auch die Aufgaben der Juristen werden neu definiert, insbesondere im Blick auf andere „gesellschaftliche Berufe“. *Forsthoff* hat sein Juristenbild unmißverständlich umschrieben: der Jurist ist „weder Eroberer noch Reformer, noch Sozialgestalter, sondern Ordner von Lebensverhältnissen“[60], und dieses Verständnis hat seine konsequente Entsprechung in *Forsthoffs* Deutung von „Gesetz und Recht“[61]. Man wird hier einem gewandelten, weiteren Interpretationsverständnis gemäß auch zu einem gewandelten Bild vom Juristen kommen müssen, und: Gesetzgebung ist eine Aufgabe auch der Wissenschaft geworden[62]. Darum ist der Jurist sehr wohl auch als „Reformer“ auszubilden[63].

---

58 Zum Möglichkeitsdenken: *P. Häberle,* AöR 102, 1977, Heft 1.

59 Dazu der gleichnamige Band, Neuwied 1975.

60 S. 228. – Das Verhältnis des Juristen zur „Zeit“ ist eigener Behandlung wert (Ansätze in *meinem* Beitrag „Zeit und Verfassung“ jetzt in *Dreier/Schwegmann,* Probleme der Verfassungsinterpretation [zit. Anm. 2], S. 293 ff.). *Forsthoff* postuliert (S. 225) einen „wesentlichen Unterschied, ob der Verfassungsinterpret in seinen logisch-juristischen Prozeduren, von seiner Zeit berührt, ihr bewußt oder unbewußt (!) seinen Tribut leistet“, was er für legitim hält, oder „ob der Verfassungsinterpret seine Resultate in bewußter Methode aus den geistigen und sozialen Befindlichkeiten der Zeit ableitet“. Indes ist der Jurist durch die Norm hindurch immer zeitabhängig, und es geht darum, dies bewußt zu machen.

61 Art. 20 Abs. 3 GG, vgl. S. 122 ff., 244 ff.

62 Dazu *P. Noll,* Gesetzgebungslehre, Reinbek b. Hamburg 1973; jetzt: *J. Rödig* (Hrsg.), Studien zu einer Theorie der Gesetzgebung, Berlin u.a. 1976.

63 Diskussionswürdig ist die These vom „Kontrast zwischen der Entwicklung des Richtertums“ (Eroberung großer Entscheidungsräume) und des Juristen in der Verwaltung (Einengung, S. 241).

Die Bestimmung der Aufgabe des Juristen hängt letztlich mit verfassungstheoretischen Grundsatzfragen zusammen: mit dem Verhältnis von Verfassung und Staat bzw. Gesellschaft, mit der Bestimmung der „guten" Gesetzgebung und Verwaltung[64], mit den Methoden der Verfassungsinterpretation, mit dem Denken über Politik und Verfassungsrecht, schließlich mit dem Verhältnis von Verfassungslehre und Sozialwissenschaften.

IV.

Ein Rückblick ergibt: *Forsthoff* läßt die Umrisse einer ganzen Staatsrechtslehre erkennen, so sehr die Aufsätze und Vorträge als Fragmente wirken. Fasziniert von einer „geschlossenen Staatlichkeit" konnte er sie nur retrospektiv konzipieren, während er im gesellschaftlichen Bereich viele Entwicklungen scharfsichtig erkannte (mit den Instrumenten einer Situations- oder Realanalyse). Der Durchbruch zu einem Verständnis der Gesellschaft, das deren Chancen in Prozessen ihres „Verfassens" sieht[65], zur verfaßten und als solcher offenen Gesellschaft führt[66] und eine entsprechend offene konstitutionelle Staatlichkeit verlangt, ist nicht erfolgt. *Forsthoffs* Verfassungsbegriff greift zu kurz. Das Fehlen eines Realismus im Verfassungsverständnis selbst, die negative Deutung des GG[67] sowie die Vorliebe für begriffliche Konfrontationen[68] tun ein übriges. Der Problemkatalog dürfte aber zeigen, wie aktuell die *Forsthoff*schen Fragestellungen geblieben sind, auch für den, der weder mit seinem „Konservativismus" noch mit seinem Pessimismus (und den Folgeerscheinungen in der Verfassungsinterpretation) übereinstimmt[69].

---

64 Dazu *Forsthoff,* S. 230.

65 Eine wohl von ihm selbst kritisch beobachtete Tendenz: Rechtsprechung als „Herr" einer „wertungsgebundenen Gesellschaft" (S. 182).

66 Dazu für das Staatskirchenrecht: *P. Häberle,* DÖV 1976, S. 76 ff.

67 S. 189: „Das GG enthält nichts, das verdiente, als Errungenschaft bezeichnet zu werden".

68 Vgl. z.B. S. 75: Freiheitsrecht/Teilhabe.

69 Bei der weiteren Verarbeitung seines Werkes in diesem Sinne könnte ein Sachregister von großem Nutzen sein.

Festschriften im Kraftfeld ihrer Adressaten[1] (1980)

1. Es wäre von eigenem Reiz, grundsätzlich die Entwicklung der Wissenschaft vom Öffentlichen Recht im *Spiegel* der *Fest- und Gedächtnisschriften* nachzuzeichnen. Seit 1949 macht diese Literaturgattung einen wachsenden Teil der „Publizistik" aus. Zu unterscheiden ist zwischen *personen-* und *institutionen*bezogenen Festschriften (z.B. für Bundesgerichte wie BVerfG, BVerwG und BSG oder für Universitäten bzw. Fakultäten: siehe die Tübinger FS „Tradition und Fortschritt im Recht", 1977, oder die Berner Festgabe zum Schweizer Juristentag, 1979). Festschriften für (professorale) Gerichtspräsidenten können beide Aspekte verbinden (z.B. FS *Nipperdey,* 1955, 1965). Gewiß lohnte sich die Untersuchung der Frage, ob und wie sich das geehrte Gericht in seiner späteren Judikatur durch die ihm gewidmeten (kritischen) Beiträge beeinflussen läßt. Aufschlußreich wäre dies etwa für die von *Starck* 1976 herausgegebene große Festgabe in 2 Bänden für das BVerfG: vgl. E 48, 403/415: *Götz,* II, 438 ff.; E 46, 342/367: *Geck,* II, 125 ff., 132 f.

Wissenschaftssoziologisch und *-geschichtlich* ergeben sich viele Fragen: etwa die nach dem unterschiedlichen Rang der Festschriften im ganzen bzw. ihrer einzelnen Beiträge, nach ihrer mittelfristigen Wirkung (groß ist etwa die der Gedächtnisschrift für *W. Jellinek,* 1955, mit späterer 2. Aufl.!; s. auch FS *Apelt,* 1958; FS *Nawiasky,* 1956; FS *Laforet,* 1952), nach dem inneren Bezug zum œuvre des Jubilars bzw. der Ausrichtung auf ein Gesamtthema (z.B. FS *H. J. Wolff,* 1973: „Fortschritte des Verwaltungsrechts"; *W. Weber,* 1974: „Im Dienst an Recht und Staat"; *Ule,* „Öffentlicher Dienst", 1977; *Schelsky:* „Recht und Gesellschaft", 1978). Festschriften können Spiegel der internationalen Anerkennung und grenzüberschreitenden Ausstrahlung des Jubilars sein (Beispiele: FS *Leibholz,* 1966; FS *Loewenstein,* 1971; FS *Carlo Schmid,* 1972; FS *Berber,* 1973; FS *Ule,* 1977; FS *Verdross,* 1980; FS *Verosta,* 1980). Bei Festschriften für Gerichte (z.B. für Weimar: Die Reichsgerichtspraxis im deutschen Rechtsleben, 1929) rücken naturgemäß deren Leistungen in den Vordergrund.

---

[1] Zugleich eine Besprechung von: Menschenrechte, Föderalismus, Demokratie, Festschrift zum 70. Geburtstag von Werner Kägi, hrsg. von *U. Häfelein/W. Haller/D. Schindler.* Schulthess Polygraphischer Verlag Zürich, 1979. 454 S.

Herausgeberschaft und Auswahl der Mitwirkenden stellen eigene Probleme: Herausgeber sind meist Freunde und/oder Schüler (FS *Smend,* 1962; FS *Laun,* 1962; FS *Forsthoff,* 1967 bzw. 1972; FS *C. Schmitt,* 1959 bzw. 1968; FS *Abendroth,* 1968; FS *Scheuner,* 1973; FS *Berber,* 1973; FS *Ipsen,* 1977; Gedächtnisschrift *F. Klein,* 1977; FS *Menzel,* 1975) oder Lehrstuhlnachfolger (FS *Scupin,* 1973). In der Auswahl der Mitwirkenden mögen meist sachbezogene Kriterien (wie persönliche Verbundenheit mit dem Jubilar), gelegentlich aber auch Zufälle oder weniger sachliche Gründe („Kastendenken"!) eine Rolle spielen. Neben Freundschafts- und Schulenbindungen dürften Fakultätsloyalität und -solidarität zum Ausdruck kommen (vorbildlich die Gießener FS für *W. Mallmann,* 1978, dazu *meine* Besprechung in NJW 1979, S. 2293 f.). Eine im besten Sinne landsmannschaftlich-regionale Tendenz wird überdies sichtbar z.B. in der FS *Ipsen* (für Hamburg 1977) oder in der FS *Mallmann* (für Gießen bzw. Hessen). Es spricht für den Jubilar bzw. seine Toleranz, wenn die Beiträge nicht auf *eine* Richtung, Methode oder Disziplin festgelegt sind und sich sogar um die „Schönen Künste" erweitern (insofern ist in jeder Richtung vorbildlich die FS für *A. Arndt,* 1969). Pluralität und Rang der Beiträge großer Festschriften können zum Zeugnis nicht nur für die Offenheit des Jubilars, sondern auch für die Intensität des Gesprächs unter den beteiligten Wissenschaftlern werden. Manche – gute – Festschrift ist so in den Rang einer repräsentativen „Momentaufnahme" des Standes der Disziplin im ganzen hineingewachsen.

Strukturierungen durch Sachgebiete können von Vorteil sein (z.B. FS *Smend:* „Staatsverfassung" bzw. „Kirchenordnung" 1962; FS *W. Weber,* 1974: „Verfassungs- und Verwaltungsgeschichte" etc.; FS *Ipsen* mit doppelter Strukturierung: „Hamburg, Deutschland, Europa" und „Deutsches und europäisches Verfassungs-, Verwaltungs- und Wirtschaftsrecht"; s. auch FS *L. Fröhler,* 1980: Verwaltung im Dienste von Wirtschaft und Gesellschaft, sowie FS *Armbruster,* 1976: Rechtsfragen im Spektrum des Öffentlichen). Die bloß alphabetische Reihenfolge erscheint jedenfalls als Notlösung (z.B. FS *von der Heydte,* 1977). Zu den Glücksfällen gehört es, wenn Lehrer in der FS mitschreiben (so *R. Smend* in FS *Scheuner,* 1973, S. 575 ff.) und damit drei Generationen auch äußerlich zusammenarbeiten, oder wenn sich Wissenschaftler *und* Praktiker zusammenfinden (z.B. FS *Küchenhoff,* 1972; FS *Stödter,* 1979; FS *W. Weber,* 1974, FS *Erw. Stein,* 1967); naheliegend ist dies zumal in Festschriften, die Praktikern gewidmet sind (FS *Ruppel,* 1968; FS *O. Kunze,* 1969; FS *Muthesius,* 1960; FS *H. Schäfer,* 1975; FS *Reimers,* 1979; FS *Gebh. Müller,* 1970; FS *Geiger,* 1974; FS *M. Löffler,* 1980; FS *W. Ernst,* 1980; FS *F. Schäfer,* 1980).

In das Gesamtbild gehören aber auch jene Jubilare, die für ihre eigene Person Festschriften ausdrücklich *ablehnen* (an Ehrungen Dritter indes mitwirken). Sie werden gelegentlich auf andere Weise ausgezeichnet: so *E. Friesenhahn* durch ein Symposion (vgl. *Frowein/Meyer/P. Schneider,* Das BVerfG im Dritten Jahrzehnt, 1973). Diese Form des wissenschaftlichen Kolloquiums hat Schule gemacht (für *W. Abendroth* vgl. *Römer* [Hrsg.], 1976; s. auch das – Münchner – Kolloquium für *Spanner,* 1979, und für *Herbert Krüger,* Finis Germaniae?, 1977), und sie sollte dies auch in Zukunft tun. Naheliegend ist die Herausgabe der Gesammelten Schriften des Jubilars durch prominente Schüler (so die von *U. Scheuner* durch *Rüfner* und *Listl,* 1978; von *H. Huber* durch *Eichenberger/Bäumlin/J. P. Müller,* 1971; von *Bachof* durch *Fröhler* u.a., 1979) oder die Veröffentlichung der Bibliographie (so die von *K. Hesse* durch *P. Häberle* und *A. Hollerbach,* 1979). Es gibt aber auch Jubilare, die in kurzen (5jährigen) Abständen (oder sogar gleichzeitig) durch mehrere Festschriften geehrt werden. (Sog. „Witzfestschriften" werden hier nicht mitgezählt.)

Diese Andeutungen über die deutsche Rechtskultur im Spiegel von Fest- und Gedächtnisschriften müssen freilich *Defizite und Gefahren* beim Namen nennen: Neben den bereits erwähnten gehören die Preise der Werke hierher. Sie erreichen mittlerweile astronomische Summen, so daß kaum jemand mehr Festschriften privat erwerben mag. Erwähnt werden sollte zudem eine andere verlegerische Seite: Wegen der finanziellen Belastung erscheinen Festschriften heute häufig in den Verlagen, denen der Jubilar seit Jahren durch sein eigenes Werk verbunden ist: eine naheliegende Geste! Es gibt aber auch Verlagshäuser, die erst nach harten Kämpfen der potentiellen Herausgeber sich an dieses nobile officium erinnern (oder auch *nicht* erinnern!).

Die einzelnen Beiträge von Festschriften (oft durch ein Bild des Jubilars eröffnet und durch seine Bibliographie abgerundet) knüpften teils an Forschungsschwerpunkte (z.B. *E. R. Huber,* „Vorsorge für das Dasein", in: FS *E. Forsthoff,* 1972, S. 139 ff.) bzw. Gedanken des Jubilars an (dabei sind abweichende Standpunkte besonders reizvoll!), teils suchen sie mehr oder weniger äußerliche „Aufhänger"; gelegentlich sind sie „Verlegenheitsprodukte" unter Zeitdruck. Im übrigen ist die Vielfalt so groß wie sonst in der offenen Gesellschaft der Verfassungsrechtswissenschaftler: Die Skala reicht von streng sachbezogenen Abhandlungen bis hin zu lockeren essayistischen Skizzen oder (kaum verhüllten) Gutachten. Positiv erscheint der Abdruck von „Plädoyers" (*Dürig* in FS *T. Maunz,* 1971, S. 41 ff.; *H. H. Rupp* in FS *von der Heydte,* 1977, S. 1167 ff.). Würdigungen von Werk und Wirken des Jubilars verdienen besondere Erwähnung (*Smend* in FS *E. Kaufmann,* 1950, S. 391 ff.; *U. Scheuner* in FS *Smend,* 1952, S. 433 ff.; *Ehmke* in FS *Scheuner,* 1973, S. 11 ff.; *Carstens* in FS *Jahrreiß,* 1974, S. 1 ff.), auch solche anderer Autoren (*H. F. Zacher* in FS *Maunz,* 1971, S. 577 ff. in bezug auf *Nawiasky; Smend* in FS *Leibholz* über *H. Triepel:* Bd. II 1966,

S. 107 ff.). Parallele Untersuchungen zu Festschriften anderer Rechtskreise (z. B. die großen „Mélanges" in Frankreich) könnten manchen Aufschluß über das unterschiedliche Selbstverständnis der einzelnen Rechtskulturen geben.

Zum Abschluß dieses kursorischen Überblicks darf gesagt werden, daß im Öffentlichen Recht Festschriften nach Zahl und Rang aus dem wissenschaftlichen Gespräch heute nicht mehr wegzudenken sind. Dank der hohen Qualität vieler Beiträge kann im Unterschied zur Weimarer Zeit kaum mehr eine Stellungnahme zu einem grundsätzlichen Thema ohne die Einbeziehung der Festschriftenliteratur auskommen (für das BVerfG: vgl. E 50, 290 [327]: Zitat der FS *Duden,* 1977, S. 423 ff.)[2]. Für den Juristen sollte die Mitarbeit an Festschriften auch eine Chance sein, den *interdisziplinären* Faden aufzugreifen. Das hängt freilich nicht zuletzt vom interdisziplinären Rang des Jubilars ab. Hier wäre noch manche Öffnung empfehlenswert. Positiv ist der Austausch zwischen Rechtshistorikern, Öffentlichrechtlern, Privat- und Strafrechtlern (z. B. FS *Kern,* 1968; FS *Leibholz,* 1966; FS *F. Eckert,* 1976; FS *Duden,* 1977; FS *Flume,* 1978; FS *Raiser,* 1974: *F. A. Mann,* S. 499 ff.; FS *von Caemmerer,* 1978: *von Simson,* S. 271 ff.). Schließlich können Festschriften der Ort sein, an dem der Jurist seine anderen Interessen und „Passionen" (etwa aus dem musischen Bereich) erkennen läßt (z. B. *Schwalm,* in FS *Dreher*, 1977, S. 53 ff.)[3].

2. Grenzüberschreitende Festschriften von Rang gibt es im deutschsprachigen Raum immer wieder (vor allem zwischen der Schweiz und Deutschland: FS *H. Huber,* 1961; Gedenkschrift für *Imboden,* 1972; FS *Giacometti,* 1953; für Österreich: FS *Antoniolli,* 1979; FS *Verdross,* 1980). Die Festschrift für *Werner Kägi* ist hier als herausragendes Beispiel ihrer Gattung anzuzeigen, so schwer die Rezension von Festschriften stets ist (vgl. auch die „Klage" von *H. P. Ipsen* und seinen „Ausweg": „Anstelle eines Festschrift-Beitrages", in: Der Staat 17 [1978], S. 95 ff.). Sowohl im Hinblick auf internationale Ausstrahlung als auch im Blick auf Themen- und Methodenwahl, Pluralismus der Beteiligten und den Rang der Beiträge ist diese Festschrift vorbildlich. Im einzelnen: *Jean F. Aubert* schreibt über „Les droits fondamentaux dans la jurisprudence récente du Tribunal suisse" (S. 1–32) mit Stichworten wie „Le respect de certaines grandes règles constitutionelles" und „Le respect de la substance des droits fondamentaux". *Biscaretti di Ruffia* behandelt „L'autonomia locale e il federalismo negli Stati socialisti europei" (S. 33–44). Die Studie von *M. Bridel* über „Réflexions sur le principe majoritaire dans les démocraties" (S. 45–53) berührt

---

[2] BVerfGE 34, 269/291: FS *F. von Hippel.*

[3] Eine Bibliographie bei *Helmut Dau:* Bibliographie Juristischer Festschriften und Festschriftenbeiträge, 1945–1961, 1962; *ders.,* 1962–1966, 1967; *ders.,* 1967–1974, 1977; zur Diskussion über Festschriften jetzt *P. Ulmer,* ZHR 1979, S. 452/455 f.

sich mit *Scheuners* Beitrag „Der Mehrheitsentscheid im Rahmen der demokratischen Grundordnung“ (S. 301–325), in dem seine frühere wegweisende Studie (Das Mehrheitsprinzip in der Demokratie, 1973, dazu *meine* Besprechung in JZ 1977, S. 241 ff.) die kongeniale Fortsetzung findet. *Busia* stellt die Frage „Is Democracy of Universal Application?“ (S. 55–63), und *C. Dominicé* behandelt „Fedéralisme, démocratie et constitution“ (S. 65–77).

Einen tiefgründigen Beitrag liefert *Eichenberger* über „Entwicklungstendenzen in der schweizerischen Demokratie“ (S. 79–100). Prägnante Stichworte markieren die Tendenz: „Fortführung der Demokratie“, „Schwierigkeiten mit sozialwissenschaftlichen Demokratievorstellungen“, „Ausbauprobleme bei den direkt-demokratischen Komponenten“.

I. Englard untersucht die „Stellung des jüdischen Rabbinats im Rahmen des Staates Israel“ (S. 101–114), *Thomas Fleiner* die „Stellung der Minderheiten im schweizerischen Staatsrecht“ (S. 115–128; S. 115: „Die Schweiz als Land der Minderheiten“), *J. Freymond* „Violence et qualité de vie“ (S. 129–142). An ein vor allem im Blick auf den „Erfolg des jurassischen Separatismus“ brisantes Thema wagt sich mit wichtigen Ergebnissen *F. Gygi:* „Ein schweizerisches Bundesstaatsprinzip im Umbruch“ (S. 143–160). Gemeint ist die herkömmlich gewährleistete Gebietsintegrität der Gliedstaaten. Die „Raumplanung im demokratisch-föderalistischen Rechtsstaat“ untersucht *W. Haller* informativ unter auch für Deutschland einschlägigen Stichworten wie „Vom privaten Nachbarrecht zum öffentlichen Baurecht“, „Vom Baupolizeirecht zum Raumplanungsrecht“, Einbezug der Gemeinden in überörtliche Planungen (S. 161–181). Der Beitrag belegt aber auch die Dringlichkeit eines weiteren Ausbaus einer „Verfassungstheorie des Raumes“ (dazu *mein* Versuch: „Kulturpolitik in der Stadt – ein Verfassungsauftrag“, 1979, S. 38 ff., 43 ff.). *Jeanne Hersch* beschäftigt sich mit „Quelques paradoxes des droits de l'homme“ (S. 183–192), während *H. Huber* auf relativ wenigen Seiten die Fülle der geistesgeschichtlichen, verfassungs- und verwaltungsrechtlichen Problematik von „Vertrauen und Vertrauensschutz im Rechtsstaat“ (S. 193–207) lebendig werden läßt. „Demokratie im Umbruch“ ist der Titel des gedankenreichen Beitrags von *Jagmetti* (S. 209–234).

Ein „Jubiläumsblatt“ eigener Art steuert *R. Leuenberger* bei: „Aus Alexandre Vinets Tagebüchern“ (S. 235–258). Solche nur vordergründig den Rahmen von Festschriften für Juristen „sprengende“, im besten Sinne „literarische“ Beiträge sind eine besondere Ehrung für Juristen und entsprechend selten (s. schon die erwähnte FS für *Arndt!*). Ähnliches gilt für die vorzügliche Studie von *Peter Schneider:* „Die Staatstheorie in Friedrich Schillers Wilhelm Tell“ (S. 351–384). *Denis de Rougemont* skizziert „Notes pour une éthique du federalisme“ (S. 259–265), während *P. Saladin* und *H. Walder* einen ebenso engagierten wie wohldokumentierten Aufsatz über den „Beitrag der Schweiz zum Kampf gegen die Folter“ schreiben (S. 267–299). „Kriegsrecht und Menschenrechte“ untersucht *D. Schindler* (S. 327–349) in einer Studie von großer Aktualität, während aus finnischer Sicht *K. Sipponen* die „Normale, angemessene, vernünftige Anwendung des Eigentumsrechts“ (S. 385–400) erörtert. *Usteri* entwirft das „Konzept eines modernen menschengerechten Gemeinwesens“ (S. 401–413), *A. Verdross*, soeben selbst durch eine Festschrift geehrt (1980), behandelt „La dignité de la personne humaine comme base des droits de l'homme“ (S. 415–421) und damit ein Thema, das angesichts der Menschenwürdeklausel in neueren Verfassungen (wie Griechenland und Spanien) viel Aufmerksamkeit verdient. Dasselbe gilt für die Arbeit von *L. Wildhaber,* der die Festschrift auch thematisch abrundet durch seine ausgewogene Studie „Menschenrechte – Föderalismus – Demokratie und die verfassungsrechtliche Verankerung der Außenpolitik“ (S. 423–441).

3. Mehr als manche andere Festschrift ist die *Kägi* gewidmete auch sachlich durch die Lebensleistung des Jubilars geprägt: *Kägis* Hauptwerke (s. auch die Bibliographie S. 443–454) spielen in vielen Aufsätzen eine mehr als nur verbale Rolle (z.B. *Dominicé,* S. 65, 69; *Eichenberger,* S. 79, 92 f., 97; *Gygi,* S. 155; *W. Haller,* S. 161 f.; *Jagmetti,* S. 209; *Scheuner,* S. 301 f.). Damit spiegelt die Festschrift aber auch die Hauptthemen des Schaffens von *Kägi* wieder: nämlich die Erarbeitung eines normativen *Verfassungs*begriffs (Die Verfassung als rechtliche Grundordnung des Staates, 1945; Neudruck Darmstadt 1971) und des *sozialen Rechtsstaates* (seit 1945!), das *historische* Verständnis der *Gewaltenteilung* (in: FS *H. Huber*, 1961, wieder abgedruckt in *Rausch* [Hrsg.], Zur heutigen Problematik der Gewaltenteilung, 1969, S. 286 ff.) und das Engagement für den *Föderalismus* (z.B. in Festgabe zur Hundertjahrfeier der Bundesverfassung, 1948, S. 53 ff.), um nur einige Themen zu nennen. (*Kägi* hat sich immer wieder in höchst aktuelle Fragen der Zeit eingeschaltet, z.B. in den Streit um den Kanton Jura [1978], das Frauenstimmrecht [1957, 1965] oder den Schwangerschaftsabbruch [1974]). Damit sind zugleich die Themenbereiche genannt, in denen *Kägi* die Staatsrechtslehre in *Deutschland* bis heute stark beeinflußt.

Reizvoll wäre ein detaillierter Vergleich der deutschsprachigen mit den französischen FS-Beiträgen. Ist für jene eine Vielfalt von Fußnotenbelegen charakteristisch (Ausnahme: *T. Fleiner,* S. 115 ff.), so für diese das (fast) gänzliche Fehlen eines Anmerkungsapparats. Was in Deutschland allenfalls ein Klassiker wie *Erich Kaufmann* praktiziert hat (Zur Problematik des Volkswillens, 1931), ist im französisch-sprachigen juristischen Schrifttum die Regel: der Verzicht auf Belege. Eine *mittlere* Linie dürfte die angemessene sein, bei Flexibilität je nach thematischem Sachbereich. Die Herausgeber von Festschriften ganz allgemein müssen sich im übrigen fragen, ob sie möglichst *viele* Namen und damit auch viele *Kurz*beiträge gewinnen wollen oder ob sie nicht lieber gründliche Beiträge von weniger Autoren anfordern. In der FS *Kägi* finden sich Beispiele für beides.

Im Ganzen: eine würdige Ehrung für den Jubilar *W. Kägi* und zugleich ein lebendiger Ausdruck des Rangs der (vor allem) Schweizer Staatsrechtslehre!

Eine Gedächtnisschrift für Hermann Heller* (1985)

1. *Fest*schriften sind in Sachen Quantität und Qualität jüngst ins Gerede gekommen. Immer mehr spricht für die „kleine Festschrift“ „à la *Bachof*“ (1983) oder das Jubiläums*colloquium* (von *E. Friesenhahn,* 1972, über *H. Ryffel* und *K. A. Bettermann,* beide 1984, bis *K. Doehring,* 1985). Die Literaturgattung *„Gedächtnisschrift“* – wohl die höchste Form der Ehrung eines Wissenschaftlers – ist indes bislang nur in wenigen Beispielen vertreten; die infolge des plötzlichen Todes eines Jubilars jäh zur Gedächtnisschrift gewordene Festschrift sei als Sonderfall vermerkt (klassisches Beispiel ist die Ged.-Schrift für *W. Jellinek,* 1955)[1]. Beispiele für *Gedächtnis*schriften aus dem deutschsprachigen Raum sind: die dem früh verstorbenen *M. Imboden* zugedachte („Der Staat als Aufgabe, 1972)[2] sowie die für *R. Marcic* („Das Naturrechtsdenken heute und morgen“, 1983; Dimensionen des Rechts, 2 Bde., 1974) und für *H. Kelsen* („Hans Kelsen zum Gedenken“, 1974)[3]. Die Grenzen zu Veröffentlichungen der Reden, die zur Totenehrung bzw. zu Gedenkfeiern gehalten wurden, mögen fließend sein (z. B. Ulrich Scheuner zum Gedächtnis, 1981; In memoriam Ulrich Scheuner, *U. Huber/K. Schlaich,* 1982; *G. Leibholz* für *Rudolf Smend*[4] [1976]).

Ein „Idealtypus“ der Gedächtnisschrift kann hier nicht im einzelnen entworfen werden. Doch seien einige Maximen zur Diskussion gestellt: Gedächtnisschriften empfehlen sich zur Wiederkehr von Todestagen (*R. Marcic:* 1971 bzw. 1981) oder Geburtstagen (*G. Radbruch* 1878 bzw. 1968). Inhaltlich sollen sie zum einen Person und Werk des Widmungsträgers verlebendigen, insbesondere dies ist oft erst im Rückblick möglich –, Dis-

---

* Zugleich Besprechung von *Christoph Müller/Ilse Staff* (Hrsg.), Der soziale Rechtsstaat, Gedächtnisschrift für Hermann Heller 1891–1933, 1984, 759 S., Nomos Verlagsgesellschaft Baden-Baden.

1 Zur Morphologie von Festschriften: *P. Häberle,* Festschriften im Kraftfeld ihrer Adressaten, AöR 105 (1980), 652 ff. (s. o. S. 180 ff.).

2 Dazu AöR 100 (1975), 152 ff.

3 Zuletzt (mit gewiß einzigartiger Ambiance!) Gedächtnisschrift für *P. Noll,* 1984 sowie für *W. Kunkel,* 1984.

4 Nachrufe z. B. *K. Hesse,* In memoriam Rudolf Smend, ZevKR 20 (1975), 337 ff.; *P. Badura,* Staat, Recht und Verfassung in der Integrationslehre. Zum Tode von Rudolf Smend (15. 1. 1887–5. 7. 1975), Der Staat 16 (1977), 305 ff.; *K. Stern,* Ulrich Scheuner zum Gedächtnis, Österr. Z. öffentl. Recht und Völkerrecht 33 (1982), 1 ff.

sens und Konsens mit anderen „Zeitgenossen" erarbeiten (z.B. *R. Marcic: G. Radbruch* und *H. Kelsen,* in Ged.-Schrift *Radbruch,* S. 82 ff.) oder die Kommunikation mit „Klassikern" vergegenwärtigen (z.B. *W. R. Beyer,* Marcic' Denkweg zu Hegel, Ged.-Schrift *Marcic,* 1983, S. 17 ff.); dazu gehört die Bibliographie (z.B. *Radbruch,* S. 377 ff.; *W. Jellinek,* S. 647 ff.; *M. Imboden,* S. 393 ff.), mitunter auch die Selbstdarstellung des zu Ehrenden (z.B. *Radbruch* in Ged.-Schrift *Radbruch,* S. 21 ff., *Kelsen,* a.a.O., S. 49 f.). Sie sollen aber auch die Wirkungsgeschichte des Gelehrten nachzeichnen (Beispiele für das Erarbeiten des „Werkbereichs" eines Juristen in einer Gedächtnisschrift sind etwa *K. Engisch,* G. Radbruch als Rechtsphilosoph, S. 60 ff.; *D. Schindler,* M. Imboden zum Gedenken, S. 1 ff.; *R. A. Metall, Hans Kelsen,* S. 15 ff.). Der „Wirkbereich" (vgl. BVerfGE 30, 173 [189]; 67, 213 [224]) kann naturgemäß in Gedächtnisschriften nur fragmentarisch erfaßt werden. Gedächtnisaufsätze unterscheiden sich von der Gedächtnisschrift formal dadurch, daß sie nur *einen* Autor haben[5]. Irgendwann findet die Möglichkeit der Publizierung von Gedächtnisschriften als solchen freilich ihr „natürliches" Ende, und auch vom Werk großer Juristen bleibt höchstens ein „Klassikerzitat", ein „Denkmal" im *G. Kleinheyer/J. Schröder* (Deutsche Juristen aus fünf Jahrhunderten, 2. Aufl. 1983), in *Erik Wolfs* „Großen Rechtsdenkern" (1. Aufl. 1939; 4. Aufl. 1963, die freilich keinem einzigen Staatsrechtslehrer die Ehre geben) oder in Lexikonartikeln (z.B. im Herder-Staatslexikon, 1959 ff.): *C. Determann* über *G. Jellinek;* ferner *H. Müller* über *G. Anschütz; H. Eyrich* über *O. Mayer; G. Gillessen* über *H. Preuß; U. Scheuner* über *H. Triepel;* in den Nachtragsbänden 1969 ff.: *C. Müller* über *H. Heller* (!) sowie Einzelmonographien[6], und das ist schon viel[7]. M.a.W.: Das Werk großer Juristen spiegelt sich „im Laufe der Zeit" in unterschiedlichen Literaturgattungen[8], die Prozesse von Produktion und Rezeption zeichnen sich in ihnen differenziert ab[9], wobei es bald zu frucht-

---

[5] Z.B. *H. H. Klein,* Zum 10. Todestag von E. Forsthoff, DÖV 1984, 675 f.; *K. Lüderssen,* Zur Wiederkehr des 150. Todesjahres von P. A. Feuerbach, JuS 1983, 910 ff.; *E. Pieske,* Erinnerungen an A. Schönke, zu seinem 30. Todestag 1953, in JuS 1984, 75 ff.; *G. Spendel,* Jurist in einer Zeitenwende. G. Radbruch zum 100. Geburtstag 1979; *W. Fiedler,* Materieller Rechtsstaat und soziale Homogenität, Zum 50. Geburtstag von H. Heller, JZ 1984, 201 ff.

[6] Z.B. *St. Graf Vitzthum,* Linksliberale Politik und materielle Staatsrechtslehre, Albert Haenel 1833–1918, 1971.

[7] Eine öffentliche Namensgebung für Universitätsgebäude der juristischen Fakultäten (z.B. „*Savigny*-Haus" in Marburg) entfaltet nur äußerlich nennenswerte Kraft zur Vergegenwärtigung.

[8] Für *R. Thoma* vgl. jetzt *H.-D. Rath,* Verfassungsbegriff und politischer Prozeß, JöR 33 (1984), 131 ff.

[9] Ein Denkmal besonderer Art ist das *Gustav-Radbruch*-Forum für Rechtspolitik, Rechtswissenschaft und Rechtspraxis (z.B. am 7./8. 5. 1983 in Oldenburg). – Daß eine Witz-Gedächtnisschrift keine contradictio in adjecto zu sein braucht, belegt die

barer Renaissance[10], bald zu „gnädigem“ Vergessen kommen mag. Eine Tagung in Form eines Gedächtnis-Symposiums unter Beteiligung aller Autoren mag wie im vorliegenden Fall solche Impulse verstärken[11]. In den einzelnen Ländern kann es dabei interessante Phasenverzögerungen und Varianten geben. Das zeigt sich besonders am Werk und Wirken *H. Hellers.*

2. Eine Hauptaufgabe von Gedächtnisschriften ist es, die Wirkungsgeschichte des Geehrten nachzuzeichnen[12]. Bei großen Staatsrechtslehrern kann dies zu einem Stück Wissenschafts-, Gelehrten- und Verfassungsgeschichte in einem werden. Schon prima facie evident ist dies bei *H. Heller* (und für seinen Bereich: bei *Radbruch*). Je universaler der Verstorbene gearbeitet hat, desto breiter und tiefer, personen- und institutionenbezogener, die Wissenschaft und die Politik einbeziehender wird seine Rezeptionsgeschichte. Vor allem greift sie in allgemeine Zusammenhänge, die letztlich nur *kulturwissenschaftlich* aufbereitet werden können. Sammelbände, die kürzere Zeit nach dem Tod des zu Ehrenden erscheinen[13], kommen zwar in manchem der Gedächtnisschrift nahe[14]; auch können die Prozesse von Produktion und Rezeption schon im Todesjahr in einigen Linien ausgezogen werden[15]. Eine nach Gegenstandsbereichen systematisch entworfene Wirkungsgeschichte eines großen Rechtsgelehrten läßt sich jedoch erst aus größerer zeitlicher Distanz erarbeiten: für *G. Radbruch* und *H. Heller* ist dies heute gut möglich, und: So unterschiedlich ein *Straf*rechtslehrerleben von einem *Staats*rechtslehrerleben ist, bei *Radbruch* und *Heller* gibt es Gemeinsamkeiten, die zum einen in ihrem (partei-)politischen Engagement und in ihrer persönlichen Freundschaft wurzeln, zum anderen in der Größe, Universalität und fortdauernden Fruchtbarkeit ihres wissenschaftlichen Werkes.

„Gedächtnisschrift für F. G. Nagelmann“ (*D. C. Umbach* u.a. [Hrsg.], Das wahre Verfassungsrecht, 1984).

[10] Bemerkenswert *C. Link,* Die Staatstheorie Christian Wolffs, in: *Christian Wolff* 1679–1754, 1983, S. 171 ff.; s. auch *H. A. Engelhardt,* Gedenken an H. Grotius, FAZ vom 9. 4. 1983, S. 11.

[11] s. auch zuletzt *H. Schäffer/O. Triffterer* (Hrsg.), Rationalisierung der Gesetzgebung. Jürgen Rödig Gedächtnissymposion 28.–30. 10. 1982 Salzburg Residenz, 1984, nachdem und obwohl bereits 1978 eine Gedächtnisschrift für *Rödig* erschienen war: *U. Klug* u.a. (Hrsg.), Gesetzgebungstheorie, Juristische Logik, Zivil- und Prozeßrecht, 1978.

[12] Bei *H. Heller* sind die „Gesammelten Schriften“ zum Glück schon 1971 in 3 Bänden publiziert worden; Besprechungen in AöR 101 (1976), 105 ff. und durch *H. Jäckel,* in: Die Zeit vom 2. 2. 1973, S. 11.

[13] Z.B. *W. Rupp-v. Brünneck,* Verfassung und Verantwortung, hrsg. von *H.-P. Schneider,* 1983.

[14] Z.B. die Gedenkrede von *E. Benda,* ebd., S. 473 ff.; *H.-P. Schneiders* Würdigung, S. 13 ff. sowie die Bibliographie, S. 487 ff.

[15] Ein Versuch für *U. Scheuner* von *P. Häberle,* Staatsrechtslehre als universale Jurisprudenz, ZevKR 26 (1981), 105 ff. (s.o. S. 16 ff.).

Daß die wissenschaftliche Erforschung der Rezeptionsgeschichte über die Literaturwissenschaft hinaus seit den Pionierarbeiten von *H. R. Jauß*[16] auch in der Rechtswissenschaft[17] bewußt gepflegt wird, zeigt ein Vergleich zwischen der Gedächtnisschrift für *G. Radbruch* und *H. Heller*[18]: Das hier anzuzeigende Werk von 1984 enthält schon einen eigenen Abschnitt: „D. Die Rezeption Hermann Hellers" (S. 111 ff.) mit Beiträgen von *I. Maus* („H. Heller und die Staatsrechtslehrer der Bundesrepublik"), *J. Kühne* („H. Heller – zögernde Rezeption in Österreich und langsam erwachendes Interesse"), *A. López Pina* („Ideologische Basis und materiell-ökonomische Bedingungen der Rezeption in Spanien und Lateinamerika"), *T. Yamaguchi* („Die Rezeption des Werkes von H. Heller in Japan ...") und *S. Yasu* („Die Rezeption in der Staatslehre von H. Akinaga"). Auch in der Ged.-Schrift für *Radbruch* von 1968 ist das vielfältige Fortwirken von *Radbruch* auf Schritt und Tritt greifbar (über „Erinnerungen" hinaus, vgl. *A. Kaufmann,* S. 325 ff.; zum „Erbe Radbruchs" s. auch *J. Baumann,* ebd., S. 337 ff.). Doch ist es nicht als eigene wissenschaftliche Kategorie behandelt. Bei beiden großen Rechtslehrern läßt sich an der Art, wie und auf wen sie gewirkt haben, viel Gemeinsames entdecken: *Idealtypisch* sind zu unterscheiden: Wirkungen von Rechtsgelehrten auf den *Verfassunggeber* (bei *H. Heller* z.B. in der berühmten Formel vom „sozialen Rechtsstaat", Art. 20/28 GG, dazu *I. Staff,* Der soziale Rechtsstaat. Zur Aktualität der Staatstheorie H. Hellers, S. 25 ff.), Wirkungen auf den *einfachen Gesetzgeber* (vgl. *Hellers* Rechtfertigung der 5%-Klausel im Wahlrecht, dazu *D. Schefold,* S. 56), bei *Radbruch* seine Wirkung in der Strafrechtsreform (*A. Kaufmann/J. Baumann,* a.a.O.), die Wirkung auf die (Verfassungs-)*Rechtsprechung* bzw. in großen Prozessen (*A. Kaiser,* Preußen *contra* Reich,

---

[16] Zuletzt ausf.: *H. R. Jauß,* Ästhetische Erfahrung und Literarische Hermeneutik, 1982.

[17] Im Anschluß an *Jauß* erste Versuche des Verf. am Beispiel lebender Staatsrechtslehrer; Vorwort zu *H. Ehmke,* Beiträge zur Verfassungstheorie und Verfassungspolitik, 1981, S. 7 ff. (s.o. S. 41 ff.).

[18] Parallele Strukturen und Funktionen lassen sich auch in den beiden jüngsten Gedächtnisschriften für *P. Noll* bzw. für *W. Kunkel* nachweisen: z.B. die Skizzierung der Person des wissenschaftlichen Werkes der Verstorbenen (*G. Stratenwerth* für *Noll; D. Nörr* für *Kunkel*), Behandlung von Themen, die schwerpunktmäßig ihr Forschungsgebiet waren (z.B. Gesetzgebungslehre bei *Noll*), ihr Schriftenverzeichnis am Schluß. Da es sich um Gedächtnisschriften handelt, die in zeitlich relativ *kurzem* Abstand auf den Tod der zu Ehrenden veröffentlicht wurden, kann die Rezeptionsgeschichte noch nicht *H. Heller* und *G. Radbruch* vergleichbar breit und tief dargestellt werden. Auch dürfte der in den Teildisziplinen der Rechtswissenschaften *unterschiedlich* wirksame Zeitfaktor evident werden: Die Rechtsgeschichte hat hier einen „längeren Atem" als die strafrechtliche Dogmatik. Bei *Noll* kommt die Pionierleistung in Sachen Gesetzgebungslehre freilich allenthalben schon jetzt zu ihrem Recht (vgl. *K. Eichenberger,* Ged.-Schrift Noll, S. 37 ff., *K. Rolinski,* ebd., S. 101 ff., *H. Schultz,* ebd., S. 157 ff.).

H. Heller als Prozeßgegner *C. Schmitts,* zu *Heller* als Klassikerzitat in der Judikatur des BVerfG vgl. E 1, 208 (247, 249, 254), dazu auch *Schefold,* S. 567; „analog" etwa *W. Antoniolli, Hans Kelsen* und die österreichische Verfassungsgerichtsbarkeit, H. Kelsen zum Gedenken, a.a.O., S. 27 ff.), das Wirken in *politischen Parteien* (*A. Bolaffi,* Verfassungskrise und Sozialdemokratie, S. 235 ff., sowie *W. Luthardt,* Staat, Demokratie und Arbeiterbewegung, H. Hellers Analysen im Kontext der zeitgenössischen sozialdemokratischen Diskussion, S. 259 ff.; s. auch *F. Borinski,* H. Heller: Lehrer der Jugend und Vorkämpfer der freien Erwachsenenbildung, S. 89 ff.; für *Radbruch* vgl. *H. Krämer,* G. Radbruch als Parteipolitiker, in Ged.-Schrift Radbruch, S. 221 ff.).

Weitere Wirkungsebenen bzw. -bereiche sind die *Wissenschaftlergemeinschaft* im ganzen oder in Teilen (für *Heller* vgl. *I. Maus,* S. 113 ff., *D. Schefold,* S. 566 ff.) und zwar in methodischer Hinsicht (für *H. Hellers* wirklichkeits- bzw. kulturwissenschaftlichen Ansatz vgl. *E. Kennedy,* S. 361 ff.: „Kultur und Freiheit"; s. aber auch *W. Abendroth,* S. 218 ff.: „geisteswissenschaftliche Selbstbeschränkung"), in *disziplinbegründender* Weise (für die Politikwissenschaft: *K. Meyer,* S. 65, für die „Neubegründung der Staatslehre": *W. Schluchter,* S. 49 ff.) oder in *sachlicher* Hinsicht. So wird mit Recht die Bedeutung *H. Hellers* hervorgehoben für Kategorien wie „Kultur" (*I. Richter:* „Kultur als Ziel der Arbeiterbildung und als gesellschaftliche Voraussetzung", S. 427 ff., *R. Waser,* Nation, Kultur und Sozialismus, S. 521 ff., s. auch *E. Lämmert,* H. Heller und die deutsche Universität, S. 13 ff.), wie „Staat" (*U. Penski:* Staatsräson und Widerstandsrecht bei H. Heller, S. 603 ff.), für den Verfassungsbegriff (*D. Schefold,* S. 555 ff.), *Hellers* Ringen um den *sozialen Rechtsstaat* (*I. Maus,* S. 115, *J. Fijalkowski,* Der soziale Rechtsstaat und das Problem der Weiterentwicklung seiner demokratischen Basis, S. 381 ff. – eine Wahlverwandtschaft im Werk- und Wirkbereich *Radbruchs* zeigt *T. Würtenberger,* Zur Methode des sozialen Rechts bei G. Radbruch, Ged.-Schrift S. 200 ff., *E. Hennig,* S. 278 ff., „Der soziale Rechtsstaat: Ein staatsrechtliches Prinzip Hoffnung?"), *soziale Homogenität* (*R. Voigt,* S. 397 ff.), *„öffentliche Meinung"* (tiefdringend *G. Robbers:* „Kulturstaatliche Aspekte der öffentlichen Meinung", S. 413 ff.), „Rechtsnorm und allgemeiner Rechtsgrundsatz" (*J. Meinck,* S. 621 ff.; zum Gesetzesbegriff *Schluchter,* S. 55 ff.). All dem „parallel" verläuft die Wirkung von *Radbruch* (vgl. etwa *G. Radbruch* und die Rechtsgeschichte bzw. die Strafrechtsvergleichung, s. seine Ged.-Schrift S. 242 ff. bzw. 356 ff.). Schließlich finden sich auch Beiträge, die i.S. des eingangs skizzierten „Idealbildes" von Ged.-Schriften den zu Ehrenden ins „Gespräch" verwickeln mit großen Zeitgenossen (*P. Pasquino:* in bezug auf *C. Schmitt* und *E. Fraenkel,* S. 367 ff., s. auch *P. P. Portinaro,* S. 573 ff.; *N. Leser:* für *M. Adler,* S. 487 ff.; sensibel *H.-P. Schneider* zu *Radbruch,* S. 585 ff.; s. auch *I. Richter,* S. 434 und *C. Müller:* Kritische Bemerkungen zur Kelsen-Rezeption H. Hellers, S. 693 ff.; *S. L. Paulson,* S. 679 ff.) oder mit „Klassikern“ früherer Zeiten (*G. Haney,* Zum Hegelverständnis H. Hellers, S. 467 ff.; *S. Albrecht:* „Zwischen Bewunderung und schroffer Ablehnung. H. Hellers Auseinandersetzung mit Marx und dem Marxismus“, S. 503 ff.; s. auch *Abendroth,* S. 213 ff.: „Begrenzte Aneignung von Marx“; *E. G. Valdés: H. Heller* und *John Austin,* S. 655 ff.). Eine eindrucksvolle „Zusammenschau“ des Werkes von *H. Heller* im Kommunikationsfeld vieler Klassiker (wie *Hegel, Marx, Lassalle*) leistet *W. Schluchter:* „H. Heller. Ein wissenschaftliches und politisches Portrait“ (S. 45 [49 ff.]). Zuletzt sei die unterschiedliche Wirkungsgeschichte im Ausland erwähnt, ihre Phasenverschiebungen und sonstigen Varianten (vgl. für *Japan* die Unterscheidung von drei Phasen bei *T. Yamaguchi,* S. 183 ff.: die Vorkriegszeit [1931–1944] sowie die Zeit von 1945–1967 und die Entwicklungen seit 1968; die drei „in politischer Hinsicht verschiedenen ideologischen Gruppen bei der *Heller*-Rezeption“ in *Spanien* (nämlich die Republikaner, die franquistisch national-katholische Bourgeoisie und die Vertreter eines Katheder-Liberalismus) erarbeitet *A. López Pina* (S. 153 [176]); für *Italien* ist die *Heller*-Rezeption nach *I. Staff* noch „minimal“ (S. 443 Fußn. 4). Auch hier gibt es Analogien zur Wirkungsgeschichte *Radbruchs* (vgl. G. Radbruch und die japanische Rechtswissenschaft, Ged.-Schrift, S. 366 ff.).

3. Das hier skizzierte *„rezeptionswissenschaftliche Tableau“*[19] macht die Vielfalt der Wirkungsgeschichte von *H. Heller* weit über Deutschland hinaus faßbar. Nur wenige andere dürften seiner Ausstrahlung gleichkommen. Daß der vorliegende Band die Kraftlinien dieser kulturellen Prozesse von Produktion und Rezeption über Jahrzehnte hinweg sichtbar machen konnte, ist eine große Leistung der Herausgeber *C. Müller* und *I. Staff* sowie der Autoren. Spätere Ged.-Schriften müssen sich an diesem „Modell *H. Heller*“ messen lassen. Schon die künftigen Besprechungen und die Nachfolgeliteratur werden zeigen, ob sie formal und inhaltlich dieser Gedächtnisschrift gewachsen sind.

Kritisch sei nur wenig angemerkt. Zunächst zu *Abendroth:* Allzu pauschal wirkt sein Urteil (S. 223 f.): „anders als die damalige Mehrheit der Mitglieder der Vereinigung der deutschen Staatsrechtslehrer“ sei *H. Heller* einer der treuesten Interpreten der WRV gewesen. Dies ist für *Heller* gewiß richtig. Aber war „die *Mehrheit*“ der VDStRL der geltenden WRV gegenüber wirklich illoyal? Und keineswegs war die theoretische Anknüpfung an *H. Heller* nach 1949 „für lange Jahre weitgehend unmöglich“ (so aber *Abendroth,* S. 231). Nicht wenige Autoren haben sich denkbar früh mit

---

[19] Es ist eine Fortführung *meines* Versuches über *G. Dürig* als „Staatsrechtslehrer im Verfassungsleben“, in: *P. Häberle,* Die Verfassung des Pluralismus, 1980, S. 110 ff. (s. o. S. 53 ff.).

H. Heller vom GG aus befaßt[20] (differenziert *D. Schefold;* S. 567 ff.), auch wenn an dieser Gedächtnisschrift nur drei Mitglieder der VDStRL mitgewirkt haben[21] und die Bedeutung der *Heller*-Rezeption mit der von *C. Schmitt, R. Smend* oder selbst *H. Kelsen* sich kaum vergleichen läßt[22]. Allzu selbstbewußt ist der Satz von *Haney* (S. 485): „Auch hier irrt *Heller*" (sc. bei der Interpretation *Hegels*). So gewiß es Aufgabe von Gedächtnisschriften *auch* ist, Irrtümer oder Mißverständnisse der Interpretation Großer durch Große aufzudecken, so vorsichtig sollte man dabei zu Werke gehen (apodiktisch aber *Haney,* S. 485: „Das Fehlverständnis von *Hegel* schließt zugleich die diesem entsprechende Aneignung von *Marx* und *Engels* ein"). Weit differenzierter geht für wirtschaftspolitische Fragen *V. Hentschel* der Frage nach, ob *H. Heller* „geirrt" habe (S. 313 [342 f.]). (Salomonisch *C. Müller,* S. 722: „Wir können weder auf *Heller* noch auf *Kelsen* verzichten"). Im übrigen können die vielen neuen Erkenntnisse zu Person und Werk hier nicht gewürdigt werden (z.B. die Erschließung neuer Quellen: *K. Meyer,* S. 81 f., 85, die interessanten Perspektiven von *I. Maus,* S. 114 ff.).

Im ganzen: Diese Gedächtnisschrift ist mehr als ein bloß „wiedergebendes", retrospektives Werk, sie bildet eine große würdige Hommage an *H. Heller.* Sie wirkt dank der fast durchgängig hohen Niveaus der Beiträge sowie der „Dichte", in der den Ebenen und Bereichen der Rezeptionsprozesse des Werkes von *H. Heller* nachgegangen wird, als ein Stück kultureller (Re-)Produktion i.S. von *H. Heller* und sie konstituiert eine international offene Gelehrtengemeinschaft mit. Sie wird zum Vehikel neuer Rezeptions- und Produktionsprozesse, solange der wissenschaftlichen Öffentlichkeit bewußt bleibt, daß in *H. Heller* der seltene Fall eines Gelehrten und Staatsrechtslehrers vorliegt, der persönlich vorgelebt hat, was er theoretisch verlangte: im Dienste des demokratischen und sozialen Verfassungsstaates und eines ihn bezeugenden hohen Ethos persönlicher Glaub-

---

20 Vgl. *U. Scheuner,* in: FG f. R. Smend, 1952, S. 253 (271 f.); *O. Bachof,* VVDStRL 12 (1954), S. 37 (38, 40, 46), ebd. treffend *Abendroth* selbst, S. 86 (Diskussion); *K. Hesse,* Die normative Kraft der Verfassung, 1959, S. 7, 9, 11 f. und *ders.* in FS Smend, 1962, S. 71 (82 f.); *ders.* Bespr. *R. Bäumlin,* JZ 1963, 485; *H. Ehmke,* Grenzen der Verfassungsänderung, 1953, S. 59, 61, 88, 126; *ders.,* Wirtschaft und Verfassung, 1961, S. 62, 67 f., 71; *P. Badura,* Die Methoden der neueren allgemeinen Staatslehre, 1959, S. 190 ff.; *R. Bäumlin,* Staat, Recht und Geschichte, 1961, S. 18, 19, 38; *D. Jesch,* Gesetz und Verwaltung, 1. Aufl. 1961, S. 9 ff., 28, 86 ff. u.ö.; *P. Häberle,* Die Wesensgehaltgarantie des Art. 19 Abs. 2 GG, 1. Aufl. 1962, S. 11, 22, 44, 109, 214 f. u.ö.; s. auch *P. v. Oertzen,* Die soziale Funktion des staatsrechtlichen Positivismus (Diss. phil. Göttingen 1953), 1974, S. 24 ff.

21 Vgl. die Kritik von *D. Schefold,* Notizen vom Hermann-Heller-Symposion in Berlin, KJ 17 (1984), S. 95 (103).

22 Ansätze einer (neueren) „Wirkgeschichte" bei *G. Robbers,* Hermann Heller: Staat und Kultur, 1983, S. 106 ff.

würdigkeit. Ein Ausdruck ist das durch *K. Meyer* überlieferte Wort des *Heller*-Schülers *M. Drath* S. 87: „Mir ist noch kein Mensch begegnet, der in solcher Konkordanz lebte und dachte". Vor allem hat *H. Heller* verbunden, was oft getrennt ist: parteipolitisches Engagement und wissenschaftliche Objektivität bzw. Wahrheitssuche. Von welchem Staatsrechtslehrer heute ließe sich sagen (*S. Albrecht,* S. 504), er sei „Volksbildner und Hochschullehrer" „in einem"?

Wissenschaftliche Zeitschriften als Aufgabenfeld juristischen Rezensionswesens* (1989)

I. Problem

Rezensionen von *Büchern* sind ein „klassischer" Bestandteil rechtswissenschaftlicher Zeitschriften – neben Abhandlungen bzw. Aufsätzen, Rechtsprechungsberichten, „Glossen" u.ä. Anders steht es mit Rezensionen *„über"* rechtswissenschaftliche *Zeitschriften.* Bevorzugte Rezensions*objekte* sind heute *Bücher* aller rechtswissenschaftlichen Literaturgattungen – von der Monographie bis zum Kommentar, vom Handbuch bis zur Festschrift, vom Lehrbuch bis zum „Grundriß"; auch Jahrbücher und Lexika finden ihre Rezensenten[1]. Indes gibt es unter dem GG zu wenig aktuelle Beispiele dafür, daß in regelmäßigen, weder zu kleinen noch zu großen Abständen rechtswissenschaftliche *Zeitschriften,* auch im Vergleich mit der jeweiligen „Konkurrenz" auf dem entsprechenden Fachgebiet, rezensiert werden. Nur im großen „Wellengang", d.h. über ganze Geschichtsperioden hin werden schon heute auch Zeitschriften in längerem zeitlichen Abstand im ganzen rückblickend gewürdigt[2]. Hier handelt es sich dann eher um rechts- bzw.

---

* Der hier zu Ehrende *W. K. Geck* hat sich in seinen Arbeiten immer wieder dem Rezensionswesen gewidmet, sei es durch eigene regelmäßige Rezensionstätigkeit (z.B. in AöR 99 [1974], S. 661 ff.), sei es durch Nachdenken über diese Wissenschafts- und Kunstform (z.B. Rezensionskunst und Lebensart, Übersetzung nach *W. Friedmann,* JZ 1965, S. 373 f.; Totgeschwiegene Kommentatoren und zeitlose Kommentierungen: Unarten beim Zitieren, JZ 1987, S. 870). Herausragend ist sowohl die *Vielfalt* der von ihm gewählten Rezensionsformen (von der klassischen Buchbesprechung in- und ausländischer Fachzeitschriften bis zur „Literaturschau" [z.B. in JuS 1972, S. 549 ff.]) als auch die *Kontinuität* der Besprechung etwa von Loseblattsammlungen (zuletzt der jüngsten Lieferung des BVerfGG-Kommentars Maunz/Schmidt-Bleibtreu/Klein/Ulsamer, in: Der Staat 26 [1987], S. 472 f.) oder des JöR (regelmäßige Besprechungen in: American Journal of Comparative Law, z.B. Vol. 34 [1986], S. 571 ff.).

[1] Vgl. etwa die regelmäßigen Rezensionen des *JöR* durch *W. Henke,* in NJW (z.B. 1985, S. 1015; 1987, S. 2806) und *O. Bachof,* in DÖV (z.B. 1985, S. 589 ff.; 1986, S. 825 ff.). – Ferner die Besprechung des *Staatslexikons,* 7. Aufl., Bd. 1, 1985, Bd. 2, 1986, in: DVBl. 1987, S. 1229, sowie den Besprechungsaufsatz von *R. Grawert,* in: Der Staat 26 (1987), S. 432 ff.; zuletzt *M. Stolleis,* ZevKR 33 (1988), S. 117 ff.

[2] Vgl. etwa *E. V. Heyen,* Die Anfangsjahre des „Archiv für öffentliches Recht". Programmatischer Anspruch und redaktioneller Alltag im Wettbewerb, in: *ders.*

wissenschafts*geschichtliche* Arbeiten. Zu fragen ist jedoch, ob sich nicht auch ein Stück *Gegenwart* des Rechts dadurch einfangen läßt, daß Zeitschriften *„aktuell"* eingehend besprochen werden. Unter welchen Gesichtspunkten, mit welchen Zielen und in welchen Formen dies geschehen könnte – und sollte –, sei unter III skizziert. Diese Sollforderungen setzen eine Bestandsaufnahme voraus, so bruchstückhaft bzw. defizitär diese sein mag (II). Der Ausblick (IV) gelte dem großen Zusammenhang der Zeitschriften in der Verfassungskultur insgesamt.

II. Elemente einer Bestandsaufnahme – das Defizit in Sachen Rezensionen rechtswissenschaftlicher Zeitschriften

Die folgende Bestandsaufnahme kann und will keine Vollständigkeit beanspruchen. Doch ist sie so gearbeitet, daß mindestens *Tendenzen* verläßlich in der Weise belegt sind, daß Wertungen darauf aufbauen können. Der eingrenzende Gesichtspunkt ist die Besprechung *öffentlich-rechtlicher* Zeitschriften in bundesdeutschen Periodica unter der Geltung des Grundgesetzes. Nur im Ausschnitt wird auch die Weimarer Zeit einbezogen. Daß sich gerade in jüngster Zeit Arbeiten zur Historie wissenschaftlicher Zeitschriften mehren, dürfte zum einen mit der allgemeinen „Wiederentdeckung des Geschichtlichen" als Aspekt des Juristischen zusammenhängen; es ist zum anderen aber wohl auch Ausdruck einer beginnenden Sensibilität für das hier abgehandelte Thema.[3]

(Hrsg.), Wissenschaft und Recht der Verwaltung seit dem Ancien Régime, 1984, S. 347 ff. Treffend *E. V. Heyen,* Herkunftsprofile des „Archivs des öffentlichen Rechts" im klassischen Deutschland, in: *ders.* (Hrsg.), Historische Soziologie der Rechtswissenschaft, 1986, S. 172 (173 f.): „Dagegen wird der besonderen Kommunikationsfunktion von Zeitschriften für den Betrieb der Rechtswissenschaft bislang nur wenig Aufmerksamkeit zuteil". s. noch Anm. 3.

[3] *C. H. Ule,* Vom Preußischen Verwaltungs-Blatt zum Deutschen Verwaltungsblatt – Zum 100. Jahrgang einer verwaltungsrechtlichen Zeitschrift –, DVBl. 1985, S. 9 ff.; *ders.,* Das Reichsverwaltungsblatt 1933–1943, DVBl. 1985, S. 482 ff.; *C.-F. Menger,* Eine wissenschaftliche Zeitschrift als Spiegel der Verfassungs- und Verwaltungswirklichkeit in ihrer Zeit, Die Zeit von 1913/14 bis 1932, DVBl. 1985, S. 253 ff.; *H. Schrödter,* Eine wissenschaftliche Zeitschrift als Spiegel der Verfassungs- und Verwaltungswirklichkeit in ihrer Zeit, Das Deutsche Verwaltungsblatt 1948–1985, DVBl. 1985, S. 1253 ff.; *R. Mußgnug,* Eine wissenschaftliche Zeitschrift als Spiegel der Verfassungs- und Verwaltungswirklichkeit ihrer Zeit. Das Preußische Verwaltungsblatt 1879 bis 1913, DVBl. 1985, S. 1333 ff.; *G. Schmidt,* Nochmals: Zur Geschichte des Preußischen/Deutschen Verwaltungsblatts, DVBl. 1987, S. 1058 ff.; *G. Sprengler,* Das Archiv für Rechts- und Sozial(Wirtschafts)philosophie als *Zeit*-Schrift des Rechtsdenkens 1907–1987, ARSP 1987, S. 1 ff.; *T. Hoeren,* Der junge Rechtsgelehrte – eine juristische Ausbildungszeitschrift am Vorabend des Dritten Reiches, JuS 1988, S. 102 ff.; *E. Mäding,* Wiedergelesen: Fischers Zeitschrift für Praxis und Gesetzgebung der Verwaltung, Die Ver-

1. „Geburt“ und „Wiedergeburt“ von Zeitschriften im Spiegel von Rezensionen bzw. Anzeigen – die JW der Weimarer Zeit als „Fundgrube“

Ganz im Vordergrund steht die Tradition des mehr oder weniger ausführlichen Hinweises auf das Neuerscheinen einer Zeitschrift bzw. ihr Wiedererscheinen, womit z.T. eine Rezension des ersten Jahrgangsbandes (oder -heftes) verbunden ist. Beispiele für diese Art von zeitschriftenbezogener Rezensionskultur finden sich schon in der Weimarer Zeit. So bespricht die *Juristische Wochenschrift* (1921, S. 1300 f.) die „Neue Zeitschrift für Arbeitsrecht“, später die ebenfalls neue „Die Justiz“ (JW 1926, S. 19 f.) mit dem bezeichnenden Satz: „Diese neue Zeitschrift bedarf der Beachtung“, ferner die beiden neuen Monatsschriften „Recht und Handel“ (JW 1926, S. 20)[4] sowie „Ostrecht“ (JW 1926, S. 338–340).

Bemerkenswert aus der relativen Fülle von Zeitschriftenbesprechungen in der *JW*[5] sind der *„Nachruf“* auf „Holdheims Monatsschrift für Handels-

---

waltung, Bd. 21, 1988, S. 103 ff. – Hierzu gehören letztlich auch die „Selbstfeiern“ der NJW bzw. die Berichte über die „Gründungsgeschichte der NJW“ (*A. Fleming,* NJW 1987, S. 2653 ff.) oder die „Zeitgeschichte in der NJW“ (*U. Diederichsen,* Von Woche zu Woche – Jurisprudenz zwischen Dokumentation und Diskussion, NJW 1988, S. 1 ff.); s. auch die Berichte vom Festakt „40 Jahre NJW“ in: NJW 1988, S. 32 f. Selbst die Tagespresse gedachte des Jubiläums der NJW, z.B. SZ vom 17.10.1987, S. 50: „Des Advokaten Pflichtpostille“. – Zur „Funktion des *juristischen Verlegers* in der Rechtsordnung“ gleichnamig: *P. Lerche,* NJW 1985, S. 1604 ff.

[4] In der *Zeitschrift für Schweizerisches Recht* rezensiert *Ed. His* in Band NF 55 [1936], S. 318 bis 323, die neue deutsche Zeitschrift „Deutsche Rechtswissenschaft“ (Bd. I, Heft 1 von 1936); in AöR NF 52 (1927) S. 142–148 *W. Jellinek* die Vierteljahresschrift Steuer- und Finanzrecht (1. Jg. 1927, Heft 11.). – In der *ARSP* der zwanziger Jahre finden sich teils Zeitschriftenhinweise im Rahmen der Bücherschau (Autoren – Titel) (vgl. etwa ARSP 1921/22, S. 440 [Rivista internationale di filosofia del diritto, 1. Jg. Heft. 2–4] oder ARSP 1923/24, S. 158 (Zeitschrift für Politik, XIII. Bd. Heft 1 und 2, 1923]) teils einige wenige *Besprechungen* (ARSP 1925/26, S. 307–317: Rezensionsabhandlung der ersten fünf Jahrgänge der Rivista internationale di filosofia del diritto durch *A. Levi*); ARSP 1925/26, S. 320 (Besprechung der Stimmen der Zeit, Band 102 bis 107 durch *P. Klein*); ARSP 1925/26, S. 513 f. (Ethos, Vierteljahresschrift für Soziologie, Geschichte und Kulturphilosophie, Jg. I Heft 1, 1925) – bis diese Formen durch die eingehende Zeitschriftenschau aus der alleinigen Feder von *F. Darmstaedter* abgelöst werden (ab 1927 bis 1938/39 einschließlich).

[5] JW 1926, S. 2824 (Ostrecht, 2. Jahrgang, Heft 1–10); JW 1926, S. 2824 (Zeitschrift für das gesamte Luftrecht, Bd. 1, Heft 1); JW 1927, S. 1077 (Vierteljahresschrift für Steuer- und Finanzrecht, 1. Jahrgang 1927); JW 1927, S. 1671 f. (Steuer und Wirtschaft, 5. Jg. 1926); JW 1928, S. 1652 (Neue Zeitschrift für Arbeitsrecht, 7. Jg. 1927); JW 1928, S. 3225 (Zeitschrift für Beamtenrecht, Bd. I, Heft 1); JW 1929, S. 843 (Judicium, Vierteljahresschrift für die ges. Zivilrechtspflege, 1. Jg. Heft 1 und 2); JW 1929, S. 1290 (Neue Zeitschrift für Arbeitsrecht, 8. Jg. Heft 1–12,

recht und Bankwesen, Steuer und Stempelfragen" (JW 1920, S. 546) oder die Rezension des *Jubiläumshefts* zum 50. Jahrgang der Deutschen Medizinischen Wochenschrift (JW 1925, S. 36), des *50.* Bandes der Zeitschrift für deutsches Zivilprozeßrecht (JW 1927, S. 2420), die Besprechung eines *Beihefts*[6] oder *Sonderhefts*[7]. Auch die *Vereinigung* zweier Zeitschriften[8] oder die *Sammelbesprechung* mehrerer Jahrgänge einer (ausländischen) Zeitschrift[9] liefern Bereicherungen der „Rezensions-Landschaft". Sie könnten und sollten Vorbild sein und stilbildende Kraft für künftige Rezensionskultur entfalten. Gleiches gilt für die Rezension *ausländischer* Zeitschriften.[10]

2. Die bundesdeutschen „Gründerjahre" nach 1949

Unter dem Aspekt des rezensierenden Hinweises auf die Neuerscheinung bzw. das Wiedererscheinen von Zeitschriften ist die auffällige *Konzentration* der Besprechungen in den bundesdeutschen „Gründerzeitjahrgängen" (1949 bis etwa 1956/57) erklärlich. Denn zu dieser Zeit hat sich der heutige Zeitschriftenmarkt hinsichtlich der juristischen Fachzeitschriften erstmals „formiert", Neuerscheinungen werden immer seltener, und erst in den 80er Jahren dürfte eine zweite „Welle" von Neugründungen (vor allem der sog. „Schwesterzeitschriften" zur NJW aus dem Beck-Verlag, nämlich der NStZ (seit 1981), der NVwZ (seit 1982), der NZA (seit 1984/85) und der

1928); JW 1929, S. 1573 (Zeitschrift für Deutschen Zivilprozeß, Bespr. unter bes. Berücksichtigung der Bde. 51–54); JW 1930, S. 400 (Neue Zeitschrift für Arbeitsrecht, 9. Jg., 1929); JW 1930, S. 1178 f. (ZaöRVR Bd. 1, 1929); JW 1931, S. 513 f. (Judicium, 3. Jg. Heft 1); JW 1932, S. 29 f. (Zeitschrift für Rechtsphilosophie in Lehre und Praxis, V. Band, Heft 1); JW 1933, S. 212 (Die Arbeiterversorgung). – In den *NS-Jahren* hält die Besprechung klassischer Zeitschriften an (z.B. JW 1933, S. 1871 f. [ZaöRVR Bd. II, 1. und 2. Teil]; JW 1935, S. 687 f. [ZGesStW Bd. 95, Heft 1]; JW 1936, S. 247 [ZStrW Bd. 55, Heft 2 und 3]), doch werden zunehmend auch die neuen NS-Zeitschriften rezensiert (z.B. JW 1937, S. 147: Monatheft für NS-Rechtspolitik, 3. Jg. Heft 7–15; JW 1937, S. 1537: Rasse und Recht, 1. Jg. Heft 1; JW 1938, S. 1099: Monathefte für NS-Sozialpolitik, 4. Jg. Heft 19–24, 5. Jg. Heft 1–6). In der Zeitschrift *„Deutsches Recht"* (vereinigt mit JW ab 1939, hrsg. von Frank) findet sich ab 1941 eine *Zeitschriftenschau,* d.h. die Besprechung einzelner (in anderen Zeitschriften abgedruckten) Aufsätze.

6 JW 1926, S. 2159 (Beiheft 1 der Monatschrift für Kriminalpsychologie und Strafrechtsreform).

7 JW 1927, S. 1550 (Mitt. vom Verband Deutscher Patentanwälte Sonderheft anl. des 50jährigen Bestehens).

8 JW 1926, S. 2891 (Zeitschrift für Handelsrecht vereinigt mit Zeitschrift für Gesellschaftswesen [36. Jahrgang]).

9 JW 1934, S. 2967 (in bezug auf 4 Jahrgänge der Rivista di Diritto Penitenziario).

10 Z.B. JW 1926, S. 1306 f. (Journal du Droit International); JW 1930, S. 1668 (Il diritto di autore, Anno I Nr. 1).

NZV (1988)) zu beobachten sein – die Periode der Neubegründung von *Spezial*zeitschriften etwa zum Ausländer-, Medienrecht und Umweltschutz begleitet das Anwachsen des politischen und wissenschaftlichen Interesses an diesen z. T. neuen Rechtsgebieten.

Im einzelnen: *H. Coing* begrüßt die „Zeitschrift der Savigny-Stiftung für Rechtsgeschichte", 65. Band, Romanistische Abteilung, 1947 mit dem Satz (in: NJW 1949, S. 139): „Nach mehrjähriger Pause ist 1947 wieder die Zeitschrift der Savigny-Stiftung erschienen, die als rechtsgeschichtliche Fachzeitschrift Weltruf genießt". *Werner von Simson* beginnt seine Rezension der neuen Zeitschrift „Europarecht", 1. Jahrgang 1966 Heft 1 bis 4 (in: DÖV 1967, S. 321) mit der charakteristischen Einleitung: „Mit ihrem vierten Heft hat die Zeitschrift ‚Europarecht' ihren ersten Jahrgang (1966) abgeschlossen. Damit bietet sich ein Anlaß, auf das bisher mit dieser Zeitschrift Erreichte einen Blick zu werfen"[11]. *Dreher* bespricht die „Neue Zeitschrift für Wehrrecht" in ihrem 1. Heft des 1. Jahrgangs (in: MDR 1959, S. 435), und in „Der Staat" (Bd. 10 [1973], S. 576) findet sich eine Buchanzeige der neuen Vierteljahreszeitschrift „Zeitschrift für Soziologie" (1972).[12]

Die *Neue Juristische Wochenschrift* pflegt ganz vereinzelt auch Zeitschriften zum Gegenstand von Rezensionen zu machen.[13] Und die *Monatsschrift für Deutsches Recht* veröffentlicht gelegentlich ebenfalls Besprechungen von Zeitschriften.[14]

---

[11] Es folgt ein Hinweis auf die ausländischen, auf Europarecht spezialisierten Zeitschriften, sowie das Erstaunen darüber, daß zwar deutsche Kommentare zum Europarecht die ersten und deutsche Einzelabhandlungen die zahlreichsten seien, bislang aber eine deutsche Europarechts-*Zeitschrift* fehlte.

[12] Ebd. im Jahresband 1977, S. 447, eine solche der Zeitschrift für ausländisches öffentliches Recht und Völkerrecht Bd. 36, Heft 1–3 (1976), Sonderveröffentlichung „Völkerrecht als Rechtsordnung, Grundlagen und Quellen". – s. auch *R. Schnur,* Buchanzeige, in: Der Staat Bd. 10 (1971), S. 575, der Zeitschrift „Offene Welt", Nr. 101/1970, Partizipation – Aspekte politischer Kultur etc., 1970. Hier wird wohl die Herausgeberlinie erkennbar, in Einzelfällen solche Zeitschriften zu besprechen, die ein besonders *aktuelles* Thema behandeln.

[13] Neben der erwähnten Besprechung von *H. Coing* in Sachen Savigny-Zeitschrift (NJW 1949, S. 139) sind zu nennen: NJW 1951, S. 555 *(Wengler)* – Hinweis auf die neue Zeitschrift für ausländisches öffentliches Recht und Völkerrecht; NJW 1967, S. 1174 *(E.-W. Fuss):* Buchbesprechung von Europarecht, 1. Jahrgang 1966; NJW 1976, S. 1020: Hinweis auf die neue EuGRZ; NJW 1981, S. 103: Hinweis auf die Neue Zeitschrift für Strafrecht; NJW 1982, S. 271: Hinweis auf die Neue Zeitschrift für Verwaltungsrecht.

[14] Vgl. *MDR* 1951, S. 768 (Zeitschrift für die gesamte Strafrechtswissenschaft, 63. Bd., 3. Heft, 1951); MDR 1954, S. 213 (*T. Würtenberger,* Monatschrift für Kriminologie und Strafrechtsreform, 1. Doppelheft); MDR 1968, S. 619 (*Sieveking,* Bespr. von: Die Verwaltung, Heft 1); MDR 1970, S. 1045 (Zeitschrift für Arbeitsrecht, Heft 1). – Die Hinweise auf Zeitschriften-Neuerscheinungen seien hier eben-

3. „Die Öffentliche Verwaltung" der 50er Jahre als „Ausnahme" im positiven Sinne

Von den hier ausgewerteten bundesdeutschen Zeitschriften nach 1949[15] gibt es, soweit ersichtlich, nur eine einzige – nämlich die „DÖV" –, die wenigstens während einer gewissen Periode *kontinuierlich* und *systematisch* Jahrgangsbände verschiedener Zeitschriften rezensiert. Allerdings liegt auch hier ein Großteil der Besprechungen in den 50er Jahren. Fast zur Hälfte stammen die Rezensionen aus der Feder von *O. Bachof,* zu dessen höchstpersönlichem Lebenswerk die Kunst der Zeitschriftenrezension gehört. Erneut zeigt sich, wie viel ein einziger Schriftsteller bei der Ausbildung literarischer Kunstformen auch in der Rechtswissenschaft zu leisten vermag.

Im einzelnen seien die Zeitschriftenrezensionen von *O. Bachof,* in der DÖV aufgelistet[16], wobei die Konstanz in der Besprechung des *AöR* durch ihn auffällt – sie bricht erst ab, als er selbst deren Mitherausgeber wird (1957).

Auf weitere Beispiele aus der Feder anderer Autoren wie *B. Dennewitz*[17], *K. Lohmann*[18], *X. Schoen*[19], *K. Härlin*[20], *R. Schnur*[21], *P. Rössler*[22] und *W.*

falls registriert: MDR 1950, S. 768 (Rundschau der GmbH); MDR 1959, S. 435 (Neue Zeitschrift für Wehrrecht); MDR 1972, S. 817 (Zeitschrift für Verkehrs- und Ordnungswidrigkeitenrecht). – Die *DRiZ* bringt folgende Besprechungen: 1951, S. 238 (Hinweis auf den Inhalt der ZZP, 69. Bd. Heft 4); 1954, S. 180 (Kurzbesprechung von: Der Deutsche Rechtspfleger, Sonderheft, Gleichberechtigung von Mann und Frau); DRiZ 1983, S. 78 (Besprechung der ersten drei Jahrgänge von Zeitschrift für Neuere Rechtsgeschichte). – In der *ARSP* nach 1945 finden sich punktuell *Besprechungen* von Zeitschriften: ARSP 1954/55, S. 448 bis 450: Revue Internationale d'Histoire politique et constitutionnelle, No. 14, 1954, *R. Schnur;* ARSP 1956, S. 433 bis 435: Archives de Philosophie du Droit, 1953–55, *R. Schnur;* ARSP 1960, S. 284: Justice dans le Monde, World Justice, Revue trimestrale, Tome I, 1959–1960 Nr. 1, *P. Trappe.*

15 Nämlich: NJW, JZ, AöR, Der Staat, MDR, DVBl., ZfP, DRiZ, ZParl, DÖV, Die Verwaltung, BayVBl., VerwArch., ARSP.

16 DÖV 1951, S. 256 (ARSP, Bd. XXXVIII [1949/50] und XXXIX 1); DÖV 1952, S. 319 (ZGesStW, Bd. 106/107 von 1950); DÖV 1952, S. 288 (ZaöRVR Bd. XIII, 1950/51); DÖV 1952, S. 416 (AöR Bd. 77 [1951/52]); DÖV 1952, S. 607 (ARSP Bd. 39, 1950/51); DÖV 1953, S. 515 (AöR 78 [1952/53]); DÖV 1954, S. 766 (ARSP Bd. 40 [1952/ 53]); DÖV 1955, S. 160 (ZGesStW 110, 1954); DÖV 1955, S. 317 (AöR 79 [1953/54]).

17 DÖV 1948/49, S. 80 (AöR 74, Heft 1 und 2); DÖV 1948/49, S. 240 (AöR 74, Heft 3 und 4); DÖV 1950, S. 511 (AöR 75, Heft 1–4); DÖV 1952, S. 416 (AöR 76 von 1950/51).

18 DÖV 1950, S. 383 (ZGesStW).

19 DÖV 1954, S. 416 (Revue internationale des Sciences Administratives, 18. Jahrgang, Heft 3).

20 DÖV 1956, S. 384 (L'organizzazione technica della administrazione, Nr. 1 und 2, Januar bzw. April 1954).

v. Simson[23] sei verwiesen.[24] Die Bayerischen Verwaltungsblätter bringen vereinzelt ihren eigenen Themen nahestehende Zeitschriftenrezensionen.[25]

---

21 DÖV 1961, S. 197 (Arguments 4ème Année, 1er Trimistre, 1960, No. 17; Philippine Journal of Public Administration, Vol. 3, N. 2 April 1955 Special Issue, The University and Public Administration; Administrative Science Quarterly, Vol. 5, No. 1, June 1960 – also Besprechungen von zwei Sonderveröffentlichungen!

22 DÖV 1967, S. 655 (Der Staat, Band 1–5, 1962–1966).

23 DÖV 1967, S. 321 (Europarecht, 1. Jahrgang, 1966, Heft 1–4).

24 Als rühmliches Beispiel dafür, daß eine *nichtjuristische, wissenschaftliche* Zeitschrift die feste Tradition eingehender Zeitschriften-Rezensionen kennt, sei die *Kölner Zeitschrift für Soziologie und Sozialpsychologie* erwähnt. Vor allem die Jahrgänge 1 bis 6 (1948/49 bis 1953/54) enthalten viele Rezensionen fremd- und deutschsprachiger Zeitschriften (z.B. Bd. 1: fremdsprachige: S. 84, 236, 347, 468; deutschsprachige: ebd., S. 93, 246, 364); Bd. 5: fremdsprachige: S. 119, 124 f., 357, 363, 366, 545, 555 f.; deutschsprachige: ebd., S. 127, 368, 557). Die Bände 13 bis 39 (1987) werden demgegenüber ärmer, vgl. Bd. 13 (1961), S. 177 f. (zwei neue Zeitschriften in Norwegen), ebd. S. 751 f. (Zwei neue Zeitschriften: PVS und Archiv für Sozialgeschichte); Bd. 14 (1962), S. 758 ff. (Archiv für Sozialgeschichte und PVS); Bd. 15 (1963), S. 592 (Eine neue Zeitschrift für Religionswissenschaft, Rezensent *R. König*); Bd. 16 (1964), S. 358 f. (PVS, rezensiert von *H.-U. Wehler*); Bd. 17 (1965), S. 144 f. (Archiv für Sozialgeschichte i.V. mit vier neuen Büchern); Bd. 19 (1967), S. 423 f. (die erste griechische soziologische Zeitschrift); Bd. 20 (1968), S. 619 ff. (Archiv für Sozialgeschichte, PVS); Bd. 24 (1972), S. 198 ff. (Neue Zeitschrift „Die Dritte Welt"); Bd. 24 (1972), S. 200 (1. Heft der neuen „Zeitschrift für Soziologie"); Bd. 27 (1975), S. 833 f. (Neuerscheinung: Geschichte und Gesellschaft, Zeitschrift für historische Sozialwissenschaft); Bd. 37 (1985), S. 170 („Zeitschriftenvorstellung": Revue Tunisienne de Communication). – Freilich ist die *Soziologie* von vornherein stärker eine *internationale* Disziplin als die noch überwiegend nationalstaatlich arbeitende Wissenschaft vom Öffentlichen Recht. – Eine Stichprobe der *„Soziologischen Revue"* der Jahrgänge 1980 bis 1987 ist nur wenig ergiebig: vgl. Jg. 3 (1980), S. 454 (Rezension des Sonderhefts der „Kritischen Justiz" über den „Unrechtsstaat", 1979 und Jg. 10 [1987], S. 274 ff. (Rezension von „Soziale Welt", Jg. 36 [1985], Heft 4, zusammen besprochen mit 3 Büchern). – Bemerkenswert auch der Aufsatz über die Zeitschrift „Der Staat" von *C. Graf von Krockow,* Staatsideologie oder demokratisches Bewußtsein – Die deutsche Alternative, in: *PVS* 6 (1965), S. 118 ff.

25 So ist in BayVBl. 1960, S. 327 der 1. und 2. Jahrgang der neuen Zeitschrift „Die Personalvertretung" (1958/59) besprochen, ebenso in BayVBl. 1963, S. 196 der 1. Halbjahresband des neuen „Archivs für Kommunalwissenschaften" (1962), in BayVBl. 1964, S. 64 der Halbjahresband II 1963, in BayVBl. 1964, S. 379 der Erste Halbjahresband 1964. In BayVBl. 1970, S. 340, wird die neue Zeitschrift „Baurecht" vorgestellt, in BayVBl. 1972, S. 28 der 1. Halbjahresband des Archivs für Kommunalwissenschaften 1971 besprochen, ebenso in BayVBl. 1972, S. 592 der 1. Halbjahresband 1972. *Kopp* bespricht in BayVBl. 1976, S. 703 f. die neue (österreichische) „Zeitschrift für Verwaltung" (1. Jg. 1976). Zwei weitere deutsche Zeitschriften werden vorgestellt bzw. besprochen in BayVBl. 1979, S. 31 („Verwaltungsführung, Organisation und Personalwesen", 1978), sowie in BayVBl. 1981, S. 480 („Verwaltungsblätter für Baden-Württemberg").

4. Die „Zeitschriftenschau“ als vorherrschende Kategorie – Ansätze in Weimar, die wachsende Praxis unter dem GG

Die eigene Kategorie *„Zeitschriftenschau“* mit Varianten in Qualität und Quantität besitzt in Deutschland schon eine längere Tradition. Ein in Form und Inhalt einzigartiges Beispiel lieferte zu dieser Sparte *F. Darmstaedter* in der *Weimarer Zeit.* In *ARSP* Band 21 (1927/28), S. 318 bis 347(!), beginnt er die „Zeitschriftenschau I“ und sie wird – jeweils 20–30 Seiten lang – fortgeführt über Band 26 (1932/33), S. 118 ff., 413 bis Band 32 (1938/39), S. 126 ff. *Darmstaedter* arbeitet weitgreifend und umfassend. Er behandelt bzw. gliedert in die Bereiche „Philosophie und Psychologie“, „Rechtsphilosophie“, „Staatslehre, Politik, Soziologie“, „Wirtschaftslehre“, „Die einzelnen Rechtsgebiete“. Damit ist wieder die alte Tradition umfassender „Staatswissenschaften“ hergestellt. Im übrigen finden sich die Rubriken „Zeitschriftenschau“, „Aufsatzübersicht“ u.ä. z.B. in der *Zeitschrift für die gesamte Staatswissenschaft* (Bd. 78 von 1924 bis Bd. 91 von 1931)[26], im *Verwaltungsarchiv*[27], in der *DÖV* (z.B. 1961, S. 197 f.), im *Deutschen Verwaltungsblatt* (z.B. 1952, S. 32; 1955, S. 788; 1964, S. 51; 1969, S. 972; 1987, S. 1180 f.), in der *Zeitschrift für Rechtspolitik* (z.B. 1974, S. 100 f.; 1979, S. 103; 1986, S. 55; 1987, S. 406 [„Literaturspiegel“], mit z.T. längeren Direktzitaten bzw. Auszügen der Autoren bzw. ihrer Zeitschriftenaufsätze), in der *Zeitschrift für Parlamentsfragen*[28], in der *Zeitschrift für Gesetzgebung*[29, 30] sowie in den *Juristischen Arbeitsblättern* –

---

[26] Z.B. Bd. 86 (1926), S. 185, 379, 566; Bd. 88 (1928), S. 218, 441, 658; Bd. 91 (1931), S. 217, 440, 658. – Nach *T. Hoeren,* Der junge Rechtsgelehrte – Eine juristische Ausbildungszeitschrift am Vorabend des Dritten Reiches, JuS 1988, S. 102 (103) verfaßt in dieser „DJR“ ab 1929 *Weinmann* eine „Zeitschriftenschau, in der die Ergebnisse wichtiger Aufsätze in anderen Zeitschriften zusammengefaßt und z.T. sehr kritisch kommentiert wurden“.

[27] Das *„Verwaltungsarchiv“* bringt seit etwa 20 Jahren eine Rubrik „Verwaltungswissenschaftliche Abhandlungen in ausländischen Zeitschriften“, z.B. Bd. 58 (1967), S. 89 ff., 397 ff.; 63 (1972), S. 103 ff., 355 ff.; 67 (1976), S. 431 ff.; 73 (1982), S. 259 ff., 479 ff.; 76 (1985), S. 109 ff., 355 ff.

[28] s. die Tradition der *„Aufsatzreferate“* in der *„Zeitschrift für Parlamentsfragen“* (ZParl), die jeweils aus der „Politischen Dokumentation“ (pol dok) entnommen sind: z.B. ZParl 4 (1973), S. 308 ff.; 6 (1975), S. 152 ff.; 12 (1981), S. 154 ff.; 13 (1982), S. 132 ff.; 15 (1984), S. 463 ff.; 17 (1986), S. 293 ff. Dabei finden sich teils Kurzberichte in indirekter Rede, teils Direktzitate bzw. Auszüge, teils Mischformen.

[29] Die Sparte *„Aufsatzübersicht“* findet sich in der (neuen) *„Zeitschrift für Gesetzgebung“*, z.B. 2 (1987), S. 285 bis S. 288 (erstellt von *W. Höfling*). Solche Übersichten sind wohl dann besonders wichtig, wenn die Zeitschrift stark spezialisiert ist. Sie muß dann möglichst viele Aufsätze zu „ihrem“ Thema aus möglichst vielen Zeitschriften bringen (hier zur Sache und Funktion „Gesetzgebung“). – In der Zeitschrift für *„Rechtssoziologie“* (z.B. Bd. 8 [1987], S. 313 ff.) findet sich eine

hier ist die Zeitschriftenschau besonders ausgeprägt, da es sich um eine Ausbildungszeitschrift handelt.[31]

Der mögliche Formenreichtum ist groß: Er reicht von der bloßen Autoren- und Titelnennung über die direkte Wiedergabe in Zitaten (Auszügen) unterschiedlicher Länge bis zum inhaltlichen Referat mit ggf. kritischen Zusätzen und Wertungen. Mischformen kommen vor.

5. Exkurs: Der „Zeitschriftenspiegel" in Tageszeitungen

So mager das Bild heutiger juristischer Fachzeitschriften in bezug auf die Rezension von „ihresgleichen" (noch) ist: die allgemeinen *Tageszeitungen*, vielen voran die *„Frankfurter Allgemeine Zeitung"*, arbeiten hier besser. Die FAZ bringt regelmäßig Berichte aus *deutschen* Zeitschriften[32] und sie wirft einen Blick in *französische*[33], in *russische*[34], in *amerikanische*[35] und *italienische*.[36] Die Zahl der besprochenen Zeitschriften ist dabei ungewöhn-

---

„Zeitschriftenschau" „Rechtssoziologisch Relevantes in nicht-rechtssoziologischen Zeitschriften".

30 Die *„Juristenzeitung"* informiert über Zeitschriften derzeit nur in Umschlagblättern, nicht im „bleibenden" Textteil und auch hier nur in Gestalt der Information über Fundstelle, Autor und Aufsatztitel. Doch druckte ihr Vorläufer, die *Deutsche Rechtzeitschrift,* in den Jahrgängen 1947–1950 eine Zeitschriftenschau ab (z.B. 1947, S. 32, 420; 1949, S. 24, 47, 240, 576).

31 Schon der 1. Jahrgang (1969) enthält die Rubrik „Aufsätze in Zeitschriften", in bezug auf das öffentliche Recht s. z.B. Bd. 1 (1969), S. 47 f. und S. 369 f.; Bd. 2 (1970), S. 43 f., S. 627 f.; Bd. 7 (1975), S. 53 f. und S. 187 f.; Bd. 12 (1980), S. 170 ff. und S. 510 ff.; Bd. 16 (1984), S. 154 ff. und S. 582 ff.

32 Z.B. FAZ vom 1. 8. 1987, S. 23; vom 24. 10. 1987, S. 29; vom 12. 9. 1987, S. 29; vom 9. 11. 1987, S. 29; vom 21. 11. 1987, S. 30; vom 12. 3. 1988, S. 29: „Kultur, Politik und Gesellschaft".

33 Z.B. FAZ vom 3. 10. 1987, S. 29; vom 23. 1. 1988, S. 27; vom 31. 10. 1987, S. 29; vom 5. 12. 1987, S. 27.

34 FAZ vom 26. 9. 1987, S. 29; vom 14. 11. 1987, S. 29.

35 Z.B. FAZ vom 19. 11. 1987, S. 30; vom 6. 2. 1988, S. 27.

36 FAZ vom 9. 1. 1988, S. 23; besprochen wird auch der *„reprint",* etwa der Zeitschrift „Der Ruf", 1946–1948, 1987, in: FAZ vom 1. 3. 1988, oder *Sophie von LaRoches* „Pomona für Deutschlands Töchter", in: FAZ vom 16. 12. 1987, S. 24. – s. ferner den Hinweis auf die *neue Zeitschrift* mit dem Titel „Delta", hrsg. vom „Freundeskreis Bangladesh" (FAZ vom 3. 2. 1988, S. 8), die Rezension „eines kleinen *Jubiläums"* (50 Hefte der Zeitschrift „Film") in: FAZ vom 8. 5. 1988, den „Hinweis" auf die Vierteljahreszeitschrift „Die Amerias" (FAZ vom 7. 3. 1988, S. 8): Praktiziert wird auch die Besprechung von *Jahrbüchern,* z.B. FAZ vom 3. 2. 1988, S. 26 (Kleist-Jahrbuch 1987); FAZ vom 30. 9. 1987, S. 29 (Jahrbuch „Theater heute"). – Die seit wenigen Jahren regelmäßig erscheinende Seite *„Geisteswissenschaften"* im Rahmen der FAZ informiert besonders eingehend über die Entwicklung im Spiegel von wissenschaftlichen Zeitschriften (z.B. vom 9. 3. 1988, S. 35).

lich groß, auch die Art der Themenfelder reicht weit (von Kunst und Kultur bis zur Pädagogik und Politik, Philosophie und Soziologie).

Die *Frankfurter Rundschau* wirft ebenfalls einen „Blick (z.B.) in sozialwissenschaftliche Zeitschriften“[37]; *„Die Zeit“* rezensiert immer wieder einzelne Zeitschriften[38]. Aus dem *Ausland* seien die Berichte der *Neuen Züricher Zeitung* erwähnt: unter dem Stichwort „Blick in Zeitschriften“[39] oder „Schweizer Zeitschriften“[40] vermitteln sie viele Informationen.

Unter den *nichtjuristischen Zeitschriften* hat *„Merkur“,* die „Deutsche Zeitschrift für europäisches Denken“ (1. Jg. 1947) nur im 7. Jahrgang 1951 eine eigene Kategorie „Chronik: Der Geist des Auslandes im Spiegel seiner Zeitschriften“ (ebd., S. 574 ff., 668 ff., 765 ff. [Autor: *H. Paeschke*]) geschaffen.[41]

III. Sollforderungen an rechtswissenschaftliche Zeitschriften und an ihre Rezensenten

Sollforderungen an rechtswissenschaftliche Zeitschriften und an ihre Rezensenten sind zwei Problemkreise derselben Sache: Die allgemeinen „Sollforderungen“ an die Primäradresse der Zeitschriften blieben „platonisch“, würden sie nicht im Einzelfall von den Rezensenten „angemahnt“. Umgekehrt müssen die Rezensenten ein „Bild“ guter rechtswissenschaftlicher Zeitschriftenkultur[42] haben, auf dessen Hintergrund sie ihrerseits arbeiten. So gehören beide Aspekte zusammen, auch wenn sie im folgenden zum Teil gesondert behandelt werden.

---

[37] Vgl. FR vom 11. 8. 1987, S. 9; vom 28. 11. 1987, S. ZB 2.

[38] Vgl. die Zeit Nr. 47, vom 13. 11. 1987, S. 64 in bezug auf „Schreibhefte“, „Manuskripte“, „Scheidewege“.

[39] Z.B. NZZ vom 29. 12. 1987, S. 17.

[40] Z.B. NZZ vom 28. 12. 1987, S. 30.

[41] Die späteren Jahrgänge befassen sich zwar in der „Chronik“ mit einzelnen Zeitschriften (z.B. 23. Jg. 1969, S. 171 ff. [*K. H. Bohrer* über das „Kursbuch“]; Jg. 25 [1971], S. 405 ff. [*H. Schwab-Felisch* über „Der Monat“]). Auch untersucht *H. Paeschke* im *Rückblick* im Jg. 32 (1978), S. 1169 ff. eine Vielzahl von älteren und neueren Zeitschriften; ferner finden sich die Rezensionen des *Nachdrucks* der „Weltbühne“ (Merkur, 33. Jg. [1979], S. 276 ff.), der Zeitschrift für Sozialforschung (1932–1941) in: Merkur, 34. Jg. (1980), S. 927 ff. sowie im Rahmen der „Chronik“ im 34. Jg. (1980), S. 1027 ff. Überlegungen zu *A. Andersch's* Zeitschrift „Texte und Zeichen“. Doch ist innere und äußere Kontinuität und Systematik einer Sparte „Zeitschriftenrezensionen“ nicht erkennbar.

[42] Dabei mag für alle Rezensenten in stilistischer Hinsicht die Existenz des „Sigmund Freud-Preises für wissenschaftliche Prosa“ Ansporn sein, mit dem Wort verantwortlich umzugehen (vgl. die Rede des Theologen *G. Ebeling* „Lautere Sprache – nährendes Wort“, gedruckt in FAZ vom 20. 10. 1987, S. 8. *Ebeling* ist der letzte Preisträger [1987]).

1. Spiegelcharakter und Gestaltungsaufgabe, die Informations-, Rezeptions- und Produktionsfunktion

Rechtswissenschaftliche Zeitschriften – im folgenden seien nur solche mit Schwerpunkt auf dem *öffentlichen Recht* gemeint – haben zunächst *„Spiegelcharakter"* in bezug auf ihre jeweilige Disziplin. „Spiegelartig" sind bzw. werden sie dadurch, daß sie die Entwicklungen eines „Faches" zeitlich regelmäßig und zuverlässig darstellen: durch den Abdruck von Aufsätzen und richterlichen Entscheidungen, und – im Wege des sich auf viele Literaturgattungen beziehenden Rezensionsteils – durch den Bericht über die Entwicklung des Fachs in Gestalt von Büchern aller Art: von der Monographie bis zum Kommentar, vom Handbuch bis zur Festschrift, vom Sammelband bis zum Lehrbuch. Damit kommt es im *„Querschnitt"* zu einem repräsentativen „Gesamtbild" des „Fachs". Es bleibt allerdings fragmentarisch genug, da auch Zufälle, z. B. bei der Besprechung von Büchern, eine nicht geringe Rolle spielen (Tod oder Nachlässigkeit „bestellter", aber nicht ihre Aufgaben erfüllender Rezensenten etc.). Der *„Längsschnitt"* meint die *zeitliche* Dimension: Vermutlich dürfte erst, aber dann doch einigermaßen zuverlässig, der Zeitraum von *drei* oder *fünf* Jahren ein Bild davon geben, was eine wissenschaftliche Zeitschrift auf ihrem Gebiet leisten kann, und was sie – im Vergleich mit direkt konkurrierenden (z. B. „AöR" und „Der Staat" oder „DÖV " und „DVBl") oder benachbarten bzw. allgemeinen Zeitschriften (etwa „JZ" oder „NJW") – leistet oder versäumt. Ein kürzerer Zeitabschnitt könnte zu Ungerechtigkeiten führen. Auch ist zu bedenken, daß die einzelnen Zeitschriften sich von ihrer *Erscheinungshäufigkeit* her unterscheiden bzw. verschiedene Funktionen erfüllen. So hat eine vierteljährlich erscheinende Zeitschrift wie das „AöR" eine andere Funktion als die monatlich auf den Markt geworfene „NVwZ". Unterschiede gibt es auch im erklärten Adressatenkreis (vornehmlich Praktiker) oder – eher territorial begründet – die Wissenschaft und Praxis in einem bestimmten Bundesland: schon klassisch sind die „BayVBl" (seit 1955) einerseits, die „Bad.-Württ.VBl" (seit 1956) andererseits. Daß gerade im Süden Deutschlands sich länderorientiert zwei derartige Fachzeitschriften von Qualität etablieren konnten, zeigt, wie stark die viel berufene „Eigenständigkeit" des Verfassungs- und Verwaltungsrechts einzelner Gliedstaaten im Bundesstaat sein kann – sie wird bekanntlich vor allem von Bayern reklamiert und von „Norddeutschen" oft belächelt. (Sie haben mit den 1987 gegründeten „NWVBl" jetzt ein Stück aufgeholt.) Jedenfalls sind solche juristischen „Länder-Zeitschriften" *ein* Beleg für die Vitalität eines Bundesstaates und die Vielfalt seiner „kleinen" Rechtskulturen.

Wissenschaftliche Zeitschriften sollen also einerseits ein auf ihren Rahmen bezogenes möglichst umfassendes Bild der „relevanten" Entwicklung ihres Fachs geben, und sie müssen – und können – versuchen, auf diese Entwicklung selbst Einfluß zu nehmen. Es handelt sich also um eine *Doppelfunktion:* Fachzeitschriften sollen *„abbilden"* („Spiegelcharakter") und sie sollen selbst *steuern* („Gestaltungsaufgabe"!). Letzteres ist auch Aufgabe von Herausgeber(n) und Redaktion, nicht zuletzt der Autoren, die in einer Zeitschrift schreiben. Beide Aufgaben gehen zwar ineinander über, doch lassen sie sich unterscheiden. Obwohl etwa der Rezensionsteil primär in die „Abbildfunktion" zu gehören scheint und auch gehört, sind in seiner „Durchführung" doch auch nicht geringe Gestaltungsaufgaben „versteckt" (ganz abgesehen vom „kreativen Rezensenten").[43] Obgleich in der Konzeption von Aufsätzen in Themen- und Methodenwahl viel Schöpferisches steckt, spiegelt selbst der „geniale" bahnbrechende Aufsatz noch ein Stück des vorhandenen „Stands" des Fachs wider. Dennoch seien beide Aufgabenfelder unterschieden. Ein Maßstab für den Rang einer Zeitschrift ist die Frage, ob es ihr gelingt, „wichtige" Themen früh zu erkennen, sie aufzugreifen, weiterzuführen und dafür jeweils den „richtigen", d.h. kompetenten Autor zu gewinnen. Ein Kriterium dafür, ob es ihr geglückt ist, Wichtiges darzustellen und zu gestalten, ist z.B. die Tatsache, ob im Abstand von rund 5 oder 10 Jahren publizierte Aufsätze „grundlegend" geworden bzw. geblieben sind – auf längere Sicht kann sich dies im Wiederabdruck in Sammelbänden anderer Herausgeber spiegeln.[44] Die Rezeptionsgeschichte von Publikationen in Zeitschriften gibt also Antwort auf die Frage, ob sie Entwicklungen des Faches spiegelt *und* steuert.

2. Thematische und personale Vielfalt – Pluralismus

Ein großes Problem steckt in der Frage, wie ernst eine Zeitschrift ihrem Anspruch und ihrer Wirklichkeit nach den *Pluralismus der Wissenschaft* nimmt, dem sie sich „verschreibt". Im öffentlichen Recht gibt es freilich schon erklärte „Richtungszeitschriften", die zwar ein unentbehrlicher Faktor im „Außenpluralismus" sind (i.S. von BVerfGE 57, 295 [325 f.]), indessen keinen „binnenpluralistischen" Anspruch erheben. Die Gründungsprogrammatik oder die Gründungsumstände bzw. -geschichte können hier näheren Aufschluß geben. Eine erklärte Richtungszeitschrift ist etwa die „Kritische Justiz" (seit 1968) oder das Blatt „Demokratie und Recht" (seit 1973). Auch „Der Staat" dürfte bei seiner Gründung (1961) bewußt gegen das damalige „Monopol" des altehrwürdigen „Archiv des öffentlichen Rechts" gezielt haben – zum Glück wirken sich hier dann aber Eigengesetz-

[43] Zum Ganzen *P. Häberle* (Hrsg.), Rezensierte Verfassungsrechtswissenschaft, 1982, S. 54 ff.

[44] Vgl. etwa die Reihe der Wissenschaftlichen Buchgesellschaft (Darmstadt): „Wege der Forschung"; Überlegungen dazu etwa in *meiner* Besprechung von *J. Wilke* (Hrsg.), Pressefreiheit, 1984, in: NJW 1985, S. 1614.

lichkeiten der Sache „Wissenschaft“ aus: Der „Tendenzcharakter“ schwächt sich in einer offenen Gesellschaft in dem Maße ab, wie die Zeitschrift „in die Jahre“ kommt. Sie kann nicht immer nur *eine* Richtung favorisieren. Das verbietet die *Qualität* von „Wissenschaft“ – weil auf längere Sicht Selbstkritik und das – tolerante – Gespräch auch mit dem Gegner den eigenen Stil und die eigene Sache verändert, ganz abgesehen vom Zeitfaktor: die „Umstände“ der Gründung einer Zeitschrift (und die Gründungsväter!) verändern sich: es kommt zu einem „Generationswechsel“.

Wissenschaftliche Zeitschriften sollten aus Gründen der Fairneß zunächst an ihren *selbstgewählten Ansprüchen* gemessen werden. Man darf sie nicht überfordern. Jeder, der im Herausgeberkreis oder in der Redaktion einer Zeitschrift tätig ist, weiß, welche kaum zu steuernden Probleme entstehen: etwa das Nichtabliefern „bestellter“ Manuskripte durch säumige Autoren, „schlechte“ Gelegenheitsaufsätze, die nicht „zurückgegeben“ werden können (wegen des Renommees des Autors etc.). Dennoch sind in diesem Rahmen *Forderungen* zu stellen, die der Rezensent erheben darf.

Sind Erscheinungsfrequenz und Adressatenkreis Ausdruck der Ansprüche, die eine wissenschaftliche Zeitschrift stellt – an denen sie dann zu messen ist –, so läßt sich auch am *Herausgeberkrei*s viel ablesen, jedenfalls wenn es sich um einen engeren Herausgeberkreis handelt, der nicht schon wegen der Größe der Zahl ein Sammelsurium von „Galionsfiguren“ ist (entsprechend groß wird hier die Kompetenz des Schriftleiters!).

Das Erscheinungsbild wissenschaftlicher Zeitschriften kann in *personaler* und *sachlicher* Hinsicht mehr oder weniger *pluralistisch* sein. Zum *personalen* Erscheinungsbild gehört die Frage, wie stark sie sich welchen *Autoren* öffnen, z.B.: gibt es überwiegend „Hausautoren“, d.h. solche, die meist oder sogar „nur“ in dieser Zeitschrift publizieren, haben auch Außenseiter eine Chance?, wie stark ist die jüngere Generation mit Arbeiten vertreten?, ist die Zeitschrift schulen- oder sonst richtungsgeprägt? Neben diesem eher personalen Aspekt steht der *sachliche* – der dann ebenfalls ein Kriterium bei der Rezension von rechtswissenschaftlichen Zeitschriften bildet. Hier wäre zu fragen, ob eine Zeitschrift neue Themen, auch rechtspolitischer Art, in neuen Sparten[45], ob sie alte – ggf. klassische Themen – in Abständen wieder aufgreift, weil es sich um „Dauerprobleme“ des Fachs handelt, und schließlich – nicht zu vergessen – die Frage, ob sie „Qualität“ bietet, so schwierig dies im Wissenschaftsbereich zu bewerten ist. Ohne einem

---

[45] Vgl. etwa die Rubrik *„Forum“* in der DÖV, z.B. DÖV 1964, S. 194 ff.; 1972, S. 309 ff.; 1980, S. 123 ff. – Die Kategorie *„Forum“* findet sich auch im DVBl., vgl. z.B. DVBl. 1985, S. 269 ff.; DVBl. 1986, S. 1235 ff. – s. auch die Sparte „Die Entwicklung des öffentlichen Rechts“ im DVBl., z.B. in DVBl. 1985, S. 728 ff.; DVBl. 1987 S. 888 ff., und jetzt die Sparte „Randbemerkung“ in DÖV 1988, S. 341.

„Innovationskult" huldigen zu wollen: ein Zuviel an erklärten oder verdeckten „Wiederholungsaufsätzen" (im Sinne des – gar mehrmaligen – „Nochmals"[46]) dient der Sache Wissenschaft kaum.

Aufschlußreich ist ferner, welche *Vielfalt an Literaturgattungen* eine Zeitschrift einsetzt, also z. B. nicht nur Rezensionen, sondern auch Rezensionsabhandlungen einerseits, Buchanzeigen andererseits, nicht nur Kurzaufsätze, sondern auch Grundsatzarbeiten; aussagekräftig ist, welche „extravaganten" Literaturgattungen sie sich „leistet", etwa „Glossen", oder welche sie neu hinzu „erfindet": so war der „Start" von Rechtsprechungsberichten in bezug auf das BVerfG im AöR der 60er Jahre[47] ohne Zweifel eine gewinnbringende Neuerung; so hätte aus der Doppelrezension im „Staat"[48] eine interessante Tradition entstehen können, wäre sie nur weiter ausgebaut worden; so könnte aus den „Richterbildern" und aus der Rubrik „Staatsrechtslehre in Selbstdarstellungen" im JöR[49] vielleicht eine Literaturform erwachsen, die den *personalen* Aspekt allen wissenschaftlichen Denkens und Handelns deutlicher werden läßt als bisher, und so ist der Wiederabdruck von alten Aufsätzen nach vielen Jahrzehnten im DVBl. von 1985 eine gute Sache und (nach)schöpferische Tat.[50]

Sonderfragen ergeben sich daraus, daß in bestimmten Rechtsbereichen eine vorhandene *Dualität* ihr Spiegelbild auf der Ebene der Fachzeitschrift fordert. So gibt es zum „Archiv für katholisches *Kirchenrecht*" seit der Gründung durch *R. Smend* die „Zeitschrift für evangelisches *Kirchenrecht*" (seit 1951) – damit wurde ein Stück „Parität" der beiden Groß-Kirchen hergestellt. So wird es im Bereich des deutschen „Arbeitsrechts" notwendig bei einem Kontrast bleiben zwischen einer eher der Arbeitgeberseite und einer eher den Arbeitnehmern „zugeneigten" Zeitschrift (vgl. z. B. „Der Arbeitgeber", seit 1949 bzw. „Arbeit und Recht", seit 1953, als eher „neutral" gelten „RDA" und „DB", seit 1948). Auch im *parteipolitischen* Feld finden sich hierzu Parallelen: Man denke an die CDU/CSU-nahe Zeitschrift „Poli-

46 Nachweise in: Rezensierte Verfassungsrechtswissenschaft, 1982, S. 36 Anm. 57; zuletzt ein Beispiel in: JZ 1988, S. 223 ff. sowie in DVBl. 1988, S. 388 ff.

47 Erstmals AöR 90 (1965), S. 205 ff.: „Zur Verfassungsrechtsprechung".

48 Bd. 8 (1969), S. 240 ff. Vgl. die weiteren Beispiele in *meiner* „Rezensierten Verfassungsrechtswissenschaft", 1982, S. 36 Anm. 57.

49 Seit JöR 32 (1983), S. 55 ff. *(Höpker-Aschoff)* bzw. S. 31 ff. ebd. *(W. von Simson).*

50 Vgl. die Reihe „Dokumentation zum 100. Jahrgang DVBl." im Jahresband von 1985 mit dem Wiederabdruck älterer Aufsätze, z. B. von *G. Anschütz* aus dem Jahre 1900/01 (in DVBl. 1985, S. 156 ff.), von *W. Jellinek* aus dem Jahre 1932 (in DVBl. 1985, S. 1057 ff.) sowie von *O. Koellreutter* aus dem Jahre 1938 (in DVBl. 1985, S. 1300 ff.), aber auch von Urteilen, z. B. des *Thüringischen Staatsgerichtshofs* vom 11. 7. 1930 (in DVBl. 1985, S. 786 ff.). – 1988 feierte „Universitas" ihr 500. Heft mit Reprints großer Autoren von *A. Schweitzer* bis *M. Buber.*

tische Studien" oder an die SPD-nahe „Neue Gesellschaft" bzw. „Recht und Politik" sowie die FDP-nahe „Liberal" – all diese Zeitschriften können durchaus gewisse wissenschaftliche Ansprüche erheben.

3. Die Ausdifferenzierung in Spezialzeitschriften – Chancen und Gefahren

Die Vergegenwärtigung des ständig expandierenden Felds wissenschaftlicher Zeitschriften des öffentlichen Rechts führt zur Beobachtung eines Prozesses *fortschreitender Spezialisierung* – parallel zur allgemeinen Tendenz der Spezialisierung aller Wissenschaften. Gewiß wird manches durch merkantiles Denken von (großen) Verlagshäusern (das indes nicht von vornherein illegitim ist) verdeckt, ja verfälscht. Die Expandierung und Intensivierung, auch Differenzierung des öffentlichen Rechts im allgemeinen hat jedoch notwendig zur Folge[51], daß sich der Kanon an Unter- oder Spezialfächern erweitert. So entstanden z.B. zwei Zeitschriften für Umweltrecht („Natur und Recht", seit 1979; „Umwelt- und Planungsrecht", seit 1981), das „Archiv für Presserecht" (seit 1953), eine Zeitschrift für Wissenschaftsrecht („Wissenschaftsrecht, Wissenschaftsverwaltung, Wissenschaftsförderung", seit 1968), eine solche für Urheber- und Medienrecht (ZUM, seit 1983, zuvor als „Film und Recht") und die Neue Zeitschrift „Arbeits- und Sozialrecht" (seit 1987), die Zeitschrift für Ausländerrecht (seit 1981), Informationsbrief für Ausländerrecht (seit 1979) und für Datenschutz („Datenschutz Nachrichten", seit 1978; „Datenschutz-Berater", seit 1978), eine neue Zeitschrift für „Medizinrecht" (seit 1983), die „Zeitschrift für Gesetzgebung" (seit 1986) sowie die „Zeitschrift für ausländisches und internationales Arbeits- und Sozialrecht" (seit 1987) und die Blätter „Verbraucher Rundschau" (1957), „Verbraucher Aktuell" (1981), VuR (1986). Eine neue „Standeszeitschrift" für Richter gibt es seit 1985 („Betrifft Justiz").

Der Beobachter wird sich als kritischer Leser und potentieller Rezensent ein doppeltes fragen müssen: Zum einen sind die neuen *Spezial*schriften daraufhin zu beurteilen, ob sie ihre Gebiete verläßlich abdecken und – darüber hinaus – ob sie den nach wie vor bestehenden Zusammenhang zum *„allgemeinen"* öffentlichen Recht wahren und in Gestalt von Abhandlungen und Rezensionen zum Ausdruck bringen. An die Adresse der *„allgemeinen"* Rechts-Zeitschriften richtet sich die Frage, ob sie sich durch die Spezialzeitschriften die Spezialgebiete haben „nehmen" lassen oder ob sie von Zeit zu Zeit sich doch noch der „ausgegliederten" Gebiete „erinnern": sie *müssen* sich ihrer erinnern, weil sich die Entwicklung des öffentlichen

---

[51] s. auch das schon ältere „Bundesbaublatt" (seit 1952), das junge „Baurecht" (seit 1970) und die Zeitschrift „Deutsches Steuerrecht" (DStRt, seit 1962), sowie die „Deutsche Steuerzeitung" (seit 1949).

Rechts in den *Grundsatz*fragen ohne *besondere* Beispiele und Bereiche nicht darstellen läßt! Es kommt ja auch zu theoretischen und praktischen Rückwirkungen des „Besonderen“ (z.B. Verwaltungsrechts) auf das „Allgemeine“ (z.B. Verwaltungsrecht). Man denke an Medien und Umwelt[52] als Thema von modernen Verfassungstexten, auch an das sich wandelnde Bild der „Wirtschaft“.[53]

Insbesondere: Ausbildungs-, d.h. an Jura-Studenten und Rechtsreferendaren orientierte Zeitschriften – Ein weiteres Feld für Rezensionskunst auf dem Gebiet rechtswissenschaftlicher Zeitschriften bieten die betont an den *Auszubildenden* (Jura-Studenten, Referendare) orientierten Zeitschriften. Schwillt schon die „Studienliteratur“ in der Bundesrepublik seit Jahren in einer kaum mehr durch die Sache legitimierten Weise an[54], so liegt die Parallele im Zeitschriftenwesen auf der Hand. Allein drei Zeitschriften bemühen sich um den „jungen Juristen“: „JuS“, „Jura“ und „Juristische Arbeitsblätter“ (JA). Übereinstimmendes und Trennendes dieser drei Zeitschriften läßt sich hier nicht untersuchen. Einige Kriterien dessen, was ihr *Rezensent* zu beachten hätte, seien aber skizziert.

Studienzeitschriften wollen der Ausbildung dienen, das „Pädagogische“ soll im Vordergrund stehen. Dieser Zielsetzung gemäß will ihr Programm gestaltet sein. Die Dialektik von Theorie und Praxis, von Lehren und Lernen, von Wissenschaftlichkeit und Lernstoff – all dies verlangt einen eigenen Zuschnitt. Im Vordergrund stehen darum Überblicksartikel, informative Zusammenfassungen von Literatur und Rechtsprechung zu einem bestimmten Gebiet, die didaktisch geschickte Aufbereitung (freilich ohne Vernachlässigung der Aufgabe, Problembewußtsein zu entwickeln). Zurücktreten darf die Entwicklung neuer Forschungsergebnisse in den Spalten der Zeitschrift selbst – sie kann diese (im Zeitabstand) widerspiegeln, sollte aber nicht versuchen, ihrerseits wissenschaftliche Gestaltungsaufgaben wahrzunehmen, also selbst „primäre Forschungsliteratur“ anzuregen bzw. zu „bringen“. Thematisch steht naturgemäß die Präsentation der bundesdeutschen Rechtsprechung im Vordergrund, denn diese muß „gewußt“ werden. Eine glückliche Neuerung ist die Rubrik „Aus wissenschaftlichen Zeitschriften“ in den Juristischen Arbeitsblättern oder die Rechtsprechungskartei in „Jura“. In der Kategorie der großen und kleinen Rechtsprechungsrezensionen[55] hat die „JuS“ von ihrer Gründung im Jahre 1961 an Pionierdienste vollbracht.

---

52 Dazu *meine* Analysen in: JöR 34 (1985), S. 303 (318).

53 Dazu Nachweise in *meinem* Beitrag: „Wirtschaft“ als Thema neuerer verfassungsstaatlicher Verfassungen, in: JURA 1987, S. 577 ff.

54 Dazu *meine* Kritik in NVwZ 1987, S. 964.

55 Zu dieser Literaturgattung: *P. Häberle* Kommentierte Verfassungsrechtsprechung, 1979, S. 6 ff.

4. Weitere Einzelaufgaben rechtswissenschaftlicher Zeitschriften und die Konsequenzen für ihre Rezensenten – Gebote für die Rezensionskultur

Wie rechtswissenschaftliche Zeitschriften sein *sollen* und wie sie *sind,* läßt sich nur idealtypisch unterscheiden. Denn jeder Herausgeber und Kritiker nimmt bewußt oder unbewußt „Maß" an dem Status quo des Zeitschriftenwesens einer nationalen Rechtskultur, um von hier aus beurteilen zu können, welche Sollforderungen er an das „Bild" einer Zeitschrift richten darf. Umgekehrt kann er sich *nicht nur* an dem Vorhandenen orientieren. Er muß auch *neue* Sollforderungen wagen, d. h. „Idealmaße" einer Zeitschrift entwerfen, um, wo nötig und möglich, das bisherige Zeitschriftenwesen verbessern zu können: in concreto im *Rezensions*wesen. Ein rechtsvergleichender Blick über die Grenzen der eigenen Rechtskultur kann hier – wie sonst – weiterhelfen.[56]

Der *Rezensent* von wissenschaftlichen Rechtszeitschriften[57] hat seine auszubauende Kritikfunktion von den *Aufgaben* her wahrzunehmen, die eine Zeitschrift heute erfüllen kann und soll. Stichwortartig seien diese wie folgt umrissen: Nimmt die Zeitschrift auf ihrem Gebiet die gekennzeichnete Informationsfunktion einerseits, Gestaltungsaufgabe andererseits wahr? Berichtet sie verläßlich, informativ und einigermaßen „erschöpfend" oder erweisen sich die abgedruckten Artikel mehr als Zufallsprodukte (wie die „Versammlung" von Beiträgen so mancher Festschrift[58] wegen ihrer „Schubladenherkunft")?

---

[56] Solche Rechtsvergleichung als *Literaturvergleichung* ist ein reizvolles Desiderat der Forschung. So lohnte sich sehr, das US-amerikanische Zeitschriftenwesen auf dem Gebiet der Rechtswissenschaften mit dem deutschen zu vergleichen. Es würden sich dabei wohl viele Unterschiede zeigen. Die deutschsprachigen Rechtszeitschriften, d. h. die Österreichs und der Schweiz, weisen demgegenüber verglichen mit den bundesdeutschen wohl weniger Unterschiede auf. Das Rechtszeitschriftenwesen in totalitären Staaten wäre indessen ein gut kontrastierendes „Modell". Diese Vergleichung sollte zusätzlich in der *historischen* Dimension praktiziert werden.

[57] Eine *sozialwissenschaftlichen* Anforderungen zu unserem Thema genügende Studie müßte freilich letztlich mit „Messungen" arbeiten – sofern und soweit „Wissenschaft" quantitativ meßbar ist. Solche „Messungen" hätten sich z. B. zu erstrekken auf die Häufigkeit, in der das in der jeweiligen Zeitschrift Veröffentlichte anderwärts zitiert wird, wobei dann alle Literaturgattungen zu berücksichtigen wären: von den anderen Zeitschriften angefangen über Bücher, Festschriftenaufsätze, Handbücher, Kommentare, Lexikonartikel etc. Einige Fragen in *P. Häberle/A. Blankenagel,* Fußnoten als Instrument der Rechts-Wissenschaft, in: Rechtstheorie 19, 1988, S. 116 ff.

[58] Zu „Festschriften im Kraftfeld ihrer Adressaten": *P. Häberle,* AöR 105 (1980), S. 652 ff. (s. o. S. 180 ff.).

Ein Gebot der *Rezensionskultur* in bezug auf rechtswissenschaftliche Zeitschriften sollte das (innerdeutsch) *vergleichende Vorgehen* einerseits, der *regelmäßige Rhythmus* (etwa jedes Jahr oder alle drei oder fünf Jahre) andererseits sein.

Zunächst ein Wort zur Methode der *Vergleichung*. Sinnvoll wäre es, in der Besprechung *mehrere* Fachzeitschriften zu analysieren. Dadurch können Leistungen und Defizite besser beim Namen genannt werden. Aspekte eines solchen *„Leistungsvergleichs"* sollten sein:

Die Publizierung von pionierhaften *Grundsatz*artikeln, von eher „sammelnden" *Überblicks*artikeln, die personelle und sachliche *Pluralität* der Autoren, ohne daß hier einer harmonisierenden „Ausgewogenheit" das Wort geredet werden soll[59], die *Sensibilität* für aktuelle Themen, die Bereitschaft, noch unbekannten Autoren ein Forum zu bieten, die „Erfindung" und der Ausbau *neuerer Literaturformen,* etwa des Rechtsprechungsberichts (im „AöR") oder der Entscheidungsrezension (im Stile der „JuS").[60] Die „Glosse" als *Mischung* von „Journalismus" im besten Sinne des Wortes und Wissenschaft ist ebenfalls eine Literaturform, die (nur) einige Zeitschriften auszeichnet (vor allem die JZ, mitunter – früher – auch das AöR).[61] Auf die spezifischen Anforderungen an den Rezensionsteil von Zeitschriften sei verwiesen.[62]

Solches *vergleichendes* Vorgehen könnte Licht und Schatten des Wissenschaftsprozesses einer Rechtskultur in der *historischen* Dimension widerspiegeln, in dem das Zeitschriftenwesen ein Teil ist. Es ließe die „Konkurrenz" besser transparent werden, in der die Zeitschriften untereinander stehen. Der Vergleich könnte Informations- und Zubringer-Arbeit auch für die Wissenschaftler leisten, die nur wenige Zeitschriften verfolgen können. Gerade im öffentlich-rechtlichen Bereich ist in den letzten Jahren durch die (notwendige?) Neugründung einer Vielzahl von Zeitschriften eine Situation entstanden, die durch *Über*information zur *Des*information führen kann.

---

59 Zum Problem: *M. Kloepfer,* Durch pluralistische Verfassungswissenschaft zum einseitigen Medienrechtskonzept, AfP 1983, S. 447 ff.

60 So ist z.B. die Rubrik *„Thema des Tages"* in der Zeitschrift für Politik (z.B. XXXII, 1986), S. 1 ff. (*W. Kaltefleiter,* Ordnungspolitische Probleme der neuen Medien) eine interessante Neuerung, die Beobachtung verdient; s. auch *B. Groys,* Perestrojka, ZfP Jg. 34 (1987), S. 331 ff. – Beifall verdient die Sparte *„Echo"* (auf JuS-Aufsätze) in der Zeitschrift JuS, z.B. 1988, S. 328.

61 JZ 1963, S. 516 f. *(W. Rudolf);* 1966, S. 150 *(G. Dürig);* 1968, S. 35 *(H. F. Zacher);* 1971, S. 301 *(T. Oppermann);* 1972, S. 60 f. *(W. Henke);* zuletzt: JZ 1987, S. 506 *(H. Lecheler).* – AöR 91 (1966), S. 113 *(G. Dürig);* 92 (1967), S. 254 *(P. Lerche);* 97 (1972), S. 596 *(H. Dichgans).* Die letzten Jahre zeigen hier ein bedauerliches Defizit.

62 Dazu *P. Häberle,* Rezensierte Verfassungsrechtswissenschaft, 1982, S. 63 ff.

Der Zeitschriften*vergleich* ist freilich erst dann sinnvoll, wenn ein *größerer zeitlicher Abstand* eingehalten wird. Gewiß entfaltet eine monatliche „Zeitschriftenschau“ wie die der „Juristischen Arbeitsblätter“ ihren vor allem für den Studenten ergiebigen praktischen Sinn: er kann sich rasch über „Prüfungsrelevantes“ informieren. Die hier geforderte *Rezensionskultur* im Blick auf rechtswissenschaftliche Zeitschriften hat indes primär *wissenschaftlichen* Sinn: durch „teilnehmende Beobachtung“ soll erarbeitet werden, welche Leistungen die einzelnen Zeitschriften und mittelbar auch das Zeitschriftenwesen als Literaturgattung im ganzen für die Rechtskultur erbringt und erbringen kann. Hierfür ist ein „längerer Atem“ notwendig: Darum empfiehlt sich eine vergleichende Rezension wohl nur in größeren Zeitabständen: etwa jedes Jahr oder alle 3 oder 5 Jahre – wenn man will, auch im „Jubiläums-Rhythmus“ von 5 oder 10 Jahren. Nur so lassen sich Entwicklungen, Leistungssteigerung und -abfall diagnostizieren. Jedenfalls ist ein *Regel*-Rhythmus erforderlich. Es genügt also nicht – wie weithin üblich –, nur *neue* Zeitschriften zu kommentieren, etwa im Blick auf ihren *ersten* Jahrgang und später über sie zu schweigen. Denkbar erscheint auf lange Sicht, daß der hier geforderte Zeitschriftenvergleich zu einem Teil der Zeitungs- bzw. Zeitschriftenwissenschaft wird, also nicht nur (Rechts-)Wissenschaft ist.

Dank derartiger *vergleichender* und *regelmäßiger* Rezensionsarbeit könnte klarer werden, was die spezifischen Möglichkeiten und Grenzen der juristischen Fachzeitschriften als *Literaturgattung* sind. Die Fachzeitschriften[63] stehen ja neben Literaturformen wie Büchern, Handbüchern, Lexika etc. So sehr es Überschneidungen geben mag, so *eigenständig* ist die Literaturgattung „Fachzeitschrift“. Vorläufig lassen sich als Charakteristika der Fachzeitschrift mit Relevanz für den *Rezensenten* benennen:

- Die *rasche* („tagesbezogene“, wochen- oder monatsbezogene) *regelmäßige* Folge ihres Erscheinens von der Wochenzeitschrift über die Monatszeitschrift (z.B. MDR) bis zur Vierteljahreszeitschrift (z.B. KritV). Manches deutet daraufhin, daß die Zeitschriften rascher gelesen – aber auch rascher vergessen – werden. Im Rezeptionsprozeß der Wissenschaften entfalten sie vielleicht zunächst größere „Tages“-Wirkung als Bücher, mittel- und langfristig dürfte das Buch indes (immer noch) intensiver wirken. Das Lexikon denkt per se an Generationen, wohl auch das Handbuch.[64] Ein gewisser Gradmesser für die Richtigkeit dieser These dürfte darin zu finden sein, daß Zeitschriftenaufsätze in unserer schnellebigen

[63] Zum Begriff der „Fachzeitschrift“ im Gegensatz zu den Zeitschriften oder sonstigen periodisch erscheinenden Druckschriften mit relativen Vorteilen des Postzeitungsdienstes gegenüber dem Versand als Drucksache (Kriterium des „alleinigen“ Zwecks der Unterrichtung der Öffentlichkeit): BVerwGE 78, 184 (186).

[64] Dazu *meine* Überlegungen in: JZ 1985, S. 524 ff.

Zeit seltener in repräsentativen Werken (etwa der „Wissenschaftlichen Buchgesellschaft") wieder abgedruckt werden als Festschriftenbeiträge oder andere Abhandlungen.

- Die Tagungs*vor*bereitung und Tagungs*nach*bereitung bildet eine spezifische Aufgabe von wissenschaftlichen Fachzeitschriften. Bücher vermögen hier kaum zu konkurrieren, allenfalls dann, wenn sie „ungewollt" einer Tagung das Stichwort geliefert haben. Freilich gibt es in der deutschen Staatsrechtslehre Anzeichen dafür, daß hier und heute mitunter des Guten zuviel getan wird: Wenn zu *einer* Tagung jetzt 5 Begleitaufsätze erscheinen (in der NJW, DÖV, NVwZ, DVBl. und den BayVBl)[65], so kann dies Nachteile haben: die Tagung selbst wird buchstäblich „verstopft", die Referenten sind kaum (mehr) zu beneiden. Das sollte der Zeitschriftenrezensent „monieren".
- Die *Nach*bereitung von Tagungen ist ebenfalls eine Domäne von Zeitschriften. Tagungsberichte bilden eine *erste* Phase des beginnenden Rezeptionsprozesses[66] und sie sind entsprechend wichtig.
- Das *Rezensionswesen* im Blick auf juristische Bücher kann im Grunde allein von den *Fach*zeitschriften geleistet werden: die allgemeinen Tageszeitungen arbeiten hier nur punktuell und eher auf das „gebildete Publikum" zielend.
- Das *kommentierende Erfassen* der höchstrichterlichen Rechtsprechung ist Sache der Fachzeitschriften – im „ersten Zugriff", z.T. in Konkurrenz mit den Tageszeitungen einerseits und als „erster Akt" eines Kommentierungs- und Rezeptionsprozesses andererseits[67], der dann an andere Literaturgattungen weiter- und übergeht (z.B. den Rechtsprechungsbericht, der einen längeren Zeitraum zum Gegenstand hat, oder den „Kommentar").
- Der *Grad der Spezialisierung* bildet *kein allgemeines* Kriterium für juristische Fachzeitschriften. Sie sind hier an ihrem eigenen „Programm" zu messen. Nur im ganzen eines (nationalen) Wissenschaftsprozesses läßt sich die Frage stellen, ob nicht zu viele spezielle Juristische Fachzeitschriften den Markt „überschwemmen". Freilich darf das *Berufsspezifische* des Adressatenkreises nicht übersehen werden: Der „Betriebsbera-

---

[65] So etwa zur Vorbereitung der Staatsrechtslehrertagung 1987 in Passau: DVBl. 1987, S. 857 ff. und S. 866 ff.; NVwZ 1987, S. 737 ff., 744 ff.; BayVBl. 1987, S. 513 ff., 545 ff.; NJW 1987, S. 2329 ff. und 2338 ff.; DÖV 1987, S. 749 ff., 1052 ff.

[66] Regelmäßig z.B. in AöR (zuletzt 112 [1987], S. 264 ff.), seit kurzem nicht mehr in DÖV(!), statt dessen wird aber der jeweilige VVDStRL-Band rezensiert, z.B. DÖV 1987, S. 792 (Bespr. von Bd. 44 [1986] durch *W. Zeh*).

[67] Einzelheiten in *meiner* Kommentierten Verfassungsrechtsprechung, 1979, S. 9 ff.

ter" oder das „Gewerbearchiv", auch die „Sozialgerichtsbarkeit", haben ihre besondere unverzichtbare Funktion im Blick auf die „Übersetzung" von Wissenschaft und Rechtsprechung an bzw. für den Adressatenkreis der Industrie und Arbeitswelt bzw. des Gewerbes und der Praktiker des Sozialrechts. Der Adressatenkreis ist also bei jeder Bewertung bzw. Rezension im Auge zu behalten.

- Das Engagement in bestehenden *Kontroversen,* die „Einleitung" neuer und die (in der Wissenschaft ja immer nur „vorläufige") Beendigung alter Kontroversen ist sicher ein Gradmesser für das Leistungsvermögen einer juristischen Fachzeitschrift. Wenn sie etwa jahrelang an wichtigen Themen „vorbeilebt" oder nur aus „zweiter Hand" arbeitet (was bei betont auf die juristische Ausbildung zielenden Zeitschriften aber legitim ist), so hat sie eine wesentliche Aufgabe verfehlt. Die Fachzeitschrift soll dem wissenschaftlichen Prozeß „vorarbeiten", ihn begleiten und ihn „nacharbeiten", sie soll ihn aktiv mitgestalten und so auch auf die Praxis ausstrahlen. Eine allzu „esoterische" Themenwahl mag manchmal bei sehr spezialisierten Zeitschriften (z. B. dem „Wissenschaftsrecht" oder der ZevKR) notwendig sein, doch bestehen auch hier Grenzen: Die Fachzeitschrift darf sich nicht ganz von den allgemeinen Entwicklungen der Rechtswissenschaft abkoppeln.
- Wenn bestimmte Zeitschriften ihr Erscheinen einstellen, so sollte das vermerkt und kommentiert werden – als Pendant zur Rezension eines ersten Jahrgangs oder einer Wiederbegründung.
- Der Wechsel im Herausgeberkreis wäre, sofern er sich im Zuschnitt und Programm einer Zeitschrift niederschlägt, ebenfalls „kommentarmäßig" zur Sprache zu bringen.
- Vielleicht ist die regelmäßige (jahrgangsmäßige) Rezension *ausländischer* Zeitschriften mit allgemeinen öffentlich-rechtlichen Themen von besonderer Dringlichkeit, zumal im Zeichen rechtsvergleichender Arbeit am Typus „Verfassungsstaat".

IV. Zusammenfassung und Ausblick: Das Zeitschriften- und Rezensionswesen als unentbehrliche Literaturgattung im Kraftfeld lebendiger Verfassungskultur

Zusammenfassend ergibt sich: Die bundesdeutsche Rezensionskultur ist im Blick auf wissenschaftliche *Zeitschriften* vor allem des öffentlichen Rechts zu erweitern; das heutige Defizit abzubauen, erweist sich als Desiderat von Praxis und Theorie. Das bedeutet eine Verbreiterung des Spektrums des wissenschaftlichen Austausches, eine Intensivierung des Gesprächs zwischen Theorie und Praxis und eine Bereicherung der Vielfalt der Literaturgattungen. In dem Maße, wie heute *Fachzeitschriften* immer wichtiger geworden sind und den Büchern fast „den Rang“ abzulaufen beginnen, muß die „Rezensierte Verfassungs- und Verwaltungsrechtswissenschaft“ antworten: indem sie sich als kritischer Partner auch der juristischen *Zeitschriften* konstituiert. Der „Fachmann“ vermag heute schwerlich mehr *alle* einschlägigen Rechtszeitschriften im einzelnen zu verfolgen. Kämen ihm regelmäßig einschlägige Rezensionen „ins Haus“, vermöchte er sich besser, d.h. im *Zusammenhang* auf dem laufenden zu halten. Überdies könnte sich der Einfluß so mancher – im allgemeinen kaum mehr „wahrgenommenen“ – Spezialzeitschrift steigern.

Damit würde überdies gute Vorarbeit für spätere verfassungs- und verwaltungs- bzw. wissenschafts*geschichtliche* Forschungen geleistet. Aber auch den für eine Zeitschrift im Heute Verantwortlichen wäre ein guter Dienst getan: sie erhielten Hilfe „von außerhalb“. Der Rezensent besitzt mehr kritische Distanz als der Herausgeber bzw. geschäftsführende Redakteur. Der „maßnehmende“ Vergleich mit der juristischen „Konkurrenz“-Zeitschrift (wenn vorhanden) allein genügt nicht.

Da die hier erhobene Forderung wissenschaftstheoretisches Neuland begeht, muß *experimentiert* werden. Das gilt vor allem für Fragen wie: äußerer Umfang und innere Gestaltung von Zeitschriftenrezensionen, ihre Häufigkeit in zeitlicher Hinsicht, alle drei, fünf oder acht Jahre?, „Zwischensumme“ schon jährlich? Fruchtbar erscheint besonders die *vergleichende* Besprechung: Der Rezensent müßte sich mehrere Jahresbände *verschiedener* (mindestens zweier) Rechts-Zeitschriften „vornehmen“. Damit läge ihm mehr Vergleichsmaterial vor, so daß seine Wertungen fundierter würden.

Die damit umrissene Aufgabe der Rezension juristischer Fachzeitschriften versteht sich wohlgemerkt als Aufgabe *gegenwarts*bezogener Rechtswissenschaft, nicht als Teil der Rechts- oder Verfassungs- bzw. Verwaltungs*geschichte*. Im Rückblick den Zeitgeist einer bestimmten Epochen *historisch* zu erfassen, mag im Spiegel der Auswertung von Zeitschriften allerdings besonders lohnend sein. Hier erweist sich das Defizit bislang als geringer.[68]

---

[68] So hat etwa *Hans Peter Schwarz* in seinem Buch „Vom Reich zur Bundesrepublik“, 1966 unter dem Stichwort „Publizistische Verfechter der Blockfreiheit“ und „Publizistische Verfechter der Westintegration“ bestimmte Zeitschriften untersucht (ebd. S. 347 ff. bzw. S. 393 ff.). – *M. Stolleis* bezieht in seiner Arbeit über die „Gemeinwohlformeln im nationalsozialistischen Recht“, 1974, die Fach-Zeitschriften als Hebel der Umsetzung der Parole „Gemeinnutz vor Eigennutz“ ins geltende Recht ganz gezielt und mit reichem Ertrag ein (z.B. S. 78, 80, 90); zuletzt: *B. Rüthers/M. Schmitt,* Die juristische Fachpresse nach der Machtergreifung der Nationalsozialisten, JZ 1988, S. 369 ff. – s. im übrigen oben Anm. 2 f.

Anliegen dieser Zeilen ist es, das Rezensieren und Kommentieren von Zeitschriften *im Heute* zum „normalen" Feld der Besprechungsarbeit zu machen – so wie das Rezensieren und Kommentieren von Büchern oder Gerichtsentscheidungen seit langem einen selbstverständlichen Bestandteil unserer deutschen Rechts- und Wissenschaftskultur bildet. Man wird entgegnen, daß schon jetzt die Fülle der Neuerscheinungen an Büchern rezensionsmäßig gar nicht mehr verarbeitet werden kann. Das ist indes kein durchschlagender Einwand gegen die grundsätzliche Etablierung einer Sparte „Rezension von Zeitschriften" in einigen Publikationsorganen. Es genügt, wenn die eine oder andere „repräsentative" Zeitschrift im Rezensionswesen gründlich zur Kenntnis genommen wird: in der Überzeugung, daß im weitgehenden Fehlen dieser „Sparte" ein echtes Defizit der Wissenschaft vom öffentlichen Recht liegt.

Im ganzen einer lebendigen Rechts- und Wissenschaftskultur gesehen, erfüllen Zeitschriften eine unverzichtbare *Informations-, Produktions- und Rezeptionsfunktion.* Neben und mit den anderen Literaturgattungen, z. T. mit ihnen „konkurrierend", z. T. ihnen (zeitlich) *vor*arbeitend, z. T. ihnen *nach*arbeitend (in ihrem Rezensionsteil) sind sie Faktor *und* Spiegel der Rechtsentwicklung. Was könnte näher liegen, als ihnen und der wissenschaftlichen und allgemeinen Öffentlichkeit dies bewußt und einsichtig zu machen, indem eine eigene Rubrik „Rezensionswesen in bezug auf wissenschaftliche Zeitschriften" kontinuierlich gepflegt wird?

Die Vitalität und Qualität einer *Verfassung* hängt auch vom Formenreichtum der sie mit begründenden *Literaturgattungen* ab. Denn jede Literaturform ist ein Beitrag zur Verfassungskultur als einem lebenden Ganzen. Hier mögen manche alte Formen absterben, neue hinzukommen oder Mischformen entstehen. Entscheidend bleibt die Bereitschaft aller Beteiligten, nach neuen Möglichkeiten Ausschau zu halten und sie zu erproben. Die jetzt vorgeschlagene Literatursparte „Zeitschriftenrezensionen" in verschiedenen Varianten ist ein solcher Versuch.

Der *Ausblick* führt in größere Zusammenhänge: Die Offenheit der Wissenschaft des öffentlichen Rechts in sachlicher und formaler Hinsicht verlangt immer neu die Frage zu stellen, ob ihre bisherigen Inhalte und (Literatur-)Formen sensibel genug sind, der Entwicklung des Verfassungsstaates gerecht zu werden. Der im allgemeinen wachsenden Bedeutung des juristischen Zeitschriftenwesens entspräche es, der für Bücher schon klassischen Kunstform der Rezension als „kritischen Partner" stärker die *Zeitschriften*rezension zur Seite zu stellen. Zeitschriften sollten nach bestimmten „Kunstregeln" besprochen werden – zu wichtig sind sie heute im ganzen des offenen Wissenschaftsprozesses.

Die Wissenschaft vom Typus „Verfassungsstaat", d. h. die *Verfassungslehre* lebt nicht nur aus den objektiven – positiven – Rechtstexten der nationalen Verfassunggeber sowie aus dem, was Rechtsprechung und Wissenschaft *inhaltlich* „hinzugeben", sie lebt auch aus und in dem „Wie", d.h. dem, was die verschiedenen *Arten* von Literaturgattungen in spezifischer Form also *„formal"* erarbeiten, vorschlagen und für gut heißen. Strukturen und Funktionen der für die Verfassungslehre relevanten einzelnen (vor allem juristischen) Literaturgattungen bilden ein unentbehrliches eigenes „Thema" der Verfassungslehre.[69]

Diese muß sich bewußt machen, daß sie *sich auch* aus der Fülle der Literaturgattungen selbst *konstituiert*. Die *Verschiedenheit* der Literaturgattungen, ihre wachsende Ausdifferenzierung und spätere Zusammenführung bildet *eine* Bedingung für die Entwicklung des Typus „Verfassungsstaat". Dieser lebt im Spektrum *vieler* Literaturen. Sie bilden seinen „Überbau" und „Unterbau" mit, ohne daß mit diesem hierarchischen Bild Wertungen verbunden seien.

Da das rechtswissenschaftliche Zeitschriftenwesen – wie gezeigt – unentbehrliche Funktionen im Kraftfeld einer lebendigen Verfassungskultur hat, sollte sich seiner die Rezensentengesellschaft entschiedener und überlegter annehmen als bisher.[70]

---

[69] Näheres in *meinem* Beitrag in der St. Galler FS für Kaufmann, 1988, S. 58 ff. („Verfassungslehre im Kraftfeld der rechtswissenschaftlichen Literaturgattungen: Zehn Arbeitsthesen").

[70] Vgl. soeben *H. Heckhausen,* Zur Rolle und Bedeutung wissenschaftlicher Fachgesellschaften, in: Mitt. des Hochschulverbandes 2/1988, S. 68 (70), der den Fachzeitschriften drei Funktionen (Kommunikation, Auslese und Dokumentation) und den Herausgebern eine „Wächter- und Erzieherfunktion" zuspricht (auch: „Schleusenwärter der individuellen Wissenschaftler-Karrieren").

Besprechung der „Beiträge zum Verfassungs- und Wirtschaftsrecht“* (1989)

1. Trennendes und Gemeinsames, Wechselwirkungen und Rezeptionsprozesse zwischen der *österreichischen* und *deutschen* Staatsrechtslehre darzustellen – heute wie in Weimar und im 19. Jahrhundert –, wäre ein lohnendes Forschungsprogramm. Zu untersuchen wären die gemeinsamen bzw. unterschiedlichen Themen und Methoden, aber auch die gemeinsamen oder getrennten Foren bis hin zur Deutschen Staatsrechtslehrervereinigung. Die Pionierleistungen (in Österreich die Verfassungsgerichtsbarkeit und die Methodenkontroverse), die Austauschprozesse auf der Ebene der einzelnen Literaturgattungen müßten ebenso behandelt werden wie die personalen Verflechtungen, wechselseitigen Berufungen, Kooperationsformen in der wissenschaftlichen Literatur etc. Bislang fehlt eine Arbeit, die, kongenial der Studie von *D. Schindler* („Die Staatslehre der Schweiz“, JöR 25 [1976], S. 255 ff.), die Staatsrechtslehre in Österreich darstellt; in ihren Besonderheiten, Stärken, ggf. auch „Schwächen“, in ihren Schulenbildungen (z.B. in Wien und Innsbruck) und ihrer Österreich übergreifenden Wirkungsgeschichte. Die einzelnen Verfassungsstaaten sind ohne ihre je nationale „Staatsrechtslehre als Literatur“ jedenfalls nicht zu denken, und die drei deutschsprachigen Länder Österreich, Schweiz, BR Deutschland stehen sich auch insofern besonders nahe. Ein eigenes Themenfeld wäre das Geben und Nehmen zwischen den Verfassungsgerichten, besonders dem Österreichischen und dem deutschen BVerfG (vgl. Sondervotum *Rupp-v. Brünneck/Simon,* BVerfGE 39, 68 [70 f.]), und so manche „Wellenbewegung“ könnte auch auf der Gesetzgebungsebene beobachtet werden, z.B. in Sachen Arbeitszeitrecht an Sonn- und Feiertagen (dazu *P. Häberle,* Der Sonntag als Verfassungsprinzip, 1988, S. 84 Anm. 237) oder auf der Ebene der Verfassungstexte (vgl. etwa Art. 1 Abs. 1 S. 2 Verf. Vorarlberg bzw. Art. 4 Abs. 2 Verf. Baden-Württemberg).

Zu den Foren, die Österreich und die BR Deutschland in Sachen Verfassungsrecht spezifisch zusammenführen, gehört neben der Tagung der Europäischen Verfassungsgerichte, der deutschen Staatsrechtslehrertagung und der Tagung der wissenschaftlichen Mitarbeiter der Fachrichtung „Öffentliches Recht“ die Literaturgattung *„Festschrift“*. In ihr können sich die Um-

---

* Festschrift für Günther Winkler, Herausgegeben von B. Raschauer, 1989, XI, 300 Seiten, Springer-Verlag Wien, New York.

risse einer übernationalen Wissenschaftlergemeinschaft spiegeln, die, dank der Ausstrahlungswirkung einer Persönlichkeit, grenzüberschreitend wirkt. Ein Beispiel ist etwa die FS *Hans R. Klecatsky* (1980, dazu AöR 106 [1981], S. 655 ff.).

2. Die hier anzuzeigende Festschrift für *G. Winkler* gilt einem Staatsrechtslehrer, der auf dem Forum der VDStRL intensiv nach Deutschland und in die Schweiz hinein wirkte – *Winkler* referierte mit *G. Leibholz* über das Thema „Staat und Verbände" (VVDStRL 24 [1966], S. 34 ff.), er war auch in vielen Debatten als Diskussionsredner präsent (z.B. VVDStRL 25 [1967], S. 422 f.; 31 [1973], S. 290 ff.; vgl. auch seinen „Länderbericht" in VVDStRL 36 [1978], S. 119 ff.) und er amtierte 1981/82 als Vorsitzender der VDStRL. Die Festschrift ist – als die zum 60. Geburtstag des Jubilars veröffentlichte – wohl bewußt als „kleine" und d.h. auch vor allem als österreichische konzipiert (vgl. das Vorwort der „Gratulanten": eine „große Festschrift" ist „[noch] nicht angebracht"). Das zeigt sich an den Themen, ihrer Behandlung und an dem Kreis der Mitwirkenden. (*G. Ress* ist der einzige Nicht-Österreicher.) Doch spricht neben den Geburtstags-Kolloquien vieles für derartige „kleine" Festschriften (man denke nur an die *O. Bachof* 1984 gewidmete): ist sie doch „persönlicher" und vermag auch und gerade sie das intensive Wirken eines Jubilars im Kreis der Schüler und Freunde zum Ausdruck zu bringen.

Die Festschrift für *Winkler* hat fast „familiäre" Züge und sie spiegelt die vielen Wirkebenen und Lebensleistungen des Jubilars (Rektor in Wien, Schöpfer und Herausgeber der angesehenen österreichischen Publikationsreihe „Forschungen aus Staat und Recht" [begründet 1967, mit bisher 84 Bänden etc.]).

3. Auf eine Grußadresse des Verlegers *R. Siegle* (Springer Verlag) folgen ein „Vorwort der Gratulanten" sowie „Gruß und Glückwunsch" von *Walter Antoniolli.* Die anschließenden Beiträge widmen sich schwerpunktmäßig dem Verfassungs- und Wirtschaftsrecht. *F. Ermacora* behandelt den „Staat als Rechtsordnung" (S. 3–12) mit lesenswerten Überlegungen zum Wissenschaftszweig „Verfassungslehre". *H. P. Rill* befaßt sich mit Art. 5 und 6 EMRK, der Praxis der Straßburger Organe und des österreichischen VfGH (S. 13–38) – damit ist die für die Grundrechtskultur in Österreich so wichtige europäische Dimension präsent. „Verhältnismäßigkeitsgebot und Grundrechtsschutz" ist das Thema des tiefdringenden Beitrags von *R. Novak* (S. 39–69). Er bezieht auch die deutsche Literatur und Judikatur des BVerfG ein und intensiviert so das „Zwiegespräch" zwischen beiden Ländern (vgl. *H. P. Ipsen,* VVDStRL 31 [1973], S. 294 [Diskussion]). Die Studie versteht sich zugleich als Hommage an die „Wertbetrachtung" i.S. von *G. Winkler* (S. 39, 69). *G. Ress* steuert einen rechtsvergleichenden Beitrag zur „Relati-

vität von Rechtsbegriffen“ bei („Verwaltungsakt, Verordnung und subjektives Recht“, S. 71–90).

Die übrigen Beiträge können leider nur summarisch vermerkt werden: *C. Kopetzki,* der als Assistent wesentlich bei der Redaktion der Festschrift mitgewirkt hat, schreibt kenntnisreich über „berufliche Immunität und zivilrechtliche Haftung“ (S. 91–120). *K. Wenger,* selbst schon „Gegenstand“ einer Festschrift (1983, vgl. AöR 114 [1989]), geht dem Wirtschaftsrecht „als juristischer Disziplin“ im Spannungsfeld von Sein und Sollen nach (S. 121–147), *B. Raschauer,* verdienstvoller Herausgeber, der „wirtschaftlichen Zumutbarkeit“ (S. 149–189). *W. Barfuss* schreibt über „persönliche Gewerbeausübung und Wirtschaftstreuhänder-Berufsrecht“ (S. 171–189), *H. Haller* über „Regelungsdefizite und Vollzugsdefizite im Betriebsanlagenrecht nach der Gewerberechtsnovelle 1988“ (S. 191–221). Weitere Themen und Autoren sind: „Die Prüfung des Bedarfs bei öffentlichen Apotheken“ (*E. Puck,* S. 213 ff.), „Übergang und Verlegung konzessionierter öffentlicher Apotheken“ (*W. Wiederin,* S. 237 ff.), „Bürgerfreundliche Verwaltung“ (*H. Neuhofer,* S. 263 ff.) und „Die Regel des Spiels und das Spiel mit der Regel, Spieltheorie und Rechtswissenschaft“ (*G. Plöchl,* S. 281 ff.). Dieser Beitrag ist thematisch wie in der „Durchführung“ ebenso originell wie im engeren Sinne „nicht juristisch“ und eben darum eine Zierde jeder Festschrift. Der letzte Aufsatz „Ein Gedanke – ein Satz!“ stammt aus der Feder von *P. Bernàrd* (S. 297–300), der als ehemaliger Assistent des Jubilars einen vorwiegend heiteren Blick in dessen „Werkstatt“ erlaubt. Eine Bibliographie des Jubilars fehlt leider.

Im ganzen handelt es sich um eine im guten Sinne „subjektive“ und „kleine“ Festschrift, deren Beiträge durchweg von großer Zuneigung zum Jubilar *G. Winkler* geprägt sind. Sie ermutigt den, der an die spezifischen Aufgaben und Möglichkeiten einen Staatsrechtslehrers als *Lehrer* auch heute glaubt, als Lehrer für seine Schüler und Habilitanden sowie die Studenten ganz allgemein. Die Verknüpfung des pädagogischen *und* wissenschaftlichen „Eros“ hat ein anderer Österreicher auf der 1. VVDStRL-Tagung nach dem Kriege 1949 in Tübingen, nämlich *A. Merkl* in den großen Satz gekleidet (VVDStRL 8 [1950], S. 60): „Der Staatsrechtslehrer ist nicht nur ein Lehrer, er ist auch ein Hüter der Verfassung“. Das bleibt Chance und Mahnung.

Ein griechischer Staatsrechtslehrer in Deutschland* (1990)

I. Die deutsch-griechische Wissenschaftlergemeinschaft

Die Wissenschaft, insonderheit die Staatsrechtslehre, ist bei aller „Objektivität" und „Intersubjektivität", bei aller „Rationalität" und „Distanz" eine *höchstpersönliche* Sache. Sie wird von konkreten Personen gewagt, gestaltet, erlebt, mitunter auch erlitten, in „Schulen" und Freundeskreisen gleichsam kraft eines „kulturellen Generationenvertrags" weitervermittelt. Wissenschaftliche Höchstleistungen glücken nur unter Einsatz der ganzen Person, und mit großem Recht kann man in bezug auf einzelne Wissenschaftler rückblickend wie bei Künstlern von „Lebensleistung" sprechen.

Ist es heute schon schwer, innerhalb einer nach wie vor sehr stark auf den Nationalstaat fixierten Staatsrechtslehre wie der deutschen (und wohl auch griechischen) Lebensleistungen von Rang zu vollbringen, besonders selten gelingt es, zwischen zwei nationalen Wissenschaftler-Gemeinschaften persönlich eine tragfähige Brücke zu schlagen, mehr noch: sie innerlich zu verbinden. Dies ist nun schon in zwei Generationen dreimal im Verhältnis Griechenland/Deutschland geglückt. Einem *Hermann Mosler* ist der Brükkenbau zwischen Deutschland und Griechenland durch zwei prominente Schüler gelungen. Einmal *G. Papadimitriou,* jetzt Ordinarius für Staatsrecht am Fachbereich Politikwissenschaft an der Universität Athen; seine Dissertation: Die Stellung der allgemeinen Regeln des Völkerrechts im innerstaatlichen Recht unter Berücksichtigung der Rechtsordnungen Belgiens, der Bundesrepublik Deutschland und Griechenlands, Berlin 1972; zum anderen *G. Paschos,* jetzt Ordinarius für politische Wissenschaften am Fachbereich Rechtswissenschaft an der Universität Thessaloniki; seine Dissertation lautet: Das Einkommenssteuersystem Griechenlands, eine einführende Darstellung, Köln, 1983.

Es war *Ernst Forsthoff,* der in den 50er Jahren einen Kreis griechischer Schüler um sich scharte, die später zu renommierten Staatsrechtslehrern in Griechenland wurden. Insbesondere waren es *P. Dagtoglou* (Der Private in der Verwaltung als Fachmann und Interessenvertreter, 1964; Die Partei-

---

* Zugleich Besprechung von *D. T. Tsatsos,* Von der Würde des Staates zur Glaubwürdigkeit der Politik. Schriften zur Rechtstheorie, Heft 123. Berlin: Duncker & Humblot, 1987, 65 S.

presse, 1967; Kollegialorgane und Kollegialakte der Verwaltung, 1960) und *D. Kyriazis-Gouvelis,* der jetzt an der Pantios Universität Athen lehrt, damals über die Menschenwürde promovierte und später, 1984, in Berlin seine Arbeit „Magna charta, Palladium der Freiheiten oder Feudales Stablimentum" veröffentlicht hat. *Forsthoff* wirkte damals als Präsident des Verfassungsgerichtshofs von Zypern (1960–1962). In den 70er Jahren war es *K. A. Bettermann* in Hamburg, mittlerweile Ehrendoktor der Universität Thessaloniki, der manchen griechischen Schüler gefördert hat. Hervorgehoben sei *W. Skouris,* dessen Schrift „Teilnichtigkeit von Gesetzen" aus dem Jahre 1973 stammt. Unter den jüngeren Staatsrechtslehrern unserer Tage sind es zwei Griechen, die in einzigartiger Weise von Griechenland her zwischen den beiden Staatsrechtslehrergemeinschaften Brücken bauen und deutsche Schüler fördern: *P. Dagtoglou* (Athen/Regensburg) und *D. T. Tsatsos* (Athen/Hagen). Beide (übrigens auch *W. Skouris*) sind seit vielen Jahren Mitglieder der Deutschen Staatsrechtslehrervereinigung (*Dagtoglou* seit 1963, *Tsatsos* seit 1969). Sie leben ihren Schülern in Deutschland und Griechenland fruchtbar vor, was wissenschaftliches Gespräch zwischen zwei nationalen Gelehrten-Gemeinschaften sein kann[1]. *D. T. Tsatsos* konnte wegen seines Schicksals während der Diktatur in Griechenland – Gefangener im Folterlager im Jahre 1973 – seinen Schülern überzeugend seine Lehre von der Glaubwürdigkeit der Politik als Verhalten eines Lehrers vorleben.

Der *Typus* „Verfassungsstaat" ist seit 1776/1787/1789/1848 eine gemeineuropäische/atlantische *Gemeinschaftsleistung.* Es liegt nahe, daß die beiden Völker, denen wie dem griechischen und dem deutschen seit 1975 bzw. 1949 wieder *verfassungsstaatliche Verfassungen* geglückt sind, sich auch auf diesem Feld gegenseitig viel zu sagen haben. Kulturelle Produktionen und Rezeptionen, die heute weltweit „in Sachen Verfassungsstaat" stattfinden[2], können gerade zwischen den beiden Völkern fruchtbar sein, die sich auf den Gebieten von Kunst und Literatur, Philosophie und Menschentum seit Jahrhunderten so viel gegeben haben. Denn auch der Verfassungsstaat ist eine *kulturelle Errungenschaft* par excellence, ein Stück des allgemeinen kulturellen Erbes der Menschheit und zugleich Fundament ihrer Hoffnungen für die Zukunft. Der Beitrag der griechischen Antike zu den

---

[1] Unter der Anleitung von *D. Blumenwitz* (Würzburg) hat *T. Antoniou* jüngst eine beachtete Dissertation angefertigt (Europäische Integration und griechische Verfassung, 1985). Unter Anleitung von *Hans-Peter Schneider* hat *K. Chryssogonos* eine ebenso beachtliche Dissertation über das Thema „Verfassungsgerichtsbarkeit und Gesetzgebung" (Berlin 1989) geschrieben. Nicht unerwähnt darf *G. Kassimatis* bleiben, der bei *Theodor Maunz* über das Thema „Der Bereich der Regierung" promoviert hat. Sein Buch ist auch in Berlin erschienen (1967).

[2] Vgl. aus Anlaß von „40 Jahren Grundgesetz" die Tagung in Hagen: „Das Grundgesetz im internationalen Wirkungszusammenhang der Verfassungen", April 1989, veranstaltet von *D. T. Tsatsos* und *U. Battis.*

Elementen des Typus Verfassungsstaat ist oft verdeckt, aber gleichwohl von großer Wirksamkeit: man denke nur an den Zusammenhang von Gleichheit und Gerechtigkeit *(Aristoteles)* oder an die Lehre von der „gemischten Staatsform“ (heute als „gemischte Verfassung“ bekannt). Den Autoren des „Federalist“ in den USA waren die Klassiker Athens und Roms geläufig, und deren wissenschaftliche Erkenntnisse sind fast so etwas wie „kulturelle Gene“ der heutigen Staatsrechtslehre – jedenfalls dann, wenn man die Verfassungslehre „als Kulturwissenschaft“ wagt[3].

II. Zwei Repräsentanten

Was im großen das Gespräch „zwischen den Zeiten“ ist, bildet im kleineren das Gespräch unter den Autoren verschiedener Länder. Sind die Klassiker der Antike auch „Riesen“ und die Staatsrechtslehrer unserer Tage verglichen mit ihnen eher „Zwerge“ – auf den „*Schultern* von Riesen“, können sie da und dort ein Stück weiter sehen als diese, um im „Bild“ zu bleiben. Diese Vergegenwärtigung vermittelt der mühsamen Kärrnerarbeit unserer Tage ein Stück Legitimation. Wenn es aber wie in Gestalt von *P. Dagtoglou* und *D. T. Tsatsos* gelingt, daß zwei Repräsentanten der Gelehrten-Welt Griechenlands sich seit Jahrzehnten der deutschen Staatsrechtslehre öffnen, mehr noch: diese ihrerseits bereichern, dann bedeutet dies eine Ermutigung: auch im „Europa der Zwölf“.

D. T. Tsatsos hat seit 1962 zahlreiche wissenschaftliche Beiträge in original-deutscher Sprache verfaßt: Erinnert sei an die Rechtsprechungsrezension zum 1. Parteifinanzierungsurteil des BVerfG (E 20, 56, in: ZaöRV Bd. 26 [1966], S. 371 ff.), an mehrere *Monographien* (Der verwaltungsrechtliche Organstreit, 1969; Die parlamentarische Betätigung von öffentlichen Bediensteten, 1970; Die neue griechische Verfassung, 1980). In der Palette der *Literaturgattungen* findet sich das *Lehrbuch* („Einführung in das Grundgesetz“, 1976), der *Festschriften-Beitrag* („Ein Recht auf innerparteiliche Opposition?“, FS Mosler, 1983), und die *Rechtsprechungsrezension* („Zum Widerruf amtlicher ehrenkränkender Behauptungen“, JuS 1962, S. 98 ff.). Nach der zusammen mit *M. Morlok* verfaßten, viel beachteten Monographie „Parteienrecht“ (1982), legt er nun eine äußerlich schmale, in der Sache aber gewichtige Monographie vor, die hier besonders angezeigt sei: trägt sie doch Merkmale des „Spätwerks“ im besten Sinne des Wortes.

---

[3] Dazu *P. Häberle*, Verfassungslehre als Kulturwissenschaft, 1982; *ders.*, Klassikertexte im Verfassungsleben, 1981.

III. Das Werk von D. T. Tsatsos

1. Das Buch gliedert sich – nach einer „einleitenden Fragestellung“ und einer „terminologischen“ sowie „entwicklungsgeschichtlichen Vorbemerkung“ (S. 11–25) – in die Abschnitte „Ausschließliche Staatsbezogenheit des Legitimationspostulats?“ (S. 26–33), „Zur Theorie von der Würde des Staates“ (S. 34–36), „Legitimation durch Glaubwürdigkeit der konkreten Politik“ (S. 37–45), „Die Verfassungsrelevanz“ (S. 46–55) sowie „Schlußbemerkungen“ (S. 56–63).

Im einzelnen entwickelt *Tsatsos* folgende Gedanken: Die Anerkennung politischer Entscheidungen und der damit verbundene Legitimationsprozeß vollziehe sich auf *zwei* Ebenen: auf der des *„Systems überhaupt“* (grundsätzliche Infragestellung der bürgerlichen Demokratie) und auf der einer system*immanenten* Befragung (S. 12 f.), nur ihr gilt sein Buch. Im Vordergrund stehe die „verfaßte politische und gesellschaftliche Ordnung, aber nicht abstrakt und grundsätzlich, sondern in ihrer konkreten Funktion, ihrer alltäglichen Verwirklichung“ (S. 14). Die Legitimation ist nach *Tsatsos* der Prozeß, der auf die Anerkennungswürdigkeit der politischen Herrschaft abzielt (S. 16). Auf Überlegungen zum Begriff der „Legitimität“ im Mittelalter, in der Zeit des Wiener Kongresses und der französischen Revolution von 1789 folgt die These, erst im Konstitutionalismus habe die Legitimität „ihre gegenwartsbezogenen Konturen“ erlangt (S. 18 f.). Die entwicklungsgeschichtliche Vorbemerkung läßt *Tsatsos* in die „Wende zum Verfassungsstaat“ münden (S. 23): Die Entstehung des Verfassungsstaates der Gegenwart stellt „zugleich die Aufnahme der Legitimationsproblematik in die Substanz moderner Staatlichkeit dar“ (S. 25).

In seinen Hauptteilen untersucht *Tsatsos* das „Legitimationsproblem im Wandel der Beziehung von Staat und Gesellschaft“ (S. 26), wobei er die „gegenüberstellende Trennung von Staat und Gesellschaft“ ablehnt (S. 28 f.) – besonders im Blick auf die „Politisierung des Menschen, des Bürgers und der gesellschaftlichen Gruppierungen“ (S. 27: „Verbindung von Politisierung und Legitimation“). *Tsatsos* findet für seine Deutung „Bestätigung durch das Grundgesetz“ (S. 29 ff.): in Art. 21 GG als „interpretativer Überwindung der Trennung von Staat und Gesellschaft“, in „weiteren gesellschaftlichen Formulierungen als Faktoren des politischen Willensbildungsprozesses“ (z. B. Tarifautonomie, Streikrecht), in der vom GG dem Bürger anvertrauten „tragenden Funktion“ im politischen Willensbildungsprozeß (Grundrechte als „funktionelle Grundlage der Demokratie“)[4] z. B. in Gestalt

[4] Dazu *P. Häberle,* Die Wesensgehaltgarantie des Art. 19 Abs. 2 GG, 1. Aufl. 1962, S. 17 ff., 3. Aufl. 1983, S. 339 f.; ebenso *H.-P. Schneider,* Eigenart und Funktionen der Grundrechte im demokratischen Verfassungsstaat, in: *J. Perels* (Hrsg.), Grundrechte als Fundament der Demokratie, 1979, S. 11 (28).

der Versammlungsfreiheit als „Recht der aktiven Teilnahme am politischen Prozeß und somit Ausdruck der Volkssouveränität" (S. 32); schließlich sieht *Tsatsos* im Widerstandsrecht des Art. 20 Abs. 4 GG und in der rechtlichen Anerkennung von organisierten Interessengruppen durch die Exekutive (Anhörungsrechte nach § 23 GGO der Bundesministerien) weitere Argumente für die Folgerung, „daß die Legitimation nicht nur ein Problem der Staatsgewalt ist, sondern ein Problem der gesamten politischen Ordnung" (S. 33).

Der vor allem von *K. J. Partsch* in der Bonner Antrittsvorlesung „Von der Würde des Staates" (1967) vertretenen Theorie der „Würde des Staates"[5] hält *Tsatsos* seinen gedanklichen Weg „mit Respekt" entgegen (S. 35): „Würde kommt nur einem Individuum zu", „Würde ist eine *apriorische* Eigenschaft, sie ist von der konkreten Handlung des Würdigen unabhängig. Akzeptanz ist hingegen die *aposteriorische* Beziehung zwischen staatlicher und politischer Handlung und öffentlichem Bewußtsein" (S. 36), und „Die Demokratie entfaltet keine Würde; sie bewirkt Anerkennungswürdigkeit oder sie hört auf, Demokratie zu sein".

In dem zentralen Abschnitt „Legitimation durch Glaubwürdigkeit der konkreten Politik" (S. 37 ff.) stellt *Tsatsos* die These auf: „Die Anerkennungswürdigkeit der Institution (sc. z. B. des Bundeskanzlers, der Parteien, Verbände und Bürgerinitiativen) ist auch abhängig von der Glaubwürdigkeit der konkreten Politik" und er fährt fort: „Mit der Überwindung der Kluft zwischen Staat und Gesellschaft in der Demokratie bedürfen nicht nur die verfaßten Institutionen als solche, sondern auch die konkrete Politik als verfassungsrelevante Mitwirkung am politischen Willensbildungsprozeß der Legitimation." „Der demokratische Staat lebt nicht nur von seiner abstrakten Akzeptanz, sondern von der konkreten Resonanz."

Den Begriff „Glaubwürdigkeit" umschreibt *Tsatsos* als „Vertrauenswürdigkeit von Personen hinsichtlich ihrer Wahrhaftigkeit und Zuverlässigkeit in ihrem Verhalten, hier in der Wahrnehmung ihrer Rolle" (S. 41). Während „Würde" sprachtheoretisch „einstellig" sei, d.h. nur einen Bezugspunkt habe, nämlich den Inhaber der Würde, sei Glaubwürdigkeit „zweistellig": sie bezieht sich auf eine Person oder Aussagen („Glaubwürdigkeit setzt *Kommunikation* voraus").

Im folgenden Abschnitt untersucht *Tsatsos* die „Verfassungsrelevanz der konkreten Politik" (S. 46 ff.), etwa der Modalitäten der Staatspraxis und die Sorge um die Qualität der Funktionserfüllung durch die Haltung der Institutionsträger; ein positives Beispiel ist die Rede des deutschen Bundespräsidenten *R. v. Weizsäcker* vom 8. Mai 1985. Die Glaubwürdigkeit als Richt-

---

[5] s. auch die kritische Rezension von *K. Hesse,* in AöR 94 (1969), S. 165 ff.

schnur staatlichen Handelns entnimmt *Tsatsos* aus typischen verfassungsrechtlichen Handlungsrichtlinien, etwa dem freien Mandat (Art. 38 Abs. 1 S. 2 GG) oder den Statusbestimmungen zur Unabhängigkeit und Unparteilichkeit des Richters nach Art. 97, 98 GG (S. 50 f., 51). Darüberhinaus deutet *Tsatsos* die *Verfassungsauslegung* als „Bestandteil des Legitimationsprozesses“ (S. 53): Sie bedarf „als konkrete Politik der Legitimation durch politische Glaubwürdigkeit“ (S. 54). *Tsatsos* resümiert (S. 56): Legitimationsbedürftig ist *jede* verfassungsrelevante Mitwirkung am politischen Entscheidungsprozeß, Quelle der Legitimation ist die Glaubwürdigkeit der konkreten Politik. Ein solches Legitimationsverständnis entspricht auch der Logik des Grundgesetzes.

Abschließend deutet *Tsatsos* seinen eigenen Entwurf als „Fortschreibung und Konkretisierung“ der *Smendschen* Integrationslehre in fünffacher Hinsicht (S. 59 f.): Sein Ansatz sei „antipositivistisch“, die Abhängigkeit der Verfassung von ihrem eigenen Erfolg sei nur in „wirklichkeitsgerechter Sichtweise zu erfassen“. Daraus sind die historische Wandlungsfähigkeit und Wandlungsbedürftigkeit der Institutionen zu verstehen. Wie *Smend* gehe es ihm um die „Ausrichtung auf den einzelnen *Bürger*“ und um die starke Betonung der Volkssouveränität. Im Weimarer Streit zwischen *C. Schmitt* und *O. Kirchheimer* um das Verhältnis von Legitimität und Legalität votiert *Tsatsos* für *O. Kirchheimer* und gegen *C. Schmitt,* der die „Funktion des Legitimationsprinzips in der Verdrängung der Legalität gesehen hat“ (S. 61). Das BVerfG (E 67, 1, 43) hat eine Art „praktische Konkordanz“ in dem von *Tsatsos* beifällig zitierten Satz gewagt: „Nach dem Grundgesetz bedeutet verfassungsmäßige Legalität zugleich demokratische Legitimität“.

2. Ein Wort zur *Kritik,* zunächst im *Methodischen:* Das Buch ist „deutsch“, insofern es einen großen „Gelehrten-Apparat“ in Gestalt überaus materialreicher Fußnoten enthält. Es verarbeitet die angloamerikanische Literatur z.B. eines *S. M. Lipset* ebenso gekonnt wie die französische eines *M. Duverger* und *M. Miaille.* Es integriert die sozialwissenschaftlichen Fragestellungen eines *J. Habermas,* ohne das *Proprium* der Staatsrechtslehre, die *relative Eigenständigkeit* des Verfassungsrechts, zu vergessen. Die Verfassungsgeschichte ist ebenso integriert wie die Verfassungsrechts*dogmatik.* Insofern gelingt *Tsatsos* ein Stück „Verfassungslehre als *Integrationswissenschaft*“.

Zustimmung verdient auch die einfache, dem angelsächsischen verwandte *Sprache,* die sich positiv von der gängigen deutschen Gelehrtensprache abhebt. Die Methode, sich den schwierigsten Problemen in Gestalt von *Beispielen* zu nähern (z.B. S. 34), sollte Schule machen.

In der *Sache* bleiben einige Fragen, bei grundsätzlicher Zustimmung. Zwar ist es richtig, daß das GG „eine geradezu tragende Funktion im politischen Willensbildungsprozeß dem Bürger anvertraut“ (S. 30). Doch dann sollte man auch mit dem Bürger als „homo politicus“ (S. 31) bzw. seinen Grundrechten *beginnen,* und ihn nicht erst an zweiter Stelle *nach* den politischen Parteien bzw. der innerparteilichen Demokratie i. S. des Art. 21 GG behandeln (dies zu S. 30 f.). Die äußere Reihenfolge der Gliederung muß m. E. auch der inneren Rangfolge und Gewichtung der Argumente entsprechen. Vielleicht wurde *Tsatsos* als Autor hier durch seine eigene Lebensarbeit „verführt“: in ihr nehmen die politischen Parteien großen Raum ein (zuletzt etwa der Aufsatz: „Zu einer gemeinsamen europäischen Parteienrechtskultur“, DÖV 1988, S. 1 ff.). Das Gehirn jedes Forschers bleibt wohl auf „seine“ Themen so fixiert, daß es auch bei weitergreifenden Grundlagenarbeiten *zunächst* auf das eigene Spezialthema „geeicht“ ist[6].

Im übrigen verdient das Buch viel Beifall. Vor allem ist der Abschied von dem „Bild einer Würde des Staates“ überzeugend begründet. Mag dies eine Wendung *gegen* den akademischen Lehrer von *Tsatsos, K. J. Partsch,* implizieren, der Schüler bezeugt seinem Mentor durchgängig den gebotenen Respekt (S. 34 ff.). Im übrigen muß es auch in komplizierten Lehrer-Schüler-Verhältnissen erlaubt sein, daß der Jüngere zu neuen Ufern aufbricht, solange nicht die Herkunft von den „alten Ufern“ geleugnet wird. Insofern macht *Tsatsos* seinem Lehrer dann doch Ehre – indem er zum Teil auf seinen „Schultern“ steht. Die Verabschiedung der „Würde des Staates“ kann freilich nicht den Verzicht auf ein Stück „Selbstdarstellung“ auch des Verfassungsstaates bedeuten. Sie ist in dem Maße notwendig, wie er rationaler und irrationaler Konsensquellen bedarf, weil der *Mensch* „ratio“ *und* „emotio“ hat. Nur ist es nicht die Selbstdarstellung i. S. eines „über“ der Gemeinschaft der Freien und Gleichen angesiedelten Gebildes um seiner selbst willen. Überdies geht es um die Vergegenwärtigung der *Verfassung* und dem von ihr konstituierten Staat!

Heute, da der *Typus* „Verfassungsstaat“ in seinen Elementen „Grundrechte“, „Demokratie“, freie Wahlen als „Herrschaft auf Zeit“, Gewaltenteilung und Pluralismus einen ermutigenden „weltgeschichtlichen Legitimationsschub“ erfährt – man beobachte nur die Reformprozesse in der UdSSR, Ungarn und Polen – heute sollte man über *Tsatsos* „system*immanent*“ bleibende Untersuchung (S. 13) hinaus fragen: Ist der „weltgeschichtliche Ideo-

---

[6] *D. T. Tsatsos* ist neuerdings Herausgeber der vom Nomos-Verlag neu gegründeten „Schriftenreihe zum Parteienrecht“. Der erste Band erscheint bald und stellt das erste „Europäische Parteienrecht im Vergleich“ dar, an dem namhafte Fachvertreter aus den zwölf EG-Staaten mitwirken und der von *D. T. Tsatsos, D. Schefold* und *H.-P. Schneider* herausgegeben und eingeleitet wird.

logiekonflikt" (S. 13) nicht *zugunsten* des *Typus* „Verfassungsstaat" entschieden und muß es heute nicht „nur" darum gehen, ob er den *neuen Herausforderungen* in Sachen „Umwelt", „Dritte Welt" gewachsen ist? Eine weltgeschichtliche Pointe steckt freilich darin, daß es ausgerechnet die Notwendigkeit zu *Wirtschafts*reformen ist, die marxistische Staaten zu Elementen des Verfassungsstaates zwingt. Bleibt der Marxismus also doch eine Teil-Wahrheit?

Speziell der Staatsrechtslehre im seit dem 9. November 1989 eine neue „Einheit in Freiheit" suchenden *Deutschland* stellen sich viele Aufgaben: Man denke an die *Walesas* Polen zu verdankende Metapher für pluralistische Verfassunggebung: den *„runden Tisch"*, der Welt- und Verfassungsgeschichte macht. Er symbolisiert das gleichberechtigte Neben- und Miteinander im Ringen um Grundkonsens und einen Gesellschaftsvertrag. Der friedliche Kreis, im *„runden Tisch"* präsent, könnte so etwas wie ein „kulturelles Gen der Menschheit" sein bzw. im Blick auf moderne Verfassungsverträge werden (im 6. Jahrhundert etwa in „König *Artus'* Tafelrunde" virulent). Das Wir-Gefühl („We the people") findet hier ein kongeniales „Zeichen" für den Übergang von totalitären Strukturen zu den „werdenden" Verfassungsstaaten Osteuropas im Geist des Sich-Vertragens und Sich-Ertragens. Die Staatsrechtslehre sollte solche hohen Bilder und Symbole kulturwissenschaftlich erschließen (in Fortführung von VVDStRL 38 [1980], S. 114 ff.) und verhindern, daß sie sich in der Normalität des politischen Alltags abnutzen („Konzertierte Aktion"!). Aber auch die sich – „1789" parallel – in der DDR konstituierende *politische Öffentlichkeit* muß zu ihrem Thema werden: Die Reformen in Osteuropa, Vorformen der Verfassunggebung, wurden durch *Grundrechte* wie Demonstrationsfreiheit (als „Pressefreiheit von jedermann") erzwungen, Schritt für Schritt, ganz im Sinne der Stückwerkreform *Poppers,* stellt sich pluralistische Öffentlichkeit her. Das – pluralistische – Volk („*Wir* sind das Volk") *und* gewaltfrei abgetrotzte Grundrechtsausübung (grundgesetzlich gesprochen: Art. 1 und 20) fielen realiter *„in eins"*. Die Wiederbesinnung auf Gewaltenteilung und „Rechtsstaat", das Aufleben der Diskussion um einen „Bundesstaat" DDR, die identitätsbegründende Bedeutung von *Symbolen* wie alten Flaggen und Feiertagen (Ungarn) sowie die Demonstrationen an „Gegenfeiertagen" auf geschichtsträchtigen Plätzen (in Prag): all dies „erinnert" an Elemente des *Typus* „Verfassungsstaat", der sich in vielen Teilen bestätigt fühlen darf, aber keinen Grund zu Selbstgerechtigkeit hat (man denke nur an die bei uns zu weitgehende Identifizierung, statt Trennung von Partei und Staat: Parteifinanzierung, Fernsehräte!). *H. Kohls Dreistufenplan* zur Gewinnung einer deutschen Einheit (die „Vertragsgemeinschaft" *H. Modrows,* Konföderation und Föderation) darf sich durch den Weg der Schweiz von 1815–1848 ebenso ermutigt fühlen wie durch die analogen „Gemengelagen" in der deutschen Geschichte. Auch hier sollte die deutsche Staatsrechtslehre *vergleichend* mehr „wissenschaftliche Vorratspolitik" treiben, gut beraten durch die ausländische.

Das Grundanliegen des Buches von *Tsatsos* verdient volle *Zustimmung:* etwa der auch sprachlich schöne Passus, die politische Ordnung des GG lebe nicht nur „von ihrer abstrakten Akzeptanz, sondern auch von ihrer konkreten Resonanz" (S. 48) – man darf vermuten, daß solche geglückten Wendungen aus der *Vortragsform* stammen, in der die Monographie in Gestalt von Vorlesungen in Hagen, Bremen und Hannover (vgl. Vorwort) erprobt wurde. Das Bild vom GG als „Wertrahmenordnung im Wandel" (S. 46) ist ebenso fruchtbar wie der Hinweis auf die „geschichtliche Verantwortung der Verfassungsinterpreten" (S. 55)[7]. Das klare Wort zu, genauer *gegen C. Schmitt* (S. 61: er „suchte nach der Möglichkeit, die demokratische Verfassung von Weimar *als rechtliche Grundlage ihrer eigenen Negation hinzustellen*"), sollte auch in Deutschland gehört werden. Schließlich liefert *Tsatsos* neue Argumente zur Ablehnung der „gegenüberstellenden Trennung von Staat und Gesellschaft" (S. 28 f.).

3. *Im ganzen:* Das Buch von *Tsatsos* eröffnet eine neue Phase des deutsch-griechischen Dialogs in „Sachen Verfassungsstaat". So sehr es in der Nachfolge *R. Smends* steht und dies auch bekennt (S. 56 ff.), so sehr geht es eigene Wege. Man mag fragen, ob nicht jenes Stück von *H. Heller* beim Verständnis des Staates fehlt, das auch in Deutschland den Arbeiten eines *K. Hesse* (Grundzüge des Verfassungsrechts der BR Deutschland, 16. Aufl. 1988, S. 4, 9) beigemischt ist und das dem Verfassungsstaat kraft Organisation die Offenheit seiner Prozesse ermöglicht. Der Weg, von der *„Würde"* des *„Staates"* zur Glaub*„würdig"*keit der *Politik* zu gelangen, ist mehr als ein geglücktes Wortspiel: Es stellt alle Politik im Verfassungsstaat in den Dienst der Menschenwürde so wie aus dieser das „Maßgabegrundrecht auf Demokratie"[8] zu folgern ist. Möge auch in Griechenland das Buch von *Tsatsos* die starke Beachtung finden, die es in der deutschen Staatsrechtslehre verdient. Dies wäre ein weiterer Schritt auf dem Weg zu einer „Internationale der Staatsrechtslehre", die im Dienst der „Internationale des Verfassungsstaates" arbeitet: über das griechisch-deutsche Verhältnis hinaus, das ein *D. T. Tsatsos*[9] und *P. Dagtoglou* persönlich ebenso

---

[7] In Fortführung von *P. Häberle,* Die offene Gesellschaft der Verfassungsinterpreten, JZ 1975, S. 298 ff., auch in *ders.*, Die Verfassung des Pluralismus, 1980, S. 79 ff.

[8] Vgl. *meinen* Beitrag: Die Menschenwürde als Grundlage der staatlichen Gemeinschaft, in: Handbuch des Staatsrechts Bd. I 1987, S. 815 (848).

[9] Neueste Bespr. des Buches von *Tsatsos:* AöR 114 (1989), S. 336 f. *(M. Kriele)*; ARSP 1989, S. 282 f. *(H. Frohn).*

glaubwürdig wie wirkmächtig vorleben: im Blick auf gemeineuropäisches Verfassungsrecht.[10]

---

[10] Beim Brückenbau zwischen der griechischen und deutschen Wissenschaftlergemeinschaft erfüllen Zeitschriften und Jahrbücher, rechtsvergleichende Sammelwerke, auch Tagungen oder Symposien eine unverzichtbare Funktion. Hier einige Beispiele: EuGRZ 84, 345 f. (*O. Triffterer:* Kontroverse um Garantie der Menschenrechte in Griechenland); AöR 107 (1982), 215 ff. (*W. Skouris:* Grundfragen des Sachverständigenbeweises im Verwaltungsverfahren und im Verwaltungsprozeß); JöR 32 (1983), 355 ff. (*P. Dagtoglou:* Die griechische Verfassung von 1975), ebd. S. 395 ff. (*Iliopoulos-Strangas:* Grundrechtsschutz in Griechenland). – Als Beispiel für einen rechtsvergleichenden *Sammelband: P. Dagtoglou,* Die Verfassungsgerichtsbarkeit in Griechenland, in: C. Starck/A. Weber, Verfassungsgerichtsbarkeit in Westeuropa, I, 1986, S. 363 ff. – als Beispiel eines *Symposions* vgl. *W. Skouris,* Plebiszitäre Elemente im repräsentativen System, in: Das parlamentarische System der BR Deutschland auf dem Prüfstand, Seminar zum 70. Geburtstag von *K. A. Bettermann,* 1984, S. 77 ff.; *D. Evrigenis,* L'interaction ..., in: FS H. Mosler, 1983, S. 193 ff.; aus älterer Zeit: *T. Tsatsos,* Die verfassungsmäßige Gewährleistung der Religionsfreiheit in Griechenland, Festschrift für C. Schmitt, 1959, S. 221 ff.; *P. Dagtoulou*, Recht auf Rücktritt von den römischen Verträgen?, Festschrift für E. Forsthoff, 1972, S. 77 ff.

Die Staatsrechtslehre im Prozeß der deutschen Einigung* (1991)

1. Wie alle anderen Wissenschaften ist auch die Deutsche Staatsrechtslehre vom Prozeß der Einigung 1989/90 überrascht worden. Sie hat ihn nicht vorausgesehen und allenfalls auf eine sehr mittelbare Weise „befördert", im Verein mit dem Bundesverfassungsgericht, vor allem seinem Grundlagenvertragsurteil (BVerfGE 36, 1 = BayVBl. 1973, 490 [amtliche Leitsätze]; s. auch BVerfGE 77, 137 = BayVBl. 1988, 80). Die vielen Huldigungen zum 40jährigen Bestehen des GG[1] zeigen dies ebenso wie die an der Schwelle der ostdeutschen Oktoberrevolution liegende Staatsrechtslehrertagung in Hannover (1989). Immerhin sind dort Äußerungen der Referenten und einiger Diskutanten ganz offensichtlich schon von dem „Ereignis", vor allem dem Übersiedlerstrom, erfaßt[2]. Umso mehr muß die Staatsrechtslehre heute, nachdem die Vereinigung in Gang gekommen und durch den „Beitritt" nach Art. 23 GG geglückt ist, nach Maßgabe ihrer Kompetenz mithelfen, die Spätfolgen der deutschen Teilung und die Chancen der Vereinigung aufzuarbeiten. Sie hat den Weg über Art. 23 GG zwar schwerlich „gesteuert", auch wenn viele Staatsrechtslehrer sich hier literarisch engagierten[3]; sie hat in Gestalt der Vertreter, die Art. 146 GG oder eine kombinierte Lösung[4] befürwortet haben, auch schwerlich Folgen für den politischen Lauf der Dinge gezeitigt, so bemerkenswert es ist, daß in Art. 5 des

---

* Zugleich Besprechung von *J. A. Frowein/J. Isensee/C. Tomuschat/A. Randelzhofer,* Deutschlands aktuelle Verfassungslage, VVDStRL 49 (1990), de Gruyter Verlag. 203 S.

1 Vgl. etwa *H. P. Ipsen,* 40 Jahre Grundgesetz der Bundesrepublik Deutschland, JöR 38 (1989), S. 1 ff.; *P. Häberle,* Das GG und die Herausforderungen der Zukunft Festschrift für Dürig, 1990, S. 3 ff.; *K. Stern,* Das GG im fünften Jahrzehnt seiner Geltung …, Rechtstheorie 1990, S. 1 ff.; ferner NJW 1989, 1305 ff. (mit Beiträgen von *Grimm, Kröger, Robbers* und *Pieroth*); DÖV 1989, 465 ff. (mit Beiträgen von *Herzog, Morsey, Sendler, Badura* und *Thieme*); s. auch *P. Kirchhof,* Gegenwartsfragen an das Grundgesetz, JZ 1989, 453 ff.; ferner *H. Maier,* Dritte Gewalt und Grundgesetz – nach vierzig Jahren, 1989.

2 Vgl. aus der Diskussion etwa die Voten von *Rauschning, Häberle* und *Isensee* in Sachen Präambel als Replik auf *H. Meyer* (VVDStRL 48 [1990], S. 166 f., 167 f., 168 f. bzw. S. 165 f. – Zum Ganzen: *Schulze-Fielitz,* Staatszwecke im Verfassungsstaat – 40 Jahre GG, in: Staatswissenschaften und Staatspraxis, 1990, S. 223 ff.).

3 Vgl. etwa *Starck,* Deutschland auf dem Weg zur staatlichen Einheit, JZ 1990, 349 ff.; *Isensee,* FAZ vom 12. 4. 1990; *Lerche,* FAZ vom 27. 4. 1990.

Einigungsvertrags Art. 146 GG im Hegelschen Doppelsinn des Wortes „aufgehoben“ ist (Empfehlung an die gesetzgebenden Körperschaften, sich innerhalb von zwei Jahren, „insbesondere mit der Frage der Anwendung des Artikels 146 des Grundgesetzes und in deren Rahmen einer Volksabstimmung“ zu befassen). Mag die Verfassungslehre durchaus wissenschaftliche Vorrats- und Alternativenpolitik betreiben und kann sich diese im Nachhinein mitunter gerechtfertigt sehen[5]: sie muß klar und illusionslos die Grenzen ihrer Einflußmöglichkeiten erkennen. Der politische Wille der Nation, der revolutionäre Prozeß in allen Ostblockländern, die Eigendynamik europa-, ja weltweiter Prozesse haben die Wege zur deutschen Vereinigung so stark vorangetrieben und geprägt, daß die Wissenschaft eher Nachhut als Vorhut war und ist. Man mag zum Trost die lateinische Wendung von der Nachhut als „agmen novissimum“ verwenden, um nicht gar zu sehr ob der Ohnmacht der Staatsrechtslehre als Wissenschaft (selbst als Gutachtenlieferant[6] oder Ratgeber der Mächtigen) resigniert zu sein und den Glauben an den zwar nicht herrschaftsfreien, aber doch offenen Diskurs zu verlieren: die friedliche Oktoberrevolution 1989 und die durch sie glücklich eröffnete deutsche Einigung hat wieder und nachdrücklich an die Grenzen der Wissenschaften erinnert. (Die dirigierende Kraft und Autorität des BVerfG dürfte demgegenüber eher stark bleiben.) Das ist kein Grund zum Rückzug und Pessimismus. Obwohl die Wissenschaft meist „zu spät kommt“, wird sie nicht ohne weiteres „vom Leben bestraft“ – um *Michael Gorbatschows* berühmtes Wort abzuwandeln. *Hegels* „Eule der Minerva“, die erst in der Dämmerung ihren Flug erhebt, fliegt dann doch (wenn auch spät). Speziell für die Staatsrechtslehre bleibt (auch als „Zulieferer“ für das BVerfG)[7] genug zu tun, und sie beginnt derzeit schon ihre großen und kleinen Aufgaben zu ergreifen.

Das läßt sich an vielen Themen, Literaturgattungen und Foren beobachten. Die deutsche Einheit ist heute zu *dem* Thema der deutschen Staatsrechtslehre geworden. Sie könnte sich auch im Rückblick als Jahrhundertereignis ausnehmen, vergleichbar nur der politisch nicht geglückten Pauls-

---

4 I.S. dieses Weges etwa: *Grimm,* FAZ vom 5. 4. 1990; *Häberle,* Verfassungspolitik für die Freiheit und Einheit Deutschlands, JZ 1990, 358 ff.; s. auch aus der Diskussion in VVDStRL 49 (1990): *Maurer,* S 166–168.

5 Zu diesem Auftrag *meine* Alternativ-Überlegungen im Rahmen der Textstufenanalysen, z.B. in bezug auf Ewigkeitsklauseln (Festschrift für Haug, 1986, S. 81/106 ff.), Feiertagsgarantien (Feiertage als kulturelle Identitätselemente des Verfassungsstaates, 1988, S 61 ff.).

6 *Gratis*gutachten und -plädoyers (für schwache Minderheiten) sind wohl eine seltene Ausnahme (bekannt ist etwa *Dürigs* altruistischer Einsatz für die Zeugen Jehovas – JZ 1967, 426 ff., vgl. BVerfGE 23, 191/204).

7 Freilich solle sich die Staatsrechtslehre auch ihrer *eigenständigen* Rolle bewußt bleiben. Sie ist, wenn nicht „Rechtsquelle“ (vgl. für das Völkerrecht Art. 38 Abs. 1 lit. d IGH-Statut), so doch Interpretationshilfe und sie schafft die Möglichkeit von verfassungsrechtlichem Juristenrecht.

kirche von 1849. Sie wird als solches in Aufsätzen, Vorträgen[8], in Gutachten[9] und jüngst auch in Textausgaben bzw. Kommentaren verarbeitet[10]. Andere Literaturgattungen[11], wie Monographien, vielleicht sogar Lehrbücher und Handbücher werden nicht fehlen, und man darf speziell von der Dissertationsliteratur der Zukunft viel unverzichtbare Kärrnerarbeit erwarten, wie überhaupt zu hoffen ist, daß sich *alle* Generationen der Wissenschaft an der verfassungsrechtlichen Verarbeitung beteiligen und daß auch die jüngere Gelehrtenwelt der ostdeutschen Länder ihre Rolle in der „offenen Gesellschaft der Verfassungsinterpreten" ganz Deutschlands zu übernehmen beginnt. Ostdeutschland darf nicht nur via Zeitgeschichte bzw. Verfassungsgeschichte wissenschaftlich beteiligt sein. Die personale Seite des wissenschaftlichen Prozesses wird ja gerne unterschätzt[12]. Die besten Traditionen harter Dogmatik als „Schwarzbrot" im guten Sinn des Wortes sind ebenso verlangt wie verfassungstheoretische Grundsatzüberlegungen etwa bei der Frage der Enteignungen in der vormaligen SBZ (Art. 4 Ziff. 5 Abs. 3 Einigungsvertrag), bei der Gestaltung „künftiger Verfassungsänderungen" (Art. 5 ebd.) oder bei der Auslegung von Art. 35 Abs. 2 als kulturelle Wesensgehaltgarantie („Die kulturelle Substanz in dem in Art. 3 genannten Gebiet darf keinen Schaden nehmen"). Man hat in der Öffentlichkeit dem Deutschen Juristentag im Herbst 1990 in München vorgeworfen,

---

8 Vgl. schon oben Fußn. 3 f. Tagungen z.B.: Gesetzgeberische Wege zur Deutschen Einheit, Sonderheft der Zeitschrift für Gesetzgebung, 1990.

9 *Schmitt Glaeser,* Die Stellung der Bundesländer bei einer Vereinigung Deutschlands, 1990; *M. Heckel,* Die Vereinigung der evangelischen Kirchen in Deutschland, 1990.

10 Vgl. Staatsvertrag zur Währungs-, Wirtschafts- und Sozialunion, herausgegeben und eingeleitet von *Stern* und *Schmidt-Bleibtreu,* 1990; *dies.*, Einigungs- und Wahlvertrag, 1990.

11 Eine Typologie der Literaturgattungen in *meinem* Beitrag in Festschrift für O. K. Kaufmann, 1989, S. 15/17 ff. Als Beispiel für eine Monographie: *M. Herdegen,* Die Verfassungsänderungen im Einigungsvertrag, 1991.

12 Symptomatischerweise gibt es schon neue Zeitschriften, etwa die Deutsch-Deutsche Rechtszeitschrift, 1. Jg. 1990. Man mag sich fragen, ob nicht das herkömmlich ohnehin abundante Zeitschriftenwesen ausgereicht hätte (dazu *Häberle,* Wissenschaftliche Zeitschriften als Aufgabenfeld juristischen Rezensionswesens, in: Ged.-Schrift für Geck, 1989, S. 277 ff.; s.o. S. 195 ff.). Doch hat der „Markt" eben seine eigenen „Gesetze". Jedenfalls sollten die alten angesehenen Zeitschriften nicht versäumen, in ihren Spalten die Nachbereitung des Deutschland-Themas gebührend aufzugreifen und neue „Anstoßliteratur" hervorzubringen; positive Beispiele etwa: KritV 1990, S. 123 ff. *(Isensee/Grimm/Will)*; Krit. Justiz Heft 4 (1990), S. 406 ff. (*Schefold:* Reichsgründungstag); DVBl. 1990, 1221 ff. (*Bachmann,* „Verfassung mit Volksentscheid", Bericht über den Kongress am 16. 9. 1990 in Weimar); Sonderheft der Zeitschrift für Gesetzgebung 1990 (Gesetzgeberische Wege zur Deutschen Einheit, mit Beiträgen von *Kinkel, Wünsche, H. H. Klein*); DVBl. 1990, 1249 ff. (mit Beiträgen u.a. von *Badura, Rauschning, Bartlsperger*); s. auch *Krebs,* Zeitschrift für Wirtschaftsrecht, 1990, S. 1513 ff.

er habe sich zu wenig mit Fragen der deutschen Einheit befaßt[13]; indes war dies angesichts unverzichtbarer langfristiger Planung wohl kaum möglich. Die deutsche Staatsrechtslehrertagung hat in Gestalt ihrer *Sonder*tagung im April 1990 in Berlin rasch handeln können und sie plant im Oktober 1991 in Gießen ein weiteres Deutschland-Thema („Der Rechtsstaat und die Aufarbeitung der vor-rechtsstaatlichen Vergangenheit"). Es ist zu hoffen, daß auch andere Foren und Gesprächskreise bis hin etwa zu den „Essener Gesprächen über Staat und Kirche" ihren Part bei der Behandlung des Themas „Deutschland" übernehmen[14].

2. Eine *vergleichende* Untersuchung von Themenwahl und Wirkungsgeschichte rechtswissenschaftlicher Tagungen wäre einmal ein lohnendes Forschungsfeld. In Betracht kämen etwa der deutsche Juristentag, die Gesellschaft für Rechtsvergleichung, der Arbeitskreis für Presserecht, aber auch die Tagung der Deutschen Staatsrechtslehrer. *H. P. Ipsen* hat speziell für sie viel Forschungsarbeit geleistet[15]. Doch wären in Zukunft alle ergiebigen Tagungen bzw. Kongresse *vergleichend* in ihren wechselseitigen Produktions- und Rezeptionszusammenhängen darzustellen. Man würde hier auf manchen Wettbewerb, gelegentliches Nachhinken, auch Kopieren, gewiß aber auch viele Zusammenhänge stoßen, was freilich oft durch das Spezialistentum verdeckt wird.

An die Spitze der Aufarbeitung der deutschen Vereinigung von 1989/90[16] ist die VDStRL jetzt durch ihre Berliner Sondertagung 1990 gerückt, und wohl erstmals in deren Vereinsgeschichte hat überhaupt eine *Sonder*tagung

---

[13] Dazu *Albers,* Juristentag in München: Thema verfehlt?, ZRP 1990, 440 ff.

[14] Wissenschaftssoziologisch wäre später zu untersuchen, wie es im Zeitungs- und Zeitschriftenwesen beim *Deutschland-Thema* um den „Binnen-" und „Außenpluralismus" bestellt war. M. a. W., welche Autoren hatten Zugang zu welchen „Medien"? Paßte ein bestimmter Staatsrechtslehrer mit seinem Deutschland-Votum „nur" in die FAZ, die FR oder „Die Welt", auch in den „Spiegel"? Zu hoffen ist, daß die juristischen Fachzeitschriften eher binnenpluralistisch arbeiten. (Immerhin schrieb jüngst *H.-P. Schneider,* sonst in der FR viel zitiert, auch in der FAZ: Die Zukunft des Grundgesetzes, FAZ vom 16. 11. 1990, S. 14). Die Untersuchung des *Leserbrief*-Engagements einiger Staatsrechtslehrer, vor allem in der FAZ, wäre ein eigenes Thema (z. B. *Götz,* FAZ vom 23. 3. 1990, S. 8; *Kriele,* FAZ vom 19. 12. 1990, S. 13). – „Die Zeit" veröffentlichte eine ganze Artikel-Serie zur Frage Verfassungsreform samt Volksabstimmung – Ja oder Nein – mit Beiträgen von *Isensee, Mahrenholz* und *Simon;* zuletzt *Grimm,* in: Die Zeit vom 10. 8. 1990.

[15] Zuletzt *H. P. Ipsen,* Weitere zehn Staatsrechtslehrer-Tagungen 1972–1981, AöR 109 (1984), S. 555 ff.

[16] Ein weiteres Thema ist die Hauptstadtfrage, dazu aus der Literatur: *Rummel* (Hrsg.), Bonn, Sinnbild deutscher Demokratie, Zur Debatte um Hauptstadt und Regierungssitz, 1990 (mit Beiträgen u. a. von *Ehmke, Heintzen, Gräfin Dönhoff*); *Häberle,* Die Hauptstadtfrage als Verfassungsproblem, DÖV 1990, 989 ff. Zu Bundesstaatsfragen („fiduziarischer" statt „alimentierter" Föderalismus) *mein* Beitrag in: Die Verwaltung, 1991 H. 2.

stattgefunden. Dem Vorstand (Vorsitzender ist derzeit *K. Vogel*) ist hier in der Wahl von Thema, Ort und Zeit viel geglückt, und man wird gespannt sein dürfen, wie intensiv die Ausstrahlung dieses Tagungsbandes in die politische und wissenschaftliche Diskussion zur Bewältigung der Probleme der deutschen Einheit sein wird.

Die rasche Anberaumung der Berliner Tagung hatte überdies besondere Vorteile: Während reguläre Tagungen Monate vorher durch eine Flut von sog. „Begleitaufsätzen" vorbereitet werden, gab es hier weniger an Konkurrenz, Literatur und „Schaulaufen". Die Praxis der zahlreichen *Begleitaufsätze* hat ja ihre großen Gefahren: die Diskussion wird eher „verstopft" als befördert, die Referenten werden auf eine Weise unter (Zitier-)Druck gesetzt, die Spontaneität der Diskussion auf den Tagungen selbst kann Schaden nehmen. Viel eher sollte einem Wettbewerb beim *Nachbereiten* der Tagung das Wort geredet werden (z. B. in kleineren Zirkeln und in Aufsätzen). Es ist ein Glücksfall, daß wohl erstmals in der Geschichte der VDStRL speziell beim hier anzuzeigenden Berliner Band danach zahlreiche größere Tagungsberichte erschienen sind, die mehr als nur referierenden Charakter haben: so von *P. Badura* (in AöR 115 [1990], S. 314 ff.), von *C. Degenhart* (DVBl. 1990, 973 ff.), *D. Murswiek* (JZ 1990, 682 ff.), *G. Gornig* (Der Staat 29 [1990], S. 371 ff.).

Diese Anzeige kann und will mit all diesen Berichten nicht konkurrieren. Sie möchte aber das Problembewußtsein für die Frage „Ausschöpfen einer Tagung" *nach* der Tagung schärfen; das jeweilige Tagungsthema sollte nicht mehr oder weniger „folgenlos" in der durchschnittlichen Dissertationsliteratur versickern, sondern die Besten der Zunft erneut reizen, jetzt erst recht „noch einmal" über das Thema nachzudenken.

3. Der Vorstand hat das Deutschland-Thema unter vier Referenten verteilt, wobei eine kleine Kritik des Rezensenten schon hier erlaubt sei[17]: Vielleicht hätte dank anderer Vorauswahl der nahezu demselben Geburts-Jahrzehnt angehörenden Referenten eine stärkere Polarisierung erreicht werden können. Die Mischung zwischen Forschern von sehr unterschiedlichem Vorverständnis und Methodenwahl bis hin zu extremen Gegensätzen hätte der Sache gutgetan; in Berlin war es – wie erwartet – der *Diskussion* vorbehalten, schärfere Kontraste herauszuarbeiten, zwischen den Referenten selbst gab es (allzu?) viel Konsens. *J. Frowein* war der *völkerrechtliche* Part des Themas zugedacht (S. 7 ff.). Demgemäß referierte er über die Bedeutung der alliierten Rechte für die Vereinigung Deutschlands, die Selbst-

---

[17] Man sollte wieder zu den wissenschaftsethischen Regeln zurückkehren, die bis vor einigen Jahren galten: Referent auf der VDStRL konnte nur werden, wer *nicht* Schüler oder Fakultätskollege eines der Vorstandsmitglieder war. Auch sollten nicht zwei Referenten aus derselben Fakultät beauftragt werden und seien von ihnen noch so bedeutende Referate zu erwarten.

bestimmungsentscheidung der DDR und das deutsche Verfassungsrecht, die deutschen Grenzen, die Beendigung der Vorbehaltsrechte und den Friedensvertrag, die Bestätigung der Sonderbeziehungen durch die vorläufige Ordnung, Identität und Sukzession sowie die Deutschland-Theorien im Rückblick. Im einzelnen wendet er sich dagegen, „einen Gegensatz zwischen Art. 23 und 146 aufzubauen" (S. 15). Art. 146 GG könne auch nach dem Beitritt gemäß Art. 23 GG zur Anwendung kommen (Ls. 2.2). In seinem Schlußwort (S. 197) erinnert er an den Text der französischen Nationalversammlung von 1792, daß es keine Verfassung geben könne als die, die vom Volk angenommen wurde. – *J. Isensee* stellte seine auf das *Verfassungsrecht* konzentrierte Perspektive unter das Motto „Staatsinhalt und Verfassungskontinuität" (S. 39 ff.). Strikt beharrt er auf der Unterscheidung von Staat und Verfassung (vgl. S. 45: „Angesichts der deutschen Teilung waren die Bundesdeutschen ... zunehmend geneigt, ihr politisches Selbstbewußtsein einseitig auf die Verfassung und ihre Freiheitswerte auszurichten, das Staatliche aber zu verdrängen")[18]. Einen „dritten Weg" i. S. einer Kombination von Art. 23 und 146 GG schließt er dezidiert aus (S. 53 f.). Nach *Isensee* wird die Zeit für eine große Verfassungsreform, die weiter offen bleibe, „freilich unter den Kautelen des Art. 79 GG, erst reifen, wenn die beiden Teile Deutschlands zusammengewachsen sein werden" (S. 57). Von Bedeutung für die Zukunft ist die These „Keine Rückwirkung des GG" und „Die Einführung der Eigentumsgarantie des Art. 14 GG wirkt nur ex nunc" (S. 60 f.). Freilich ist m. E. ein „Eigentum als vorstaatliches Menschenrecht" denkbar, das *vor* aller DDR-Staatlichkeit die ostzonale Enteignungsproblematik auch der Zeit von 1945 bis 1949 mit prägt und das vom Verfassungsstaat der vereinten Bundesrepublik Deutschland treuhänderisch (als Gerechtigkeitsaspekt) mit zu wahren ist (Anerkennung eines verfassungsstaatlichen Aufopferungsanspruchs). In die Zukunft weist die These, die Wiedervereinigung könne dem grundgesetzlichen Föderalismus Sinn zurückgeben („Identität als Mark Brandenburg", S. 63). – *C. Tomuschat* widmet sich den *„Wegen zur deutschen Einheit"* (S. 70 ff.). Alle Varianten im Spektrum der Art. 23 und 146 GG werden voll ausgeleuchtet. Überzeugend wird gegen jene argumentiert, die den Beitritt als „Anschluß" oder „Vereinnahmung" zu diskreditieren versuchen (S. 79: „Besonders schlimm in seiner niveaulosen Polemik *J. Habermas,* Der DM-Nationalismus"). Anders als der spätere Einigungsvertrag vom Herbst 1990 heißt es bei *Tomuschat* noch: „Art. 146 wird mit dem Beitritt der DDR obsolet" (S. 87). Immerhin verlangt er für den Weg nach Art. 23 Satz 2 GG „notwendige

[18] Hier fragt sich, ob nicht – dem Typus Verfassungsstaat inadäquat – der Staat *vor* der Verfassung und (sehr deutsch) der Staat *vor* dem Volk gedacht wird. Zu erinnern ist an die Traditionslinie eines *Smend* und *A. Arndt,* wonach es nur soviel Staat gibt, wie die Verfassung konstituiert.

Publizität der Verfassungsverhandlungen“ (S. 87). Den Weg des Art. 146 GG kennzeichnet er mit den Worten „staatliche Einheit unter einem vom gesamten deutschen Volk neu zu errichtenden Verfassungsdach“ (S. 88 ff.). Für den Weg über Art. 23 Satz 2 GG spricht nach *Tomuschat* u. a. der Zeitgewinn, der erhoffte angemessene Interessenausgleich und die verfassungspolitische Legitimität des GG (S. 92 ff.). Im übrigen mahnt er zu Recht, die Bedeutung der verfassungsrechtlichen Debatte nicht überzubewerten (S. 93 f.). – *A. Randelzhofer* referierte über die „Deutsche Einheit und europäische Integration“ (S. 101 ff.). Sein Satz, bei dem Weg zur deutschen Einheit über Art. 23 Satz 2 GG bleibe die Bundesrepublik Deutschland auch in territorial erweiterter Gestalt Mitglied der EG, ohne daß eine Änderung des EWGV erfolgen müsse (S. 112), hat sich voll bewahrheitet, ebenso die These, es bestehe heute die reelle Chance, „das Spannungsverhältnis zwischen deutscher Einheit und europäischer Integration durch eine Versöhnung beider Ziele zu überwinden“ (S. 121). Gleiches gilt für den Leitsatz 11: „Aus der KSZE-Schlußakte ergibt sich keine Schranke zur deutschen Einheit, soweit diese mit friedlichen Mitteln hergestellt wird“.

Der Rezensent verzichtet darauf, an dieser Stelle den seinerzeitigen Lösungsvorschlag[19] zu wiederholen. Mag im nachhinein (vor allem aus außenpolitischen Gründen) klarer sein, daß das Zeitargument 1989/90 durchschlagend für einen „raschen“ Beitritt nach Art. 23 Satz 2 GG sprach, an der Notwendigkeit einer die Einheit bekräftigenden Volksabstimmung bzw. einer fortbestehenden Potenz und Kompetenz des deutschen Volkes als verfassungsstaatlichen Verfassungsgebers besteht m. E. kein Zweifel. Art. 146 GG ist nur der (deklaratorische) Ausdruck einer verfassungsstaatlichen Rechtswahrheit[20]. Der oben zitierte französische verfassungstheoretische Klassikertext von 1792 bleibt ungeschriebenes „Credo“ jedes Verfassungsstaates, auch sollte der von den Ostdeutschen in der friedlichen Oktoberrevolution 1989 persönlich und in Würde beglaubigte Satz (aus *G. Büchners* Dantons Tod, Erster Akt, Zweite Szene) „*Wir* sind das Volk“ nicht bloß platonisch und ohne verfassungstheoretische Konsequenzen bleiben[21]. Wie dem auch sei: jenseits allen Selbstzweifels bzw. des Rechthabenwollens sei dankbar vermerkt, daß die Kontroverse um die möglichen Wege zur deutschen Ein-

---

[19] Dazu *Häberle,* Verfassungspolitik für die Freiheit und Einheit Deutschlands, JZ 1990, 358 ff.; *ders.*, Aussprache in VVDStRL 49 (1990), S. 154 bis 156.

[20] Treffend *Maurer,* Aussprache, a. a. O., S. 168: „Wenn heute Art. 146 gestrichen würde, würde sich nichts ändern. Der dort angeblich geregelte Weg stünde nach wie vor offen“. s. auch *Steiger,* ebd. S. 179: „Das Selbstbestimmungsrecht liegt im übrigen dem Grundgesetz voraus“. – Zum Problem auch *Storost,* Das Ende der Übergangszeit, Erinnerungen an die verfassunggebende Gewalt, Der Staat 29 (1990), S. 321 ff.

[21] Vgl. die Textstufenanalyse in *meinem* Beitrag: Die verfassunggebende Gewalt des Volkes im Verfassungsstaat, AöR 112 (1987), S. 54 ff. – Zum Textstufenparadigma *mein* Beitrag in Festschrift für Partsch, 1989, S. 555 ff.

heit Grundsatzpositionen konturenschärfer machte und alle Diskutanten zwang, noch überlegter zu denken. Daß gleichwohl ein „irrationaler Rest" bleibt, mag damit zusammenhängen, daß der Mensch (auch der Staatsrechtslehrer) nicht nur von „ratio", sondern auch von der „emotio" lebt. Nicht zuletzt dies eröffnet den vielstimmigen Diskurs.

4. Ein Wort zur *Diskussion.* Sie erfüllte hier, in Berlin, eine besonders wichtige Funktion: nämlich, das *Kontroverse* scharf ans Licht zu bringen. Im großen Sitzungssaal des Berliner BVerwG waren deutlich die Kraftlinien zweier „Lager" zu spüren[22], auch wenn sie meist von der Kollegialität freundlichen Umgangs gemildert wurden. Ganz allgemein lohnte es sich einmal, eine wissenschaftsgeschichtliche und -soziologische Behandlung der *Aussprachen* der VDStRL im Blick auf ihre Ausstrahlung in den späteren wissenschaftlichen Prozeß und seine unterschiedlichen Literaturgattungen vorzunehmen. Aber auch das Personal-Individuelle wäre eine genauere Betrachtung wert: Welcher Diskutant bleibt auf seiner herkömmlichen, „erwarteten" Linie, welcher bricht zu „neuen Ufern" auf, wer kündigt bewußt oder unbewußt neue eigene Forschungsthemen an? Selbst gruppendynamische Vorgänge lassen sich aufspüren, und der rhetorische Stil, auch Glanz, ist bei einigen Rednern (etwa *P. Badura,* S. 149 ff.; *R. Scholz,* S. 156 ff. und *H. Meyer,* S. 161 ff.; auch *H. Quaritsch,* S. 128 ff. und *T. Oppermann,* S. 126 ff.) unverkennbar. Daß sich jüngere Mitglieder wie *D. Murswiek, W. Fiedler, M. Sachs, I. Pernice* und *C. Vedder* engagiert haben, sei dankbar vermerkt (S. 158, 138, 175, 185, 183).

Freilich ist zu fragen, inwieweit die wissenschaftlichen Meinungen vorweg „fertig" waren und insofern vom Verlauf der Diskussion nicht eigentlich beeinflußt wurden. Fällt dem deutschen Professor schon per se das Zuhören schwer, so erst recht auf Tagungen im großen Kreis. Man wirft den Parlamentariern oft vor, sie tauschten ihre Argumente nicht wirklich aus, um das beste zu finden, sondern um sich zu bestätigen und darzustellen: Auch die Plenardiskussion der VDStRL in Berlin hatte, wohl auch wegen der politischen Brisanz des Themas, insofern etwas „Parlamentarisches". Immerhin kam es zum Teil durchaus zu einem direkten Pro und Contra, zu wechselseitigen, unterschiedlich temperamentvollen Bezugnahmen der Redner untereinander: so im Verhältnis *Meyer/Scholz* oder *Rudolf/Häberle* sowie *Kirn/ Scholz* oder *Scholz/Stern.* Eine spezielle Frage an das Deutschland-Thema ist, wie stark die Voten jeweils von politischen, verfassungspolitischen Vorverständnissen und entsprechender Methodenwahl vorgeprägt waren, ob das

---

[22] Schon im Vorfeld der Tagung gab es Unterschriftenaktionen beider Gruppen außerhalb der Vereinigung zu Art. 23 bzw. Art. 146 GG, die auch in der Öffentlichkeit beachtet wurden. Der Vorstand war gut beraten, *nicht* als solcher eine „Eingabe an Regierungen oder Volksvertretungen oder durch öffentliche Kundgebungen" in die Wege zu leiten (vgl. § 1 der Satzung der VDStRL abgedruckt in: VVDStRL 49 [1990], S. 201).

Kriterium „konservativ/liberal/links" oder „realistisch/idealistisch" aussagekräftig bleibt (konkret: Art. 23 GG dort, Art. 146 GG hier?).

5. Im ganzen darf dem Band, d.h. vor allem den Referenten, aber auch den Diskutanten, viel Anerkennung gezollt werden. Er ist ein Kompendium für die wissenschaftliche Verarbeitung von „Deutschlands aktueller Verfassungslage" im Frühjahr 1990; er markiert eine wichtige Zwischenstation auf dem Weg zur im Herbst 1990 geglückten deutschen Einheit, und er dokumentiert eine selbstdiszipliniert um Wahrheit ringende spezial-wissenschaftliche Zunft, die sich plötzlich an und in einem ganz großen Thema engagieren darf. Daß durchgängig Freude, Dankbarkeit und Optimismus im Blick auf das „Unternehmen" deutsche Einheit spürbar war, unterscheidet die Staatsrechtslehrer von anderen Intellektuellen dieser Tage. Mußte ein *M. Walser* kürzlich leider fragen, warum sich die deutschen Intellektuellen[23] nicht über die deutsche Einheit ungeteilt freuen können: die Berliner Tagung gab keinen Anlaß zu solcher Kritik. Es gibt derzeit wohl keinen *G. Grass* oder *W. Jens* der deutschen Staatsrechtslehrer. So sehr solche formal wie inhaltlich *sonst* zu wünschen wären, in Sachen deutsche Einheit ist es ein Glücksfall, daß niemand der deutschen Zweistaatlichkeit offen oder versteckt nostalgisch nachtrauert, Dolchstoßlegenden zimmert oder überwundene totalitäre Strukturen der Noch- bzw. Ex-DDR verharmlost. Andere mögen die Staatsrechtslehre darob tadeln, vielleicht sogar als eilfertigen Diener oder bloß passiven Beobachter wirklicher Machtverhältnisse bzw. realpolitischer Entwicklungen verachten, der ex post legitimiert, was sich real „durchgesetzt" hat. Das würde die normativen Prinzipien und sozialethischen Vorgaben der Staatsrechtslehre als Wissenschaft im Dienste des Verfassungsstaates als universales Projekt individueller Menschenwürde und nationaler sowie internationaler Gerechtigkeit verkennen. Mir scheint, daß die „Weltstunde des Verfassungsstaates", die zugleich zu einem Jahrhundertereignis der deutschen Einheit in Freiheit wurde, und das Glück, Kulturnation und Freiheit in einem zu sehen, als ein Stück Erfüllung des Auftrags dieser Wissenschaftlergemeinschaft beherzt be- und ergriffen wurde. Da die europäische Dimension und internationale Verpflichtung gegenüber den Nachbarn bei Referenten wie Diskutanten stets ernst genommen wurde und die *Europäisierung des öffentlichen Rechts* mindestens latent vorhanden war, fiel die deutsche Staatsrechtslehrertagung auch nirgends auf „Nationalstaatswissenschaft" früherer Perioden zurück. Sie arbeitet am GG als *Beispiel* des innerlich weltweit verpflichteten Typus „Verfassungsstaat", ist auch ein *J. Locke* dieser globalen Dimension noch nicht zu sehen.

---

23 Man wird gespannt sein dürfen, ob und wie die deutsche Politikwissenschaft die deutsche Einheit verarbeitet: weniger normativ, d.h. auch weniger engagiert, sondern mehr empirisch? Erste Stimmen in *R. Wildenmann* (Hrsg.), Nation und Demokratie, 1991.

Besprechung von Gustavo Zagrebelsky: Il diritto mite* (1996)

1. Der Autor (Professor in Turin) gehört seit vielen Jahren zu den führenden Staatsrechtslehrern Italiens. Aus seinem umfangreichen Oeuvre sei hier nur das Standardwerk über die „Verfassungsgerichtsbarkeit" (1977, 2. Aufl. 1988), das Lehrbuch „Diritto Pubblico e introduzzione all diritto" (zusammen mit *G. Oberto u.a.,* 1990, 4. Aufl. 1994), die Monographien „Il sistema costituzionale delle fonti del diritto", 1984, „Societa – Stato Costituzione", 1988, erwähnt. Auf Deutsch ist er vereinzelt schon präsent (vgl. „Die legislativen Entscheidungen des italienischen Verfassungsgerichtshofs", in: FS Ridder, 1981, S. 298 ff.). Überdies schreibt er in „La Stampa" viel beachtete Leitartikel oder Essays zu verfassungspolitischen Fragen (zuletzt etwa „La democrazia di Barabba", in: La Stampa vom 17. November 1994, S. 17), vgl. jetzt das Buch: Il „crucifige!" e la democrazia, 1995. Und nicht nur einmal hat er einem Staatspräsidenten in Rom in drohenden Krisen von Turin aus juristischen Rat geliehen, so wie sein wissenschaftlicher Einfluß auf die Judikatur der Corte in Rom wächst.

In dem Maße, wie sich heute die nationalen Staatsrechtslehren „europäisieren" (müssen), wird es wichtig, daß die nationalen Wissenschaftlergemeinschaften möglichst viel ausländische Literatur zur Kenntnis nehmen. So punktuell nur dies dem einzelnen Gelehrten heute möglich ist: die Fachzeitschriften bilden unverzichtbare „Medien" für diesen langfristigen Vorgang, der in der Weimarer Zeit übrigens durchaus „Vorläufer" hat: Die italienische Staatsrechtslehre kannte damals das deutsche Schrifttum sehr genau. Die Klassiker wie *H. Heller, C. Schmitt* und zuletzt *R. Smend* (dieser erst 1988: hrsg. durch *G. Zagrebelsky,* übertragen von *J. Luther*) wurden übersetzt bzw. eifrig im Urtext auf Deutsch gelesen (eine Übersetzung von Beiträgen von *G. Leibholz* ist in Vorbereitung). Überdies ist dieser Dialog schon Gegenstand wissenschaftshistorischer Untersuchungen (vgl. *F. Lanchester,* „Momenti e Figure nel Diritto Costituzionale in Italia e in Germania", 1994, dazu *J. Luther,* in: Der Staat 1995, i.E.). Und schon für das 19. Jahrhundert hat sich ein Sammelband über „Deutsche Rechtswissenschaft und Staatslehre im Spiegel der italienischen Rechtskultur" (hrsg. von *R. Schulze,* 1990) als ergiebig erwiesen. Demgegenüber gibt es heute auf deutscher Seite Defizite in der Wahrnehmung der Literatur Ita-

---

* Untertitel: Legge diritti giustizia. Einaudi Verlag, Turin 1992, 217 S.

liens, so fruchtbar die Arbeit der deutsch-italienischen Juristengesellschaft ist und so nachhaltig die Mittlertätigkeit einzelner wie seitens *T. Ritterspachs* (vgl. von ihm den Beitrag über die Corte in Rom in AöR 104 [1979]), S. 137 ff.) und *J. Luthers* (vgl. Die italienische Verfassungsgerichtsbarkeit, 1990; *ders.,* Die italienische Verfassung im letzten Jahrzehnt, JöR 43 [1995], S. 475 ff.) ist. Die in Europa veranstalteten multinationalen Treffen europäischer Verfassungsrichter helfen dem ebenso ab wie ein binationaler Austausch. So waren jüngst die Verfassungsrichter *J. Limbach* und *D. Grimm* Gäste der Corte Costituzionale in Rom. *E. Denninger* war vor 3 Jahren Gast eines von ihr in Rom durchgeführten Seminars, und auf der Studentenebene leisten die Erasmusprogramme auf ihre Weise vorbereitende Beiträge zum deutsch-italienischen Wissenschaftsaustausch im öffentlichen Recht (besonders aktiv sind *R. Arnold* in Verbindung mit *S. Bartole* in Triest und *D. Schefold* in Bremen i.V.m. der „Sapienza" in Rom, d.h. *A. A. Cervati* und *A. Pace* – im Zivilrecht wirkten ein *G. Dilcher* [Frankfurt/M.] und *E. Jayme* [Heidelberg] als Brückenbauer). Italienische Staatsrechtslehrer sind auch immer wieder auf deutschen Tagungen vertreten (z.B. *P. Ridola* in Hagen: *U. Battis/E. G. Mahrenholz/D. Tsatsos* [Hrsg.], Das GG im internationalen Wirkungszusammenhang der Verfassungen, 1990, S. 81 ff.) oder *V. Onida* in Bonn (*F. Ossenbühl* [Hrsg.], Föderalismus und Regionalismus in Europa, 1990, S. 239 ff.).

2. Das hier anzuzeigende Buch „Das linde Recht" hat kurz nach seinem Erscheinen große europäische Juristen sofort zu Rezensionen veranlaßt (vgl. etwa *F. Rubio Llorente,* La Ley y los derechos, in: Saber Leer, Revista critica de libros 1994, Nr. 80, S. 1 f.; *N. Bobbio,* Della mitezza e delle leggi, in: L'indice März 1993 Nr. 3, S. 5 f.). Übersetzungen ins Spanische und Französische sind in Vorbereitung. Es figuriert mittlerweile in allen italienischen Literaturgattungen schon als Grundlagenwerk, und sein Autor schreibt seinen Ansatz in zahlreichen Folgewerken und in den unterschiedlichsten Kontexten fort (vgl. *G. Zagrebelsky,* La sovranita e la rappresentanza politica, in: Lo stato delle istituzioni italiane, 1994, S. 83 ff.; Storia e costituzioni, in: *P. Grossi* [Hrsg.]: L'insegnamento della Storia del diritto medievale e moderno, 1994, S. 83 ff.).

Das Buch gliedert sich in folgende *sieben* Abschnitte (nachdem es mit dem „cantus firmus" einsetzt [S. 3]: „Was wirklich grundlegend ist, kann als solches niemals gesetzt werden, sondern muß immer vorausgesetzt werden"): „Die allgemeinen Charakterzüge des gegenwärtigen Verfassungsrechts" (mit Stichworten wie „Souveränität der Verfassung", „Die besänftigende Verfassung", „Das Streben nach Zusammenleben der Prinzipien", eine „fließende Dogmatik"); es schreitet fort mit den Themen: „Vom Rechtsstaat zum Verfassungsstaat" (mit Ausführungen zum „Rechtspositivismus und Gesetzes-Rechtsstaat", „Eigenarten der Herstellung der Einheit des Rechts im Verfassungsstaat"), und es führt zum dritten Abschnitt: „Die Scheidung der Rechte vom Gesetz" (wobei u.a. die verfassungsgeschichtliche Bedeutung der Theorie der subjektiven öffentlichen Rechte sowie die französische Tradition [„Rechte und Codices"] sowie die amerikanische [„Vorrang der Rechte gegenüber dem Gesetz"] erörtert werden). Der – zentrale – vierte Abschnitt gilt dem Thema „Rechte auf Freiheit und Rechte auf Gerechtigkeit" (S. 62 bis 84). *Zagrebelsky* umschreibt hier „die beiden Horizonte der Rechte: Freiheit und Gerechtigkeit"; er diskutiert zwei „Beispiele", das Recht auf Arbeit und das Recht auf Lohn; er spricht von einer „instaurativen" und „restaurativen Funktion" der Rechte sowie von der „Zeit der Rechte und der Zeit der Pflichten". Aus dem fünften Abschnitt („Die Scheidung der Gerechtigkeit vom Gesetz", S. 123 bis 146) seien die Stichworte „Die Bedeutung der Konstitutionalisierung der Prinzipien der Gerechtigkeit" erwähnt, auch das Wort vom „Mißtrauen des Menschen gegenüber dem Menschen". Der sechste Abschnitt („Das Recht aus Prinzipien", S. 147 bis 178) steigert sich zu Aussagen über „das Recht aus Regeln und das Recht aus Prinzipien", betont den „praktischen Charakter" der Rechtswissenschaft und gipfelt in der Antithese: „‚Jurisprudentia' versus ‚scientia juris' – Der Pluralismus der Prinzipien". Das Buch schließt mit dem siebten Abschnitt „Der Richter und das Recht" (S. 180 bis 217), wobei u.a. von der „Desintegration der Auslegung und der Krise des Rechts" gesprochen wird, ebenso vom Billigkeitsrecht und der Krise der Rechtsprechung sowie vom „Platz des Gesetzgebers im Verfassungsstaat".

3. Das Werk von *G. Zagrebelsky* besticht durch seinen methodischen Ansatz, seine schöpferischen (zum Teil neuen) Schlüsselbegriffe sowie die Geschlossenheit – besser: „Offenheit" – seines Gesamtkonzepts; ferner durch seinen direkten Zugriff auf „Gerechtigkeit" sowie vergleichend gewonnene Rechte und Prinzipien des Verfassungsstaates. Es überwindet die „ewige", auch in Italien vorherrschende Alternative „Positivismus oder Naturrecht". Das Recht als eine Trias aus Gesetz, Menschenrechten und Gerechtigkeit zu deuten, ist als „Zusammenschau" ein Erkenntnisgewinn für alle Arbeit am Typus Verfassungsstaat.

Im einzelnen: Das Buch ist (unausgesprochen) von einem besonderen Impetus getragen: Es möchte ganz gezielt in der heutigen geistesgeschichtlichen Situation Italiens der Rechtswissenschaft, insbesondere Staatsrechtslehre im Vergleich zu anderen Geisteswissenschaften wie Philosophie, Literatur und Soziologie Gewicht zurückgeben und in der allgemeinen (nicht nur wissenschaftlichen) Öffentlichkeit Gewicht verleihen. Die Sache der Verfassung darf nicht wie bisher ein Feld allein für Spezialisten sein, und die krisenhaften Zuspitzungen der Lage im Land machen überdeutlich, wie wichtig ein Beitrag der italienischen Staatsrechtslehre etwa zur „Verfassungsreform" wäre. Das große Echo des Buches in Italien läßt hoffen, daß dieses Ziel des Autors zum Teil schon erreicht wurde. Im übrigen beeindruckt die souverän praktizierte Kunst der Rechtsvergleichung. Die englischen „Quellen" kommen ebenso zu Wort wie die nordamerikanischen, französischen, spanischen und lateinischen Texte und Autoren. Die deutsche Literatur (von heute wie aus der Weimarer Zeit) begleitet das Buch innerlich wie äußerlich. Europäische Klassikertexte bilden lebende Mosaiksteine im Gesamtgebäude. (Den hohen Stand der Rechtsvergleichung in Italien dokumentiert das Buch von *G. de Vergottini,* Diritto Costituzionale comparato, 1981).

Das Denkgebäude des Autors lebt aus *Schlüsselbegriffen,* wie der Gegenüberstellung von „*Freiheits*rechten" und „*Gerechtigkeits*rechten" (S. 97 ff.), der „Souveränität der Verfassung" (S. 8 ff.), dem originellen Begriff einer „flüssigen" Dogmatik (S. 15 ff.), dem Prinzipiendenken (S. 147 ff.) und dem neuen Begriff „diritto mite" (in der Sache wiederzugeben mit: „bescheidenes", „flexibles", „friedenstiftendes" Recht). Mit Freude erfüllt manchen deutschen Leser, wie sehr die *Verfassung* (und ihr Verständnis, S. 4, 10 f. u. ö.) ins Zentrum des Denkens rückt und die Gerechtigkeitsidee auch für die Theorie und Dogmatik des öffentlichen Rechts Schritt für Schritt fruchtbar wird. Man mag sich kritisch fragen, ob der Dualismus zwischen „Freiheits"- und „Gerechtigkeitsrechten" zutrifft: Sind jene wirklich die „Rechte des Siegenden", diese eher die objektivrechtliche Korrektur im Blick auf eine „richtige Ordnung"? In der deutschen Grundrechtsdogmatik versucht jedenfalls die Lehre von der Mehrschichtigkeit bzw. Mehrdimensionalität der Grundrechte „in" jedem Einzelgrundrecht eine *Balance* von Freiheit und Gerechtigkeit zu schaffen (vgl. auch die „soziale Funktion" z. B. des Eigentums, Art. 42 Abs. 2 Verf. Italien). Zu fragen bleibt ferner, ob der Begriff „Souveränität der Verfassung" (noch) Sinn macht: nicht nur die Bindung des Verfassungsstaates an internationale Menschenrechte, auch die Konstruktion aller Verfahren und Inhalte des Verfassungsstaates von der Menschenwürde her sollten eher Anlaß sein, jede Form von Souveränitätsdenken zu verabschieden. Das Wort von der „flüssigen" (oder „fließenden") Dogmatik (S. 15 ff.) verdient demgegenüber Zustimmung, ist es doch ein bildhaft geglückter Hinweis auf die Flexibilität und Offenheit als Aufgabe abwägenden juristischen Arbeitens, so sehr es auch um Rechtssicherheit bemüht sein muß. Der – schon wegen des Sprachbildes – geniale Einfall „diritto mite" schließlich könnte zu einem Klassikertext reifen: Er bringt das die „Verfassung des Pluralismus" auszeichnende Ringen um Ausgleich, „praktische Konkordanz" zwischen mehreren Verfassungsprinzipien in offenen Verfahren plastisch zum Ausdruck. Gewiß, es bleibt die Frage, ob der Begriff nur auf den Prozeß der Entscheidungs*findung* bezogen ist, während das „fertige" Ergebnis „rigoros" sein muß. Kann, soll nicht nur der Schöpfer und Interpret von Recht (personal) „mite" sein, während das Recht selbst (sachlich, gleichheitsverpflichtet) im Ergebnis rigoros, zwingend, bindend zu sein hat: auch im Verfassungsstaat?

Im ganzen: Die Schrift von *G. Zagrebelsky* dokumentiert, was „europäische Juristen" auf dem Felde der Verfassungsphilosophie heute leisten können. Italiens Stimme im „europäischen Hauskonzert“ ist jetzt intensiver geworden. Die italienische Staatsrechtslehre gewinnt in diesem Buch ein Niveau, das an die Klassiker der „Weimarer“ Zeit wie *C. Mortati* heranwächst. Die Zahl der Monographien, die Italien thematisch und methodisch „überschreiten“ und doch zugleich im guten Sinne des Wortes „repräsentieren“, wächst: aus allerjüngster Zeit wäre die Monographie von *A. Pace* („La causa della rigidita costituzionale“, 1995) zu nennen. Das hohe Niveau Italiens zeigt sich aber auch in Gemeinschaftswerken wie dem von der berühmten Accademia Nazionale dei Lincei herausgegebenen Band „Lo Stato delle Istituzioni Italiane“, 1994, in dem klangvolle Namen wie *V. Onida, A. Pizzorusso, S. Cassese, G. Conso, A. La Pergola, G. de Vergottini, P. Barile, P. Ridola* – und eben auch *G. Zagrebelsky* – versammelt sind. Während die *spanische* Wissenschaftswelt früher wie heute „nach Italien“ zu blicken gewohnt ist und viele Produktions- und Rezeptionsprozesse sich hier wechselseitig befruchten, hat die *deutsche* Staats- und Verwaltungsrechtslehre diesbezüglich noch kräftigen Nachholbedarf. Das Buch von *G. Zagrebelsky* könnte – und sollte – hier eine Wende einleiten.

Besprechung von Hans-Werner Rengeling (Hrsg.): Europäisierung des Rechts* (1997)

1. Es ist ein gutes Zeichen deutscher Wissenschafts- bzw. Universitätskultur, daß immer wieder „Ringvorlesungen" veranstaltet werden, die eine Art örtliche Gelehrtenrepublik zu einem aktuellen Thema begründen. Die älteren Universitäten zeichnen sich auf diesem Felde durch eine wiederbelebte Tradition aus: in den juristischen Fakultäten etwa Heidelbergs, Tübingens und Göttingens. Es lohnt einmal, diese Ringvorlesungen über Jahre hin *systematisch* miteinander zu vergleichen: in Themenwahl und Methoden. Spezifische Ansprüche an „Ringvorlesungen" könnten die Grundsätzlichkeit und Aktualität des Themas, der personale Pluralismus seiner Behandlung und die Intensität des Gesprächs der Autoren untereinander sein, ggf. auch der Glücksfall einer Interdisziplinarität. Erfreulich ist, daß die hier anzuzeigende Ringvorlesung von einer *jungen* Juristenfakultät bzw. einem ihr angeschlossenen Institut veranstaltet wurde. Osnabrück zeichnete sich jüngst auch durch andere Gemeinschaftsveranstaltungen aus: etwa durch die Festschrift zum 100jährigen Bestehen des Carl Heymanns Verlags (1995, dazu der Rezensent in AöR 122 [1997], S. 149 ff.). Speziell die deutsche Staatsrechtslehrerzunft wählte deshalb zu Recht Osnabrück zu ihrem nächsten Tagungsort (Oktober 1997).

2. Der Band geht der „Europäisierung auf dem Felde vieler Teildisziplinen der Rechtswissenschaft" nach: *H.-W. Rengeling* formuliert seine diesbezüglichen Gedanken „an Beispielen des Verfassungs- und Verwaltungsrechts sowie des gerichtlichen Rechtsschutzes innerhalb der Europäischen Union", *A. Weber* untersucht die „Kontrolle kompetenzwidriger Gemeinschaftsakte", *C. Engel* geht den „Europarechtlichen Grenzen für die Industriepolitik" nach, *H. J. Ahrens* schreibt über „Mozarella, Champagner und andere geographische Herkunftsangaben", *T. Baums* über die „Harmonisierung der Rechte der Unternehmensübernahmen in der EG", *J. M. Mössner* geht der „Einwirkung des Gemeinschaftsrechts auf die direkten Steuern" nach, *R. Käppler* den „Kompetenzen des EuGH bei der Rechtsangleichung auf dem Gebiet des Arbeitsrechts". Die drei letzten Beiträge gelten dem „Protokoll über die Sozialpolitik" der EU *(E. Eichenhofer)*, dem „gemein-

---

* Ringvorlesung anläßlich des zehnjährigen Bestehens des Instituts für Europarecht der Universität Osnabrück. Carl Heymanns Verlag KG, Köln/Berlin/Bonn/München 1996. VIII, 200 S.

europäischen Deliktsrecht“ *(C. von Bar)* und dem „Europäischen Strafrecht“ *(J. Schulz)*. Damit sind wohl fast alle einschlägigen Schwerpunkte behandelt, wobei man allenfalls einen *rechtshistorischen* Beitrag vermisst. Auch das *Umweltrecht* verdient einen eigenen Platz, was nicht kritisch gemeint ist: Welche Juristenfakultät in Deutschland vermag heute derartig viele Gelehrte in Sachen „Europäisierung des Rechts“ vor Ort zu versammeln?

3. Das durchweg hohe Niveau der Beiträge veranlaßt zu einigen Fragestellungen grundsätzlicher Art: So wäre (auch) geisteswissenschaftlich-kulturell nach dem Vorgang der Europäisierung zu fragen (zumal der ökonomische „Euro“ nicht alles ist). Dringlich wird das Problem etwaiger „Grenzen“ (so mit Recht der Herausgeber, S. V). Oder ist die Frage nach „Grenzen“ vielleicht schief, weil sie verräumlichend ansetzt? Eine weitere Frage ist, wer als „Akteur“ (arbeitsteilig) die Europäisierung vorantreibt: neben der Politik der Rechtsprechung und Wissenschaft. Gibt es hier Unterschiede je nach Nation? Bekanntlich sind Italien und Spanien weit europaoffener als Frankreich und Großbritannien, gerade auch ihre jeweiligen nationalen Wissenschaftlergemeinschaften. Ferner muß die „innere“ Europäisierung des Rechts in Europa die EU transzendieren und z.B. entschieden die Schweiz als alteuropäisches Kulturland einbeziehen. Auch stellt sich die Frage, ob und wie die Europäisierung zu (welchen?) *indirekten* Einflußnahmen der je nationalen Rechtsordnung in anderen Länder führt (Vehikelfunktion z.B. für deutsche Rechtsgedanken nach Italien und Spanien hin, von dort nach Frankreich hin). Schließlich: Was kann Rechtsvergleichung als „fünfte“ Auslegungsmethode in Europa leisten?

Derartige Fragen sind im Anschluß an die Teilbeiträge dieses gelungenen Bandes fortzuschreiben. „Letzte“ Erkenntnisse über die „Europäisierung des Rechts“ vermöchte indes nur ein Wissenschaftsvorhaben zu vermitteln, in dem möglichst viele Nationen zu Wort kommen. Dieser *multinationale* Ansatz erst könnte gemeineuropäische Möglichkeiten und „Grenzen“ der Europäisierung des Rechts aufdecken. Daß sich dabei auch die Frage stellt, was der Begriff „nationale Identität“ (Art. F Abs. 1 EU-Vertrag) bzw. „gemeinsames kulturelles Erbe“ (Art. 128 Abs. 1 EG-Vertrag) für die nationale und europäische *Rechtskultur* bedeuten, sei nur angemerkt.

Besprechung von Winfried Brugger (Hrsg.): Legitimation des Grundgesetzes aus Sicht von Rechtsphilosophie und Gesellschaftstheorie* (1998)

1. Das Grundgesetz von 1949 ist „in die Jahre" gekommen. So verwundert es nicht, daß jetzt auch sehr grundsätzlich von philosophischer Seite aus nach seiner (erstaunlichen) Legitimation gefragt wird. Dies ist um so dringlicher, als einerseits die deutsche Einigung, andererseits die europäische die Legitimationsfrage z. T. ganz neu stellt. So wird man sich zu fragen haben, ob die „Europäisierung des Verfassungsstaates" auf der Ebene der Rechtsphilosophie und Gesellschaftstheorie überhaupt schon Entsprechungen, Konvergenzen, Berührungspunkte, Theorieraster oder doch „Vorbereitungen" o. ä. besitzt, wenn nicht, wo und wie sie zu entwickeln wären. Eine innerlich von vornherein *„europäische"* Rechtsphilosophie bzw. Gesellschaftstheorie *fehlt* bislang, es sei denn man machte *Kants* „weltbürgerliche Absicht" zur *„europabürgerlichen"* oder dächte die Lehre vom *Gesellschaftsvertrag* auf die Europa-Ebene um bzw. weiter. So wenig dazu die heutige höchst ökonomistische „Europa"- bzw. „Euro"-Debatte ermutigt, so dringlich wäre ein solches Unterfangen, das z. B. nationalstaatlich konzipierte Begriffe wie „Verfassunggebung", „Gesellschaftsvertrag" (vgl. jetzt *E.-J. Mestmäcker:* „europäischer contract social"), „Öffentlichkeit", „Volk" *europäisch* faßt, zumal wir längst europäische „Verfassungsgerichte" (in Straßburg und Luxemburg) haben und die Konturen einer europäischen Verfassungsrechtswissenschaft auf dem Boden des gemeineuropäischen Verfassungsrechts (auch gemeineuropäischer Grundrechtslehre) immer klarer werden. Alle in Deutschland nach wie vor beliebten „nationalen Engführungen" verbieten sich heute.

2. Die Anlage und Gestaltung des *W. Brugger* zu dankenden Sammelbandes wird man sofort begrüßen. Er vereinigt Beiträge, die auf zwei Tagungen im Dezember 1994 und Januar 1995 am Zentrum für interdisziplinäre Forschung der Universität Bielefeld diskutiert worden sind. Nach den Worten des Herausgebers soll der Band „kein Jubelband" sein (S. 18 f.), sondern „inhaltlich und prozessual Bedingungen von Legitimation für unsere Zeit klären, die wir in Politik und Recht in mehr oder weniger großem Ausmaß erreichen oder auch verfehlen" (S. 18 f.).

---

* Nomos Verlagsgesellschaft, Baden-Baden 1996, 456 S.

Im einzelnen hat die „sichtbare Hand“ des Herausgebers folgende Autoren für folgende Themen gewonnen: *T. Würtenberger* (Zur Legitimität des GG in historischer Perspektive), *H. Bielefeldt* (Sittliche Autonomie und republikanische Freiheit, d.h. zu *Kant*), *W. Schild* (Die Legitimation des GG als der Verfassung Deutschlands in der Perspektive *Hegels*), *H. Klenner* (*K. Marx* über Legitimationskriterien von Verfassungslegalitäten), *R. Mehring* (*C. Schmitts* Kritik des Konzepts Legitimität kraft Legitimation), *I. Maus* (*H. Heller* und die Auseinandersetzung um die Interpretation des GG), *M. Pawlik* (Rechtsstaat und Demokratie in der Perspektive der Reinen Rechtslehre, zu *H. Kelsen*), *E.-J. Lampe* (Anthropologische Legitimation des GG), *G. Sprenger* (Legitimation des GG als „Wertordnung“), *E. Hilgendorf* (Der ethische Utilitarismus und das GG), *W. Brugger* (Theorie und Verfassung des Pluralismus, zu *E. Fraenkel*), *W. Becker* (Kritischer Rationalismus), *R. Alexy* (Grundgesetz und Diskurstheorie), *P. Koller* (Moderne Vertragstheorie und GG), *R. Nickel* (Gleichheit in der Differenz?, zum Kommunitarismus), *G. Roellecke* (Die Legitimation des GG aus der Sicht der Systemtheorie), *R. Zippelius* (Legitimation des GG aus der Verfassungskultur einer offenen Gesellschaft). Ein Personen- und Sachverzeichnis sowie (höchst hilfreich) ein Verzeichnis der (mit)erörterten GG-Artikel beschließen den inhaltsreichen Band.

3. Der Sammelband verdient in Anlage und Konzeption viel Aufmerksamkeit. Dem Herausgeber *W. Brugger* ist es gelungen, eine Reihe von hochkarätigen Autoren für ein übergreifendes Konzept zu gewinnen. Einzelne Beiträge haben über den Kontext hinaus eigenen Rang, so z.B. die Studie von *I. Maus* über *H. Heller* (S. 133 ff.), auch von *R. Alexy* über die Diskurstheorie (S. 343 ff.). Freilich stellen sich mehrere *Grundsatzfragen,* über die bei einer etwaigen „Fortschreibung“ des Bandes nachzudenken wäre.

a) So fällt auf, daß die *Entstehungsgeschichte* des GG als solche nicht aufgearbeitet wird (vgl. JöR Bd. 1 [1951]). Dabei trugen die viel berufenen „Väter und Mütter“ des GG, vor allem ein so herausragender „Vater“ wie *Carlo Schmid* ihr rechtsphilosophisches bzw. gesellschaftstheoretisches Koordinatensystem bzw. „Rüstzeug“ im Kopf und von ihm aus dann in das GG hinein. Auch die Katholische Soziallehre hätte in ihrer Wirkung über die am Entstehungsprozeß Beteiligten (bis hin zum Subsidiaritätsprinzip, jetzt in Art. 23 Abs. 1 S. 1 GG) beim Namen genannt werden müssen. 48 Jahre *nach* Entstehung des GG war auch zu unterscheiden zwischen dem GG bzw. seinen *Texten* von 1949 und dem, was politische *Praxis, Wissenschaft* und *Rechtsprechung* (des BVerfG) aus diesem GG „gemacht“ haben (zum BVerfG: *Sprenger,* S. 231, *Maus,* S. 158, *Brugger,* S. 304 f.). M.a.W.: Es bedarf einer Flankierung des Forschungsansatzes durch eine Studie über die hinter den Entscheidungen des *BVerfG* stehenden „Philosophien“ (Beispiel KPD-Urteil E 5, 85, mit seiner immanenten Bezugnahme auf den Kritischen Rationalismus, S. 135: „process of trial and error" oder E 7, 198 mit seiner Wertesystem-Formel). Überdies müßten die mittlerweile 43 Verfassungsänderungen „hinterfragt" werden – jüngst etwa der neue Art. 20a (Umweltschutzklausel), der gewiß Ausdruck einer Rezeption des „Prinzips Verantwortung" von *H. Jonas* ist oder jedenfalls auch mit Hilfe seiner Klassikertexte „gelesen" werden kann. Auch Art. 16 n.F. wäre zu „testen" (dazu *H. Bielefeld,* S. 64).

b) Eine weitere *Vor*frage stellt sich: Kann, darf oder muß eine Verfassung aus dem Jahre 1949 mit einer Philosophie konfrontiert werden, die z.B. wie bei *Hegel* 1820 veröffentlicht worden ist (so fragt treffend *W. Schild,* S. 65, für *Hegel;* so fragen nicht aber andere Autoren). Zugleich stellt sich die Grundsatzfrage, ob ein Verfassungstext von 1949 mit Hilfe einer sich erst später entfaltenden Theorie interpretiert werden darf, aktuell etwa im Falle von *E. Fraenkel* (der vom Verf. schon 1970 rezipiert worden ist), oder von *Habermas* bzw. *Alexy.*

Beide Fragen sind m. E. *positiv* zu beantworten, sind aber als solche *explizit* zu stellen und zu durchdenken. Die erste wie folgt: Da die Prozesse der Verfassunggebung neben Produktion (auch) durch kulturelle Rezeptionen gekennzeichnet sind, kann die Wissenschaft die – wirksamen – Klassikertexte namhaft machen. So gibt es *Kant* „im GG" (Art. 1 Abs. 1 S. 1), wie es *Montesquieu* und *Rousseau* im GG gibt (Art. 20 Abs. 3, 1 Abs. 3 bzw. Art. 20 Abs. 2 S. 1) und wie *H. Heller* mit der Formel vom „sozialen Rechtsstaat" ebenfalls im GG „weiterlebt". Die andere Frage, ob man *ältere* Verfassungstexte mit *jüngeren* Autoren der Rechtsphilosophie oder Gesellschaftstheorie verstehen bzw. auslegen kann, ist ebenfalls zu bejahen: Das Stichwort lautet: „Verfassung als öffentlicher Prozeß" bzw. „kultureller Entwicklungsvorgang". Es zeichnet Verfassungstexte, hier anderen Buchtexten wie kulturellen Werken vergleichbar, aus, daß sie in ihrer Bedeutung aus dem „Geist" der Jetztzeit und ihren Philosophien heraus verstanden werden können. Das *entwicklungsgeschichtliche* (Vor-)Verständnis lebt auch von dieser Möglichkeit.

Hinzu kommt folgendes: Eine „Verfassung des Pluralismus", wie das deutsche Grundgesetz, ist in ihrem Zustandekommen wie in ihrer jahrzehntelangen Fortentwicklung durch eine *Pluralität* von Einzelstücken *vieler* Rechtsphilosophieentwürfe und Gesellschaftstheorien geprägt. Das ist gerade ihre Stärke: sie kann nicht auf *ein* Theorem festgelegt werden. „Großtheorien" (vgl. *Brugger,* S. 17, bzw. *Klenner,* S. 97) wollen meist umfassende Erklärungsmuster liefern, in der offenen Gesellschaft des Verfassungsstaates sind aber gerade Kompromisse zu schließen und damit nur *Teil*stücke (Fragmente) rezipierbar. Insofern ist es notwendig, eine verfassungsstaatliche Verfassung nach ihren *Einzelbereichen* auf ihre Entsprechungsverhältnisse zu philosophischen Systemen und gesellschaftstheoretischen Entwürfen zu untersuchen. So wird man unschwer die „weltbürgerliche Offenheit“ im Geiste von *I. Kant* (dazu eindrucksvoll *Bielefeldt* (S. 63 f.) an der Präambel, Art. 1 Abs. 2 und Art. 24 bis 26 GG festmachen können, zumal die Staatsrechtslehre seit langem die Begriffe „offene Staatlichkeit“ (*K. Vogel,* 1964) und „kooperativer Verfassungsstaat“ kennt (so der Rezensent 1978). Das BVerfG hat dies auf seine Weise in Entscheidungen zur „Völkerrechtsfreundlichkeit“ des GG gekleidet (z.B. E 31, 58 [75]). Anders dürfte es um *Hegel* stehen: Er mag helfen, den gemeindeutschen Kanon der Erziehungsziele (z.B. „Verantwortungsgefühl“, „sittliche Haltung“) zu belichten. Zum Staatsbild des GG kann er jedoch sonst wenig beitragen. Das gelegentlich repetierte Wort vom „sittlichen Staat“ (dazu *Schild,* S. 75 ff., 83) gehört *nicht* zum Verfassungsstaat.

c) Schließlich wäre das Projekt des Herausgebers *W. Brugger* dadurch zu ergänzen, daß die durch *Rechtsvergleichung* auffindbaren bzw. transportierten Philosophien „im“ GG erarbeitet werden. Der Typus verfassungsstaatliche Verfassung bzw. sein bewährtes Beispiel, das GG, kann heute wie früher gar nicht mehr ohne einen Blick über die (nationalen) Grenzen hinweg erfaßt werden. So hätte schon bei der Behandlung der Legitimität des GG in historischer Perspektive (*T. Würtenberger,* S. 21 ff.) gesagt werden müssen, daß ein Element der philosophischen Vorgeschichte des deutschen Föderalismus die Federalist Papers der USA (1787) und ihre pragmatische „Philosophie“ sind. M. a. W.: Ein Beitrag: „Die Legitimation des GG in *rechtsvergleichender* Perspektive“ tut Not – Rechtsvergleichung *im Raum* ist ja der „Zwilling“ zur Rechtsvergleichung in *der Zeit,* d.h. der Verfassungsgeschichte.

d) Die „Riesen“ der Weimarer Zeit, auf deren Schultern nicht nur viele Texte des GG, sondern auch die zugehörige Literatur und Judikatur (des BVerfG) weitgehend stehen, sind durch Beiträge zu *C. Schmitt, H. Heller, H. Kelsen* vertreten, wobei dieser zwar in Sachen „Stufenbau der Rechtsordnung“ im GG fortwirkt (z.B. *G. Roellecke,* S. 420), im übrigen aber gerade das positivistische *Gegenbild* zu diesem GG abgibt (Bindung an Gesetz und *Recht* nach Art. 20, materielles Rechtsstaatsprinzip, vgl. *Pawlik,* S. 183 ff., *Brugger,* S. 13) und streitbare bzw. wertgebundene Demokratie (Art. 18, 21 Abs. 2, 9 Abs. 1). Im übrigen findet sich die punktuell prägende Dogmatik eines *C. Schmitt* zwar auf wichtigen Einzelfeldern (z.B. Art. 19 Abs. 2, 79 Abs. 3 – dieser wurde vorweggenommen durch § 112 Verf. Norwegen von 1814), im übrigen ist das GG aber im „Gegenlicht“ zu allen Arten eines „Dezisionismus“ oder „soziologischen Positivismus“ geschrieben – und seit 1949 gelebt worden. (Die Kritik *Schmitts* am Wertesystemdenken, dazu *Mehring,* S. 122, ist ebenso bekannt, wie in der Sache, vor allem Praxis, bis heute folgenlos). Auch eine rechtsvergleichende Analyse der – pluralistischen – Prozesse der Verfassunggebung (z.B. in Portugal oder Spanien) widerlegt *Schmitts* Ideologien in Sachen verfassunggebender Gewalt.

Auffällig ist das Fehlen eines eigenen Beitrags über *R. Smend*. Wer je Tagungen und Sammelbände organisiert hat, weiß freilich, daß solche Fehlanzeigen sich auch oft aus plötzlichen Absagen erklären. Wenn die Auslassung von *R. Smend* nicht zufällig sein sollte, müßte darauf verwiesen werden, daß sein Ansatz (weit mehr als der „wertrelativistische" von *H. Kelsen*) vor allem die *Entwicklung* des GG in 48 Jahren geprägt hat – das GG ist auf weite Strecken ein *„Anti-Kelsen"*, z.B. Art. 20 Abs. 3 „Gesetz *und Recht*", Art. 19 Abs. 2, 79 Abs. 3, 21 Abs. 2 – bei allen seinen großen Verdiensten um die Verfassungsgerichtsbarkeit. Man denke in Sachen *Smend* an das Grundrechtsverständnis ebenso wie an das Bundesstaatskonzept bzw. den Grundsatz der *„Bundestreue"* bzw. föderalen Solidarität (BVerfGE 12, 205 [54 f.]; 81, 310 [337]; 92, 203 [230 f.]) oder an Felder des Staatskirchenrechts (kurze Erwähnungen von *R. Smend* aber bei *Mehring,* S. 136, *Sprenger,* S. 223 f., 228, auch bei *Maus,* S. 158). Über das BVerfG und sein Grundrechtsverständnis, auch die „Einheit der Verfassung" hat *Smend* besonders intensiv auf die GG Entwicklung gewirkt.

Im übrigen hätte die Fruchtbarkeit von *H. Hellers* großem Ideenreservoir (sichtbar z.B. bei seinen „Rechtsgrundsätzen") Anlaß sein können, den *kulturwissenschaftlichen* Ansatz und seine Fortführungen seit den 80er Jahren stärker zu verfolgen. Manche Beiträge sprechen wie selbstverständlich von „Verfassungskultur" und Ähnlichem, ohne das, zu fundieren oder zu erklären (so *Zippelius,* S. 445: „demokratischer Verfassungsstaat als freiheitliche politische Kulturform", oder *T. Würtenberger,* S. 28: „Verfassung als normativer Rahmen der politischen Kultur einer Gemeinschaft"). Nur *Sprenger* setzt sich mit dem älteren Konzept des Rechts als Kulturerscheinung auseinander (S. 219 ff.), ohne jedoch die Diskussion in der deutschen Staatsrechtslehre (von *U. Steiner* und *D. Grimm* bis zu *M.-E. Geis* u.a.) zu erwähnen.

e) Im übrigen hat der Band das Verdienst, Theorieentwürfe zur Diskussion zu stellen, die von der zunftmäßigen Staatsrechstlehre beim Verständnis des GG bisher noch nicht genügend berücksichtigt worden sind. Das gilt etwa für *E.-J. Lampe* (Anthropologische Legitimation des GG, S. 189 ff.) und *R. Nickel* (Kommunitarismus, S. 395 ff.), auch *E. Hilgendorf* (Der ethische Utilitarismus und das GG, S. 249 ff.).

Auch hier bestätigt sich freilich, daß nur wenige *Teil*felder des GG mit diesen „neuen" Ideenkonzepten „aufgeklärt" werden können: So hilft der anthropologische Ansatz im Kulturverfassungsrecht bei den Erziehungszielen sowie der „Kulturteilhabe" bzw. „sozialer Teilhabe" (*Lampe,* S. 209), wobei das Menschenbild des GG Bedürfnis*aspekte* kennt (bei dem aus Art. 1 und 20 abzuleitenden Anspruch auf das materielle Existenzminimum oder beim Umweltschutz), auf sie aber nicht reduziert werden kann – immerhin kennen schon die klassischen Gesellschaftsvertragslehren z.B. das Bedürfnis nach Sicherheit. Hilfreich ist der kommunitaristische Ansatz bei der Wertordnungsthese des BVerfG (E 7, 198, vgl. *Nickel,* S. 415 f.), vor allem aber auch bei einer Kritik an der in Art. 116 GG erfolgten „Substantialisierung"; der verfassungsstaatliche Minderheitenschutz kann ebenfalls in Kommunitarismus-Thesen Hilfe finden (*Nickel,* S. 418). Umgekehrt kann sich erweisen, daß eine bestimmte Gesellschaftstheorie gerade *nicht* für das GG und seine Interpretation brauchbar ist (so zu Recht *Hilgendorf* für den Utilitarismus, S. 266 f.), wobei freilich eine Auseinandersetzung mit dem US-amerikanischen Text des „pursuit of happiness" erforderlich wird.

f) Damit eröffnet sich aber auch der Horizont, mit Hilfe neuer oder alter Philosophien die GG-Texte oder ihre *Entwicklung* in 48 Jahren zu *kritisieren.* Allgemein gesagt: Gesellschaftstheorien und Rechtsphilosophien sind ein unverzichtbares *Kritikpotential* verfassungsstaatlicher Verfassungen, für deren freie Entstehung gerade sie die optimale Form bilden. Insofern könnte sich die Perspektive eines „Fortsetzungsbandes" eröffnen: „Kritik am GG und seiner *Entwicklung* aus der Sicht von Rechtsphilosophie und Gesellschaftstheorie"; eine Einbeziehung der 16 deutschen Länderverfassungen könnte bereichern.

g) Läßt man die verschiedenen Philosophien bzw. Theorien Revue passieren, so ergibt sich, daß zwischen dem GG und der „Theorie und Verfassung des Pluralismus" (von *E. Fraenkel* und anderen, dazu *Brugger,* S. 273 ff.) sowie dem GG und dem Kritischen Rationalismus (dazu *W. Becker,* S. 317 ff.), auch dem Grundgesetz und der Diskurstheorie (*Alexy,* S. 343 ff.) besonders viel Entsprechungen, Konvergenzen und Affinitäten bestehen. Gleiches gilt für das GG und die Gerechtigkeitslehre von *J. Rawls* (*P. Koller,* bes. S. 382 ff.), wobei der Gesellschaftsvertrag in der Form des (fingierten) verfassungsstaatlichen Generationenvertrags ein weiteres Beispiel für „Berührungspunkte" wäre. Zu klären bliebe freilich, wie sich Rechtsphilosophie und Gesellschaftstheorien unterscheiden und welche klassischen Autoren noch beides verbinden. Als Anregung sei auch erlaubt, *H. Jonas'* Möglichkeiten zur Ausdeutung des GG über Art. 20a GG hinaus zu erschließen. Schließlich sollte die Rechtsphilosophie und Gesellschaftstheorie auf ihre, den rechtsvergleichend erarbeitenden *Typus* verfassungsstaatliche Verfassungen aufschließende Bedeutung befragt werden.

Im ganzen wird man zu der Erkenntnis gelangen, daß die Philosophie- bzw. Theorie-Entwürfe mit den verfassungsstaatlichen Verfassungen und ihrer Entwicklung über Jahrhunderte hinweg zu einem beiderseitig teils kritischen, teils sich-unterstützenden Verhältnis kommen. Dafür eine erste eindrucksvolle Gesprächsebene begründet zu haben, ist das Verdienst des Sammelbandes von *W. Brugger.*

Ein Verfassungsrecht für künftige Generationen

Die „andere" Form des Gesellschaftsvertrages: Der Generationenvertrag (1998)

I. Der Festschriftenbeitrag als Literaturgattung, Problem und Aktualität des Themas

Die vielbeklagte, in Deutschland aber bisher nicht ernsthaft reformierte Literaturgattung des Festschriftenbeitrages kann nur dann wissenschaftliche und berufsethische Glaubwürdigkeit zurückgewinnen, wenn nach seinem eigentlichen Sinn gefragt wird. Er besteht in der Ehrung des Jubilars, dem Versuch, mit ihm auch persönlich ins Gespräch zu kommen, ggf. auch kritisch, und dies auf einem spezifischen Forum der Wissenschaftlergemeinschaft. Damit verbieten sich „Riesen-Festschriften", die ohne explizite oder immanente inhaltliche Vorgaben bleiben und nicht selten genug „Schubladen-Arbeiten", z.B. tagesbezogene Auftrags-Gutachten für Dritte, versammeln. „Themenfestschriften" können der Beliebigkeit und Inflation der Festschriftenliteratur entgegenwirken. Besitzt der Jubilar internationale Ausstrahlung – so wie *H. F. Zacher* dank seiner rechtsvergleichenden Pionierleistungen ein „europäischer Jurist" ist –, so mögen sich Festschrift und Festschriftenbeiträge wieder öffnen: thematisch wie personell.

Der Gesprächsfaden mit dem Jubilar sei über seine These von 1987[1] aufgenommen, der Generationenvertrag sei ebenso „genial wie trügerisch" und eine „deutsche" Idee. Das ist als – gewiß gezielte – Provokation ernst zu nehmen. Das wissenschaftliche Temperament des Jubilars, besonders anregend auf dem Forum der Staatsrechtslehrertagungen in den 70er und 80er Jahren[2], erlaubt „Rückfragen", ja will Widerspruch. Darum sei das vorliegende Thema gewagt, wenn auch der Höchstumfang der Beiträge so knapp bemessen wurde, daß allenfalls eine Skizze möglich wird.

Ermutigend wirkt, daß *H. F. Zacher* wohl nur vom Sozialrecht her argumentiert hat. Die Kernfrage nach dem Generationenvertrag als „anderer

---

1 *H. F. Zacher,* Alterssicherung – Spiegel der gesellschaftlichen Entwicklung, jetzt in: *H. F. Zacher,* Abhandlungen zum Sozialrecht, 1993, S. 498 (517 ff.).

2 Vgl. z.B. VVDStRL 33 (1975), S. 138 f., 177 f., 273–277; 40 (1982), S. 139 f., 297–300 (Aussprache).

Form" des Gesellschaftsvertrages stellt sich indes viel allgemeiner: in der Tiefe der Verfassungstheorie und der Weite des Problems der „Zeit" in vielen Lebenswelten. Staatsverschuldung und Entsorgung des Atommülls wurden schon 1983 im Horizont der Generationen als Problembereiche von „Zeit und Verfassungskultur" ausgemacht[3]. In der Schweiz folgte der übergreifende Entwurf von *P. Saladin* und *A. Zenger:* „Rechte künftiger Generationen" (1988), und seitdem hat das Thema auf vielen Feldern Aktualität gewonnen[4]. 1989 erschien ein Aufsatz über „Gerechtigkeit zwischen den Generationen"[5]. Schon gibt es in Frankreich in der Regierung *A. Juppé* (1995)[6] eine Ministerin für „Solidarität zwischen den Generationen", im gleichen Jahr erscheint ein Buch über „Gerechtigkeit zwischen den Generationen"[7]. Wir lesen aber auch: „Droht ein Krieg der Generationen?"[8] Man erinnere sich ferner der Diskussion in den USA um ein (gescheitertes) amendment zur Begrenzung der Staatsschulden (1995) oder an die globale Umweltkontroverse. Der Streit um die demographische Zukunft des „deutschen Volkes" hat sich verschärft[9], ebenso die Frage, ob die Renten nur für die heutige Rentnergeneration „sicher" seien.

---

[3] *P. Häberle,* Zeit und Verfassungskultur, in: A. Peisl/A. Mohler (Hrsg.), Die Zeit 1983, S. 289 ff. (333 ff.) (Neuauflage 1989, hrsg. von H. Gumin und H. Meier); *ders.,* Die Wesensgehaltgarantie des Art. 19 Abs. 2 GG, 3. Aufl. 1983, S. 382 ff.: „Die generationenorientierte Dimension von Grundrechten". s. früh: *H. Hofmann,* Rechtsfragen der atomaren Entsorgung, 1981, S. 258 ff.

[4] *P. Pernthaler,* Allgemeine Staatslehre und Verfassungslehre, 2. Aufl. 1996, S. 271 ff.: „Die Idee von Eigenrechten der Natur und der künftigen Generationen". s. auch den eigenen Abschnitt „Die Rechtsstellung künftiger Generationen", in: *G. Haverkate,* Verfassungslehre, 1992, S. 249 bis 252, oder einen Kommentar wie in FAZ vom 13. April 1996, S. 1: „Die Renten-Lüge: Vor bald vierzig Jahren ist der Generationenvertrag in Geltung gesetzt worden" ... „Nach kaum mehr als der Zeitspanne einer Generation steht dieser Vertrag zur Disposition." Auch das *BVerfG* arbeitet mit dem Generationenvertrag, vgl. E 51, 1 (27) für die Rentenversicherung; E 82, 60 (80), im Blick auf das Alterssicherungssystem; s. auch BVerfGE 88, 129 (136 f.): „... daß der Staat zur Pflege der freien Wissenschaft und ihrer Vermittlung an die nachfolgende Generation ..." (s. schon E 35, 79 [114 ff.]). In der Lit. ist der „Generationenvertrag" ein oft gebrauchter Topos, z.B. bei *O. Depenheuer,* Wie sicher ist verfassungsrechtlich die Rente? ..., AöR 120 (1995), S. 417 (429); *H. Lecheler,* Schutz von Ehe und Familie, HdBStR Bd. VI (1989), S. 211 (258 f.); *W. Zeidler,* Ehe und Familie, HdBVerfR 1. Aufl. 1983, S. 555 (589, 603); *H. Schüller,* Die Alterslüge. Für einen neuen Generationenvertrag, 1996.

[5] *H. Kleger,* in: P. P. Müller-Schmid (Hrsg.), Begründung der Menschenrechte, 1986, S. 147 ff.; s. auch *W. Buchholz,* Intergenerationale Ressourcen und erschöpfbare Ressourcen, 1984.

[6] Vgl. FAZ vom 20. Mai 1995, S. 2.

[7] *M. Brumlik,* 1995; s. auch *C. Lawrence,* Grundrechtsschutz, technischer Wandel und Generationenverantwortung, 1989.

[8] So der Aufsatz von *C. Stephan,* in: Die Zeit Nr. 41 vom 6. Oktober 1995, S. 56.

II. Elemente einer Bestandsaufnahme

Die Frage nach einem Verfassungs*recht* für künftige Generationen kann in einem ersten Schritt aus den Verfassungstexten beantwortet werden. Eine vergleichende Textstufenanalyse vermag offen oder versteckt spezifisches Problemlösungsmaterial zu erarbeiten, vor allem Entwicklungslinien erkennbar zu machen, weil die Texte in einzigartiger „Anstrengung des Begriffs“ einen in der Flut der Literatur und der Fülle sonstigen Materials besonders hohen „Verdichtungsgrad“ aufweisen[10].

1. Ausdrücklicher Generationenschutz in neueren Verfassungen und Verfassungsentwürfen

Die Verfassunggeber reagieren und agieren in ihren neuen Texten auf wichtige Grundfragen der Zeit. Das zeigt sich am Generationenschutz höchst augenfällig. Die einschlägigen Beispieltexte nehmen zu und sie treten systematisch an verschiedenen „Fundstellen“ auf: von den Präambeln über das Umweltschutzverfassungsrecht bis hin zu anderen „Stellen“, z.B. den Erziehungszielen.

Eine relativ frühe Aussage findet sich in dem 1984 geänderten Art. 141 Abs. 1 Verf. *Bayern:* „Der Schutz der natürlichen Lebensgrundlagen ist, auch eingedenk der Verantwortung für die kommenden Generationen, der besonderen Fürsorge jedes einzelnen und der staatlichen Gemeinschaft anvertraut“. Vorausgegangen war schon die Urform der Präambel-Fassung des bayerischen Verfassunggebers von 1946: „... in dem festen Entschluß, den kommenden deutschen Geschlechtern die Segnungen des Friedens, der Menschlichkeit und des Rechts dauernd zu sichern ...“.

Der neue Art. 20a GG aus dem Jahre 1994 verschreibt sich dem Generationenschutz in Gestalt des neuen Staatsziels „Umweltschutz“: „Der Staat

9 Vgl. z.B. *M. Wingen,* Was ist dem Menschen aufgegeben bei der Weitergabe des Lebens? Demographische Information und Bildung als Aufgabe, FAZ vom 21. Sept. 1995, S. 14; *J. Schmid,* Denken und forschen für übermorgen, Was Bevölkerungswissenschaft ist, kann und muß, FAZ vom 19. Dez. 1994, S. 8; *K. Adam,* Standort Seniorenheim, Mehrheit oder Zukunft: Worum es im Rentenstreit geht, FAZ vom 11. März 1996, S. 35; *ders.,* Die alternde Gesellschaft ist keine Lustpartie, FAZ vom 3. Juni 1995 (Bilder und Zeiten); FAZ vom 21. Juni 1995, S. 15: „Alternde Gesellschaften belasten die Staatshaushalte, Die OECD empfiehlt Sicherung der Rente“; *H. Birg,* Bevölkerungsschrumpfung und Zuwanderung werden Deutschland bald vor gewaltige Schwierigkeiten stellen, FAZ vom 10. Mai 1996, S. 9. Zuletzt *M. Spieker,* Solidarität oder Rentenfrondienst, FAZ vom 31. Mai 1996, S. 11: „... aber das Prinzip der Lebensstandardisierung kann nicht unantastbar sein, wenn es einen Rentenfrondienst der nachwachsenden Generation und eine Plünderung der Familien mit Kindern zur Folge hat.“

10 Zur Methode *meine* Arbeiten in: Rechtsvergleichung im Kraftfeld des Verfassungsstaates, 1992, passim, bes. S. 3 ff., 105 ff.

schützt auch in Verantwortung für die künftigen Generationen die natürlichen Lebensgrundlagen ...“[11]. Wieder einmal zeigt sich, daß und wie in der „Werkstatt Bundesstaat“ Innovationen auf *Länder*ebene später auf der *Bundes*ebene rezipiert werden.

In der *Schweiz* finden sich zwar seit den schöpferischen Aufbruchphasen der Kantonsverfassungen in den 80er Jahren Umweltschutzklauseln z.B. schon in den Präambeln[12]. Doch erst der Privatentwurf für eine neue Bundesverfassung von *A. Kölz/J. P. Müller* (1984)[13], 3. Aufl. 1995, wagte den Präambel-Passus: „... im Bewußtsein der Verantwortung für die Bewahrung einer gesunden und lebenswerten Umwelt auch für die kommenden Generationen“. Dies hat Schule gemacht[14].

Eine neue Wachstums- bzw. Textstufe des Generationenschutzes begegnet in den Verfassungen der *neuen deutschen Bundesländer*. So findet sich in Art. 39 Abs. 1 Verf. Brandenburg der Satz: „Der Schutz der Natur, der Umwelt und der gewachsenen Kulturlandschaft als Grundlage gegenwärtigen und künftigen Lebens ist Pflicht des Landes und aller Menschen“[15]. Ist damit die neue „Lebens“-Formel statt des Begriffs der „Generation“ geschaffen, so verwendet Art. 40 ebd. den alten Generationenschutz in neuem Kontext: „Die Nutzung des Bodens und der Gewässer ist in besonderem Maße den Interessen der Allgemeinheit und künftigen Generationen verpflichtet“. Art. 10 Abs. 1 S. 1 Verf. Sachsen (1992) normiert: „Der Schutz der Umwelt als Lebensgrundlage ist, auch in Verantwortung für kommende Generationen, Pflicht des Landes und Verpflichtung aller im Land“. Demge-

---

[11] Aus der Lit.: *D. Murswiek*, Staatsziel Umweltschutz (Art. 20a GG), NVwZ 1996, S. 222 ff.; *H. H. Rupp*, Ergänzung des Grundgesetzes um eine Vorschrift über den Umweltschutz?, DVBl. 1985, S. 990 ff.; *M. Kloepfer*, Umweltschutz als Verfassungsrecht: Zum neuen Art. 20a GG, DVBl. 1996, S. 79 ff.

[12] Z.B. Präambel KV Aargau (1980): „Verantwortung vor Gott gegenüber Mensch, Gemeinschaft und Umwelt wahrzunehmen“. Ebenso Präambel KV Basel-Landschaft (1984), zit. nach JöR 34 (1985), S. 437 bzw. S. 451.

[13] Zit. nach JöR 35 (1985), S. 551.

[14] Vgl. Art. 31 Abs. 1 S. 1 KV Bern (1993): „Die natürliche Umwelt ist für die gegenwärtigen und künftigen Generationen gesund zu erhalten“. Ebenso Art. 29 Abs. 1 S. 1 KV Appenzell A. Rh. (1995). – Generationenverantwortung klingt an in dem am 9. Juni 1996 dem *Schweizer* Volk zur Beurteilung vorgelegten neuen Art. 31 octies der Bundesverfassung, wonach der Bund dafür sorgen soll, daß die Landwirtschaft durch eine „nachhaltige und auf den Markt ausgerichtete Produktion einen wesentlichen Beitrag zur sicheren Versorgung der Bevölkerung leistet, zur Erhaltung der natürlichen Lebensgrundlagen und zur Pflege der Kulturlandschaft beiträgt ...“.

[15] Die vielleicht tiefste Lebensschutz- bzw. Naturschutz- und Generationenschutzklausel prägt die Präambel Verfassungs*entwurf* Mecklenburg-Vorpommern von 1990 (zit. nach JöR 39 [1990], S. 399): „... erkennend, daß Menschen die Natur nie beherrschen können, vielmehr Teil des lebenserhaltenden Kreislaufs sind und es bleiben, wenn sie ihn nicht zerstören, sondern achten“.

genüber kehrt die Verf. Sachsen-Anhalt (1992) zur Formel vom Schutz der „natürlichen Grundlagen derzeitigen und künftigen Lebens" zurück (Art. 35). Die *ökologische Lebensklausel* findet sich im Gegensatz zu der *anthropologischen Generationenformel* auch in Art. 12 Verf. Mecklenburg-Vorpommern (1993). Hingegen spricht die Verf. Thüringen von 1993 schon in der Präambel von der „Verantwortung für zukünftige Generationen". Zuletzt formuliert Präambel Verf. Polen (1997) vorbildlich direkt: „Obliged to bequeath to future generation all that is valuable from our over one thousand years' heritage."

Figuriert der Generationenschutz allgemein in Präambeln, spezieller im Umweltverfassungsrecht, so beginnt er sich auch im Verfassungsrecht der *Erziehungsziele* einen neuen Platz zu erobern. Das ist nur konsequent: Denn in den Schulen muß für die Kinder *pädagogisch* beginnen, was der mündige Bürger rechtlich zu verantworten hat[16]. Als Beispiel sei aus Art. 15 Abs. 4 Verf. Mecklenburg-Vorpommern das Erziehungsziel „Verantwortung für die Gemeinschaft mit anderen Menschen und Völkern sowie gegenüber künftigen Generationen" genannt (ebenso Art. 2 Abs. 1 Verf. Sachsen-Anhalt). Verf. Sachsen verordnet in Art. 101 Abs. 1 das Erziehungsziel „Ehrfurcht vor allem Lebendigen": eine bemerkenswerte Rezeption des Klassikertextes von *A. Schweitzer*. Zuletzt sei Art. 24 lit. b Verf. *Südafrika* (1996) erwähnt: „to have the environment protected, for the benefit of present and future generations ...".

2. „Immanente" Generationenschutzklauseln

Im folgenden seien Verfassungstexte systematisiert, die erst im Lichte der Interpretation die Generationenperspektive erkennen lassen. Gemeint sind Normen zum Natur- und Kulturschutz, insbesondere kulturelles-Erbe-Klauseln. Für diese Kategorie, in der vergleichenden Verfassungslehre seit vielen Jahren zum Thema gemacht[17], seien einige Beispiele aufgeführt: Art. 9 Abs. 2 Verf. Italien (1947) lautet:

> „Sie (sc. Die Republik) schützt die Landschaft und das historische und künstlerische Erbe der Nation".

Art. 66 Abs. 2 lit. d Verf. Portugal (1976) verlangt im Kontext des Umweltschutzes „die Erhaltung der Natur und die Wahrung kultureller Werte von historischem oder künstlerischem Interesse zu gewährleisten".

---

[16] Zu diesen Zusammenhängen etwa *P. Häberle*, Erziehungsziele und Orientierungswerte im Verfassungsstaat, 1981, bes. S. 65 ff.; *ders.*, Erwartungen an die Pädagogik, in: A. Gruschka (Hrsg.), Wozu Pädagogik?, 1996, S. 142 ff.

[17] Vgl. *meine* Beiträge von 1987 bzw. 1983 und 1990, jetzt in: Rechtsvergleichung im Kraftfeld des Verfassungsstaates, 1992, S. 241 f., 633 f., 836 ff.

In *Osteuropa* nach 1989 entwickelt die Idee vom Schutz des kulturellen Erbes neue Textformen. So heißt es in Art. 5 Verf. Slowenien (1991)[18]:

Der Staat „sorgt für die Erhaltung der Naturgüter und des kulturellen Erbes", und Art. 73 bekräftigt dies in den Worten:

„Jedermann hat die Pflicht, in Einklang mit dem Gesetz Naturdenkmäler und -seltenheiten sowie Kulturdenkmäler zu schützen".

„Der Staat und die lokalen Gemeinschaften sorgen für die Erhaltung des Natur- und Kulturerbes".

Die Zeit- bzw. Generationendimension wird schon in der Präambel der Verf. Estland (1992) in den Worten berührt: „a State which shall guarantee the preservation of the Estonian nation and its culture throughout the ages"[19]. Die Verf. der Tschechischen Republik (1992) gelobt bereits in der Präambel: „getreu allen guten Traditionen der historischen Staatlichkeit der Länder der Böhmischen Krone ..."[20]. Die Verfassung der Slowakischen Republik (1992) nimmt sich des Themas an zwei Stellen an: in der Präambel („eingedenk des politischen und kulturellen Erbes unserer Vorfahren") und im Kontext des Umweltschutzes (Art. 44 Abs. 2 „Jeder ist verpflichtet, die Umwelt und das kulturelle Erbe zu schützen und zu fördern".).

Auf weitere Beispiele vor allem in *lateinamerikanischen* Verfassungen sei verwiesen[21]. Die neueren verfassungsstaatlichen kulturelles Erbe- und Naturschutz-Klauseln dürften wachsende Impulse aus den Textensembles erfahren haben, welche die beiden internationalen Konventionen von 1954 bzw. 1972 („Schutz des Kultur- und Naturerbes der Welt") geschaffen haben („Schädigung von Kulturgut" als Schädigung des „kulturellen Erbes der ganzen Menschheit", Schutz des „Kultur- und Naturerbes").

Die erwähnten Klauseln erweisen sich bei näherem Zusehen als *immanenter* Generationenschutz. Zwar scheinen sie zunächst nur retrospektiv

---

18 Zit. nach JöR 42 (1994), S. 88 ff.

19 Zit. nach JöR 43 (1995), S. 306.

20 Zit. nach JöR 44 (1996), S. 458. – Eine traditionsorientierte, generationenübergreifende Klausel findet sich auch in der Präambel Verf. Baden (1947): „... das badische Volk, als Treuhänder der alten badischen Überlieferung ..." (zit. nach *B. Dennewitz* [Hrsg.], Die Verfassungen der modernen Staaten, II. Bd. 1948, S. 123). s. auch Präambel Verf. Guatemala (1985), zit. nach JöR 36 (1987), S. 555: „... wir sind angeregt durch die Ideale unserer Vorfahren und erkennen unsere Traditionen und unsere kulturelle Erbschaft an". – Vgl. noch die Präambel der UN-Charta (1945). „... determined to save succeeding generations from the scourge of war".

21 Nachweise in *meinem* Beitrag: National-verfassungsstaatlicher und universaler Kulturgüterschutz – ein Textstufenvergleich, in: F. Fechner u. a. (Hrsg.), Prinzipien des Kulturgüterschutzes, 1996, S. 91 (95 ff.). Aussagekräftig ist die *Parallelität* der Schutzklauseln in der Verf. von Guatemala (1985). Unter dem Titel „Kultur" wird das „kulturelle Erbe" (Art. 60 bis 62) ebenso geschützt wie das „natürliche Erbe" (Art. 64).

oder auf das nicht-menschliche „Erbe“ an Natur zu zielen. Im Ergebnis sichern sie jedoch damit auch Substrate für die jetzt lebenden und die künftigen „Generationen“. Die Natur-/Erbesklauseln greifen inhaltlich weiter als die Generationenschutz-Klauseln. Denn sie beziehen sich auf *alles* Leben. Bei „Generationen“ ist herkömmlich nur an *menschliche* Generationen gedacht[22]. Insofern erweitert sich die Fragestellung dieses Beitrags: auch der mittelbare, durch Kultur und Natur geleistete Generationenschutz ist mitzudenken. Die Generationen der Menschen sind ohne den Schutz der sie *umgebenden* „Natur“ und der von ihnen *geschaffenen* „Kultur“ nicht denkbar; beide, Natur wie Kultur, konstituieren ihre „Lebenswelt“. Generationenschutz ist immer auch Natur- und Kulturschutz – er bedingt das Weiterleben der Menschheit. Und: die viel zitierten „natürlichen Lebensgrundlagen“ verweisen immanent auf die kulturellen: weil der Mensch natur- wie kulturbedingt ist.

3. Bindungen oder Freistellungen künftiger Generationen

Die verfassungsstaatlichen Generationen- bzw. Natur- und Kulturschutzklauseln sind Bindungen auf Verfassungsstufe, gerichtet an alle drei Staatsfunktionen. Es gibt indes noch Verschärfungen. Gemeint sind „Ewigkeitsklauseln“ bzw. Identitätsgarantien, die den Kern der Verfassung bzw. bestimmte Grundprinzipien auch gegenüber dem verfassungsändernden Gesetzgeber sichern. Historisch wohl von der Verf. Norwegen (1814) „erfunden“ (§ 112 Abs. 1, S. 3), haben sie nicht zuletzt über das GG von 1949 (Art. 79 Abs. 3 GG) weltweit Karriere gemacht[23]. Verfassungstheoretisch stellt sich das Problem, ob eine heutige Generation in dieser Weise eine spätere überhaupt binden kann. Der *Pioniertext* der verfassungsstaatlichen Entwicklung, der das Generationenproblem beim Namen nennt und die künftigen Generationen freistellt, stammt aus Frankreich: Art. 28 Verf. von 1793 lautet: „Un peuple a toujours le droit de revoir, de réformer et des changer sa Constitution. Une génération ne peut pas assujettir à ses lois les générations futures“[24].

---

22 Generationenschutz verbirgt sich auch im Schutz des ungeborenen Lebens (z.B. Art. 3 Verf. Guatemala von 1985) und in der Garantie des Rechts „aller Personen, frei die Zahl der Kinder zu bestimmen“ (Art. 47 ebd.).

23 Eine Systematisierung in *meinem* Beitrag Verfassungsrechtliche Ewigkeitsklauseln als verfassungsstaatliche Identitätsgarantien (1986); jetzt in: Rechtsvergleichung im Kraftfeld des Verfassungsstaates, 1992, S. 597 (599 ff.).

24 Zit nach *J. Godechot* (Hrsg.), Les Constitutions de la France depuis 1798, 1979, S. 82. Vorausgegangen war die *Bill of Rights* von Virginia (1776). Die Generationenperspektive klingt an in dem Passus von Art. 1: „„... gewisse angeborene Rechte, deren sie ihre Nachkommenschaft bei der Begründung einer politischen Gemeinschaft durch keinerlei Abmachungen berauben oder zwingen können, sich ihrer

Man mag diese Freistellung künftiger Generationen von den ihnen von ihren Vorgängern auferlegten Bindungen aus der grundrechtlichen Freiheit des einzelnen oder/und aus dem Demokratieprinzip rechtfertigen, auch aus dem Wandel alles Menschlichen: Sicher ist, daß mit Art. 28 von 1793 ein Klassikertext geschaffen wurde, der eine Aporie menschlicher verfassungsstaatlicher und universal menschheitlicher Existenz auf den Punkt bringt. Als „Gegenklassiker" zu allen Formen von „Ewigkeitsklauseln" nach dem Muster von Art. 79 Abs. 3 GG hat man den Ausweg in einem Sowohl-Als-Auch zu suchen: Freiheit und Bindung der Generationen.

Die Bestandsaufnahme sei hier abgeschlossen, so fragmentarisch sie bleiben muß[25]. Die Textensembles neuerer und älterer Verfassungen und das in ihnen „versteckte" Problemlösungsmaterial sind jedenfalls so weit aufbereitet, daß sich ein Theorierahmen versuchen läßt.

III. Der Theorie-Rahmen

1. Ein „natur"- bzw. „kulturwissenschaftlicher" Ansatz zum konstitutionellen Generationenschutz

Der Begriff „Generation" ist *anthropologisch* zu verstehen und von den Verfassunggebern auch so gemeint. Er bezieht sich auf Menschen (nicht nur

---

zu begeben ...". – s. auch die in der Präambel der Verf. USA (1787) anklingende Generationenverantwortung: „... and secure the Blessings of Liberty to ourselves and our Posterity ...".

[25] Auch die *Programme* der politischen Parteien in Deutschland sind ergiebig. So heißt es im Grundsatzprogramm der CSU (1976), zit. nach *R. Kunz/H. Maier/T. Stammen* (Hrsg.), Programm der politischen Parteien in der Bundesrepublik Deutschland I, 3. Aufl. 1979, S. 263. „Natur und Umwelt sind nicht nur Besitz der heutigen Generation. Es ist daher ein Gebot der Vernunft, mit den Schätzen der Natur so umzugehen, daß den kommenden Generationen nicht die Lebensgrundlage entzogen wird." Im Wahlprogramm der CDU/CSU (1980), zit. nach *H. Heppel/G. Hirscher/R. Kunz/T. Stammen* (Hrsg.), Programme der politischen Parteien, 1983, S. 55 findet sich der Satz „Die Union will den Generationenvertrag durch wachstums- und umweltfreundliche Wirtschaftspolitik, eine neue und bessere Familienpolitik und eine verläßliche Rentenpolitik sichern". Ebd. S. 113 findet sich aus dem SPD-Wahlprogramm (1983) der Satz: „Den alten Menschen geben wir unser Wort: sie können sich darauf verlassen, daß wir den Vertrag der Generationen einhalten und weiter ausgestalten". Im Bundesprogramm der „Grünen" (1980) ist unter IV 1. (ebd. S. 162) vom „menschenwürdigen Überleben unserer zukünftigen Generationen" die Rede. Im Programm der „Grünen" zur Bundestagswahl 94 heißt es sogar in der Präambel: „Wir wollen an der Gestaltung eines neuen ökologisch-solidarischen Gesellschaftsvertrages mitwirken". Vgl. auch den sog. „Karlsruher Entwurf" der FDP zum 47. ord. Bundesparteitag 1996. Teil IV lautet „Das Prinzip Verantwortung für die nächsten Generationen" und enthält den Unterabschnitt: „Der neue Generationenvertrag", wobei vor allem an die „verläßliche Alterssicherung der jungen Generation" gedacht wird.

auf die eigenen „Staatsbürger"). Wo der Verfassunggeber tierisches oder sonstiges Leben schützen will, bedient er sich anderer Termini, z.B.: „Tiere und Pflanzen werden als Lebewesen geachtet. Art und artgerechter Lebensraum sind zu erhalten und zu schützen" (so Art. 39 Abs. 3 Verf. Brandenburg). Wenn Art. 32 Abs. 1 S. 1 Verf. Thüringen sagt: „Tiere werden als Lebewesen und Mitgeschöpfe geachtet", so ist damit eine bemerkenswerte Brücke zum Menschen geschlagen[26].

Eine *kontextsensible* vergleichende Verfassungsinterpretation kann dartun, daß die Verfassunggeber den Generationenschutz meist von vornherein im Kontext des Natur- und Kulturschutzes konzipiert haben[27]: weil das „Menschengeschlecht" von vornherein nur dank der „natürlichen Lebensgrundlagen" überleben kann und jede Generation erst kraft des „kulturellen Erbes" zum „aufrechten Gang" findet, d.h. Mensch wird. Dieses „natur"- bzw. kulturwissenschaftliche Generationenverständnis sei kurz erläutert. Man kann fragen (und wohl bejahen), ob die Natur auch ohne den Menschen bzw. seine Generationen bestehen kann; sicher ist aber, daß der Mensch nur als Teil der lebenden und unbelebten Natur existieren kann, und daß er „Mensch" ist via der von ihm selbst in generationenlanger Anstrengung geschaffenen (nationalen und Welt-)Kultur. Insofern ist *Rousseaus* „Zurück zur Natur" mit dem ihm widersprechenden *A. Gehlen* „Zurück zur Kultur" *zu verbinden*[28]. Zwei Texte von „Gegenklassikern" finden sich hier zur Synthese zusammen. In den Unterscheidungen der Wissenschaftsdisziplinen gesagt: Die Naturwissenschaften und Kulturwissenschaften sind heute im Generationenschutz auf dasselbe Ziel verpflichtet. *Goethes* Diktum: „Natur und Kunst, sie scheinen sich zu fliehen und haben sich, eh man es denkt, gefunden", formuliert dichterisch eine Weisheit vor, die der Verfassungsstaat heute beglaubigen kann und muß. Die übergreifende Einheit von Mensch, Kultur und Natur wird zudem nur *global* begründbar. So wie sich eine „Weltgemeinschaft der Kulturstaaten" im nationalen und internationalen Kulturgüterschutz abzeichnet[29], so besteht längst eine Solidargemeinschaft aller Menschen und Staaten in Sachen Naturschutz, so brüchig sie in der Realität noch sein mag. Die innerstaatlichen Schutzklauseln denken (noch) den Schutz der „natürlichen Lebensgrundlagen" oft men-

---

[26] Aus der Lit.: *E. von Loeper,* Tierschutz ins Grundgesetz, ZRP 1996, S. 143 ff.; *U. M. Händel,* Chancen und Risiken einer Novellierung des Tierschutzgesetzes, ZRP 1996, S, 137 ff.

[27] Z.B. Art. 10 Verf. Sachsen: Umweltschutz; Art. 11 ebd.: Kultur- und Kulturgüterschutz. – Art. 35 Verf. Sachsen-Anhalt: Schutz der natürlichen Grundlagen jetzigen und künftigen Lebens; Art. 36 ebd.: Schutz und Pflege von Kunst, Kultur sowie Sport.

[28] Zum Programm einer „Verfassungslehre als Kulturwissenschaft" *meine* gleichnamige Studie von 1982.

[29] Dazu *mein* Beitrag, in: *Fechner u. a.* (Hrsg.), a. a. O., S. 106 ff.

schenbezogen (z.B. Art. 31 Abs. 1 Verf. Thüringen), und sie rücken den Menschen deutlich in den Kontext der Natur bzw. Umwelt (vgl. z.B. Art. 10 Verf. Sachsen); mitunter ist aber auch schon allgemeiner von „Leben" die Rede (so Art. 12 Verf. Mecklenburg-Vorpommern: „die natürlichen Grundlagen jetzigen und künftigen Lebens"). Das erwähnte UNESCO-Übereinkommen zum Schutz des Kultur- *und* (!) Naturerbes der Welt von 1972 nennt beides nicht zufällig im selben Atemzug. Ist der Begriff „Kulturstaat" jedenfalls in Deutschland seit langem eingeführt, so kämpfen die Begriffe „Umweltstaat" bzw. „Naturstaat"[30] erst noch um ihre Anerkennung. Sicher scheint, daß der Schutz künftiger Generationen nur von einem Kultur *wie* Natur schützenden Verfassungsstaat geleistet werden kann. Kurz: Die lebensweltliche „Kontextualität von Kultur und Natur" ist eine *anthropologische Konstante in vielen Varianten* und sie bildet ein Stück Schutz künftiger „Generationen". Auch das belegt die verfassungstheoretische Unverzichtbarkeit des Paradigmas des Generationen-Begriffs.

Die Herausforderung aber liegt in der globalen Ethik eines *H. Jonas* bzw. in seinem neuen Imperativ: „Handle so, daß die Folgen deines Tuns mit einem künftigen menschenwürdigen Dasein vereinbar sind, d.h. mit dem Anspruch der Menschheit, auf unbeschränkte Zeit zu überleben"[31]. Er wendet bekanntlich den Kategorischen Imperativ von *I. Kant* in die Zeitdimension und ist wie dieser letztlich der „Goldenen Regel" verpflichtet. Derartige Klassikertexte von Philosophen dirigieren heute in der Tiefe die verfassungsrechtlichen Texte zum Thema „Generationenschutz".

Die wissenschaftliche Erschließung des verfassungsrechtlichen Begriffs der *„Generation(en)"* ist, soweit ersichtlich, bisher kaum begonnen worden[32].

---

[30] Aus der Lit.: *M. Kloepfer* (Hrsg.), Umweltstaat, 1989; *M. Serres*, Der Naturvertrag, 1994; s. auch *R. Wahl* (Hrsg.), Prävention und Vorsorge, 1995.

[31] *H. Jonas*, Das Prinzip Verantwortung, 1979: *ders.,* Philosophische Untersuchungen und methaphysische Vermutungen, 1992, S. 128: Zukunftsethik als „jetzige Ethik, die sich *um* die Zukunft kümmert, sie *für* unsere Nachkommen vor Folgen unseres jetzigen Handelns schützen will".

[32] Immerhin berührt *H. Krüger* in seiner Allgemeinen Staatslehre von 1964 das Generationenproblem, z.B. in Gestalt der Darstellung der Lehren, wonach die gegenwärtige Generation die vergangene und zukünftige in sich enthält (S. 170) oder in Form der These, die frühere Generation könne die spätere nicht aus ihrer Rolle als Verfassunggeber verdrängen (S. 702 Anm. 136). – Ein fast vergessener *Klassikertext* findet sich bei *Adam Müller,* Vom Geiste der Gemeinschaft, Elemente der Staatskunst, Theorie des Geldes, 1809, wo unter dem Stichwort *„Staat als Generationenfolge"* der Passus steht (S. 42). „Die Lehre von der Verbindung aufeinander folgender Generationen ist ein leeres Blatt in allen unseren Staatstheorien; und darin liegt ihr großes Gebrechen, darin liegt es, daß sie ihre Staaten wie für einen Moment zu erbauen scheinen und daß sie die erhabenen Gründe, der Dauer des Staates und seine vorzüglichsten Bindungsmittel ... nicht kennen ... während wir unsere Sozialkontrakte bloß von den Zeitgenossen schließen lassen, die Sozialkon-

Klassikertexte finden sich bei *T. Jefferson*[33] und bei *T. Paine* (1791)[34]. Ein *H. Ehmke* hat 1953 z.T. daran angeknüpft und im Verfassungsstaat eine Grenze gezogen, „über die hinaus die Belastung der künftigen Generationen ebenso eine Verletzung der verfassungsmäßigen Ordnung sein würde, wie etwa eine Aufopferung der lebenden Generationen für das ‚Glück aller, die nach ihnen kommen'". Es sei „Sinn" der Verfassung, auch den kommenden Generationen ein freies politisches Leben zu gewährleisten[35]. Die Zeit ist reif, die verfassungstheoretische Tiefendimension des Begriffs „Generation" auszuleuchten. Die Chance, dem Verfassungsstaat vom Verfassungsbegriff „Generation(en)" aus neue Sinnschichten zu erschließen, sollte genutzt werden.

Auf zwei Feldern hat sich im Sprachgebrauch ein spezieller Inhalt entwickelt: im Blick auf die „Generationenfolge innerhalb der *Familie*"[36] mit besonderer Anwendung auf „Ausländer der ersten oder zweiten Generation" sowie im politisch-juristischen Begriff der (Grund-)*Rechte* der „Dritten Generation", z.B. das Recht auf Entwicklung[37].

---

trakte zwischen den vorangegangenen und nachfolgenden Geschlechtern hingegen nicht begreifen, nicht anerkennen, wohl gar zerreißen." – s. aber auch *E. Burke*, Betrachtungen über die Französische Revolution (1790), hrsg. von U. Frank-Planitz, S. 85: „Es ist merkwürdig, daß es von der Magna Charta bis auf die Deklaration der Rechte die beständige Maxime in unserer Konstitution gewesen ist, unsere Freiheiten als ein großes Fideikomiss anzusehen, welches von unseren Vorfahren auf uns gekommen ist und welches wir wieder auf unsere Nachkommen fortpflanzen sollen ...".

[33] Zit. nach *H. Ehmke*, Grenzen der Verfassungsänderung, 1953, S. 129. „Funding I consider as limited, rightfully, to a redemption of the debt within the lives of a majority of the generation contracting it". Ferner: Let us not „weakly believe that one generation is not as capable as another of taking care of itself, and of ordering its own affairs" (zit. nach *Saladin/Zenger*, a.a.O., S. 61 Anm. 49).

[34] *T. Paine*, Die Rechte des Menschen, zit. nach der Ausgabe 1973, (Suhrkamp), S. 79: „Vermöge eben der Regel, nach welcher jedes einzelne Wesen mit seinen Zeitgenossen gleiche Rechte hat, steht jedes Geschlecht den vorhergegangenen Geschlechtern an Rechten gleich". Die Gegenwarts-/Zukunftsperspektive findet sich auch anderwärts (z.B. ebd., S. 87 f.).

[35] A.a.O., S. 129 f., 137.

[36] Dazu *M. Wingen*, Staatslexikon, Art. Generation, Bd. 2, 7. Aufl.1986/95, Sp. 866 (867 f.). – s. auch Art. Generation, Brockhaus-Enzyklopädie, 19. Aufl. Bd. 8, 1989, S. 286: 1) Bevölkerungswissenschaft: alle in einem bestimmten Jahr (Jahrfünft, -zehnt) Geborenen ...; 4) Soziologie: Gesamtheit der innerhalb eines bestimmten zeitl. Spielraums geborenen Gesellschafts-Mitgl., die durch ähnliche kulturelle Orientierungen, soziale Einstellungen und Verhaltensweisen geprägt sind." – Art. Generationenvertrag, ebd. S. 287: „Bez. für die u.a. der Rentenversicherung zugrunde liegende ‚Solidarität zwischen den Generationen', durch die – an Stelle der früheren Solidarität in der Großfamilie – die ältere, nicht mehr erwerbstätige Generation heute am Sozialprodukt teilhat, und zwar dadurch, daß vom Einkommen der erwerbstätigen Bevölkerung entsprechende Beiträge abgezogen werden".

Erst ein kulturwissenschaftliches Vorgehen kann zum reichen Sinnpotential des *Verfassungs*begriffs „Generation(en)" führen. Einschlägig werden die Pionierarbeiten von *W. Dilthey* (1924) und *K. Mannheim* (1928)[38]. In ihrem Verständnis gehört zu den Merkmalen von Generation, daß sie aus einer Gruppe etwa altersgleicher Personen besteht, die dadurch verbunden ist, daß sie in einzelnen Lebensphasen bzw. besonders in der Kindheits- und Jugendzeit gemeinsame sie prägende Wandlungsvorgänge durchlebt haben und eine gemeinsame Mentalität und Identität besitzen. Die neuere sozialwissenschaftliche Diskussion unterscheidet nach *M. Wingen* den Aspekt der „Altersgleichheit", „Verhaltens- und Bewußtseinsidentität" (z.B. die sog. „68er Generation"), die „Schicksalsgemeinschaft"[39] (z.B. die „Kriegsgeneration") und auf der Mikroebene die Generationenfolge innerhalb der Familie. Die Theorie des sozialen Wandels[40] rezipiert die Idee *Mannheims,* wonach in der Abfolge der Generationen, in der altes Wissen „abstirbt" und neues Wissen sich nach dem Maße der die jungen Generationen prägenden historischen Erfahrungen durchsetzt, ein entscheidender Mechanismus des sozialen Wandels liegt. Damit sind Stichworte genannt, die die Verfassungstheorie in interdisziplinärer Funktionenteilung verarbeiten kann – und muß –, um den relativ neuen Begriff „Generation(en)" aufzuschließen. (Die ältere „schöne" Literatur sprach wohl eher von „Geschlechtern".)

Dazu einige Gesichtspunkte: Der Begriff „Generation(en)" verweist auf die Zeitdimension, wie dies das sog. Staatselement „Volk" bislang nicht zu leisten vermochte (Generation im Plural, Vorgang des sozialen [Generationen-]Wandels). Überdies versammelt er in sich Elemente, die die Verfassungslehre über den Begriff Kultur als „viertes" Staatselement[41] in den Ver-

---

[37] Dazu *E. H. Riedel,* Theorie der Menschenrechtsstandards, 1986, S. 210 ff., unter Hinweis auf eine Begriffsschöpfung von *K. Vasak* (1977).

[38] Dazu und zum folgenden *M. Wingen,* a.a.O., Sp. 866 f. – Jüngst ringt *L. Kühnhardt,* Rhythmen der Politik, FAZ vom 14. Mai 1996, S. 12, um generationenorientiertes Denken: Unter Hinweis auf Klassikertexte von *A. de Tocqueville* (jede Generation sei wie ein neues Volk) und Ortega y Gasset (jede Generation sei eine neue Integrationsform des Sozialkörpers) meint er, der Begriff der Generation müsse „fast metaphorisch" verstanden werden.

[39] Vgl. als Beispiel *H.-J. Beyer,* Die Generation der Vereinigung, Jugendliche in den neuen Bundesländern über die Plan- und Marktwirtschaft, in: Aus Politik und Zeitgeschichte B 19/96 vom 3. Mai 1996, S. 30 ff. – Das sensible *Umweltbewußtsein,* das die Generation der heutigen Heranwachsenden intensiv prägt, war der älteren Generation vor dem US-amerikanischen Buch „The silent spring" unbekannt.

[40] Dazu *W. Zapf,* Art. Sozialer Wandel, in: Staatslexikon, 4. Bd., 7. Aufl. 1988/1995, Sp. 1262 (1266). – Die Katholische Soziallehre beschäftigt sich betont mit dem „Generationenkonflikt", z.B. in „Gaudium et spes" (1965) in Nr. 8, in „Populorum progressio" (1967) in Nr. 10 sowie in „Octogesima adveniens" (1971) in Nr. 13, zit. nach Texte zur Katholischen Soziallehre, 5. Aufl. 1982.

fassungsstaat einzubringen sucht. Neben der „Altersgleichheit" ist die Verhaltens- und Bewußtseinsidentität relevant bzw. die sie schaffenden Vorgänge wie Erfahrungen und Erlebnisse kultureller Sozialisation in einem bestimmten Zeitabschnitt. „Generation" meint das in bestimmter Zeit und in bestimmtem Raum, eben das kulturell geprägte „Volk". Angesichts der höheren Lebenserwartung in der modernen „Gesellschaft des langen Lebens" dürfte sich auch der Generationenbegriff inhaltlich verändern (zeitlich 15 bzw. 30 oder mehr Jahre). Auch leben immer mehr Generationen *gleichzeitig:* im Volk wie in der Familie, was zu mehr Gerechtigkeitsproblemen führt.

Was die sog. Staatselementenlehre von *G. Jellinek* „naturalistisch"[42], die Integrationslehre von *R. Smend* „geisteswissenschaftlich"[43] und die Staatslehre von *H. Heller* „wirklichkeitswissenschaftlich"[44] zum Staatsverständnis beigesteuert hat, kann jetzt dank des Begriffs Generationenfolge *kultur*wissenschaftlich beim Namen genannt, auf Begriffe gebracht und für die vergleichende Lehre vom Verfassungsstaat aufbereitet werden. Die kulturwissenschaftliche Ausdeutung des Begriffs „Generationen"[45] sollte indes nicht auf die direkten Kontexte der verfassungsrechtlichen Verwendung dieses Begriffs z.B. im Umweltverfassungsrecht bzw. bei den Erziehungszielen beschränkt bleiben. Sie muß verallgemeinert, d.h. zur Grundlage eines gewandelten Verständnisses von Verfassung, Staat, Gesellschaft und Volk gemacht werden. Dieser kulturwissenschaftliche Ansatz integriert sich auch den normativen Aspekt der „Verantwortung", wie die Verfassungstexte sagen, und er eröffnet den künftigen Generationen jenen Freiheitsraum, den die wissenschaftlichen Texte von *T. Jefferson* über *T. Paine* bis *H. Ehmke* sichern wollen.

Freiheit(en) und Bindung(en) werden auf das Volk in der Zeitschiene auf der Makroebene, eben die Generationen, verteilt, und darum ist es auch gerechtfertigt, von Gerechtigkeit bzw. Solidarität, „Fairness" und Verantwortung *zwischen* den Generationen zu sprechen. Daß auf der Mikroebene die „Familie" in der Generationenfolge gesehen wird („Elterngeneration"), erleichtert es, auch das verfassungsstaatlich konstituierte Volk in des „Daseins

---

41 Dazu *mein* Beitrag Europäische Verfassungsstaatlichkeit, in: KritV 1995, S. 296 (302 f.).

42 *G. Jellinek,* Allgemeine Staatslehre, 3. Aufl. 6. Neudruck, 1959, S. 394 ff.

43 *R. Smend,* Verfassung und Verfassungsrecht (1928), jetzt in: Staatsrechtliche Abhandlungen, 3. Aufl. 1992, S. 119 (167 ff.).

44 *H. Heller,* Staatslehre, 1934, S. 37 ff., 142 ff.

45 Es lohnte einmal, das „Generationen-Bild" in der Kunstgeschichte zu verfolgen. Ein Beispiel in einer Chromolithographie um 1880: „Die Treppe der Lebensalter – bestimmt dazu, eine Brücke der Generationen zu sein", Bild und Text in: FAZ vom 10. Okt. 1995, S. L 32.

unendlicher Kette“ *(Goethe)* zu verorten. Denn viele Klassikertexte haben seit der Antike immer wieder Analogien zwischen beiden Einheiten gezogen[46].

2. Zeit und Verfassungskultur – eine Dimension der Generationenfolge von Bürgern im Verfassungsstaat

Im Begriff der „Generation(en)“ ist die Dimension „Zeit“ im Grunde bereits angelegt bzw. mitgedacht. Nachdem diese unter 1. von vornherein aus der Kultur verstanden werden, sei die „Zeit“ jetzt im Blick auf den Verfassungsstaat, d.h. die „Verfassungskultur“ präzisiert. Dabei können Stichworte genügen, da das Thema „Zeit und Verfassungskultur“ an anderer Stelle bereits 1983 systematisch aufbereitet wurde[47]. Die Entwicklungsvorgänge der Verfassungskultur eines Volkes sind durch gröbere und feinere Instrumente und Verfahren auf der Zeitschiene „verortet“ bzw. „gegliedert“. Der Bogen reicht von der Total- und Teilrevision einer Verfassung über die Gesetzesnovellierung und Experimentierklauseln bis zur fortbildenden richterlichen Konkretisierung von Generalklauseln bzw. unbestimmten Rechtsbegriffen sowie zum verfassungsrichterlichen Sondervotum, das „im Laufe der Zeit“ normierende Kraft gewinnt, etwa indem es zur Mehrheit wird (Beispiel: Sondervotum *W. Rupp-von Brünneck* E 32, 129 [142] bzw. BVerfGE 53, 257 [289 ff.]). Bei all diesen Zeit-Vorgängen bzw. Zeit-Abschnitten ist nicht nur das in der höchst punktuellen Gegenwart lebende Volk beteiligt, vielmehr ist das „Volk“ von vornherein als „Summe von Generationen“ begriffen – Gegenwart und Vergangenheit integrierend. M.a.W.: Das je nationale Volk ist (durch Kultur gestiftet) die in Generationen gegliederte Größe, die sich im Verfassungsstaat konstituiert hat und sie „wiederholt“ und erneuert diesen Konstituierungsvorgang immer wieder auf verschiedenen Wegen und in unterschiedlicher Intensität. So wird eine Verfassung in der Regel dem Anspruch nach nicht nur für die heute lebende, sondern auch für künftige Generationen entworfen bzw. in Kraft gesetzt. Damit aber das Volk bzw. seine Repräsentanten „immer wieder“ auch in der kleineren Zeiteinheit als 15 oder 30 Jahre (= eine Generation) mitwirken können und der „soziale Wandel“ verarbeitet werden kann, hat der Typus Verfassungsstaat entsprechende Verfahren entwickelt bzw. ausdifferenziert: z.B. in den 70er Jahren in Deutschland das Experimentiergesetz[48] oder von den USA ausgehend das verfassungsrichterliche Sondervotum.

---

[46] Nachweise in: *P. Häberle,* Verfassungsschutz der Familie ..., 1984, S. 9 ff.

[47] *P. Häberle,* Zeit und Verfassungskultur, in. A. Peisl/A. Mohler (Hrsg.), Die Zeit, 1. Aufl. 1983, S. 289 ff. (3. Ausgabe 1991).

[48] Dazu *mein* Beitrag: Zeit und Verfassung, ZfP 21 (1974), S. 111; auch in: Verfassung als öffentlicher Prozeß, 1978, S. 59 (85 ff.); *H.-D. Horn,* Experimentelle Gesetzgebung unter dem Grundgesetz, 1989.

Der hochkomplexe Begriff „Verfassungskultur“[49] ist also von vornherein *generationen-er*greifend und *-über*greifend konzipiert bzw. diese wird so „gelebt“: i. S. von *Goethe/Hellers* Methapher von der „geprägten Form, die lebend sich *entwickelt*“. M. a. W.: „Zeit und Verfassungskultur“ ist eine andere Umschreibung für den *Generationen*-Zusammenhang (und -unterschied) eines Volkes. Ihre Bürger bilden als sog. „Grundrechtsträger“ relativ kurzlebig, punktuell-aktuell das Volk (nur) in der Gegenwart. Das im Verfassungsstaat auf Dauer konstituierte Volk ist aber das erst in der Generationenfolge zu einem solchen gewordene und „gereifte“, mitunter auch gefährdete und sich erneuernde Volk. Damit es sich auf der Zeitschiene entwikkeln kann, bedarf es der erwähnten die Zeit gliedernden bzw. einteilenden, die Verfassungskultur *wachsen* lassenden Verfahren und Instrumente.

3. Die – kulturwissenschaftlich greifbare – Konstituierung des Volkes durch den „Generationenvertrag“

Was die Staatslehre klassisch und die politische Praxis 1989 aktuell in der Gestalt des „Runden Tisches“ in *Walesas* Polen bzw. in der Argumentationsfigur des „Grundkonsenses“ in den 70er Jahren in Deutschland behandelt hat und auch in der heutigen Tagespolitik in wechselnden Namen immer wiederkehrt („Solidarpakt“, „Bündnis für Arbeit“, „Pakt mit Amerika“ u. ä.) – nämlich der „Gesellschaftsvertrag“ – stellt sich in der *Zeit*dimension als „Generationenvertrag“ dar. Gewiß, die Idee des Generationenvertrages ist bislang im Begründungsaufwand mit „Thema und Variationen“ in Sachen Gesellschaftsvertrag noch nicht entfernt vergleichbar, man denke jüngst an *J. Rawls*[50]. Indes können einige Stichworte dieser Diskussion auch für den Generationenvertrag verwendet werden. Er ist i. S. von *I. Kants* Vertragsphilosophie teils fiktiv zu denken („Probierstein der Vernunft“), teils liegen ihm durchaus reale Vorgänge (nicht nur in der Schweizer „Eidgenossenschaft“ seit 1291) zugrunde („Grundkonsens“, „bargaining“, „Renten-Konsens“). Das „deutsche Volk“ ist per se ein Mit-, Neben- und Nacheinander mehrerer Generationen. Der Verfassungsstaat bildet das „Gehäuse“ für das im Zeithorizont zu sehende „Volk“, und Millionen von klei-

---

[49] Dazu der Band: Kommentierte Verfassungsrechtsprechung, 1979, S. 449, sowie der Beitrag Zeit und Verfassungskultur, a. a. O., S. 325.

[50] *J. Rawls,* Eine Theorie der Gerechtigkeit, 1975. Aus der Staatsrechtslehre fast gleichzeitig danach *P. Saladin,* Verfassungsreform und Verfassungsverständnis, AöR 104 (1979), S. 345 (372 ff.): *P. Häberle,* Kommentierte Verfassungsrechtsprechung, 1979, S. 438 ff. (dort schon erste Überlegungen zum „Generationenvertrag“: S. 17, 87, 436 ff.); s. auch *H. Schulze-Fielitz,* Theorie und Praxis parlamentarischer Gesetzgebung, 1988, S. 213 ff.; *W. Kersting,* Die politische Philosophie des Gesellschaftsvertrags, 1994. – Aus der Tagespublizistik: *G. Hofmann,* Plädoyer für einen neuen Gesellschaftsvertrag, in: Die Zeit vom 18. April 1996, S. 1.

nen und größeren Vertragsabschlüssen im Gesellschaftlich-Privaten wie im Öffentlich-Politischen schaffen in der Makroebene ein Stück realer Basis für „generationelles" bzw. „intergenerationelles" sich „vertragendes" Verhalten (greifbar auch auf der Mikroebene: in der Familie). Die „Grundrechte des Deutschen Volkes" – in der Sprache des Idealismus der Paulskirche von 1848/49 formuliert – sind gewiß auch die Grundrechte der einzelnen Deutschen, aber die Individuen werden prinzipiell nur in der Gegenwart geschützt (mit relativ geringen Vor- und Nachwirkungen), während die „dem deutschen Volk" gewährleisteten Grundrechte (vgl. § 130 Paulskirchenverfassung) von vornherein das in der Zeitdimension gedachte, aus Generationen lebende „Volk" meinen können. Einen Hinweis auf das Zeit- bzw. Generationendenken geben – neben dem Schutz des „Erbrechts" (Art. 14 Abs. 1 GG)[51] – schon die im Laufe der Verfassungsstaatsgeschichte sich immer mehr verdichtenden Jugendschutz-Klauseln einerseits[52], die jüngst entstehenden Verfassungs-Themen des „alten Menschen" andererseits[53]. Das Sowohl-Als-Auch des Schutzes von „jung und alt" in derselben Verfassung ist ein Belegtext für die ideell *verbundenen* Generationen.

Das Volk[54], das als in der Zeit den Generationenvertrag „fortschreibende" und lebende Größe gedacht wird, ist seinerseits von vornherein weniger eine biologische, denn eine *kulturelle* Größe. Vor allem ist es nicht einfach „Staatselement" i. S. des Verständnisses eines *G. Jellinek*[55] oder biologische Summe von „Staatsangehörigen". Es wird in Identität und Vielfalt durch *kulturelle* Bezüge zusammengehalten und aufgegliedert, es ist das Ergebnis von Prozessen kultureller Sozialisation oft über Generationen hin. Wenn die Kultur als „viertes" Staatselement, wenn nicht sogar als „erstes"

---

51 Vgl. *W. Leisner,* Erbrecht, in: HdBStR Bd. VI, 1989, S. 1099 (1113): „mit der Erbfreiheit denkt der Verfassunggeber auch einmal an die heute vielbeschworenen künftigen Generationen". – Die in Deutschland für 1997 geplante Abschaffung der Vermögenssteuer und die als „Kompensation" geplante Erhöhung der Erbschaftssteuer enthält ein Generationenproblem. Der „Erbengeneration" wird wohl zuviel aufgebürdet.

52 Aus der Lit. das Lehrbuch von *T. Ramm,* Jugendrecht, 1990, passim z.B. S. 137 ff. zur „Jugendverfassung als Teilverfassung".

53 Dazu *mein* Beitrag: Altern und Alter des Menschen als Verfassungsproblem, FS Lerche, 1993, S. 189 ff.

54 Die Gretchen-Frage: „Wer *ist* – wie *wird* – das Volk?" spitzt sich im Streit um die (deutsche) „Staatsangehörigkeit" besonders zu. Dies kann hier nur „Merkposten" sein. Fragwürdig ist schon der Begriff „Staatsangehöriger": der Bürger gehört doch nicht dem Staat!

55 *G. Jellinek,* Allgemeine Staatslehre, a. a. O., S. 183, 406 ff. Demgegenüber treffend: *H. Heller,* a. a. O., S. 158 ff.: „Das Volk als Kulturbildung". Aufschlußreich *H. Kuriki,* Die Funktion des Volksgedankens in der Geschichte der deutschen Staatsrechtswissenschaft, FS Scupin, 1983, S. 233 ff.

gedeutet wird[56], so ist dieses *kulturwissenschaftliche* Verständnis auch und intensiv auf das Volk zu beziehen – so wie sich die Freiheit des einzelnen nicht als „natürliche“, sondern erst als kulturelle erfüllt, nachdem die Genforschung zeigt, daß wir keineswegs „Sklaven der Gene“ sind (Freiheit aus Kultur, insbesondere Bildung!). Gewiß, die Tendenzen zur „multikulturellen Gesellschaft“[57], die Zulassung doppelter Staatsangehörigkeit in mehreren Ländern Europas, die Verstärkung der (kollektiven) Minderheitenschutzrechte und das Plädoyer für einen *„offenen“* Kulturbegriff[58] werfen Grundsatzprobleme auf, die sich hier nicht behandeln lassen. Dennoch sei gesagt, daß das „Volk“ neben der biologischen eine höchst kulturelle Daseinsweise auszeichnet. Der Sprache kommt dabei grundlegende Bedeutung zu. Zu Recht konnte *Goethe* sagen: „Die Deutschen sind ein Volk erst durch Luther geworden“. Ähnliches gilt für Italien dank *Dante.* Sprache ist hier zum „kulturellen Gen“ geworden.

Die Sache „Kultur“ trägt den Generationenbezug schon in sich. Denn ihr ist sowohl der traditionale als auch der zukunftsorientierte, innovative Aspekt eigen[59]. Der traditionale wurde früh durch den geglückten Begriff des „kollektiven Gedächtnisses“ *(M. Halbwachs)* eingefangen. Juristisch ist er im ausgebauten, höchst differenziert sich entwickelnden nationalen Kulturgüterschutz präsent[60]. *Kultur* ist immer das *Werk von Generationen*[61], so groß die Innovation eines einzelnen Genies sein mag und sein muß. Oder anders gesagt: Wo von Kultur, Kulturschutz, von kulturellem Erbe die Rede ist[62], ist der Generationenzusammenhang stets mitgedacht. Der kulturelle

---

[56] Dazu *mein* Ansatz in dem Beitrag: Europäische Verfassungsstaatlichkeit, KritV 1995, S. 298 (302 f.).

[57] Dazu *H. Schulze-Fielitz,* Verfassungsrecht und neue Minderheiten, in: T. Fleiner-Gerster (Hrsg.), Die multikulturelle und multiethnische Gesellschaft, 1995, S. 134 ff.

[58] *P. Häberle,* Kulturpolitik in der Stadt – ein Verfassungsauftrag, 1979, S. 34 f. und seitdem.

[59] Dazu *P. Häberle,* Vom Kulturstaat zum Kulturverfassungsrecht, in: ders. (Hrsg.), Kulturstaatlichkeit und Kulturverfassungsrecht, 1982, S. 1 (30 ff.).

[60] Dazu der Band: *F. Fechner/T. Oppermann/L. V. Prott* (Hrsg.), Prinzipien des Kulturgüterschutzes, 1996, mit verfassungstheoretisch-kulturwissenschaftlichen Überlegungen des Verf., S. 91 ff.

[61] Greifbar ist dies bei der (zeitlichen) Begrenzung des Schutzes des immateriellen Eigentums, dazu BVerfGE 31, 229 (242 f., 244 ff.); 31, 248 (253 f.). Vgl. BVerfGE 31, 275 (287). „Die Verfassung verpflichtet den Gesetzgeber nicht, ‚ewige‘ Urheber- oder Leistungsschutzrechte einzuräumen“. s. auch *P. Kirchhof,* Verfassungsrechtlicher Schutz des geistigen Eigentums, FS Zeidler, Bd. 2, 1987, S. 1638 (1659 ff.). „Die Verflüchtigung des geistigen Individualeigentums zum Allgemeingut.“

[62] Zu kulturelles Erbe-Klauseln *meine* Belege in: Rechtsvergleichung im Kraftfeld des Verfassungsstaates, 1992, S. 241 f., 633 f., 836 ff.

Generationenvertrag wird nicht nur an Universitäten und in Künstlerschulen gelebt, er macht das Volk insgesamt aus.

Das „regulative Prinzip“ des Generationenvertrages als dynamisierter Gesellschaftsvertrag ist zugegebenermaßen zunächst recht abstrakt. *Konkretisierungen* nach verfassungsstaatlichen *Lebensbereichen* sind unverzichtbar. So steht in Deutschland derzeit die *Rente* als Alterssicherung im Mittelpunkt des Streits. Bundeskanzler *H. Kohls* Einschränkung: „Die Rente ist sicher – für die jetzige Generation“[63] benennt das Problem: Die heute aktive Generation darf weder überlastet („Rentenfrondienst“), noch aus der Pflicht entlassen werden (sie war „nehmend“ beteiligt via Erziehungs- und Ausbildungskosten); gerungen werden muß um einen *fairen Ausgleich* in der „3-Generationenkette“. M. a. W.: Die Frage des Beteiligtenkreises[64] sowie die Rechte- und Pflichtenverteilung ist im Lichte der klassischen und neueren *Gerechtigkeitslehren* von *Aristoteles* bis *Rawls*[65] zu lösen – angesichts der Alters-„Pyramide“ bzw. der bald überlasteten, weil zahlenmäßig schrumpfenden aktiven Generation wird kluge Einwanderungspolitik in Deutschland zu einem Thema des Gesellschaftsvertrags bzw. der „Generationenvertragspolitik“. Ein weiterer Problemkreis, der durch den um die Gerechtigkeitslehren angereicherten Generationenvertrag zu lösen ist, begegnet uns in Sachen *Natur* (Stichwort: Endlagerung von Atommüll[66], allgemeiner: Umweltschutz), im Grunde aber auch in Gestalt der Weitergabe erbgenetisch nicht manipulierten Lebens[67]. In der *Wirtschaft* markiert der Generationenvertrag Grenzen der Staatsverschuldung[68] und er verlangt Bündnisse für Arbeit, an denen neben den Gewerkschaften bzw. Arbeitnehmern, den Arbeitgebern sowie dem Staat als Repräsentanten *aller* Bürger eben auch die Arbeits*losen* (fiktiv) beteiligt sind; auch die Integration von „Ausländern der Zweiten Generation“ gehört hierher[69]. In der *Kultur* schließlich ist der Generationenvertrag in Form von Millionen „kleiner

---

[63] Zit. nach: Der Spiegel Nr. 19/1996, S. 29.

[64] Bei den Renten: Beitragszahler, Rentner und die Allgemeinheit der Steuerzahler bzw. in Deutschland der Bund.

[65] *J. Rawls,* Die Idee des politischen Liberalismus, 1992, S. 61 ff.: Gerechtigkeit bzw. Fairness zwischen den Generationen. – *G. Haverkate,* Verfassungslehre, 1992, S. 323 (unter dem Stichwort „Umverteilung zwischen den Generationen in der Rentenversicherung“): Sicherstellung der „gegenseitigen Ausgewogenheit“ der Leistungen der Generationen.

[66] Dazu im Raster der „Verfassung als Generationenvertrag“ mein Beitrag: Zeit und Verfassungskultur, in: Die Zeit, a. a. O., 1983, S. 289 (335 ff.).

[67] Dazu *H. Hofmann,* Biotechnik, Gentherapie ... (1985), jetzt in: *ders.,* Verfassungsrechtliche Perspektiven, 1995, S. 386 ff.

[68] Vgl. *meinen* Beitrag von 1983, a. a. O., S. 339 ff.; *P. Henseler,* Verfassungsrechtliche Aspekte zukunftsbelastender Parlamentsentscheidungen, AöR 108 (1983), S. 489 (497 ff.); zuletzt *G. F. Schuppert,* Rigidität und Flexibilität von Verfassungsrecht ..., AöR 120 (1995), S. 32 (47).

Bündnisse" in der Familiensukzession, in den „Zukunftsinvestitionen für Bildung und Ausbildung" bzw. in den „Schulen" der Nation (Erziehungsziele) sowie der Wissenschaften und Künste („kultureller Generationenvertrag", z.B. im Handwerk oder sonst im Lehr- und Lernprozeß zwischen „Meistern und Schülern") lebendig. Das Generationenvertragsdenken hat dabei – lebensweltlich differenziert – *alle* Staatsfunktionen zu Adressaten: vom verfassungsändernden Gesetzgeber über den Gesetzgeber bis hin zur Rechtsprechung. Vor allem das BVerfG ist immer wieder gefordert, sich am generationenorientierten Denken auszurichten[70] – verfehlt z.B. im Antikruzifix-Beschluß von 1995. Aber auch im Verhältnis der gesellschaftlichen Gruppen untereinander wird das Paradigma des Generationenvertrages aktuell: etwa zwischen den Tarifparteien (mehr *Teil*zeitarbeit für die ältere Generation im Interesse der jüngeren, Arbeitslosen-Generation).

IV. Verfassungspolitischer Ausblick

Die kulturwissenschaftliche Ausdeutung des Verfassungsrechts der gegenwärtigen Entwicklungsstufe des Typus „Verfassungsstaat" hat zur Erkenntnis von vielen offenkundigen und nicht wenigen verdeckten Erscheinungsformen von *„Generationenverfassungsrecht"* geführt: von den auf den Generationenschutz verweisenden Präambeln über die Erziehungsziele und Umweltschutzklauseln bis zu Natur- und Kulturgüterschutz-Texten bzw. kulturellen Erbes- sowie Alten- und Jugendschutz-Klauseln. Ein *dosiertes* Maß an differenziertem „Generationenverfassungsrecht" erweist sich als *normaler* Ausdruck der Wachstumsphase des Verfassungsstaates von heute, das damit einen mittleren Weg zwischen Freiheit der heutigen und Bindung im Interesse der künftigen Generation(en) sucht. „Generationenschutz" stellt sich als ein wahrhaft materielles Verfassungsproblem dar – auch für den, der nicht zum fiktiv/realen Generationen*vertrag* als in die Zeit erstreckten Gesellschaftsvertrag greifen möchte. Die Entstehung, Bewahrung, Weitergabe und Fortentwicklung von Kultur ist stets ein Generationenproblem und gelingt – wenn es nicht (etwa durch Kultur-Revolutionen: extrem in China) zum Bruch kommt – in immer wieder erneuerten vertragsähnlichen Vorgängen.

Verfassungspolitisch ergibt sich das Postulat, den Generationenaspekt in den Textensembles *maßvoll* einzusetzen: Anzustreben ist der Mittelweg zwischen einem Zuwenig und einem Zuviel – den „Grundton" sollte aber

---

69 Zur Arbeit als „kulturwissenschaftlicher Aktualisierung des Gesellschafts- bzw. Verfassungsvertrags: *mein* Beitrag: Arbeit als Verfassungsproblem, JZ 1984, S. 345 (354 ff.).

70 Dazu schon *meine* Überlegungen in: Kommentierte Verfassungsrechtsprechung, 1979, S. 438 ff.

durchaus schon die Präambel anstimmen. Ein Zuviel liefe Gefahr, die Gestaltungsfreiheit der Bürgergesellschaft von heute einzuschränken, ihre Freiheiten sollen sich ja in der Gegenwart erfüllen. Ein Zuwenig an „Generationenverfassungsrecht" drohte, die Gegenwart auf Kosten der Zukunft zu verabsolutieren und die Verantwortung für die junge bzw. ungeborene Generation zu mißachten. Bei aller Vielfalt denkbarer Ausgestaltung des Generationenverfassungsrechts je nach Tradition und Temperament der einzelnen nationalen Verfassungsstaaten sollte aber verfassungstheoretisch das Generationenproblem als *eine* Schicht der Verfassung als rechtlicher „Grundordnung" von Staat *und* Gesellschaft bewußt bleiben.

Im übrigen darf es über Europa hinaus zu einem fruchtbaren verfassungspolitischen Wettbewerb um das relativ beste *Generationenverfassungsrecht* kommen. Ob die übergreifende, hier skizzierte *Zeit*perspektive durch eine ausgreifende *Raum*perspektive über die einzelnen Verfassungsstaaten hinaus ergänzt werden sollte – etwa i.S. eines zunächst „nur" gedachten, dann aber auch Stück für Stück ins Werk gesetzten „*Welt*generationenvertrages" zwischen allen Völkern und Bürgern dieses einen „blauen Planeten" –, muß offen bleiben. Die Erfordernisse weltweiten Umwelt-, Natur- und Kulturgüterschutzes und so manches völkerrechtliche Vertragsdokument deuten indes darauf hin[71]. Damit würde zugleich der Generationenzusammenhang der *Menschheit* sichtbar. *Kants* „weltbürgerliche Absicht" gewönne eine Tiefendimension in der Zeit, „parallel" zu der im *Raum.*

---

[71] Einige Aspekte in *meinem* Beitrag. Das Weltbild des Verfassungsstaates, FS M. Kriele 1997, S. 1277 ff., sowie in: *K. Weber/I. Rath-Kathrein* (Hrsg.), Neue Wege der Allgemeinen Staatslehre. Symposium zum 60. Geburtstag von P. Pernthaler, 1996, S. 92 f. (Aussprache).

III. Wissenschaftliche Gespräche und gemeineuropäisches Verfassungswissen

Interview durch Prof. Dr. César Landa (Lima)* (1996)

Prof. Landa: Die Verfassungsgerichtsbarkeit in Europa hat insbesondere nach sozialen und politischen Umbruchsprozessen einen großen Innovationsschub erfahren. Nach dem Ersten Weltkrieg wurde sie in Österreich, der damaligen Tschechoslowakei und in Spanien eingeführt, nach dem Zweiten Weltkrieg in Frankreich, Italien und Deutschland. Die Entwicklung Griechenlands, Portugals und Spaniens zu demokratischen Verfassungsstaaten wurde von der Verfassungsgerichtsbarkeit unterstützt. Länder in Lateinamerika und osteuropäische Reformstaaten haben die Verfassungsgerichtsbarkeit neu etabliert. Erlauben Sie mir vor diesem Hintergrund meine Frage: Welche Rolle könnte die Verfassungsgerichtsbarkeit für die Stärkung der Demokratie, die soziale und wirtschaftliche Entwicklung in Osteuropa oder Lateinamerika spielen?

Prof. P. Häberle: In der Tat kann man heute von einem „weltweiten Siegeszug" der Verfassungsgerichtsbarkeit sprechen. In Europa leistete hier Österreich bzw. *H. Kelsen* (1920) Schrittmacherdienste, nachdem der US-Supreme Court zwar nicht formell, aber der Sache nach seit dem 18. Jahrhundert eine Vorbildrolle gespielt hat und heute in Europa das deutsche Bundesverfassungsgericht in Karlsruhe institutionell wie in seiner Judikatur große Ausstrahlung entfaltet. In Umbruchsituationen wie beim Übergang von diktatorischen Regimen zu verfassungsstaatlichen Demokratien (nach dem Zweiten Weltkrieg: Italien, Bundesrepublik Deutschland, später in Portugal und Spanien, nicht aber in Griechenland [!], wo die Verfassungsgerichtsbarkeit merkwürdigerweise durch das Regime des Obristen *Papadopoulos* bis heute als diskreditiert erscheint) bzw. seit dem „annus mirabilis" 1989, d.h. dem Zusammenbruch der sozialistischen Regime in Osteuropa werden fast überall Verfassungsgerichte eingerichtet. Nimmt man die Länder Lateinamerikas hinzu, so zeigt sich, daß die Verfassungsgerichtsbarkeit zum *kulturellen „Standard"* des *Typus* „Verfassungsstaat" der heutigen Entwicklungsstufe gehört. Sie ist jetzt ein „normales" Verfassungsorgan geworden, das weder mit der polemischen Formel vom „gouvernement des juges" noch von einem „absoluten", voluntaristischen Begriff der „Volkssouveränität" aus bekämpft werden kann. Selbst in Frankreich hat sich die Autorität des Conseil constitutionnell gefestigt, obwohl oder gerade weil er seine Kompetenzen ausgebaut und in Pionierentscheidungen Schritt für

* Interview für die Zeitschrift Pensamiento Constitutional, Januar 1996.

Schritt z. B. die Grundrechte entwickelt hat. In jungen Demokratien kommt es darauf an, daß die Verfassungsgerichte durch kluge Entscheidungen vor allem in Demokratiefragen (Wahlrecht, Parteienrecht, Effektivierung der Meinungs- und Medienfreiheit) und in habeas-corpus-Fällen bzw. durch due process-Garantien Vorreiter sind und Vertrauen bilden. Die Durchsetzung der „klassischen" Dimension der Grundrechte, d. h. des staatsabwehrenden „status negativus" i. S. von *G. Jellinek* gehört zu einer *ersten* Wachstumsstufe der Verfassungsgerichtsbarkeit. Diese ist meines Erachtens gut beraten, wenn sie sich in sog. „Entwicklungsländern" in Fragen der Wirtschaft und des Sozialen zunächst eher zurückhält. Hier sollte z. B. aus den Grundrechten als *eine* (unter anderen Dimensionen) nur die Schicht des Verfassungs*auftrags* (z. B. in Sachen soziale Gerechtigkeit) „herausgelesen" werden, nicht die des einklagbaren Grundrechts (z. B. auf Umweltschutz oder eines „Rechts auf Arbeit"). Nur die Durchsetzung sozialer Mindestgarantien (z. B. auf Sicherung des persönlichen Existenzminimums) ist „justitiabel". Zunächst muß ja erwirtschaftet werden, was sich dann später „verteilen" läßt. Den Parlamenten und Regierungen gebührt der Vorrang bei der Konkretisierung der sozialen Gerechtigkeit. Im Bereich des Rechtsstaates bzw. der klassischen Grundrechte und der pluralistischen Demokratie bzw. ihren formalen Bedingungen aber sollten die neuen Verfassungsgerichte von Anfang an *„judicial activism"* wagen.

Prof. Landa: Die Verankerung der Verfassungsgerichtsbarkeit in der politischen Kultur eines Volkes begegnet manchen Schwierigkeiten. Viele fragen sich: Warum sollte ein Gericht die Entscheidungen des Parlamentes oder der demokratisch legitimierten Exekutive außer Kraft setzen können. Ich bitte Sie um Ihre Stellungnahme zu diesem Grundsatzproblem.

Prof. Häberle: Vielen Dank für diese zentrale Frage. Die Verankerung der Verfassungsgerichtsbarkeit in der *politischen Kultur* eines Volkes kann nur in einem längeren Prozeß gelingen. *Junge* Verfassungen sollten zunächst nicht zu viele Kompetenzen ihren neuen Verfassungsgerichten anvertrauen, um die öffentliche Meinung nicht zu überfordern. Daß neue bzw. „werdende" Verfassungsstaaten jedoch von Anfang an durchaus Raum haben für eine „heranwachsende" Verfassungsgerichtsbarkeit, zeigen die überaus positiven Beispiele (schon vor der „Wende" 1989) in Polen und Ungarn (seit 1989). Im übrigen sind nicht nur die Parlamente und die Staatspräsidenten demokratisch legitimiert, sondern auch die Verfassungsgerichte selbst, wenn auch nur mittelbar. Hier hängt vieles von dem Wahlmodus der Verfassungsrichter ab. Die Demokratie ist im Verfassungsstaat von vornherein *gewaltenteilige* Demokratie: Kein Staatsorgan hat „souveräne" Macht. Der „Typus" Verfassungsstaat zeichnet sich durch sein Prinzip des *„Vorrangs der Verfassung"* aus. Vielleicht sollte man den Begriff der „Volks"- und „Staatssouveränität" überhaupt abschaffen und durch die Idee der *„Souveränität der Verfassung“* ersetzen. In einem funktionierenden Verfassungsstaat ist selbst die verfassunggebende Gewalt „verfaßt“: also nicht unbegrenzt, sondern rechtlich eingebunden in gewisse letzte Prinzipien einer nationalen bzw. lateinamerikanischen Verfassungskultur und in internationale Menschenrechtsprinzipien.

Prof. Landa: Die erfolgreiche Etablierung einer effektiven Verfassungsgerichtsbarkeit bedarf gewisser Mindeststandards bezüglich der Richterwahl, der Verfahrensarten, der Unabhängigkeit der Richter etc. Betrachten wir den Demokratisierungsprozeß in Lateinamerika und Osteuropa: Welche Veränderungen bzw. neuen Rahmenbedingungen sind hier notwendig, damit eine erfolgreiche, demokratisch abgesicherte und unabhängige Verfassungsgerichtsbarkeit entstehen kann?

Prof. Häberle: Es gibt informelle und formelle Garantien für eine erfolgreiche Begründung und Entwicklung von Verfassungsgerichten in jungen Demokratien. Zu den informellen Voraussetzungen gehört es, daß alle Staatsorgane und die – pluralistische – öffentliche Meinung einen *„Willen zur Verfassung“* entwickeln. Das beginnt in den Schulen, wo z.B. zu den Menschenrechten „erzogen“ werden muß, und endet bei der Verfassungstreue der Staatsorgane, im deutschen Föderalismus z.T. als „Bundestreue“ *(R. Smend)* bekannt. Alle Staatsorgane müssen sich in ihren Kompetenzen und Funktionen wechselseitig respektieren. Die Idee der „checks and balances“ sollte von allen am Verfassungsleben Beteiligten buchstäblich „verinnerlicht“ werden. Nicht minder wichtig sind die formellen Garantien. So muß die bindende Kraft der Entscheidungen des Verfassungsgerichts sichergestellt sein. Freilich hat jedes Verfassungsgericht seinerseits auch auf die inhaltliche „Akzeptanz“ seiner Entscheidungen zu achten. Das beginnt bei der (verständlichen) Rechtssprache und führt über die rationale Anwendung des „juristischen Handwerkszeugs“ und die methodischen Kunstregeln bis hin zur „Plausibilität“ des an der Gerechtigkeit überprüften Ergebnisses.

Prof. Landa: Die Globalisierung von Wirtschaft und Politik hat zu einer großen Veränderung all der potenziellen Gefahren geführt, denen sich der Bürger ausgesetzt sieht. Transnationale Konzerne, weltweit tätige Massenmedien etc. bilden eine eigene Infrastruktur aus, dominieren die Weltmeinung und treten gleichsam neben die institutionelle Staatlichkeit als nichtstaatliche Gewalten. Die Grundrechte und Freiheiten der Bürger könnten dadurch bedroht werden. Ist die traditionelle Verfassungsgerichtsbarkeit zu einer wirksamen Kontrolle auch dieser Prozesse in der Lage?

Prof. Häberle: Sie bringen hier eine besonders heikle Frage auf den Punkt. An ihr zeigt sich, ob der Verfassungsstaat der heutigen Entwicklungsstufe auch gegenüber neuen Herausforderungen *reformfähig* ist. Die Globalisierung der Märkte, das Entstehen einer internationalen öffentlichen

Meinung (z. B. im Fall des Kampfes von „Greenpeace" gegen die Ölplattform „Brent Spar" 1995) kann die herkömmliche verfassungsstaatliche Ordnung im Kern gefährden. Schon *Hegel* erkannte, daß in der öffentlichen Meinung „alles Wahre und Falsche" zugleich vorhanden ist. Die multinationalen Unternehmen entfalten eine fast unkontrollierbare ökonomische Macht, die in politische Macht umschlagen kann. Zu beginnen ist mit einer pluralistischen Medienverfassung. Italien führt derzeit einen schweren Kampf gegen die Medien-Markt-Macht von *S. Berlusconi,* den die Corte Costituzionale im Rom nur punktuell führen kann, aber doch schon wagt. Die „Fernsehdemokratie" kann in verdeckte Formen der Zensur umschlagen. Auch die Fälle von „Fernsehgerichten" z. B. in den USA (Fall *Simpson*) schrecken ab. Doch gibt es positive Beispiele dafür, wie in Europa *pluralistisches Medienverfassungsrecht* entwickelt werden kann. So hat das deutsche Bundesverfassungsgericht in bis heute insgesamt acht „Fernseh-Urteilen" prätorisch Grundsätze entwickelt, die ein Höchstmaß an Staatsfreiheit des öffentlich-rechtlichen Rundfunks und Fernsehens garantieren („Binnenpluralismus") und verhindern, daß diese Medien in die Hand einer einzigen gesellschaftlichen Gruppe fallen. Für den privaten Rundfunk und Fernsehen gilt das Prinzip des „Außenpluralismus", d. h. es muß eine Vielfalt des Angebots durch Konkurrenz am Markt gesichert sein. (Leider bleiben die *Kultur* und Bildung oft genug auf der Strecke, auch wegen der „Selbstkommerzialisierung" der öffentlich-rechtlichen Anstalten in Deutschland). Die Verfassung Portugals (1976) hat in Art. 38 einschlägige Stichworte gefunden („Freiheit und Unabhängigkeit der Massenkommunikationsmittel gegenüber der politischen Gewalt und der wirtschaftlichen Macht", „Verhinderung von Konzentration, insbesondere durch mehrfache und sich überkreuzende Beteiligungen", „Gegenüberstellung der verschiedenen Meinungsströmungen"). Die Verfassung Spaniens (1978) garantiert in ihrem Art. 20 „den bedeutenden sozialen und politischen Gruppen den Zugang zu den sozialen Kommunikationsmedien". Gegen den Mißbrauch wirtschaftlicher Übermacht helfen nur die in Europa und in Deutschland bewährten Instrumente wie Kartellgesetze, Antitrustregelungen, Pressefusionkontrolle etc. Die Verletzung von Persönlichkeitsrechten durch die Medien muß intern durch (freiwillige) Presseräte mit berufsethischen Standesregeln, im übrigen durch den Verfassungsstaat garantiert werden: Anforderungen an die journalistische Wahrheitspflicht, effektive Gegendarstellungsrechte, „Schmerzensgeld" der Verletzten, Beachtung der Unschuldsvermutung z. B. von Art. 6 Abs. 2 EMRK (1950), Art. 14 Abs. 2 Internationaler Pakt über bürgerliche und politische Rechte (1966), Art. 8 Abs. 2 EMRK (1969). Gerade hier ist von den Medien und in bezug auf die Medien viel *Erziehungsarbeit* zu leisten.

Prof. Landa: Unabhängigkeit und Integrität der Verfassungsrichter sind eine unabdingbare Voraussetzung für die Legitimität richterlicher Gewalt. Wie muß die Verfassungsrichterwahl gestaltet sein, um solchen Anforderungen zu genügen?

Prof. Häberle: In der Tat kann die „innere" Unabhängigkeit und Integrität der Verfassungsrichter sowie die Autorität der Verfassungsgerichte nur begrenzt durch äußere Rechtsnormen gewährleistet werden. Letztlich hängt hier vieles von der Richterpersönlichkeit und der Qualität der „vertrauensbildenden" Entscheidung ab. Dennoch gibt es Modelle für optimale Richterwahlen und ein Mindestmaß an fairen Verfahren. Zwar sind im Verfassungsstaat letztlich *alle* Bürger „Hüter der Verfassung", die Verfassungsrichter haben hier aber einen besonderen Auftrag. Empfehlenswert sind *Mischformen der Richterwahl,* d.h. kein Verfassungsorgan sollte ein Monopol auf die Wahl der Verfassungsrichter haben (anders leider die deutsche Regelung: Wahl durch Bundestag bzw. Bundesrat). Ein Teil der Richter (z.B. ein Drittel) sollte durch die gesetzgebenden Körperschaften, ein anderer Teil durch den Präsidenten der Republik (so in Italien), ein dritter Teil durch ein Selbstverwaltungsorgan der Richter und Anwaltschaft gewählt werden. Durch diese Einbindung *mehrerer* staatlicher und gesellschaftlicher „Gewalten" kann i.S. eines pluralistischen Wahlverfahrens verhindert werden, daß die Richter zu „parteilich" entscheiden. Vor allem ist der in Deutschland leider faktisch übergroße Einfluß der politischen Parteien zurückzudrängen. Zu denken ist dabei an *öffentliche „Hearings"* für Verfassungsrichterkandidaten, in denen diese auf ihre „philosophy of law" hin befragt werden können (so in den USA und neu und einzigartig in Deutschland in der neuen Verfassung von Brandenburg von 1992). Der Unabhängigkeit dient auch die Zulassung von Sondervoten (vgl. Art. 164 Abs. 1 Verf. Spanien). Die Amtszeit der Verfassungsrichter muß gut überlegt sein: eine längere Amtszeit, etwa von 12 Jahren, und der Ausschluß der Wiederwahl wie in Deutschland dienen der Unabhängigkeit. Die Inkompatibilitäts- und Befangenheitsregelungen müssen streng sein. Mit dem Status eines Verfassungsrichters sollte allenfalls die Lehrtätigkeit an Universitäten vereinbar sein. Die Ablehnung eines Richters wegen „Besorgnis der Befangenheit" darf nicht so leicht möglich sein, daß die Parteien unbequeme Richter „abschießen" können, sie darf aber auch nicht so schwer sein, daß sie in der Wirklichkeit kaum greift. Nicht zuletzt gehört die „Selbstdisziplin" der Richter in dieses Problemfeld. Sie sollten sich davor hüten, eigene Entscheidungen ex post öffentlich oder privat zu „kommentieren".

Prof. Landa: In manchen Ländern gibt es eine Art gemischter verfassungsgerichtlicher Kontrolle. So auch in Peru. Das Verfassungsgericht ist eher mit abstrakten Fragestellungen befaßt, die übrigen Gerichte interpretieren aber ebenfalls die in Streit stehenden Normen im Lichte der Verfassung oder überprüfen die Verfassungsmäßigkeit einfachgesetzlicher Normen. Hier kann es zu widersprüchlichen Entscheidungen zwischen dem Verfassungsgericht und den sonstigen Gerichten kommen. Die peruanische Verfassung hat für diesen Konfliktfall keine eindeutige Regelung getroffen. Daher meine Frage. Sollte das Verfassungsgericht der oberste Interpret der Verfassung sein? Sollte seine Interpretation letztverbindlich sein?

Prof. Häberle: Das System der *enumerativ* aufgezählten Zuständigkeiten des Verfassungsgerichts sollte einen guten *Mittelweg* suchen zwischen einem Zuviel und einem Zuwenig an Kompetenzen. Nicht alle Verfassungsstaaten kennen die Verfassungsbeschwerde (sie wird in Frankreich und Italien derzeit erst diskutiert, unter dem GG wurde sie schon 1951 eingeführt). Immer wieder umstritten ist das Pro und Contra einer abstrakten Normenkontrolle. In Bundesstaaten oder Regionalstaaten sind Art und Ausmaß des verfassungsgerichtlichen Schutzes der „kleineren" territorialen Einheit immer wieder kontrovers. In Deutschland hat jedes Gericht das richterliche Prüfungsrecht (Art. 100 GG). Bei nachkonstitutionellen Parlamentsgesetzen liegt das „Verwerfungsmonopol" allein beim Bundesverfassungsgericht. Hält ein einfaches Gericht ein solches Gesetz für verfassungswidrig, so *muß* es die Entscheidung des BVerfG einholen. An diese ist es gebunden. Auch Entscheidungen im Verfahren der abstrakten Normenkontrolle erwachsen in „Gesetzeskraft", bei uns kraft ausdrücklicher Regelung. Liegt – wie in Peru – eine ausdrückliche Regelung der Konkurrenz von abstrakter Normenkontrolle durch das Verfassungsgericht und konkreter Normenkontrolle durch die „Fachgerichtsbarkeit" nicht vor, so muß von der *Funktion* der Verfassungsgerichtsbarkeit im Verfassungsstaat von heute aus argumentiert werden. Zwar sind die Traditionen der Rechtskultur von Land zu Land verschieden, doch darf die These gewagt werden, daß der formell „letzte" Hüter der Verfassung stets das Verfassungsgericht sein muß. Divergenzen sind aus Gründen der Rechtssicherheit bzw. des Vertrauensschutzes für den Bürger unerträglich. Insofern muß formell das Verfassungsgericht der „oberste Interpret" der Verfassung sein, die übrigen Gerichte sind an dessen Entscheidung gebunden. Der „Vorrang der Verfassung" führt zu einem funktionellrechtlich abgesicherten *„Vorrang der institutionalisierten Verfassungsgerichtsbarkeit"!*

Prof. Landa: Zu den Methoden der Verfassungsinterpretation. Sie haben die vier klassischen Auslegungsmethoden von *Savigny,* die ja auch für die Verfassungsinterpretation gelten, um die fünfte, die rechtsvergleichende, ergänzt. Gilt das nur im Kontext der Rechtskultur eines bestimmten Landes oder kann solche Verfassungsvergleichung kulturunabhängig erfolgen?

Prof. Häberle: Obwohl es spezielle Prinzipien der Verfassungsinterpretation gibt (z.B. die „Einheit der Verfassung", die „praktische Konkordanz" i.S. meines Lehrers *K. Hesse,* den Maßstab „funktioneller Richtigkeit"), hat die Verfassungsinterpretation Teil an den allgemeinen juristischen Handwerks- und Kunstregeln der Methodenlehre. *F. C. von Savigny* hat sie 1840 als die vier klassischen Auslegungsmethoden „kanonisiert". Ich meine seit 1989, daß die Zeit reif ist für eine *„fünfte" Auslegungsmethode,* nämlich die *Rechtsvergleichung*. Vor allem im Menschenrechtsbereich sind die positivrechtlichen Regelungen anderer Verfassungsstaaten bzw. die von ihren Gerichten und ihren Wissenschaftlergemeinschaften betriebenen Fortentwicklungen immer „mitzudenken". Die *Weltgemeinschaft* der Verfassungsstaaten ist heute auf dem Weg zu einer *„Menschenrechtsgemeinschaft";* regionale Menschenrechtspakte wie die AMRK oder EMRK liefern ebenfalls „Materialien" für rechtsvergleichend inspirierende Verfassungsinterpretation, auch wenn sie formell noch im Range „unter" den Verfassungen stehen (wie in Deutschland: in Österreich und der Schweiz hat die EMRK Verfassungsrang!). Die Verfassungsstaaten können wechselseitig von ihren Erfahrungen lernen. Speziell in Europa gibt es schon viele Beispiele für eine „Produktions- und Rezeptionsgemeinschaft" in Sachen Menschenrechte, die über die Brücke der Rechtsvergleichung als „fünfte Auslegungsmethode" wirkt und z.B. in Gestalt „allgemeiner Rechtsprinzipien" begegnet. (Die alte Verfassung von Peru von 1979, die ich in meinem Jahrbuch des Öffentlichen Rechts 1987 auf Deutsch veröffentlicht habe [Band 36], spricht in Art. 233 Ziff. 6 höchst schöpferisch von „allgemeinen Rechtsgrundsätzen"!). Diese Rechtsprechung muß sich freilich als *Kulturvergleichung* (nicht als schematische Übertragung) verstehen. D.h. die kulturellen Kontexte müssen sich „entsprechen". Darum besteht z.B. eine besondere kulturelle Verbundenheit zwischen den beiden iberischen und den lateinamerikanischen Ländern. Art. 11 Abs. 3 Verf. Spanien (1978) sieht Sonderregelungen für Staatsangehörige aus den „iberoamerikanischen Ländern" vor. Dieser *kulturelle Zusammenhang* kann auch dazu führen, daß die Länder in Südamerika ihren rechtsvergleichenden „Blick" spezifisch nach Spanien richten. Im übrigen steht Spaniens Regionalismus in engem Austausch mit dem Föderalismus Deutschlands bzw. der dazu entwickelten Lehre und Rechtsprechung. Der sehr deutsche Begriff „Rechtsstaat" macht fast weltweit „Karriere". Viele osteuropäische Länder rezipieren den westlichen Standard der Menschenrechte ausdrücklich oder der Sache nach in ihr Rechtsquellensystem. Der Universalismus der „Menschenwürde" steht heute freilich vor der Herausforderung durch den Fundamentalismus mancher islamischer Staaten.

Prof. Landa: Manche nationalen Verfassungsordnungen haben die internationalen Menschenrechtsverträge inkorporiert. Sie sind so verbindlich für die staatlichen Gewalten. Allerdings kann es auch zu Konflikten zwischen den nationalstaatlichen Grundrechtsgarantien und den überstaatlichen Menschenrechtsverbürgungen kommen. Gibt es in einem solchen Konfliktfall ein hierarchisches Vorrangverhältnis?

Prof. Häberle: Nicht wenige neuere Verfassungen und Verfassungsentwürfe kennen ausdrückliche Regelungen der *„menschenrechtskonformen Auslegung"* der nationalen Grundrechte (z.B. Art. 10 Abs. 2 Verf. Spanien; Art. 11 Verfassungsentwurf des polnischen Senats von 1991). Manche Verfassungen enthalten auch ausdrückliche „Grundrechtsentwicklungsklauseln" (z.B. Art. 10 Verf. Estland von 1992 – eine Pionierleistung vollbrachte Art. 4 Verf. Peru von 1979). Ein früher Verfassungsentwurf des polnischen Sejm von 1991 (Art. 8) läßt sogar international bindende Grundrechtsnormen gegenüber dem nationalen Grundrechtskatalog vorgehen. In dem – unwahrscheinlichen – Fall, daß es zu einem Konflikt zwischen nationalem und internationalem *„Grundrechts-Recht"* kommt, müßte m.E. der nationale Richter schon heute dem internationalen Recht den Vorrang geben. Das folgt aus der in Deutschland entwickelten Idee der *„offenen Staatlichkeit"* bzw. des *„kooperativen Verfassungsstaates"*. Man kann auch daran denken, daß der Satz „in dubio pro libertate" bzw. pro Menschenrechte „ein allgemeiner Rechtsgrundsatz" des Typus Verfassungsstaat ist. Sollte ein völkerrechtlicher Vertrag gegen nationale bzw. universale Grundrechte verstoßen, so sollten Legislative und Exekutive jedenfalls verpflichtet sein, dem abzuhelfen, sofern das Verfassungsgericht noch nicht genügend Autorität hat, selbst und unmittelbar den Konflikt menschenrechtskonform zu schlichten.

Prof. Landa: Die deutsche Verfassungsrechtslehre hat auf kreative und innovative Weise manche wegleitenden Doktrinen entwickelt, mitunter inspiriert und angeleitet durch das Verfassungsgericht in Karlsruhe. Ich denke hier an institutionelle Garantien und an die Wesensgehaltgarantie, um nur zwei Beispiele zu benennen. Nun meine Frage: Welche Rolle spielt die öffentliche Meinung für die Entwicklung wissenschaftlicher Doktrinen und für die Entscheidungen des BVerfG? Welche der wissenschaftlichen Leistungen halten Sie für besonders wichtig?

Prof. Häberle: Die Wissenschaftlergemeinschaft eines Landes und zunehmend einer Region mit eigener kultureller Identität wie Lateinamerika sollte unaufhörlich Theoriemodelle entwickeln und i.S. des kritischen Rationalismus von *Popper* zur Diskussion stellen. Sie hat etwa in Deutschland schon in Weimar die Lehre vom „auch" institutionellen Verständnis von Grundrechten entwickelt (*E. Kaufmann* u.a.); Anfang der 70er Jahre kam die These vom leistungs- bzw. sozialstaatlichen Grundrechtsverständnis hinzu („status activus processualis"); es gibt einen Streit um das richtige Verständnis des Wesengehaltsschutzes bei Grundrechten im „absoluten" oder/und „relativen" Sinne (Übermaßverbot). In der Schweiz hat jüngst die neue, vorzügliche Kantonsverfassung von Bern (1993) in ihrem Art. 28 Verfeinerungen hierzu entwickelt. Vor Jahren hat unser Bundesverfassungsgericht in Karlsruhe die Dimension der grundrechtlichen „Schutzpflichten" ausgebaut. So sind heute die Grundrechte des GG *„multidimensional"* zu lesen. Ein neues Verfassungsgericht wie das in Peru etablierte kann nicht von heute auf morgen, sozusagen in einem Zug und „aus dem Stand", die hoch komplexen deutschen Lehren und die vom BVerfG geleistete pragmatische Integration von vielen Theorieelementen einfach rezipieren. Die in langen Jahren gewachsene *„Grundrechtskultur"* Deutschlands kann nicht ohne weiteres in Peru sofort übernommen werden. Das Verfassungsgericht in Lima tut wohl gut daran, sich von den klassischen Grundrechtslehren eines *G. Jellinek* aus langsam zu den heutigen Verfeinerungen in Europa „vorzutasten". Vor allem muß es den Bürgern verständlich machen, daß es nicht um bloße juristische Technik geht, sondern um *„Gerechtigkeit durch Grundrechte"*. Ein erster Schritt bei diesen langsamen Wachstums- und Entwicklungsprozessen, der, wie sich in Polen und Ungarn zeigt, schon innerhalb eines Jahrzehnts bzw. Jahrfünfts gelingen kann, ist die Vermittlung der Grundrechtsidee in den *Schulen* i. S. „pädagogischer Verfassungsinterpretation". Die Menschenrechte müssen in ihren klassischen Inhalten und modernen Funktionen schon in den Schulen gelehrt werden (vgl. auch Art. 22 Abs. 3 Verf. Peru von 1979; Art. 72 Verf. Guatemala von 1985). In all dem zeigt sich mein „entwicklungsgeschichtliches" Verständnis von Verfassungen. Sie sind „geprägte Form, die lebend sich entwickelt", um ein von *H. Heller* übernommenes Wort von *Goethe* zu zitieren.

Prof. Landa: Eine abschließende Bitte. Ihre eigene wissenschaftliche Erfahrung und die große verfassungsgerichtliche Tradition in Deutschland versetzen Sie in die Lage, den Kollegen in Peru manchen Rat für die Entwicklung der Verfassungsgerichtsbarkeit mit auf den Weg zu geben. Wie meinen Sie, könnte die Verfassungsgerichtsbarkeit dort gestärkt, wie aber könnte vor allem bei den Bürgerinnen und Bürgern ein Verfassungsbewußtsein geweckt werden?

Prof. Häberle: Zunächst ist es für mich eine Ehre, daß ich mich über Sie und diese Zeitschrift an die wissenschaftliche Öffentlichkeit in Peru wenden darf. Als deutscher Staatsrechtslehrer von heute steht man „auf den Schultern der Riesen" der Weimarer Republik d. h. von Klassikern wie *H. Heller, R. Smend, H. Kelsen,* z. T. auch des frühen *C. Schmitt* (bis 1933). Wir sehen in manchem heute zwar weiter als diese „Riesen", bleiben aber doch „Zwerge". Vor allem sind für das GG die Leistungen des BVerfG hervorzuheben, das erst jüngst in eine Akzeptanz-Krise geraten ist (Antikruzifix-Beschluß, die „Soldaten sind Mörder"- sowie die Sitzblockaden-Entscheidung). Im Kreise der europäischen Verfassungsgerichte, d. h. neben Rom und Madrid, auch Paris und dem EGMR in Straßburg sowie dem EuGH in Luxemburg spielt „Karlsruhe" eine große positive Rolle. Eine „Botschaft" nach Peru darf ich mir nicht erlauben. Doch möchte ich dem Wunsch Ausdruck geben, daß Peru bald ein lebendiger Gesprächspartner im „Konzert" der lateinamerikanischen Grundrechtsgemeinschaft wird, daß speziell das Verfassungsgericht in Lima durch behutsames Balancieren zwischen „judicial activism" und „judicial restraint" sich viel Ansehen und Autorität erwerben kann, um sich im Funktionengefüge der Verfassung zu behaupten. Die Verfassungsgerichtsbarkeit muß mitunter wagen, durch unmittelbaren *Durchgriff auf allgemeine Gerechtigkeitsprinzipien* der universalen *Familie der Verfassungs*staaten zu judizieren. Sie muß verständlich machen, daß zwar *alle* Bürger „Hüter der Verfassung" sind, daß aber gerade die Verfassungsgerichte eine spezifische Verantwortung haben. Zuweilen ist sogar „gegen" die öffentliche Meinung „unpopulär" zu judizieren, die in der Stimmungsdemokratie oft genug wankelmütig ist. Auf lange Sicht muß ein Verfassungsgericht indes um „Akzeptanz" seiner kontinuierlichen Rechtsprechung ringen, für den Bürger verständlich sein und vor allem sich als *„Bürgergericht"* bewähren. Damit leistet es einen – *seinen* – Beitrag zum „Verfassungsbewußtsein", erfüllt es eine „Verfassungsfunktion". Der Brückenschlag über die Kontinente hinweg ist bereits durch die ibero-amerikanische Rechtskultur-Gemeinschaft garantiert. Ein Ihnen zu verdankendes Gespräch wie das heutige kann vielleicht auch ein kleiner Beitrag zu einer gegenseitigen Lern- und Lehrgemeinschaft zwischen unseren beiden Ländern sein. Die Wissenschaftlergemeinschaft in Sachen Verfassungsstaat wird heute universal, sie muß sich „in weltbürgerlicher Absicht" i.S. von *I. Kant* verständlich machen. Das ist zwar eine Aufgabe für viele Generationen. Die weltweite *„Gemeinschaft der Verfassungsrichter"* ist aber schon im Entstehen. Möge Peru hier bald eine unverwechselbare Stimme zu Gehör bringen (und „von außen" Unterstützung erfahren). Das wäre auch ein Beitrag, einen falschen „Eurozentrismus" zu verabschieden und ein „multikulturelles Erbe der Menschheit" (unter Einschluß des Indianischen) zu pflegen. Die Rechtswissenschaft – als *Kulturwissenschaft* verstanden – gehört in dieses Gesamtbild.

Interview durch Prof. Dr. Francisco Balaguer Callejón (Granada)* (1997)

Biographisches

Prof. Balaguer Callejón: Beginnen wir mit Ihren ersten Jahren an der Universität und der Zusammenarbeit mit Ihrem Lehrer, *Konrad Hesse*.

Prof. Häberle: Mein juristisches Studium begann ich in Tübingen, ich setzte es 1954 in Freiburg i.B. fort, war dann ein Semester in Bonn, ein späteres in Montpellier, danach kehrte ich nach Freiburg zurück, an dessen damalige Juristische Fakultät ich die denkbar besten Erinnerungen habe. Zunächst konzentrierte ich mich auf das Strafrecht und lernte bei dem auch in Spanien sehr bekannten Professor *Jescheck*. Doch dann, es war im 5. Semester im Jahre 1956, besuchte ich erstmals das neue Seminar des jungen Professors *Konrad Hesse*, von dem ich von Anfang an begeistert war, vor allem von seiner Kunst, ein Seminar systematisch zu führen. Von vornherein kam für mich nur das juristische Studium in Frage. Vor allem, weil es ermöglicht, die geistesgeschichtlichen Hintergründe der Wissenschaft zu integrieren und auch eine Verbindung zur Philosophie und zur Geschichte, ja sogar zur Musik herzustellen. Bis heute bemühe ich mich, das Verfassungsrecht aufgrund seiner rechtsphilosophischen Tiefendimensionen zu erschließen.

Prof. Balaguer Callejón: Welche Gründe waren für Sie entscheidend, als Sie die Universität für die Ausübung Ihres Berufes und Ihres Lebensprojektes wählten – besonders im Öffentlichen Recht –? Lassen Sie mich eine zweite Frage unmittelbar anschließen: Sie sind ein weltberühmter Forscher. Sicher brachte diese Forschungstätigkeit manche persönliche Verluste mit sich. Aber hat sie auch Ihre Tätigkeit als Dozent eher eingeschränkt oder war diese Lehrtätigkeit eine Anregung für die Forschung?

Prof. Häberle: Die Wissenschaft war für mich von vornherein *das* Lebensziel. Gewiß, ich hatte auch die Chance, Richter zu werden, indessen schwebte mir immer das *Humboldtsche* Universitätsideal der Einheit von Forschung und Lehre, der Gemeinschaft von „Lernenden und Lehrenden“ vor, wie ich es seit meiner ersten Professur in Marburg 1969 zu verwirkli-

---

* Interview für die Zeitschrift Anuario de derecho constitucional y parlamentario, Juli 1997.

chen suche. Im Laufe der Jahre habe ich fünf Schüler habilitiert, etwa 40 promoviert. Ich hatte das Glück, hervorragende Schüler zu finden, die heute alle Professoren sind: etwa in Jena, in Berlin (Humboldt-Universität), in München oder in Würzburg. Auf lange Sicht werden die Schüler zur großen Bereicherung. Zunächst, in den ersten Jahren muß man auch in menschlicher Hinsicht viel „investieren“, heute sind sie eine Freude. Umso mehr deshalb, weil sie mich nicht imitieren wollen und können, sondern weil jeder sein eigenes Profil entwickelt. Auch die wissenschaftlichen Schwerpunkte sind sehr verschieden gesetzt. Der eine junge Kollege hat einen Schwerpunkt auf dem Ostrecht, der andere bemüht sich stärker um die sozialwissenschaftlichen Dimensionen des Verfassungsrechts. Auf eine Weise bin ich heute der Schüler von meinen fünf Schülern geworden, und im Verlauf der kommenden Jahre wird sich dies sicherlich noch verstärken.

Prof. Balaguer Callejón: Könnten Sie jetzt über Ihre Erfahrungen als Professor in St. Gallen sprechen? Diese doppelte Lehrpflicht ist sicherlich anstrengend?

Prof. Häberle: Meine Tätigkeit in St. Gallen begann aufgrund eines Rufes, es war mein glücklicher 6. Ruf, im Jahre 1981. Die Reisen nach bzw. die Tage in St. Gallen – sie verlangen 6 Stunden im Zug – sind in der Sache ein Glücksfall: Die Spannung zwischen dem kleinen Bayreuth und dem etwas größeren St. Gallen, die unterschiedliche Wissenschafts- und Lehrkultur, die große Tradition der Toleranz und die Vielfalt der Sprachen in der Schweiz, denken Sie auch an die Leistungen der Schweiz in Sachen Sprachenfreiheit als ungeschriebenes Grundrecht, sind für uns ein Vorbild. Darüber hinaus erscheint mir die Schweiz dank ihres gelebten, sehr starken Föderalismus immer als eine große „Werkstatt“. Das zeigt sich auch in den großen kantonalen Verfassungsreformen, die in den letzten Jahren geglückt sind und zuletzt etwa in St. Gallen in Gang gekommen sind, nachdem Bern in der vorzüglichen Kantonsverfassung von 1993 einen ersten Höhepunkt erreicht hatte. Vom Temperament her sind die Schweizer Studenten anders als die deutschen. Sie neigen nicht zu Radikalismen und Übertreibungen, sie sind „pragmatischer“ in einem guten Sinne, und vielleicht sind sie sogar in manchem etwas fleißiger. Ich habe mehrere Doktoranden in der Schweiz betreut, die oft an meinen Lehrveranstaltungen in Bayreuth teilnehmen. In der Schweiz erfahre ich viel Gastfreundschaft. Auf eine Weise ähnelt die Schweiz immer noch einer „großen Familie“, auch existiert in der Schweiz, ähnlich wie in Spanien und Italien, noch die Kunst der Freundschaft und die Tugend der Gastfreundschaft.

Prof. Balaguer Callejón: Sie haben oft Angebote aus der Praxis (z.B. Gutachten) abgelehnt? Denken Sie trotzdem, daß die Praxis den Juristen verbessern kann?

Prof. Häberle: Sie fragen zurecht, warum ich relativ wenig in der Praxis tätig war: Zum einen habe ich Gutachten für politische Parteien, Regierungen oder Wirtschaftskreise in Deutschland immer abgelehnt, weil ich fürchtete, daß man im Verhältnis zu den Auftraggebern unbewußt korrumpiere. Auf der anderen Seite erkenne ich, daß die Kollegen, die auch als Richter tätig waren, durch die Fülle der Anregungen der Praxis viel zusätzliches Lehr- und Lernmaterial gewonnen haben. Ich selbst glaube meinen Weg primär nur als Professor gehen zu können. Ich schätze es durchaus, wenn die Kollegen einen anderen Weg wählen. Freilich sehe ich auch große Gefahren, so sind etwa die ausgeprägten Gutachtertätigkeiten der Kollegen in Italien eine Gefahr für die Lehre.

Prof. Balaguer Callejón: Sie haben doch verschiedene ausländische Regierungen beraten? War das eine positive Erfahrung?

Prof. Häberle: Ich habe das Glück, außerhalb Deutschlands in mehreren europäischen Ländern seit der „Weltstunde des Verfassungsstaats" 1989 beratend an Prozessen der Verfassunggebung beteiligt gewesen zu sein: erstmals im Jahre 1991 in Gestalt eines größeren Gutachtens im Rahmen des Verfassunggebungsprozesses in Estland. In Polen war ich mehrfach tätig, z. B. in einem Unterausschuß des Sejm in Sachen Grundrechte und dann im Rahmen von zwei größeren Kongressen. Ich habe konkrete Vorschläge für die Verfassungsarbeiten in Polen unterbreitet, die auch in meinem Jahrbuch des öffentlichen Rechts veröffentlicht sind, und die mittlerweile ins Polnische oder Englische übersetzt wurden, auch beachtet werden, insbesondere im Blick auf die Wesensgehaltgarantie der Grundrechte und auf die Rechtsquellenlehre. Ein weiteres Engagement waren jüngst Gespräche mit dem Vizepräsidenten der Bicamerale in Rom, sodann ein Seminar in der Agnelli-Stiftung in Turin über den Regionalismus in Italien. Auch habe ich informell mit vielen Kollegen, die in Verfassungsreformfragen engagiert sind, nachhaltig Gespräche geführt.

Jüngst war vielleicht das schönste Erlebnis die Ehrung, den wissenschaftlichen Eröffnungsvortrag zur kantonalen Verfassungsreform in St. Gallen im letzten September zu halten. Dort unterbreitete ich konkrete Vorschläge, zum Beispiel, ob die neue Kantonsverfassung St. Gallen einen „kleinen Europaartikel" einbauen sollte. Dies stieß in der St. Galler Öffentlichkeit auf großes Interesse. Die Schweiz tut sich in Sachen Europa schwer, obwohl sie ein Kernland von Alt-Europa ist. Umso mehr muß man vorsichtig versuchen, die Schweiz für die Sache Europas zu öffnen, sie gehört ja längst der Europäischen Menschenrechtskonvention an, aber die Frage ist, ob und wie sie sich der Europäischen Union auf lange Sicht einfügt. Bei all diesen beratenden Tätigkeiten habe ich mich bemüht, „academic self-restraint" zu üben. Es ist mißlich, wenn einzelne Professoren allzu belehrend auf Verfassunggebungsprozesse in anderen europäischen Ländern einwirken wollen.

Es ging mir immer nur darum, konkrete Text*alternativen* und *Möglichkeiten* verfassungsjuristischen Denkens vorzuschlagen, aber keine endgültigen Lösungen zu präsentieren.

Prof. Balaguer Callejón: Und wie beurteilen Sie die Eigenschaften bzw. Begabungen der deutschen Studenten?

Prof. Häberle: Zu den Vorzügen der *deutschen* Studenten: Sie arbeiten und denken mit großem Engagement, sind auch politisch besonders motiviert; die besten Studenten versuchen, die gute Tradition des deutschen Idealismus fortzusetzen. Dies gelingt gelegentlich auch in Bayreuth, obwohl der „Gewitterhimmel" von Bayreuth (*Richard Wagner*!) natürlich seine eigenen Auswirkungen haben mag.

Staatsrechtslehrer gestern und heute

Prof. Balaguer Callejón: Jetzt über die intellektuelle Lage in Deutschland. *César Landa,* ein Staatsrechtslehrer aus Peru, erkennt Sie als Erben der deutschen verfassungsrechtlichen Kultur, als Nachfolger von *Kelsen, Schmitt, Heller, Smend* und *Hesse.* Oft nennen Sie selbst solche Verfassungsrechtslehrer Riesen, die Ihnen es erlauben weiter zu schauen. Geben Sie mir die Möglichkeit, Sie über diese klassischen Autoren zu befragen. Fangen wir mit *R. Smend* an, der ja Lehrer Ihres Lehrers war.

Prof. Häberle: In der Tat benutze ich gern das Bild von den Zwergen auf den „Schultern von Riesen", wobei man hinzufügen darf, daß dieses Bild aus dem 13. Jahrhundert stammt und in unseren Tagen von einem amerikanischen Gelehrten aufgegriffen worden ist. Die deutsche Staatsrechtslehre unter dem GG verdankt sehr viel, wenn nicht das meiste, den Riesen der Weimarer Epoche. Und wenn ich das Wort „Riesen" gebrauche, so nicht etwa ironisch, sondern sehr ernsthaft. Auf den Schultern der Riesen sehen wir Zwerge vielleicht gelegentlich weiter als diese Riesen, aber wir bleiben doch Zwerge! Sie haben mich nach den großen Gestalten der Weimarer Staatsrechtslehre gefragt, ich antworte darauf gerne: *Rudolf Smend*, dessen kleiner Enkel ich auf eine Weise, vermittelt über meinen großen Lehrer *Konrad Hesse*, sein darf. *Rudolf Smend* ist mir besonders wert im Blick auf seinen geisteswissenschaftlichen Ansatz und im Blick auf seine Grundrechtstheorie, die seinerzeit eine Wende (1928) in Gestalt seines berühmten Referats über die Meinungsfreiheit bewirkt hat. Gewiß, Korrekturen wurden notwendig und angemahnt im Blick auf manche Übertreibungen oder Vereinseitigungen der Integrationslehre, doch teile ich nicht die Kritik eines weiteren Großen, *Erich Kaufmann*, der im Rückblick sogar einen Zusammenhang zwischen der Integrationslehre und dem Faschismus hergestellt hat. Wohl aber bedurfte die Integrationslehre von 1928 gewisser

Korrekturen, die übrigens *Rudolf Smend* in einem Artikel 1962 selbst vorgenommen hat.

Prof. Balaguer Callejón: Was halten Sie von *H. Heller,* der eine besondere Beziehung zu Spanien hatte? Und was denken Sie über *H. Kelsen,* wenn eine kurze Anwort über einen so komplexen Autor möglich ist? Schließlich zu *C. Schmitt:* Er fand grosse wissenschaftliche Verbreitung in Spanien und hatte dort auch familiäre Beziehungen. Wie werten Sie diesen Autor?

Prof. Häberle: Es ist offenkundig, daß ich sowohl in persönlicher Hinsicht als auch wissenschaftlich am meisten *Hermann Heller* verdanke. *Hermann Heller* ist uns allen ein Vorbild aufgrund seiner persönlichen Integrität und Unabhängigkeit, seines demokratischen Engagements und gewiß auch seiner Zuneigung zu Spanien, wo er ja im Exil Zuflucht finden konnte. In wissenschaftlicher Hinsicht verdanke ich *Hermann Heller* tiefe Einsichten in eine kulturwissenschaftlich komponierte Staatslehre, die ich unter dem Stichwort kulturwissenschaftliche *Verfassungs*lehre fortzuführen suche. Ein Wort zu *H. Kelsen.* Ich brauche Ihnen nicht zu sagen, daß mich methodologisch von *Kelsen* Welten trennen, wohl aber ist immer wieder darauf hinzuweisen, daß *Kelsens* großes Erbe zum einen in der Lehre vom „Stufenbau der Rechtsordnung" lebendig bleibt; heute haben wir in vielen neuen Verfassungen den ausdrücklichen Hinweis auf den Primat der Verfassung, die Verfassungsnorm als höchste Norm, als „Norm der Normen", das ist sicher auch ein Verdienst von *Kelsen.* Schließlich ist *Kelsen* zum anderen einer der Väter der Verfassungsgerichtsbarkeit in Europa. – Die Beurteilung von *Carl Schmitt* ist denkbar schwierig. Bei einer Einladung in Rom vor etwa 4 Jahren während einer meiner insgesamt 7 Gastprofessuren dort, fragte mich im Kreise der dortigen illustren Kollegen der ehemalige Präsident der Republik *Cossiga* folgendes: „Herr Professor *Häberle,* was halten Sie von *Carl Schmitt?*" Darauf antwortete ich zur großen Heiterkeit der Runde: Verehrter Herr Präsident, welchen *Carl Schmitt* meinen Sie? Den großen *Carl Schmitt* der Verfassungslehre von 1928, die bis heute durch ihre systematische Kraft und ihre Innovationen unerreicht ist, oder meinen Sie den *ganz anderen Carl Schmitt,* der die unsägliche Arbeit geschrieben hat „Die Juden in der deutschen Rechtswissenschaft" oder den unseligen Aufsatz publiziert hat „Der Führer schützt das Recht"? Ich sehe mit Kummer, daß in manchen romanischen Ländern, vor allem in Italien, aber auch in Spanien, eine *Carl Schmitt*-Renaissance eingesetzt hat. Auch meinen Schweizer Freunden und Kollegen z. B. in Bern und Fribourg ist diese Renaissance unbegreiflich im Blick auf die schillernde Person und viele andere spätere Äußerungen von *Carl Schmitt* im Regime der NS-Zeit.

Prof. Balaguer Callejón: Und am Ende möchte ich Sie noch um eine Anmerkung über Ihren Lehrer *K. Hesse* bitten – allgemein bekannt in Spanien nach der partiellen Übersetzung seines Werkes „Grundzüge des Verfassungsrechts“ durch den Rechtsprofessor und Verfassungsgerichtspräsidenten *P. Cruz Villalón.*

Prof. Häberle: Eine Freude ist, daß Sie eine Frage stellen im Blick auf meinen Lehrer *Konrad Hesse*. Er wurde ja vor Jahren meisterhaft im Rahmen dieses Publikationsorgans von Herrn Verfassungsrichter *P. Cruz Villalón* interviewt. *Cruz Villalón* hat durch seine Übersetzungen viel beigetragen zur Rezeption von *Konrad Hesse* in Spanien. *Hesse* verdanke ich die Erziehung zu streng systematischem, diszipliniertem Denken, die Bereitschaft zu ständiger Überprüfung der eigenen Position, die Nähe zur Rechtsprechung des Bundesverfassungsgerichts. Er war einer der wenigen parteifernen, sog. neutralen Bundesverfassungsrichter, vielleicht der letzte (1975 – 1987); im übrigen hat er mich von Anfang an seit meiner studentischen Frühzeit in Freiburg bis heute immer wieder ermutigt und mich mit seiner freundschaftlichen Zuwendung beehrt.

Prof. Balaguer Callejón: Man kann zwei Epochen im deutschen Verfassungsrecht unterscheiden: die Weimarer Republik und das Grundgesetz. Beginnt mit der Wiedervereinigung eine neue Epoche des deutschen Verfassungsrechts? Ist die Wiedervereinigung ein neuer Impetus für das deutsche Verfassungsrecht, vor allem wegen der neuen Verfassungen in den neuen Ländern?

Prof. Häberle: Ich habe schon angedeutet, daß ich nach wie vor der Meinung bin, daß das meisterhafte deutsche Grundgesetz von 1949 trotz oder wegen seiner mittlerweile 43 Verfassungsänderungen sehr vieles der Weimarer Doktrin verdankt. Der Glücksfall der deutschen Wiedervereinigung 1989/90 hat uns freilich auch vor schwierige verfassungspolitische Fragen gestellt. Es kam zum Streit um den „richtigen“ Weg zur Wiedervereinigung: entweder den Weg des Art. 23 GG, der von *Willy Brandt* als „Holzweg“ bezeichnet wurde, oder den Weg über Art. 146 GG, den manche für den „Königsweg“ zur Wiedervereinigung gehalten haben. Herr *Grimm* und ich haben gleichzeitig und unabhängig voneinander eine *vermittelnde* Lösung vorgeschlagen, nämlich eine Kombination des relativ schnellen Weges über Art. 23 mit dem Weg über Art. 146. Erinnern wir uns, daß es in der französischen Verfassungsgeschichte aus dem Jahr 1793 einen großen Text gibt, der sagt: „Eine Verfassung, die nicht vom Volk angenommen ist, ist keine Verfassung“. Darum kam es zum Vorschlag, daß man den Verfassunggebungsprozeß bzw. die Wiedervereinigung noch 1990 durch einen abschließenden Volksentscheid hätte krönen sollen. Ich bin nach wie vor der Meinung, daß dies erforderlich war bzw. ist und daß dies der beste Weg gewesen wäre. Auch deshalb ist es zu gewissen Verwerfungen gekommen.

Sie wissen, daß die innere Wiedervereinigung immer noch vor uns liegt, daß es große Probleme der „inneren Einheit“ gibt. Vor allem können wir die innere Einheit Deutschlands nicht allein gewinnen durch den Transfer von bislang jährlich 150 Milliarden DM. Die innere Vereinigung ist eine Frage der politischen Kultur, des Respekts vor den z.T. anderen Traditionen Ostdeutschlands, der Psyche der dortigen Bürger, so sehr die Ostdeutschen 1990 das GG begrüßt haben und auch wollten. Eines formellen Akts der deutschen Verfassunggebung hätte es 1990 bedurft; nun bedarf es komplizierter langfristiger Annäherungen, die nicht allein mit Geld gelingen können, sondern mit viel Toleranz und mit Anerkennung vor allem des eigenen Profils der fünf neuen ostdeutschen Länderverfassungen. Die fünf ostdeutschen Länderverfassungen, denen ca. 35 Entwürfe vorausgingen, sind alle in meinem Jahrbuch publiziert. Insbesondere die von Brandenburg, partiell auch von Sachsen, haben in manchen Teilen große Bereicherungen gebracht, z.B. wurde das heikle Thema der Verfassungsrichterwahl in Brandenburg dadurch verbessert, daß es ein öffentliches Hearing gibt für die Verfassungsrichterkandidaten. Man wird freilich sehen müssen, ob sich das in der Praxis bewährt. Sie kennen das Modell des öffentlichen Hearings aus den Richterwahlen zum Supreme Court in den USA, dort gab es auch Exzesse, Enttäuschungen und Rückschritte, aber insgesamt lohnt der Versuch. Ich habe schon im Kolloquium für *Ernst Friesenhahn* 1972 wie er selbst dafür plädiert. Aber auch im Bereich der sozialen Grundrechte, des Umweltschutzes, im Bereich der Stärkung der parlamentarischen Opposition innerhalb der Landtage und in der Gestaltung der verfassungsstaatlichen Verfassunggebung finden wir bemerkenswertes neues Verfassungstextstufenmaterial, in allen fünf ostdeutschen Landesverfassungen. Insofern kann man auch im Blick auf Ostdeutschland von einer „Werkstatt“ für *werdendes gemeindeutsches* Verfassungsrecht sprechen. Hinzu gehört freilich, daß die ganze Fülle der rechtswissenschaftlichen Literaturgattungen vom Lehrbuch und Kommentar über die Monographie bis zur Rechtsprechungsrezension und zur Buchrezension eigenes Profil gewinnt und Rückwirkungen zeitigt im Blick auf die westdeutsche Literatur. Vor allem sollten wir Westdeutschen alle Selbstgefälligkeit und alle Besserwisserei gegenüber den eigenen Profilen der ostdeutschen Landesverfassungen vermeiden.

Grundrechte

Prof. Balaguer Callejón: Ich möchte einige allgemeine Überlegungen zu Ihren Theorien über die Grundrechte anstellen. Ich will dabei das von Ihnen oft kritisierte „Kästchendenken“ vermeiden: Es ist klar, daß Ihre Theorien in einem übergeordneten Zusammenhang stehen, aber ich will auch nach konkreten Bereichen fragen. Ich möchte gern mit der doppelten Funktion der Grundrechte (subjektiv-objektiv) anfangen, eine Theorie, die man schon in Ihrer Dissertation findet. Soll das Verfassungsgericht diese doppelte Funktion verstärken?

Prof. Häberle: Von Anfang an habe ich das sog. *Kästchendenken* kritisiert. Gemeint ist damit folgendes: Es gibt manche Grundrechtstheorien, in denen die Dogmatik Selbstzweck ist. Für mich hat jede juristische Dogmatik indes nur *instrumentalen* Charakter, sie hat sich im Dienste von Gerechtigkeitsaspekten, insbesondere der Grundrechte zu entwickeln. Dies bedeutet: alle Dogmatik muß sich offen halten, sie hat zwar die positive Aufgabe, Rechtssicherheit zu vermitteln, im übrigen aber dürfen die Begriffe hier kein selbständiges Leben gewinnen. Sie stehen im Dienste der Fortentwicklung eines grundgesetzlichen Rechtsprinzips. Darum habe ich auch später (1971) in dem Regensburger Staatsrechtslehrerreferat vorgeschlagen, daß alle „Grundrechtspolitik" und alle Grundrechtsinterpretation im Dienste der „grundrechtssichernden Geltungsfortbildung" zu stehen haben. Dies bedeutet auch, daß wir uns mit dem Einsperren in Kästchen, vor allem in engmaschige Kästchen, nicht zufrieden geben sollten, daß Kästchen nicht das letzte Wort der Grundrechtsentwicklung sein können.

Nun zu Ihrer Frage zum sog. Doppelcharakter der Grundrechte. Diesen „Doppelcharakter" *aller* Grundrechte habe ich in meiner Dissertation von 1962 entwickelt. Der Leitgedanke war folgender: Alle Grundrechte haben eine doppelte Seite, eine subjektiv-individualrechtliche Seite und eine objektiv-institutionelle Seite. Ich war damals sehr stark von dem großen französischen Staatstheoretiker *Maurice Hauriou* beeinflußt. Erst diese objektiv-rechtliche, institutionelle Seite erlaubt es, die Ausgestaltungsbedürftigkeit aller Freiheiten zu erkennen, da sie nicht „natürlich" gegeben sind. Beide Seiten stehen in einem wechselseitigen Bedingtheitsverhältnis. Am besten läßt sich dies bei der Familie und beim Eigentum darstellen. Die Familie ist eben nicht nur ein Bündel von subjektiven Rechten, obwohl derzeit in den neuesten Verfassungen, etwa in Polen und in Südafrika, die Kindesgrundrechte immer stärker werden. Die Familie, der Schutz der Familie etwa nach Art. 6 GG, hat auch objektive Bezüge, er ist ausgestaltungsbedürftig. Der Steuergesetzgeber muß im Interesse des sog. „Familienleistungsausgleichs" auf die Einheit der Familie Rücksicht nehmen und auch die außerordentlichen kulturellen und finanziellen Leistungen, die die Eltern im Rahmen ihrer Erziehungsaufgabe vollbringen, berücksichtigen. Aber bitte, zu beachten ist, daß dieser Doppelcharakter der Grundrechte nicht mein letztes Wort war. Im Regensburger Staatsrechtslehrerreferat (Sie kennen ja wie kein anderer spanischer Kollege gerade Regensburg!) habe ich diese Lehre vom Doppelcharakter 1971 längst fortentwickelt und vorgeschlagen: das mehrdimensionale Grundrechtsverständnis, d.h. je nach Gefahrenlage sind neue Richtungen, Wirkebenen, Dimensionen der Grundrechtsgarantien zu entdecken. Hierher gehört insonderheit der *status activus processualis*, der vor allem in Polen und Japan – dank vieler Übersetzungen – beachtet wurde.

Es ist daran zu erinnern, daß das deutsche Bundesverfassungsgericht in einer frühen Pionierentscheidung im 6. Band für die Familie *drei* Garantiefunktionen erarbeitet hat: die subjektiv-individualrechtliche Seite, die Bedeutung des Schutzes der Ehe und Familie als Institutsgarantie und die Bedeutung als wertentscheidende Grundsatznorm. Damit wurde die heute bekannte Prinzipienlehre in Sachen Grundrechte vorweggenommen und das deutsche Bundesverfassungsgericht hat in den 50er Jahren also in nuce schon ein mehrdimensionales Grundrechtsverständnis entwickelt. Manche Kritiker, die die individuelle Seite verabsolutieren, sollten sich dies vor Augen halten.

Man könnte meinen, daß die Lehre vom Doppelcharakter der Grundrechte bzw. vom mehrdimensionalen Grundrechtsverständnis nur die Wissenschaft und die Dogmatik stärkt oder die Rechtsprechung favorisiert. Dem ist nicht so. M.E. müssen wir von einer *funktionellrechtlichen Arbeitsteilung* aller an der Grundrechtsoptimierung bzw. -effektivierung Beteiligten sprechen. Neben dem Bundesverfassungsgericht, das durch seine großen Leitentscheidungen viel geleistet hat, hat auch der parlamentarische Gesetzgeber, denken Sie vor allem an das Steuerrecht oder an den Umweltschutz, heute eine *primäre* Gestaltungsaufgabe. Gerade die objektivrechtliche Garantie des Umweltschutzes (und manche Verfassungen sprechen sogar von einem Umweltgrundrecht) fordert ein intensives Engagement des demokratischen Gesetzgebers. Es hängt nun viel von der Kraft des politischen parlamentarischen Gesetzgebers ab, Grundrechte zu effektivieren; es hängt auch viel vom Takt und von der Sensibilität der jeweiligen Verfassungsgerichte ab, inwiefern sie hier flankierend arbeiten. Im übrigen darf ich auf die reiche Erfahrung von US-Amerika hinweisen: es gab dort immer wieder Perioden des *judicial activism* und des *judicial restraint.* Vielleicht kann nur der „Weltgeist" letzten Endes sagen, *wann* ein judicial activism und judicial restraint in Sachen Grundrechte erforderlich ist. Doch möchte ich als Theoriemodell unterstreichen, daß *alle* am Grundrechtsschutz Beteiligten ihre relative Aufgabe haben und besonders der Gesetzgeber heute bei Fragen der Gentechnik zum Schutz der Menschenwürde gefordert ist wie vielleicht nie zuvor.

Prof. Balaguer Callejón: Sie haben das Konzept des *status activus processualis* (die organisatorischen und prozessualen Bedingungen der Garantie der Grundrechte) erarbeitet. Erfüllen die Staaten heute die Pflichten, die solch ein status activus processualis mit sich bringt? Birgt eine Inflation solcher prozeduraler Gewährleistungen aber auch Risiken für die Garantie der Grundrechte?

Prof. Häberle: Sie fragen nach meinem Begriff des „*status activus processualis*" von 1971. Sie kennen die weltweit wirkende Statuslehre von *Georg Jellinek*. In zwergenhafter Fortentwicklung der riesenhaften Statuslehre von *Georg Jellinek* habe ich seinerzeit diesen Vorschlag des status activus processualis unterbreitet. Gemeint ist folgendes: Die Grundrechte bedürfen zu ihrer Effektivierung des Grundrechtsschutzes im *engeren* und im *weiteren* Sinne. Stichwort ist heute der kaum mehr bestrittene „Grundrechtsschutz durch Organisation und Verfahren". Das BVerfG hat zunächst in einem Sondervotum (E 53) und später in seiner gesamten Judikatur diese Tendenz bekräftigt. Grundrechtsschutz im engeren Sinne ist m.E. der klassische Rechtsschutz durch Gerichte, sei es Verfassungsgerichte, sei es Verwaltungsgerichte, auch ordentliche Gerichte, worauf Sie schon hingewiesen haben. Aber was sich heute fast weltweit entwickelt, ist der Grundrechtsschutz im weiteren Sinne, ich meine etwa die Ombudsmänner bzw. Ombudsfrauen in Polen. Die Idee kommt aus Skandinavien, und Frau *Letowska* war die erste Ombudsfrau in Polen mit großen, auch persönlichen Leistungen. Gerade weil der Gerichtsschutz oft teuer ist und oft zu spät kommt, gerade deshalb bedarf es des Grundrechtsschutzes im weiteren Sinne, z.B. durch Datenschutzbeauftragte, durch Tierschutzbeauftragte, durch Familienbeauftragte und ähnliches. Es ist bemerkenswert, daß es ausgerechnet des Europäischen Gerichtshofes für Menschenrechte in Straßburg bedurfte: Vor wenigen Wochen hat er erstmals das deutsche Bundesverfassungsgericht getadelt, weil es seinen Rechtsschutz (über die Verfassungsbeschwerde) so langwierig in die Tat umgesetzt hatte: erst nach 5 Jahren hatte ein Beschwerdeführer eine Entscheidung des deutschen Bundesverfassungsgerichts bekommen. Wir sehen, wie der Europäische Grundrechtsschutz der EMRK nun auch in positiver Weise nach Deutschland hineinwirkt und erstmals das sogar zu Recht vielgerühmte deutsche Bundesverfassungsgericht eine „Zensur" aus Straßburg erhalten hat. Ich meine, daß der Grundrechtsschutz im *weiteren* Sinne noch ausbaufähig und ausbaubedürftig ist. In Südafrika gibt es in der neuen Verfassung von 1996/97 einen eigenen Kinderanwalt, auch dies ist ein Stück Grundrechtsschutz im weiteren Sinne, weil der Grundrechtsschutz im engeren Sinne, der justizielle Rechtsschutz, oft nicht greift.

Prof. Balaguer Callejón: Sprechen wir jetzt über die Grundrechte im Leistungsstaat. Wird der Markt und die immer geringer werdende Steuerungskraft des Staates solche Grundrechte stärker relativieren?

Prof. Häberle: Aus Ihrer reichen Fragenpalette schulde ich Ihnen noch Antwort auf zwei weitere Unterfragen. Zum einen die Frage nach dem Markt. Der *Markt* ist bis heute das „unbekannte Wesen". Wir brauchen eine Verfassungstheorie des Marktes. Ich bestehe darauf, daß der Markt nicht der letzte Sinn des Verfassungsstaates ist. Die offene Gesellschaft ist kein ökonomisches Gewinnspiel. Eine Republik beruht auf Arbeit, wie die italienische Verfassung von 1947 sagt, sie geht von der Menschenwürde aus, sie beruht auf der Kultur, aber sie beruht nicht auf Märkten. So fruchtbar die „Entdeckungsverfahren" i.S. von *F.A. von Hayek* sind, der Markt als „Entdeckungsverfahren", der Markt muß seine *Grenzen* haben, er ist *instrumental* in den Dienst der Menschenwürde zu stellen. Insofern bin ich unglücklich über die Ökonomisierung und Kommerzialisierung unseres Zeitgeistes, die wir heute weltweit beobachten. Es ist fast eine Dialektik i.S. von *Hegel*, daß wir ausgerechnet in dem Augenblick, in dem die westliche Wertewelt, die Idee des Verfassungsstaates den Sieg davongetragen hat über den Materialismus des Leninismus, ausgerechnet seit 1989 ein Vordringen des einseitig ökonomischen Denkens beobachten. Ihm sollten wir Grenzen ziehen. Sie werden einwenden, daß der Sozialstaat umzubauen und zu begrenzen sei, wir erinnern uns neu der „Grenzen des Sozialstaates". Gewiß muß der Sozialstaat leistungsfähiger gemacht werden, wir müssen weg von einem *quantitativen* Sozialstaatsdenken hin zu einem *qualitativen* Sozialstaatsdenken, aber hier steht der wissenschaftliche und der politische Prozeß erst am Anfang. Auf dem Hintergrund Ihrer Frage ist auch zu überlegen, ob es ein „sozialstaatliches Rückschrittsverbot" gibt. M.E. gibt es einen *Kern*bestand von Sozialstaatselementen, die sich von der Menschenwürdeidee, auch dem Demokratieprinzip her begründen, der nicht unterschritten werden darf. Aber da und dort sind Rücknahmen sozialer Leistungen ohne Zweifel zulässig. Manche Sozialleistungen sind in Deutschland in den 70er Jahren zu sehr ausgeufert, hier sind Korrekturen notwendig – und zulässig.

Prof. Balaguer Callejón: Das Konzept des status corporativus gehört auch zu Ihren Theorien. Könnten Sie dieses Konzept erläutern? Wie kann man die Spannungen zwischen dem unitarischen Staat und den nationalen Minderheiten lösen? Und darüber hinaus die Spannungen zwischen den Minderheiten, die institutionelle Macht gewinnen, und den Minderheiten, die unter dieser neuen Macht existieren müssen?

Prof. Häberle: Zur Idee des „*status corporativus*", ich habe ihn erstmals 1980 vorgeschlagen, gemeint ist folgendes: Viele Grundrechtskataloge der früheren Periode sind aufgrund des Einflusses der Menschenrechtserklärung von 1789 nach wie vor einseitig individualistisch ausgerichtet. Es gibt heute nur Teilkorrekturen. Eine frühe Leistung war Art. 19 Abs. 3 GG, wonach die Grundrechte auch für juristische Personen gelten, soweit sie ihrem Wesen nach auf diese anwendbar sind, ebenso Art. 2 Verf. Italien („sei es als Einzelperson, sei es innerhalb der sozialen Gemeinschaften"). Dieses Prinzip hat mich inspiriert zum status corporativus. Gemeint ist dieses: Der Mensch lebt nicht nur als Individuum vereinzelt für sich, er lebt von vornherein in einer Fülle von sozialen Gruppen, das beginnt in der Familie, gipfelt in *Mozart*-Vereinen oder *Goethe*-Vereinen, zeigt sich in den Gewerkschaften, manifestiert sich auf eine Weise auch in den Religionsgesellschaften. Fast das gesamte individuelle Leben hat *auch* einen Gruppenbezug, sogar die Glaubens- und Gewissensfreiheit.

Eine spezielle Frage ist die nach dem *Schutz der Minderheiten.* Hier möchte ich auf den außerordentlichen Text der revidierten Verfassung Ungarn von 1989 verweisen. Sie hat den Textschub geschaffen, wonach Minderheiten „staatsbildende Faktoren" sind, einer der besten Verfassungstexte zum Thema, die sich weltweit finden lassen. Bedenken Sie bitte auch, wie in Ex-Jugoslawien die Minderheiten demgegenüber als staatsvernichtende Faktoren oder als zu eliminierende Größen beurteilt worden sind. Ungarn hat eine vorbildliche, die Minderheiten schützende Praxis entwikkelt, und dieses Modell hat Schule gemacht. So hat etwa die neue Verfassung von Polen aus dem Jahre 1997 einen Artikel 35 Abs. 2 geschaffen, in dem es heißt: „Nationale und ethnische Minderheiten haben das Recht, eigene Bildungs- und Kultureinrichtungen und Institutionen zum Schutz der religiösen Identität zu gründen sowie an Entscheidungen über ihre kulturelle Identität mitzuwirken." Dies ist für mich ein *Textstufenbeleg* für eine korporative kulturelle Freiheit. Nun verkenne ich nicht, daß Spannungen möglich sind zwischen solchen korporativen Minderheitenschutzgarantien und der Einheit eines konkreten Verfassungsstaates. Der moderne Verfassungsstaat lebt aber auch aus seiner regionalen bzw. föderalen Vielfalt. Es wird die Kunst der Verfassunggebung und der Verfassungspraxis der nächsten Jahrzehnte vor allem in Osteuropa sein, den Minderheitenschutz als korporative Garantie, die vor allem vom Europarat gefördert wird, auszubauen. Bahnbrechende Leistungen hat hier die Verfassungskultur der Schweiz vollbracht: auf dem Felde der Sprachenfreiheit ist sie das Modell für die hier entstehenden Spannungen und Lösungsmöglichkeiten.

Prof. Balaguer Callejón: Was halten Sie vom heutigen „Zustand" der Wesensgehaltgarantie? Ich denke, daß sie trotz mancher rhetorischen „Überfrachtung" noch heute eine wichtige Garantie ist. In Spanien ist sie zum Beispiel besonders wichtig gegen Versäumnisse der Legislative.

Prof. Häberle: Zu Ihrem vorletzten Punkt: Sie fragen nach der *Wesensgehaltgarantie.* Ich war glücklich, daß ich damals unter der Anleitung meines Lehrers *Konrad Hesse* die Wesensgehaltgarantie des Grundgesetzes kommentieren durfte. Es ist bemerkenswert, daß der Wesensgehaltartikel 19 Abs. 2 GG nach wie vor „Karriere" macht, so hat etwa die polnische Verfassung diesen Jahres eine eigene Klausel geschaffen, in der sie einen Wesensgehaltschutz verankert. So hat etwa die neue Verfassung von Kwazulu-Natal, einer Region in Südafrika, im Jahre 1996, und die neue Verfassung von Südafrika (endgültig in Kraft getreten im Jahr 1997) ebenfalls eine Formulierung normiert, die an den Wesensgehaltschutz erinnert. Die Wesensgehaltdogmatik ist nicht im Jahre 1962 stehengeblieben, sondern es gibt einen neuen Versuch in der Verfassung von Bern aus dem Jahre 1993. Dort wurden Elemente meiner „gemischten“ Wesensgehalttheorie auf eine neue Textstufe gebracht. Die gemischte Wesensgehalttheorie aus dem Jahre 1962 besagte, daß die relativen Elemente, der Grundsatz der Verhältnismäßigkeit, mit dem absoluten Wesensgehaltschutz kombiniert wird. Auf diesem Weg ist Art. 28 der Verfassung Bern von 1993 ein Fortschritt geglückt: sie hat nämlich einerseits das Übermaßverbot verankert, andererseits spricht sie zugleich von einer Unantastbarkeit des „Kerns“ der Grundrechte, auch hat die Schweizer Grundrechtsdogmatik durch gute Fallgruppenbildung den Wesensgehalt weiter abgesichert. Man sieht, daß aller Grundrechtsschutz in Europa und darüberhinaus letzten Endes eine „konzertierte Aktion“ von innovationsreichen Verfassungstexten, guten Doktrinen und Pionierurteilen der europäischen Verfassungsgerichtshöfe ist. So hat etwa jüngst der Verfassungsgerichtshof in Wien bemerkenswerte Wesensgehaltjudikatur geleistet, und auch der Europäische Gerichtshof in Luxemburg hat im Fall *Liselotte Hauer* ungeschrieben eine Wesensgehaltklausel in das Europarecht eingeführt. Insofern sind wir heute klüger als im Jahre 1962, in dem ich die erste Auflage meiner Dissertation geschrieben habe, 1983 erschien die 3. Auflage, auch folgten dankenswerterweise Übersetzungen ins Italienische (1994) und jetzt ins Spanische (1997).

Sie erinnern mich an meine These von der *rhetorischen* Bedeutung der Wesensgehaltgarantie; dies ist natürlich eine rhetorische Zuspitzung, gemeint war: Wenn man eine Sowohl-Als-auch bzw. relative/absolute Sicht der Wesensgehaltsklausel bejaht, dann ist sie aktuell deklaratorisch, aber sozusagen in Reserve ist sie konstitutiv, und so verdient es Zustimmung, daß die spanische Literatur und Rechtsprechung sich auf die festen Konturen der Wesensgehaltssperre verlassen haben. Gerade wenn eine Grundrechtskultur noch im Aufbau ist, müssen viele Unterprinzipien entwickelt werden, um die allgemeine Wesensgehaltsklausel nach und nach konturierbar zu machen. Insofern bin ich der Meinung, daß der andere kulturelle Kontext, in dem sich die Bundesrepublik Deutschland heute befindet, sie ist ein schon „älterer“ Verfassungsstaat, andere Auswirkungen hat auf eine Dogmatik als in Polen, Italien oder in Spanien. Ich hoffe, darauf noch beim Regionalismus- oder Föderalismus-Thema zurückkommen zu dürfen. Aus meiner Sicht hat der spezifische eigene „junge“ kulturelle Kontext Spanien mit Recht dazu geführt, daß die Wesensgehaltgarantie bei Ihnen sofort unmittelbar auch gegenüber Verwaltung und Verwaltungsgerichtsbarkeit gewirkt hat.

Prof. Balaguer Callejón: Noch zwei abschließende Fragen zu den Grundrechten. Sprechen Sie bitte über die Vielfältigkeit der Grundrechte. Und was halten Sie von der Einteilung der Grundrechte in die sogenannten „drei Generationen“?

Prof. Häberle: Zur letzten Frage, ob es mehrere *„Generationen" von Menschenrechten* gibt. Ich darf auf meine ablehnende Haltung gegenüber dem Kästchendenken zurückkommen. Sie kennen die Lehre von den drei Generationen von Menschenrechten: die klassischen Menschenrechte, die wirtschaftlichen, sozialen und kulturellen Menschenrechte und jetzt das Menschenrecht auf Entwicklung, auf Umweltschutz etc. In meiner Sicht sind diese drei Generationen nur Belege für die Kraft und Notwendigkeit i. S. des Prinzips der grundrechtssichernden Geltungsfortbildung, das Prinzip Grundrechte im entwicklungsgeschichtlichen Sinne zu sehen und offen fortzuentwickeln. Wir dürfen aber nicht strenge gesonderte Kästchen, 1. Generation, 2. Generation, 3. Generation von Menschenrechten bilden: ein Stück Umweltschutz ist nämlich auch schon in der klassischen Menschenwürdegarantie enthalten. Ein Stück soziales Grundrecht, etwa auf Sozialhilfe, steckt auch schon in Art. 1 GG. Die Kästchen sind also nur relativ zu verstehen, es gibt vielfältige Zusammenhänge zwischen den Generationen von Menschenrechten. Ich bin überzeugt, daß sich im Jahr 2010 möglicherweise eine neue Generation von Menschenrechten entwickelt, die ein *John Locke* des Jahres 2000 als konkrete Utopie vorschlägt, die wir aber heute noch nicht erkennen können. Aber auch diese Generation steht in des „Daseins unendlicher Kette" in Sachen Menschenrechte, um ein schönes Bild von *Goethe* auf die Menschheit anzuwenden. Im übrigen ist i. S. von *H. Jonas* auch via Grundrechte an die künftigen Generationen zu denken. Ich erinnere an seinen neuen „Kategorischen Imperativ" zum Überleben der Menschheit.

Ich schulde Ihnen noch eine Antwort auf die Fragen des *korporativen Minderheitenschutzes*. Hier gibt es durchaus schon Modelle. So hat in Österreich sowohl der österreichische Staatsvertrag von 1955 als auch das österreichische Volksgruppengesetz von 1976 vorbildliche Lösungen entwickelt. Es gibt den sog. Volksgruppenbeirat, und man müßte sich fragen, ob man in anderen Ländern, die wie Österreich (etwa die Kroaten und die Slowenen) kulturelle Minderheiten haben, solche Volksgruppenbeiräte einrichtet, die institutionalisiert, jenseits des parteipolitischen Einflusses, beratende und auf Teilgebieten mitentscheidende Kompetenzen besitzen.

Methodologische Fragen

Prof. Balaguer Callejón: Ich darf Sie zunächst um eine kurze Erklärung über die Rechtsvergleichung als (fünfte) Auslegungsmethode und über das ebenfalls von Ihnen entwickelte Textstufenparadigma bitten.

Prof. Häberle: Zu *methodologischen Fragen*: Man sollte die Rechtsvergleichung nach zwei Richtungen praktizieren. Es gibt die Rechtsvergleichung *in der Zeit*, dies ist die herkömmliche Rechts- und Verfassungsgeschichte, und es gibt die Rechtsvergleichung *im Raum*, heute im globalen oder europäischen Raum, die Komparatistik. Diese beiden Seiten der Rechtsvergleichung wären auf einer höchsten Stufe zusammenzuführen. Leider gibt es keinen Wissenschaftler in Deutschland, der dies leisten kann. *Ulrich Scheuner* etwa war ein vorzüglicher Verfassungsgeschichtler, aber er hat keine Rechtsvergleichung betrieben. Auch der große *Rudolf Smend* hat eher rechtsgeschichtlich gearbeitet, nicht rechtsvergleichend. Ich meinerseits habe den Schwerpunkt auf die Komparatistik im Raum gelegt und habe seltener Rechtsvergleichung in der Zeit, also Rechtsgeschichte, betrieben, nur in einem größeren Aufsatz zum Thema „1789 und der Verfassungsstaat“. In einem Ideal wären beide Vergleichsebenen zusammenzufassen – ich mache gerne bildlich dieses Kreuzes-Zeichen, wenn Sie bitte schauen, eine Anleihe an theologische Vorgänge, ein Kreuz. Ich bin überzeugt, daß *Aristoteles* beide rechtsvergleichenden Dimensionen gekannt hat; jedenfalls ist überliefert, daß er eine Sammlung von allen Verfassungen seiner Zeit aufgebaut hatte. Sie ist leider verlorengegangen.

Sie fragen nach meinem „Textstufenparadigma“. Es besagt: Weltweit stehen heute die Verfassunggeber in einem intensiven Produktions- und Rezeptionszusammenhang. Konkret: Die ostdeutschen Landesverfassungen, die ich schon erwähnt habe, übernehmen nicht etwa nur die Texte des Grundgesetzes oder der westdeutschen Länderverfassungen, sondern sie schreiben in Text und Begriff das fort, was die Staats*praxis* in Westdeutschland seit 1949 entwickelt hat, was die Dogmatik entfaltet hat und was das Bundesverfassungsgericht in großen Judikaten judiziert hat. Ich könnte viele Beispiele dafür geben, daß die osteuropäischen Verfassungen nach dem Jahr 1989 auch juristische Lehrmeinungen und Staatspraxis westeuropäischer Länder übernommen haben. Insofern ist das Textstufenparadigma eben nicht nur ein formaler, am Wort klebender, „äußerer“ Vorgang, sondern: durch die neuen Texte hindurch wird ein Stück Verfassungs*wirklichkeit* der anderen (älteren) Verfassungsstaaten sichtbar, es kommt zu schöpferischer Rezeption.

Nun zu meinem Vorschlag der „Rechtsvergleichung als ‚fünfter‘ Auslegungsmethode“:

Bekannt sind die vier klassischen Auslegungsmethoden, die *Friedrich Carl von Savigny* nach Vorarbeiten der großen römischen Juristen 1840 auf den Begriff gebracht hatte. Präzise im Jahre 1988 habe ich erstmals auf einem Forum in Madrid dank der Einladung von *Antonio Lopéz Pina* vorgeschlagen, daß man die Rechtsvergleichung jetzt als „fünfte“ Auslegungsmethode zu inthronisieren habe. Bekanntlich gibt es bislang noch kein Schema für das Zusammenspiel von vier oder fünf Auslegungsmethoden. Bald steht die historische Auslegungsmethode im Vordergrund, bald die teleologische Auslegungsmethode oder bald die grammatikalische, die wörtliche Auslegungsmethode. Es hat etwas Gutes in sich, daß bislang kein Jurist ein Organisationsschema für das wechselnde Zusammenspiel der vier Auslegungsmethoden geliefert hat, denn dadurch bleibt die Verfassungsinterpretation flexibel und offen: mein Stichwort von der „offenen Verfassungsinterpretation". Wohl aber kann ich Ihnen jetzt zwei Beispiele dafür geben, daß die Rechtsvergleichung heute „fünfte" Auslegungsmethode geworden ist. In der Verfassung von Kwazulu Natal in Südafrika von 1996 und in der 1997 in Kraft getretenen Verfassung von Südafrika wird im Rahmen der Auslegungsmethode der Bill of Rights an der letzten Stelle erwähnt, daß der Richter auf „foreign cases", auf ausländische Fälle bezug nehmen *kann*. M.E. ein sensationeller Vorgang, der bislang kein Beispiel hat auf der Welt: die Positivierung und die Institutionalisierung der Rechtsvergleichung als einer Auslegungs*möglichkeit*, für mich die größte Freude, zumal im Horizont meines „Möglichkeitsdenkens" (*G. Zagrebelsky* sprach treffend von „possibilismo"). Es ist bekannt, daß die südafrikanische Staatsrechtslehre sehr genau verfolgt, was in Europa methodologisch diskutiert wird. Im übrigen kommt hier ein allgemeiner Trend zum Ausdruck.

Prof. Balaguer Callejón: Betrachten wir jetzt die Beziehungen zwischen Kultur und Verfassungsrecht: Denken Sie, daß die Rechtsvergleichung ohne einen kulturellen Zusammenhang problematisch sein kann?

Prof. Häberle: 1982 habe ich einen ersten programmatischen Versuch unternommen, *Verfassungslehre* als *Kulturwissenschaft* zu konstituieren. Dies unter Rückgriff auf die Weimarer Diskussion, insbesondere *Hermann Heller*, aber auch andere große Autoren, wie etwa *Max Weber* und *Günter Holstein*. Gemeint ist folgendes: Verfassungsnormen kann ich nicht nur „an und für sich", sozusagen autonom auslegen. Ich muß sie von vornherein in den kulturellen Zusammenhang stellen. Wir müssen für den Kontext sensibel sein, für den kulturellen Kontext, dies ist meine *„Kontextthese"*. *Rudolf Smend* schrieb schon früh: wenn zwei Verfassungen dasselbe sagen, meinen sie nicht immer dasselbe. Dies ist jetzt kulturwissenschaftlich zu begründen. So hat etwa die Medienfreiheit, die Pressefreiheit in Deutschland etwas andere Inhalte als in Spanien, schon aufgrund des besonderen Temperaments der spanischen „Meinungsführer".

Prof. Balaguer Callejón: Ein weiterer Aspekt der Beziehung zwischen Kultur und Verfassungsrecht. Läßt die Öffnung der Verfassungslehre für die Kulturwissenschaften eine „Auflösung" der normativen Elemente des Verfassungsrechts befürchten?

Prof. Häberle: Zu Ihrer nächsten Frage: Eine „Auflösung der Verfassung", wie gelegentlich behauptet wurde – früh von *Ernst Forsthoff* –, ist von dieser Öffnung des Verfassungsrechts zur Kultur hin m.E. nicht zu befürchten, eher im Gegenteil. Ermöglicht wird eine *Fundierung*. Das Ganze muß nur diszipliniert, rational überprüfbar vor sich gehen. Die offene Gesellschaft braucht eine kulturelle Unterfütterung. Die offene Gesellschaft im Sinne des Konzepts von *Popper* wäre buchstäblich grundlos und bodenlos, wenn nicht die kulturelle Fundierung gelänge. Die amerikanischen Forschungen zum Begriff der „politischen Kultur" haben hier erste Wege eingeschlagen. Ich habe aber nun – wie erwähnt – die Kultur in einem materiellen Sinne auf die Verfassungstexte hin bezogen und glaube, daß sich hier inhaltliche Basisstrukturen nachweisen lassen.

Prof. Balaguer Callejón: Bitte erklären Sie Ihre These über die „offene Gesellschaft der Verfassungsinterpreten" und nehmen sie kurz Stellung zu dem Vorwurf, daß eine solche Theorie die Einheit der Verfassung bzw. deren einheitliche Interpretation gefährden könnte.

Prof. Häberle: 1975 habe ich das Paradigma der „*offenen Gesellschaft der Verfassungsinterpreten*" gewagt. Gemeint ist folgendes: Wer eine Norm lebt, interpretiert sie auch mit, bewußt oder unbewußt. Der Bürger, der eine Verfassungsbeschwerde erhebt, die politische Partei, die eine Organklage vor dem Bundesverfassungsgericht einreicht, beeinflußt letztlich die Interpretation von Verfassungsnormen *mit*. Ich gebe Ihnen ein besonders prägnantes Beispiel: die große Rolle des Selbstverständnisses der Grundrechtsinterpreten und Grundrechtsträger. Das Bundesverfassungsgericht hat erstmals im 24. Band seiner Entscheidungen im Bereich der Religionsgesellschaften und Kirchen das „Selbstverständnis" der Kirchen und Religionsgesellschaften bei der Auslegung des Art. 4 und 140 GG mitberücksichtigt. Diesen Gedanken habe ich erweitert für andere Grundrechte und letztlich verallgemeinert. Es wird heute allgemein vertreten bei der Koalitionsfreiheit und vor allem bei der Kunst- und Wissenschaftsfreiheit. Die Juristen haben sich oft sehr schwer getan bei der Auslegung der Kunstfreiheit, denken Sie an die Abgrenzung zur Pornographie oder die Beurteilung des berühmten Bildes von *Georges Gross* in der Weimarer Zeit: „Christus mit der Gasmaske". Dieses gilt heute als klassisches Kunstwerk. Die Juristen müssen bei der Auslegung der Kunstfreiheit und Wissenschaftsfreiheit das mitberücksichtigen, was die *Künstler selbst* in Sachen Kunst und Wissenschaft geschaffen haben. Dies ist für mich ein Stück Verfassungsinterpretation im weiteren Sinne, auf der Basis eines weiten Begriffs von Kunst und Kultur, wie ihn der große Künstler *J. Beuys* in den späten 70er Jahren vorgeschlagen hat. Gelegentlich wird eingewandt, daß damit die Rechtssicherheit verlorengehe. Sofern diese Berücksichtigung des Selbstverständnisses der Kunstschaffenden und Kunstrezipierenden rational überprüft wird, ist eine Gefahr für die „normative Kraft der Verfassung" i.S. meines Lehrers *Konrad Hesse* nicht zu befürchten. Jedenfalls haben die Juristen kein endgültiges Monopol auf die Kunst der Verfassungsinterpretation. In der entwicklungsgeschichtlichen Perspektive des Verfassungsstaates zeigt sich, daß alle politischen Kräfte und gesellschaftlichen Gruppen, große Gestalten wie *Nelson Mandela* in Südafrika, schöpferische Beiträge für das sind, was *Hermann Heller* im Anschluß an ein Wort von *Goethe* so formuliert hat: Verfassung sei „geprägte Form, die lebend sich entwickelt."

Prof. Balaguer Callejón: Wenn man die Medien kritisch ansieht, fragt man sich, ob ihr Einfluss auf die Verfassungsauslegung nicht dem Pluralismus schaden würde. Zum Abschluß noch ein Bündel von drei letzten Fragen: Erklären Sie bitte das Konzept einer „Verfassung des Pluralismus". Was meinen Sie zum Thema Sondervotum? Wie ist Ihre Meinung über das Verfahren zur Wahl der Verfassungsrichter?

Prof. Häberle: Sie haben damit erneut ein zentrales Thema angeschnitten. Bei uns läuft die Diskussion unter dem Stichwort: „Der Staat als Beute der politischen Parteien". In der Tat ist deren Einfluß übermächtig: sowohl im Bereich der Medien als auch – und vor allem, und das wird leider nicht immer mit der erforderlichen Wahrheitsliebe zur Sprache gebracht – im Bereich der obersten Gerichtsbarkeiten. In Deutschland kann man heute ohne Parteibuch fast nicht mehr Bundesrichter werden. Auch die „Posten" der Bundesverfassungsrichter werden heute nach parteipolitischem Proporz verteilt. Unter diesem Aspekt bedauere ich, daß bisher noch kein „*Grüner*" Bundesverfassungsrichter geworden ist, vielmehr die anderen Parteien sich alle Plätze aufgeteilt haben. Gewiß, einmal gewählt, sind die Bundesverfassungsrichter dann doch denkbar unabhängig. Gleichwohl sollte tendenziell in Karlsruhe das *ganze* Spektrum eines politischen Gemeinwesens repräsentativ vertreten sein.

Zurück zu Ihrer Frage des *Pluralismus der Medien*, der Presse und vor allem in Rundfunk und Fernsehen. Das Bundesverfassungsgericht hat speziell im Bereich von Rundfunk und Fernsehen die vorzügliche Unterscheidung zwischen Außen-Pluralismus und Binnen-Pluralismus geschaffen. „Außen-Pluralismus" meint, daß die privaten Rundfunk- und Fernsehanstalten sich dank des Wettbewerbs gegenseitig in Schach halten, weil die Märkte offen sind. Vielleicht ist dieses ein etwas idealistisches Modell, denn jetzt ist eine Konkurrenz im Negativen zu beobachten: der Kulturverlust im Bereich des privaten Fernsehens ist enorm. In Italien ist er wohl besonders groß, in Deutschland ist das private Fernsehen fast „ungenießbar".

Zum öffentlich-rechtlichen Fernsehen: Hier hat das Bundesverfassungsgericht, ausgehend von seinem ersten Fernseh-Urteil im 12. Band bis hin zu seinen mittlerweile acht Fernseh-Urteilen den Gedanken des „Binnen-Pluralismus" entwickelt: die Idee, daß die ganze Vielfalt von gesellschaftlichen Gruppen, Meinungen und Interessen staatsunabhängig über Fernseh-Räte repräsentiert sein muß. Dieses Modell funktioniert relativ gut, wobei ich gerne hinzufüge, daß die Bayerische Verfassung sogar das binnenpluralistische Modell zu einem revidierten *Text* verarbeitet hat. Dies ist ein erneuter Beleg für das *Text*stufenparadigma: ein richterliches Urteil wird Verfassungstext. Auch stehe ich hinter dem Gedanken der „Grundversorgung“: Weil das Fernsehen eine *kulturelle* Grundaufgabe hat, besteht eine Bestands- und Entwicklungsgarantie für das öffentlich-rechtliche Fernsehen, das freilich leider mitunter in die Gefahr einer „Selbstkommerzialisierung“ gerät.

Sie sprechen von der Idee eines *Gleichgewichts zwischen den Medien*. Hier beobachten wir insbesondere im Bereich der privaten großen Print-Medien zunehmend Defizite. Die regionalen Medien schrumpfen, es gibt immer mehr ganz große Medienkonzerne. Sie wissen, daß in Deutschland die „Bild“-Zeitung in Hamburg den größten Absatz erzielt. Sie hat aber gewiß nicht das höchste kulturelle Niveau. Hier tun sich vor allem im Blick auf eine „*kulturelle* Demokratie“, wie die neue Verfassung von Südafrika sagt, ausdrücklich große Probleme auf. Beruhigend ist, daß Bundeskanzler *Kohl* trotz der einseitigen Kritik durch Massenmedien und durch große öffentlich-rechtliche Fernsehanstalten immer wieder wieder-gewählt wurde. Mit anderen Worten: Es gibt glückliche Beispiele dafür, daß es einem in Sachen Wiedervereinigung und Europa verdienten Regierungschef *(Kohl)* gelingt, sich sogar *gegen* die Mehrheit der Massenmedien durchzusetzen.

Sie sprechen das schwierige Problem der „Meinungsführerschaft“ an. Die Idee, Verfassung als Pluralismus zu verstehen, setzt die Klärung des Begriffs „Pluralismus“ voraus: Pluralismus meint die Repräsentanz einer Vielfalt von Interessen und Ideen. Diese pluralistische Verfassungstheorie lehnt also alles ab, was wir mit dem Wort „Fundamentalismus“ oder als totalitäre Staaten kennzeichnen. Diese Vielfalt ist nicht nur empirisch *gegeben*, sondern sie ist auch immer wieder *aufgegeben*. Wir müssen Pluralismusgesetze, z.B. im Medienbereich und im Wirtschaftsbereich erlassen, wir müssen die Medienfreiheit pluralistisch organisieren, was besonders schwierig ist, und wir müssen, wie schon angedeutet, auch sehen, daß in den Verfassungsrichtergremien der Pluralismus der Verfassung seine Fortsetzung in *personeller* Hinsicht findet. Die theoretische Grundlegung der Verfassung des Pluralismus ist bei *Popper* zu suchen. Sir *Popper* hat in einem späten Vortrag geäußert, er sei „Pluralist“, die Idee der offenen Gesellschaft können wir von ihm übernehmen. Freilich, was bei *Popper* noch fehlt, ist der *kulturwissenschaftliche Ansatz*: Jede offene Gesellschaft bedarf eines kulturellen Grundkonsenses, der Offenheit erlaubt, ermöglicht und zusammenhält. So ist etwa ein solcher kultureller Grundkonsens in der Schweiz das Bekenntnis zum Rütli-Schwur von 1291, das Bekenntnis zur Demokratie, zur Republik und vor allem zum gewaltenteilenden Föderalismus. Trotz der vier Landessprachen verstehen sich die Schweizer als *eine* Willensnation. Die Schweiz lebt vorbildlich vor, wie man Pluralismus als Vielfalt auch von ethnischen Gruppen im Gesamtrahmen eines einzigen Verfassungsstaates praktizieren kann.

Darum ist es konsequent, daß das *Sondervotum* einen besonderen Stellenwert bei Verfassungsgerichten hat. Die Praxis der deutschen Sondervoten seit 1970 im Bundesverfassungsgericht hat sich bewährt. Ich gebe Ihnen ein Beispiel: Es gibt wie in den USA Belege dafür, daß ein älteres Sondervotum später zur Mehrheit im Bundesverfassungsgericht wurde. So hat etwa die große Verfassungsrichterin Frau *Rupp-von Brünneck* früh die Auffassung vertreten – im 32. Band -, daß sozialversicherungsrechtliche Ansprüche „Eigentum" im Sinne des Art. 14 Grundgesetz sind. Nach vielen Jahren hat sich das Bundesverfassungsgericht mehrheitlich im Ersten Senat *für* diese Position entschieden. Wenn man also Verfassungsinterpretation als offenen Vorgang versteht, dann ist das Sondervotum als „Alternativjudikatur" ein Stück Pluralismus auf der Ebene der Verfassungsgerichtsbarkeit. Zugrunde liegt die Idee, die Verfassung als öffentlichen Prozeß zu verstehen. Ich bin besonders glücklich, daß jetzt im Sinne des Textstufenparadigmas Ihre große Verfassung von 1978 die Möglichkeit des Sondervotums ausdrücklich in Art. 184 wohl vorsieht, während sie in Deutschland erst in einem einfachen Bundesgesetz eröffnet ist (§ 30 BundesverfassungsgerichtsG). In Italien wird die Möglichkeit des Sondervotums derzeit erst diskutiert. Alle drei letzten Präsidenten der Corte Costituzionale in Rom haben mich gefragt, welches die Vor- und Nachteile des Sondervotums seien, und ich habe in diesem Sinne plädiert. Freilich, es bedarf eines klugen Umgangs mit dem Instrument des Sondervotums: Ein Mehrheitsvotum darf sich nicht in zu viele Sondervoten auflösen. Der Bundesverfassungsrichter muß bestrebt sein, nicht ständig nur Sondervoten zu erstellen („self restraint"). Mein großer Lehrer *Konrad Hesse* hat es erreicht, daß seine Voten immer die Mehrheit waren, ohne eine „dissenting vote", eine besondere Kunst. Zu meiner großen Freude habe ich letzte Woche das neueste Sondervotum Ihres Verfassungsrichters *Cruz Villalón* erhalten, das ebenso prägnant wie kurz ist. Sondervoten dürfen nicht geschwätzig sein, nicht abundant sein, aber sie müssen einen besonders hohen intellektuellen Begründungsaufwand leisten, und hier spielt die rechtsvergleichende Auslegungsmethode nachweisbar eine besondere Rolle.

Zu Ihrer Frage der *Wahl von Bundesverfassungsrichtern*: Wie ich schon andeutete, ist die Bundesrepublik mit allen Verfassungsrichtern bislang denkbar gut gefahren. Dennoch ist es nicht nur ein Schönheitsfehler, daß die Parteien alle Posten für „ihre" Verfassungsrichter in Anspruch nehmen. *Konrad Hesse* war der letzte sog. *neutrale* Bundesverfassungsrichter, d.h. er war mit keiner politischen Partei besonders verbunden. Immer wieder gab es Vorschläge, wie man die Richterwahl reformieren soll. Denkbar wäre, daß man sich am italienischen Modell orientiert. Bislang schlägt ein Drittel der Verfassungsrichter in Italien der Staatspräsident vor. Mir ist bekannt, daß erstklassige Verfassungsrichter in Rom so vom Staatspräsidenten berufen worden sind und nicht von den politischen Parteien: beispielsweise gingen der Richter *Baldassarre* und jüngst der Turiner Kollege *Zagrebelsky* auf das Kontingent des Staatspräsidenten. Allerdings ließe sich einwenden, daß unser deutscher Bundespräsident in seiner allgemeinen Amtskompetenz viel zu schwach ist, um speziell Verfassungsrichter berufen zu können. Ein anderes Lösungsmodell sind öffentliche Hearings. Dieses Modell ist mir aus den USA bekannt. Ich erinnere mich an eine USA-Reise im Jahre 1971, als das gesamte Land diskutierte: über die Art und Weise, wie im amerikanischen Senat die Kandidaten für den US-Supreme Court auf ihre „Philosophy of Law" hin befragt worden sind. Dieses Modell ist jetzt bei uns aufgegriffen worden. In der neuen Verfassung von Brandenburg müssen sich die Kandidaten einem öffentlichen Hearing stellen. Ich weiß sehr wohl, daß dies auch Nachteile haben kann, und es hängt viel von der Kultur der öffentlichen Meinung, der Öffentlichkeit ab, ob solche öffentlichen Hearings empfehlenswert sind. Wir müssen die Praxis dieses Modells in Brandenburg zunächst einmal abwarten. Sehr dezidiert bin ich gegen den Vorschlag, der da lautet, daß sich das Bundesverfassungsgericht durch Zuwahl (Kooptation) selbst ergänzen soll. Dabei fehlte es an der demokratischen Legitimation, und bei aller Kritik an gewissen Erscheinungsformen des Parteienstaates: Es gibt keine Alternative zu den politischen Parteien, die untereinander jeweils ihrerseits die Alternative darstellen.

Europa und das Europäische Verfassungsrecht

Prof. Balaguer Callejón: Erklären Sie bitte Ihr Konzept „Europäisches Verfassungsrecht", das ein so positives Echo gefunden hat.

Prof. Häberle: Zur Idee des *„gemeineuropäischen Verfassungsrechts"*, erstmals von mir 1991 konzipiert: Hintergrund bildet die Lehre von *Josef Esser* als Privatrechtler, der auf den Prinzipiencharakter des Rechts unter Bezugnahme auf *Hermann Heller* hingewiesen hat. Er bekämpfte auch – als Privatrechtler – eindrucksvoll das von ihm sogenannte etatistische Rechtsquellenmonopol. Das Jahr bzw. die Idee der „Nation" 1789 hat alle fruchtbaren gemeineuropäischen Rechtsgehalte mit einem Schlag beseitigt, aber die älteren Jahrhunderte sind auch im Rückgriff auf das römische Recht noch voll von Beispielen des „jus europaeum". Ich meine, daß heute die Stunde des gemeineuropäischen Verfassungsrechts geschlagen hat, das nicht nur geschriebene, sondern vor allem auch ungeschriebene Prinzipien umfaßt. Ich darf Ihnen Beispiele geben: Gemeineuropäisches begegnet in der Menschenwürde, der Gewaltenteilung, dem Rechtsstaatsprinzip, dem Gleichheitssatz als Willkürverbot, der Demokratie.

Prof. Balaguer Callejón: Der Jurist spielt eine wichtige Rolle bei der Formulierung der gemeinsamen europäischen Grundrechte. Aber keine gesetzgebende Körperschaft entwickelt auf europäischer Ebene die Grundrechte weiter. Wie kann man diese rein prätorische Formulierung des europäischen Verfassungsrechts ausgleichen?

Prof. Häberle: Der Gedanke des gemeineuropäischen Verfassungsrechts ist auch unter dem Aspekt der *Subsidiarität* zu verstehen: wir können nicht gleichsam von einem idealistischen Himmel her deduzieren, sondern wir müssen den offenen Prinzipiencharakter ernst nehmen, um dort, wo Rechtsprinzipien fehlen oder noch entwicklungsbedürftig sind, auf das gemeineuropäische Verfassungsrecht Bezug zu nehmen. Dabei kommt wieder der Methode der Rechtsvergleichung als „5." Auslegungsmethode eine besonders große Rolle zu. Mir ist bekannt, daß etwa die italienische Corte Costituzionale, bevor sie ein großes Urteil fällt, immer wieder durch ihre wissenschaftlichen Mitarbeiter vergleichen läßt, wie sich Einzelfragen, etwa im Medienrecht (Fall *Berlusconi*), in anderen Ländern Europas darstellen. Das Ideal der „pluralistischen Medienverfassung", wie es das Bundesverfassungsgericht ausgebaut hat, beinhaltet im Zusammenwirken mit den Ansätzen in der geschriebenen Verfassung von Spanien und in der Rechtsprechung der Corte Costituzionale Roms, aber auch zusammen mit einigen Beispielen aus osteuropäischen Verfassungstexten Elemente des gemeineuropäischen Verfassungsrechts auf diesem Felde. Das gemeineuropäische Verfassungsrecht ist teils Richterrecht oder prätorisches Recht, wie Sie sagen, teils begegnet es uns aber bereits in geschriebenen Verfassungstexten, etwa auch in der Europäischen Sozialcharta, teils ist es in Vorformen der europäischen Wissenschaftlergemeinschaft erkennbar. Nicht zu vergessen sei der *demokratische Gesetzgeber*, ich habe Ihnen vorher seine Rolle geschildert, etwa in Sachen Gentechnik: hier sind auch Empfehlungen des Europarats einschlägig. Teilfelder des gemeineuropäischen Verfassungsrechtes sind von dem parlamentarischen Gesetzgeber als Gestaltungsaufgabe zu vollbringen. So läßt sich etwa zeigen, daß auf dem Felde der Einführung von Ombudsmännern der Europarat gute Vorschläge unterbreitet hat; es gibt eine Konferenz von europäischen Ombudsmännern, es gibt auch Vorschläge aus der Wissenschaft, und immer wieder greifen die nationalen Parlamente nach gehöriger vorheriger Rechtsvergleichung bei neuen Parlamentsgesetzen Rechtsgedanken auf, die zuvor vielleicht nur in den „feinen", wenn man so will, *platonischen* Vorformen für gemeineuropäisches Verfassungsrecht existieren.

Prof. Balaguer Callejón: Zum Themenbereich der EU. Sicher gibt es keine Alternative zur europäischen Integration. Aber es gibt Alternativen im Integrations-Verfahren. Ist eine europäische Verfassung Ihrer Meinung nach nötig, um die Integration zu vollenden, oder finden Sie eine Spannung zwischen den Verfassungen der einzelnen Mitgliedstaaten besser – eine Spannung, die die Macht der EU ausgleicht?

Prof. Häberle: Sie fragen nach der Alternative: Ausarbeitung einer „großen" Verfassung für Europa oder langsamer Integrationsprozeß. Hier sollten wir zunächst nach den kulturellen Bedingungen eines Prozesses der Verfassunggebung fragen. Denn Kultur und Recht „machen" Europa-Rechts-Kultur. Eine kulturelle Voraussetzung ist z.B. das Vorhandensein einer Öffentlichkeit von Europa. M.E. gibt es heute durchaus Vorformen von konstitutioneller Öffentlichkeit in Europa. Beispiel: Die Öffentlichkeit Europas lebt bereits aus der Öffentlichkeit von Kunst und Kultur in Europa, ich denke nicht nur an den Sender „Arte", sondern ich denke auch an den lebendigen Austausch von Museen und Ausstellungen und Konzerten, Europa existiert als Kultur seit langem, und wir können von *kultureller Öffentlichkeit Europas* sprechen. Nehmen wir den EU-Vertrag und den revidierten EG-Vertrag von Maastricht, hier finden wir bereits Vorformen einer politischen Öffentlichkeit insofern als in dem Parteienartikel gesagt ist, daß die politischen Parteien auf europäischer Ebene das Bewußtsein für Europa befördern müßten. Auch der europäische Ombudsmann, das Kommunalwahlrecht für EU-Bürger und natürlich das Europaparlament sind meines Erachtens genügend lebendige Voraussetzungen für die Ausarbeitung einer europäischen Verfassung. Freilich müssen wir uns kritisch folgendes fragen: Ein Blick in die Werkstatt nationalstaatlicher Verfassungen in Vergangenheit und Gegenwart zeigt, daß jeder Verfassunggeber die „Stunde" der Verfassunggebung abwarten muß. So hat etwa Polen leider seine erste mögliche Stunde der Verfassunggebung 1989 versäumt und erst jetzt zu einer guten Verfassung von 1997 gefunden. Ungarn hat bis heute keine *total* revidierte Verfassung geschaffen, andere Länder wie etwa Slowenien, auch Tschechien, haben in einem Zug eine neue osteuropäische Verfassung zustande gebracht. Sie kennen den berühmten Streit zwischen *Thibaut* und *Savigny* im Jahre 1815: ob die Stunde einer nationalen Zivilrechtsgesetzgebung in Deutschland gekommen sei. Dieser Streit ist paradigmatisch über das Zivilrecht hinaus: Wir müssen uns fragen, ob jetzt schon die Stunde der Verfassunggebung in Europa gekommen ist, oder ob wir gut daran tun, nur *Teil*verfassungen, Stück für Stück, in Kraft zu setzen. Es könnte sein, daß angesichts der ökonomischen Turbulenzen unter besonderen Sparzwängen heute die Stunde einer Gesamtverfassunggebung für Europa *noch nicht* gekommen ist. Gegeneinwand gegen mich selbst: Gerade wenn die europäische Integration stagniert, bedarf es des Muts zu einer „konkreten Utopie" in Sachen Europa. So bin ich selbst in dieser Frage noch unsicher, und da ohnehin viele Ihrer Fragen besser sind als meine Antworten, muß ich diese Frage heute offen lassen.

Prof. Balaguer Callejón: Heute findet man in der EU eine asymmetrische Struktur. Wie kann man die Interessen der großen Länder mit den Interessen der kleinen Länder in Einklang bringen? Wäre die Lösung eine föderalistische Struktur wie in den USA?

Noch ein Aspekt der Asymmetrie: unitarische Länder gegen dezentralisierte Länder. Kann man solche verschiedenen Strukturen miteinander verbinden? Welche Rolle kann der Ausschuß der Regionen dabei spielen?

Prof. Häberle: Sie fragen nach der *Asymmetrie*, dazu folgende Überlegungen: Zunächst ist es interessant, daß in der Schweiz die Idee des sog. differenzierten Föderalismus entwickelt worden ist und parallel dazu gibt es bei Ihnen die Diskussion um den „asymmetrischen Regionalismus". Wir können vom geltenden Europarecht den Glücksfall lernen, daß etwa die Präsidentschaft im europäischen Rat egalitär von den großen zu den kleinen Ländern wandert und zurück, mit anderen Worten, ein halbes Jahr hat derzeit die EU-Präsidentschaft das „winzige" Land Luxemburg. Dies ist eine gute Disziplinierung der großen Flächenstaaten wie Frankreich, Spanien oder auch Deutschland. Darum sollte man das Modell des amerikanischen Senats wählen, wonach in einer etwaigen zweiten Kammer jedes Land das gleiche Gewicht hat, weil wir nur so die *Vielfalt* in der Einheit Europas bewahren können. Ich möchte nicht, daß ein kleines Land, später nach der Osterweiterung der EU vielleicht Estland oder Slowenien, erdrückt wird von einem „Riesenflächenstaat" wie der wiedervereinigten Bundesrepublik Deutschland. Es ist auch zu fragen, ob die Verfassungsreform in Italien (wie erwähnt hatte ich Kontakte zu Mitgliedern der Bicamerale in Rom), sich überlegt, ob nicht der *differenzierte* Regionalismus i. S. des „nuovo regionalismo" noch stärker auszubauen ist. Ein institutioneller Ansatz ist für mich der Ausschuß der Regionen in Europa. Gewiß, er hat im Augenblick nur beratende Funktionen, und ich freue mich, daß es vor allem Spanier sind, zuletzt meines Wissens aus Katalonien, die im Regionalausschuß der EU eine große Rolle spielen, weil sie meines Erachtens vorsichtig die Kompetenzen des EU-Ausschusses der Regionen ausbauen können. Denkbar wäre ein eigenes Klagerecht: die Möglichkeit, daß sich die europäischen Regionen direkt an den Europäischen Gerichtshof in Luxemburg wenden können. Es wäre verhängnisvoll, wenn wir von der „Decke" Europa her die Pluralität seiner Glieder in Frage stellen würden: Europa konstituiert sich aus einer Vielfalt von kleinen und größeren Ländern. Vergessen wir vor allem die Schweiz nicht. Die Schweiz ist ein klassisches Stück von Alteuropa: Durch ihr Föderalismusmodell, durch ihre Sprachenfreiheit, durch ihr tolerantes Zusammenleben von verschiedenen Kulturen bildet sie ein Modell für Europa im Kleinen. Auch der Bundesstaatlichkeit und der halbdirekten Demokratie wegen sollte die Schweiz auf lange Sicht auf eine Weise nach Europa zurückkehren; auch in der Schweiz ist es im dortigen

Ständerat so, daß jeder Kanton, ob klein oder groß, 2 Stimmen hat (abgesehen von den Halbkantonen).

Prof. Balaguer Callejón: Zum Schluß noch zum Verhältnis von Monarchie/Republik. Sie haben darüber geschrieben (Monarchische Strukturen und Funktionen in europäischen Verfassungsstaaten – eine vergleichende Textstufenanalyse, 1994). Welches sind die Schlußfolgerungen, die Sie erreicht haben?

Prof. Häberle: Ein Wort zu Ihrer nächsten Frage, den monarchischen Strukturen und Funktionen im europäischen Verfassungsstaat. Zunächst darf ich erwähnen, daß ich ein ungeteilter Bewunderer sowohl Ihres Königs *Juan Carlos I.* als eines Verteidigers des spanischen Verfassungsstaates als auch Ihrer Königin als kultureller Institution in Spanien bin. In Venezuela wurde kürzlich *Juan Carlos I.* vorgestellt mit den Worten: „Dies ist der König der Republik Spanien". Eine wunderbare Formulierung, weil auf diese Weise die sachlichen Inhalte der „Republik": öffentliche Freiheit, öffentliches Wohl, die in Spanien gelten, zum Ausdruck kommen, aber gleichwohl gesagt ist, daß Inhaber des repräsentativen Staatsamtes eben Ihr bewährter König ist. Freilich lassen sich solche Traditionen in Europa nicht von heute auf morgen gründen: Es wird zum Glück nie eine Königin oder einen König der Europäischen Union geben können, aber wir sollten den hohen Stellenwert einer Institution wie der des spanischen Königs, zumal er denkbar europafreundlich ist, für das gesamte Europa im Auge behalten. Insofern ist die spanische Krone ein besonderes Kleinod im Konzert der Farben Europas, wobei die spezifischen Bindungen nach Lateinamerika hin befruchtend wirken.

Verfassungsrecht des 21. Jahrhunderts

Prof. Balaguer Callejón: Das Verfassungsrecht hat sich in diesem Jahrhundert weiter entwickelt. Aber wir benutzen noch immer Konzepte – die Beziehung zwischen Staat und Gesellschaft, Staatsorgane etc. –, die im 19. Jahrhundert erarbeitet wurden. Im Blick auf die Zukunft möchte ich gern Ihre Gedanken zum gegenwärtigen Stand der Verfassungslehre hören.

Was die Verfassung des Pluralismus angeht, habe ich eine Frage: viele private „Mächte" prägen den Pluralismus in der Gesellschaft – auch gegen die Regierung und politischen Parteien –, aber können sie es so machen, ich meine, ohne institutionalisierte Verantwortung? Bedeutet das nicht letztlich eine Schwächung der Demokratie?

Prof. Häberle: Zu Ihrem letzten Fragenkomplex: Auf eine Weise kommt der Jurist immer „zu spät". *Hegel* hat dies in die plastische Formulierung gebracht von der „Eule der Minerva, die erst in der Dämmerung ihren

Flug erhebt". Darum bin ich auch besonders ängstlich, auf Ihre Frage einzugehen, was denn nun die Entwicklungslinien des Verfassungsrechts des 21. Jahrhunderts seien oder sein könnten. Ich kann Ihnen nur einige sehr vorläufige Überlegungen kundtun. Zunächst geht es darum, daß sich der Verfassungsstaat reform*fähig* und reform*bereit* hält. Ausgerechnet heute, in unserem Verfassungszeitalter, gibt es einen großen Nachholbedarf in Sachen Reform. Dies gilt nicht nur für Deutschland, sondern es gilt für viele europäische Länder, so ist etwa Belgien endlich, nach vielen Kämpfen, 1993 eine Verfassungsreform im Blick auf den Föderalismus geglückt. So tut sich Italien unendlich schwer, eine Verfassungsreform in Sachen eines effektiven Regionalismus auf den Weg zu bringen; so ist mir bekannt, daß selbst in Spanien gewisse Reformnotwendigkeiten bestehen. Um mit unserem Land zu beginnen: In Deutschland etwa bedarf der Umbau des Sozialstaats eines enormen Impulses im Blick auf Fragen der Arbeitsverfassung: auch wurden die angesichts der Wiedervereinigung notwendigen Verfassungsreformen auf vielen Feldern *nicht* in Angriff genommen. Sie wissen, daß die Arbeiten der Gemeinsamen Verfassungskommission von Bundestag und Bundesrat weithin kläglich gescheitert sind. Wir müssen froh sein, daß in das GG ein Schutz der Behinderten aufgenommen wurde; auch sind die tatsächliche Gleichstellung von Mann und Frau und einige punktuelle Reformen geglückt. Der Typus Verfassungsstaat ist auf eine Weise immer „unterwegs", er ist gekennzeichnet durch entwicklungsgeschichtliche Vorgänge, die letztlich mit Fragen der *kulturellen Evolution* im ganzen zusammenhängen. Zutiefst bin ich erschrocken etwa über die Vorgänge um das Schaf „Dolly", wir wissen noch nicht, welche Herausforderungen an die Menschenwürdegarantie auf diesem Feld bevorstehen. Sie erwähnen mit Recht die Frage, für wie pluralistisch wir den Verfassungsstaat halten können und wie wir die Monopolisierung von Märkten oder die Machtakkumulation bei Privaten, z.B. bei Banken, in den Griff bekommen. Ich gebe Ihnen ein Beispiel aus dem Privatrecht. Das deutsche Bundesverfassungsgericht hat vor kurzem eine Pionierentscheidung gefällt zur Frage der Grenzen der Bürgschaft im Privatrecht. In einem konkreten Fall hat es ein strukturelles Ungleichgewicht zwischen dem Bürgen, einer einfachen Frau, und einem „mächtigen" Bürgschaftsnehmer (Großbank) festgestellt, und die Privatperson, den Bürgen, aus seiner Verpflichtung entlassen. Für mich ist dies ein Stück Gewaltenteilung und Freiheitssicherung im privatrechtlichen Bereich. Es gibt auch das Problem der Pressesubventionierung, es gibt das Problem von Obergrenzen der Akkumulation von Marktmacht bei privaten Medien. M.a.W.: Notwendig ist Pluralismus-Politik in der ganzen Breite und Tiefe der gesellschaftlichen Lebensverhältnisse. Hinzu kommt die Herausforderung durch die *Globalisierung*. Der Verfassungsstaat kann im Medienbereich, denken Sie an Internetprobleme, vieles gar nicht mehr in den Griff bekommen, seine

Macht schwindet, obwohl er nach wie vor Garant von Freiheit und Sicherheit des Bürgers ist.

Ein weiteres Feld der Herausforderung sind Nicht-Regierungsorganisationen, „Non Governmental Organisations" (NGO's), etwa Greenpeace oder Amnesty International. Bis vor zwei Jahren war ich auch rechtsphilosophisch ein Verteidiger von Greenpeace, weil Greenpeace und andere Organisationen wie Robin Wood immer wieder auf Gerechtigkeits- und Gemeinwohldefizite in offenen Gesellschaften aufmerksam gemacht haben („civil disobedience"). Sie wirkten wie „Frühwarnsysteme". Voraussetzung ist aber die Wahrheitspflicht i.S. von *I. Kant*. Greenpeace hat hier seine Recherchenpflicht verletzt: in der Affäre Brent Spar, in der es große multinationale Konzerne wie Shell in die Knie gezwungen hat. Nachträglich hat sich herausgestellt (Greenpeace hat sich später entschuldigt), daß es falsche tatsächliche Unterstellungen vorgenommen hat. „Greenpeace" hat die öffentliche Meinung für sich in wenigen Tagen erobert, bestätigt hat sich das Wort von *Hegel*: „In der öffentlichen Meinung ist alles wahr und falsch zugleich". Als ein positives Beispiel für eine Identität von Wahrheit und Öffentlichkeit ist der Glücksfall der deutschen Wiedervereinigung zu nennen. Alle Elemente des Verfassungsstaates waren wochenlang Thema der friedlichen Montagsdemonstrationen in der Noch-DDR. Nur eine optimal pluralistische Verfassung der öffentlichen Meinung ist auch eine Garantie für die Fortentwicklung der „Verfassung des Pluralismus". Hier haben die *juristischen* Instrumente nur teilweise Garantiemöglichkeiten, wie wir überhaupt die Möglichkeiten des Juristen nicht überschätzen dürfen, wir müssen selbstbescheiden bleiben. Letztlich hängt es vom Bürger ab, von seinen Tugenden der Toleranz, der Bereitschaft, Pluralismus zu „verinnerlichen", von seinem Respekt vor der Menschenwürde der anderen, von seinem gelebten Umweltschutz, wie dies die Erziehungsziele der ostdeutschen Landesverfassungen formulieren.

Daß die Verfassung des Pluralismus gelingt, kann nicht von oben her verordnet werden, sie kann nur von den Parlamenten, von den Verfassungsgerichten und von der Wissenschaftler-Gemeinschaft unterstützt, aber nicht ersetzt werden. Die Verfassung des Pluralismus *beginnt* ihr Leben in den Erziehungszielen, in den schulischen Klassenzimmern, aber letzten Endes muß sie von allen Bürgern, politischen Parteien und privaten Gruppen *gelebt* werden. Hier haben die kulturellen Vereine eine besondere Bedeutung auf allen Feldern, ob dies nun Gelehrtengesellschaften sind oder Wirtschaftsvereine, *Goethe*gesellschaften oder *Lessing*vereine, sie geben letzten Endes den Ausschlag für die Vitalität der Verfassung des Pluralismus. Die innerparteiliche Demokratie ist in Art. 21 Abs. 1 Satz 3 GG ausdrücklich festgeschrieben, wir sprechen von einer „demokratischen Analogie". Gleichwohl müssen wir festhalten, daß der Mensch nicht von Demokratie *allein* lebt.

Demokratie ist die menschenwürdigste Staatsform, es muß aber auch Bereiche geben, in denen das Demokratieprinzip nicht beherrschende Organisationsmaxime ist, sonst käme es zu einer Einebnung der Fülle aller kulturellen Bereiche der Bürger (Beispiel: Kirchen oder Orchester).

Prof. Balaguer Callejón: Der Einfluß des Staates wird weiter verkleinert. Die privaten Institutionen werden ohne demokratische Verantwortung staatliche Funktionen erfüllen. Widerspricht diese Lage der Demokratie? Auf jeden Fall eine konkrete Frage: Wo würden Sie die Grenzen der Privatisierung staatlicher Aufgaben markieren?

Prof. Häberle: Der Zeitgeist fordert heute in fast allen Verfassungsstaaten eine intensive und extensive *Privatisierung*. Die Privatisierung ist gewiß ein legitimes Instrument und auch auf vielen Feldern ineffizienter Staatsbetriebe oder Staatswirtschaft insbesondere in Frankreich empfehlenswert. Privatisierung bedeutet, daß man dem Markt neue Felder erschließt; bei allem Respekt vor der spezifischen Leistungsfähigkeit des Marktes muß aber auch an die Grenzen von Marktwirtschaft und von Privatisierung erinnert werden. Eine Grenze der Marktwirtschaft ist bereits durch die Formulierung der sozial und ökologisch verantworteten Marktwirtschaft gekennzeichnet, wie sie in einigen ostdeutschen Landesverfassungen zum Ausdruck kommt. Erinnert sei auch daran, daß i. S. des Textstufenparadigmas die neue Verfassung von Äthiopien (1994) in einem Artikel den Begriff der Umweltkonferenz von Rio (1992): „sustainable development" zu einem Verfassungsprinzip gemacht hat. Der Umweltschutz ist eine Grenze von Markt und Privatisierung. Aber es gibt andere Grenzen, vor allem im kulturstaatlichen Bereich. Die Felder des Kultursponsoring sind im Moment in Deutschland viel diskutiert. Im Rahmen des aus Finanznot vorangetriebenen Abbaus von kulturellen Aufgaben von Bund, Ländern und vor allem Gemeinden gehen viele kulturelle Institutionen dazu über, sich durch private Wirtschaftskreise ihre Kulturaufgaben finanzieren zu lassen. Man spricht von „Kultursponsoring". Ich frage mich, ob es hier nicht *Grenzen* geben muß. Gerade im kommunalen Bereich gibt es das „kommunale Kulturverfassungsrecht", von mir 1979 literarisch vorgeschlagen und jetzt Gemeingut geworden: die Gemeinden dürfen sich nicht aus allen kulturellen Aufgaben zurückziehen, denn die Ökonomisierung dieser Kulturfelder, das Abhängigmachen von den Wünschen der privaten Subventionierer bedeutet ja auch eine Gefahr für die kulturelle Vielfalt und die kulturelle Freiheit. So gehört es zu den Glücksfällen, daß etwa Frankfurt/M. das Amt „Stadtschreiber" eingeführt hat und keine geringere als die derzeit größte deutsche Dichterin *Sarah Kirsch* auf Zeit frei ihre Gedichte schaffen konnte.

Sie fragen nach dem Stellenwert der *Dritten Gewalt* in rechtsvergleichender Perspektive. Hier stehen wir vor einem differenzierten Bild: Auf der einen Seite ist positiv zu erwähnen, daß die Dritte Gewalt in einigen Ländern

Alt-Europas sehr positiv gewirkt hat: bei der Aufdeckung von Korruption. Ich denke an Beispiele in Italien, auch im Kampf mit der Mafia. Zu denken ist auch an Beispiele in Belgien. In Frankreich wurde in Sachen Parteienfinanzierung von der Dritten Gewalt viel Positives geleistet. Es kann also notwendig sein, daß bei einem Versagen etablierter anderer staatlicher Funktionen, wie der Parlamente oder der Exekutive, *auf Zeit* der Dritten Gewalt eine besondere Funktion zufällt. (Das gilt auch für die Verfassungsgerichtsbarkeit.) Wir müssen auch hier das Zusammenspiel der verschiedenen Gewalten flexibel deuten. Auf der anderen Seite ist nicht zu verkennen, daß für die Dritte Gewalt in manchen Ländern eine Versuchung besteht: Aus Gründen persönlicher Eitelkeit können einzelne Richter versucht sein, in der öffentlichen Meinung eine besondere Rolle zu spielen. In Italien gibt es Beispiele von Richtern und Staatsanwälten, die aus persönlicher Eitelkeit sich ins Rampenlicht drängten. In Deutschland ist diese Entwicklung derzeit nicht zu befürchten. Ich weiß aber, daß es in Spanien gewisse Probleme gab. Man kann sich fragen, wie die Dritte Gewalt „kontrolliert" wird („Kontrolle der Kontrolleure"). Spontan hätte ich an den Obersten Richterrat in Rom gedacht. Mir ist aber bekannt, daß er ebenso wie in Spanien viel zu stark durch parteipolitische Einwirkungen geprägt wird.

So bleibt wohl nur der Appell an die persönliche Zurückhaltung, den Takt, die Behutsamkeit und das Vertrauen auf richterliche Standesorganisationen und die richterliche Standesethik. Im übrigen gibt es etwa auf dem Felde der Journalisten Beispiele für eine Standesethik. So wie für die Mediziner der „hypokratischen Eid" gilt, gibt es für die Journalisten in Deutschland ein entsprechendes Statut. Hier sind wir an den Grenzen dessen, was verfassungsstaatliche Institutionen leisten können. Wir haben – wie vorher erwähnt – jüngst den aufsehenerregenden Fall, daß selbst das Bundesverfassungsgericht von einem Gericht in Europa kontrolliert worden ist: bei einer Verletzung von Art. 6 der Europäischen Menschenrechtskonvention, wegen überlanger Verfahrensdauer. Ich begrüße dies, auch wenn vielleicht mancher deutscher Bundesverfassungsrichter über diese Kontrolle aus Straßburg nicht besonders glücklich ist. Im Grunde hängt viel von einem Mindestmaß an Ethik im Verfassungsstaat, von einem Mindestmaß an wechselseitiger Selbstkontrolle der verantwortlichen Organisationen ab. Ich bin für die Schaffung einer eigenen Institution, die etwa die Richter kontrolliert. Vieles müßte die Universitätsausbildung leisten. In Deutschland gab es kürzlich den berüchtigten Fall *Henrichs*. Ein oberster Richter in Hessen hatte sich ein Millionen-Gutachten durch die Gewerkschaften beschafft und seine dienstliche Ausstattung dazu in Anspruch genommen. Die deutsche öffentliche Meinung funktionierte. Dieser Richter wurde beurlaubt bzw. trat vorzeitig in den Ruhestand, der Millionenbetrag soll zurückgefordert werden. Das ist ein schönes Beispiel, wie die öffentliche Meinung samt der richterlichen Standesorganisation und aller politischen Parteien, einschließlich der SPD, die diesen Richter in die so hohe Position plaziert hatte, sein Verhalten einhellig verurteilten.

Prof. Balaguer Callejón: Der Pluralismus hat den Aufbau autonomer Institutionen begünstigt – wie z.B. die Bundesbank –, die die politische Mehrheit ausgleichen. Solche Institutionen haben eine große politische Macht und gewinnen ihre Legitimität aus der vermeintlichen Technizität ihrer Arbeit. Bildet die Verfassung keinen Gegensatz zwischen der Demokratie und dem Pluralismus? Wie gewinnen pluralistisch strukturierte, unabhängige Institutionen ihre Legitimität?

Prof. Häberle: Eine Bemerkung zu Ihrer Frage der Legitimation einer unabhängigen Staatsbank: Das deutsche Modell, die deutsche Bundesbank, die durch ihre Stabilitätspolitik in den letzten Jahrzehnten einen großen positiven Beitrag in unserer Republik geleistet hat, wird derzeit besonders stark aus Frankreich kritisiert. Französische Intellektuelle haben vom „System *Tietmeyer*" gesprochen, um die Stabilitätspolitik im Blick auf den Euro zu kritisieren. In der Staatsrechtslehre wird viel diskutiert, wie sich eigentlich die Bundesbank im Gefüge der staatlichen Funktionen legitimiere. Ist sie eine 5. oder 6. Gewalt neben den unabhängigen Rechnungshöfen? Die Rechnungshöfe haben in Deutschland quasi richterliche Unabhängigkeit. Sie sind legitimiert, weil die Mitglieder durch Regierung oder Parlamente gewählt werden. Sie bilden eine unabhängige Instanz und haben sich in Deutschland zunehmend bewährt. M.E. besteht durchaus die Möglichkeit, im Verfassungsstaat auf *Teilfeldern* solche unabhängigen Instanzen zu schaffen, obwohl der demokratische Legitimations- und Verantwortungszusammenhang sehr langgezogen ist. Die Zentralbankräte der Bundesbank in Deutschland werden vom Bund bzw. der Regierung und von den Landesregierungen her bestellt. Die Landesregierungen bzw. die Bundesregierung sind ihrerseits wieder demokratisch legitimiert. Dabei sind sie unabhängig, aber wir kennen ja die Durchbrechung oder die Relativierung des demokratischen Prinzips in Deutschland bei der *Dritten Gewalt*. Die deutschen Richter sind lebenszeitlich berufen (bis zum 65. Lebensjahr). Die Schweiz hat ein ganz anderes Modell. Dort werden die Richter auf Zeit gewählt und – meistens – wiedergewählt. Auch in den USA kennen wir dieses Modell. Also: wir sollten das demokratische Prinzip nicht nur in der „reinen" *Rousseau*'schen Modellvariante anwenden, sondern uns in punktuellen Bereichen auch Institutionen leisten, die langfristig gewählt sind. Im übrigen gilt das schöne Wort von unserem ersten – bedeutendsten – Bundespräsidenten *Theodor Heuss*: Demokratie sei „Herrschaft auf Zeit".

Ich schulde Ihnen noch eine Differenzierung der Struktur des politischen Gemeinwesens. Hier verwende ich den Begriff der *republikanischen Bereichstrias*. Erstmals 1978 von mir vorgeschlagen, besagt dieser folgendes: Die res publica – im wiedergewonnenen, „alten", idealen Sinne verstanden

– differenziert sich in *drei* Felder aus. Wir haben den höchstpersönlichen *privaten* Bereich, z. B. durch die EMRK geschützt, aber auch durch die US-amerikanische Lehre von der „privacy". Wir haben den *gesellschaftlich-öffentlichen* Bereich, dies ist das Feld der „Gesellschaft" i. S. von *Hegel*, eine Vielfalt pluraler Gruppen, und wir haben den *staatlichen* Bereich, verfaßte Staatsorgane, die drei Gewalten. Diese drei Bereiche müssen wir unterscheiden. Diese Unterscheidbarkeit setzt den Kontrapunkt zu allen Formen von totalitären Staaten. Vor allem der Schutz der Freiheit und privater Bürgerpositionen ist wichtig. Darum ist es auch falsch, wenn gelegentlich behauptet wird, die Konzeption „Verfassung als öffentlicher Prozeß" sei eine Verkennung des Schutzes des Privaten. Diese Lehre geht viel differenzierter vor, als manche Kritiker behaupten.

Prof. Balaguer Callejón: Wie kann man das ethische Niveau des politischen Lebens steigern, die politische Kultur verbessern?

Prof. Häberle: Zu Ihrer Frage nach der *Würde, der Ethik im politischen Bereich*: Hier hängt vieles von der politischen Kultur eines Volkes ab. Positiv ist etwa für Deutschland zu berichten, daß in mehreren spektakulären Fällen der Druck der öffentlichen Meinung auf amtierende Politiker dann, wenn sie ein Mindestmaß an Fairneß und Ethik verletzt haben, zurückzutreten, durchschlagend war. Ich erinnere an den Fall *B. Engholm. Engholm* war Kanzlerkandidat der SPD, er hat damals das Parlament in Schleswig-Holstein belogen, er mußte zurücktreten. Zwei deutsche Ministerpräsidenten, leider aus süddeutschen Ländern, Baden-Württemberg und Bayern, mußten vorzeitig zurücktreten, als sie sich private Vorteile zu verschaffen schienen, etwa in Gestalt von privaten Ferienreisen. Die kritische öffentliche Meinung wurde so übermächtig, daß sowohl *Streibl* als auch *Späth* zurückgetreten sind. In England beobachten wir einen vielleicht übertriebenen Puritanismus. Gewisse Politiker mußten bei der Verletzung von Anstand und Sitte im höchstpersönlich-privaten (erotischen) Bereich rasch zurücktreten. Gleiches gilt für die USA. Ich selbst wäre hier nicht so streng, obwohl ich Protestant bin!

Prof. Balaguer Callejón: Jetzt ein Wort zur Rechtsprechung. Die Rechtsprechung kann in Zusammenarbeit mit den Medien eine Regierung stürzen. Einige Richter kümmern sich nicht nur um die Rechtsprechung, sondern machen auch Politik. Aber man darf andererseits die wichtige Rolle der Rechtsprechung gegen die Korruption in verschiedenen Ländern nicht vergessen. Kann man bestimmte Kontrollen über die Richter einsetzen, um ihre politischen Aktivitäten zu vermeiden?

Prof. Häberle: Noch zu jener Frage der Beurteilung des Stellenwerts der Politiker überhaupt. In Deutschland ist oft von „Politikverdrossenheit" und von „Parteienschelte" die Rede. Auch ist mir bekannt, daß in Spanien eine gewisse Neigung von bestimmten Kreisen besteht, die Repräsentanten der politischen Parteien einseitig zu kritisieren oder nur noch schlecht zu beurteilen. Gewiß, wir sind auf ein Minimum von Ethik im politischen Zusammenleben angewiesen. Aber wir dürfen nicht verkennen, daß die Politiker oft unter großem persönlichen Einsatz für die res publica tätig sind. Freilich werden die Politiker immer wieder im Rahmen der Parteienfinanzierung in Versuchung geführt. Hier bestehen enorme Reformdefizite. Ich denke etwa an Italien, auch wenn dort einiges auf den – guten – Weg gebracht worden ist. Den Umgang und die faire Auseinandersetzung mit Politikern zu lernen, *beginnt* in den Schulen, in den schulischen Erziehungszielen, z.B. zur Toleranz. Aus meiner Sicht hat die junge Demokratie in Spanien, die ja ein Glücksfall in Europa ist, gezeigt, was in wenigen Jahren an politischer Kultur aufgebaut werden kann. Daß derzeit vielleicht manches aus dem Ruder läuft, und daß manche Medien in höchst unfairer Weise vor den letzten Wahlen Ihren großen Ministerpräsidenten *F. Gonzáles* kritisiert haben, habe auch ich mit großem Kummer beobachtet. Trotzdem: wir brauchen die kritische öffentliche Meinung. Der Preis der Demokratie besteht eben darin, daß wir möglichst weitgehende Medien-, Meinungs- und Pressefreiheit haben, auch wenn die Opfer gelegentlich hoch sind. Eine grundsätzliche Alternative hierzu gibt es nicht.

Prof. Balaguer Callejón: Vielen Dank. Möchten Sie hier am Ende noch ein Abschlußwort an unsere Leser richten?

Prof. Häberle: Auf Ihre letzte Bitte gehe ich besonders gern und dankbar ein. Es ist eine große Ehre und Freude für mich, daß ich auf dem so angesehenen Forum Ihres Annuario hier mit Ihnen ein Interview führen darf. Mir scheint, daß es eine spezielle Eigenart der spanischen rechtswissenschaftlichen Kultur ist, dieses Forum zu haben und zu pflegen. Vor mir sprachen z.B. *Rubio Llorente* oder mein Lehrer *Konrad Hesse*. In Deutschland gibt es meines Wissens bislang kein Beispiel dafür, daß eine wissenschaftliche Fachzeitschrift ein solches Interview mit Staatsrechtslehrern veranstaltet. Wohl finden wir einen Beleg dafür, daß etwa die angesehene Wochenzeitung „Die Zeit" mit meinem Lehrer *Konrad Hesse* und dem Bundesverfassungsrichter *H. Simon* vor einigen Jahren ein Interview durchgeführt hat. Hier können wir Deutsche von der *Wissenschaftskultur Spaniens* lernen. Nur die „Deutsche Richterzeitung" hat ab und zu ein Interview mit einem obersten Bundesrichter oder einem Bundesverfassungsrichter veranstaltet. Im übrigen danke ich *Ihnen* besonders für diese ungemein konsequente, durchdachte und sich entwickelnde Gesprächsführung hier und heute. In der Art und Weise, wie Sie eine Frage nach der anderen entwickelt haben, fühlte ich mich fast ein wenig erinnert an die Konsequenz, in der *L. van Beethoven* seine Sonatensätze entwickelt hat.

Für mich ist es seit langem eine große Freude, zu sehen, mit welcher Kraft, Intensität und Innovation Spanien „nach Europa“ zurückgekehrt ist. Auf manchen Feldern kann jetzt die deutsche Wissenschaftskultur von Spanien lernen. Ich bin aber auch glücklich, daß seit mehreren Jahren immer wieder spanische Gastwissenschaftler zu mir nach Bayreuth gekommen sind, und zwar im Rahmen des Erasmus-Programms. Sie fragen mich, was ich speziell für den Leserkreis Ihres angesehenen Jahrbuches zum Ausdruck bringen möchte. Zum einen wende ich mich an die ältere Generation. Die spanische Staatsrechtslehrergemeinschaft kann stolz sein, in welch kurzer Zeit Spanien sowohl die hohe Kultur der Verfassungsgerichtsjudikatur in Madrid als auch die hohe Kultur der Autonomen Gebietskörperschaften und das wissenschaftliche Universitätsleben ausgebaut hat. Mit größtem Interesse verfolge ich – soweit ich das kann – die Fülle der Literaturgattungen, bis hin zur Gedächtnis-Schrift, wie Sie sie in diesen Tagen für Ihren Lehrer *Ruiz Rico* publiziert haben, oder so manches Handbuch, das in Spanien erschienen ist, oder auch gute Monographien. Die jüngere Generation der Leser Ihres Jahrbuches möchte ich bitten, mit voller Kraft auf den Schultern der älteren Generation diese Integrierung Spaniens in Europa und nach Europa voranzutreiben. Es ist ein einzigartiger Moment, daß sich in Europa die jungen Generationen heute miteinander austauschen können. Dies setzt freilich voraus, daß jeder junge Student rechtzeitig sich *ein* europäisches Land vornimmt, dessen Rechtskultur und Kultur er in seiner ganzen Fülle studiert. Je früher, desto besser. Ich bin traurig, daß ich erst relativ spät meine Kontakte zu Italien habe aufbauen können (seit 1990), glücklich, daß ich seit 1978 diese Chance in der Schweiz hatte, dankbar, daß ich sie seit 1980 mit Griechenland entwickeln durfte und seit 1988 mit Spanien. Die junge Generation muß sich jeweils *ein* Land auswählen. So habe ich mehrere solcher Schüler: einer hat sich mit den USA identifiziert, ein anderer mit Spanien und eine andere Schülerin mit Italien, je früher, desto besser. Dabei genügt es nicht, allein die juristische Dogmatik, die Rechtstexte und die Rechtsprechung, so gut sie sind, zu studieren, man muß auch die kulturellen Kontexte, die Hintergründe, die großen Klassiker, die jedes europäische Land hervorgebracht hat, mitstudieren. So sind etwa aus Deutschland große Texte von *Bertold Brecht* wichtig, der sagte: „Alle Staatsgewalt geht vom Volk aus, aber wo geht sie hin?“ Hierzu hat ein großer Dichter uns Juristen einen Klassikertext geliefert. So können wir uns die klassischen Texte, etwa eines *C. Mortati* in Italien vornehmen und uns die ganze Fülle der Kulturlandschaften Italiens vor Augen halten, wenn wir Italien dabei beraten wollen, wie es heute einen effektiven neuen Regionalismus aufbaut. Und so erkenne ich vieles an dem besonderen Profil von vielen Regionen Spaniens, welche schöpferischen Persönlichkeiten, etwa in der Musik bzw. der Malerei eines *Garcia Lorca,* eines *Picasso* sie hervorgebracht haben. Die Lebendigkeit und die Entwicklungsfähigkeit der Autonomen Gebietskörperschaften in Spanien hängen auch davon ab, daß wir Juristen genau hinhören, was die einzelnen kulturellen Identitäten hervorgebracht haben und wie sie uns Juristen langfristig befruchten könnten.

Das ewige Ringen um die Gerechtigkeit

Die Rechtswissenschaft auf dem Weg nach Europa (1998)

I. Die Geschichte des Rechts: Eine Kulturgeschichte

Man könnte bis zu den Gesetzestafeln des *Hammurabi* (ca. 1700 v. Chr.) zurückgehen oder die Bibel auf ihre Aussagen zur Gerechtigkeit befragen, auch den Richterkönig *Salomon* würdigen: Wie so vieles beginnt im antiken Griechenland auch das „Rechtsdenken" *(Erik Wolf). Aristoteles* hat bis heute wirkende Klassikertexte etwa zum Verhältnis von Gleichheit und Gerechtigkeit geschrieben, und die Unterscheidung zwischen „justitia commutativa" (ausgleichende Gerechtigkeit, z.B. Schuld und Sühne, Schadensersatz) und „justitia distributiva" (Verteilungsgerechtigkeit, z.B. in Gestalt der progressiven Besteuerung bekannt) geht ebenfalls auf ihn zurück. Die genialen Rechtspraktiker aber waren die Römer. Das beginnt in Form der berühmten (auf *Solon,* 580 v. Chr., zurückgreifenden) Zwölf-Tafelgesetzgebung in Rom (450 v. Chr.), erstmals wurde das hier und jetzt geltende Recht publiziert – war also kein Geheimnis einer Priesterkaste mehr –, und in der klassischen republikanischen Periode (*Cicero,* gest. 43 v. Chr.) sowie in der Kaiserzeit wurde das Recht von großen Juristen („Prätoren"), z.B. *Celsus, Papinian, Ulpian,* (im 2./3. Jahrh. n. Chr.) ausgebaut: zu Rechtsweisheiten, die bis heute das Bürgerliche Recht in ganz Europa prägen. Der oströmische Kaiser *Justinian* hat im Jahre 529 eine Kodifikation („corpus iuris civilis") veranstaltet, die im frühen Mittelalter z.T. vergessen oder vulgarisiert, ab 1100 *(Irnerius)* in Bologna wiederentdeckt wurde („Glossatoren") und seitdem in ganz Europa vom „case law" zur „ratio scripta" wurde. Von da an gelten die Römer als wohl größte Juristen überhaupt. Ihre damalige Oberschicht scheint das ius civile fast wie eine Denksportaufgabe betrieben zu haben (bis heute unerreicht). Auch das Kirchenrecht (z.B. das Decretum Gratiani von 1140 und das Corpus iuris Canonici von 1580 sowie der Codex iuris Canonici von 1917 bzw. von 1983) lebt noch von dieser Juristenkunst.

Bis zur Entstehung des Nationalstaates bzw. bis zur französischen Revolution (1789) gab es in Europa ein „gemeines Recht", das seit dem 15. Jahrhundert speziell in Deutschland von den Fürsten wesentlich aus Eigeninteresse nach und nach durchgesetzt worden war („Rezeption"). Das

Völkerrecht, bei *Cicero* noch das „jus gentium", wurde von der Schule von Salamanca (*Vitoria* und *Suarez,* 16./17. Jahrh.) und von *H. Grotius* als „Vater des Völkerrechts" auf heute klassische Prinzipien wie „pacta sunt servanda" zurückgeführt (1625), um dann bis heute zu *Kants* „Zum Ewigen Frieden" (1795) aufzubrechen.

Während das Strafrecht z.B. in der „Carolina" (Peinliche Gerichtsordnung) von *Karl V.* eine moderne Kodifikation erfuhr (1532) und das Zivilrecht im Preußischen Allgemeinen Landrecht (1794), im Code Napoleon (1804), im deutschen BGB (1900) sowie im Schweizer ZGB von *Eugen Huber* (1912) große Entwicklungsschübe erlebte, hat sich das Öffentliche Recht, vor allem das Verfassungsrecht erst mühsam seinen Weg zum heutigen Verständnis bahnen können. Seine Entwicklung wird in großen Daten greifbar: 1776 (Virginia Bill of Rights), 1787 (die „Federalist Papers" der werdenden USA, eine Aufsatzsammlung von Vätern der US-Bundesverfassung), 1789 (Französische Menschenrechtserklärung), 1831 (die belgische Verfassung), 1849 (Paulskirche: deutsche Reichsverfassung, die zwar nur Papier blieb, aber die folgende Rechtsgeschichte in Reich und Ländern nachhaltig beinflußte). Die Menschenrechtsdokumente der UN (1945/48), die italienische Verfassung von 1947, die deutsche von 1949 und schließlich die beiden iberischen von 1976 (Portugal) und von 1978 (Spanien) brachten das „Projekt Verfassungsstaat" Stück für Stück in Sachen Menschenwürde und Menschenrechte, Demokratie, Gewaltenteilung, Rechtsstaatsprinzip, Föderalismus oder Regionalismus sowie soziale Marktwirtschaft auf einen Weg, der im „annus mirabilis" 1989 sogar eine „Weltstunde" seiner Prinzipien einläutete. Damit verbunden war eine Aufwertung der Staatsrechtslehre als Wissenschaft, die in Weimar große Namen („Riesen") hervorbrachte, auf deren Schultern das Grundgesetz in seinen Verfassungstexten, aber auch in seiner wissenschaftlichen und verfassungsrichterlichen Begleitung bis heute steht *(H. Heller, R. Smend, C. Schmitt).* Vor allem haben die Erfahrungen mit dem „Positivismus" (Gesetz = Recht oder „Jeder Staat ein Rechtsstaat") dem Rechtsphilosophen *G. Radbruch* nach 1945 die Einsicht vermittelt, daß es eine sich an den Menschenrechten orientierende vorstaatliche Gerechtigkeit gibt, die man nicht „ungestraft" verletzen darf (z.B. Problem der „Mauerschützen").

Alle drei klassischen Rechtsgebiete: Zivilrecht, Strafrecht, Öffentliches Recht haben ihre „Propria"; wegen des „Vorrangs der Verfassung" sind sie jedoch an das Grundgesetz gebunden, sie arbeiten gleichrangig und arbeitsteilig an der Rechtsordnung unserer Republik. Als Disziplin, die ihre philosophischen Grundlagen hat, ihre historischen Erfahrungen macht und im ganzen im Dienst der Arbeit an menschenwürdigem Recht steht, hat die Jurisprudenz feine und tiefe Verbindungen zur Kultur einer Zeit insgesamt. Das zeigte sich früher etwa am „Sachsenspiegel" des *E. von*

Repgow (ca. 1220), dem großen deutschen Rechtsbuch, zeigt sich heute an bioethischen Grenzfragen ebenso wie am Ausbau des Umweltverfassungsrechts nach dem Prinzip Verantwortung *(H. Jonas)* oder bei den Schwierigkeiten der Bestimmung des Todeszeitpunktes eines Menschen (Organtransplantation). Selbst die Theologie hat Auswirkungen auf die Arbeit der Rechtswissenschaften (z. B. in Gestalt begrenzter Relevanz des „Selbstverständnisses" der Kirchen bei der Religionsfreiheit bzw. im Religionsverfassungsrecht).

II. Bildung und Ausbildung

Die Rechtswissenschaft verlangt Bildung und Ausbildung zugleich. Die „ungebildeten Juristen" sind ein Sicherheitsrisiko *(P. Schneider)*; ihr Versagen angesichts totalitärer Systeme ist nur allzu bekannt. Ein Mindestmaß an Bildungswissen z. B. in Sachen Menschenwürde und Toleranz, Gerechtigkeit und Gemeinwohl, wie es der Humanismus und die Aufklärung erarbeitet haben, kann den Juristen davor bewahren, in Unrechtssysteme abzustürzen. Die Ausbildung muß dem Juristen den in Rechtstexten vieler Jahrhunderte und neueren Gerichtsentscheidungen „gestauten" Erfahrungsschatz vermitteln sowie die nach *F. C. von Savigny* (1840) vier Auslegungsmethoden (Wortlaut, Geschichte, Systematik sowie Sinn und Zweck) und zugleich die Maßstäbe der Gerechtigkeit beibringen, die sich heute z. B. um den angloamerikanischen „due process" und „fair trial" erweitert haben. Problemorientierte Fallösung, letztlich am Gerechtigkeitsmaßstab, und gesetzgebungspolitisches Alternativendenken kommen hinzu. Vieles, wie die Vertragsfreiheit und Vertragsgerechtigkeit, „nulla poena sine lege", „ne bis in idem", aber auch die goldene Regel („Was Du nicht willst, das man dir tu ..."), hat heute seine Basis in Grundwerten des Verfassungsstaates, man denke nur an die nahezu universale Geltung des Prinzips „Rechtsstaat" jetzt auch in Osteuropa. Wegleitend sind dabei wie in den anderen Wissenschaften und in den Künsten bestimmte Klassiker und bestimmte Paradigmen. So ist der Engländer *J. Locke* (1690) dank seiner Lehre vom Gesellschaftsvertrag ein Klassiker, *Montesquieu* wegen seiner „Gewaltenteilung" (1748), ebenso *I. Kant* wegen seiner Menschenwürde (Der Mensch ist niemals bloß Mittel, sondern jederzeit zugleich „Zweck an sich selbst", 1785), vom BVerfG stetig praktiziert; der Amerikaner *J. Rawls* hat eine Renaissance des Paradigmas vom Gesellschaftsvertrag herbeigeführt (1973: A theory of justice). Ein unverzichtbarer „Antiklassiker" des Verfassungsstaates ist der Satz von *T. Hobbes* „Auctoritas, non veritas facit legem", während *F. Schillers* (Marquis Posas) Wort: „Sire, geben Sie Gedankenfreiheit" ebenso wie *Beethovens* Vernichtung der Widmung seiner „Eroica" an Napoleon, als dieser sich 1804 zum Kaiser krönte, mehr zum Transport der „Ideen von 1789" beitrugen als mancher professionelle juristische Aufsatz. So ist die

Frage von *B. Brecht:* „Alle Staatsgewalt geht vom Volke aus – aber wo geht sie hin?" ständiger Anlaß zur kritischen Selbstprüfung der Juristen.

Heute ist der *„europäische Jurist"* gefragt – der politische Impetus kam nach dem 2. Weltkrieg von großen Politikern wie *J. Monnet, R. Schuman, K. Adenauer* und *A. de Gasperi.* Entwickelt hat sich das Europarecht im engeren Sinne (der EU und EG, basierend auf den Römischen Verträgen von 1957, jetzt auf „Maastricht" und „Amsterdam", 1992/97) und das Europarecht im weiteren Sinne (des Europarates mit seiner vorbildlichen Europäischen Menschenrechtskonvention von 1950 sowie der OSZE). Alle nationalen Rechtsordnungen unterliegen einer rasanten „Europäisierung". Die Wissenschaft muß entsprechend viel Rechtsvergleichung leisten. Für den Wissenschaftler und Richter wird sie zur „fünften Auslegungsmethode" (1989). Das Bild „von Bologna bis Brüssel" *(H. Coing)* taugt als Schlagwort für diese Entwicklungen, auch der Begriff „Gemeineuropäisches Verfassungsrecht" (1991). Es entwickeln sich Teildisziplinen wie Europäisches Verwaltungsrecht, Europäisches Strafrecht und Europäisches Sozialrecht sowie das Europäische Kartellrecht. Das Recht kann im Grunde gar nicht mehr isoliert national gelehrt und erforscht werden. Darum sind Austauschprogramme wie „Erasmus" und „Socrates" unverzichtbar. Dabei dürfte sich der klassische Dualismus zwischen dem kontinentaleuropäischen kodifizierten Recht und dem anglo-amerikanischen ungeschriebenen Fallrecht („Common Law") schrittweise relativieren (auch dank des Europäischen Gerichtshofs in Luxemburg und des Europäischen Gerichtshofs für Menschenrechte in Straßburg).

III. Das Selbstverständnis in Forschung und Lehre

Der Wissenschaftscharakter der Jurisprudenz ist heute unbestritten („rational, diskursiv, argumentativ"). Man mag sich auf dem Hintergrund der offenen Gesellschaft der pluralistischen Demokratie an *Poppers* Theorie des „Vermutungswissens" und an seiner „experimentierenden Methode" orientieren, man kann sich stärker an Wert-, Institutionen- und Staats-Lehren ausrichten: Unverzichtbar bleibt die rational vermittelbare Offenlegung von Vorverständnis und Methodenwahl *(J. Esser).* Nach wie vor gibt es mehr als genug „Schulenstreit": im Verfassungsrecht etwa zum Staats- und Grundrechtsverständnis, aber auch im Strafrecht (nicht nur in Deutschland). In der Praxis bedarf es jedoch pragmatischer Integration von Theorieelementen, da es um Gerechtigkeit für den Menschen im Einzelfall geht; vor allem die Gerichte müssen sie leisten. *W. von Humboldts* Verständnis von Wissenschaft als ewiger Wahrheitssuche (vgl. auch BVerfGE 35, 79 [113 f.]) bleibt verpflichtend – darum sind die jüngsten Fälschungen in der Medizin auch für den Juristen eine Warnung.

Die anderen Ideale des preußischen Reformers – „Einheit von Forschung und Lehre“, „Gemeinschaft von Lehrenden und Lernenden“ – weisen heute zwar viele Defizite auf. Richtschnur sollten sie auch für die Rechtswissenschaft an den Massenuniversitäten bleiben. Auf Teilgebieten muß die Forschung von heute die Lehre von morgen sein (können). Bei der Ausdifferenzierung des Kulturverfassungsrechts oder der Lehre von der ungerechtfertigten Bereicherung im Zivilrecht gibt es derzeit positive Beispielsfälle.

Schon klassisch ist die Erfindung der Rechtsfigur der „culpa in contrahendo“ (*R. von Ihering,* 1860), auch der „logischen Sekunde“, im Strafrecht die Modernisierung der Strafzwecke (*F. von Liszt,* 1882). Ein primär repetitorenhaft aufgebautes Jurastudium gefährdet die Wissenschaftlichkeit seiner Vermittlung des positiven Rechtsstoffes und der problemorientierten Hinterfragung, auch das Ringen um rechtspolitisch bessere Lösungen. Rechtswissenschaft braucht die Grundlagenforschung ebenso wie die „letzte“ Feinausdeutung einer Norm, z.B. des positiven Erbrechts oder Grundbuchrechts. Der wohl einzigartige Praxisbezug der Rechtswissenschaft legt dieser erhöhte Verantwortung auf. Jedem Juristen kommt ethische Selbstbindung und gesamtgesellschaftlicher Auftrag zu (negativ: der Fall *Henrich*). Beides wird m.E. verfehlt durch eine allzu üppige Gutachtenpraxis von Professoren, die zu unbewußter Korruption führen kann (nicht herrschende Meinung!). So wie sich die Arbeitsrechtswissenschaft mitunter schwer tut, sich frei zu machen von Arbeitgeber- und Arbeitnehmerideologien, so muß die Verfassungsrechtslehre mit ihrer spezifischen Nähe zum Politischen zurechtkommen. Der Professor im Hörsaal sollte sich jedenfalls von parteipolitischem Engagement freizuhalten suchen.

Bei aller Spezialisierung heute (z.B. in Kriminologie, Vertragsgestaltung, Verkehrs- und Familienrecht etc.): Es gibt das Postulat der *Einheit der Rechtswissenschaft,* nicht im axiomatischen, sondern pragmatischen Sinne. An ihrer Erforschung arbeiten die Grundlagenfächer der Jurisprudenz. Zu ihnen gehört die Rechtsgeschichte (als Rechtsvergleichung in der Zeit) und die Komparatistik (als Rechtsvergleichung im Raum); bleibend auch die Rechtsphilosophie als – ewiges – Fragen nach dem „richtigen Recht“. Es muß aber auch Offenheit für neue Teildisziplinen bestehen: So hat sich das Sozialrecht erst in den 60er Jahren etabliert. Das Arbeitsrecht ist in weiten Teilen ein schon klassisches Beispiel für neues „Fallrecht“ – dank der Judikatur des Bundesarbeitsgerichts in Kassel. Das „Internet“ wird erst nach und nach rechtlich „diszipliniert“.

IV. Möglichkeiten und Grenzen einer Studienreform

Die Reform der Juristenausbildung steht seit „Menschengedenken" in der Kontroverse, zum Teil ist sie eingebettet in die allgemeine Diskussion zur Universitätsreform. M.E. ist am „Einheitsjuristen" festzuhalten, d.h. *beide* juristische Staatsprüfungen geben erst den Weg frei zur Spezialisierung in Richter, Anwälte etc. Das Besondere am Jurastudium in Deutschland bleibt ja die Tatsache, daß es die Tore zu einer Vielzahl von Berufsfeldern öffnet (auch wenn das „Juristenprivileg" schwindet). Indes besteht Reformbedarf im Blick auf die herkömmliche Verengung der Ausbildung auf die Justiz. Andere Reformthemen sind ambivalent: Eingangsprüfungen haben den Nachteil, daß der „Spätentwickler", oft der spätere Wissenschaftler, keine Chance hat. „Zwischenprüfungen" lassen sich praktisch schwer durchführen. Die sog. „Freischußregelung" (die Chance eines zusätzlichen [dritten] Examensversuchs bei Erstantritt nach dem 8. Fachsemester) führt dazu, daß der Student die Grundlagenfächer vernachlässigt und „zu früh" zum Abschluß kommen will. Ein Sonderproblem bildet der sog. Euro-Jurist. Gewiß, mehr obligatorische Sprachkenntnisse sind in der „Europa-Rechtsgemeinschaft" von heute unverzichtbar. Doch sollte kein europäisches Allerweltsrecht auf Fachhochschulbasis vermittelt werden. Die nationale Rechtsgemeinschaft bleibt das „Standbein" – bei aller „Europäisierung" –, das „Spielbein" kann und sollte europäisch sein. Das Verständnis für die Wirtschaft (und das Computerrecht) sollte in Spezialstudiengängen geschärft werden. Die „unsichtbare Hand" in der Wirtschaft und die „sichtbare Hand des Rechts" *(E.-J. Mestmäcker)* ergänzen sich.

V. Die Rechtswissenschaft im Kreise anderer Kulturwissenschaften

Manches mag „altmodisch" klingen. Die Jurisprudenz ist eine kanonorientierte, traditionsreiche, mit „Standards" arbeitende Wissenschaft mit vielen gemeineuropäischen Grundlagen, die sie in den Kreis vieler Nachbardisziplinen und sogar – wie gezeigt – der Literatur („Dichterjuristen") oder der bildenden Kunst führen (sog. „Gerechtigkeitsbilder" des Mittelalters, s. auch das Gemälde vom „guten Regiment" in Siena, 1339). Die Jurisprudenz ist – das sei gegen den Ökonomismus unserer Zeit gesagt – eine Kulturwissenschaft: eine Wissenschaft, in der die Rechtstexte und -entscheidungen in den *Kontext* der Kultur gestellt, in diesem verstanden und hieraus entwickelt werden müssen. (Auch die Freiheit ist in der Tiefe *kulturelle* Freiheit, Freiheit aus Kultur, z.B. Bildung.) Sie hat die Rechtskultur, Kultur als das vom *Menschen* Geschaffene (die „zweite Schöpfung") verstanden, zum Gegenstand. (Der Markt hat nur instrumentale Bedeutung.) So wäre leicht nachzuweisen, wie sehr die theoriegeschichtlichen Stichworte des Zivilrechts (Historische Rechtsschule, Begriffsjurisprudenz, Interessenjurisprudenz) zur „Geistigen Situation der Zeit" gehören. Auch die Hermeneutik von *Schleiermacher* bis *H.-G. Gadamer* verbindet als allgemeine Arbeitsmethode die Jurisprudenz mit anderen Geisteswissenschaften. Seitdem so manche Naturwissenschaft sich auf ihre kulturgeschichtlichen Grundlagen besinnt (die Physik ebenso wie die Mathematik), entsteht auch kein unüberbrückbarer Gegensatz zu den Naturwissenschaften mehr. Begegnungen der besonderen Art finden statt etwa im Umwelt- und Technikrecht (vgl. den neuen Umweltschutzartikel 20a GG), auch im Arztrecht. Dank dieses Selbstverständnisses als Kulturwissenschaft bauen sich Brücken, schließen sich Kreise – wie in den Anfängen der griechischen Antike und ihres einzigartigen Aufbruchs zu den Wissenschaften und Künsten.

Rechtsphilosophische „Nebenstunden“ in St. Gallen

Erfahrungen aus 15 Jahren (1998)

I. Einleitung, Problem

Auf den ersten Blick kann die Vorlesung *Rechtsphilosophie* in St. Gallen nur den Rang von „Nebenstunden“ beanspruchen, legt doch die dortige – vielgerühmte – Tradition den Akzent auf die Wirtschaftswissenschaften und die weltweit geschätzten „Managergespräche“. Im Studienplan für das Lizentiat der Juristen ist das „Fach“ Rechtsphilosophie aber immerhin als „Grundlagenfach“ ausgewiesen, es wird in Konkurrenz mit anderen Fächern als „Wahlfach“ geführt – und geprüft. So mag sich ein Erfahrungsbericht rechtfertigen, den der Verfasser dieser Zeilen aufgrund seiner 15-jährigen Tätigkeit als „ständiger Gastprofessor“ vor Ort schreiben darf.

Die „Stimme“ der Rechtsphilosophie in St. Gallen zu Gehör zu bringen, war von Anfang an eine besondere Herausforderung, zumal diese Vorlesung den Studenten des juristischen Lehrgangs am *Ende* ihres Studiums, das heißt im 8. Semester, angeboten wird. Dieser Zeitpunkt hat viele Vorteile, unter anderem den, daß die Studenten den dogmatischen Rechtsstoff „überschauen“, das heißt das geltende Recht und Fallmaterial vorausgesetzt werden kann, so daß die Rechtsphilosophie nicht „über den Wassern“ schwebt, sondern sich mit konkreten Streitfragen des positiven Rechts auseinanderzusetzen vermag. Auch kann über das nationale Recht der Schweiz, Österreichs und Deutschlands hinaus gefragt werden, was im Zeitalter der *Europäisierung des Rechts* – auch in der Schweiz – den Horizont erweitert.

II. Das Konzept der Vorlesung „Rechtsphilosophie“ in St. Gallen

Die andernorts vorherrschende Tradition baut Rechtsphilosophievorlesungen historisch auf, das heißt im Sinne einer Rechtsphilosophie*geschichte* – beginnend mit *Sokrates, Platon* und *Aristoteles.* Diese Behandlung des riesigen Stoffs hat meist zur Folge, daß bis zum Ende des Semesters bestenfalls das 19. Jahrhundert erreicht wurde und heutige „Klassiker“ allenfalls punktuell zu Wort kommen. Dem sucht das vom Verfasser praktizierte *problem-*

orientierte Arbeiten entgegenzuwirken: Behandelt werden sieben ausgewählte Problemkreise mit Fragen zum aktuellen Recht, von dem aus rechtsphilosophisch zurückgefragt wird, unabhängig von Zeit und Raum, gegebenenfalls „gegen den Strich“. Diese sieben Problemkreise der Frage nach dem „richtigen Recht“ und „richtigen Staat“ sind:

1. *Die Aufgaben des unabhängigen Richters im Verfassungsstaat* – sie werden im Lichte des Rechts- und Auslegungsverständnisses von *F. C. von Savigny* über *R. von Jhering* bis zur „Tübinger Schule“ und „Freirechtsschule“ erörtert, an Fragen des „Naturrechts“ von der Staatsphilosophie eines *T. Hobbes* bis zu *J. Locke* und der „Wiederkehr des Naturrechts“ (in Deutschland) nach 1945 und 1989 (Mauerschützen) diskutiert, und schließlich mit der heutigen Sprachphilosophie und den Lehren zum „Sprachstil“ des Rechts (man vergleiche die Feiertagssprache der Präambeln von Verfassungen) konfrontiert.

2. *Das Widerstandsrecht,* postuliert zum Beispiel in Art. 20 Abs. 4 Bonner Grundgesetz, vorgelebt durch die „Weiße Rose“ der *Geschwister Scholl* (1944), bildet ein zweites Themenfeld, das in der Diskussion um die „civil disobedience“ in den Klassikern von *Thoreau* (1848) bis *J. Rawls* (1971) und in der politischen Praxis von *Gandhi* über *Martin Luther King,* auch *N. Mandela* höchste Aktualität besitzt (Fallmaterial liefert auch „Robin Wood“ und – begrenzt – „Greenpeace“ – diese hatte in Sachen „Brent Spar“ freilich ihre Wahrheitspflicht verletzt!).

3. *Das Recht in seinem Verhältnis zu anderen Normordnungen* befaßt sich unter anderem mit dem Verhältnis von Recht und Sittlichkeit und damit auch mit *Platon* und *Hegel* sowie den „Gottesstaaten“ einerseits, *I. Kant* andererseits, sowie mit dem „Menschenbild“ im Recht, was ebenso in die katholische Soziallehre führt wie in die Judikatur des deutschen Bundesverfassungsgerichts.

4. Das Thema *Arbeit,* in vielen neuen Lehrbüchern zur Rechtsphilosophie nach wie vor nicht eigens integriert, bildet ein viertes Themenfeld, das von *J. Locke* über *Hegel* und *K. Marx* führt und das ein Gipfelgespräch zwischen „ora et labora“ (529) bis zu *Hannah Arendts* „vita activa“ (1960) eröffnet. (Auch die Sozialenzyklika *Laborem Exercens* von *Johannes Paul II.* von 1981 wird einschlägig.) Eine Gesellschaft, die (wie heute in Deutschland) große Teile der Bürger in die Arbeitslosigkeit „entläßt“, was einer Art Außerkraftsetzung des „Gesellschaftsvertrags“ gleicht, muß sich dem Thema Arbeit rechts- und staatsphilosophisch wie auch rechtspolitisch stellen.

5. Das führt zugleich zum fünften Themenkreis: dem *Vertragsgedanken.* Ausgehend von Alltagsbeispielen im Zivilrecht und Völkerrecht („pacta

sunt servanda") kommen hier die naturrechtlichen Vertragstheorien zur Sprache, werden moderne Kommunikations- und Konsenstheorien erörtert, auch die Lehre von der Verfassung als „immer neuem Sich-Vertragen und Sich-Ertragen" aller Bürger sowie die Übersetzung auf die Zeitschiene: als Generationenvertrag. Die Geschichte der Schweizer „Eid-Genossenschaft" wird hier ebenso exemplarisch wie die Renaissance des Vertragsdenkens von *J. Rawls* bis zur Methapher des „Runden Tisches" (in Polen: 1989). Kulturgeschichtlich führt der Vertrag aber auf die Theologie des „Alten Bundes" in Israel zurück.

6. Der nächste Problemkreis steht unter dem Stichwort *Gemeinwohl.* Anknüpfend an Alltagsbeispiele aus fast allen Rechtsgebieten europäischer Nationen wird zurückgefragt: in die Ideengeschichte von *Cicero* und *Thomas von Aquin,* aber auch in die Lehre zur „Staatsräson", um dann auf dem Forum des Verfassungsstaates spezifisch nach den (inhaltlichen und prozessualen) Gemeinwohldirektiven zu fragen. „Salus publica ex processu" ist ein Annäherungswert.

7. Den Abschluß bildet das Thema *Natur als Problem der Rechtsphilosophie.* Die Diskussion um „Eigenrechte der Natur" hat die Frage nach Natur (und Kultur) in neue Horizonte gestellt – anthropozentrisches oder physiozentrisches Weltbild und die Folgen für die Rechtsordnung sind die Stichworte. Eine provokative Frage lautet etwa: „Hat die Kreatur eigene Würde – wie der Mensch"? Welches sind die rechtspolitisch möglichen Instrumente und Verfahren ökologischen Denkens: vom Tierschutzbeauftragten bis zur Herausnahme der Tiere aus dem Begriff „Sache" (so jetzt im deutschen Bürgerlichen Gesetzbuch), von der Verbandsklage bis zu Verfassungs-Präambeln wie „Verantwortung gegenüber der Schöpfung" (man vergleiche etwa die Verfassung Bern von 1993). Hier kommt auch *H. Jonas* zu Wort.

All diesen rechtsphilosophischen Fragen liegt ein bestimmtes „Vorverständnis" zugrunde. Zum einen der sogenannte *kulturwissenschaftliche Ansatz,* das heißt: das Recht wird von vornherein im Kontext der Kultur gesehen, Recht „als Kulturerscheinung" *(H. Coing)* gewertet, der Begriff *Rechtskultur* ist kein Zufall. Konkret heißt dies etwa, daß Freiheit von vornherein als *kulturelle* Freiheit, als Freiheit *jenseits* des Naturzustandes begriffen wird; Kultur ist die „andere" Schöpfung, die Hervorbringung des Menschen. Erziehung wird als „zweite Geburt" des Menschen *(Hegel)* ernst genommen. Sichtbar werden der „kulturelle Generationenvertrag" in einem Gemeinwesen, der spezifische Kulturauftrag des Verfassungsstaates, die inhaltliche „Erfüllung" der rechtlichen Generalklauseln aus der Kultur, auch im Wandel. Das „Zurück zur Kultur" *(A. Gehlen)* bestimmt auch die Frage nach der „Natur". Sodann werden bleibende „Paradigmen", „Denkmuster" beziehungsweise „Klassikertexte" hinter dem positiven Recht sichtbar. So ist das Modell des „Gesellschaftsvertrags" bis hin zum „Runden Tisch" ein „kulturelles Gen der Menschheit". So bleibt der Satz von *T. Hobbes* „auctoritas, non veritas facit legem" eine Provokation, der mit der tschechischen Wahrheitsphilosophie von *J. Hus* bis *V. Havel* zu begegnen ist (trotz Ex-Jugoslawien und Zaire). So führt das Klassikerzitat von *I. Kant:* „Der gestirnte Himmel über mir und das moralische Gesetz in mir" unversehens zur klärenden Kraft von Dichterworten, etwa zu *W. Shakespeares* Aussage über Recht und Gnade im *Kaufmann von Venedig* oder zu *B. Brechts* Frage: „Alle Staatsgewalt geht vom Volke aus, aber wo geht sie hin?". Auch Utopien sind im Sinne des „Möglichkeitsdenkens" *(A. Musil)* behutsam einzubeziehen (von *T. Morus* bis zu *E. Blochs* „Prinzip Hoffnung").

Aus der Fülle der Gerechtigkeitslehren schälen sich drei, gerade heute brauchbare heraus: die aristotelische *„justitia commutativa"* und *„distributiva",* die *„Verfahrensgerechtigkeit"*, die im Sinne der due process-Tradition beziehungsweise des „fair trial" des angloamerikanischen Rechts kreist und um die Annäherung an die Gerechtigkeit, auch das Gemeinwohl (und die Wahrheit) via Verfahren ringt, und die *Verfassungsgerechtigkeit,* die im Typus Verfassungsstaat der heutigen Entwicklungsstufe materielle und prozessuale Gerechtigkeitselemente konkretisiert sieht. Damit wird *Poppers* „kritischer Rationalismus", seine „offene Gesellschaft", seine „Stückwerk-Technik" relevant, die freilich kulturwissenschaftlich zu unterfüttern ist: Die Verfahren von „trial and error" können nicht alles rational in Frage stellen beziehungsweise falsifizieren: der Mensch ist *auch* ein emotionales, *auch* irrationales Wesen und als solches Wesen vom Recht ernst zu nehmen. Das (zum Teil fingierte) Streitgespräch zwischen den Klassikern aus Wissenschaft und Kunst erlaubt uns, „auf den Schultern" dieser „Riesen" stehend, ein Stück weiter zu sehen als diese – auch wenn wir „Zwerge" bleiben – gerade als Juristen: in humanistischer, „weltbürgerlicher Absicht".

III. Folgerungen und Erfahrungen

Der Anspruch dieses Konzepts ist nicht ganz gering, doch hat der Verfasser dieser Zeilen in 15 Jahren ein Echo erfahren dürfen, das ihn in mehrfacher Hinsicht ermutigt.

1. Zum Schluß ihres Studiums werden die jungen Juristen in der Weise der Rechtsphilosophie an die *Grundlagenforschung* dadurch herangeführt, daß ihnen „Klassiker", „Paradigmen" und „ewige Fragen" präsentiert werden, denen sich die Jurisprudenz stellen muß. Dabei wird auch ein Stück Bildung vermittelt, die die Ausbildung ergänzt. Meines Erachtens wird auch ein Kontrapunkt gesetzt zu allen Vereinseitigungen des modernen „Ökonomismus", der den „Markt" zum Selbstzweck zu

machen droht, statt die Wirtschaft in den *Dienst* des Menschen zu stellen. Ausgerechnet *nach* dem Scheitern des Marxismus (1989) machte sich europaweit im Zeitgeist eine Verabsolutierung des Materiellen breit. Auch in Europa ist der „Euro" nicht alles: Europa ist primär eine Kulturgemeinschaft, speziell die Schweiz bleibt eine „Herzkammer" von Alteuropa jenseits allen Streits um Europäischen Wirtschaftsraum und Europäische Union. Die europäische Öffentlichkeit lebt primär aus der Kultur, aus dem Recht, nicht – beziehungsweise nur sekundär – aus der Wirtschaft.

2. Wenn in dieser Weise auf dem Weg der Rechtsphilosophie, die zugleich rechtsvergleichend arbeitet, die Jurisprudenz von den Grundlagen her erklärt wird, dann ist für „Evaluation" im heute diskutierten Sinne zunächst wenig Raum. Denn wie soll evaluiert werden, ob sich solches „zweck- und interesselose Fragen" ad hoc auszahlt? Erst langfristig mögen die jungen Juristen greifbaren „Nutzen" haben: z.B. überall dort, wo sie das positive Recht im Stich läßt, wo sie „wie ein Gesetzgeber" (vergleiche Art. 1 Zivilgesetzbuch) fragen müssen oder wo sie wie ein Verfassunggeber zu arbeiten haben – in der Schweiz etwa in Form von Totalrevisionen auf Kantons- oder Bundesebene. Aber die Grundlagen werden sogar noch „vor" den geschriebenen Verfassungen unverzichtbar: so in Deutschland im Streit um die „Mauerschützen", wo 1990 unversehens die vom letzten großen deutschen Klassiker der Rechtsphilosophie *G. Radbruch* nach 1945 entwickelte „Radbruch'sche Formel" gegen den Schießbefehl der SED- beziehungsweise DDR-Führung durch Rückgriff auf überstaatliche Menschenrechte in Stellung gebracht werden mußte. Hier hilft den Juristen kein Kommentar und keine Dogmatik, hier konnte nur ein Klassikertext weiterführen. All dies entzieht sich der schlichten „Evaluation", ist nicht einfach „meßbar": Aufs Ganze gesehen und in längeren Zeiträumen gedacht aber kann nur der im Grundsätzlichen ausgebildete Jurist dem Gemeinwesen dienen. Zu Recht meinte *P. Schneider* (ein Schweizer), der ungebildete Jurist sei ein „Sicherheitsrisiko". Gerade in „kleinen" Vorlesungen wie in St. Gallen bleibt nach wie vor ein Stück „forschenden Lernens" möglich. Da in der Zukunft immer mehr ungewiß ist, wo der Student später Arbeit findet, hilft das Grundlagendenken, sich für „offene Berufsfelder" zu qualifizieren: gelernt wird der Umgang mit ungelösten Problemen beziehungsweise die Einarbeitung in neue Themenfelder.

3. Schließlich unterliegen alle nationalen Rechtsordnungen auf dem Kontinent heute der Europäisierung: greifbar in der *Europäischen Menschenrechtskonvention,* im *Europäischen Gerichtshof für Menschenrechte,* in der vielseitig rechtsvergleichend betriebenen Rechtsprechung der natio-

nalen Verfassungsgerichte in Rom oder Karlsruhe, Madrid oder Lausanne. Rechtsvergleichung wird zur „fünften“ Auslegungsmethode nach den klassischen vier von *Savigny* (1840), und sie leitet auch die Rechtspolitik an. Diese „Europäisierung“ kann letztlich nur von den Grundlagen her mitgesteuert werden: der „europäische Jurist“ vom Rang eines *C. Mortati* in Italien, eines *F. Fleiner* in der Schweiz beziehungsweise Deutschland wird dabei zum Leitbild. Die europäische Rechtskultur lebt gewiß auch von „parallelen“ Dogmatiken und analoger Judikatur der Nationen; sie lebt aber vor allem aus einem Fonds an gemeineuropäischem juristenrechtlichem Erfahrungswissen, das in Klassikertexten gespeichert ist und dank der Rechtsphilosophie je neu aktualisiert werden kann. Damit wird Rechtsphilosophie keine „Überwissenschaft“, sie braucht die anderen Teildisziplinen in ihrem Eigenwert (etwa das Zivilrecht in seinen Rechtsweisheiten oder das Strafrecht in seinem Realismus), aber sie führt sie spezifisch zusammen: sie ist Integrationswissenschaft im Dienst „ewiger Wahrheitssuche“ der Tradition eines *W. von Humboldt* („Bildung durch Wissenschaft“). Daß daran von der Studentenseite aus Interesse besteht, hat der Verfasser seit 15 Jahren in St. Gallen – dankbar – erfahren dürfen.

Literatur

Häberle, Peter: Klassikertexte im Verfassungsleben. Vortrag gehalten vor der Berliner Juristischen Gesellschaft am 22. Oktober 1980. Berlin; New York 1981 (Schriftenreihe der Juristischen Gesellschaft e.V. Berlin, H. 67).

– Wahrheitsprobleme im Verfassungsstaat. Baden-Baden 1995.

– Verfassung als öffentlicher Prozeß. Materialien zu einer Verfassungstheorie der offenen Gesellschaft. Berlin ^{2}1996 (3. Aufl. in 1998).

– Europäische Rechtskultur. Versuch einer Annäherung in zwölf Schritten. Baden-Baden 1994 (Frankfurt/M. 1997; Suhrkamp-Taschenbuch, Bd. 2662).

Horn, Norbert: Einführung in die Rechtswissenschaft und Rechtsphilosophie. Heidelberg 1996.

Kuhn, Thomas S.: Die Struktur wissenschaftlicher Revolutionen. Frankfurt/M. ^{4}1979 (Suhrkamp-Taschenbuch Wissenschaft, Bd. 25).

Müller, Jörg Paul: Demokratische Gerechtigkeit. Eine Studie zur Legitimität politischer und rechtlicher Ordnung. München 1993.

Naucke, Wolfgang: Rechtsphilosophische Grundbegriffe. Frankfurt/M. ^{3}1996 (Juristische Lernbücher, Bd. 19).

Interview durch Prof. Dr. Paolo Ridola (Rom)* (1999)

Prof. Ridola: In welchem Maße und innerhalb welcher Grenzen ist die Vertiefung des europäischen Integrationsprozesses, die mit den Verträgen von Maastricht und Amsterdam eingeleitet wurde, auch ein Prozeß der *Konstitutionalisierung* der Europäischen Union erkennbar?

Prof. Häberle: Schon die klassischen Römischen Verträge von 1957 wurden vom EuGH als „Verfassung" der Europäischen Gemeinschaften qualifiziert, ohne daß ein „Staat" vorlag oder auch nur am Horizont erkennbar war (s. auch BVerfGE 22, 293 (296): „gewissermaßen die Verfassung dieser Gemeinschaft"). Der österreichische Völkerrechtslehrer *A. Verdross* sprach bereits 1926 von „Verfassung" der Völkergemeinschaft. M. a. W.: Der Verfassungsbegriff ist nicht mehr primär staatsbezogen. Auch die Verträge von Maastricht (1992) und Amsterdam (1997) deuten weniger auf eine „Staatswerdung Europas" im Sinne der herkömmlichen Allgemeinen Staatslehre hin als auf eine sich intensivierende „Konstitutionalisierung" Europas. Dabei ist vorweg zwischen dem Europarecht im engeren Sinne der EU und im weiteren Sinne des Europarates mit seinen derzeit 42 Mitgliedern und der OSZE mit ihren heute 54 Mitgliedstaaten zu unterscheiden. Während das Europarecht im weiteren Sinne geschriebene materielle *Teil*verfassungen vor allem in Gestalt der EMRK von 1950 besitzt, ist der Konstitutionalisierungsvorgang des Europa im engeren Sinne der EU weit „dichter" und engmaschiger. Er hat sich durch „Maastricht" und „Amsterdam" beschleunigt und intensiviert. Das zeigt ein Blick auf die *inhaltlichen Regelungsthemen* und Normenkomplexe dieser beiden „Verfassungsverträge", die es erlauben, bereits heute von einer „Verfassungsgemeinschaft" der EU zu sprechen. Aber auch die von diesen Normierungen erfüllten *Funktionen* gestatten es, von typischen „*Verfassungs*funktionen" zu reden. Im einzelnen:

a) Beginnen wir mit den *Inhalten:* Art. 6 Abs. 1 EUV benennt als Basisnormen der Union die „Grundsätze der Freiheit, der Demokratie, der Achtung der Menschenrechte und Grundfreiheiten sowie der Rechtsstaatlichkeit". Vor allem die in Abs. 2 ebd. erfolgte Bezugnahme auf die EMRK bzw. ihre „sich (auch) aus den allgemeinen Verfassungsüberlieferungen der Mitgliedstaaten als allgemeine Grundsätze des Gemeinschaftsrechts" ergebenden Prinzipien umschreiben den wesentlichen Gehalt aller verfassungs-

* Interview für die Zeitschrift Diritto romano attuale, Heft 2, 1999.

staatlichen Verfassungen: Freiheit, Demokratie und Rechtsstaat. Die prätorische Vorarbeit seitens des EuGH in Luxemburg, der sich nicht zuletzt dadurch als Verfassungsgericht „qualifiziert“ hat, daß er die Grundrechte als allgemeine Rechtsgrundsätze einstufte, ist damit auf einen konstitutionellen Text gebracht worden. Hinzu kommen die „ungeschriebenen“ Prinzipien des EuGH in Sachen Gleichheitssatz bzw. Diskriminierungsverbot, Religionsfreiheit, Schutz des grundrechtlichen Wesensgehaltes sowie die Anerkennung des Übermaßverbots, der Staatshaftung und die Lehre von den grundrechtlichen Schutzpflichten, auch die Anerkennung des Art. 6 Abs. 1 EMRK als gemeinschaftsrechtlichen Prozeßgrundrechts. Nimmt man die sog. 4 Wirtschaftsfreiheiten des „Marktbürgers“ hinzu, d.h. den freien Warenverkehr, die Freizügigkeit, den freien Dienstleistungs- und Kapitalverkehr, so wird ein teils geschriebener, teils ungeschriebener Grundrechtskatalog erkennbar, der heute die Frage provoziert, ob eine eigene Grundrechtscharta auszuarbeiten ist, die das in Sachen Grundrechte schon geltende spezielle Verfassungsrecht auf bürger- und völkernahe Texte und Begriffe bringt („Nachführung“ i.S. der Schweizer Diskussion um die neue Bundesverfassung von 1999: im Dienste größerer Transparenz der Verfassungswirklichkeit).

Das *Demokratieprinzip* als „anderes“ großes Verfassungsthema ist im Wahlrecht des Unionsbürgers (Art. 19 EGV), bei den Wahlen (Art. 190 EGV) und Zuständigkeiten des Europäischen Parlamentes ausgeformt, in der Konstitutionalisierung der politischen Parteien auf europäischer Ebene präsent (Art. 191 EGV), ebenso in Gestalt des erforderlichen Zustimmungsvotums in bezug auf die Kommission (Art. 214 EGV) sowie der Möglichkeit des Mißtrauensantrags (Art. 201 EGV). Auch die typisch parlamentarische Möglichkeit der Einsetzung eines Untersuchungsausschusses (Art. 193 EGV) sowie das demokratische „Urgrundrecht“ des Petitionsrechts (Art. 194 EGV) konstituiert zwar noch nicht die „volle“ „europäische Demokratie“ auf EU-Ebene, verstärkt aber einen offenen Entwicklungsprozeß, der z.B. in Form der öffentlichen Hearings der Kommissionsmitglieder-Kandidaten 1999 eine positive Richtung eingeschlagen hat, zumal sich die *europäische Öffentlichkeit* immer stärker nicht nur aus „Kunst und Kultur“, auch Rechtskultur, sondern *auch* aus der Politik bildet: die negative „Skandalöffentlichkeit“ etwa in Sachen *M. Bangemann,* BSE-Rinderaffäre, Rücktritt der *Santer*-Kommission haben insoweit einen positiven Effekt.

Andere bislang in nationalstaatlichen Verfassungen heranwachsende Institutionen wie der Bürgerbeauftragte (Art. 195 EGV) oder der Rechnungshof mit seiner öffentlichen Rechnungsprüfung (Art. 248 Abs. 1 EGV) sind ebenfalls charakteristische Verfassungs-Themen.

Hinzu kommt – ebenfalls von der organisatorisch-institutionellen Seite her – der EuGH in Luxemburg (Art. 220 EGV), zugleich auch Ausdruck einer „Gewalten- bzw. Funktionenteilung“ in der EU. Durch seine schöpferische Judikatur, die weit über die „Wahrung des Rechts“ (Art. 220 EGV) hinausgeht, seine „wertende Rechtsvergleichung“, seine Erarbeitung allgemeiner Rechtsgrundsätze und seine praktizierte Unabhängigkeit, ist der EuGH schon ein „Verfassungsgericht“ par excellence – parallel dem EGMR in Straßburg und in Kooperation mit ihm wie auch mit den nationalstaatlichen Gerichtshöfen, etwa der Corte in Rom, dem Tribunal Constitucional in Madrid und dem BVerfG in Karlsruhe, die im Rahmen ihrer (nationalen) Kompetenz, weil an das Gemeinschaftsrecht gebunden, ebenfalls „gemeinschaftsrechtliche(!)“ Gerichte sind, so wie jedes nationale Gericht, weil an die nationale Verfassung gebunden, auf eine Weise ein „Verfassungsgericht“ ist.

Schließlich ein Wort zu den *Zielen* der EU, die in den Worten der Allgemeinen Staatslehre „Staatsziele“ sind, im Europarecht im engeren Sinne aber als Verfassungziele figurieren. Entsprechend hochrangig plaziert sind die wirtschaftspolitischen Ziele (Art. 3 EGV), im Dienste des Grundsatzes der „offenen Marktwirtschaft mit freiem Wettbewerb“ (Art. 4 Abs. 3 EGV). Art. 2 EUV gehört in diesen Kontext („Förderung des wirtschaftlichen und sozialen Fortschritts“), ebenso Dritter Teil, Titel VII („Wirtschafts- und Währungspolitik“). Diese konstitutionellen Gemeinwohlklauseln in Sachen Wirtschaft werden durch die Agenda auf anderen Feldern ergänzt, ja grundiert. Neben den Zielen der beruflichen Bildung (Art. 149 f. EGV) ist es die kulturverfassungsrechtliche Klausel des Art. 151 EGV, die das Europa der EU im tieferen Sinne „verfaßt“. Mag Europa politisch von der Wirtschaft herkommen, in seiner Identität ist es *kulturell* geprägt. So wie die „nationale Identität“ des Art. 6 Abs. 3 EUV nicht i. S. der klassischen Souveränitätslehre seit *Bodin,* sondern *kulturwissenschaftlich* zu interpretieren ist, so ist auch die „Behauptung der Identität“ der EU, ihr „Raum der Freiheit, der Sicherheit und des Rechts“ (Art. 2 EUV) kulturwissenschaftlich zu verstehen, einschließlich der durch Vielfalt und Einheit gekennzeichneten europäischen Rechtskultur. Der *Kulturauftrag* „Hervorhebung des gemeinsamen kulturellen Erbes“, „Erhaltung und Schutz des kulturellen Erbes von europäischer Bedeutung“, die „Entwicklung der europäischen Dimension des Bildungswesens“ machen ein Stück vom Prozeß des „Verfassens“ Europas aus. Auch das Ziel, „die wissenschaftlichen und technologischen Grundlagen der Gemeinschaft zu stärken“ (Art. 163 Abs. 2 EGV) verweist textlich auf die Wirtschaft (Entwicklung der „internationalen Wettbewerbsfähigkeit“); da alle Wirtschaft – ebenso wie der „Markt“ – indes nur instrumentale Bedeutung hat, richtet sich auch dieses europäische Verfassungsziel letztlich auf die Kultur – diese als „zweite Schöpfung“ verstanden. Ein Mosaikstein im Gesamtgefüge der Verfassungsgemeinschaft EU bildet schließlich der Auftrag zum *Umweltschutz* (Art. 174 EGV). Er erinnert vielfältig an die zahlreichen Umweltklauseln in nationalen Staatsverfassungen (z. B. Art. 66 Verf. Portugal, Art. 73 bis 80 BV Schweiz, jetzt Art. 20 a GG), zeichnet sich aber auch durch neue Differenzierungen aus.

b) Obwohl die EU keine „Vollverfassung“ hat, sondern nur aus *Teil*verfassungen lebt, eben die „Gemeinschaft“ bildet, ähnelt diese Gemeinschaftsordnung den nationalen Verfassungen insofern, als sie auf ihrem Zuständigkeitsgebiet typische klassische und neuere Verfassungs*funktionen* erfüllt.

Klassisch ist die *Machtbeschränkungsfunktion* allen Verfassungsdenkens. Sie kann sich u.a. auf Art. 7 EUV (Verletzung fundamentaler Grundsätze durch einen Mitgliedstaat) berufen, eine Art präföderaler Homogenitäts- und Gewährleistungsklausel; alle schon erwähnten, als Abwehrrechte i.S. des status negativus wirkenden Grundrechte in der EU/EG kommen hinzu; sodann die Begrenzung im Zeit-Raum, d.h. die Parlaments- und sonstigen Wahlen als ein Stück demokratischer „Herrschaft auf Zeit“. Das Subsidiaritätsprinzip (Art. 5 EGV), überhaupt alle „Zuständigkeitsverteilungsregelungen“, aber auch der EuGH, der Rechnungshof und der Bürgerbeauftragte dienen der Machtbegrenzung in typisch konstitutioneller Weise. Nicht vergessen sei, daß Verfassungen ihrem Telos nach *Macht konstituieren und legitimieren* wollen: indem sie vom Volk bzw. den Völkern hergeleitete bestimmte Macht definieren und *auf Zeit* anvertrauen („trust“). Die Organe der Gemeinschaft, vom Parlament bis zur Europäischen Investitionsbank, sind unter diesem Aspekt zu sehen – auch ihre einzeln ausgewiesenen „Politiken“ (Art. 23 bis 181 EGV, Art. 2 EUV). Die die Bürger und Völker „ansprechende“ *Integrationsfunktion* ist – bei allem Pluralismus – eine weitere klassische Verfassungsfunktion. Sie kommt vor allem in den Präambeln zum Ausdruck (vgl. Präambel EUV-Maastricht: Bekenntnis zu Freiheit, Demokratie, Menschenrechten und Rechtsstaatlichkeit, Wunsch zur Stärkung der Solidarität zwischen ihren Völkern „unter Achtung ihrer Geschichte, ihrer Kultur und ihrer Traditionen“), ist aber auch in bzw. hinter Verfassungzielen freizulegen (Schutz des „kulturellen Erbes von europäischer Bedeutung“, Art. 151 Abs. 2 EGV) und sie verbirgt sich hinter Grundrechten wie dem unionsbürgerlichen Wahlrecht (Art. 19 EGV) und dem Petitionsrecht (Art. 194 EGV). Diese Funktion führt zu den *Identifikationschancen* hinüber, die ein Verfassungstext seinen Adressaten geben will: das sich einigende Europa (vgl. Art. 1 EUV: „neue Stufe“ einer „immer engeren Union Europas“, Aufgabe, die Beziehungen zwischen den Völkern „solidarisch zu gestalten“), Bekräftigung dessen, was den Mitgliedstaaten und Völkern gemeinsam ist (Art. 2, Art. 6 EUV [Menschenrechte, Demokratie, Rechtsstaatlichkeit], Art. 3 [„gemeinschaftlicher Besitzstand“], Art. 11 [„gemeinsame Werte“] und was sie sondert [„nationale Identität“, Art. 6 Abs. 3 EUV]).

Diese *Bekräftigung von Grundwerten* (vgl. auch Art. 151 Abs. 1 EGV: „gemeinsames kulturelles Erbe“) ist, wie viele neuere Verfassungen der Entwicklungsländer in Osteuropa zeigen, eine typische Verfassungsfunktion, die bis in emotionale (symbolische), auch erzieherische Bezirke und Tiefenschichten reicht. All diese Funktionen bilden ein beziehungsreiches Ganzes, das in den verschiedenen Artikelgruppen, unterschiedlich dosiert, wirkt und die EU/EG schon heute zu einer eindrucksvollen „Verfassungsgemeinschaft" reifen bzw. eine geschriebene Teilverfassung erkennen läßt.

Prof. Ridola: Es wird viel von einer *europäischen Verfassung* gesprochen. Der Ausdruck *gemeineuropäisches Verfassungsrecht,* der seit einigen Jahren auf breite Resonanz gestoßen ist, leitet sich nicht nur aus der Berücksichtigung der jüngsten Entwicklungen im Ordnungsgefüge der Gemeinschaft ab, vielmehr auch aus einem besonderen kulturwissenschaftlichen Ansatz, von dem aus eine Verfassungslehre entfaltet wird. Welches sind die kulturwissenschaftlichen Grundlagen einer europäischen Verfassungslehre? Welches sind, unter diesem Gesichtspunkt, die voraussehbaren Auswirkungen der künftigen Erweiterung der Union? Wie vollziehen sich die Rezeptionsprozesse von Verfassungstexten auf europäischer, staatlicher und regionaler Ebene? Wie ist die Erfahrung mit der Gemeinschaft in der Theorie des *kooperativen Verfassungsstaats* einzuordnen?

Prof. Häberle: Zu Ihrem zweiten Fragenkreis:

a) Begriff und Sache des *„Gemeineuropäischen Verfassungsrechts"* habe ich – nach älteren Vorarbeiten anfangs der 80er Jahre – 1991 strukturiert (EuGRZ 1991, S. 261 ff.) und es hat seitdem in Europa eine nicht geringe Resonanz entfaltet. Es entspringt in der Tat nicht nur aus der jüngeren Entwicklung der EG, es lebt vielmehr besonders aus der Vergegenwärtigung des Europa stiftenden rechtskulturellen Erbes. *H. Coings* Wort „Von Bologna bis Brüssel" deutet die Tendenz an. Es ist der „genius" der *römischen Juristen,* die – bis heute unerreicht – Europa rechtlich begründet haben. Die Wiederentdeckung des Römischen Rechts seit 1100 in Bologna, aber auch die „Renaissance" in der Kunst seit Florenz, die schöpferische, immer neue Wiederaneignung der Antike haben das Europa von heute gleichermaßen geprägt. Auch *Cicero* gab nicht nur als größter Jurist der Antike, sondern auch als Schöpfer des Begriffs „Kultur" viele Stichworte. Er war vielleicht der erste „europäische Jurist", um den wir heute bis in die deutsche Diskussion um die Reform der Juristenausbildung ringen. Überhaupt fundieren Klassikertexte von *Aristoteles* bis *H. Jonas* („Prinzip Verantwortung") dieses Europa mit.

Zur „europäischen Rechtskultur" der heutigen Entwicklungsstufe gehören vor allem ihre *Geschichtlichkeit des Rechts* mit frühen Erfindungen in Rom wie der „condictio", überhaupt die Existenz von „Privatrecht"; die *Wissenschaftlichkeit,* deren Herausbildung im Zuge der Rezeption des römischen Rechts, die vor allem der in Italien so bekannte deutsche Rechtsgelehrte *F. Wieacker* beschrieben hat; sodann die „juristische Dogmatik" mit all ihren Denkregeln und Rationalitätsgarantien, Differenzierungskünsten und gerechtigkeitsorientierten Methoden. Die *Unabhängigkeit der Rechtsprechung,*

Ausdruck der Gewaltenteilung *Montesquieus,* des (neben *J. Locke* anderen) Klassikers des Verfassungsstaates, bildet zusammen mit dem Grundsatz des zugehörigen rechtlichen Gehörs und des fairen Verfahrens ein weiteres Element europäischer Rechtskultur. Weitere Stichworte sind die „*weltanschaulich-konfessionelle Neutralität des Staates*" auf der Basis der Ur-Grundrechte der Religionsfreiheit, sodann die Europäische Rechtskultur als „*Vielfalt und Einheit*" (auch in Art. 151 Abs. 1 EGV angelegt: „kulturelles Erbe" schließt die Rechtskultur ebenso ein, wie diese in der „nationalen Identität" mitgedacht ist). *Partikularität* und auf die Welt bezogene *Universalität* (etwa in Gestalt der UN-Menschenrechte oder rechtsstaatlicher Strukturen präsent) sind ein vorläufig letztes Element „Europäischer Rechtskultur" als „Humus Europas".

b) Erst auf diesem Hintergrund wird eine *Verfassungslehre als Kulturwissenschaft* möglich. 1982 zum Programm gemacht und seitdem Stück für Stück ausgebaut, ringt diese Verfassungslehre um ein Verständnis der Verfassung *als Kultur.* Das beginnt bei der Einordnung der Präambeln von Verfassungen und europarechtlichen Texten in Analogie zur Ouvertüre von Opern und Prologen (etwa zu *Goethes* Faust) und Präludien (*J. S. Bach*), führt zum Verständnis aller Freiheiten als nicht „natürliche", sondern als *kulturelle* Freiheit, als Freiheit *jenseits* des Naturzustandes (der nur als notwendige Fiktion taugt), und begründet auch den Föderalismus und Regionalismus spezifisch aus der kulturellen Vielfalt eines Landes. Weitere Anwendungsfelder der Verfassungslehre als Kulturwissenschaft sind die Feiertage als „emotionale Konsensquellen" eines Verfassungsstaates, der Sonntag als Möglichkeit und Raum für Freiheitserfüllung aus Kultur, das Verständnis der Gottesbezüge in modernen Verfassungen (zuletzt Schweizer BV von 1999), sowie der Erziehungsziele (wie Respekt vor der Menschenwürde des anderen, Erziehung zu den Menschenrechten, Verantwortung für Natur und Umwelt). Das Ganze wird zusammengehalten vom „Textstufenparadigma", d. h. der Einsicht, daß neuere Verfassungen oft das auf Texte und Begriffe bringen, was in älteren, benachbarten Ländern in der Verfassungs*wirklichkeit* gewachsen ist. Das entwicklungsgeschichtliche Verständnis von Verfassungen, heute dank weltweiter Produktions- und Rezeptionsprozesse universal, gehört ebenso hierher wie die Lehre von der Rechtsvergleichung als „fünfter" Auslegungsmethode (nach den *F. C. v. Savignys* klassischen vier).

Vor allem aber ist Verfassung Kultur, Verfassung ist nicht nur juristischer Text oder normatives Regelwerk, sondern auch Ausdruck eines kulturellen Entwicklungszustandes, Mittel der kulturellen Selbstdarstellung des Volkes, Spiegel seines kulturellen Erbes und Fundament seiner Hoffnungen.

Eine „*europäische Verfassungslehre*" hat zwei Aufgaben. Sie muß zum einen ihren Weg vom Universalen zur regionalen Verantwortungsgemeinschaft Europa suchen, Europa im gekennzeichneten engeren und weiteren

Sinne verstehen. So ist das spezifisch „kulturelle Erbe Europas“ zu erarbeiten, auch seine Aufgaben für die Zukunft etwa durch die Anreicherung des Balkans mit verfassungsstaatlichen Strukturen (Demokratie, Menschenrechte, Rechtsstaatlichkeit, Verfassungsgerichtsbarkeit, Regionalismus oder Föderalismus, Minderheitenschutz). Zum anderen müssen von einer europäischen Verfassungslehre alle bislang staatsbezogenen Begriffe auf das konstitutionelle Gebilde „Europa“ umgedacht werden. So ist um eine „europäische Öffentlichkeit“ nicht nur aus Kunst und Kultur, sondern auch aus der Politik zu ringen (greifbar etwa in der Kritik am EG-Haushaltsgebaren durch den Europäischen Rechnungshof sowie im Sturz der *Santer*-Kommission und der öffentlichen Bestätigung der *Prodi*-Kommission – hierin zeigte sich positive europäische Öffentlichkeit ebenso wie in den Europa-Wahlen 1999, auch wenn die relativ geringe Wahlbeteiligung enttäuschen muß). Nicht mehr der klassische „Staat“ „über alles“ ist der archimedische Bezugspunkt des verfaßten Europa, sondern der „Europabürger“ und, kulturell verbunden, die „Völker Europas“ (Art. 1 Abs. 2 EUV) sind es. Die Mitgliedstaaten behalten zwar thematisch und funktionell schrumpfende nationale, partikulare Staatsverfassungen, indes stehen sie von vornherein im Kontext der großen Teilverfassungen der EU/EG. In Deutschland sollte nicht mehr von „Staatskirchenrecht“ gesprochen werden, vielmehr geht es auch wegen Europa um „Religionsverfassungsrecht“ (der Islam ist mitunter schon zweite oder dritte Religion, etwa in Frankreich bzw. Deutschland). Die herkömmlichen „Staatsziele“ sind – wie bereits beschrieben – *Verfassungs*ziele. Vor allem muß die europäische Verfassungslehre den sich beschleunigenden Prozeß der inneren und äußeren Europäisierung des (nationalen) Rechts zum Gegenstand machen: Die nationalen Gerichte werden das, was EGMR und EuGH schon sind: europäische (Verfassungs-)Gerichte; das „europäische Verwaltungsrecht“, das „gemeineuropäische Privatrecht“, das „europäische Arbeitsrecht“ – all dies sind die einschlägigen Stichworte. Die europäische Verfassungslehre hat schließlich die „europäische Demokratie“ zu Ende zu denken: (parlamentarische) Abberufung von einzelnen Kommissionsmitgliedern, Entwicklung von pluralistischen Verfahren zur Ausarbeitung einer Grundrechts- und Grundwertecharta. Und sie hat immer wieder daran zu erinnern, daß Europa eine Rechtsgemeinschaft aus *Kultur* ist, der die Wirtschaft *dienen* muß – um den EU-Bürgern einen „aufrechten Gang“ dank kultureller Freiheiten zu ermöglichen: im Sinne der *Goethe*schen Trias: „Wer Wissenschaft und Kunst besitzt, hat Religion, wer diese beiden nicht besitzt, der habe Religion.“

c) Die Konsequenzen der künftigen *EU-Erweiterung* im Blick auf osteuropäische Länder sind schwer vorauszusehen, wobei auch die „Süderweiterung“ (Malta, vielleicht Zypern) nicht vergessen sein darf; der zum Stillstand gekommene „Barcelona-Prozeß“, d.h. die Assoziierung der Mittelmeerstaaten im nördlichen Afrika sei überdies erwähnt, zumal hier Italien zusammen mit Spanien eine „Patenrolle“ zukommt. Die sog. Beitrittskandidaten wie Estland, Polen, Tschechien, Ungarn und Slowenien, später etwa die Slowakei und Lettland, auch Litauen, stellen die EU vor eine Herkules-Aufgabe. Zwar sind diese Länder bereits Mitglied des Europa im weiteren Sinne, also des Europarates und der OSZE. Ihre „konstitutionelle Europäisierung“ hat seit dem „annus mirabilis“ 1989 begonnen und vor allem die Umsetzung der Prinzipien der EMRK leistet Vorarbeit. Doch wie soll gleichzeitig eine Erweiterung *und* Vertiefung des europäischen Einigungsprozesses gelingen, wenn 20 und mehr „Völker Europas“ zur EU gehören wollen? Vermutlich ist nur mit längeren Übergangsvorschriften zu arbeiten, auch wäre an die viel beschworene „Flexibilität“ zu denken, also an einen differenzierten, d.h. gestuften Integrationsprozeß. Die Erweiterung ist auch ein Argument für den vorsichtigen Übergang zum Mehrheitsprinzip auf bestimmten Politikfeldern, da das bisher durchgehaltene Einstimmigkeitsprinzip zu Blockade-Situationen und einer Unregierbarkeit in der EU führen könnte. Die Beitrittskandidaten, die aus politischen Gründen meist rasch Erfolg wollen, müßten erkennen, daß die rechtskulturellen Angleichungen und Annäherungen an Europa mindestens so wichtig sind wie die „technische“ Zugehörigkeit zur EU. Konkret: Ein leistungsfähiges Privatrecht, effektiver Rechtsschutz, gelebter Regionalismus (als „kleiner Bruder des Föderalismus“), ein Mindestmaß an rechtsethischen, gemeineuropäischen Standards – all dies ist eine innere und tiefere Voraussetzung für den „Beitritt“.

d) Ein Wort zur Wirkung der *Rezeption* von Verfassungstexten. Die Rezeption von juristischen Texten ist nur ein Beispielfall für die Rezeption von sonstigen Texten oder allgemeinen Werken des Geistes überhaupt. Es geht um nur kulturwissenschaftlich greifbare Vorgänge. Verfassungen sind auf eine Weise den drei Buchreligionen vergleichbar. Der Glaube an das – geschriebene – Wort, an den Text, prägt sie. Die Aneignung von solchen Texten ist ein „nachschöpferischer“ Vorgang, ähnlich wie die „Übersetzung“. Das heißt: die bloße Übernahme von Rechtstexten ist nicht einfach Imitation oder Implantation. Es hängt von den kulturellen *Kon*texten ab, was aus einem juristischen Text mittelfristig „wird“. Das ist auch gut so. Die osteuropäischen Länder, die heute so viel Rechtsmaterial aus dem Westen rezipieren, tun gut daran, diese Vorbilder und Modelle in ihr eigenes System kreativ einzuschmelzen. Andernfalls bliebe das übernommene Recht ein Fremdkörper. Der (stets ganzheitlich zu praktizierenden) Rechtsvergleichung kommt für die Rechtspolitik wie für die Auslegung größte Bedeutung zu. Sie bedeutet auch *Vergleichen des Ungleichen.* Die vielen Formen der Rezeption wären ein eigenes Thema. Als Beispiel sei erwähnt: Ein osteuropäisches Verfassungsgericht wie das in Slowenien oder in der Ukraine übernimmt schöpferisch einen westlichen Verfassungstext („Überkreuzrezeption“) oder Spaniens Verfassungsgericht in Madrid rezipiert für den dortigen Regionalismus das „deutsche“ wissenschaftliche Prinzip der

„Bundestreue" von *R. Smend*. In der europäischen Rechtsgeschichte gab es große Rezeptionsvorgänge, etwa die Übernahme des Römischen Rechts im 15. Jahrhundert; in Ostasien faszinieren die konkurrierenden Rezeptionsvorgänge in bezug auf US-amerikanisches und deutsches Recht in Japan. Kurz: Rezeptionen sind gerade heute ein großes Thema – und eine Bewährungsprobe – der (europäischen) Verfassungslehre als Kulturwissenschaft.

e) Zuletzt zum *„kooperativen Verfassungsstaat"*. Diesen Begriff habe ich 1978 in der Festschrift für Schelsky vorgeschlagen, jüngst an neuem Text- und Wirklichkeitsmaterial belegt. Er besagt, daß der Verfassungsstaat der heutigen Entwicklungsstufe nicht mehr „für sich steht", sondern von vornherein „überstaatlich bedingt" ist (*W. von Simson*). Die vielen Europa-Artikel in neueren Verfassungen (Beispiel: Art. 23 n.F. GG), aber auch die weltweiten Offenheits- und Verantwortungsklauseln in anderen Verfassungen (Art. 54 Abs. 2 BV Schweiz, Art. 54 KV Bern), zeigen ganz allgemein, wie sehr jede verfaßte Nation heute von der gestuften Kooperation lebt (regional, universal). Die EU ist zwar kein „Staat", sie bildet ein konstitutionelles Gemeinwesen, durch geschriebene und ungeschriebene europäische *Teil*verfassungen fundiert, aber sie lebt kräftig kooperative Strukturen. Das zeigt sich im Binnenraum, in der Berufung auf die „Solidarität zwischen ihren Völkern" (Präambel EUV-Maastricht), in der Schaffung einer „Wirtschafts- und Währungsunion", überhaupt in allen Elementen ihrer „Unionsgrundordnung" (*D. Tsatsos)* (s. auch Art. 2 EGV) sowie in Form der „transeuropäischen Netze" (Art. 154 EGV), es zeigt sich aber auch im Außenverhältnis (Stichwort: Entwicklungszusammenarbeit gemäß Art. 3 Abs. 1 lit. r EGV, „harmonische Entwicklung des Welthandels" nach Art. 131 EGV). Freilich liegt in der Behauptung der „Identität auf internationaler Ebene" (Art. 2 EUV), im Wort von den „Außengrenzen" (Art. 11 Abs. 1 EUV) auch ein Stück Abgrenzung. Kritisch wird von der „Festung Europa" gesprochen, insbesondere von den Ländern, die derzeit „draußen" bleiben müssen. Indes relativiert sich in der Weltgesellschaft von heute ohnehin das Denken in „Außen"- und „Innenräumen". Speziell in der EU sind die Mitgliedstaaten einander nicht mehr „Ausland", sondern europäisches „Freundesland". Die Offenheit des (nationalen) Verfassungsstaates, sein „Weltbild" und seine Verpflichtung auf internationale Zusammenarbeit muß auch für die Verfassungsgemeinschaft EU gelten. Besondere Brückenfunktionen erfüllen Spanien im Blick auf die iberoamerikanischen Staaten und Portugal im Blick auf die lusophonen Länder in Afrika.

Prof. Ridola: Auf welchen Grundlagen und innerhalb welcher Grenzen ist die Ausarbeitung einer *europäischen Verfassungstheorie* möglich? Welche Hindernisse können aus der angelsächsischen Verfassungstradition erwachsen? Kann die europäische Dimension dazu beitragen, das Abhängigkeitsverhältnis der Verfassungstheorie von der Staatstheorie und von den bis heute dominierenden Kategorien der Staatlichkeit zu lösen?

Prof. Häberle: Die Beantwortung der Frage nach einer „*europäischen Verfassungstheorie*“ muß bescheiden bleiben. Zum einen sind alle europäischen Wissenschaftlergemeinschaften an ihrer Ausarbeitung beteiligt: Wir dürfen von einem „europäischen Hauskonzert“ sprechen. Jede nationale Wissenschaftlergemeinschaft hat schon große Beiträge geleistet, jede hat eine „Stimme und Stunde“. So verdienen Italiens wissenschaftliche Leistungen auf dem Gebiet des Regionalismus ebenso Respekt wie seine Beiträge zur Verfassungs- und Grundrechtstheorie, zum vergleichenden Verfassungsrecht sowie zur Parteientheorie. Ein „Europäischer Staatsrechtslehrer“ in diesem Sinne war schon *C. Mortati.* Spanien kann große Leistungen auf dem Gebiet der Rechtsquellen, des Regionalismus und zunehmend auch der allgemeinen Grundrechtslehre vorweisen. Deutschlands hochdifferenzierte Grundrechtsdoktrinen und Theorien zur Verfassungsinterpretation sind bekannt. Zwar kann es für die Verfassungsrichter immer nur eine „pragmatische Integration von Theorieelementen“ geben, doch sollten die nationalen Wissenschaftlergemeinschaften kräftig konkurrieren: um die „relativ beste“ Verfassungstheorie. Vermutlich wird es bald zu einer sehr komplexen Verfassungstheorie in Europa kommen, die Elemente der Weimarer Klassik (z.B. *R. Smend:* Verfassung als „Anregung und Schranke“; *H. Heller:* „Gesellschaftliche Wirklichkeit als menschliche Wirksamkeit“) mit neueren Versuchen bündelt (*U. Scheuner:* Verfassung als „Norm und Aufgabe“). Mein eigener Vorschlag zielt auf die Verfassung als „öffentlicher Prozeß“ (1969/78) und auf „Verfassung als Kultur“ (1982). Im Verhältnis zu Weimar stehen wir Deutsche freilich (nur) „auf den Schultern von Riesen“. (Man sollte freilich die auf den Nationalstaat bezogene Integrationslehre von *R. Smend* revidieren: Die Europaoffenheit der Mitgliedsländer verändert die „Einheitsbildung“ substantiell.) Die romanischen Länder dürften von ihrer Rechtskultur her eher das symbolische und rhetorische Moment von Verfassungen betonen, Frankreich stärker das rationale, planende, organisierende. Die Traditionslinien der angelsächsischen Länder sind als Bereicherung zu verstehen, auch wenn es zu Friktionen mit dem kontinentaleuropäischen Denken kommen mag. Das case law bzw. die besondere Stellung des Richters unterscheiden sich freilich heute nicht mehr so grundsätzlich vom kontinentalen Rechtssystem wie früher: auch hier bzw. in ganz Europa gewinnt die prätorische Richterkunst bei der Auslegung immer stärker Gewicht.

Das deutsche BVerfG publiziert soeben den 100. Band seiner Entscheidungen; seine Grundsatzurteile sind immer zusammen mit dem GG-Text „zu lesen“. Die beiden europäischen Verfassungsgerichte in Luxemburg und Straßburg sorgen schon von ihrer personellen Zusammensetzung her dafür, daß sich die beiden klassischen Arten der richterlichen Rechtsfindung jetzt einander annähern. Eines sollte dem europäischen Verfassungsdiskurs auf der wissenschaftlichen Ebene jedoch gelingen: die sehr deutsche Hoch- und Überschätzung des Staates, wie sie im Wort vom „Staatenverbund" (BVerfGE 89, 155) postglossatorisch zum Ausdruck kommt, zu relativieren. Europas Verfassungszustand bzw. seinen Konstituierungsprozeß kann man nicht mit den Kategorien der Allgemeinen Staatslehre begreifen: Die „Unionsbürgerschaft" (Art. 17 EGV) sprengt das Denken in Staatsvölkern ebenso wie spätestens das Abkommen von Schengen den Begriff „Staatsgrenze" europaweit erübrigt. In Europa muß an *Verfassungs*lehren und *Verfassungs*theorien gearbeitet werden. *Staatstheorien* haben nur noch begrenzten Stellenwert, insofern die nationalen Mitgliedsländer „Verfassungsstaaten" bleiben. Wir können gerade hier vom angelsächsischen Denken lernen: es hat nie den Staatsbegriff hypostasiert und nicht von einem „einheitlichen Staatsvolk" aus argumentiert.

Prof. Ridola: Das Ordnungsgefüge der EG gründet sich auf die Grundprinzipien der Marktfreiheit und der offenen und freien Konkurrenz. Welche Rolle spielen diese Prinzipien bei der Ausarbeitung einer europäischen Verfassungslehre, die vom kulturwissenschaftlichen Ansatz ausgeht?

Prof. Häberle: Das viel zitierte „europäische Haus" gründet sich auch, aber nicht nur auf der Freiheit des Marktes und dem offenen Wettbewerb. Die verfassenden Texte sind eindeutig (vgl. nur Art. 4 Abs. 1 EGV: „offene Marktwirtschaft mit freiem Wettbewerb", ähnlich Art. 98 ebenda; Art. 3 Abs. 1 lit. c EGV: „Binnenmarkt, der durch die Beseitigung der Hindernisse für den freien Waren-, Personen-, Dienstleistungs- und Kapitalverkehr zwischen den Mitgliedstaaten gekennzeichnet ist"). Entstehungsgeschichtlich war die EG als *Wirtschafts*gemeinschaft konzipiert, dies aber gewiß im Dienste eines höheren und letzten Zieles: der Einheit Europas als Kultur bzw. Rechtskultur. *J. Monnet* wird das Dictum zugeschrieben: Hätte er heute noch einmal mit Europa anzufangen, würde er mit der Kultur beginnen. Art. 128 EGV „Maastricht" bzw. jetzt Art. 151 EGV „Amsterdam" war mehr als fällig: Das Kulturverfassungsrecht in diesen Texten (s. auch Art. 87 Abs. 3 lit. d EGV: „kulturelles Erbe") erläutert nur das, was das Grundgerüst Europas ausmacht, wobei, wie erwähnt, die *Rechtskultur* stets mitzudenken ist.

Eine europäische Verfassungslehre des *Marktes* fehlt bislang. Der Markt ist europa- und verfassungstheoretisch nach wie vor ein „unbekanntes Wesen", auch wenn das Wort vom „Entdeckungsverfahren" (*v. Hayek*) eine Teilerkenntnis darstellt. Seit dem Niedergang des Marxismus/Leninismus und seiner Planwirtschaft hat der Markt als Idee und in der Wirklichkeit rund um den Globus einen gewaltigen Siegeszug angetreten. Er droht heute, zum Selbstzweck zu werden und kulturell gewachsene Strukturen zu überwältigen. *M. Gräfin Dönhoff* warnt zu Recht vor dem neuen „ungezähmten Kapitalismus", und gerade eine europäische Verfassungslehre als Kulturwissenschaft sollte daran erinnern, daß nicht alles marktfähig ist, der Markt seine Grenzen haben muß, der Wettbewerb gewiß auf vielen Feldern produktiv ist, aber seinerseits – kulturellen – Bedingungen unterliegt. Frankreich beruft sich im Medienbereich zu Recht immer wieder auf seine „kulturelle Ausnahme". Mit der Katholischen Soziallehre ist an die soziale Verantwortung aller Marktfreiheiten zu erinnern. Eigentum und Arbeit haben eine personale *und* soziale Seite bzw. Funktion. Und soeben hat die Pariser Erklärung der Sozialistischen Internationale vom November 1999 formuliert: „Wir verwechseln nicht Markt und Demokratie". Es gebe Güter, die außerhalb der Regeln der Marktwirtschaft zu schützen seien: Erziehung, Gesundheit, Kultur und Umwelt. Gewiß: Die soziale Marktwirtschaft ist seit *Ludwig Erhard* der freiheitlichen Demokratie „kongenial", aber das unverzichtbare Beiwort „sozial" verweist auf Elemente der sozialen Gerechtigkeit, die gerade auch vom Europarecht und von der Europapolitik hergestellt werden müssen. So ist gegenüber dem immer aggressiver werdenden privaten Fernsehen in Deutschland an die unverzichtbaren Aufgaben der – kulturellen – „Grundversorgung" i.S. des BVerfG zu erinnern, die das öffentlich-rechtliche Fernsehen wahrnimmt. So wie der politische und wirtschaftliche Pluralismus Grund und Gründe, auch Grenzen hat – in den Grundwerten, die nach deutschem Verständnis etwa ein Parteienverbot rechtfertigen können (Art. 21 Abs. 2 GG) – Toleranzgrenze –, so müssen den Marktfreiheiten Grenzen gezogen werden: etwa unter dem Stichwort Europäische Sozialunion bzw. Umweltunion. Es bedarf hier der „sichtbaren Hand" des Europäischen Verfassungsrechts. In Europa darf kein „EURO-Nationalismus" entstehen: Europa als Kultur- und Rechtsgemeinschaft nähme Schaden, so wichtig die funktionstüchtige Wirtschaft im Interesse der Wohlstandsmehrung als instrumentales Vehikel bleibt. Zu Recht spricht schon Art. 2 EGV von „ausgewogener und nachhaltiger Entwicklung des Wirtschaftslebens" *und* von „hohem Maße an sozialem Schutz" sowie von „Verbesserung der Umweltqualität". Art. 136 EGV beruft sich auf die Europäische Sozialcharta von 1961, Art. 152 bis 153 denkt an Gesundheits- und Verbraucherschutz, Art. 174 bis 176 EGV an die Umwelt.

Es gibt ein *europäisches Gemeinwohl,* das wissenschaftlich erst noch zu erarbeiten ist, aber bereits Textgrundlagen besitzt: Art. 87 Abs. 3 lit. b bis d EGV sowie allgemein Art. 2 EGV und Art. 16 EGV („gemeinsame Werte der Union", Art. 43 Abs. 1 lit. a EUV: „Interessen der Union"). Auch das „europäische Bewußtsein" als Handlungsauftrag für die politischen Parteien (Art. 191 EGV) ist gewiß kein wirtschaftswissenschaftlicher, sondern ein kulturwissenschaftlicher Begriff. All dies sind Mosaiksteine in der gemeinschaftsrechtlichen Grundwerte-Klausel des Art. 11 EUV („Wahrung der gemeinsamen Werte").

Prof. Ridola: Der Schutz der Grundrechte im Europarecht ist im wesentlichen eine Leistung der Rechtsprechung, bewirkt durch die Kooperation zwischen dem EuGH und den Verfassungsgerichten der Mitgliedstaaten: Dies ist in mancherlei Hinsicht ein Sinnbild für die „offene Gesellschaft der Verfassungsinterpreten". Welche Perspektiven und welche Hindernisse ergeben sich für die Erarbeitung eines gemeinschaftsrechtlichen Grundrechtskatalogs? Welche Spannungsfelder bestehen zwischen dem Grundrechtsschutz im Gemeinschaftsrecht und dem im System der EMRK?

Prof. Häberle: Der *Schutz der Grundrechte* ist im EG-Recht in der Tat eine der großen – prätorischen, d.h. richterrechtlichen – Leistungen – des EuGH, der sich damit zum „Motor der Integration" machte und in großer Konsequenz „judicial activism" in Sachen Grundrechte pflegte. Große Judikate haben z.B. eine ungeschriebene grundrechtliche Wesensgehaltsklausel geschaffen, den Gleichheitssatz zwischen Mann und Frau effektiviert und die Religionsfreiheit geschützt. Der EuGH arbeitet dabei in „wertender Rechtsvergleichung". Er präparierte aus den Rechtsordnungen der Mitgliedsländer noch zur Zeit der „EWG" allgemeine Rechtsgrundsätze heraus. Dieser höchst schöpferische Vorgang ist in den Verträgen von Maastricht und Amsterdam „belohnt" worden, insofern in Art. F Abs. 2 bzw. jetzt Art. 6 Abs. 2 EUV neben dem Verweis auf die EMRK die Verpflichtung der Union auf die Grundrechte normiert ist, „wie sie sich aus den gemeinsamen Verfassungsüberlieferungen der Mitgliedstaaten als allgemeine Grundsätze des Gemeinschaftsrechts ergeben". Damit wurde die Judikatur zum gemeineuropäischen Grundrechte-Recht rezipiert, wurden die Leistungen des EuGH honoriert. Hier haben wohl alle nationalen Rechtskulturen zusammengewirkt: die französische etwa im Interesse des Grundsatzes der Verhältnismäßigkeit, die deutsche z.B. in Sachen Schutz des „Wesensgehalts" der Grundrechte. Der EuGH ist in seinen Beratungen dank seiner multinationalen Zusammensetzung eine spezifisch „offene Gesellschaft der Verfassungsinterpreten", die im Blick auf die Ost- und Süderweiterung in Europa immer weitere Kreise zieht. Das Geben und Nehmen zwischen EuGH und den nationalen Verfassungsgerichten verläuft zum einen formalisiert, durch Kenntnisnahme und Verarbeitung der jeweiligen Urteile; es gibt aber auch informelle Kontakte, die in ihrer Bedeutung für die innereuropäische Grundrechtsrechtsprechung nicht unterschätzt werden dürfen: die regelmäßigen Treffen zwischen allen Verfassungsgerichten in Europa – jüngst wurde etwa Polen in diesen Kreis aufgenommen. Der Form und der Sache nach ist auch der EGMR in Straßburg daran beteiligt.

Sie fragen zu Recht nach den Möglichkeiten einer ausdrücklichen *Grundrechtscharta* der EU. Diese Frage beschäftigt zur Zeit die europäische Öffentlichkeit, die politische wie die juristische. Auch offizielle Initiativen des Europäischen Rates und des Europäischen Parlaments, in Deutschland z.B.

des Bundesrates, richten sich seit Herbst 1999 auf die Eröffnung eines „verfassunggebenden Prozesses". In den als „konstitutionell" bezeichneten Ersten Teil sollen eine Präambel, die Ziele der Union, die Grundrechte sowie die Bestimmungen über Gemeinschaftsinstitutionen etc. kommen, während der Ausführungsteil die einzelnen Politikfelder festlegen soll. Im folgenden sei nur das Problem der Grundrechtscharta berührt – die Grundsatzfrage nach einer geschriebenen EU-Verfassung insgesamt bleibe ausgeklammert. M.E. tut man gut daran, im Sinne der *Popper*'schen „Stückwerktechnik" Schritt für Schritt vorzugehen. Ob die Stunde der formalen Verfassunggebung in Europa gekommen ist, erscheint fraglich. Die Grundrechtscharta als Teilstück könnte sich lohnen.

Zu bedenken wäre folgendes: Es ginge kaum darum, einen ganz „neuen" Grundrechtskatalog zu schaffen. Vielmehr sollte nur „à jour" gebracht werden, was ohnehin schon teils geschrieben, teils ungeschrieben gilt. Die Schweizer Diskussion um eine neue Bundesverfassung (1999) hat den schönen Begriff der „Nachführung" geschaffen: Es geht um Bereinigung, Systematisierung, Präzisierung des Vorhandenen, um Transparenz der Verfassungs- bzw. Grundrechts*wirklichkeit*. Das, was der EuGH im Verbund mit anderen Verfassungsgerichten in Sachen Grundrechte entwickelt hat, soll auf Texte und Begriffe gebracht werden – die bürgernah und völkernah sind. Für eine solche Grundrechtscharta spricht das Bedürfnis, daß dem Bürger die EU in „seinen ureigenen Dingen" via Grundrechtskatalog näher gebracht wird. Allzusehr ist die EU in der öffentlichen Meinung mit dem „Moloch Brüssel" verknüpft. Der Bürger könnte Europa besser „erfahren", wenn er seine Rechte in einem verständlichen „Buch" nachzulesen vermag. Punktuell könnte es sich auch um eine „Fortschreibung" des bisherigen Bestands an Grundrechts-Recht handeln. Überhaupt sollte man sich vom hohen Stand der Schweizer Grundrechtsdiskussion bereichern lassen. Diese „Herzkammer Europas" gehört zwar formal nicht zur EU, wohl aber gilt die EMRK in der Schweiz mit Verfassungsrang (ebenso wie in Österreich). Das Schweizer Bundesgericht hat auf den Grundrechtsfeldern viel geleistet, ebenso die Schweizer Rechtswissenschaft. Der einfache Beitritt der EU zur EMRK wäre zu wenig, er ließe den Vorgang allzu rechtstechnisch erscheinen. Die europäische Menschenrechtsgemeinschaft würde zu wenig im öffentlichen Bewußtsein der Bürger dokumentiert. Eben dies könnte eine Grundrechtscharta als neue *Teilverfassung* leisten. Spannungen zwischen EMRK und dem Schutz der Grundrechte auf EG-Ebene sehe ich nicht. Es wäre ein Vorteil, wenn das primär an wirtschaftlichen Freiheiten orientierte Textbild der EG bzw. EU um die allgemeinen Menschenrechte auch textlich „ansprechend" durch eine Charta korrigiert würde.

Prof. Ridola: Auch auf Gemeinschaftsebene verleihen die Krise des Wohlfahrtstaats sowie andauernde soziale Konfliktfaktoren und Ungleichheiten im wirtschaftlichen Bereich der „sozialen Frage“ neue Bedeutung. Verfügt das europäische Gemeinschaftsrecht über geeignete Instrumente, um den ökonomisch-sozialen Ungleichgewichten begegnen zu können? Kann, nach den Modifizierungen der Verträge der 90er Jahre, von „sozialen Rechten“ im Gemeinschaftsrecht gesprochen werden?

Prof. Häberle: Die *soziale Frage* gewinnt wie im Inneren der nationalen Verfassungsstaaten, so auch auf EU-Ebene neu an Aktualität. Die Vorherrschaft des Marktes, zumal im Zeichen der Globalisierung, die Spannungen zwischen reicheren und ärmeren Ländern führen zu besonderen Konfliktfeldern, deren sich die EG annehmen muß. Die bisherigen Texte zeigen durchaus schon ein Problembewußtsein an: zunächst in allgemeinen Klauseln, die die Kohärenz bzw. Solidarität zwischen den Mitgliedstaaten und ihren Völkern beschwören: vgl. Art. 1 Abs. 3 EUV, Art. 2 EGV („sozialer Zusammenhalt und die Solidarität“). Teils ist von „angemessenem sozialen Schutz“, von „sozialem Dialog“ die Rede (Art. 136 Abs. 1 EGV), teils wird ein „europäischer Sozialfonds“ eingerichtet (Art. 147). Überhaupt beruft sich Art. 136 EGV auf die Europäische Sozialcharta von 1961, die europaweit als „soft law“ gilt, wie überhaupt die Normen von Art. 136 bis 145 soziale Verfassungsziele erkennen lassen. Freilich ist die „Gemeinschaftscharta der sozialen Grundrechte“ der Arbeitnehmer blaß ausgefallen. Mag die subjektivrechtliche Seite all dieser (Teil-)Verfassungstexte fehlen oder schwach entwickelt sein: Es liegen genügend „anregende“ Texte vor, die programmatische Kraft und normative Wirkung auf die Politik der EU entfalten könnten. Hier sollte die europäische Öffentlichkeit mehr verlangen. Auch wäre daran zu denken, in der hier befürworteten Grundrechtscharta einige soziale Grundrechte nach dem Vorbild der italienischen, portugiesischen und spanischen Verfassung zu verankern. Die innovativen Verfassungen der neuen deutschen Bundesländer geben ebenfalls manche Formulierungshilfe, um in der „europäischen Verfassungswerkstatt“ die relativ besten Textelemente zu finden.

Prof. Ridola: Trotz der Änderungen, die der Amsterdamer Vertrag eingeführt hat, ist das Thema des Demokratiedefizits der Gemeinschaftsinstitutionen nach wie vor von Bedeutung und Aktualität. In welchem Maße ist die Überwindung des Demokratiedefizits davon abhängig, ob Tendenzen zur Ausweitung der Gemeinschaftstätigkeit und zum Bürokratismus der Gemeinschaftsinstitutionen Einhalt geboten wird? Welche Rolle spielt hierbei die aufgabenorientierte Prägung der Europäischen Gemeinschaft? Kann die Tendenz zur Parlamentarisierung des demokratischen Prinzips auf europäischer Ebene als ausreichende Abhilfe betrachtet werden? Ist es möglich, daß dies zu stärkeren Spannungen zwischen dem Mehrheitsprinzip und dem Minderheitenschutz führen wird? Welche Rolle können die direktdemokratischen Instrumente auf EU-Ebene spielen?

Prof. Häberle: Das „*Demokratiedefizit*" der Union wird zu Recht viel beklagt. Zwar hat sich jüngst mehr europäische Öffentlichkeit aus Politik hergestellt, als die *Santer*-Kommission zum Rücktritt gezwungen und die *Prodi*-Kommission installiert wurde. Auch muß der unverkennbaren bürokratischen und einseitig effizienzorientierten Politik in Brüssel auf vielen Ebenen entgegengewirkt werden: aus deutscher Sicht durch eine stärkere Betonung des Subsidiaritätsprinzips, das wir ja der Katholischen Soziallehre verdanken und das auf deutsches Drängen konstitutioneller Text wurde (Art. 5 EGV, Präambel EU-Vertrag Maastricht). Immer wieder muß gefordert werden, welche Politiken auf die nationale bzw. regionale Ebene *zurück*zulagern sind, weil sie hier „ausreichend erreicht werden können".

Die Tendenz zur *Parlamentarisierung des demokratischen Prinzips,* wie Sie plastisch sagen, ist zu verstärken: So sollte die Kontrolle der Kommission seitens des Parlaments verstärkt werden. Das Europa-Parlament selbst forderte jüngst z. B. das Recht, zusammen mit dem Rat die Amtsenthebung einzelner Kommissionsmitglieder beantragen zu können; sodann müßte im neuen Verfassungsvertrag das Recht festgeschrieben werden, daß der Kommissionspräsident einzelne Kommissionsmitglieder entlassen könne; schließlich ist an die Möglichkeit gedacht, daß der Kommissionpräsident vor dem Europa-Parlament die Vertrauensfrage stellt, um sich der Unterstützung der Abgeordneten zu versichern.

Der *Übergang zum Mehrheitsprinzip* birgt in der Tat Risiken. Ihnen ist nur zu begegnen, in dem man sich des ganzen bekannten Arsenals von Minderheitenschutz-Instrumenten bedient: grundrechtlich und organisatorisch-kompetenziell. In Europa hat freilich der Prozeß der Ratifizierung der Volksgruppen-Charta bzw. der Charta zum Schutz von sprachlichen und regionalen Minderheiten auf Europaratsebene einen großen Rückschlag erlitten. Der Conseil Constitutionnel in Paris hat sie 1999 als verfassungswidrig eingestuft: mit dem national-etatistischen Argument, sie verstoße gegen die „Unteilbarkeit der Republik", sie verletze die Einheit der „Sprache der Nation". Zum Glück gibt es aber auf EU-Ebene und in einzelnen nationalen Verfassungen vortreffliche Modelle für Minderheitenschutz. Ungarn hat einen Verfassungstext auf die schönste Formulierung gebracht: Minderheiten als „staatsbildende Faktoren". In Europa müssen sie als europa*bildende* Kräfte angesehen werden. Multikulturelle Gesellschaften sind eine Bereicherung. Die gegenteilige Praxis auf dem Balkan sollte warnen. Die Schweiz hat auf dem Gebiet der Sprachenvielfalt Vorbildliches geleistet. Die Corte in Rom hat jüngst im Interesse der ladinischen Minderheit vorbildlich judiziert. Jede Mehrheitsregel ist m. E. gemeineuropäisch nur erträglich, wenn genügend differenzierter Minderheitenschutz eingebaut ist.

Prof. Ridola: Welchen Stellenwert nimmt im Entstehungsprozeß einer europäischen Verfassungslehre die Theorie der Regierungsformen ein? Ist der Parlamentarismus noch die vorherrschende Tradition in den Ländern der EU? Sind mit einer Verstärkung der plebiszitären Komponenten der Demokratien Gefahren für die Gemeinschaftsebene erkennbar?

Prof. Häberle: Die *Theorie der Regierungsformen* muß auch von einer Europäischen Verfassungslehre neu durchdacht werden. Die EU-Länder kennen zum Glück viele unterschiedliche Beispielsformen: die parlamentarische Monarchie in Spanien, die dem König – in Europa wohl am stärksten – auch politisch Raum gibt; unter den verfassungsstaatlichen Monarchien ist Schweden wohl die schwächste. Italien blickt meines Wissens immer wieder auf die „starke Kanzlerdemokratie" Deutschlands. Der starke Präsidentialismus Frankreichs ist bekannt. Man sollte es bei der Möglichkeit zur Vielfalt belassen, auch wenn bei Regierungsreformen alle europäischen Länder voneinander lernen sollten.

Ein besonderes Wort zur Frage einer etwaigen Verstärkung der *unmittelbaren Demokratie* auf EU-Ebene vorweg: Die These ist, daß auf der heutigen Entwicklungsstufe des nationalen Verfassungsstaates beide Demokratievarianten, die mittelbare und unmittelbare einander grundsätzlich gleichwertig sind. Die Schweiz hat die bislang glücklichste „Mischung" zustande gebracht: Sie praktiziert „halbdirekte Demokratie". Auch die ostdeutschen Bundesländer „wagen mehr Demokratie" – im Nachklang zur friedlichen Oktoberrevolution von 1989: „Wir sind das Volk", was uns den Glücksfall unserer Verfassungsgeschichte geschenkt hat: die deutsche Wiedervereinigung!

Auf EU-Ebene ist m. E. die Zeit noch nicht reif, europaweit Volksbegehren, Volksentscheide und Volksinitiativen einzuführen. Denkbar wären Wahlen zu einer etwa neu geschaffenen Zweiten Kammer als Repräsentation der Länder bzw. Regionen. Derzeit sind vor allem die politischen Parteien am Zuge. Sie müssen ihren Auftrag aus Art. 191 EGV, „Faktor der Integration in der Union" zu sein, „ein europäisches Bewußtsein" herauszubilden und den „politischen Willen der Bürger der Union" zum Ausdruck zu bringen, deutlich besser erfüllen als bisher. Eine *europäische Bürgerdemokratie* ist erst in Anfängen zu erkennen. Desillusionierend wirken die letzten Europa-Wahlen 1999. Es waren im Grunde verdeckte *nationale* Wahlen mit *nationalen* Themen und *nationalen* Adressaten des Bürgerwillens. Auch den Parteien ist es nicht geglückt, spezifisch *europäische* Themen in den Vordergrund zu rücken; die relativ geringe Wahlbeteiligung (43 Prozent) tat ein übriges. Die Bürger müßten zuvörderst bereits in ihrem europäischen Bewußtsein mehr geschult werden, ehe sich vorsichtig Elemente der unmittelbaren Demokratie wagen lassen. Immerhin gibt der Bürgerbeauftragte (Art. 195 EUV) und das Petitionsrecht (Art. 21 EGV) eine Tendenz zu mehr Bürgerdemokratie an. Die politischen Parteien sind derzeit m. E. die *ersten* Adressaten einer Forderung nach mehr (unmittelbarer) Demokratie.

Prof. Ridola: Die Fortentwicklung des Ordnungsgefüges der EU in Richtung eines europäischen Föderalismus erfordert die Potenzierung der Rolle der Länder und der Regionen im europäischen Integrationsprozeß. Welche Formen kann der Aufbau eines „Europa der Regionen" annehmen?

Prof. Häberle: Ob es zu einem *„europäischen Föderalismus"* kommt bzw. kommen sollte, ist allseits umstritten. Das deutsche BVerfG arbeitet mit der mißglückten Formel vom „Staatenverbund". Für einen europäischen Bundesstaat ist es wohl zu früh. Es liegt derzeit eine Verfassungsgemeinschaft sui generis vor, die vielleicht eines Tages eine ganz neue *Res publica Europaea* darstellt. Auch der Föderalismus ist nicht über Nacht entstanden. Auch der Verfassungsstaat hat als Typus eine lange Vorgeschichte hinter sich. Kurz: Wir sollten uns vor voreiligen Festlegungen und juristischen „Definitionen" hüten und uns der Offenheit der europäischen Verfassungsgeschichte anvertrauen.

Dies vorausgeschickt, jetzt zur konkreten Frage: Der Föderalismus rechtfertigt sich nicht nur in Deutschland aus der Vielfalt der Kulturen und aus dem Gedanken der vertikalen Gewaltenteilung zur Verhinderung von Machtmißbrauch. Der Regionalismus ist auf eine Weise der „kleinere Bruder" des Föderalismus, nicht etwa das bloße Durchgangsstadium auf dem Weg zu jenem. Er ist eine eigenständige Variante. Der Regionalismus, den Italien früh „erfunden" hat und den Spanien mit seinen 17 Autonomen Gebietskörperschaften seit 1978 kräftig pflegt, vielleicht schon als „Vorstufe" zum Föderalismus, hat in Europa jüngst in Großbritannien (Schottland, Wales, auch Nordirland) kräftig an Boden gewonnen, in Portugal kam es leider kürzlich durch eine Volksabstimmung zu einem Rückschlag.

Das *„Europa der Regionen"*, erstmals in einer Konferenz in München 1978 auf den Schild gehoben, bleibt aus vielen Gründen ein Leitbild. Es wird der kulturellen Differenziertheit Europas gerecht. Nicht alle Nationalstaaten wollen sich föderalistisch gliedern, niemals wohl Frankreich, aber wohl alle sind schon kulturell wahrnehmbar regional ausdifferenziert – man denke an Italiens reiche Städtebilder und unterschiedliche Kulturlandschaften. Deutsche Freiheit ist zutiefst föderalistische Freiheit, ein Einheitsstaat wäre das Ende des bewährten „Kulturföderalismus" – dem inskünftig für alle Staaten vielleich ein „Kulturregionalismus" an die Seite gestellt werden könnte. Belgien hat erst jüngst den Druchbruch zum Föderalismus geschafft, Österreich ist noch ein recht unitarischer Bundesstaat.

Das Europa der EU hat auf dem Weg zum Europa der Regionen erst einige Etappen zurückgelegt. Der „beratende Ausschuß der Regionen" (Art. 263–265 EGV) kann nur ein Anfang sein. M. E. ist mittelfristig eine direkt zu wählende zweite Kammer mit Gesetzesinitiativrechten und Klagemöglichkeiten vor dem EuGH anzustreben. Das wäre ein Weg, die Länder bzw. Regionen verfassungs- bzw. Europa-„unmittelbar" zu machen. Auch die Wissenschaft hat dabei eine Aufgabe. Sie hätte eine vergleichende Regionalismus-Lehre zu entwickeln, europäische „Regionalismus-Papers" zu entwerfen (analog den klassischen „Federalist-Papers" in den werdenden USA). So müßten etwa Spielraum, Inhalte und Funktionen der Regionalstatute bzw. Autonomiestatute von Sizilien bis Katalonien, von Nordirland bis Andalusien miteinander verglichen werden. Ich habe 1997 im Normannenpalast in Palermo aus Anlaß des 50jährigen Jubiläums des Statuts von Sizilien (1997) darüber sprechen dürfen.

Prof. Ridola: Welche Rolle, welche Aufgaben und welche Verantwortung kommt den europäischen Juristen angesichts der Perspektive der Ausarbeitung eines gemeineuropäischen Verfassungsrechts und einer europäischen Verfassungslehre zu?

Prof. Häberle: Für die Frage nach dem „*europäischen Juristen*" bin ich besonders dankbar, wie überhaupt für alle Fragen, die besser sind als meine Antworten, so wie Ihre Übersetzung besser sein dürfte als meine Texte! Um das Projekt einer europäischen Verfassungslehre voranzubringen, bedarf es vieler europäischer Juristen; um Europa Stück für Stück weiter zu verfassen, bedarf es vieler Europa-Bürger. Was zeichnet speziell den „europäischen Juristen" aus? Er muß die These *Goethes* verinnerlichen, der sagte, wer keine fremden Sprachen kennt, kennt nicht die eigene. Also: Wer keine „fremden" – europäischen – Rechtsordnungen kennt, kennt nicht die eigene. Der „europäische Jurist" sollte neben seiner eigenen nationalen Rechtsordnung noch mindestens eine andere sprachlich und wissenschaftlich kennen. Er muß die Grundsätze des „Gemeineuropäischen Verfassungsrechts" studieren bzw. die allgemeinen Rechtsgrundsätze, nicht nur die Grundrechte, beherrschen. Am besten ist es, wenn er sich mit mindestens *einer* anderen Nation identifiziert – bis in alle Ausprägungen einer nationalen Kultur hinein. (Meinen Studenten sage ich immer: die Schweiz sei meine „erste Liebe", Italien meine „ewige Liebe", Spanien meine „späte".) Der europäische Jurist muß sich in der europäischen Öffentlichkeit aus Kultur auskennen und er muß direkt oder indirekt an der europäischen Öffentlichkeit aus Politik mitarbeiten. Für den „europäischen Juristen" sollten bestimmte Ausbildungsgänge geschaffen werden: Mindestinhalte einer europäischen Juristenausbildung, die das Europarecht im weiteren Sinne einschließen, dazu die gemeineuropäische Grundrechtstheorie vermitteln und an einer gemeineuropäischen Methodenlehre arbeiten. Das europäische Zivilrecht ist uns hier in manchem voraus. Vor allem müssen bestimmte *Foren* geschaffen bzw. ausgebaut werden:

- ein regelmäßiger Europäischer Juristentag, wie er erstmals für 2001 in Nürnberg geplant ist;
- eine europäische Staatsrechtslehrertagung;
- der Ausbau Europäischer Graduiertenkollegs;
- juristische Ausbildungszeitschriften, die die europäische Dimension stärker pflegen;
- weitere Forschungsstellen für Europäisches Verfassungsrecht, wie es sie in Deutschland, jetzt in Berlin, Trier und Bayreuth gibt;
- Europäische Rechtsakademien (wie etwa in Bozen) auch für die Fortbildung der Europäischen Richter.

Mag die „Finalität" der europäischen Einigung offen sein, mag die letzte „Teleologie" Europas nie erkennbar sein, mag die „Stufenfolge" der Verwirklichung der „immer engeren Union der Völker Europas" (vgl. Art. 1 Abs. 2 EUV) unbestimmt sein: Heute steht die Bildung und Ausbildung eines „europäischen Juristen" auf der Tagesordnung. Bologna kannte ihn schon einmal; von Rom bis Straßburg, Karlsruhe und London sollte er ein Leitbild werden; demnächst auch in Warschau, Prag und Budapest.

Interview durch Prof. Dr. Zvonko Posavec (Zagreb)* (2000)

Prof. Posavec: Herr Prof. *Häberle,* Möglichlichkeitsdenken – Denken in Alternativen. Die Offenheit für Alternativen, die Freiheit als Möglichkeit sind wichtige methodische Hinweise in Ihrer Betrachtung des demokratischen Verfassungsstaates. Möchten Sie uns ihre methodische Ausgangsposition in den Grundzügen erläutern.

Prof. Häberle: Ich darf in einer doppelten Weise ansetzen: Zum einen kennen wir die vier klassischen Auslegungsmethoden von *F. C. von Savigny,* die er 1840 kanonisiert hat. 1989 kam mir die Idee, daß wir in dem Maße, in dem wir eine Familie von Verfassungsstaaten haben, die klassischen Auslegungsmethoden um eine neue erweitern müssen – um die rechtsvergleichende Auslegungsmethode. Dies wird jetzt auch in Deutschland zunehmend diskutiert. Dieser Ansatz allein genügt aber nicht, denn bislang hat es keine Methodenlehre geschafft, uns zu sagen, in welcher Rangfolge die vier bzw. jetzt fünf Auslegungsmethoden zueinander stehen. Wir sprechen von einer Offenheit oder von einem Pluralismus der Auslegungsmethoden. Manchmal herrscht die historische vor, manchmal die systematische, dann wieder die teleologische oder die rechtsvergleichende. Darum brauchen wir zusätzliche Horizonte für den Auslegungskanon und solche Horizonte gewinnen wir durch das von Ihnen gerade als solches apostrophierte Möglichkeitsdenken. Das Möglichkeitsdenken habe ich aus der „schönen Literatur" gewonnen. Ein österreichischer Schriftsteller *(R. Musil)* hat von dem Möglichkeitsmenschen gesprochen. Ich unterscheide drei Arten des Denkens: das Möglichkeitsdenken, das Wirklichkeitsdenken und das Notwendigkeitsdenken. Durch das Möglichkeitsdenken gewinnt der Interpret mehr Spielraum. Das Notwendigkeitsdenken, bezogen vor allem auf den Aspekt des Gemeinwohls, gibt vor, was zur Erreichung bestimmter Ziele notwendig ist. Das Wirklichkeitsdenken versuche ich durch ein älteres Stichwort von mir in den Interpretationskanon einzubinden: die *wirklichkeitsorientierte* Verfassungsinterpretation.

Prof. Posavec: In Ihrem Buch (Verfassungslehre als Kulturwissenschaft, 2. Aufl. 1998) schreiben Sie, das Denken und das Sein des Menschen entfalten sich über die Einsicht in die Gestaltung der Möglichkeiten, des Wirklichen und Notwendigen. Das ist seine Freiheit. Es geht, so sagen Sie an einer anderen Stelle, um die Verfassung als öffentlichen Prozeß (Verfassung

---

* Interview für die Zeitschrift Croatian Political Science Review, Juli 2000.

als öffentlicher Prozeß, 3. Aufl. 1998), es geht um Denkmöglichkeiten des Menschen. Das verfaßte politische Gemeinwesen ist am Menschen zu orientieren, also entwickeln Sie fast eine Philosophie der Verfassung, die als Prämisse, als Grund, das Wesen des Menschen bzw. das historisch gewonnene Wesen der Menschen hat.

Prof. Häberle: Sie kennen meine eigenen Versuche aus früheren Jahren schon besser als ich selbst. Ich knüpfe auch heute gerne an dieses Konzept an. Für mich ist dies Ausgangspunkt allen Denkens über die Verfassung und aller Entwicklungen einer freiheitlichen Verfassung: der Mensch und seine Würde. Die Menschenwürde bezeichne ich gerne als die kulturanthropologische Prämisse des Verfassungsstaates. Erst durch Kultur gewinnt der Mensch seinen aufrechten Gang, um in dieser Hinsicht jedenfalls *Ernst Bloch* zu zitieren. Ich weiß, wie gut Sie, lieber Kollege *Posavec,* sowohl das deutsche als auch das französische und europäische wissenschaftliche Schrifttum kennen. Sie wissen auch, daß es eine tiefe Einsicht des deutschen Soziologen *Arnold Gehlen* gibt: Zurück zur Kultur. Dies war ein Motto gegen *Rousseau.* Ich folge diesem Motto, denn ich glaube, daß der Mensch erst durch Emanationen, durch Kristallisationen dessen, was sich in der Kulturgeschichte der Welt entwickelt hat, Mensch wird, erst dadurch sein aufrechter Gang gelingt. Dies beginnt im Elternhaus: Wir finden in vielen deutschen Verfassungen gemeindeutsche Erziehungsziele zu Menschenwürde, zu Toleranz, Minderheitenschutz und zu Respekt vor den gleichen Grundrechten untereinander. Die Soziologen sprechen gerne von kultureller Sozialisation. Für mich ist sie unentbehrlich. Scherzhaft formuliert: Wenn der Mensch als Baby auf die Welt kommt, gleicht er m.E. mehr einem naturalistischen Würfel, einem „Haufen Fleisch". Erst durch die Kultur, durch die vielen Prozesse kultureller Sozialisation, gewinnt er seine eigene Würde. Freilich sagt schon *Rousseau* mit Recht – und viele Texte bestätigen ihn –, daß der Mensch *von Geburt* an Menschenwürde besitzt. Daran müssen auch wir festhalten, aber wissenschaftlich gesehen zentriert alles erst um den kulturell sich entwickelnden Menschen, und wo wir diese haltgebenden Mächte der Kultur nicht mehr haben, kommt es zum Bürgerkrieg wie in Ex-Jugoslawien oder in Ruanda. Mit Entsetzen sehen wir hier, daß *Thomas Hobbes* vielleicht doch eine Teilwahrheit ausgesprochen hat. Nur durch immer neue kulturelle Anstrengungen, auch des Menschen an sich selber, sich selbst gegenüber nicht nur in den Schulen, Hochschulen und Elternhäusern, können wir eine einigermaßen sichere Gewähr dafür schaffen, daß der Mensch ein verantwortlich handelndes, kulturgeprägtes Wesen ist, von dem aus wir dann Verfassungspolitik, Verfassungsinterpretation und all diese juristischen Arbeiten betreiben können.

Prof. Posavec: Sie haben, vor allem in ihrer „Verfassungslehre als Kulturwissenschaft" (1. Aufl. 1982, 2. Aufl. 1998), einen breiten Begriff der Kultur entwickelt. Können wir nicht zwischen einer politischen Kultur und einer Kultur im breiteren Sinne differenzieren? Warum frage ich das: Es gibt z.B. alte Kulturen, die nie einen Verfassungsstaat entwickelt haben. Auf der anderen Seite gibt es ganz neue und in diesem breiteren Sinne überhaupt keine „kulturellen Nationen", wie z.B. die Vereinigten Staaten – nach meiner Meinung jedenfalls. Obwohl sie eine ganz „miserable" allgemeine Kultur haben, haben sie in den letzten 200 Jahren dennoch eine unglaubliche Verfassungskultur entwickelt, die bis heute geblieben ist.

Prof. Häberle: Ich versuche auf Ihre vielfältigen und facettenreichen Fragen zu antworten. Einmal sollten wir für den klassischen Verfassungsstaat der heutigen Entwicklungsstufe zwischen der Kultur im engeren Sinne und der Kultur im weiteren Sinne unterscheiden. Kultur im engeren Sinne ist das Wahre, Gute und Schöne der antiken Tradition, aber auch der Weimarer Klassik in einem doppelten Sinne und des deutschen Idealismus, also *Kant* bis *Hegel.* Zur Kultur im weiteren Sinne rechne ich auch, es wird Sie vielleicht überraschen (da ich an sich als Klavierspieler eher auf die Wiener Klassik schaue), die Beatles. Die Beatles oder manche Erscheinungen der modernen Malerei beispielsweise sind für mich Kultur im weiteren Sinne. Dies als erste Antwort vorweg. Die zweite Frage: Sie wissen auch aus Ihren eigenen Studien über die angloamerikanische Literatur, daß der Begriff politische Kultur eine Erfindung der US-Autoren *Almond* und *Verba* war. Dieser Begriff der politischen Kultur hat sich dann auch in Deutschland durchgesetzt. Ich habe im Jahre 1982 den Begriff „Verfassungskultur" vorgeschlagen, auf den Sie soeben freundlicherweise hingewiesen haben. Er meint folgendes: Daß die Verfassung eben nicht nur juristische Texte und ihre handwerklich korrekte Auslegung bedeutet, sondern daß wir zum Leben einer Verfassung oder zu einer lebenden Verfassung auch all die Mentalitäten, das kulturelle Erbe, das Feiertagsleben am 14. Juli in Frankreich und am 4. Juli in den USA hinzurechnen müssen. Also fast (tiefen)psychologische, auch literarische Vorgänge. Daß etwa *De Gaulle* gesagt hat, als man *Sartre* verhaften wollte: „Einen *Voltaire* verhaftet man nicht", ist für mich ein Beleg für die französische Verfassungskultur. Als es Ende der 70er Jahre um die Frage ging, wo man ein Mitglied der Baader-Meinhof-Bande beerdigt, etwa auf dem Stuttgarter Hauptfriedhof neben *Theodor Heuss,* unserem ersten Bundespräsidenten, hat der damalige Oberbürgermeister *Rommel* gesagt: „Im Tod ist jeder gleich". Dies war der Sache nach ein Hinweis auf die griechische *Antigone.* Und ich habe ihn damals in meinen wissenschaftlichen Arbeiten gefeiert: daß dies ein Stück guter Verfassungskultur sei, rezipiert über die kulturellen Gene der Antike. Zu Ihrer letzten tiefen Frage: Hier bin ich selbst recht unsicher. Ich bewundere die amerikanische Verfassungskultur, einmal wie sie in der Rechtsprechung des US-Supreme Court zum Ausdruck kommt, wie sie sich in den Federalist Papers der USA kristallisiert hat, in den „Amendments" zu den Grundrechten und in vielerlei anderer Hinsicht. Auf der anderen Seite sehe ich auch, was Sie eben kritisch angedeutet haben, daß ausgerechnet in den USA sich Erscheinungsformen des Menschen zeigen, die ich nicht mehr als kulturell anerkennen kann. Das amerikanische Wunder mit großen Ergebnissen auch für die Befreiung und Befriedung der Balkanstaaten übrigens, insbesondere Ihres Kroatiens, das amerikanische Wunder und das Unerklärliche besteht für mich darin, wie Amerika heute eine Leitbildfunktion in Sachen Fortentwicklung des Typus Verfassungsstaat einerseits besitzt und andererseits zivilisatorische Produkte hervorbringt, die mit unserem Verständnis von Kultur schwer zu vereinbaren sind. Aber dies gehört wohl zu den unaufklärbaren wissenschaftlichen Rätseln, so wie Sie und wie ich wissen, daß wir Wissenschaftler im Gegensatz zu den „Großtheoretikern“ wie *Luhmann* immer nur *Teil*erkenntnisse gewinnen können und oft weiterhin vor Rätseln stehen.

Prof. Posavec: Ihre Verfassungstheorie ist eine Verfassungstheorie der offenen Gesellschaft. Diesen Ausdruck haben Sie von *Karl Popper* übernommen. *Poppers* Wissenschaftstheorie und *Fraenkels* politische Theorie der Gesellschaft sind stark in ihrer Verfassungstheorie präsent. Sie schreiben, die pluralistische Verfassungs- und Wissenschaftstheorie verweist auf eine pluralistische Gesellschaftstheorie. Erklären Sie uns diese gegenseitige Anziehungskraft.

Prof. Häberle: Ich gehöre zu den deutschen Staatsrechtslehrern des Grundgesetzes, des glücklicherweise wiedervereinigten Deutschland, die immer wieder sagen, daß wir als „Zwerge auf den Schultern von Riesen stehen“. Diese Riesen sind zum einen die Weimarer Riesen, also *Rudolf Smend, Hermann Heller, Hans Kelsen,* teilweise auch *Carl Schmitt,* darauf komme ich vielleicht noch, aber wir stehen nicht nur auf den Schultern von Weimarer Riesen als Zwerge, sondern auch von anderen Riesen. Und Sie haben zwei der wissenschaftlichen Vorbilder von mir genannt, denen ich sehr viel verdanke: zum einen die „Offene Gesellschaft und ihre Feinde“ von *Popper. Popper* hat mich zu dem Vorschlag, zu dem Paradigma, inspiriert, das ich 1975 in der Juristenzeitung veröffentlicht habe: Die offene Gesellschaft der Verfassungsinterpreten, d.h. nicht nur die Juristen interpretieren die Verfassung, sondern alle Bürger in einer Bürgerdemokratie leisten bewußt oder unbewußt durch ihr Leben Beiträge auf lange Sicht zum Verständnis der Verfassung. Der andere Klassiker, auf den ich mich stütze, ist der von Ihnen hochverehrte *Ernst Fraenkel,* der auch insofern verehrungswürdig ist, als er nach seiner Emigration in die USA sogleich wieder nach Berlin zurückkam und dort die Freie Universität mitbegründete. Er hat sich Gedanken gemacht über das Gemeinwohl und formuliert, es sei erst a posteriori zu finden. Ich folgte diesem Ansatz durch den Aspekt der pluralistischen, der prozessualen Gemeinwohltheorie. Das Gemeinwohl ist erst ein Ergebnis, ein Resultat, ein Destillat vieler in Verfahren gewonnener Vorgänge, aber die verfassungsstaatliche Verfassung trifft durchaus auch schon inhaltliche Gemeinwohlaussagen. Sie finden Gemeinwohldirektiven in den Verfassungen, etwa die Wohlfahrtsklausel in den Schweizer Verfassungen, auch der Sozialstaatsgedanke ist eine Aussage zum Gemeinwohl, auch die Grundrechte zeugen auf der objektiv-rechtlichen Seite von Gemeinwohlinteressen. Ich habe versucht, dieses Gemeinwohlverständnis, Gemeinwohl *ex post* mit dem Gedanken der offenen Gesellschaft zu verbinden. Erlauben Sie jedoch eine Kritik an *Popper:* Der Vorzug, wenn man ein Zwerg auf den Schultern von Riesen ist, besteht darin, daß man, obwohl Zwerg, auf den Schultern der Riesen ein wenig weitersieht als diese Riesen. Meine Frage an *Popper* ist – wir sprachen in Ihrer eindrucksvollen Vorlesung, die Sie vorgestern hier in Bayreuth über *Hegel* gehalten haben, bereits darüber –, daß er *Platon* nicht gerecht wird, auch *Hegel* nicht gerecht wird, wenn er von „orakelndem Denken" spricht. Daß er eine Verbindungslinie herstellt zwischen *Platon, Hegel* und den totalitären Erscheinungsformen der jüngeren Staatenwelt, dies ist gewiß ungerechtfertigt. Doch *Popper* sagt später in einer Rede, die er in Salzburg gehalten hatte, er sei Pluralist. Er machte die Toleranzidee, die für den Balkan so wichtig ist, zum Zentrum seines späten Denkens und das sollte er auch auf sein Verhältnis zu Platon und Hegel anwenden.

Prof. Posavec: Sie bestimmen die Verfassung als rechtliche Grundordnung von Staat und Gesellschaft. Das können wir an vielen Stellen bei Ihnen finden. Es ist ein Grundgedanke Ihrer Schriften. Die Verfassung der res publica hat nicht einen Staat über sich – das wäre eine ganz andere Richtung, wie man die Verfassung interpretieren kann. Staat und Verfassung, können Sie uns erklären, warum Sie eine so breite, die Grenzen von Staat und Gesellschaft relativierende Verfassungsdefinition entwickelt haben?

Prof. Häberle: Ihren Fragen entnehme ich zwei Teile: Der erste Teil betrifft das Verhältnis von Staat und Gesellschaft. Sie selbst sind der *Hegel*-Kenner und wissen sehr wohl, wie differenziert bei *Hegel* das Verhältnis von Staat und Gesellschaft gedacht wird. Ich habe vorgeschlagen, von der Verfassung als rechtlicher Grundordnung von Staat *und* Gesellschaft, *und Gesellschaft unterstrichen,* zu sprechen, d.h. die Verfassung bezieht sich nicht nur auf die Staatsorgane im Sinne der klassischen drei Staatsfunktionen, sondern sie konstitutionalisiert auch teilweise die Gesellschaft. Beispiele: die Drittwirkung von Grundrechten, die Einbindung des privaten Fernsehens, die Sozialstaatsklausel, die Grenzen für den ungebändigten Markt, um die wir im Moment so ringen müssen. Wir sehen ja schlimme Erscheinungsformen: eine neue Art von Kapitalismus. Hier sollten wir von den Grundrechten, vom Sozialstaatsprinzip, von der Demokratie her weitere verfassende Elemente in die Gesellschaft vorantreiben, diese Einheit müssen wir über die Verfassung schaffen. Der andere Gedanke: mein Verständnis von Verfassung. Hier darf ich etwas weiter ausholen, es ist schwer, das in kurzen Worten zu sagen. Herkömmlich war in Deutschland die Verfassung auf den Staat zugeschnitten, sie betraf nur den Staat, einer meiner Kollegen spricht sogar heute noch von präkonstitutioneller Staatlichkeit. Für mich sind dies monarchische Reste im deutschen Staatsdenken, die wir, wenn wir vom Bürger aus die Verfassungsstaatlichkeit konstruieren, nicht mehr tradieren dürfen. Der Verfassungsbegriff ist von seiner Fixierung auf den Staat zu befreien. Dies habe ich Ihnen einmal dargelegt im Blick auf die Gesellschaft, aber wir brauchen diesen Ansatz auch im Hinblick auf Europa. Europa ist kein Staat, soll wohl auch kein Superstaat werden, aber nach meiner Meinung und nach der Meinung einiger Kollegen von mir hat es durchaus schon eine Verfassung. Mein Vorschlag lautet: Europa ist eine Verfassungsgemeinschaft, ein Ensemble von Teilverfassungen. Der große österreichische Völkerrechtslehrer *Alfred Verdroß* hat bereits im Jahre 1926 von der „Verfassung der Völkerrechtsgemeinschaft“ gesprochen. Auch auf der globalen Ebene haben wir heute verfassende Strukturen, etwa in den Menschenrechtspakten, in der UN-Charta und in vielen weltweiten Völkerrechtsabkommen, denken Sie auch an die Schaffung eines Strafgerichtshofes in Rom. Dies sind punktuelle Versuche, die Völkerrechtsgemeinschaft zu verfassen, wobei ich gerne hinzufüge, daß wir heute wieder eine „neue Schule von Salamanca“ brauchten, um diese positivrechtlichen Entwicklungen unter ein theoretisches Dach zu bringen. Die letzte Antwort auf Ihre tiefe Frage: Den Verfassungsbegriff müssen wir aufschlüsseln durch die Charakterisierung der verschiedenen *Funktionen* der Verfassung. Die Verfassung muß ein politisches Gemeinwesen organisieren, sie muß die Staatsfunktionen verteilen, sie muß Organe und Verfahren schaffen, um die Staatszwecke wie die Sozialstaatsklausel, den Umweltschutz und den Kulturstaat Wirklichkeit werden zu lassen. Aber die Verfassung hat darüber hinaus eine Symbolfunktion, sie symbolisiert die relative Einheit des politischen Gemeinwesens, übrigens auch in Europa. Sie hat also eine Integrationsfunktion und dies ist vielleicht der kühnste Gedanke, der von vielen Kollegen noch abgelehnt wird, die Verfassung hat auch eine gewisse pädagogische Funktion. Diese pädagogische Funktion wird eingelöst, insofern wir aus der Verfassung, ich habe das vorher angedeutet, gewisse Erziehungsziele für die Jugend in der Schule herausdestillieren. Stichwort: Grundrechte als Erziehungsziele, eine Idee, die in der Verfassung von Guatemala (1985) und in der alten Verfassung von Peru (1979) zum Ausdruck kommt. Kürzlich erging eine Entscheidung des deutschen Bundesverwaltungsgerichts in Berlin, die noch nicht genügend beachtet worden ist, die (wie ich im Jahre 1981) sagt, daß die Menschenwürde, die Grundrechte, die Gleichheit und die Demokratie Erziehungsziele im Grundgesetz sind. Dies ist eine geradezu revolutionäre Entscheidung aus dem Jahre 1992, ich selbst habe diese Idee im Jahre 1981 erstmalig vorgeschlagen. Die Verfassung hat also ein Bündel von verschiedenen Funktionen. Nun kommt es je auf die Entwicklungsstufe eines konkreten Verfassungsstaates an, wie sich diese verschiedenen Funktionen mischen. Eine habe ich noch vergessen: es ist die klassische machtbeschränkende und machtkontrollierende Funktion. Ich halte es für möglich, daß junge Verfassungsstaaten wie Kroatien, die sich in der Transformationsphase befinden, besonders achtgeben müssen auf die machtbeschränkende und -kontrollierende Funktion, vor allem in starken Präsidialregimen, wie Sie es unter *Tudjmann* hatten. Aber auch die Seite der erzieherischen Funktion im Sinne des klassischen deutschen Idealismus, der Erziehung des Menschengeschlechtes bei *Lessing* und bei *Schiller* wird entscheidend. Die Kinder in der Schule müssen in den Grundzügen lernen, wie die Demokratie funktioniert und welche Grundrechte des Anderen tolerant zu respektieren sind, insbesondere auch, daß es Minderheitenschutz gibt. Das muß gelernt werden, auch wir Deutsche müssen es noch lernen, obwohl wir die großen klassischen Toleranz-Philosophen und Dichter hatten, wie *Lessing* in seiner berühmten Ringparabel. Ohne belehren zu wollen: für Kroatien glaube ich, ist diese machtbeschränkende Funktion und die pädagogische Funktion besonders wichtig. Eine letzte Bemerkung: Daß ich jeweils in der Zeitphase differenziert die einzelnen Verfassungsstaaten betrachte, mögen Sie auch an folgendem, eher humorvollen Beispiel erkennen: Als ich vor einigen Jahren Gast in Kroatien und Gast des Verfassungsgerichts in Zagreb sein durfte, haben die Kroaten die deutsche Fußballmannschaft besiegt. Die Deutschen waren deprimiert, ich aber war begeistert. Warum? Weil Kroatien für sein Selbstverständnis, für das Zusammenwachsen der kroatischen Nation, diesen Integrationsfaktor brauchte. So wie die Türkei, die nach Europa wandern will, den Sieg in der Fußballeuropameisterschaft brauchte. Das Stichwort lautet: Solche Kulturvorgänge im weiteren Sinne, wozu der Sport bei aller Vorsicht gehören mag, sind ein Stück Einheitsbildung im klassischen Sinne und gerade bei jungen Verfassungsstaaten oder bei Entwicklungsländern wie in Afrika besonders dringlich. Hier sollten wir Europäer bescheidener sein und uns über die Erfolge der Kroaten oder Türken freuen, und zwar aus Gründen der Verfassungslehre!

Prof. Posavec: Einige Ihrer Kritiker meinen, daß Sie mit Ihrem Verfassungsbegriff einem totalen Verfassungsverständnis zuneigen und damit die Auflösung der Normativität der Verfassung in Kauf nehmen. Wie ist Ihre Stellungnahme zu diesen Kritikern?

Prof. Häberle: Ich danke sehr für diese kritische Frage, denn meine ganzen Bemühungen leben von dem Glauben, vielleicht auch von der Erkenntnis, daß nur im kritischen Gespräch, in der fairen Auseinandersetzung mit den Gegnern der wissenschaftliche Prozeß weiter vorankommt. Sie haben jetzt die besonders scharfe Kritik vom totalen Verfassungsverständnis aufgegriffen. Dazu erwidere ich folgendes: Mein Verfassungsverständnis will nicht die klassischen Funktionen und Begriffe der Verfassung beseitigen, sondern will nur eine Ergänzung sein zu dem, was die erwähnten Weimarer Riesen und andere Riesen entwickelt haben. Im übrigen sollten die Kritiker selbstkritisch sein, denn die Gegner, die Sie zitiert haben, arbeiten von einem letztlich autoritären Staatsverständnis her, das postmonarchische Züge hat. Im übrigen versuche ich die notwendige Offenheit und Bescheidenheit dadurch zu erreichen, daß ich von der Offenheit der Verfassung spreche. Es können sich neue Verfassungsthemen entwickeln, aber auch alte Verfassungsthemen absterben. Etwa in Europa müssen wir die klassische Staatselementenlehre von *Georg Jellinek* ganz neu durchdenken, die Kultur ist das vierte oder das erste Staatselement. Das Staatsgebiet hat heute nicht mehr die Bedeutung wie die klassischen Staatstheoretiker, von denen Sie sprechen, dies noch meinten oder meinen, es ist spätestens durch das Abkommen von Schengen relativiert. Wenn ich heute von Palermo nach Bayreuth fahre, sehe ich nichts mehr vom Staatsgebiet und von der Staatsgrenze, seitdem wir das Abkommen von Schengen haben. Im übrigen können Sie meinen wissenschaftlichen Versuchen entnehmen, wie stark ich Selbstkritik einbaue, alle Formulierungen vorläufig wähle, den Gedanken des trial-and-error-Prozesses von *Popper* übernehme und auch zu den Staatsrechtslehrern gehöre, die in ihren Schriften offen zugeben, wenn sie sich geirrt haben; mein Assistent, Herr Dr. *Kotzur,* der freundlicherweise anwesend ist, kann dies bestätigen. Ich habe mehrfach in jüngeren Schriften darauf hingewiesen, daß ich in gewisser Hinsicht auch mal Übertreibungen der Jugend revidiert habe. Man weiß freilich nicht, wie lange noch diese Kraft zur Revision der eigenen Position reicht, aber sie gehört jedenfalls zu meinem wissenschaftlichen Credo.

Prof. Posavec: Das Verfassungsrecht ist in die spezifische Zeitproblematik eingebunden. Einerseits besteht eine erschwerte Abänderbarkeit der Verfassung, Dauer und Kontinuität spielen immer eine große wichtige Rolle für die Stabilität einer Verfassung. Andererseits dringt die Zeit, wie Sie sagen, in das Verfassungsrecht ein. Kontinuität der Verfassungen zwischen Vergangenheit und Zukunft ist hier ein Thema, Zeit und Verfassung in abstracto. Möchten Sie uns etwas darüber sagen?

Prof. Häberle: Ich darf einmal den Versuch meiner Antwort mit zwei klassischen Zitaten beginnen. *Hugo von Hofmannsthal* läßt in seiner großen Oper „Der Rosenkavalier" nach einer durchwachten Liebesnacht die Marschallin sagen: „Die Zeit, ein sonderbar Ding". Das andere klassische Zitat stammt vom heiligen *Augustinus.* Man überliefert von ihm, daß er seinen Schülern folgendes sagte: „Ich weiß nicht, was die Zeit ist. Wenn ich nicht an die Zeit denke, weiß ich, was die Zeit ist, wenn ich an die Zeit denke, weiß ich nicht, was die Zeit ist". Es ist ein uraltes Menschheitsproblem, ich habe es für die Verfassungsjurisprudenz zum ersten Mal 1974 auf die Formel von „Zeit und Verfassung“ gebracht und dann im Jahre 1982 zum Stichwort „Zeit und Verfassungskultur“ fortgeschrieben. Auch wenn wir nicht wissen können, was die Zeit ist, die Leistung des Verfassungsstaates besteht darin – und er hat dies in langen zeitlichen Perioden entwickelt –, eine Fülle von Instrumenten und Verfahren hervorgebracht zu haben, wie man mit dem Zeitfaktor umgeht. Ich darf eine Skala bilden: die stärkste Einbeziehung der Zeit ist die Totalrevision einer Verfassung, wie sie derzeit in der Schweiz in vielen Kantonsverfassungen und jetzt auch in der Bundesverfassung erfolgt ist. Eine etwas schwächere Einbeziehung der Zeit ist die Teilrevision; sodann haben wir das normale Gesetzgebungsverfahren, Novellen zu großen Kodifikationen, etwa des Strafgesetzbuches oder des Zivilgesetzbuches, auch Experimentiergesetze. Es gibt aber auch ganz feine Instrumente, wie der Jurist mit der Zeit umgeht. Auf der Ebene der Verfassungsgerichtsbarkeit besitzen wir, ausgehend von den USA, sogenannte Sondervoten, die concurring and dissenting votes. In Deutschland hat sich seit 1970 – ausschließlich am Bundesverfassungsgericht – das Sondervotum durchgesetzt. Zu erwähnen ist auch das obiter dictum, die „Ankündigungsrechtsprechung“, daß man später möglicherweise in diese bestimmte Richtung judizieren will. Auch das Zusammenwirken der vier bzw. fünf Auslegungsmethoden ist eine Funktion der Zeit, bei der historischen Auslegungsmethode sehen Sie es ganz deutlich: Sie wirkt retrospektiv. In dem Maße, in dem man aber teleologisch zeitgenössisch aktuell auslegt, in dem Maße wirkt die prospektive Dimension. Insofern durchdringt der Zeitfaktor, auch in dem Stichwort von der Offenheit der Verfassung, die ganze Jurisprudenz. Nur muß der Jurist darauf achten, dass er keine Situationsjurisprudenz treibt und dem Zeitgeist nicht beliebig nachgibt: dies wäre Auflösung und Willkür. Und darum haben wir die bewährten vier handwerklichen Auslegungsmethoden und vielleicht die fünfte, die rechtsvergleichende. Wir müssen also wegen der großen Bedeutung der Rechtssicherheit als Teil der Gerechtigkeit den Zeitfaktor behutsam in den Prozeß der Verfassungsentwicklung einbringen.

Prof. Posavec: Mit Ihrer Interpretation der Verfassung haben Sie eine leichte Provokation verursacht. Ich meine auch Ihren Aufsatz „Verfassungsinterpretation und Verfassunggebung“. Sie sagen, man denkt zunächst an die Verfassunggebung. Erst wenn eine Verfassung gegeben ist, entsteht das Problem ihrer Interpretation. Das angeblich Vorhandene wird interpretiert. In Ihrem Vortrag steht die Verfassungsinterpretation am Anfang. Wollen Sie diese Kehre ein bißchen kommentieren und erklären.

Prof. Häberle: Dies war eine bewußte Provokation, wenn Sie so wollen, auch eine jugendliche Übertreibung. Die von Ihnen gestellte Frage muß ich heute ein wenig revidieren, aber ich freue mich, daß ich mit dieser Provokation vielleicht einiges erreicht habe. Ich wollte damit aus heutiger Sicht zum Ausdruck bringen, daß der Text einer Verfassung, so wichtig er ist, unverzichtbar auf die Interpretation als schöpferischen Vorgang im Laufe der Zeit angewiesen bleibt. Die angelsächsische Doktrin hat den schönen Begriff der „law in action", den ich erweitere zu „law in public action", um die Idee der Öffentlichkeit stärker einzubeziehen. Trotzdem halte ich an einer Teilwahrheit fest: manche Urteile des deutschen Bundesverfassungsgerichts, das sich so große Verdienste erwarb und sich weltweit Anerkennung verschafft hat, sind materiell Verfassunggebung. Sie tun so, als seien sie Verfassungsauslegung, aber sie sind viel mehr, sie sind die schöpferische Verfassunggebung. Beispiel: Die Rechtsprechung zum Fernsehen (mittlerweile gibt es acht oder neun Fernsehurteile) beginnend mit dem ersten Fernsehurteil, hat im Wege der Interpretation eine Teilverfassung neu geschaffen. Diese Judikatur hat den Rang von Teilverfassunggebung, es steht nichts von der pluralistischen Struktur, von Binnen- und Außenpluralismus auf dem Gebiet des Fernsehens in unserem Grundgesetz in Art. 5. Das BVerfG war ein Stück weit Verfassunggeber. Sicher, in Anknüpfung an das Grundgesetz, aber es war nicht nur Verfassungsinterpret eines vorgegebenen Textes.

Prof. Posavec: Die Verfassung der res publica, wie Sie sagen, impliziert einen Öffentlichkeitsbezug. Der Titel Ihres Buches lautet: Verfassung als öffentlicher Prozeß. Öffentlichkeit hat eine wesentliche Rolle in Ihrer Betrachtung der Verfassung gespielt. Wie sind sie gegenseitig bedingt, Verfassung und Öffentlichkeit?

Prof. Häberle: Zunächst schildere ich Ihnen auch hier wieder, wem ich wichtige Einsichten verdanke. Es war *Rudolf Smend,* der in der Gedächtnisschrift für *Walter Jellinek* 1954 erstmals wieder den Begriff des Öffentlichen in das Zentrum der deutschen Staatsrechtslehre gerückt hat. Daran anknüpfend hat dann mein Lehrer, *Konrad Hesse,* den Status der Öffentlichkeit für die politischen Parteien entwickelt. *Jürgen Habermas,* den Sie ja auch interviewt haben, hat seine Marburger Habilitationsschrift, die ein Klassiker geworden ist, über den Strukturwandel der Öffentlichkeit geschrieben. Auf der Basis dieser drei großen Autoren versuchte ich nun meine Theorie des Öffentlichen unter der Verfassung zu entwickeln. Das erste Stichwort findet sich in einem Besprechungsaufsatz von mir zu *Habermas* im Jahre 1969: „Öffentlichkeit und Verfassung". Diesen Gedanken habe ich dann fortentwickelt zu „Verfassung als öffentlicher Prozeß". Ich darf Ihnen den Stand meiner derzeitigen Konzeption dazu erläutern. Zu beginnen ist mit einer Strukturierung des Begriffs Öffentlichkeit. Öffentlich ist ein Wertbegriff und ein Bereichsbegriff. Öffentlich meint den Bezug zur res publica: Die schrittweise und punktuelle Entwicklung des Verfassungsstaates in Europa begann mit der schrittweisen Zurückdrängung der klassischen Arkanmaxime der Monarchen, der Fürsten. Stück für Stück haben die Stände, die Entwicklung von Grundrechtsgarantien und die frühliberale Öffentlichkeit Breschen geschlagen gegen die Kabinettsjustiz, gegen das Kabinettsystem und die monarchische Arkanmaxime. Insofern ist öffentlich ein Gegenbegriff gegen geheim und schon deshalb verbindet sich das moderne Verfassungskonzept mit dem Begriff öffentlich. Es besteht aber noch ein weiterer, letzter Zusammenhang, wenn ich recht sehe. Verfassung als Öffentlichkeit und Verfassung als öffentlicher Prozeß meinten, daß sich die Verfassung durch gelebte Interpretation aller Bürger und der zunftmäßig mit der Verfassungsinterpretation beschäftigten Juristen in der Öffentlichkeit fortentwickelt. Denken Sie daran, wie sehr es Verdienst der deutschen „Grünen" ist, das Umweltthema Stück für Stück in die Öffentlichkeit getragen zu haben. Bayern hat dann im Jahre 1984 erstmals den Umweltschutz als ein Stück Generationenschutz, in Gestalt einer Verfassungsänderung, normiert. Das deutsche Grundgesetz hat jetzt in einem neuen Art. 20a die Idee Umweltschutz konstitutionalisiert. Dies war ein spezifisch öffentlicher Vorgang, der Verfassunggeber muß öffentlich tätig sein, die Verfassungsinterpreten müssen öffentlich arbeiten, aber diese Öffentlichkeit funktioniert nur, wenn wir gleichzeitig optimalen Privatheitsschutz garantieren, denn auch der totalitäre Staat der Kommunisten oder Nationalsozialisten hatte ja eine Art von Öffentlichkeit. Dies war aber eine manipulierte totale Öffentlichkeit, eine instrumentalisierte Öffentlichkeit, keine freie Öffentlichkeit.

Prof. Posavec: Ihre Theorie lehnt strikt die Feind/Freund-Theorie als Theorie des Politischen ab. Möchten Sie dazu etwas sagen.

Prof. Häberle: Die Freund/Feind-Theorie, von *Schmitt* in der „Politischen Theologie" formuliert, ist auch auf dem Hintergrund des Niedergangs der Weimarer Zeit zu verstehen und des aufkommenden totalitären Staates. Sie hat leider in Europa deshalb so eine Durchschlagskraft gewonnen, weil sie so brillant formuliert wurde. Sie ist schlechthin falsch und überdies gefährlich, in der Wirkungsgeschichte fatal. Das politische Gemeinwesen der Nationen und auch das europäische politische Gemeinwesen, wie es als werdende Verfassungsgemeinschaft im Entstehen ist, kann mit dem Freund/Feind-Denken nicht leben. Es käme zum Bürgerkrieg. Die Auseinandersetzung mit dem Gegner in der Politik muß fair in bestimmten Verfahren und tolerant sein. Darum habe ich den Begriff Verfassungsfeind immer abgelehnt. Selbst wenn es die Kommunisten oder die Nazis waren, habe ich in den 60er oder Anfang der 70er Jahren immer gesagt, der Kommunist ist für mich kein Feind, sondern er ist ein Gegner, unbeschadet der Tatsache, daß das Grundgesetz auf Grund der Erfahrungen mit der Weimarer Verfassung in der Endphase die streitbare und wehrhafte Demokratie begründet hat und deshalb die Möglichkeit des Parteiverbotsverfahrens vorsieht. Im übrigen, damit kein Irrtum aufkommt, anerkenne ich durchaus manche positive Leistungen von *Schmitt,* ich nenne nur das Beispiel seiner Verfassungslehre. Für mich ist die Verfassungslehre von *Schmitt* aus dem Jahre 1928 ein Meisterwerk, selbst dort, wo sie Antinomien konstruiert, etwa zwischen Demokratie und Freiheit oder zwischen Freiheit und Institution. Demgegenüber habe ich 1962 versucht, die Lehre vom Doppelcharakter in meiner Dissertation über den Wesensgehalt der Grundrechte zu entwickeln (3. Aufl. 1983). Die Grundrechte haben eine freiheitlich-individualrechtliche Seite und eine objektivrechtlich-institutionelle Seite. Im übrigen, bei jeder Frage nach *Schmitt* muß man die Vorfrage stellen, *welchen* Schmitt Sie meinen: den *Schmitt* der klassischen Verfassungslehre von 1928 oder den unseligen *Schmitt,* der 1934 nach dem Röhm-Putsch und der Ermordung von Hunderten von SA-Leuten in Bayern sagte: der Führer schützt das Recht. Der antisemitische, der über die Juden und die deutsche Rechtswissenschaft schrieb oder der „der Jude Stahl" und „der Jude Jellinek" sagte, ist für mich indiskutabel. Die Brillanz von *Schmitt* bestreite ich nicht, nur: mit der Theorie von *Schmitt,* der heute nach wie vor eine große Anhängerschar besitzt, kann man keine europäische Verfassung bauen, es fehlt ihm jeder Sinn für Verfassungsvergleichung, es fehlt jeder Sinn für Pluralismus. Er hat sich immer kritisch gegenüber den USA geäußert, gegen *Lasky* und dessen pluralistische Souveränitätstheorie. Gerade ein Land wie Kroatien, das auf die Toleranz, auf Minderheitenschutz, auf Frieden, auch auf die rechtsvergleichende Kunst angewiesen ist und gerade auf das Freundschaftsdenken und auf den friedlichen Ausgleich der verschiedenen Minderheiten; gerade Kroatien oder andere junge Länder wie Mazedonien oder auch Slowenien, vor denen ich große Achtung habe, können am wenigsten mit *Schmitt* anfangen. Am meisten mit *Hermann Heller,* wenn wir die Weimarer Klassiker befragen, am meisten auch mit *Fraenkel* oder *Popper,* ein wenig auch mit meinem wissenschaftlichen Großvater *Rudolf Smend,* auch wenn dessen Integrationslehre vielleicht zu stark nationalstaatsbezogen war.

Prof. Posavec: Welche Tendenzen und Strömungen sind heute in der Verfassung und Staatslehre in der Bundesrepublik präsent?

Prof. Häberle: Auch auf diese Frage antworte ich gerne, so schwierig dies ist. Ich habe versucht, in der Festschrift für *Hans Maier* in einem Aufsatz 1996 diese Wirkungen und die verschiedenen Strömungen in der deutschen Staatsrechtslehre darzustellen. Zunächst vorweg: Nach meiner Meinung lebt auch die heutige deutsche Staatsrechtslehre in großen Teilen von den Weimarer Klassikern, wobei es dann natürlich Epigonen gibt und Tertiär-, nicht nur Sekundärliteratur geben mag. Es gibt auch nach wie vor einen versteckten und offenen Schulenstreit. Ich sage gänzlich ungeschützt folgendes: Leider hat *Hermann Heller,* weil er emigrieren mußte, personell keine Schule in Deutschland begründen können, erst auf dem Umweg vor allem über Spanien hat er dann wieder zunehmend in Deutschland Aufmerksamkeit gefunden. Meine Lehrer *Konrad Hesse* und *Horst Ehmke* haben mich immer wieder auf die Fruchtbarkeit von *Hermann Heller* hingewiesen. Stichwort: Rechtswissenschaft als Wirklichkeitswissenschaft, auch Staatslehre als Kulturwissenschaft, aber Hermann Heller denkt zu stark immer noch vom Staat aus, während ich primär von der Verfassung aus denke, dies ist doch ein deutlicher Unterschied! Eine sehr einflußreich gewordene Richtung ist die Integrationslehre von *Rudolf Smend.* Mein großer Lehrer *Konrad Hesse* war seinerseits ein Schüler von *Rudolf Smend. Rudolf Smend* verdanken wir viele Einsichten, etwa den Gedanken der Einheit der Verfassung, den Gedanken der Integration, große Aufmerksamkeit für das Staatskirchenrecht in Deutschland, also unseren Art. 140 GG. *Smend* gewann auch Einfluß auf das BVerfG, dies läßt sich an einzelnen Entscheidungen ebenso nachweisen wie an einzelnen Personen: Mehrere Bundesverfassungsrichter waren Schüler oder Bewunderer von *Rudolf Smend.* Die dritte Richtung, die besonders großen Einfluß ausübt, ist die Richtung von *Schmitt.* Die besten Schüler, noch aus der Weimarer Zeit herkommend, waren *Ernst Rudolf Huber,* teilweise sehr fragwürdig, *Forsthoff,* der bedeutendste Verwaltungsrechtslehrer der 50er Jahre, ist ambivalent zu beurteilen in seiner Staatstheorie, ebenso einige andere. *Hans Schneider* hat in seiner bedeutenden Gesetzgebungslehre unter unserem GG ein großes Werk geschaffen. Diese Schüler von *Schmitt* sind sehr wirkungsmächtig geworden, insofern sie nun ihrerseits wieder viele Schüler und sogar Enkel hervorgebracht haben. Ich bestreite keinem Einzigen den wissenschaftlichen Rang, ich frage mich aber, ob man mit *Carl Schmitt* und seiner Ideologie angesichts der erwähnten kritischen Vorbehalte den Problemen des Verfassungsstaates von heute im sich einigenden Europa gerecht werden kann. Dabei will ich gar nicht auf die Person von *Schmitt* kommen: ich habe in Bayreuth gelernt, daß man das Werk vom Autor trennen muß. *Richard Wagner* war persönlich ein Scheusal, er hat seinen Freunden entweder die Frau oder das Geld gestohlen, wie ein schönes Bonmot sagt, aber er war ein unvergleichlich großer Opernkomponist. *Schmitt* hat bedeutende Werke geschaffen, aber er war menschlich, wenn sie an den Antisemitismus und die vorher zitierten Äußerungen denken, höchst problematisch. Erwähnt sei schließlich auch noch die große Wirkung von *Hans Kelsen,* insbesondere in Österreich bis heute. Er hat sich früh und wirkmächtig für die Verfassungsgerichtsbarkeit eingesetzt.

Prof. Posavec: Für Sie war 1989 ein „annus mirabilis". Wiedervereinigung ohne neue Verfassung, wie stehen Sie dazu?

Prof. Häberle: Glücklicherweise lebte ich schon 1989 in Bayreuth. Damals war Bayreuth fast an der Grenze Deutschlands, jetzt liegt es im Herzen des wiedervereinigten Deutschland. Für mich ist die Wiedervereinigung im sozialen Bereich das glücklichste Erlebnis meiner Biographie.

Nicht primär, weil es um die Wiedervereinigung eines Nationalstaates geht, sondern primär, weil wir Deutschland als Kulturnation wiedervereinigt haben und weil wir damit auf den Weg gelangt sind, den *Thomas Mann* gefordert hat – ein europäisches Deutschland –. Ich befand mich damals in einem euphorischen Zustand, auch wissenschaftlich, ich habe Tag und Nacht gearbeitet und im Jahrbuch des öffentlichen Rechts, das von mir herausgegeben wird, die gesamte Wiedervereinigung und 40 Verfassungsentwürfe in Ostdeutschland dokumentiert und z.T. auch kommentiert. Mir ist unvergeßlich, wie ich bei den Montagsdemonstrationen Ende 1989 mit einem Dutzend Studenten aus meiner Vorlesung und meinen Seminaren in Leipzig an der Thomas- bzw. Nicolaikirche beteiligt war, in aller eigenen Zurückhaltung den Aufbruch der Ostdeutschen erlebte. Die Wiedervereinigung ist kein Geschenk und keine Leistung der Westdeutschen, sie ist ein Geschenk der Geschichte unter großer Mitwirkung von *Gorbatschow, Kohl, Bush,* nicht *Andreotti* aus Italien, wohl aber *González* aus Spanien. Damals entstand auch das Stichwort: Die Wiedervereinigung und das Jahr 1989 sei das „annus mirabilis". Auch hier muß ich mich korrigieren. Es war aus der damaligen Euphorie heraus für mich das „annus mirabilis", die Wende zum Verfassungsstaat, der Glaube, daß nun der Verfassungsstaat weltweit in seiner Freiheitlichkeit, Öffentlichkeit, Toleranz und Rechtstaatlichkeit einen Siegeszug antrete. Ich habe damals nicht geahnt, mit welchen Kosten und welchen Defiziten dies geschieht. Zu den Defiziten gehört der ungebremste Kapitalismus, *Gräfin Dönhoff* sprach jüngst ähnlich davon. Die Nachteile der Globalisierung, die scheinbar absolute Dominanz des Marktes, habe ich nicht vorausgesehen. Aus der Sicht des Verfassungsstaates ist der Markt nur Instrument, er ist nicht das Maß aller Dinge. Marktwirtschaft meint hier die soziale Marktwirtschaft i.S. von *Ludwig Erhardt*. Wir müssen den Kapitalismus bändigen, einzäunen: durch soziale und kulturelle Grundrechte, durch neue Formen von Demokratie, auch durch Regionalismus und ähnliche Strukturen. Die Globalisation war 1989 nicht vorauszusehen. Was aber sind die Kosten: die Gefahr eines neuen Ökonomismus, eine Überschätzung des Ökonomischen, so wichtig der Wohlstand für die Demokratie und ihre Bürger bleibt. Das Messen aller menschlichen Dinge am wirtschaftlichen Erfolg ist eine unglückliche Entwicklung, sie widerspricht den Idealen der antiken Polis ebenso wie dem deutschen Idealismus in der Weimarer Klassik und der pluralistischen Demokratie. Der postkommunistische Materialismus im Westen ist eine Entwicklung, die mich zweifeln läßt, ob das Wort „annus mirabilis" noch trifft. Wir müssen hier einige Korrekturen anbringen, ich habe einige Tendenzen angedeutet, ich bin kein hinreichend versierter Lateiner, um jetzt ein schöneres Wort zu erfinden als das „annus mirabilis". Ein etwas bescheideneres Wort könnte man sich vielleicht ausdenken. Trotzdem halte ich daran fest. Für mich ist das Jahr 1989 politisch, menschlich und wissenschaftlich das glücklichste Ereignis, der Beginn einer neuen europäischen Einigung und die Bekräftigung der relativen Richtigkeit des Typus Verfassungsstaat unserer Zeit, um Gerechtigkeits- und Gemeinwohlfragen zu entsprechen.

Prof. Posavec: Seit diesem Jahr besteht ein Einfluß auch auf der Ebene des ganzen Europas. Es gibt verschiedene Versuche, wie sich Europa weiterentwickeln wird. Sie haben auch dazu viel gesagt. Sie sprechen in Ihren verschiedenen Aufsätzen über die werdende Verfassung in Europa. Was meinen Sie damit und möchten Sie uns darüber etwas sagen?

Prof. Häberle: Die europäische Einigung und die deutsche Einigung von 1989 gehören zusammen. Eine glückliche Fügung hat es mit sich gebracht, daß der alte Art. 23 GG sich auf die Wiedervereinigung bezog. Nachdem die Wiedervereinigung geglückt ist, formuliert der neue Art. 23 GG die europäische Einigung. Es war die Leistung von Bundeskanzler *Kohl,* rechtzeitig erkannt zu haben – ich sag dies gegen den Zeitgeist bei uns, der ihn derzeit unverhältnismäßig bestraft –, daß die europäische Einigung und die deutsche Einigung zusammenkommen. Dies ist ja der Glücksfall unserer Geschichte, daß wir in Frieden erstmals mit allen Nachbarn leben. Ich habe mich immer an dem von *Thomas Mann* in den 20er Jahren formulierten Wort vom europäischen Deutschland orientiert. Dies scheint zu glücken. Die europäische Einigung, wie Sie wissen, hat mit den Römischen Verträgen des Jahres 1957 begonnen, was kein Zufall ist, und sie hat dank der deutschen Einigung im Jahre 1989 durch die zwei großen Verträge von Maastricht und Amsterdam neue Schubkraft entwickelt. Dies sind völkerrechtliche Verträge spezieller Art. Wir Juristen tun uns ungeheuer schwer, zu definieren, was Europa derzeit juristisch ist. Vorweg die Unterscheidung zwischen Europa und Europarecht im engeren Sinne der EU und der EG und dem Europa im weiteren Sinne der OSZE, früher KSZE, und des Europarates. Ich konzentriere mich im Moment auf das Europa und das Europarecht im engeren Sinne der EU. Wir stellen uns die Frage, ob sie, wie das deutsche Bundesverfassungsgericht im umstrittenen Maastrichturteil im 89. Band, Seite 155 sagt, ein „Staatenverbund" ist. Dies bleibt für mich unbefriedigend. Wir wissen, daß Europa im engeren Sinne weder ein Staatenbund noch Bundesstaat ist. Es sei anerkannt, daß das BVerfG mit seiner neuen Formel versuchte, dieses „Zwitterwesen" zu definieren. Aber Staatenverbund gefallt mir nicht, weil der Begriff des Staates im Vordergrund steht. Andererseits weiß ich, daß etwa Großbritannien große Vorbehalte gegen alle Arten von Föderalismus hat. Das ist eine spezielle, wenn Sie so wollen, national verfassungskulturelle Sicht von Großbritannien. Also müssen wir einen Begriff suchen, der es allen Staatsrechtslehrergemeinschaften aller 15 Nationen und ihren Politikern erlaubt, sich in diesem gemeinsamen Europa wiederzufinden. Darum mein Vorschlag, Europa als werdende Verfassungsgemeinschaft zu definieren. Was will dies bedeuten?

Den Begriff Gemeinschaft übernehme ich von *Walter Hallstein,* dem großen Europäer, er hatte einen Rang wie heute vielleicht *Jaques Delors. Hallstein* hat meines Wissens den Begriff von der europäischen Gemeinschaft geprägt. Ihn will ich retten, weil er eben Emphase nicht auf die Gesellschaft legt, sondern auf die Gemeinschaft. Aber ich möchte den Begriff Verfassung hinzunehmen und darum lautet mein vorläufiger Vorschlag, das Europa der EU sei eine werdende Verfassungsgemeinschaft eigener Art, ein Ensemble von materiellen Teilverfassungen. Beispiel: Die Rechtsprechung des EuGH in Luxemburg zu den Grundrechten als allgemeinen Rechtsgrundsätzen ist ein Stück materieller Verfassung, das sich im EU-Vertrag wiederfindet. Auch der Vertrag der EU und der EG, nach Maßgabe von Maastricht und Amsterdam, bildet eine Teilverfassung. Sogar im Europa im weiteren Sinne haben wir Teilverfassungen. Ich war glücklich, daß Kroatien Mitglied der Europäischen Menschenrechtskonvention geworden ist und auch diese Europäische Menschenrechtskonvention bildet in ihren substantiellen Gehalten ein Stück Teilverfassung. In Österreich und in der Schweiz gilt sie mit Verfassungsrang und in Deutschland wirkt sie bislang nur als ein Interpretationsgesichtspunkt für die Auslegung der Grundrechte durch das deutsche BVerfG. Wir brauchen einen *John Locke* der Europa- und der Verfassungstheorie, der dieses neue Gebilde auf die richtigen Begriffe bringt, notfalls mit Hilfe der Kategorie einer konkreten Utopie; denn als *John Locke* die Elemente des Verfassungsstaates in seinem England entworfen hat, war sein Denken noch Utopie, aber mittlerweile ist es auf weiten Gebieten Wirklichkeit. Darum plädiere ich immer dafür, daß es auch Aufgabe der Juristen ist, ein Stück Utopiequantum in ihr Denken einzubeziehen und der Wirklichkeit, wie sie ist, im Sinne des Möglichkeitsdenkens ein Stück vorauszugehen.

Prof. Posavec: Ist vielleicht nicht schon in allen europäischen Verfassungen, aber auch in außereuropäischen Verfassungen ein Menschenbild in Erscheinung getreten, aus dem wir einige Grundrechte destillieren oder kreieren können? Oder haben sich diese Rechte schon herauskristallisiert, daß sie uns die Richtlinien geben könnten, wohin wir überhaupt gehen müssen?

Prof. Häberle: Auch diese Ihre Frage ist besser als meine Antwort, so wie ich überzeugt bin, daß ihre Übersetzung ins Kroatische besser sein wird als mein Text. Ich gehe auf diese Frage besonders gerne ein, zunächst auf einer rein philosophischen Ebene und dann auf einer verfassungsjuristischen Ebene. Die Menschenbildfrage ist ein klassisches Paradigma mit den beiden Klassikern und Gegenklassikern *Thomas Hobbes* und *John Locke. Thomas Hobbes,* das eher pessimistische Menschenbild, homo homini lupus und bellum omnium contra omnes. Die Bürgerkriege im ehemaligen Jugoslawien geben erschütternde Beispiele. *John Locke* hat ein eher optimistisches Menschenbild formuliert, das dann ein Element des entstehenden Verfassungsstaates über die USA und Frankreich usw. wurde. Ich war bis zum Jahre 1989 naiv, blauäugig, wenn Sie so wollen, ausschließlich Anhänger des optimistischen Menschenbildes von *John Locke.* Angesichts der Auseinandersetzungen auf Ihrem Balkan in Ex-Jugoslawien, der Vernichtung von Minderheiten durch die Serben, der Vorgänge im Kosovo der Serben und Orthodoxen, mir unbegreiflich gegen die islamische Minderheit, habe ich zu zweifeln begonnnen, ob wir mit einem rein optimistischen Menschenbild dem Verfassungsstaat und den Menschen ganz gerecht werden. Brauchen wir nicht auch manche Gedanken des skeptischen *Thomas Hobbes?* Darum vertrete ich jetzt das sogenannte gemischte Menschenbild: teilweise ist der Mensch gut, er kann durch Erziehungsziele besser werden, wir haben aber auch dunkle und negative Seiten in uns. Der große Reformator *Luther* sagte, der Mensch sei von Natur aus böse. Sie kennen die klassischen Stellen bei *Machiavelli,* auch *Hegel* ist eher kritisch gegenüber den Menschen, *Friedrich Schiller,* mein schwäbischer Landsmann, hat demgegenüber ein höchst optimistisches Menschenbild. *Goethe* war eher zurückhaltend und vorsichtiger, er kannte die Tiefen und Untiefen des Menschen. Für die konkrete Umsetzung jetzt von der philosophischen und rechtsphilosophischen Ebene auf die verfassungsjuristische: Lassen Sie mich beginnen mit der Menschenbildjudikatur des deutschen BVerfG. Das deutsche BVerfG hat wohl im 4. Band in den 50er Jahren seine sogenannte Menschenbildjudikatur entwickelt. Dort wird gesagt, der Mensch sei Person, habe Autonomie, er sei aber auch ein sozial gebundenes und sozial verantwortliches, sozial verpflichtetes Wesen. Das war eine Grundlegung des Menschenbildes. Es geht vermutlich auf die Philosophie von *Gustav Radbruch* zurück, was das BVerfG aber, wie so oft, nicht ausdrücklich zitiert. Diese Menschenbildjudikatur müssen wir ergänzen um einige Hinweise. Fragen wir nach dem Menschenbild von *Montesquieu.* Es zeigt einen gesunden Schuß Skepsis. Denn *Montesquieu* sagt in seinem Klassikertext vom Geist der Gesetze aus dem Jahre 1748 in dem berühmtesten Kapitel wörtlich: „Der Mensch neigt von Natur aus, die Macht zu mißbrauchen". Dies ist eine tiefe Einsicht in die Zwiespältigkeit unserer Natur und darum hat er die Gewaltenteilung konstruiert. So bedeutet für mich die Gewaltenteilung jener Schuß skeptisches Menschenbild gegenüber den Menschen, die im Amt sind. Auch Demokratie als Herrschaft auf Zeit verrät eine Einsicht in die Gefährdungen des Menschen, d.h., die Regierungen müssen sich regelmäßig nach vier oder fünf Jahren wieder dem Wahlvolk stellen. Hier haben wir sozusagen ein Stück Gewaltenteilung in der Zeit oder eine Konsequenz eines gemischten Menschenbildes im Verfassungsstaat. Eine letzte Bemerkung: Das Menschenbild unseres GG können wir an zwei weiteren Referenzgebieten erkennen. Das BVerfG hat in zwei jüngeren Entscheidungen darauf hingewiesen, daß der Strafhäftling die Möglichkeit zur Resozialisierung haben muß. Dahinter liegt ein optimistisches Menschenbild, nämlich die Hoffnung, daß der Mensch sich sogar im Gefängnis, was man bezweifeln kann, zum normalen Bürger entwickeln möge, der seine Freiheit tolerant gebraucht. Eine weitere Ausprägung des Menschenbildes entnehmen wir den vorher erwähnten Erziehungszielen. Der gemeindeutsche Kanon von Erziehungszielen lautet: Toleranz, Achtung der Menschenwürde, der gleichen Menschenrechte der anderen, Umweltschutz und seit dem klassischen Art. 148 der Weimarer Verfassung von 1919 auch Völkerversöhnung. Ich füge gerne hinzu, zusätzlich jetzt auch die Europaoffenheit bzw. das Bekenntnis zu Europa. Die Möglichkeit oder der Glaube, daß wir im Elternhaus, in den Schulen und in den Hochschulen die jungen Menschen an diese Erziehungsziele heranführen können, ist auch ein Ausdruck eines bestimmten Menschenbildes. Insofern also meine ich, daß der Verfassungsstaat auf ein bestimmtes Menschenbild, auf den Glauben an die Menschenwürde als kulturanthropologische Prämisse seiner selbst angewiesen ist. Freilich müssen wir mit dem Menschenbild vorsichtig sein, wir müssen es kontrolliert einsetzen, es darf nicht zu einem unbegrenzten Füllhorn vieler neuer Pflichten werden. Der Marxismus besaß ebenfalls ein Menschenbild, sie kennen es besser als ich aus Ihrer früheren Zeit in Zagreb. Als Sie noch Student waren, haben Sie es lernen müssen. Wir aber bekennen uns zu diesem gemischten, teils optimistischen, teils skeptischen Menschenbild, das natürlich letztlich religiöse Wurzeln hat: Das Menschenbild, der Mensch als Imago Dei. Der Begriff Menschenwürde stammt von einem italienischen Humanisten aus dem Jahr 1498, von *Pico de la Mirandola.* Zur Menschenwürde gibt es heute eine reiche Rechtsprechung des BVerfG, anhand der Kasuistik läßt sich differenziert erschließen, was Würde des Menschen bedeutet. Für mich gibt es eine Trias von Menschenbild, Staatsbild oder Verfassungsbild und Volksbild, was jetzt in die europäischen Koordinatensysteme eingebettet werden muß.

Prof. Posavec: Herr Professor *Häberle,* Sie waren in Kroatien und Sie haben zwei Vorträge bei uns gehalten, die wir, wie Sie wissen, veröffentlicht haben. Sie haben mit unseren wichtigsten Verfassungsrichtern und Wissenschaftlern gesprochen. Sie kennen auch unsere Verfassung, Sie haben auch Ihre verschiedenen Bemerkungen über unsere Verfassung veröffentlicht. Was können Sie uns mit Blick auf unsere europäischen Bestrebungen und Orientierungen empfehlen? Ich möchte Sie gerne wieder in Kroatien begrüßen und unsere Einladung ist immer offen.

Prof. Häberle: Mein erstes Wort ist ein Wort des Dankes. Ich war in der Tat in Kroatien auf Einladung der dortigen Universität und des Goethe-Institutes, auch des Botschafters Dr. *Haak,* und ich war dann Gast des Präsidenten *Crnic* in Zagreb. Ich habe einen denkbar positiven Eindruck gewonnen, nicht nur von der Gastfreundschaft, die bei Ihnen selbstverständlich ist, sondern auch von dem wissenschaftlichen Niveau vieler dortiger Kollegen und von dem Berufsethos der dortigen Verfassungsrichter. Über die Verfassung Kroatiens selbst habe ich im Rahmen eines Rechtsvergleiches der osteuropäischen Verfassungen ein wenig gearbeitet und war erstaunt, daß sie sich etwa im Bereich der Staatsziele, auch des beginnenden Minderheitenschutzes, der Begründung einer Verfassungsgerichtsbarkeit (sogar mit der Kühnheit der Möglichkeit von Sondervoten) schon weit entwickelt hat. Zweifel sind mir gekommen, ob die Präsidialdemokratie nicht zu stark ausgebaut war, was auch mit dem persönlichen Führungsstil Ihres mittlerweile verstorbenen Präsidenten *Tudjmann* zusammenhängen mag. Dabei stellte ich mir theoretisch ohnedies die Frage, ob es nicht sein könnte, daß sich in Transformationsdemokratien, also in den osteuropäischen Reformstaaten, ebenso wie in manchen Entwicklungsländern in Südamerika, in einer Übergangsphase die Präsidialdemokratie empfiehlt. Aber dann müßte rechtzeitig wohl der Übergang zur parlamentarischen Demokratie (wie in Deutschland oder in Italien) gefunden werden. Aber dies ist eine wissenschaftliche Frage, über die ich noch nachdenken muß, zu der ich noch zu wenig Material habe. Ich bin sehr beeindruckt von den Normen, die der Verfassunggeber in Kroatien relativ früh geschaffen hat, er kann sich wahrlich in Europa mit seinen Texten sehen lassen. Was in der Wirklichkeit daraus bislang geworden ist, vermag ich im einzelnen nicht zu sagen. Doch mein Textstufenparadigma bedeutet: Wenn eine Nation einmal einen guten Verfassungstext geschaffen hat, ist dies schon eine Leistung, weil sich dann die Bürger und die Parteien und die Gerichte im Laufe einer längeren Entwicklungsperiode auf diesen Text berufen können, auch wenn er vielleicht zunächst nur Utopie ist. Es läßt sich an vielen Beispielen in der Welt nachweisen, daß zunächst einmal ein Text in der Welt ist bzw. sein muß. Dies ist schon etwas sehr Positives, er muß dann natürlich mit Leben erfüllt werden. Ihre dritte Frage, die ich Ihrer Bemerkung entnehme, richtet sich darauf, was ich Ihnen empfehle. Hier bin ich natürlich als dankbarer Gast besonders vorsichtig; als Deutscher muß man sich davor hüten, zu rasch Empfehlungen oder Ratschläge zu geben oder gar besserwisserisch zu scheinen. Einige Hinweise darf ich Ihnen gegenüber vielleicht zum Ausdruck bringen, auch aus freundschaftlicher Verbundenheit mit Ihnen und auch wegen der Brükken, die sich vielleicht in Zukunft zur kroatischen Wissenschaftlergemeinschaft schlagen lassen. Beginnen müssen Sie mit der Ausbildung der jungen Kroaten zum „europäischen Juristen". D.h., die kroatischen juristischen Studenten müssen nicht nur ihre kroatische Verfassung und auch ihre Zivil- und Strafgesetzbücher genau studieren, sondern sie müssen sich auf den Weg machen, „europäische Juristen" zu werden. Was heißt europäischer Jurist? Sie selbst sind ein Beispiel dafür, wie ein Kroate ein europäischer Jurist ist. Der europäische Jurist muß mehrere Fremdsprachen beherrschen und ein oder zwei andere nationale Rechtsordnungen kennen, so wie Sie Frankreich und Deutschland. Darüber hinaus muß er die klassischen europäischen Texte, über die wir vorher gesprochen haben, bis hin zu großen Dichterwerken kennen und er muß mit den Grundzügen des Europarechts im engeren und weiteren Sinne vertraut sein. Was für eine Verfassungstheorie sich in Kroatien später herausbilden wird und welche sie sich leisten können, hängt letztlich davon ab, was in Ihren Klassenzimmern in den Schulen und in Ihren Seminaren geschieht. Der andere Hinweis, daß Sie die starke Präsidialdemokratie reduzieren, die Minderheitenrechte ausbauen, daß Sie auf regionalistische Strukturen und Strukturen der kommunalen Selbstverwaltung stärker achten, daß Sie viel Grundrechtsdogmatik leisten, aber im übrigen sehr rasch nach Europa zurückkehren, zu dem Sie ja über Österreich und seinen Vielvölkerstaat in einer langen Geschichte gehörten. Und dabei hat mich ermutigt, daß in der gestrigen FAZ zu lesen war, daß die Europäische Union bereit ist, nun auch mit Kroatien Assoziierungsabkommen zu schließen. Wir müssen also alles dafür tun, daß es zu einem Wissenschaftleraustausch kommt, den Sie ja als Humboldtianer schon auf Ihre Weise ganz früh in Angriff genommen haben, auch durch Ihre Gastfreundschaft in Kroatien und in Dubrovnik. Aber Sie sollten auch alles tun, um zum Leitbild eines „europäischen Kroatien" zu gelangen. Dann hätten wir eine zusätzliche Gemeinsamkeit: So wie wir hier auf dem Weg sind, das europäische Deutschland zu schaffen, so wünsche ich mir, daß Sie in viel kürzerer Zeit ein europäisches Kroatien auf den Weg bringen.

Vielen Dank für Ihre Fragen. Sie können sicher sein, daß ich alles tun werde, um meinerseits von der Wissenschaft her, die freilich eine begrenzte Wissenschaft ist, einen kleinen Beitrag zu diesem Gemeinschaftswerk zu leisten.

Prof. Posavec: Ich danke Ihnen, Herr Professor *Häberle* für dieses Gespräch, ich danke Ihnen, Herr Dr. *Kotzur,* für die Dienste, die Sie zu diesem Gespräch geleistet haben.

Interview durch Prof. Dr. H. Kuriki (Nagoya-shi)* (2000)

Prof. Kuriki: Friedrich Nietzsche sagt, es sei möglich, aus drei Anekdoten das Bild eines Menschen zu zeichnen. Könnten Sie uns drei Anekdoten über das BVerfG nennen, so es denn welche zu berichten gibt?

Prof. Häberle: Nietzsches These zu den „Anekdoten" für das BVerfG „wiederholen" zu lassen, überzeugt: denn im BVerfG wirken 2 mal 8 – unfehlbare – Menschen!

Nur zwei „Anekdoten" fallen mir spontan ein:

a) Nur zwei Institutionen überleben in der deutschen Geschichtsschreibung: der preußische Generalstab und das BVerfG *(M. Druon).*

b) Die jeweils zu erwartenden Entscheidungen gleichen einem Lotteriespiel, einem Spiel mit mehreren Bällen oder einem Schwerttanz.

c) Im übrigen sei auf den Band verwiesen: das BVerfG in der Karikatur.

Prof. Kuriki: Aus welchen Gründen hat sich Ihrer Meinung nach die Verfassungsgerichtsbarkeit in Deutschland und Österreich so positiv entwikkelt?

Prof. Häberle: Wenn nach der *Verfassungsgerichtsbarkeit in Deutschland* gefragt wird, so sind immer auch die 15 (!) Landesverfassungsgerichte hinzuzudenken (besonders fruchtbar wirkt zeitlich auch schon *vor* dem BVerfG vor allem der Bayerische Verfassungsgerichtshof in München; jetzt wachsen die Verfassungsgerichte in den neuen Ländern nach). Zu den Gründen für die gute Entwicklung des BVerfG: zuvörderst die großen Richtergestalten der „ersten Stunde" (eines *E. Friesenhahn, G. Leibholz, W. Geiger*), die bis heute gültige Weichenstellungen in Sachen Grundrechte, Rechtsstaat und Föderalismus, z.T. unter Rückgriff auf Weimarer Klassiker wie *R. Smend, G. Radbruch* und *H. Heller,* vorgenommen haben. Neben der hohen sachlichen Qualität der Rechtsprechung liegt ein weiterer Grund für die Bewährung der deutschen Bundesverfassungsgerichtsbarkeit darin, daß sie der Neigung der Deutschen entgegenkommt, sogleich „nach dem Richter" zu rufen. Das BVerfG hat sich sodann klug in das System auch der vertikalen Gewaltenteilung eingefügt und als „Hüter" des deutschen Föderalismus be-

---

* Interview für die Zeitschrift der Japanischen Forschungsgesellschaft für deutsches Verfassungsrecht, 2002, i.E. Das Interview wurde im September 2000 in Bayreuth geführt, vgl. auch *H. Kuriki,* Über die Tätigkeit der Japanischen Forschungsgesellschaft für deutsches Verfassungsrecht, in: JöR 50 (2002), S. 599 ff.

währt, obwohl in einer pluralistischen Demokratie letztlich alle Bürger „Hüter“ in der „offenen Gesellschaft der Verfassungsinterpreten“ (1975) sind. Schließlich ist dem BVerfG ein kluges Wechselspiel zwischen „judicial activism“ und „judicial restraint“ geglückt. Auf Kritik der (wissenschaftlichen) Öffentlichkeit hat es mittelfristig sensibel reagiert. Das 1970 eingeführte Institut des Sondervotums (§ 30 BVerfGG) schuf ein „Ventil“, es bekräftigt die Verfassung als „öffentlichen Prozeß“ (1969), es ermöglicht Innovationen, die nicht selten später die Mehrheit im Senat gewinnen (Beispiele liefert die Arbeit von Frau *Rupp von Brünneck* im Verständnis von Art. 14 GG). Auch in der Transformationsphase der deutschen Wiedervereinigung hat sich das BVerfG im Ganzen bewährt – dank großer Judikate aus der Feder eines *E. G. Mahrenholz,* der wie der große Richter *K. Hesse* übrigens aus dem Göttinger *Smend*-Seminar kommt.

Ein Wort zu *Österreich.* Ein Vater seiner Verfassungsgerichtsbarkeit ist *H. Kelsen;* das muß bei aller Kritik an seinen Methoden (Positivismus) gewürdigt werden: In den letzten Jahren hat sich überdies eine stärkere Orientierung an materialem Verfassungsdenken auch in Österreich durchgesetzt. Da die EMRK hier auf Verfassungsstufe gilt, kommen glückliche Einflüsse aus der Judikatur des EGMR, verdeckt auch aus der Rechtsvergleichung, die ich seit 1989 als „fünfte“ Auslegungsmethode bezeichne. Je „ruinenhafter“ die österreichische BV von 1920 (geworden) ist, desto mehr Aufgaben wachsen dem Wiener VerfGH zu.

Prof. Kuriki: Eine sehr grundlegende Frage: Auf welchen Ideen und grundlegenden Konzeptionen baut das BVerfG auf?

Prof. Häberle: Diese Frage auch nur zu skizzieren, ist vermessen: zu komplex ist das Gedankennetz des BVerfG. An großen geistigen Strömungen lassen sich gewiß das Gedankengut vieler politischer Parteien (Liberalismus, Sozialdemokraten, christliches Gedankengut) nachweisen, aber auch Einflüsse großer Philosophen (z.B. *Popper* im KPD-Urteil im 5. Band). Das BVerfG tut in einer „Verfassung des Pluralismus“ (1980) gut daran, sich nicht einer „Großtheorie“ auszuliefern. Andererseits ist unverkennbar, daß es sich an Ideen bestimmter Staatsrechtslehrer (nicht immer mit Zitat!) anlehnt. Zunächst sind die „Methoden der Verfassungsinterpretation“ zu nennen, die es von den „Prinzipien der Verfassungsinterpretation“ im Sinne des großen Referates von *H. Ehmke* (1961) her praktiziert – Herr *Kuriki,* Sie kennen sie aus ihren Freiburger Tagen besonders gut. Und Herr *Tonami* weiß sehr gut um die feinen Beiträge von Herrn *P. Lerche.* Das Zusammenspiel der vier klassischen Auslegungsmethoden ist offen, vielleicht von einer „letzten“ Gerechtigkeitskontrolle geleitet. Aber der Hintergrund sind Prinzipien wie „Einheit der Verfassung“, „funktionellrechtliche Arbeitsteilung“ zwischen BVerfG und demokratischem Gesetzgeber, „praktische Konkordanz“ *(K. Hesse),* langsam auch „Öffnung nach Europa“ hin.

Den großen Erfolg, weltweit betrachtet, hat das BVerfG wohl in der – im Wechselgespräch mit der Wissenschaft – entwickelten Grundrechtsdogmatik, in Sachen Rechtsstaat, auch „sozialer Rechtsstaat" (eine Formel von *H. Heller*), in Sachen Föderalismus (vgl. den Erfolg von *Smends* „Bundestreue" bis in Regionalstaaten wie Italien und Spanien hinein). Das Demokratieprinzip, wohl eher vom GG-Modell, nicht von der Schweizer halbdirekten Demokratie her gedacht, hat das BVerfG ebenfalls fest im Auge, etwa in den Judikaten zur Öffentlichkeitsarbeit der Bundesregierung und bei der (zu extensiven?) Auslegung von Meinungs-, Presse- und Versammlungsfreiheit (Brokdorf-Entscheidung). Der Privatheitsschutz wird nicht erst seit dem Volkszählungsurteil ernst genommen, die Koalitionsfreiheit ist immer wieder betont worden (z.B. in Band 50). Zu den „Ideen" gehört sicher auch der Gedanke des Grundrechtsschutzes durch Verfahren (mein Vorschlag von 1971: „status activus processualis"), wie er in der Mühlheim-Kärlich-Entscheidung feste Gestalt gewonnen hat. Das sehr deutsche sog. „Staatskirchenrecht" (besser m.E. „Religionsverfassungsrecht"!) hat in der Judikatur des BVerfG ebenfalls kräftige Konturen erhalten: Stichwort: „weltanschaulich-konfessionale Neutralität des Staates" i.S. von *Herb. Krüger,* sodann Gleichheit als materielle Parität, Öffentlichkeitsstatus der Kirche, etc.

M.E. hat das BVerfG mit den „großen Ideen" des Verfassungsstaates, zu dem auch der Gleichheitssatz und die Forderung nach „effektivem Rechtsschutz" gehört (Art. 19 Abs. 4 GG), Schritt gehalten. Neuerdings gehört der Umweltschutz hierher (vgl. jetzt Art. 20a GG). Gewisse Schwankungen und Unsicherheiten zeigen sich vielleicht in der Parteienrechtsjudikatur; Defizite sind sichtbar in der Benachteiligung der sog. „Rathausparteien". Im übrigen könnte erst eine Einzelanalyse Ihrer Frage nach Kritik gerecht werden.

Prof. Kuriki: Etwa in der Mitte der 90er Jahre wurden Entscheidungen des BVerfG nicht nur von Politikern und den Medien, sondern auch von der Wissenschaft stark kritisiert. Ich denke dabei an Entscheidungen wie „Soldaten sind Mörder", die Entscheidung zur Sitzblockade oder den Antikruzifixbeschluß. Ist diese Kritik Ihrer Meinung nach berechtigt? Erlauben Sie mir noch eine ergänzende Frage: Die Präsidentin des BVerfG, Frau *J. Limbach,* warf das Problem auf: „Sollten wir uns etwa der Demoskopie anvertrauen?" Mit der Urteilsformel „Im Namen des Volkes" wird aber nicht mehr und nicht weniger gesagt, als daß in einem demokratischen Staat jedes Gericht seine Autorität vom souveränen Volk ableitet. Kann oder soll diese demokratische Legitimation aber demoskopisch erfaßt werden?

Prof. Häberle: Gegen Mitte der 90er Jahre haben in der Tat nicht nur die Medien, sondern auch einzelne Kollegen das BVerfG harsch kritisiert – nicht immer ganz frei von parteipolitischen Vorverständnissen. Ich selbst habe große Bedenken vor allem gegen den „Antikruzifix-Beschluß": weil er die negative Religionsfreiheit überbetont und es an einer Berücksichtigung des kulturellen Kontextes (nicht nur in Bayern!) fehlen läßt. Es ist aber deutlich erkennbar, daß das BVerfG seriöse Kritik der Sache nach immer ernst nimmt. So hat es z.B. manche Übertreibungen im Volkszählungsurteil zurückgenommen. So läßt es jüngst der Landesverfassungsgerichtsbarkeit mehr Raum. Das allgemeine „Krisen"-Gerede ist jedenfalls heute unberechtigt. In der äußeren Repräsentation des BVerfG hat hier gerade die Frau Präsidentin *Limbach* viel Fingerspitzengefühl gezeigt und das BVerfG aus der „Schußlinie" genommen. Als besonders umstritten wäre derzeit noch die Judikatur in Sachen „Halbteilungsgrundsatz" anzuführen – hier droht das BVerfG seine funktionellrechtlichen Grenzen zu vergessen, es sei denn, man bejaht sein „judicial activism" hier deshalb, weil der Gesetzgeber bzw. das Bundesparlament jahrzehntelang in Sachen Steuerreform versagte. M.E. müßte das BVerfG langfristig auch Selbstkritik in Sachen Verhältnis zum EuGH praktizieren. M.a.W.: das „Maastrichturteil" verdient viel Kritik, das Ausland versteht es kaum, wie ich bei den Gastprofessuren in Italien oder Spanien immer wieder beobachtet habe.

Die Aufforderung von Frau *Limbach,* sich nicht der „Demoskopie" anzuvertrauen, gilt nicht nur für das BVerfG, sondern auch für Parlamente. Die Urteilsformel „Im Namen des Volkes" bringt plastisch den demokratischen Verantwortungszusammenhang zum Ausdruck, in dem auch das BVerfG steht und arbeitet – vermittelt über die Berufung seiner Richter in Wahlen und indirekt in seinem Öffentlichkeitszusammenhang.

Prof. Kuriki: Die sogenannte *Benda*-Kommission hat einen Schlußbericht mit Vorschlägen zur Entlastung des BVerfG vorgelegt. Wie stehen Sie zu den Ergebnissen der Kommission? Sollte die Entscheidung über die Annahme einer Verfassungsbeschwerde künftig in das Ermessen der Bundesverfassungsrichter gestellt werden? Haben Sie eigene Reformvorschläge für das höchste deutsche Gericht?

Prof. Häberle: In Sachen *Entlastung* des BVerfG hat die sog. „*Benda*-Kommission" 1997 nach dem Vorbild des US-Supreme Court ein freies Annahmeverfahren in bezug auf die Verfassungsbeschwerde vorgeschlagen. M.E. ist dies entschieden *abzulehnen.* Gerade dank der Verfassungsbeschwerde ist das BVerfG „Bürgergericht par excellence", es arbeitet am Grundkonsens der Verfassung als gesellschaftliches Gericht eigener Art mit, wie ich 1979 in einem eigenen Buch formuliert habe. Die hohe Akzeptanz des BVerfG im Bürgerbewußtsein beruht vor allem auf der Verfassungsbeschwerde. Große Leitentscheidungen, z.B. das epochemachende *Lüth*-Urteil (E 7, 198), sind auf dem Weg einer Verfassungsbeschwerde ergangen. Sie ist „Juwel" in der Perlenkette der BVerfG-Zuständigkeiten. Das heute geltende gebundene Annahmeverfahren reicht aus.

Eher ist an die Abschaffung der sog. abstrakten Normenkontrolle zu denken. Sie ragt weit in den politischen Willensbildungs- und Entscheidungsprozeß hinein. Ihre Abschaffung könnte z.T. das BVerfG entlasten. Im übrigen wäre durchaus an die Vermehrung der Zahl der Bundesverfassungsrichter zu denken (9 pro Senat). Die Schaffung eines „dritten Senats" wird stets an der Berufsideologie der Richter scheitern, auch könnte die ohnedies nicht durchgängig gewahrte Einheitlichkeit der Rechtsprechung (vgl. das Problem „Kind als Schaden") zusätzlich gefährdet sein.

Prof. Kuriki: Zur Zukunftsperspektive: Welche Aufgaben soll das BVerfG im 21. Jahrhundert erfüllen?

Prof. Häberle: Selbst das BVerfG verfügt weder über die Gabe der Prophetie in eigener Sache (!), noch verfügen seine professoralen Kommentatoren, Rezensenten oder „Postglossatoren" über diese Potenz. Nur als Fußnote sei angemerkt: Das BVerfG muß auch im 21. Jahrhundert am inneren Frieden mitarbeiten, den Gesellschaftsvertrag „fortschreiben", die Grund- und Menschenrechte weiter ausbauen und die staatliche Aufgabenerfüllung mit absichern, orientiert an Gerechtigkeit und Gemeinwohl. Vor allem aber muß es sich darüber im Klaren sein, daß seine eigene Kompetenz und Funktion als nationales Verfassungsgericht im Zug der allgemeinen Europäisierung stärker relativiert wird: auch von Luxemburg bzw. Straßburg (EuGH bzw. EGMR) her. Neben dieser Relativierung der nationalen Souveränität von Europa her steht aber auch die sich beschleunigende Internationalisierung („Globalisierung") auf der Tagesordnung. Die Formel vom „kooperativen Verfassungsstaat" (1978) suchte dem gerecht zu werden. Die Bewältigung der durch die Informationstechnologien aufgeworfenen Fragen läßt auch das BVerfG nicht unberührt; die Effektivierung des Umweltschutzes über die „feinen" Instrumente der Verfassungsjudikatur sei ebenfalls erwähnt (etwa über Abwägungen bzw. „Gemeinwohljudikatur").

Prof. Kuriki: Ich bitte Sie um eine Stellungnahme zum *Verfahren der Wahl der Bundesverfassungsrichter* in Deutschland. Ist das Verfahren so konzipiert, daß jeder Richter die notwendige demokratische Legitimation erhält? Was halten Sie von Reformvorschlägen, in Anlehnung an das US-amerikanische Modell öffentliche Hearings der Richterkandidaten einzuführen? Über welche Qualitäten und Qualifikationen muß ein Kandidat verfügen, um als Verfassungsricher gewählt werden zu können? Erlauben Sie bitte noch einen rechtsvergleichenden Blick nach Japan. Der japanische OGH besteht aus 15 Richtern. Von diesen ist aber nur einer ein Rechtswissenschaftler, der nicht einmal in der Disziplin des Verfassungsrechts spezialisiert sein muß. Man sagt, daß diese Zusammenstellung der Richter die Zurückhaltung und Passivität des OGH bei der inhaltlichen Kontrolle der Verfassungsmäßigkeit von Hoheitsakten mit sich bringen. Ihre Stellungnahme hierzu würde mich interessieren.

Prof. Häberle: Das derzeit für Karlsruhe praktizierte *Verfahren der Richterwahl* ist m. E. fragwürdig, so positiv die Ergebnisse seit 50 Jahren dann doch meist waren. Denn die politischen Parteien gerieren sich als „Herren" über die Richterstühle. Da eine Zwei-Drittel-Mehrheit erforderlich ist, müssen sich die großen Parteien einigen. Persönlichkeiten, die sehr kleinen Parteien nahestehen oder ihnen nicht irgendwie zu Diensten standen, haben keine Chance. So fehlt es bis heute an einem den „Grünen" nahestehenden BVerfG-Richter, obwohl diese Partei auf Bundesebene gewichtiger ist als die FDP, der immer von der jeweiligen größeren Koalitionspartei (CDU bzw. SPD) ein Platz „abgetreten" wird. Sehr selten gelangen Persönlichkeiten, die einer politischen Partei nicht angehören, ins BVerfG. Mein Lehrer *K. Hesse* war 1975 ein solcher glücklicher Ausnahmefall.

Gleichwohl wird dem Verfassungsrichter durch seine Wahl durch Bundestag bzw. Bundesrat genügend demokratische Legitimation vermittelt. Die von *U. Scheuner* konzipierte „Legitimationskette vom Volk zu den Staatsorganen" ist gewährleistet.

Auf dem Bonner *Friesenhahn*-Colloquium 1972 habe ich bereits gefordert, daß man sich am Modell der Kandidaten für den US-Supreme Court orientieren möge – *E. Friesenhahn* hatte analog argumentiert. Die Verf. Brandenburg (1992) verlangt jetzt in ihrem Art. 112 eine Anhörung durch einen Landtagsausschuß. In den USA hatte ich 1971 erlebt, wie fast die ganze Öffentlichkeit dort die Fragen, die nach der „philosophy of law" von Kandidaten im Senat gestellt wurden, verfolgte. Ich selbst habe in meinen rechtsvergleichenden Arbeiten immer wieder die Aufmerksamkeit auf Italien gelenkt, wo der Staatspräsident ein Drittel der Richter der Corte in Rom beruft. Erstklassige Wissenschaftler wurden dort Verfassungsrichter, etwa *A. Baldassarre* oder *G. Zagrebelsky,* manche osteuropäische Reformländer haben nach dem „annus mirabilis" gerade dieses Modell rezipiert.

Auch die Frage nach der Qualifikation zum Amt des Verfassungsrichters ist rechtsvergleichend zu beantworten. Einzubeziehen sind etwa die sehr präzisen Normen der fünf neuen Bundesländer. Zu empfehlen ist m. E. ein *Mischverhältnis* von Berufsrichtern, Mitgliedern mit der Befähigung zum Richteramt (denen Professoren an Hochschulen gleichzustellen sind) und im öffentlichen Leben erfahrene Personen (z. B. Parlamentarier). Zu verbieten wäre eine Wiederwahl, zumal wenn Sondervoten zulässig sind. Die Amtszeit sollte 9 (Spanien!) oder 12 Jahre betragen. Man kann es auch so formulieren: Vertreten sein sollten nicht nur Juristen, die das Gesetz als Richter oder Anwälte an Hand der Verfassung auslegen können, sondern auch solche, die ein Gesetz mit „gemacht" haben: als Parlamentarier. Vorzusehen ist auch eine Altersgrenze nach unten (z. B. 40 Jahre) wie auch nach oben (nicht auf Lebenszeit wie in den USA, sondern) z. B. die Altersgrenze von höchstens 70 Jahren. Hier sollte sich auch die spezifische

Kultur eines Landes auswirken. Im Rahmen einer „Verfassungslehre als Kulturwissenschaft“ ist z.B. zu berücksichtigen, daß ein Land wie Japan die Erfahrung des Alters höher einschätzt als das schnellebige Europa.

Zum japanischen OGH: Gewiß sollte ein *Teil* der 15 Richter Rechtsgelehrte sein. Dabei geht es nicht nur um Verfassungsrechtler. Da nach dem „Vorrang der Verfassung“ alle Rechtsgebiete unter dem Dach der Verfassung stehen, sollte es als Bereicherung angesehen werden, wenn (wie in Deutschland) Privatrechtler (Frau *Limbach*) oder sogar Strafrechtler *(Hassemer)* Mitglied des Verfassungsgerichts sind. Sie bringen die spezifischen Erfahrungen eines speziellen Rechtsgebietes ein (z.B. die alten Weisheiten des Privatrechts, das sich in Deutschland wesentlich aus dem Römischen Recht speist). Im übrigen sei zum optimalen Mischungsverhältnis der verschiedenen Herkunftsarten der Verfassungsrichter auf das Obige verwiesen. Daß derzeit nur ein Mitglied des japanischen OGH Rechtsgelehrter ist, mag die „Passivität“ der inhaltlichen Kontrolle der Verfassungsmäßigkeit der Staatsakte erklären. Denn die Autonomie der Rechtswissenschaft gegenüber den Staatsgewalten, ihre Schöpferkraft je nach ihren Teilgebieten macht sie grundsätzlich zum kritischen Begleiter aller Äußerungen des Staates: Institutionell durch die Freiheit der Wissenschaft abgesichert (*R. Smend* sprach vom „Grundrecht der deutschen Universität“) haben die Rechtsgelehrten die Aufgabe, das geltende Recht wissenschaftlich aufzubereiten, nicht es einfach zu befolgen. Rechtsgelehrte werden darum auch eher in der Lage sein, dank ihrer handwerklichen und Kunst-Regeln, die Staatsgewalt uneigennützig zu kontrollieren und sie in die Schranken der Verfassung zu verweisen.

Prof. Kuriki: Nun zum Themenkomplex „Verfassungsgerichtsbarkeit zwischen Recht und Politik“.

Prof. Häberle: Vor Ihren Fragen noch eine kurze Anmerkung:

1980 habe ich das kleine Buch „Verfassungsgerichtsbarkeit zwischen Politik und Rechtswissenschaft“ publiziert. Schon im Titel sollte die große Rolle der Rechts*wissenschaft* als solcher zum Ausdruck kommen – Wissenschaft verstanden als Prozeß ewiger Wahrheitssuche *(W. von Humboldt),* und im Falle der Rechtswissenschaft, „ewigen Ringens um Gerechtigkeit“.

Prof. Kuriki: Es wird behauptet, die Verfassungsgerichtsbarkeit führe nicht nur zu einer *Politisierung der Justiz,* sondern auch zu einer *Verrechtlichung der Politik.* Wie stehen Sie zu dieser These?

Prof. Häberle: Das Wort von der Verfassungsgerichtsbarkeit als Politisierung der Justiz und Juridifizierung der Politik ist ein alter Klassikertext, der in der Weimarer Zeit polemisch in Stellung gebracht worden ist. In einem Verfassungsstaat der heutigen Entwicklungsstufe des BVerfG besagt er nicht viel: allenfalls die Warnung vor einem Zuviel an „judicial activism". Speziell in Deutschland haben sich BVerfG und Landesverfassungsgerichte durch die Kontinuität ihrer Judikatur, ihre Fallgruppenbildung, durch die erwähnten Methoden und Prinzipien der Verfassungsinterpretation so etabliert, daß es keinen Sinn mehr macht, das Rechtliche und das Politische gegeneinander auszuspielen. Gewiß, es ist schwer, den Bereich des Politischen zu definieren. Doch zeigt die Formel von *H. Triepel,* Verfassungsrecht sei „politisches Recht", daß eben auch das BVerfG begrenzte Teilhabe an der politischen Gesamtleitung hat *(K. Hesse).*

Prof. Kuriki: Welche Rolle soll das BVerfG im Willensbildungsprozeß des Staates spielen?

Prof. Häberle: Damit ist auch schon die nächste Antwort angedeutet: Das BVerfG steht nicht jenseits der „Willensbildung des Staates". Es wirkt als Gericht und Verfassungsorgan (i.S. der Denkschrift von *G. Leibholz*) in diesem offenen Prozeß, mitunter treibt es sogar „Richtlinien-Politik", indem es gewisse Vorgaben an den Gesetzgeber richtet („Appellfunktion"). Freilich muß sich gerade eine so weit ausgebaute Verfassungsgerichtsbarkeit wie die deutsche in Karlsruhe bewußt bleiben, daß sie in das Gesamtgefüge der Gewaltenteilung eingeordnet ist, daß auf bestimmten Feldern der Gesetzgeber eine „Einschätzungsprärogative" hat, daß auch Exekutive und Legislative „eigenständig" sind – auf die erwähnte funktionsrechtliche Arbeitsteilung sei Bezug genommen. Ich verweise überdies auf meine alte Idee der „Arbeit am Grundkonsens" des gesamtgesellschaftlichen Auftrags.

Prof. Kuriki: Kommen das BVerfG und die anderen Verfassungsorgane gut miteinander aus?

Prof. Häberle: BVerfG und die anderen Verfassungsorgane kommen grundsätzlich gut miteinander aus. Meist befolgte der parlamentarische Gesetzgeber die Entscheidungen des BVerfG, mitunter versäumte er Fristen zur Neuregelung von Gesetzen knapp, selten langfristig (etwa bei der Gleichberechtigung von Mann und Frau in den 50er Jahren). Besonders erwähnt sei die „dritte Gewalt", obschon sie als solche kein „Verfassungsorgan" ist. Nicht selten kassiert das BVerfG eine Entscheidung des BGH, wie es sich übrigens zu Recht weit in das Privatrecht vorschiebt, z.B. Drittwirkung der Grundrechte, Bürgschaftsfall. Immer wieder muß sich auch das BVerwG in Berlin „Karlsruhe" beugen (zuletzt etwa bei der weiteren Auslegung des Asylrechts zugunsten von Bürgerkriegsflüchtlingen, September 2000).

Ab und zu kommt es auch zu Kontroversen mit Landesverfassungsgerichten, denen das BVerfG jüngst mehr Raum gibt (die 16 deutschen Länder haben ja „Verfassungsautonomie"). Im ganzen ist wohl das Wort von der guten arbeitsteiligen Kooperation angebracht, so gerne die Politik bzw. der

Bundestag Verantwortung auf das BVerfG abschiebt (Originalzitat Frau *Limbach:* „Die Politik versteckt sich gern hinter dem BVerfG").

Prof. Kuriki: Darf ich Sie um eine kurze Stellungnahme zu den verfassungstheoretischen Leistungen bitten, die das BVerfG bisher hervorgebracht hat? Welche Leitentscheidungen spielen dabei Ihrer Meinung nach eine besondere Rolle?

Prof. Häberle: Das BVerfG hat m. E. bislang keine übergreifende Verfassungstheorie entwickelt bzw. seinen Entscheidungen zu Grunde gelegt. Das ist auch gut so. Es soll um eine „pragmatische Integration von Theorieelementen" ringen, keine „Großtheorie" oktroyieren – das widerspräche der These, daß das BVerfG „repräsentativ" das *gesamte* politische Gemeinwesen im Rahmen der Verfassung des Pluralismus befrieden muß – dem dient auch und gerade das Sondervotum!

Fast als Bestätigung darf es gelten, daß das BVerfG seine bzw. *G. Leibholz'* Parteienstaatstheorie im 20. Band recht abrupt aufgegeben hat. Sie war zu umfassend, ja ambitiös, um „für alle Fälle" durchgehalten zu werden! Das Feld, auf dem am ehesten ein Stück einer „Verfassungstheorie" praktiziert worden ist, sind die Grundrechte. Hier werden Elemente des Wertedenkens eines *G. Dürig* erkennbar, mitunter auch naturrechtliche Vorstellungen; vor allem aber hat sich das BVerfG zum Glück nicht auf eine einzige („richtige") Grundrechtstheorie festgelegt, sondern entwicklungsoffen gearbeitet und sich vom „Kästchendenken" befreit. Das zeigt sich an der Vielfalt der Dimensionen, die es einzelnen Grundrechten entnimmt (z. B. Abwehrrecht, objektiv-institutionelle Sicht, „wertentscheidende Grundsatznorm"): so bei Art. 6 – Ehe und Familie –, seit dem 6. Band. Dieses multidimensionale Grundrechtsverständnis, beginnend mit dem sog. „Doppelcharakter", wird später durch den prozessualen Aspekt ergänzt, sodann um die Schutzpflichten-Doktrin im deutschen Abtreibungsfall (Bd. 39). Eine besondere Leistung – auch auf der Basis von „Verfassungstheorie" – stellt das Mitbestimmungsurteil in Bd. 50 dar (Berichterstatter: *K. Hesse*). Es wird vom Ausgleichs-, Friedens- und Partnerschaftsgedanken geleitet. Ein dankbares Feld für verfassungstheoretische Überlegungen ist auch der Föderalismus: Hier ließ sich das BVerfG von der Bundesstaatstheorie eines *R. Smend* leiten – seit dem ersten Fernsehurteil im 12. Band (Stichwort „Bundestreue"), wie überhaupt die zahlreichen Fernsehurteile mit ihrer Unterscheidung zwischen „Binnen-" und „Außenpluralismus" vom Gedanken des GG als „Verfassung der Freiheit" geprägt sind. Erwähnt sei die Menschenbildjudikatur (z. B. 12. Band, S. 45 [50 f.]), mit den Stichworten von der Menschenwürde und der der Gemeinschaft verpflichtenden Persönlichkeit etc. Die Menschenwürde-Judikatur, ständig durch Fallgruppenbildung verfeinert, ist *die* Säule nicht nur des Grundrechtsverständnisses, sondern der Staats- und Verfassungstheorie überhaupt. Das Demokratieverständnis („Toleranz", aber auch „unantastbare Grundwerte", vgl. E 5, 85 [139]), die Formel von der „Offenheit der Ordnung" (S. 200 ebd.) gehören ebenso hierher wie das Ernstnehmen der Gewaltenteilung (z.B. E 3, 225 [227]). All dies ist im Ganzen der Verfassung gesehen, welches Ganzheitsdenken auf die Klassiker Weimars zurückgeht, auf deren „Schultern" als Riesen selbst das BVerfG steht!

Prof. Kuriki: Das BVerfG hat viele bedeutsame Verfahren. Welche Verfahren halten Sie für besonders wichtig? Lassen sich hier *Erkenntnisse aus rechtsvergleichender Perspektive* gewinnen?

Prof. Häberle: Zu all diesen Fragen bedarf es eines *doppelt* vergleichenden Ansatzes: der Verfassungsvergleichung in der Zeit (Verfassungsgeschichte) und der im Raum („Komparistik") – mein Begriff von 1982: Verfassungsvergleichung als Kulturvergleichung. Das absolut „beste" Modell gibt es nicht. Es hängt ganz von der konkreten „Verfassungskultur" eines Volkes ab, welche organisatorisch/prozessualen Regelungen ihm gemäß die besten sind. – Unter den verschiedenen Verfahren sind m.E. die wichtigsten: das von dem Prinzip der Subsidiarität dirigierte Verfahren der Verfassungsbeschwerde, die beim BVerfG konzentrierte konkrete Normenkontrolle in Verfassungsstaaten mit föderalistischer oder regionalistischer Struktur zur Sicherung der vertikalen Gewaltenteilung, die Bundesstaats- bzw. Regionalstaatsstreitigkeiten, die sog. Organstreitigkeiten sowie sonstige verfassungsrichterliche Kompetenzen wie die Richteranklage und das Wahlprüfungsverfahren, auch die Präsidentenanklage. Die Kompetenzen des BVerfG sind im Rechtsvergleich besonders weit, was auch sehr deutsche Gründe hat. Grundsätzlich haben sich alle Kompetenzen – in Deutschland – bewährt. Die Vorbildwirkung des BVerfG auch insoweit hat manche osteuropäische Reformstaaten beeinflußt.

Prof. Kuriki: Warum war Ihrer Ansicht nach die weltweite Ausprägung der Verfassungsgerichtsbarkeit nach dem 2. Weltkrieg möglich?

Prof. Häberle: Die Verfassungsgerichtsbarkeit im Vergleich offenbart einen großen Wachstumsschub zu ihren Gunsten. Nach dem zweiten Weltkrieg geschah dies als Abwehrfront gegen den totalitären NS-Staat oder verwandte Formen (Faschismus in Italien, Francismus in Spanien, das autoritäre Regime in Portugal). Die zweite Entwicklungsphase setzt nach „1989" ein: diesmal in den postkommunistischen Reformstaaten. Grundsätze, die die Verfassungsgerichtsbarkeit tragen, etwa der Vorrang der Verfassung, die Gewaltenteilung, die Bindung an „Gesetz und Recht", die Unparteilichkeit der Gerichte, der Rechtsschutz, setzten sich weithin durch: dem Verfassungstext nach sogar in Rußland. Dieser Impuls zugunsten der Verfassungsgerichtsbarkeit läßt diese heute als häufiges, nach wie vor aber nicht zwingendes Element des Typus Verfassungsstaat erscheinen (Gegenbeispiel: England). In der Tiefe der Geschichte wirkte gewiß die Entwicklung des richterlichen Prüfungsrechts in den USA (1803).

Prof. Kuriki: In Sachen Verfassungsgerichtsbarkeit kann man zwischen dem Modell des US-Supreme Court und dem des deutschen BVerfG unterscheiden. Dort liegt die Verfassungsgerichtsbarkeit bei den ordentlichen Gerichten, hier bei einem besonderen Verfassungsgericht. Welche Vor- bzw. Nachteile haben diese beiden Modelle?

Prof. Häberle: In der Tat ist zwischen dem USA-Modell und dem deutschen (d.h. der institutionell selbständigen Verfassungsgerichtsbarkeit) zu unterscheiden. Die Vorteile des US-Supreme Court liegen darin, daß hier die Spitze der ordentlichen Gerichtsbarkeit mit der verfassungsrichterlichen Funktion identisch ist. Der Vorteil der selbständigen Verfassungsgerichtsbarkeit besteht darin, daß sich das Gericht als Verfassungsorgan ganz auf die verfassungsrechtlichen Fragen konzentrieren kann. Der Nachteil: Das BVerfG und die deutsche Literatur sprechen von den ordentlichen Gerichten als „Fachgerichten". Dies ist m.E. eine ungebührliche Abwertung: Denn in einem materiellen Sinne sind alle Gerichte *Verfassungs*gerichte. Sie sind alle gleichermaßen an die Verfassung gebunden. Das Privatrecht ist im übrigen kein bloßes „Fach".

Ich selbst interessiere mich für den US-Supreme Court vor allem inhaltlich. Seine demokratische Fundierung („The Supreme Court follows the elections"), seine Verankerung im Bürgerbewußtsein, seine enorme Autorität und das Wechselspiel der Judikatur zwischen „judicial activism" und „restraint" faszinieren mich ebenso wie die Durchsetzung der Rassengleichheit, die „Flag burning cases" oder die „prefered-freedoms-doctrine". Die USA haben sich und uns nicht nur die „Federalist Papers" (1787), sondern eben auch die inzidente Verfassungsgerichtsbarkeit geschenkt. Weitere Stichworte sind der US-Supreme Court als permanenter Konvent bzw. „materielle" Verfassunggebung – auch das deutsche BVerfG leistete z.B. in Sachen Fernsehurteile versteckte Verfassunggebung.

Prof. Kuriki: Mit Blick auf Zuständigkeiten, Verfahrensarten und die Richterwahl gibt es große Unterschiede zwischen den einzelnen Ländern: z.B. Italien, Spanien oder Korea, die doch alle einen eigenen Verfassungsgerichtshof haben. Was sind die Gründe für solche Unterschiede? Mit welchem Land haben Sie sich in Ihrer wissenschaftlichen Arbeit ausführlich beschäftigt?

Prof. Häberle: Im Blick auf Zuständigkeiten, Verfahren und Richterwahl gibt es in der Tat viele Unterschiede unter den einzelnen Ländern. Sie sind begründet in der Kulturgeschichte eines Volkes (hohes Ansehen jedes Richters in den USA), in „Wunden" und Erfahrungen (z.B. mit totalitären Staaten: Spanien), in Rezeptionsprozessen, die nicht zuletzt durch konkrete Personen und nationale Wissenschaftlergemeinschaften („Rezeptionsmittler": z.B. in Korea) geleistet werden. M.E. spielen viele Faktoren politischer Kultur eine Rolle. In Deutschland haben sich wohl alle Kompetenzen des BVerfG in der öffentlichen Meinung so etabliert, daß kaum eine abgeschafft werden könnte. Im übrigen müssen Rezeptionen immer schöpferisch sein, durch aktives Handeln ein übernommenes Rechtsinstitut der *Eigenart* des Landes „anpassen", vor allem auch seine besonderen Traditionen, all dies möglichst behutsam.

Wegen meiner seit 1981 bestehenden Professur in St. Gallen interessiere ich mich auch besonders für die Schweiz. Sie ähnelt dem System der USA, denn das Bundesgericht in Lausanne ist zuständig. Doch hat es eine eigene öffentlich-rechtliche Abteilung: insofern gibt es doch gewisse Parallelen zum bundesdeutschen Modell. Die neue Bundesverfassung, am 1. 1. 2000 in Kraft getreten, ändert daran nichts Grundsätzliches (Art. 189). Vor allem sind nach wie vor Bundesgesetze von der bundesrichterlichen Kontrolle ausgenommen (Art. 191) – hier lebt ein Stück Furcht vor dem „gouvernement des juges" fort bzw. der demokratische Souverän, das Volk samt Ständen, wird in der Schweizer sog. „halbdirekten Demokratie" ernst genommen.

Prof. Kuriki: Für den kooperationsoffenen Verfassungsstaat spielt die Beziehung der nationalen Verfassungsgerichte zu supranationalen Gerichten eine große Rolle. Könnten Sie dies am Beispiel des EuGH und des EGMR und deren Einfluß auf die Rechtsentwicklung in Deutschland kurz erläutern?

Prof. Häberle: Die Rolle des EuGH und des EGMR bei der Entwicklung des deutschen Rechts kann gar nicht überschätzt werden. Zunächst auf der theoretischen Ebene: Beide relativieren die nationale Souveränität intensiv. M.E. ist schon heute im Rahmen der EU das GG nur noch eine „Teilverfassung". Zwar ist die nationale Identität im „Ensemble der europäischen Teilverfassungen" geschützt (Art. 6 Abs. 2 EUV), dennoch verdrängt die Rechtsmasse der EG das deutsche Recht nicht wenig, das läßt sich in einer Analyse der Praxis zeigen. Die Menschenrechte der EMRK gelten in Deutschland leider noch nicht wie in Österreich und der Schweiz auf *Verfassungs*stufe. Hier sind Defizite erkennbar. Das BVerfG zieht die EMRK bei der Grundrechtsinterpretation nur mit heran. Theoretisch muß klar werden, daß EGMR wie EuGH auf dem Weg zu „Verfassungsgerichten" sind – weil Europa eine „werdende Verfassungsgemeinschaft" ist (so mein Beitrag in: DVBl. 2000, S. 840 ff.). Auch die nationalen Verfassungsgerichte sind in einer Weise europäische Verfassungsgerichte, weil sie an das Europarecht gebunden sind. Beide Gerichte, EuGH und EGMR, treiben seit langem vorbildliche „gemeineuropäische Rechtsvergleichung" – beim BVerfG bestehen hier m.E. noch gewisse Defizite.

Prof. Kuriki: Der *OGH in Japan* hat, wie bereits oben angeklungen, sein Überprüfungsrecht nicht effektiv ausgeübt. Seine übermäßige Zurückhaltung wird allenthalben laut kritisiert. Neuerdings schlagen manche japanische Wissenschaftler und auch Politiker vor, die japanische Verfassung zu ändern und ein Verfassungsgericht nach dem Modell des BVerfG aufzubauen. Wie beurteilen Sie diese Vorschläge?

Prof. Häberle: In aller Behutsamkeit und Bescheidenheit, aber auch aus Dankbarkeit gegenüber der „Forschungsgesellschaft für deutsches Verfassungsrecht", deren Gast ich im Oktober 1999 in Tokio sein durfte: Ich empfehle die Einführung einer *eigenständigen* Verfassungsgerichtsbarkeit (etwa in Kyoto, nicht in Tokio!). Das deutsche System sollte nicht insgesamt einfach rezipiert werden. Vielmehr ist an eine „Stückwerkreform" i. S. *Poppers* zu denken. Begonnen werden könnte mit der Verfassungsbeschwerde und der konkreten Normenkontrolle. Auch sollten einige bewährte Einrichtungen aus Spanien oder Italien übernommen werden. Die Zusammensetzung der „Richterbank" soll – wie oben idealtypisch angepriesen – „gemischt" sein. Ein Drittel der Verfassungsrichter sollte vielleicht der *Kaiser* aus den Kreisen der Rechtsgelehrten der Landesuniversitäten auswählen oder doch vorschlagen dürfen. An die Einführung der Sondervoten sollte erst später gedacht werden, damit sich die öffentliche Meinung allmählich daran gewöhnt. Eine sofortige Totalrezeption des Systems der Bundesrepublik könnte allzu große Kritik provozieren. Immer sollte das Vergleichsmaterial aus *vielen* europäischen Ländern präsentiert werden. Gewisse Parallelen zu Korea sollten nicht gescheut werden. Eines Tages stellte sich ohnedies die Frage nach einem *„Gemeinasiatischen Verfassungsrecht"*. Japan könnte in der Synthese von Europäischem und Asiatischem (wieder einmal) „Vorreiter" sein.

Das Verständnis des Rechts als Problem des Verfassungsstaates (2001)

Einleitung: Problemeingrenzung

Das vorgegebene Thema darf gewiß von jedem Autor auf seine Weise verstanden werden. Hier werde es auf den Verfassungsstaat und seine Bürger als Adressaten des Rechts bezogen. Nur als Merkposten seien die Wissenschaftssprache sowie die Sprache des Richters und Verwaltungsbeamten erwähnt. Die Sprachprobleme des Verfassunggebers sollen im Mittelpunkt stehen. Seit dem „annus mirabilis" 1989 setzt sich der Typus Verfassungsstaat weltweit durch: ungeachtet seiner wachsenden Reformbedürfnisse. Das von 1982 an entfaltete wissenschaftliche Verständnis von „Verfassung als Kultur", von Verfassung als „Kulturwissenschaft" sei Ausgangsbasis, so teilrelevant klassisches Verfassungsdenken wie Verfassung als „Beschränkung von Macht", als „Norm und Aufgabe", als „Rahmenordnung" bleiben. Verfassung ist in entwicklungsgeschichtlicher Sicht Ergebnis von Jahrhunderten: in großen Daten wie 1776, 1789, 1848 etc. ebenso greifbar wie in Klassikertexten von *Aristoteles* bis *Montesquieu*, *Kant* bis *H. Jonas* (vgl. jetzt Art. 20a GG: „Verantwortung für die künftigen Generationen"). Die Offenheit der Verfassung ist ebenso Postulat wie die Bürgernähe ihrer Grundprinzipien.

I. Verständnis des Rechts dank bürgernaher Verfassungssprache

1. Spracharten im Kontext der Verfassung als Kultur

Sprachkunst und -handwerk der verfassungsstaatlichen Verfassung sind von einem grundrechts- und demokratietheoretischen Ansatz her zu konzipieren: Der Bürger muß seine Grundrechte wahrnehmen und die Demokratie verstehen können. Der Verfassunggeber (und Gesetzgeber) sollte sich je nach Sachbereich der entsprechenden Sprachform bedienen. Dabei hilft die Unterscheidung zwischen Feiertags- bzw. Hochsprache, Alltags- und (juristischer) Fachsprache weiter. Feiertagshafte Artikelgruppen sind plastische, „hohe", oft symbol- und assoziationsreiche „Sprachprodukte": bildreich, ja mitunter „erhaben". Sie wollen den Bürger „ansprechen", gewinnen, integrieren und müssen darum möglichst unmittelbar verständlich sein. Die Alltagssprache ist weniger festlich und hehr als vielmehr dem Volk „aufs Maul geschaut". Die juristische Fachsprache bleibt demgegenüber meist schwer verständlich, weil nur dem spezifisch Ausgebildeten zugänglich (z. B. im Umweltrecht). Gewiß, es gibt Überschneidungen und Übergänge zwischen diesen drei Kategorien, doch sind sie als grobes Raster brauchbar und bei einem weltweiten Vergleich der Verfassungstexte nachweisbar.

2. Ausgewählte Beispiele für sprachlich differenzierte Artikelgruppen

a) Präambeln, Gottesbezüge, allgemeine Bestimmungen

Die Feiertags- bzw. Hochsprache findet sich vor allem in Präambeln. Ihre Funktion ist es, die Bürger für das politische Gemeinwesen zu gewinnen, sie buchstäblich „einzustimmen". Kulturwissenschaftlich betrachtet, gleichen sie Ouvertüren, Prologen, Präludien. Verarbeitung von Geschichte, Konkretisierung der wesentlichen Grundwerte und die Normierung von Zukunftsentwürfen (z. B. seinerzeit die deutsche, heute die europäische Einigung) sind weitere Funktionen. Entsprechend bürgernah sucht sie der Verfassunggeber sprachlich zu gestalten. Man vergleiche Polen (1997) oder die neue BV der Schweiz (2000) als jüngste Vorbilder, auch Südafrika (1996).

Vorweg normierte Gottesbezüge (Präambel GG) oder „allgemeine Bestimmungen", die Grundwerte formulieren (Art. 1 bis 11 Verf. Portugal von 1976; Art. 1 bis 13 Verf. Slowenien von 1991), bedienen sich ebenfalls oft der Kunstform der Feiertagssprache. Die suggestive Überzeugungskraft von Präambeln, denen heute weltweit immer mehr normative Kraft zuwächst (vgl. nur Präambel Verf. Togo von 1992), ist groß – und gewollt. Der Verfassunggeber will die Verfassung vom Bürger direkt verstanden wissen: ohne viel juristische Sachaufklärung. Von Dichtern teilentworfen (so im Glücksfall Schweiz seitens *A. Muschg*), sind Präambeln trotz oder gerade wegen ihres Feiertagsstils bürgernah, bürgerverständlich. Es bedarf kaum fachwissenschaftlicher Übersetzungsarbeit. Das Präambelrecht ist besonders bürgerverständlich und soll es auch sein (zu überladen und weitschweifig aber zuletzt Präambel Verf. Thailand von 1997).

b) Grundrechtskataloge

Klassische Grundrechtskataloge wie die Virginia Bill of Rights (1776) oder die Französische Erklärung (1789), z. T. auch die „Grundrechte des deutschen Volkes" (1849) – zuletzt die „Bill of Rights" in der Verf. Südafrika von 1996 –, zeichnen sich durch sprachliche Prägnanz, ja Eleganz aus; bündig, knapp, einleuchtend machen sie dem Bürger und Menschen seine Rechte verständlich. Gewiß, dies gelingt ihnen meist nur im ersten Schritt. Verfassungsgerichte und Wissenschaft müssen in der Zeitachse gesehen noch viel leisten, um die Interpretation schöpferisch und gleichwohl rational überprüfbar zu machen. Dennoch haben gelingende Grundrechtskataloge eine bürgerbezogene „Schauseite“, die nicht unterschätzt werden darf. Speziell in Europa wurde jüngst hierum bei der sprachlichen Gestaltung der EU-Grundrechtecharta von Nizza (2000) gerungen. Alltagssprachliche, feiertags- bzw. hochsprachliche Elemente sind in Grundrechtskatalogen ebenso nachweisbar, wie sich fachsprachliche nicht ganz vermeiden lassen. Dennoch sei das erwähnte Postulat verfassungstheoretisch formuliert, mag es auch zum Teil in der Wirklichkeit moderner Verfassunggebung verfehlt werden (vgl. den allzu barocken Grundrechtskatalog in Verf. Brasilien von 1988).

Die verfassungsintegrative Bedeutung der Formulierung von Grundrechten der „zweiten Generation“ („soziale, kulturelle und wirtschaftliche Rechte“, z.B. Art. 48 ff. Verf. Kroatien von 1990), z.T. auch der „dritten Generation“ (Umwelt, Entwicklung, z.B. Art. 22, 24 AfrMRK von 1982), sollte nicht „eurozentrisch“ unterschätzt werden. Oft werden die Bürger ihre Verfassung von den programmatischen Leistungen auf diesem Gebiet her beurteilen. Im ganzen wird die „Verfassung der Bürger“, auch das „Europa der Bürger“ von der Sprachkraft, Glaubwürdigkeit und Verständlichkeit dieser grundrechtlichen Artikelgruppen her möglich. Die EU-Grundrechtecharta könnte auch ein Weg zu einer verständlichen „Verfassung Europas“ werden, zumal „Amsterdam“ (1997) und „Nizza“ (2000) denkbar unverständliche Texte hervorgebracht haben.

c) Demokratie

Eine Realanalyse einerseits und ideale Postulate andererseits verlangen vom Verfassunggeber spezifischen Aufwand bei den Demokratienormen. Klassikertexte wie von *J.-J. Rousseau* („Alle Staatsgewalt geht vom Volk aus“) sind, wörtlich rezipiert (z.B. Art. 1 Abs. 3 Verf. Griechenland von 1975/86), bereits sprachlich besonders suggestiv. Begriffe wie „politische Mitgestaltung“ (vgl. Art. 21 Abs. 5 Verf. Brandenburg von 1992) kann und will jeder verstehen. Viele technische Einzelheiten entziehen sich freilich der Feiertags- und Alltagssprache. Sie bedürfen der juristischen Kunst- bzw. Wissenschaftssprache. In der Schweiz gelingt den Verfassungen bei der Normierung der sog. „Volksrechte“ vieles (z.B. §§ 59 bis 67 Verf. Aargau von 1980). Demokratietheoretisch ist der Verfassunggeber gerade hier sprachlich in die besondere Pflicht zu nehmen.

d) Staatsziele

Ein thematisch expansiver Themenbereich sind die sog. Staatsziele bzw. Staatsaufgaben. Hier sind Mischungen aller drei Sprachkategorien ebenso häufig nachweisbar wie unvermeidlich (z.B. Abs. 58 ff. Verf. Portugal; Art. 41 nBV Schweiz, Art. 2 Abs. 2 ebd.: „gemeinsame Wohlfahrt, die nachhaltige Entwicklung"). Nicht selten geraten die „*Objectives*" zu barock (z.B. Verf. Uganda von 1995).

e) Horizontale und vertikale Gewaltenteilung

Die horizontale Gewaltenteilung hat ihren „unvergänglichen" Klassikertext dank *Montesquieu*, der in vielen verfassungsstaatlichen Varianten auftritt. Als „checks and balances" in den USA bekannt, begegnet er in Afrika in dem Satz aus Art. 86 Abs. 1 Verf. Ruanda (1991/96): „Die judikative Gewalt ... ist unabhängig von der legislativen Gewalt und von der exekutiven Gewalt" oder Art. 225 Verf. Tschad (1996): „Prinzip der Gewaltenteilung", in Osteuropa in Form von Art. 7 Verf. Albanien von 1998 („Trennung und Gleichgewicht zwischen der gesetzgebenden, der exekutiven und der richterlichen Gewalt"), in Lateinamerika z.B. in Art. 9 Verf. Costa Rica von 1949. Seine anthropologische Rechtfertigung liegt in der Erkenntnis der Neigung des Menschen, Macht zu mißbrauchen; sein Telos zielt auf die Verhinderung von Machtmißbrauch (ebenso wirkt die Demokratie als „Herrschaft auf Zeit"). Die Verfassungstexte können ihn bürgerverständlich normieren. Als „fortgeschriebenes" Prinzip bringt er neue Erscheinungsformen wie den Ombudsmann (Verf. Polen und Österreich) oder die bürgerverständliche Gewaltenteilung im weiteren Sinne hervor: etwa die Balance zwischen den Tarifvertragsparteien (Art. 9 Abs. 3 GG).

Die vertikale Gewaltenteilung ist im Föderalismus ausgeformt. Ihn versteht in den USA, Deutschland oder der Schweiz fast jedermann. Die Verfassungssprache hilft dabei (besonders geglückt ist Art. 3 nSchweizer BV von 2000). Auch die kommunale und regionale Selbstverwaltung gehören in diesen Kontext des Subsidiaritätsprinzips (beispielhaft Art. 25 Abs. 1 Verf. Appenzell A. Rh. von 1995: „in Ergänzung der privaten Initiativen und der persönlichen Verantwortung"; Art. 11 Abs. 3 Verf. Bayern: Aufbau der Demokratie „von unten nach oben"). Die Katholische Soziallehre hatte hier sozialethische und sprachliche Schubkraft entfaltet (1891/1931).

f) Erziehungsziele, Feiertage, Symbole und andere rationale und emotionale Konsensquellen des Verfassungsstaates

Das „Soft Law" der Erziehungsziele bildet eine Fundgrube für bürgerverständliches Verfassungsrecht und grundwertehaltige Normen. Beispiele sind Textensembles wie Art. 131 Verf. Bayern (1946/84) oder Art. 28 Verf. Brandenburg (1992). Sie vermögen Pädagogen ebenso „anzusprechen" wie Eltern und Kinder und bilden einen Beleg für die „offene Gesellschaft der

Verfassungsinterpreten". Ein enger sachlicher Zusammenhang besteht im übrigen zwischen den Erziehungszielen und den Aufgaben des Jugendschutzes, die gerade in Zeiten modernster Kommunikationsmedien immer dringlicher werden. Dazu ist es unverzichtbar, den Wertekonsens in bürgernaher, überzeugender und eindeutiger Sprache zu formulieren.

Den Bürger ansprechen wollen auch die Feiertagsgarantie des 1. Mai als Integrationsmedium für die Arbeiterschaft (Art. 32 Verf. Hessen von 1946) oder der Sowetotag für Südafrika sowie der 14. Juli für Frankreich. Flaggen, Hymnen und andere Symbole tun hier sprachlich bzw. musikalisch ihr analoges Werk (vgl. etwa Art. 161 bis 164 Verf. Angola von 1992). Der Bürger ist rational wie emotional ansprechbar – Verfassungen berücksichtigen dies in ihren Artikelgruppen. Emotionale Konsensquellen sind kulturanthropologisch ebenso unverzichtbar wie Offenheit, Pluralismus und Toleranz, heute auch Umweltbewußtsein als Erziehungsziele.

g) Transparenz und Publizitätsgebote

Die schriftliche Fixierung des frühen Römischen Rechts durch die Zwölf-Tafel-Gesetzgebung (450 v. Chr.) hat einen „Ausläufer" im rechtsstaatlichen Publizitätsgebot des Art. 82 GG und des bürgernahen Begründungsgebots in bezug auf Richtersprüche (Art. 232 Ziff. 4 alte Verf. Peru von 1979). Die klassische Publizität der Gesetze erreicht den Bürger angesichts der dickleibigen Gesetzblätter freilich längst nicht mehr. Angesichts des Zusammenhangs von „Öffentlichkeit und Verfassung", angesichts des Charakters der Verfassung als „öffentlicher Prozeß" sind neuartige Transparenzgebote in jungen Verfassungen zu begrüßen (vgl. Art. 12 Abs 1 Verf. Äthiopien von 1994 oder in Präambel Verf. Madagaskar von 1992/95). Das Postulat nach Transparenz für alles staatliche Handeln ist auch ein Versuch, das vom Staat gesetzte Recht verständlicher zu machen. Ob dieses demokratietheoretisch wie grundrechtstheoretisch begründbare Gebot mehr Verständlichkeit des Rechts für die Bürger schafft, ist noch nicht abzusehen. Als neues Ideal sollte es aber auch vom Rechtshistoriker ernst genommen werden. Vorbildlich wirkt Art. 35 Verf. Niger (1995): „Der Staat hat die Pflicht, die Verbreitung der Verfassung und die Information über sie sowie die Menschenrechte und die Grundfreiheiten zu sichern".

II. Verständnis des Rechts dank inhaltlicher Prinzipien und Grundwerte des Verfassungsstaates

Schon bisher zeichneten sich inhaltliche Prinzipien des Verfassungsstaates ab, so unterschiedlich ihr sprachliches Gewand sein mag. Stichwortartig seien sie jetzt näher erörtert.

1. Würde des Menschen, Freiheit und Gleichheit

Fast alle neueren Verfassungen plazieren Garantien der Menschenwürde an vorderster, z.B. präambelhafter Stelle. So sehr die Verfassungslehre um Kasuistik und Dogmatik der Menschenwürde ringen muß, so einschlägig der Klassikertext von *I. Kant* manche Inhalte der Menschenwürde für und in der Bürgerdemokratie transportiert und verständlich macht: die sprachliche Prägnanz des heute wohl universalen Prinzips bleibt durchschlagend. „Die Menschenwürde ist unantastbar", „Freiheit und Gleichheit", „Brüderlichkeit", bleiben klassisch normiert in Art. 2 Verf. Frankreich (1958/1999) sowie Präambel Verf. Namibia von 1990 (vgl. auch Art. 2 Verf. Mali von 1992: „frei und gleich in Rechten und Pflichten geboren").

2. Staatsziele, Gemeinwohlaspekte

Sprachlich sind die Staatsziele ebenso vielfältig abgefaßt wie sie inhaltlich variieren. Es war jedoch der Schweiz vorbehalten, das Gemeinwohlkonzept neu zu fassen. Aus der Feder des Dichters *A. Muschg* stammt die fast poetische, durchaus philosophische Formel, daß „die Stärke des Volkes sich mißt am Wohl der Schwachen" (Präambel nBV 2000, vgl. schon Entwurf von 1977). Im übrigen finden sich im Vergleich neue Dimensionen des Gemeinwohls in allen Sprachformen: in Präambeln (Umweltschutz z.B. Verf. Mecklenburg-Vorpommern von 1993), in Staatsaufgabenkatalogen (ebd. Art. 2, 12), in Gestalt von Erziehungszielen (vgl. Verf. Thüringen von 1993: „Wille zur sozialen Gerechtigkeit", „Verantwortung für die Umwelt"; ähnlich Art. 42 Verf. Bern von 1993).

Die Grundrechtecharta der EU hat in Gestalt des Prinzips der „Solidarität" (Kap. IV) einen eigenen Beitrag geleistet. In ihr schwingt die „soziale Gerechtigkeit" ebenso mit wie die Idee von Grundpflichten (vgl. auch Art. 6 nBV Schweiz: „individuelle und gesellschaftliche Verantwortung").

3. Klassikertexte als Verfassungstexte im weiteren Sinne

Schon dieser kleine Überblick hat mehrfach Klassiker des Verfassungsstaates namhaft gemacht. Hinzuzufügen wäre noch *F. Schillers* „Sir, geben Sie Gedankenfreiheit" aus Don Carlos oder *B. Brechts* Gedichtzeile „Alle Staatsgewalt geht vom Volk aus, aber wo geht sie hin?". Kein Jurist hätte solches erfinden können! Zuletzt sei *Beethovens* Streichung der Widmung seiner „Eroica" an *Napoleon* erwähnt, als dieser sich 1804 zum Kaiser krönte. *Beethoven* hat damit einen größeren Beitrag zur Entwicklung des Verfassungsstaates und der Prinzipien von 1789 geleistet als so manches juristische Traktat.

Klassikertexte bilden vitale Kontexte der positiven Verfassungstexte als der Verfassungstexte im engeren Sinne. Sie tragen diese gerade auch sprachlich weiter „im Laufe der Zeit“.

III. Vorbehalte und Grenzen in Sachen Bürgernähe des Rechts im Verfassungsstaat

Schon die bisherige Differenzierung in die Spracharten des Verfassungsrechts ließ Grenzen der Verstehbarkeit des Rechts erkennbar werden. Im folgenden seien einige Vorbehalte formuliert, wobei die bekannten Fragen der Hermeneutik ausgeklammert bleiben müssen.

1. Propria der Teilrechtsgebiete

Trotz des „Vorrangs der Verfassung“ (z.B. Art. 175 Abs. 1 Verf. Guatemala von 1985; Art. 5 Abs. 1 Verf. Bulgarien von 1991) sind viele propria der Teilrechtsgebiete wie des viel älteren Zivilrechts und des Strafrechts auch in Sachen Rechtssprache zu respektieren. M.a.W.: Die Postulate an die Verfassungssprache lassen sich nicht einfach auf die verschiedenen Rechtsgebiete übertragen. Das Zivilrecht hat dank jahrhundertealter Rechtsweisheiten und Juristenkunst durchaus eigene Prinzipien und Verfahren, mit der Rechtssprache umzugehen. So besitzt die Systematik hier einen eigenen Stellenwert. Gewiß, dem Code Civil (1804) oder dem ZGB (1911) aus der einen Hand des *E. Huber* sind „Sprachperlen“ geglückt, wie sie das öffentliche Recht selten schaffen kann – dennoch tritt die Bürgernähe hier hinter spezifische, juristenrechtliche, dogmatische Aufgaben für den Sachverstand zurück. Die Fachsprache darf und wird dominieren. Ein Wort zum Strafrecht: Hier ist es der Satz „nulla poena sine lege“ (Art. 103 Abs. 2 GG), der an Bestimmtheit, Tatbestandsprofil bzw. Verständlichkeit besondere Anforderungen stellt. Je technischer und konzentrierter neue Rechtsmaterien werden (müssen), etwa das Umwelt-, Medien und Technikrecht, umso bürgerferner ist es formulierbar. Romantische Postulate wie „volksnahes Recht“ führten hier in die Irre und wären unrealistisch. Das neue Transparenzgebot oder das neu verstandene Publizitätspostulat können hier kein Mehr an Gerechtigkeit schaffen. Ein Argumentieren von der „Höhe“ der Verfassung aus wäre unsinnig.

2. Entwicklungsoffenheit des Rechts dank der Verfassungssprache

Ein weiterer Vorbehalt ist angesichts der unverzichtbaren Offenheit der Rechtsnormen unvermeidlich, die sich auch in der Rechtssprache, vor allem im Verfassungsrecht auswirken muß und darf. Der Generalklauselcharakter vieler Verfassungsnormen ist kein Zufall. Er ergibt sich aus dem Stichwort „Zeit und Verfassungskultur". Verfassungsrecht ist, viel berufen, lebendiges Recht, „law in public action", vom Wertewandel und Wirklichkeitswandel abhängig. Obwohl es institutionalisierte Verfahren wie die Verfassungsänderung und/oder Totalrevision gibt (so in der Schweiz und neu in Art. 115 Verf. Brandenburg): Der sog. Verfassungswandel, d.h. die Änderung des Verfassungsinhalts ohne Änderung des Verfassungsrechtstextes, in den USA als „broad interpretation" praktiziert, ist ein normales Element oder Ferment der Entwicklung einer verfassungsstaatlichen Verfassung. Die unterschiedliche Unbestimmtheit gerade der geschriebenen Verfassungssätze eröffnet diesen Vorgang (offen sogar für „unerklärte" Grundrechte: Art. 45 Verf. Paraguay von 1992!). Eine verfassungsstaatliche Sprachtheorie des Rechts darf auf diesen Vorbehalt verweisen. Offene Verfassungsnormen, „poröse" Begriffe sind kein notwendiges Übel, sondern Vehikel der Verfassungsgerechtigkeit. Bürgernähe wird hier zu Generationennähe. Auf eine Weise ist das „Nachverständnis" das Vorverständnis der Zukunft!

3. Ungeschriebenes bzw. Richterrecht

Ein weiterer Vorbehalt ist wegen des wachsenden Anteils ungeschriebenen bzw. Richterrechts zu machen. Das das geschriebene Verfassungsrecht ergänzende Common Law, das sich intensivierende und extensivierende Richterrecht hat unvermeidlich Einbußen an Verständlichkeit des Rechts zur Folge: umso mehr als die deutsche Juristen- bzw. Richtersprache nicht über die Bürgernähe und die Common Sense Tradition des Englischen verfügt. Die schwerer verständliche Wissenschaftssprache des deutschen Rechtswesens wirkt sich hier nachteilig aus. Selbst das BVerfG kann hier von Kritik nicht ausgenommen werden. Seine gelehrsamen „Riesenurteile" können sich dem Bürger nur schwer erschließen. Prägnante Pionierurteile bleiben auch sprachtheoretisch die Ausnahme: man denke positiv an das Lüth-Urteil (E 7, 198), negativ an den BVerfG-Antikruzifix-Beschluß (E 93, 1).

So fruchtbar und entwicklungsoffen, einzelfallnah und geschmeidig das Verfassungsrichterrecht die Verfassung entwickelt, so „bürgerfern" entfaltet sich das Verfassungsrichterrecht sprachlich. Die einzelnen nationalen Rechtskulturen weisen hier allerdings große Unterschiede in Europa auf: Der Conseil Constitutionnel in Paris mit seiner Clarté, Prägnanz, ja Eleganz erreicht den Bürger rational leichter als das deutsche BVerfG. Das diene als Merkposten für den späteren, letzten Vorbehalt: die Europäisierung und Internationalisierung des Rechts, die ein „europäisches Verfassungsgericht" wie der EGMR in Straßburg dank der sprachlich und inhaltlich großen Bürgernähe der EMRK vorantreiben kann.

4. Komplexität, Technizitität und Pluralisierung des Rechts

Diese Grenzen für die Verständlichkeit des Rechts bleiben wohl unvermeidlich. Vielbeklagt, lassen sie sich in der heutigen komplizierten Wissens-, Risiko- und Technikgesellschaft nicht verhindern. Auch der juristische Spezialist durchschaut viele Referenzgebiete des Technikrechts nicht mehr, man denke an Detailmaterien des Umweltrechts. Das Vertrauen des Bürgers auf berufsethische Kontrollsysteme muß hier sein Werk tun (z.B. wissenschaftliche Ethik- bzw. Wahrheitskommissionen). Ein technikfeindliches „Zurück" zum allgemein verständlichen bürgernahen, „naiven" Recht wäre hier utopisch und würde kein Mehr an Gerechtigkeit schaffen.

Ähnliches gilt für die sprachlichen Kosten der Tendenz zur Pluralisierung des Rechts bzw. der Rechtsquellen. Die Fülle der denkbaren Quellen für Rechtskonkretisierung („allgemeine Rechtsgrundsätze"!) ist zumal in der sich innerlich und äußerlich europäisierenden Rechtsordnung auf vielen Ebenen und Räumen eine fatale Sprachbarriere.

5. Europäisierung und Internationalisierung des Rechts als „Kostenfaktor" für die Verständlichkeit des Rechts

Der letzte Vorbehalt wurde schon angedeutet. Auf EU-Ebene sind die Sprachenprobleme viel genannt, auch dem Europarecht im weiteren Sinne der OSZE und des Europarates sind sie geläufig. In dem Maße wie Rechtsvergleichung in Europa zur schöpferischen „fünften" Auslegungsmethode wird, verkompliziert sich das geltende, genauer: „werdende" Recht. Wie soll im Europa der Bürger dieser sein Recht verstehen können, wenn er selbst höchstens zwei Sprachen beherrscht? Die weitergreifende globale Dimension läßt den Weltbürger ratlos zurück, auch wenn Englisch immer mehr „lingua franca" im universalen Raum wird. Gewisse Grundsätze der beiden Internationalen Menschenrechtspakte (1966) und der UN-Charta mischen immerhin die Feiertagssprache mit der bürgernahen Umgangssprache. Universale Klassikertexte eines *I. Kant* können allerdings bis heute manche Rechtsideen „transportieren" und verständlich machen.

Ausblick

Ob und inwieweit das Internet eine neue Publizität des Rechts und größere Transparenz staatlichen Handelns für den Bürger schaffen kann, bleibe hier offen. Gefragt sei aber, ob nicht ein Jurist das für die Verständlichkeit des Rechts leisten könnte, was einem *M. Reich-Ranitzki* für die (deutsche) Literatur gelingt und früher einem *J. Frantz* für die Musik glückte. Das „Rechtshistorische Journal" könnte ein Anfang sein, vielleicht sogar mit diesem Jubiläumsband.

Literatur

Baumann, Herbert/*Ebert,* Mathias (Hrsg.): Die Verfassungen der frankophonen und lusophonen Staaten des subsaharischen Afrikas, Berlin 1997.

Häberle, Peter: Verfassungslehre als Kulturwissenschaft, Berlin, 1. Aufl. 1982, 2. Aufl. 1998.

Roggemann, Herwig (Hrsg.): Die Verfassungen Mittel- und Osteuropas, Berlin 1999.

„Auf den Schultern von Riesen …“

Über Peter Häberle

Von Wolfgang Graf Vitzthum

Peter Häberles Lieblingsmetapher, die auch seine vorstehend in einer kleinen Auswahl veröffentlichten separaten Aufsätze, Rezensionen und Interviews verbindet, ist die von den „Zwergen auf den Schultern von Riesen“. Der gewiß nicht zwergenhafte Gelehrte verwendet das seit dem 12. Jahrhundert (*Bernhard von Chartres*) bekannte Bild[1] in einem dreifachen Sinne:

– als „captatio benevolentiae“ gegenüber dem vielfach geforderten Leser, dessen wohlwollendes Interesse für die Sache des Autors geweckt werden soll;

– als Herausstellen der stützenden, in die Zukunft hinein offenen Traditions- und Generationengemeinschaft der Wissenschaftler; und

– als Hinweis auf eine Bedingung der Möglichkeit von Innovation und Fortschritt in der Forschung, ausgedrückt in dem Gleichnis, daß ein Wicht, auf den Schultern eines Großen hockend, ein Stück weiter sieht als dieser, also bestimmte Fragestellungen oder Sinnzusammenhänge retrospektiv klarer erfaßt oder prospektiv erstmals erschaut[2].

---

[1] Zu seiner Geschichte und Bedeutung *R. K. Merton,* On the Shoulders of Giants, 1965 (dt. Ausgabe 1980), letzter Fortdruck 1993. Dieses Meisterwerk selbstironischer Akademikerkultur führt auf kunstvoll verschlungenen Pfaden der Gelehrsamkeit zu erhellenden Erkenntnissen. Dabei macht der amerikanische Wissenschaftssoziologe die Abschweifung, wie etwa schon *Montaigne* und *Laurence Sterne,* bewußt zum Element der Komposition.

[2] Vielleicht handelt es sich beim unsterblichen „nani-gigantes“-Bild bereits um einen antiken Topos? Weitere metapherngeschichtliche Forschung wäre lohnend, vgl. *B.G. Sarton,* Standing on the shoulders of giants, in: Isis 24 [1935/36], S. 107 ff.; *R. Klibansky,* Standing on the shoulders of Giants, in: Isis 26 (1936), S. 147 ff.; *E. Jeauneau,* „Nani gigantum humeris insidentes“, in: Vivarium V (1967), S. 79 ff.; *P. Kapitzka,* Der Zwerg auf den Schultern des Riesen, in: Rhetorik 2 (1981), S. 49 ff.; *W. Haug,* Die Zwerge auf den Schultern der Riesen, in: *ders.*, Strukturen als Schlüssel der Welt, Tübingen 1989, S. 86 ff.; *T. Leuker,* „Zwerge auf den Schultern von Riesen“, in: Mittellateinisches Jahrbuch 32,1 (1997), S. 71 ff. Deutlicher würde dann, daß die auf den ersten Blick etwas muffige

Gewiß, allzu wohlbekannt ist die sprachanalytische Tugend, Bilder und Begriffe nicht gedankenlos zu übernehmen, sondern sie zu prüfen, zu verwerfen oder anzupassen. *Häberles* Selbstpositionierung „auf den Schultern von Riesen" erfolgt freilich derart reflektiert – schon weil es nicht seine Art ist, Metapher auf Metapher zu türmen –, daß sie durchaus den Horizont meiner Skizze über diesen weitsichtigen Gelehrten und das Verhältnis von Tradition und Fortschritt in der Wissenschaft abgeben kann. Zugleich läßt sich an Hand des Zwergengleichnisses erläutern, in wie hohem Maße *Häberle* durch die Jahrzehnte seines Wirkens als Forscher, Lehrer und Verfassungspolitiker[3] sich selbst treu geblieben ist: in der Wahl seiner erkämpften Sprachbilder, in seiner behutsamen, beweglichen Analysetechnik, im Ton und Gestus seiner häufig personenbezogenen, stets anspruchsvollen Darstellung.

Auch diese Kontinuität des Denkens hat *Häberle* nicht zum Repräsentanten einer in sich geschlossenen Lehre werden lassen. Er schreibt ja auch weniger lehrbuchartig als essayistisch und monographisch. Seine Texte sind selbst für Nichtjuristen gut lesbar, schon weil sie, das bekannte Grau in Grau mancher Kurzlehrbuch- und Handkommentarliteratur durchbrechend, die Farben der alten Staatswissenschaften wieder aufleuchten lassen. Klugerweise hat *Häberle* auch noch einige thematische Lücken gelassen. Sein von Anfang an weit angelegtes Werk ist nicht auf ein einziges Leitmotiv, gar eine singuläre Leitvokabel hin komponiert[4]. Seiner Wirkung hat das alles nicht geschadet, im Gegenteil. Wohl aber kam es so nicht zu einer introvertierten Schulenbildung. Es fällt schwer, in dem Halbdutzend seiner (interessanten) Habilitierten und in dem großen, farbigen Kreis seiner wissenschaftlichen Enkel die Spuren und Gemeinsamkeiten einer stimmigen, lehrbuchhaften Methode zu sehen – Pluralismus, *Häberles* Kernforderung an die Wissenschaft, „begins at home", unter Verzicht auf einen Fixstern. Gläubige und Nachahmer interessieren nicht, Lehrer, Leser und Lehren um so mehr. Sind nicht die Letzten ohnehin meist die Ersten („quanto iuniores, tanto perspicaciores", formulierte bereits der Grammatiker *Priscian* in Auseinandersetzung mit griechischen Vorläufern) oder, um im Bild der Titel-

Metapher, die etwa auch *Newton* und *Freud* verwendeten, in Wirklichkeit, gerade wegen ihrer Ambivalenz, frisch und vielseitig ist.

[3] In den 90er Jahren wurde der Heimatverbundene verfassungspolitischer Berater ferner Regierungen und Parlamente, etwa in Estland, Polen und der Ukraine. Hier konnte der schwäbisch-deutsche Europäer das Gelernte und Gedachte selbst erproben; ein Syrakus-Erlebnis wurde es keineswegs.

[4] Die Verfassungsreformen in der Schweiz, in Italien und in Spanien verfolgte *Häberle* als teilnehmender Beobachter besonders intensiv, dabei wohl auch den inneren Erlebnisbereich erweiternd. Zur Weltabkehr und Einsamkeit neigt er nicht (mehr). Chancen, seinen Ideen Dauer und Wirklichkeit und seiner Erfahrung Raum zu geben, ergreift er.

metapher zu bleiben, die Obersten? Und sind die akrobatischen kleinen Gesellen wegen ihrer begünstigten Position nicht in der Tat im Besitz der Chance des „remotiora videre“ (*Johannes von Salisbury*[5]), also potentiell besonders befähigt, zum relativen Fortschritt der Erkenntnis beizutragen?

I.

Die *erste* Bedeutung der Zwergenmetapher, die werbende Selbstzurücknahme, ist bei *Peter Häberle* evident. Im Bestreben, das Wohlwollen des Lesers zu gewinnen, und im Wissen um die Grenzen des Wissens formuliert der Gelehrte geschmeidig und gelassen. Ihm fehlen die steilen, auf Mission und Totalität zielenden Begriffe[6]. Im Respekt für den Anderen, für den heroischen *Ernst Forsthoff* etwa oder den hanseatischen *Herbert Krüger,* lauscht *Häberle* – „alles Tauben auf dem Dach?“ mag er sich gelegentlich fragen – auf das, was in das Gespräch eingebracht wird, interessiert an Austausch, an Erkenntnisgewinn, an Sicherung der wichtigsten fremden und der womöglich noch stärkeren eigenen Gedankenströme. Dies erfolgt auch in der Überzeugung, daß es einen universal verwendbaren Typus des Verfassungsstaates gibt und damit ein bei ihm (und zumal bei mir) letztlich abendländisch grundiertes „Menschheitsverfassungswissen“. Das herauszupräparieren, zu tradieren, zu verdichten und auf die konkrete Lage hin auszulegen – das ist *Häberles* selbstgesetzte Agende. Sie arbeitet[7]

---

[5] Vgl. *P. von Moos,* Geschichte als Topik, 1998, S. 238 ff., *Johannes'* Satire auf epigonale Hochstapler wie seine These von der „tragenden Riesenkraft“ des kulturellen Erbes betonend. *Johannes von Salisburg* bzw. *Bernhard von Chartres* „sagen kein Wort von einer Unterlegenheit der Riesen. Die Frage, ob die Zwerge ein Recht haben, auf diese herabzusehen, stellt sich nicht; haben sie doch genug damit zu tun, ‚in die Weite zu blicken‘“ (ebd., S. 243). Vgl. auch *Leuker* (Fn. 2), S. 74: „Für sich genommen sind auch die größten *auctores* klein; es ist die Tradition, die im Lauf der Jahrhunderte zu gigantischer Größe heranwuchs.“

[6] Das ändert nichts an *Häberles* Freude am Schöpfen von Begriffen (z. B. „Verfassung als öffentlicher Prozeß“ [1969]; „Die offene Gesellschaft der Verfassungsinterpreten“ [1975]; „Der kooperative Verfassungsstaat“ [1978]; „Die Rechtsvergleichung als fünfte Auslegungsmethode“ [1989). Seine Kreationen, mittelbar auch gegen manche ausgeleierte Staatsrechtsbegrifflichkeit gerichtet, sind häufig diskurstreibend. Einige wurden Standardtopoi der Zunft, auch wegen ihrer geschliffenen Offenheit. Eher Systemkonstrukteur als Empiriker hat *Häberle* sich vor dem Horizont neuen Erfahrungswissens gelegentlich korrigiert. Bestand hat, was sich abwandeln läßt, Langlebigkeit gewinnt, was sich verwandeln kann.

[7] *Häberles* Klavier-Einlagen, zumal bei Hauskonzerten, beflügeln auch die Sinne. „Manche Werke des ‚ewigen‘ Bach“, schrieb er mir vor Jahren, „klingen wie Sphärenmusik. Es ist aber ein Trost für uns ‚Nichtse‘, daß selbst diese Götter uns brauchen.“ Brauchen nicht auch die Riesen die Zwerge, damit die Traditionskette nicht abreißt, das Wissen um ihre Riesenhaftigkeit also nicht verloren geht?

er Schrift für Schrift ab, gewiß auch im Bewußtsein, daß letztlich, wie wir seit *Kant* wissen, „nichts ganz Gerades gezimmert werden (kann)".

Am Glück[8] seiner Entdeckungen, am Reichtum seines Verfassungswissens hat *Häberle* vielen Anteil gegeben, zunächst primär in Deutschland, der Schweiz und Österreich, dann in Süd- und Südwesteuropa, nach der Epochenwende 1989/1990 auch in Mittel-, Ost- und Fernosteuropa. Mittlerweile reicht seine Ausstrahlung bis nach Ostasien, Südamerika, Südafrika. Das schlägt sich nicht zuletzt in Übersetzungen nieder. Derzeit gibt es *Häberle*-Texte in mehr als einem Dutzend Sprachen. Unter den deutschen Staatsrechtslehrern gehört er zu denjenigen, deren sich die ausländischen Wissenschaftlergemeinschaften am stärksten angenommen haben. Wer fundiert überzeugt ist, überzeugt – unabhängig von Zeitströmungen.

II.

Das Bekenntnis zum Traditionsgefüge, in dem er steht – die *zweite* Bedeutung des Zwerg-Riesen-Bildes –, führt ins Zentrum des Denkens von *Peter Häberle*. Gemeint ist seine Wertschätzung der Großen der Weimarer Staatsrechtslehre („Weimars große Namen [‚Riesen']")[9] und sein Bekenntnis zu *Konrad Hesse,* seinem wichtigsten Lehrer, den (auch) er als einen der Großen des Verfassungsrechts der Bundesrepublik Deutschland ansieht. Auf diese als „Klassiker" beruft er sich durchgängig[10], um ihnen dann doch das Eigene abzugewinnen, sich die innere Freiheit erhaltend, bis in manche ausschweifende Anmerkung hinein. Um Entmythologisierung geht es *Häberle* nicht, sondern um gegenwartsrelevante Wirkungsgeschichte und um traditionsgesicherte Pfade in die Zukunft. Es dürfte keinen Staatsrechtslehrer geben, der seine Zunft und seine eigene Position in dieser Topographie ähnlich minutiös auf personale Bezüge hin vermessen[11] und die relevanten Richtungen so nuanciert herausgearbeitet hat wie *Häberle,* und zwar nicht

---

[8] Die Forschung freilich repräsentiert dem Ohrendenker, dem jeder falsche Ton zuwider ist, nicht eine so „fröhliche Wissenschaft", wie dies etwa bei *Merton* (Fn. 1) der Fall ist (das Amüsement, das dessen Buch durchzieht, ist ansteckend); auch weiß *Häberle* um die immerwährende Verletzbarkeit des menschlichen Körpers. Lässigkeit, gar Ironie und unverhohlene Lebensfreude paßten nicht zur Suebizität dieses verletzbaren Gelehrten, der, wozu auch seine früher schwer lesbare Handschrift beitragen mag (selbst die Maschinenschrift war lange Zeit kaum besser), bei aller Güte wenig über sich preisgibt. Stets freilich gibt er weit mehr als er nimmt.

[9] Für *Häberle*: *Hermann Heller, Rudolf Smend,* der frühe *Carl Schmitt,* mit Abstrichen auch *Erich Kaufmann* und *Hans Kelsen.*

[10] Vgl. bereits seine „Klassikertexte im Verfassungsleben", 1981.

[11] Weitere Leitsterne – ohne deren essentielle Unterschiede zu ignorieren – sind in *Häberles* Sicht: *Günter Dürig, Ernst Forsthoff, Herbert Krüger, Ulrich Scheuner,* wohl auch *Otto Bachof* und *Peter Lerche.*

in statischer, antiquarisch bewahrender Absicht, sondern in einem dynamisch-fortwirkenden, letztlich pädagogischen Sinn. Für mich repräsentieren diese biographischen[12] und wirkungsgeschichtlichen Essays den „eigentlichen“ *Häberle*: retrospektiv am Vorbild der Großen lernend und manches nun vielleicht klarer als sie erkennend, prospektiv viel Neues erschauend und benennend, dies alles mit selbstbewußter Bescheidenheit, getragen von einem wissenschaftsethischen, erzieherischen Impuls. Unzutreffend wäre deshalb etwa der Vorwurf, *Häberle* tendiere dazu, das Staatsrecht zu personifizieren und damit zu vereinfachen.

Bei seinen vertikalen (nicht: transzendenten) Rückbezügen geht es *Häberle* nicht darum, sich zur Verteidigung seiner Ansichten auf Autoritäten zu berufen oder in einen Wettstreit um Priorität bei Entdeckungen einzutreten; Originalitäts- oder Rangkämpfe sind ihm fremd. Indem er seine Aufgabe als „Teil eines kulturellen Generationenvertrages“ definiert, legt *Häberle* vielmehr den seiner Meinung nach hohen Anteil seiner Vorgänger und Lehrer an seinen eigenen Leistungen offen, im Sinn einer Kausalitätsdarstellung und geistigen Anverwandlung („Riesen sich nähernd“), aber auch im Kontext des Erkämpfens und Behauptens der eigenen Statur, notfalls gegen die Großen. *Häberle* betont die Substrukturen, die sein Bauen erst ermöglicht haben, gewiß im Bewußtsein, daß auch mit seinen Leistungen das Bauwerk unabschließbar bleibt[13]. Für den Bayreuther füge ich hinzu: Die Riesen, die in *Richard Wagners* „Ring“ beim Bauen helfen, sind dumm und böse; sie stehen also in einer ganz anderen geistesgeschichtlichen Tradition als die, um die es *Häberle* (und mir) bei dem Zwerg-Riesen-Vergleich geht.

Insgesamt ist *Häberle* zur Begeisterung[14] weit befähigter als zum Verwerfen. Unpassend wäre deshalb ein Bild, wonach ein Zwerg einen Riesen

---

[12] Visualisiert hat davon manches aus Anlaß des 65. Geburtstages von *Häberle* sein Schüler *Schulze-Fielitz* in den „Stammbaum“-Tafeln der gegenwärtigen Staatsrechtslehrer (Baden-Baden 1999); sie verdienten eine Neuauflage. Vgl. auch das Diktum des Philosophen: „Bis diejenigen, die [...] auf den Schultern der Riesen über die Zwergstatur hinausgewachsen sind, weiter blicken können, sind deren Schüler schon wieder am Klettern, denn die wollen ja auch alle auf diese Positionen [...]“ (*Rüdiger Bubner*).

[13] Mit dem Aphorismus „Das Leben ist kurz, die Kunst ist lang“ bekundete bereits *Hippokrates,* daß der Wissenszuwachs letztlich keine Grenze kennt, der einzelne also als ein notwendigerweise Unvollendeter in den Prozeß von Wissenserwerb und -weitergabe eingegliedert ist.

[14] *Heller* z.B. ist für *Häberle* zwar nicht der Quell der deutschen Staatsrechtslehre der zweiten Hälfte des 20. Jahrhunderts, wohl aber eine ihrer Voraussetzungen. Ebenso ist der Umgang mit *Smend* und *Hesse* eng mit *Häberles* eigener Entwicklung verbunden. Alle drei sind in vorstehender Edition denn auch ubiquitär anwesend, ebenso die Verfassung, weniger – unter deutschen Staatsrechtslehrern eher selten – der Staat, gar nicht die Staatsmystik.

zu Fall bringt, um sich so selbst zum Riesen aufzubauen (nur um dann seinerseits ein entsprechendes Schicksal zu erleben). Die „Struktur wissenschaftlicher Revolutionen" (*Thomas S. Kuhn*) paßt nicht auf das traditionsbewußte Denken und evolutionäre Voranschreiten von *Häberle*. Ihm dient der berühmte Vergleich zum rückversichernden Generationenbezug wie zur vorwärtsblickenden Pointierung neuer, eigener Einsichten. Revolutionen oder sonstige fundamentale Neuanfänge bestehen demgegenüber gerade darin, daß sie, denkt man an *Kuhns* schon etwas angestaubte Differenzierung zwischen normalem Gang der Wissenschaft und revolutionärem Paradigmenwechsel, nicht Entwicklung, kontinuierlicher Fortschritt, Stufung sind, sondern scharfe Zäsur, Demontage, Umbruch.

Das Gegenteil eines Imitators oder geistigen Schnorrers, gibt *Häberle* bei seinem Lernen und Lehren am Vorbild der Großen stets mehr als es nimmt. Dieses Ethos mag auch seine kontinuierliche Arbeit im steinigen Weinberg des Besprechungswesens[15] erklären. Seit mehr als drei Jahrzehnten ist *Häberle* einer der maßstabgebenden Rezensenten im Kreis der deutschen Staatsrechtslehrer, frühzeitig schon eine Institution. Er begleitet gerade auch das Werk jüngerer Wissenschaftler. Bei aller formaler Distanz und regelmäßig fehlender überströmender Begeisterung hat er schon manchen Debütanten ermutigt.

III.

Die bei *Peter Häberle* stets skizzenhaft-vorläufig bleibende Andeutung der potentiellen Weitersichtigkeit der Wichte – die *dritte* Bedeutung der mittelalterlichen Metapher – ist bei ihm keine „arrogant modesty"[16]. Sie ist vielmehr das Herzstück seiner Wahrheits- und Innovationsüberzeugung. Das bedarf der Erläuterung[17].

---

[15] Viele Besprechungen sind im AöR erstveröffentlicht. In diesem Schlüsselorgan verantwortet *Häberle* seit dreieinhalb Jahrzehnten die Vergabe der Buchanzeigen – „lang ist gang in gleicher spur ...". Vgl. auch seinen Band „Rezensierte Verfassungsrechtswissenschaft", 1982, der früh zu seiner Reputation beitrug, auch bei Kollegen, die manche Wertung nicht teilten.

[16] Vgl. *Merton* (Fn. 1, S. 270), der einen Riesen die Zwergenbehauptung der Weitersichtigkeit kommentieren läßt: „That may be true, but a louse on the head of an astronomer does not." Zur falschen Bescheidenheit zählt (ebd., S. 298) etwa die Formel: „even dwarfs may add something to the superstructure of the great edifice of science."

[17] So dürfen mit der Zwerg-Riesen-Vorstellung, worauf *Merton* (Fn. 1, S. 150 ff.) hinweist, etwa diverse andere Darstellungen nicht in Verbindung gebracht werden, z. B. Evangelisten auf den Schultern von Propheten (auf Glasfenstern in Chartres). Die Evangelisten sind hier keine Knirpse, sondern von gleicher Statur wie die Propheten, so daß es bei dieser Darstellung jedenfalls nicht um die Dimension der Genauer- oder Weitersichtigkeit geht.

Beim Ausschöpfen der Fortschrittsvorstellung geht *Häberle* ähnlich vor, wie es etwa *Werner von Simson* tat, als dieser über *Carl Schmitt* schrieb: Bei aller Anerkennung des bleibenden Ranges der „Verfassungslehre“ passe sein Staatsbild nicht mehr[18] auf die Bedingungen und Aufgaben aktueller, also unabgeschlossener, europa-integrierter Staatlichkeit[19]. Und in der Tat: Die Europäische Gemeinschaft stellt in der Staats- und Verfassungsformenlehre etwas grundsätzlich Neues dar, einen Sprung. Supranationalität führt, wie unser Mentor schon Ende der 60er Jahre hellsichtig („nova invenire!“) lehrte, zur Umprägung und Umorganisation des mitgliedstaatlichen Legitimations-, Verfassungs- und Rechtsgefüges („Europäisierung“), aber auch zum Umbruch in unserer Wissenschaft. Historische Vorläufe für *diese* Innovation gibt es nicht. Akrobatik auf den Schultern der Alten hilft nicht weiter; Anbindung gelingt allenfalls an Zeitgenossen.

Das Verwenden des literarischen Zwerg-Riesen-Diktums zielt bei *Häberle* demnach auch auf Klärung des Verhältnisses von alt und neu, von progressiv oder rückschrittlich, von wahr und falsch – in der Wissenschaft. An der Möglichkeit, ja Wahrscheinlichkeit von Fortschritt sind ihm offenbar nie Zweifel gekommen[20]. Und ist die nahezu universale Ausbreitung

---

[18] Der Zwergenvergleich betrifft auch die Auseinandersetzung zwischen Alt und Neu. *Häberle,* dem kulturhistorisch Kundigen, steht gewiß die „Querelle des anciens et des modernes“ in der Renaissance vor Augen (für das Mittelalter ist die Rede von der „Querelle ...“ selbst nur eine Metapher). Damals hat man, um den Spielraum der Freiheit zu wahren, das Zwergenbild bewußt abgehängt, ja bekämpft, vgl. *Haug* (Fn. 2): Bis ca. 1200 sei das Bild eindeutig bewundernd verwendet worden, in Hochachtung gegenüber der Tradition; später habe sich dann der Fortschrittsgedanke durchgesetzt: Wir sehen weiter als die Alten. Zurückhaltend *von Moos* (Fn. 5), S. 240 ff. (Epochenmetaphern und Übergangsvorstellungen ließen sich grundsätzlich je nach Standpunkt i. S. d. Fortschritts oder der Dekadenz interpretieren), S. 381 (bei *Johannes von Salisbury* jedenfalls liege der Hauptakzent „auf der Dankbarkeitsschuld der *antiquitas* gegenüber“). Zwar dulden die Traditionsriesen die jungen Zwerge als „‚überlegene‘ Reiter auf ihren Schultern“ (S. 396), aber in dem Gleichnis drücke sich letztlich *nicht* „moderne“ Geringschätzung der „antiquitas“ aus, „sondern ein Sinn für menschliche Kontingenz“ (S. 534). Auch z. B. für *Jeauneau* (Fn. 2) und *Leuker* (ebd.) bleibt die Rolle des Ingeniums der *moderni* winzig.

[19] Vgl. *W. von Simson,* Carl Schmitt und der Staat unserer Tage, in: AöR 1989, S. 185 ff. (das Umfeld, in dem der heutige Staat seine Existenzmöglichkeit findet, sei derart ausgedehnt und zugleich in sich verschränkt, daß Einteilungen, wie *Schmitt* sie vornahm und für entscheidend erklärte, an den Tatsachen der Gegenwart vorbeigingen. Das gelte zumal [S. 218 ff.] für *Schmitts* „Freund-Feind-Syndrom“).

[20] Methodisch trifft sich *Häberle* hierin etwa mit *Guy de Chauliac,* dem bedeutenden Chirurgen des 14. Jahrhunderts, der unter Rückgriff auf *Hippokrates* sagte: „Pueri enim sumus in collo gigantis/quia videre possumus quicquid gigas/et aliquantulum plus“. *Chauliac* folgt damit einem Topos der „Introductiones“ und sonstigen Lehrbuchliteratur, sich als Kulmination einer Tradition zu präsentieren; Geschichtskenner ist er darum nicht. Näheres zu diesen Zeugnissen (ein junger Arzt steigt auf die Schultern seines verstorbenen Lehrers) bei *Jeauneau* (Fn. 2).

des Typus „Verfassungsstaat" – bei allen fernen und nahen Rückschlägen und allem verbleibenden Abstand zu einer heilen Fortschrittswelt – nicht tatsächlich ein Hoffnungszeichen?

IV.

In der ihm eigenen Bescheidenheit[21] und Beharrlichkeit – Ausfluß wohl auch der im protestantischen Glauben verwurzelten Pflicht, im Leben etwas zu leisten – hat *Peter Häberle,* wie auch vorstehende Sammlung zeigt, ein sich in der Breite und Tiefe rasch erweiterndes Themenfeld bearbeitet. Vom deutschen Staats- und Verfassungsrecht ausgehend und stets diesen Kernbereich weitererforschend, einschließlich der Schlüsselgebiete Staatskirchenrecht (in seiner Terminologie: Religionsverfassungsrecht) und Verfassungsgerichtsbarkeit[22], griff *Häberle* in die Rechtsvergleichung in Raum[23] und Zeit aus. Bei letzterer weckte zumal die Weimarer Staatsrechtslehre in ihrem verdeckten Fortwirken bis zum heutigen Tag sein Dauerinteresse, mag jene Ära uns Nachgeborenen auch schon fern wie das Wien der Türkenkriege erscheinen – oder unseren eigenen Schülern bereits ähnlich entlegen wie die 60er Jahre in Freiburg, also die Zeit, in der *Häberle* das Staatsrecht und das Schöpferische in sich entdeckte. Einen Plauderton, wie wir Jüngeren ihn dann an *Simson* liebten und dieser an *Fontane* schätzte, schlug *Häberle* auch in seinen biographischen und vergleichenden Skizzen freilich nicht an. Die Freundschaft, die er im Kreis um unseren Lehrer (und unseren Milchbruder *Jürgen Schwarze*) genossen hat und weiterhin genießt, hat *Häberle* wohl auch geholfen, sich mit sich selbst zu befreunden und

---

[21] Uns steht, wie schon *Protagoras* herausfand, nur das eigene Maß zur Verfügung. Sehen wir also wirklich viel mehr als das, was wir uns wünschen? War die nicht nur *Häberle* begeisternde „Weltstunde des Verfassungsstaates" (1989/90) gar nur eine Projektion?

[22] Vgl. etwa seinen mehrfach übersetzten Bestseller „Die Wesensgehaltsgarantie des Art. 19 Abs. 2 Grundgesetz", 1962 (3. Aufl. 1983), das von ihm herausgegebene Standardwerk „Verfassungsgerichtsbarkeit", 1976, sowie seinen Band „Kulturstaatlichkeit und Kulturverfassungsrecht", 1982, alles Werke, die bleiben werden.

[23] Vgl. nur die seit 1983 in Nachfolge von *Gerhard Leibholz* geleistete Herausgabe des JöR. Gleich *Häberles* erster Band (der 32., mittlerweile ist der 50. erschienen) beschrieb z. B. die damals neue griechische Verfassung und dokumentierte die von Portugal und der Türkei. Mit einem Aufsatz von *Pierre Burdeau* über den Regierungswechsel in Frankreich und einer Analyse des britischen Parteiensystems knüpfte *Häberle* an die Jahrbuch-Tradition der Öffnung zu politikwissenschaftlichen Fragestellungen an. Sein eigener Beitrag „Europa in kulturverfassungsrechtlicher Perspektive" beschrieb das kulturbezogene Gefüge der europäischen Integration als Schlüsselelement einer werdenden gemeinsamen Verfassungsordnung. In der neuen Rubrik „Staatsrechtslehre in Selbstdarstellungen" beschrieb *Simson* stilbildend seinen verantwortungsvoll ungebundenen, persönlichen Zugang zum Thema Staat – nicht ohne Selbstironie und Humor und darum mit einem Quäntchen Optimismus.

jene (moderate, auch der Titelmetapher immanente) Fortschrittsgläubigkeit auszubilden, ohne die die Wissenschaft nun einmal nicht leben kann. Mittelbar stellt *Häberle* insgesamt das kurzsichtige Verschleudern von Traditionsbeständen bloß. Sein Verweis auf den Vorrat an dogmatisch Geformtem wendet sich auch gegen eine zynische und selbstherrliche Strömung des Zeitgeistes, die Klassisches und Hergebrachtes grundsätzlich in Frage stellt, eine Strömung, die den Zwergenvergleich in seinem traditionsbejahenden Sinn empört ablehnen würde.

Fast zwangsläufig kulminierte *Häberles* Engagement für die horizontale und vertikale Rechtsvergleichung in seiner Entdeckung des „Europäischen Verfassungsstaates“, einer Wirkungseinheit, deren Schutz und Pflege in wirbelnder Zeit den nationalen Verfassungsgerichten, dem Europäischen Gerichtshof und dem Europäischen Menschenrechtsgerichtshof ebenso anvertraut ist wie der Wissenschaft. Von daher war es nur ein kleiner Schritt zum „Gemeineuropäischen Verfassungsrecht“[24]. Im Themenkosmos des Gelehrten nehmen diese partiell antizipierenden Aspekte mittlerweile die zentrale Position ein. *Häberle* verfolgt die ja keineswegs gradlinig verlaufende Vertiefung und Erweiterung der europäischen Integration mit kulturwissenschaftlicher Leidenschaft. Historische Ereignisse – etwa die Wiedervereinigung Deutschlands[25] – und die Wahl der wissenschaftlichen Themen (z.B. die Besonderheiten der ostdeutschen Landesverfassungen) verschränken sich bei ihm. Die Wendemarken der Zeitgeschichte strukturieren seine Forschungsinteressen, machen die Ergebnisse transparent, härten seine Sätze. Zu den Existenzen, bei denen die Zeit keine Spuren hinterlassen und in die das Schicksal nicht eingegriffen hat, zählt *Häberle* nicht. Ebensowenig gehört er zu denen, die von ihren Themen und Thesen um keinen Preis lassen können.

---

[24] Vgl. seinen gleichnamigen Beitrag in: EuGRZ 1991, S. 261 ff., fortgeführt in dem Band „Europäische Rechtskultur“, 1994. Primär geht es um Standards gemeineuropäischen Verfassungsrechts und Konturen der europäischen Rechtskultur. Sie müssen in der Tat probiert und gepflegt werden, sonst entschwinden sie und mit ihnen unser geistiges Erbe (und unser Wissen davon, wer wir eigentlich sind). Die Frage freilich, wie „eng“ die „immer engere Union der Völker“ werden soll, inwieweit also letztlich die Aufhebung der Eigenstaatlichkeit der Mitglieder das Integrationsziel bzw. die -konsequenz ist, bleibt auch bei *Häberle* unbeantwortet.

[25] Der Weg dorthin schien *Häberle* (wie auch *Grimm*) seinerzeit freilich nicht allein über Art. 23 GG (a.F.) zu führen, sondern über Art. 146 GG (a.F.) in Kombination mit jenem Beitrittsartikel. Ließ eine generationstypische, zeitbedingte oder schwäbische Lust am Querdenken *Häberle* hier scharfsinnig übers Ziel hinausschießen?

V.

Peter Häberles Produktivität ist auch nach vierzig Jahren des Lesens und Schreibens, der Redakteurs- und Herausgeberschaft, des Lehrens und Beratens unverändert, also atemberaubend hoch – keine Spur von Schaffensmüdigkeit. Aus seiner Begabung, einer angeborenen Aufgabe, hat er mit jugendlichem Schwung und moralischem Verhalten etwas gemacht, stets über den Dingen, nie kleinlich! Neben fast drei Dutzend Monographien entstanden zahlreiche Sammelbände, biographische Essays (mehrheitlich in diesem Band wieder veröffentlicht), eine schier unübersehbare Fülle von Einzelbeiträgen in Fachzeitungen, Festschriften, Themen- und Tagungsbänden sowie mehrere in Deutschland nun erstmals publizierte wissenschaftliche Interviews. Inhaltlich wie gattungsmäßig begegnet uns immer wieder Neues; Altes erweist sich als zeitresistent, als praktisch so frisch wie im Jahr seines Erscheinens. *Häberle* lesen (vorstehende Sammlung enthält nur Teilstücke seines Œuvres) ist wie eine Wanderung auf der Hochebene der Schwäbischen Alb, mit einem methodisch strengen, eminent kundigen, ausdauernden Mentor. Faszinierend, daß er sammelte und durchdachte, was in Jahrzehnten vor oder in fremden Verfassungsordnungen neben uns vor sich ging bzw. aktuell geschieht! Maßstäbe und Richtlinien besitzt er offensichtlich primär in sich selbst. Zur Generation der Blumenkinder oder der Systemüberwinder gehörte er so wenig wie er sich nun nicht mit der der Spaßgesellschaft anfreundet. Er ist auch kein Ausnutzer, sondern gibt, wie seinerzeit etwa *Hans Peter Ipsen, Wilhelm Kewenig, Otto Kimminich, Hermann Mosler, Ulrich Scheuner, Roman Schnur* oder *Erik Wolf,* freimütig ab.

Häberles nie leichtes, stets weiterführendes, inspirierendes Werk summiert sich zu einer Verfassungsgeschichte, Staatslehre und Verfassungstheorie der Nachkriegsmoderne[26]. Ihren Errungenschaften, Defiziten und Zukunftschancen gilt sein Interesse. Das zeitgenössische Verfassungswissen mit seinen großen Themen – Staat und Verfassung; Verfassungsgebung, Verfassungsinterpretation, Verfassungswandel, Verfassungsänderung; Regional- und Bundesstaat in Europa; Sozial- und Kulturstaat im Wandel; Verfassungsgericht, Fachgerichte und Gesetzgeber; Grundrechte im Leistungsstaat; offener Staat, verfaßte Gesellschaft, etc. – findet sich hier bilanziert,

---

[26] Eine Krönung ist *Häberles* „Europäische Verfassungslehre", 2001/2002: die Verortung der Verfassungsdinge im Europäischen und Existenziellen; Vorarbeiten schon in seinen Aufsatzsammlungen „Europäische Rechtskultur: Versuch einer Annäherung in zwölf Schritten", 1994, „Das Grundgesetz zwischen Verfassungsrecht und Verfassungspolitik – Ausgewählte Studien zur vergleichenden Verfassungslehre in Europa", 1996, „Verfassung als öffentlicher Prozeß – Materialien zu einer Verfassungstheorie der offenen Gesellschaft" (2. Aufl. 1996).

strukturiert, melioriert: ein Glücksfall für die deutsche Staatsrechtslehre wie für die europäische Verfassungswissenschaft[27].

Da schadet es nichts, daß das von *Häberle* so geschätzte Zwergenbild in Sachen vertiefter europäischer Integration nicht paßt. Gewiß, „Europa“ weist eine große, bis weit in die Antike zurückreichende Tradition auf. In der derzeitigen Konstitutionalisierungsphase geht es freilich um mehr und anderes, um etwas ganz Eigenes. Hier, bei diesem autonomen Innovationsakt, können wir nicht einfach versuchen, es den Alten gleichzutun. So wichtig Klassiker bei Reform und Erneuerung sind – die europäische Integration muß in ihrem Post-Nizza-Gefüge (Unionsbürgerschaft; Grundrechte-Charta und europäische Identität; Wirtschafts- und Währungsunion; Verfassungskonvent und demokratische Legitimation; gemeinsame Sozialpolitik; Überführung und Weiterentwicklung des Schengen-acquis; Europäisierung auch von Herzstücken etwa des Privatrechts; mitgliedstaatliche Gerichte als Elemente einer gesamteuropäischen Gerichtsbarkeit, usw.) gegenüber allen historischen Verläufern als ein Neuansatz begriffen werden. Ihn deckt das Zwergengleichnis nicht mehr ab.

Das „Laboremus“, in welches *Voltaires* „Candid“ ausklingt, ist *Häberles* Lebensgesetz, ihm selbst vielleicht gar nicht bewußt. Zur imponierenden Lebenseinheit des Lehrers gehört damit auch seine Freude am lebenslangen Lernen, geradezu im Anschluß an den pädagogischen Klassiker *Johann Amos Comenius*. Um 1660 gab dieser, selbst schon ein Endsechziger, als menschheitlich-didaktische Devise für das Lehren und Lernen aus: „omnes, omnia, omnino“. Freude am Lernen und Lehren geht auch ganz allgemein nicht mit Niedergangsstimmungen einher; sie ist letztlich mit einer gewissen positiven Grundstimmung und Erwartung verbunden. „Wir sollten zufrieden sein“, schrieb *Häberle* mir einmal, „wir haben den schönsten Beruf!“. So ist das „Laboremus“ bei *Häberle,* der ohnehin in vielen Sprachspielen zu Hause ist, nicht ein mühseliges, sondern ein beglückendes Fortschreiten. Auch der Herausgeber seiner „Kleinen Schriften“ dankt es ihm, bereit, sich weiterhin von ihm bereichern und zum Weitersehen aufhelfen zu lassen – in eine undeutliche Vergangenheit und eine unüberschaubare Zukunft.

[27] Ein Ertrag von *Häberles* kulturwissenschaftlichem Ansatz wird sichtbar in M. Morlok (Hrsg.), Die Welt des Verfassungsstaates, 2001; vgl. auch die Laudatio auf *Häberle* von *Stolleis,* ebd., S. 139 ff., sowie *Th. Fleiner-Gerster* (Hrsg.), Die multikulturelle und die multi-ethnische Gesellschaft, 1995.

Quellenverzeichnis

I. Würdigungen deutscher Staatsrechtslehrer: Elemente einer personalen Staatsrechtslehre

- Lebende Verwaltung trotz überlebter Verfassung? Zum wissenschaftlichen Werk von Ernst Forsthoff, in: JZ 1975, S. 685–689
- Staatsrechtslehre als universale Jurisprudenz. Zum Tode von *Ulrich Scheuner* am 25. Februar 1981, in: ZevKR 26 (1981), S. 105–129
- Abhandlungen und Entwicklungen von Horst Ehmke, in: Horst Ehmke, Beiträge zur Verfassungstheorie und Verfassungspolitik, 1981, mit Vorwort, S. 7–18
- Staatsrechtslehre im Verfassungsleben, am Beispiel Günter Dürigs – Ein Geburtstagsblatt – Privatdruck 1980 (auch in: Verfassung des Pluralismus, 1980, S. 110 ff., wieder abgedruckt in: Günter Dürig, Gesammelte Schriften, 1984, S. 9 ff.)
- Ansprache zu Ehren von Herbert Krüger: in: Brun-Otto Bryde/Philip Kunig/ Thomas Oppermann (Hrsg.), Neuordnung der Weltwirtschaft? Hamburger Herbert-Krüger-Colloquium am 7. Dezember 1985, 1986, S. 65–70
- Laudatio auf *Konrad Hesse*, in: Verfassungsrecht zwischen Wissenschaft und Richterkunst, Konrad Hesse zum 70. Geburtstag, Hans-Peter Schneider und Rudolf Steinberg (Hrsg.), Heidelberg 1990, S. 107–130
- Begegnungen von Staatsrechtslehre und Literatur. Peter Schneider zum 70. Geburtstag, in: AöR 115 (1990), S. 83–92
- Laudatio auf *Hans Heinrich Rupp*, in: Die Verwaltung 24 (1991), S. 355–360
- Werner von Simsons „Stimme“ im Konzert der Staats- und Verfassungslehre, EuR, Beiheft 1, 1993, S. 7–18
- *Alexander Hollerbach* – 65 Jahre, in: KuR 1996, S. 41–45
- Ein „Zwischenruf“ zum Diskussionsstand in der deutschen Staatsrechtslehre. Geburtstagsblatt für Hans Maier, in: FS für Hans Maier, 1996, S. 327–339
- Geburtstagsblatt für *Hans-Peter Schneider*, in: Friedhelm Hufen (Hrsg.), Bundesstaat – Parlament – Opposition. Symposium aus Anlaß des 60. Geburtstages von Hans-Peter Schneider, 2001, S. 13–20
- Dimitris Th. Tsatsos – ein europäischer Staatsrechtslehrer, Rede aus Anlaß der Verleihung des Kulturpreises-Europa im September 1994, in: *Dimitris Th. Tsatsos*, Verfassung – Parteien – Europa, Baden-Baden, 1998/99, S. 683–685

II. Rezensionen, Literaturgattungen, Grenzüberschreitungen

- Zum Staatsdenken *Ernst Forsthoffs*, in: ZSR 95 I (1976), S. 477–489 (auch in: Verfassung als öffentlicher Prozeß, 1978/1996/1998)
- Festschriften im Kraftfeld ihrer Adressaten, Besprechungsaufsatz zu Ulrich Häfelin/Walter Haller/Dietrich Schindler (Hrsg.), Menschenrechte, Föderalismus, Demokratie, FS zum 70. Geburtstag von Werner Kägi, 1979, in: AöR 105 (1980), S. 652–657
- Eine Gedächtnisschrift für Hermann Heller, zugleich Besprechung von Christoph Müller/Ilse Staff (Hrsg.), Der soziale Rechtsstaat, Gedächtnisschrift für Hermann Heller, 1984, in: DVBl. 1985, S. 949–952
- Wissenschaftliche Zeitschriften als Aufgabenfeld juristischen Rezensionswesens, in: Wilfried Fiedler/Georg Ress (Hrsg.), Verfassungsrecht und Völkerrecht, Gedächtnisschrift für Wilhelm Karl Geck, 1989, S. 277–299
- Besprechung von: Bernhard Raschauer (Hrsg.), Beiträge zum Verfassungs- und Wirtschaftsrecht, FS für Günther Winkler, 1989, in: AöR 114 (1989), S. 651–653
- Ein griechischer Staatsrechtslehrer in Deutschland. Zugleich Besprechung von *Dimitris Th. Tsatsos*, Von der Würde des Staates zur Glaubwürdigkeit der Politik, in: JZ 1990, S. 227–230 (in griechischer Übersetzung, in: NOMIKO BMHA 1990 (ROMOS 37), S. 1368–1371)
- Die Staatsrechtslehre im Prozeß der deutschen Einigung, Besprechung von VVDStRL 49 (1990), in: BayVBl. 1991, S. 385–388 (auch in: Das Grundgesetz zwischen Verfassungsrecht und Verfassungspolitik, 1996, S. 71 ff.)
- Besprechung von: *Gustavo Zagrebelsky*, Il diritto mite. Legge diritti giustizia, 1992, in: AöR 121 (1996), S. 309–313
- Besprechung von: Hans-Werner Rengeling (Hrsg.), Europäisierung des Rechts, 1996, in: DVBl. 1997, S. 1075 f.
- Rezensionsabhandlung: Winfried Brugger (Hrsg.), Die Legitimation des Grundgesetzes aus Sicht von Rechtsphilosophie und Gesellschaftstheorie, in: AöR 123 (1998), S. 476–481
- Ein Verfassungsrecht für künftige Generationen – die „andere" Form des Gesellschaftsvertrages: der Generationenvertrag, in: Franz Ruland/Bernd Baron von Maydell/Hans-Jürgen Papier (Hrsg.), Verfassung, Theorie und Praxis des Sozialstaats, FS für Hans F. Zacher zum 70. Geburtstag, 1998, S. 215–233

III. Wissenschaftliche Gespräche und gemeineuropäisches Verfassungswissen

- Interview durch Prof. Dr. César Landa (Lima): El rol de los tribunales constitucionales ante los desafíos contemporáneos, Interview in E. de Graduados, Pensamiento Constitucional Año III Nº 3, 1996, S. 279–289
- Interview durch Prof. Dr. Francisco Balaguer Callejón (Granada): Un jurista europeo nacido en Alemania. Conversación con el Profesor Peter Häberle, Por

Francisco Balaguer Callejón, in: Anuario de derecho constitucional y parlamentario, Año 1997, Nº 9, S. 9–49

- Das ewige Ringen um die Gerechtigkeit – Die Rechtswissenschaft auf dem Weg nach Europa, in: Forschung & Lehre (2/98), Wissenschaften im Portrait, S. 86–88; in spanischer Übersetzung, in: Pensamiento Constitucional Año V, Nº 5, 1998, S. 13–19; auch in: Revista General de Derecho, Valencia, Enero-Febrero 1999, num. 652–653, S. 103–109; in baskischer Übersetzung: Justiziaren atzetik betiko borroka, in: Eleria. 8, 2001, S. 5–10, mit Zusammenfassung auf baskisch, spanisch und französisch
- Rechtsphilosophische „Nebenstunden" in St. Gallen, in: S. Spoun u. a. (Hrsg.), Universität und Praxis, Zürich 1998, S. 129–135
- Interview durch Prof. Paolo Ridola (Rom): Colloquio sulla „costituzione europea". A cura di Paolo Ridola, in: Diritto Romano Attuale, 2/1999, S. 185–211
- Interview durch Prof. Zvonko Posavec (Zagreb): Ustav kao kultura, in: Politicka misao (Croatian Political Science Review) Vol. 37 No. 3, Zagreb 2000, S. 3–21 (mit Zusammenfassung auf Englisch)
- Interview durch Prof. Hisao Kuriki (Nagoya-shi): Zeitschrift für die Japanische Forschungsgesellschaft für deutsches Verfassungsrecht, 2002, i. E. Das Interview wurde im September 2000 in Bayreuth geführt, vgl. auch *H. Kuriki*, Über die Tätigkeit der Japanischen Forschungsgesellschaft für deutsches Verfassungsrecht, in: JöR 50 (2002), S. 599 ff.
- Das Verständnis des Rechts als Problem des Verfassungsstaates, in: Rechtshistorisches Journal 20 (2001), S. 602–611; in italienischer Übersetzung i. E.

Personenregister*

* Hinweis: Die aufgeführten Fundstellen verweisen nur auf den Text.

Sachregister*

* Hinweis: Alle Angaben bezeichnen die Seitenzahlen; das gilt auch für Verweise auf Fußnoten.